TEMAS CONTROVERTIDOS NA ARBITRAGEM À LUZ DO CÓDIGO DE PROCESSO CIVIL DE 2015

Volume II

ORGANIZADORES

Paulo Cezar Pinheiro Carneiro
Leonardo Greco
Humberto Dalla

TEMAS CONTROVERTIDOS NA ARBITRAGEM À LUZ DO CÓDIGO DE PROCESSO CIVIL DE 2015

Volume II

Autores

Paulo Cezar Pinheiro Carneiro
Leonardo Greco
Humberto Dalla
Alex Velmovitsky
Bernardo da Silveira Latge
Camila de Castro Barbosa Bissoli do Bem
Carolina Azevedo Assis
Diego Costa Affonso
Everton Ferreira Jordão
Felipe Barreto Marçal
Humberto Santarosa de Oliveira
Isabel Milman
Julia Araripe Leite Lobo
Leonardo Faria Schenk
Ludmilla Camacho Duarte Vidal
Maria Eduarda Moog
Matheus Sousa Ramalho
Natália Cristina Castro Santos
Paula Menna Barreto Marques
Pedro Cavalcanti Rocha
Tatiana Machado Alves
Thiago Dias Delfino Cabral

GZ
EDITORA
Rio de Janeiro
2020

1ª edição – 2020

Presidente do Conselho Editorial
Nelson Nery Costa

Diagramação
Olga Martins

CIP – Brasil. Catalogação-na-fonte.
Sindicato Nacional dos Editores de Livros, RJ.

T278

Temas controvertidos na arbitragem à luz do código de processo civil de 2015, volume II / Paulo Cezar Pinheiro Carneiro ... [et al.]; organização Paulo Cezar Pinheiro Carneiro, Leonardo Greco, Humberto Dalla. - 1. ed. - Rio de Janeiro: GZ, 2020

368 p.; 24 cm.

Inclui bibliografia e índice

ISBN 978-85-9524-071-1

1. Arbitragem e sentença. 2. Mediação - Brasil. 3. Processo civil - Brasil. I. Carneiro, Paulo Cezar Pinheiro. II. Greco, Leonardo. III. Dalla, Humberto.

19-60818

CDU: 347.918

Av. Erasmo Braga, 299 – sala 202
CEP: 20020-000 – Rio de Janeiro – RJ
Tels.: (0XX21) 2240-1406 / 2240-1416 – Fax: (0XX21) 2240-1511
contato@editoragz.com.br
www.editoragz.com.br

Impresso no Brasil
Printed in Brazil

SUMÁRIO

SOBRE OS COORDENADORES

Paulo Cezar Pinheiro Carneiro
Professor Titular de Teoria Geral do Processo da Faculdade de Direito da UERJ. Procurador de Justiça do Estado do Rio de Janeiro aposentado. Advogado.

Leonardo Greco
Professor Titular aposentado de Direito Processual Civil na Faculdade Nacional de Direito da Universidade Federal do Rio de Janeiro.

Humberto Dalla Bernardina de Pinho
Professor Titular de Direito Processual Civil na UERJ, Estácio e IBMEC. Martin-Flynn Global Law Professor (University of Connecticut School of Law). Diretor Acadêmico da FEMPERJ . Membro do Ministério Público do Estado do Rio de Janeiro.

SOBRE OS AUTORES

Alex Velmovitsky
Mestre em Direito Processual (UERJ). Membro da Comissão de Estudos em Processo Civil da OAB-RJ. Advogado. Contato: alex@velmoadv.com.br.

Bernardo da Silveira Latge
Advogado. Mestre em direito processual pela Universidade do Estado do Rio de Janeiro (Uerj).

Camila de Castro Barbosa Bissoli do Bem
Graduada em Direito pela Universidade Federal de Juiz de Fora. Mestre em Direito Processual da Universidade Estadual do Rio de Janeiro. Advogada e Professora de Direito Processual.

Carolina Azevedo Assis
Advogada. Mestre em direito processual pela Universidade do Estado do Rio de Janeiro (Uerj).

Diego Costa Affonso
Advogado. Mestre em direito processual pela Universidade do Estado do Rio de Janeiro (Uerj).

Everton Ferreira Jordão
Mestre em Direito Processual pela Universidade do Estado do Rio de Janeiro (UERJ). Especialista em Direito Processual Civil pela Escola de Magistratura do Estado do Rio de Janeiro (EMERJ) e em Direito Empresarial pela Fundação Getulio Vargas (FGV). Advogado. E-mail: evertonjordao@evertonjordao.com.br.

Felipe Barreto Marçal
Mestre em Direito Processual pela Universidade do Estado do Rio de Janeiro – Uerj. Graduado em Direito pela Universidade Federal do Rio de Janeiro – UFRJ. Oficial de Justiça do TJRJ, na função de assessoria de Desembargador. Contatos: felipemarcal@tjrj.jus.br / felipe_marcal@hotmail.com.

Humberto Santarosa de Oliveira
Mestre e Doutorando em Direito Processual pela Universidade Estadual do Rio de Janeiro (UERJ). Pós-Graduado em Direito Processual pela Universidade Federal de Juiz de Fora (UFJF). Advogado.

Isabel Milman
Mestre em Direito Processual pela Universidade do Estado do Rio de Janeiro (UERJ), Advogada.

Julia Araripe Leite Lobo
Advogada. Pós-graduada em Direito Processual Civil e Gestão Jurídica pelo IBMEC. Graduada pela Universidade do Estado do Rio de Janeiro - UERJ.

Leonardo Faria Schenk
Professor Adjunto de Direito Processual Civil da Faculdade de Direito da UERJ. Doutor e mestre em Direito Processual pela UERJ. Advogado.

Ludmilla Camacho Duarte Vidal
Mestre em Direito Processual pela UERJ. Pesquisadora visitante na Universidade Paris 1 Panthéon-Sorbonne (França, 2016). Professora de Processo Civil na UFJF. Advogada

Maria Eduarda Moog
Mestre em Direito Processual Civil pela UERJ, Mestre em Direito e Negócios pela Bucerius Law School, Alemanha, especialista em Resolução de Conflitos pela New York University. Especialista em Direito Processual Civil pela PUC-Rio. Bacharel em Direito pela PUC-Rio. Advogada.

Matheus Sousa Ramalho
Advogado, doutorando pela UERJ e professor da EMERJ de direito empresarial.

Natália Cristina Castro Santos
Mestre em Direito Processual na Universidade do Estado do Rio de Janeiro (UERJ). Bacharel em Direito pela Universidade Federal de Juiz de Fora (UFJF). Advogada.

Paula Menna Barreto Marques
Mestre em Direito Processual na UERJ. Advogada no RJ e em SP.

Pedro Cavalcanti Rocha
Mestre em Direito Processual pela Universidade do Estado do Rio de Janeiro. Advogado.

Tatiana Machado Alves
Doutoranda e Mestre em Direito Processual na Universidade do Estado do Rio de Janeiro (UERJ). Pesquisadora Visitante na Universidade de Maastricht (Holanda, 2016) e no Instituto de Propriedade Intelectual (Japão, 2017). Advogada. Contato: malves.tatiana@gmail.com.

Thiago Dias Delfino Cabral
Mestre em Direito Processual pela Universidade do Estado do Rio de Janeiro. Bacharel em Direito pela Universidade Federal do Rio de Janeiro.
Advogado.

APRESENTAÇÃO

Com imensa alegria anunciamos a chegada do segundo volume do nosso "Temas Controvertidos na Arbitragem". Nesta obra vamos enfocar não apenas questões específicas do procedimento arbitral, surgidas a partir das alterações impostas pelo novo CPC e pela Lei n° 13.129/2015, mas também matérias mais sensíveis que merecem uma releitura diante das novas premissas do direito processual contemporâneo.

Como se pode visualizar a partir do sumário, o cardápio de temas é bem variado, e todos partem de uma discussão teórica, buscando informar o leitor acerca dos principais posicionamentos doutrinários e jurisprudenciais existentes, bem como ofertar uma solução viável do ponto de vista prático.

Dessa forma, Paulo Cezar Pinheiro Carneiro e Leonardo Schenk são responsáveis pelo texto de abertura e discorrem sobre o justo processo arbitral e o dever de revelação dos peritos.

Na sequência, Humberto Dalla e Julia Lobo tratam da interface entre os negócios processuais e a pré-existência de convenção de arbitragem, ao passo que Alex Velmovitsky examina o fenômeno da divergência e dispersão de votos na arbitragem doméstica e Bernardo Latge se debruça sobre a fase de cumprimento da sentença arbitral.

Dando continuidade, Camila do Bem aborda a delicada questão da arbitragem nas relações trabalhistas enquanto Carolina Assis trata da desconsideração da personalidade jurídica e a extensão da cláusula compromissória no processo arbitral.

Em seguida, Diego Affonso trata da proibição da decisão-surpresa no processo arbitral, Everton Jordão discorre sobre a intervenção do Poder Judiciário nas decisões e nos contratos arbitrais, Felipe Marçal estuda as medidas estruturantes na arbitragem e Humberto Santarosa joga luzes sobre a questão da impossibilidade do pagamento das custas da arbitragem como causa de ineficácia da convenção arbitral.

Ingressando em questões mais específicas, Isabel Milman examina a homologação de sentenças arbitrais estrangeiras em matéria de propriedade intelectual, Ludmilla Vidal trata do dever de revelação à luz do princípio da confiança na arbitragem, Maria Eduarda Moog enfrenta a polêmica sobre a publicidade das sentenças arbitrais parciais e as decisões provisórias e Matheus Ramalho analisa a compatibilidade entre os processos concursais falimentares e a arbitragem.

Finalmente, Natália Santos se dedica ao estudo da fraude à execução e o processo arbitral, Paula Menna Barreto Marques trata da utilização da arbitragem para dirimir litígios em matéria de propriedade intelectual, Pedro Rocha aborda a sub-rogação da seguradora em direito abarcado por compromisso arbitral, Tatiana Alves discorre sobre a controversa hipótese de declaração de nulidade de patente no juízo arbitral e Thiago Cabral propõe uma interpretação do art. 7° da Lei de Mediação à luz da Lei de Arbitragem.

E, assim, com esses vinte textos completamos o ciclo de estudos proposto no volume 1, com a certeza de ter contribuído para o aprofundamento das delicadas questões que cercam a zona fronteiriça entre o processo civil e a arbitragem na contemporaneidade.

Ademais, demonstramos, uma vez mais, a relevância da atividade de pesquisa desenvolvida no Departamento de Direito Processual da Faculdade de Direito da Universidade do Estado do Rio de Janeiro. Somente com o estudo aprofundado dos fundamentos do processo e da arbitragem será possível responder as novas e desafiadoras questões impostas pela prática cotidiana.

Rio de Janeiro, agosto de 2019

Paulo Cezar Pinheiro Carneiro
Leonardo Greco
Humberto Dalla Bernardina de Pinho

O Justo Processo Arbitral e o Dever de Revelação (Disclosure) dos Peritos

Paulo Cezar Pinheiro Carneiro
Leonardo Faria Schenk

Parte 1. Princípios fundamentais do processo que regem a arbitragem

O primeiro de todos os princípios que regem a arbitragem é o princípio da confiança. A opção pela arbitragem em detrimento da justiça estatal, estabelecida de forma cogente, decorre necessariamente da confiança que as partes têm nos árbitros, nos seus auxiliares e na própria justiça arbitral, por elas mesmas escolhida e constituída.

A confiança é de tal ordem na arbitragem que as partes renunciam a uma série de oportunidades que a justiça comum lhes concede, a exemplo dos recursos diversos e das ações próprias para desconstituir a coisa julgada, estas com um grande elenco de fundamentos, para sujeitarem-se, em regra, a uma única decisão sem a possibilidade de apelo.

Por essa razão, a confiança deve existir não apenas no momento da instituição da arbitragem e na escolha dos árbitros, mas necessariamente deve ser alimentada pelo tribunal arbitral durante todo o procedimento, seja pela realização das chamadas *pre-hearing conferences,* seja pela busca de alternativas instrutórias que se aproximem, o mais possível, das expectativas das partes, instaurando desse modo uma atmosfera cooperativa para que a arbitragem se desenvolva num clima de absoluta confiança na justiça do meio e, consequentemente, do seu resultado.[1]

A adesão à convenção de arbitragem implica em compromisso pelas partes de respeito a esse princípio, não apenas no momento da constituição do Tribunal Arbitral, mas durante todo o desenrolar do seu procedimento.

Como corolário do princípio da confiança há outros igualmente importantes no campo arbitral, como é o caso da consensualidade e, também, da plena autonomia da vontade das partes. Não à toa que podem as partes escolher o tribunal arbitral de sua preferência, estabelecer a lei material que será aplicável ao caso, convencionar sobre as regras do procedimento e sobre o idioma a ser usado, indicar o local de realização da arbitragem, escolher os árbitros e, até mesmo, autorizar o julgamento por equidade.

Na lição de Francesco Luiso, a consensualidade, mesmo das normas processuais, constitui o princípio básico da arbitragem, devendo prevalecer durante todo o curso do procedimento arbitral e não apenas em um ato antecedente ao início do processo.[2]

---

1 Estudo publicado na Revista Eletrônica de Direito Processual – REDP (UERJ), v. 12, nº 12.
Tobias Zuberbühler et alii. *IBA Rules of Evidence – Commentary on the IBA Rules on the taking of evidence in International Arbitration*. Zurich: Ed. Schulthess, 2012. p. 14.

2 Francesco P. Luiso. *Diritto Processuale Civile. La resoluzione non giurisdizionale delle controversie*. v. V. 6ª ed. Milano: Giuffrè, 2011, p. 164.

A escolha pela solução arbitral é fruto da livre manifestação de vontade das partes e essa liberdade também rege todo o processo arbitral. Como decorrência do princípio da autonomia da vontade ou do dispositivo, as partes livremente adotam um determinado procedimento ou aderem ao procedimento de uma determinada instituição arbitral e, nos vazios dessas regras, elas devem, sempre de comum acordo, continuar senhoras do processo arbitral, adotando todas as providências que contribuam para a confiança no julgamento final.[3]

Tais premissas indicam a necessidade e a importância, em especial na arbitragem, do princípio da boa-fé.[4]

Não é ocioso recordar que a boa-fé é um princípio geral de direito, aplicável a todas as relações jurídicas[5]. Há quem a associe à própria dignidade humana[6], sendo relevante a sua importância, ao lado da segurança jurídica, como fiadora do princípio da confiança legítima[7]. A doutrina atualmente divide a boa-fé em subjetiva e objetiva. A primeira é uma "qualidade reportada ao sujeito"[8]; é a crença do sujeito de que seu comportamento está em conformidade com o direito e que de nenhum modo ofende aos direitos de outrem[9]. Jäggi, citado por Menezes Cordeiro, a define como a "não--consciência do injusto, apesar de uma falha no direito"[10].

Entretanto, não é a esse aspecto a que se refere a doutrina quando exalta o princípio jurídico da boa-fé, mas ao da chamada *boa-fé objetiva* em que, evitando o risco

---

3 Discorrendo sobre a arbitragem na Espanha, após as reformas de 2003 e 2011, Enrique César Pérez-Luño Robledo leciona: "La voluntad de las partes es el principio que inspira todo el procedimiento arbitral. No sólo como elemento originador del arbitraje, sino que hace prevalecer la autonomía de la voluntad de las partes incidiendo en cuestiones como: el procedimiento para la designación o recusación de los árbitros, las reglas de procedimiento que rigen su actuación (...), en general la autonomia de la voluntad de las partes preside cualquier cuestión procedimental, el limite lo imponen los principios de igualdad, audiencia y contradicción." Enrique César Pérez-Luño Robledo. *La reforma del arbitraje de 2011 – Presupuestos, antecedentes y alcance.* Valencia: Ed. Tirant lo Blanch, 2013. p. 49

4 Sobre as dificuldades para a conceituação da boa-fé processual, cf., por todos: Joan Picó i Junoy. *El principio de la buena fe procesal.* Barcelona: Bosch Editor, 2003. p. 66-72.

5 António Manuel da Rocha e Menezes Cordeiro. *Da boa fé no Direito Civil.* 3ª reimpressão. Coimbra: Ed. Almedina, 2007. p. 371 e ss.; e Antônio Junqueira de Azevedo. *Responsabilidade Pré-Contratual no Código de Defesa do Consumidor; Estudo Comparativo com a Responsabilidade Pré-Contratual no Direito Comum.* In: Cadernos de Pós-Graduação da Faculdade de Direito da UERJ, n° 2, abr. 1996.

6 Teresa Negreiros. *Fundamentos para uma interpretação constitucional do princípio da boa-fé.* Rio de Janeiro: Ed. Renovar, 1998. p. 282.

7 Sylvia Calmes. *Du príncipe de protection de la confiance legitime en droits allemand, communautaire et français.* Paris: Ed. Dalloz, 2001. p. 231 e ss.

8 Menezes Cordeiro. Obra citada, p. 407.

9 Eduardo Ribeiro de Oliveira. *Comentários ao Novo Código Civil.* v II. Rio de Janeiro: Ed. Forense, 2008. p. 251-252.

10 Menezes Cordeiro. Obra citada, p. 411.

do subjetivismo e a impenetrabilidade da consciência humana, a sua aferição decorre do exame da observância das regras de conduta que são normalmente esperadas dos sujeitos de determinada relação jurídica.

Eduardo Ribeiro de Oliveira leciona[11]:

> Trata-se, aqui, de algo externo ao agente. Não se leva em conta o que é percebido e apreendido por sua mente, mas se consideram determinados parâmetros ligados à convivência social. Vincula-se ao dever de lealdade que se pode razoavelmente esperar de quem participa do comércio jurídico. Diz com um comportamento informado por padrões de correção, de probidade, tendo em vista o que, em dado momento histórico, seja reputado eticamente recomendável.

A origem dessa noção, consagrada no art. 113 do Código Civil de 2002, é o § 242 do Código Civil alemão, segundo o qual "o devedor é obrigado a cumprir a prestação com observância da boa fé, tomando em consideração os usos do tráfego jurídico"[12].

É hoje indiscutível a extensão desses conceitos ao direito processual civil. Conforme lição de Luigi Paolo Comoglio, está inteiramente superada a perspectiva processual da primeira metade do século XX, simbolizada na expressão de James Goldschmidt de que *no Processo, como na Guerra e na Política, a Moral não entra*[13]. A constitucionalização do direito processual, o seu enraizamento na teoria dos direitos fundamentais, a emergência da noção de processo justo, caracterizado pelo primado das garantias do contraditório, da ampla defesa e do devido processo legal, como exigências do respeito à pessoa e aos seus direitos essenciais[14], exaltam a obrigatoriedade do respeito ao princípio da boa-fé.[15]

É evidente que na arbitragem esse princípio tem uma importância abissal, especialmente na instrução probatória, como, aliás, destaca o parágrafo 3° do preâmbulo das Regras sobre Prova da International Bar Association, segundo o qual *"the taking of evidence shall be conducted on the principles that each Party shall act*

---

11 Eduardo Ribeiro de Oliveira. Obra citada, p. 252.

12 Cf.: § 242. „Der Schuldner ist verpflichtet, die Leistung so zu bewirken, wie Treu und Glauben mit Rücksicht auf die Verkehrssitte es erfordern".
Menezes Cordeiro ensina que, se "as regras de conduta foram cumpridas: há boa fé; não o foram, surge a má fé". Menezes Cordeiro. Obra citada, p. 524.

13 James Goldschmidt, Der Prozess als Rechtslage, Berlin: Ed. Julius Springer, 1925, p. 292.

14 Luigi Paolo Comoglio. *Etica e tecnica del giusto processo*. Torino: Ed. G. Giappichelli, 2004. p. 3-8.
A partir desse quadro, Paulo Cezar Pinheiro Carneiro desenvolve a noção de solidariedade entre as partes. Cf.: Paulo Cezar Pinheiro Carneiro. *A ética e os personagens do processo*. Revista Forense, Rio de Janeiro, separata, v. 358. p. 347-353.

15 Joan Picó i Junoy, na Espanha, aponta o surgimento do princípio da boa-fé na Alemanha, a partir da exegese do § 138 da ZPO, citando a lição de Lent, que a ele se referiu como um dos princípios "cardinais de todo sistema processual". Joan Picó I Junoy. *El principio de la buena fe procesal*. Barcelona: Ed. J.M.Bosch, 2003, p. 51.

in good faith".[16] E na medida em que a opção pela consensualidade deve ter, necessariamente, como contrapartida indispensável um comportamento ético, leal e solidário entre as partes, nenhuma delas poderá valer-se de um artifício formal para colocar-se em situação de vantagem ou mesmo de simples preponderância em relação à outra.

Da boa-fé e da confiança legítima dela resultante decorre, para alguns, a proibição de comportamentos contraditórios pelas partes (*nemo potest venire contra factum proprium*). De acordo com Enrique Vallines Garcia, sua configuração exigiria uma conduta de um sujeito e a sua intrínseca incompatibilidade com o posterior exercício de um poder processual[17].

Ora, numa relação jurídica dinâmica, como é o processo judicial ou arbitral, não é razoável admitir que seja previsível que, ao praticar de boa-fé um ato do processo que o tribunal determinou que fosse concorrentemente praticado pelo seu adversário, uma das partes tenha de antemão renunciado ao direito de impugnar o ato praticado pela outra, cujo conteúdo de antemão ignora, com evidente má-fé. Cada uma das partes na relação processual ou arbitral e os próprios julgadores têm o direito de exigir que ambas as partes se comportem com probidade e boa-fé, o que torna imperiosa a possibilidade de que a parte prejudicada impugne as condutas maliciosas da parte adversa e a necessidade de que o tribunal coíba com energia essas condutas.

O critério cardeal para a proibição do *venire contra factum proprium* está, portanto, na imputação ao sujeito de conduta contraditória em relação ao que expressa e conscientemente tenha anteriormente afirmado.[18]

Por outro lado, a aplicação do *venire* exige a prática de um comportamento anterior gerador da expectativa legítima do adversário de que o comportamento posterior não ocorrerá, gerando no adversário o direito de pautar a sua conduta em função da referida expectativa, de modo que a prática do comportamento posterior imprevisto provoque uma iniquidade não remediável.[19]

Outro princípio fundamental da arbitragem, implicitamente exigido pelo art. 21, § 2°, da Lei de Arbitragem brasileira, ao se referir aos seus componentes (contraditório, igualdade e imparcialidade), é o princípio do devido processo legal.[20]

Também o contraditório, com as suas diversas manifestações – a audiência bilateral, a igualdade das partes e a paridade de tratamento, a imparcialidade dos ár-

---

16 Tobias Zuberbühler et alii. Obra citada, p. 1-6.

17 Enrique Vallines García. *La preclusión en el proceso civil*. Madrid: Thomson Civitas, 2004. p. 249.

18 Menezes Cordeiro. Obra citada, p. 756.

19 Menezes Cordeiro. Obra citada. p. 758.

20 Pedro Batista Martins leciona que, "em hipótese alguma poderá ser violado o devido processo legal. Tanto o processual quanto o substantivo. É um bem jurídico de titularidade de toda e qualquer pessoa. É uma garantia de direito natural." Pedro A. Batista Martins. *Apontamentos sobre a lei de arbitragem*. Rio de Janeiro: Ed. Forense, 2008. p. 236

bitros, seu dever de fundamentação e livre convencimento – são pedras de toque do procedimento arbitral, universalmente reconhecidos.

Mais do que isto, essas manifestações assumem um destaque e uma sensibilidade muito mais intensos do que no procedimento judicial comum, na medida em que, em regra, são sustentáculos da confiança na qualidade e aceitabilidade da decisão final, que deve ser o resultado de um rito que reduza ao máximo as possibilidades de erro, não só porque livremente adotado e conduzido pelas partes, mas também porque o seu respeito é que justificará o caráter irrecorrível da decisão final, restando aos envolvidos, tão somente, o difícil e penoso caminho da ação anulatória, já com o fato consumado. Por isso, devem ser asseguradas pelo tribunal arbitral em todas as fases do procedimento e observados em todas as suas decisões.[21]

Como ensina Sergio La China, as nulidades em que é possível incorrer a arbitragem por violação da garantia do contraditório não são predeterminadas e taxativas, mas podem ocorrer em hipóteses várias, que normalmente se exteriorizam no desequilíbrio entre as prerrogativas das partes e no desrespeito à paridade de armas, que está nas entranhas do processo arbitral.[22]

O contraditório, como princípio de observância obrigatória na arbitragem, além de incluir necessariamente a audiência bilateral, estratifica-se na ideia de *direito de influência,* ou seja, de que nenhuma decisão seja adotada pelos julgadores sem que tenha sido assegurada a ambas partes a mais ampla possibilidade de influir eficazmente no seu conteúdo.[23]

É a garantia dessa participação que confere legitimidade democrática ao poder que a lei confere aos juízes e que as partes conferem aos árbitros e que justifica o respeito que os litigantes devem prestar às suas decisões.

Não é despiciendo recordar que, além da sua expressa previsão na atual Lei de Arbitragem (art. 21, §2°), o contraditório constitui cláusula pétrea no rol dos direitos

21 Cf.: o art. 17 das Regras de Arbitragem da UNCITRAL e o art. 22.4 do Regulamento de Arbitragem da Câmara de Comércio Internacional – CCI.

22 Sergio La China. *Le nullità nel procedimento arbitrale*. In Rivista di Diritto Processuale. Padova: CEDAM, 1986. p. 313-314.
A respeito da aplicação da Lei de Arbitragem espanhola, Lorca Navarrete afirma: "El irreductible núcleo procesal con el que opera la Ley de Arbitraje es absolutamente esencial e imperativo por lo que no es posible derogarlo. En la Ley de Arbitraje poseen ese carácter los principios esenciales de audiencia, contradicción e igualdad entre las partes a los que, en todo caso, han de justarse las actuaciones arbitrales (art. 24 LA) ya que, según el artículo 24.1 LA, "deberá tratarse a las partes con igualdad y darse a cada una de ellas suficiente oportunidad de hacer valer sus derechos". El carácter esencial de tales principios justifica la posibilidad de pedir la anulación del laudo arbitral pronunciado infringiéndolos". Antonio Maria Lorca Navarrete. *La anulacion del laudo arbitral*. San Sebastian: Ed. Instituto Vasco de Derecho Procesal, 2008. p. 40.

23 Sobre o tema, cf.: Leonardo Greco. *Garantias Fundamentais do Processo: o Processo Justo*. In: Revista Jurídica, ano 51, mar. 2003, nº 305, São Paulo: Ed. Notadez. p. 61-99; Leonardo Greco. *O princípio do contraditório*. In: Revista Dialética de Direito Processual, nº 24, mar. 2005, São Paulo: Ed. Dialética, p. 71-79.

humanos fundamentais (Constituição, art. 5°, LV) e se manifesta e concretiza no direito de apresentar alegações, propor e produzir provas, participar da produção das provas requeridas pelo adversário ou determinadas de ofício pelo juiz e exigir a adoção de todas as providências que possam ter utilidade na defesa dos seus interesses, de acordo com as circunstâncias da causa e as imposições do direito material.[24]

A busca da verdade, como meio de acesso ao direito, porque dos fatos é que se originam os direitos, passa a integrar o próprio direito de defesa, um dos componentes do contraditório, o direito de defender-se provando,[25] como resultado da necessidade de se garantir às partes a adequada participação no processo, sendo o seu objetivo, não a defesa em sentido negativo, mas a efetiva influência na decisão (*Einwirkungsmöglichkeit*).[26]

Outra projeção do princípio do contraditório é a garantia denominada de igualdade concreta, que nada mais é do que a aplicação ao processo judicial e também ao arbitral do direito fundamental à igualdade, inscrito no *caput* do artigo 5° da nossa Carta Magna. As partes devem ser tratadas com igualdade, de tal modo que desfrutem concretamente das mesmas oportunidades de sucesso final, em face das circunstâncias da causa.[27]

O contraditório do nosso tempo nada mais é do que a projeção no processo, seja ele judicial ou arbitral, do primado da dignidade humana, que exige que o poder de influir nas decisões seja assegurado de fato, na prática, em concreto, e não apenas formalmente, a todos os interessados.[28]

Esse poder se projeta na instrução probatória,[29] assegurando aos interessados a participação direta e pessoal, por seus assistentes ou por quaisquer outras pessoas de sua confiança, nos atos e diligências que se destinam a esclarecer a verdade, para que a colheita de provas seja a mais proveitosa possível e, assim, possa fornecer ao julgador os elementos de convicção mais propícios a possibilitar um julgamento justo.

---

24 Leonardo Greco. *Garantias Fundamentais do Processo...* p. 61-99.

25 Leonardo Greco. *A prova no Processo Civil: do Código de 1973 até o novo Código Civil*. In: Revista Forense, v. 374, 2004, Rio de Janeiro: Ed. Forense, p. 183-199.

26 Nicolò Trocker. *Processo Civile e Costituzione*. Milano: Ed. Giuffrè, 1974. p. 370. No mesmo sentido: Luiz Guilherme Marinoni. *Novas linhas do processo civil*. São Paulo: Ed. Revista dos Tribunais, 1993. p. 167.

27 Carmine Punzi leciona que a regra da *paridade de armas* se considera violada, de acordo com a jurisprudência da Corte de Cassação italiana, *"quando le parti non hanno potuto esercitare su un piano di uguaglianza le facoltà processuali concesse dagli arbitri"*. Carmine Punzi. *Disegno sistematico dell'arbitrato*. v. II, 2ª ed. Padova: CEDAM, 2012, p. 560.

28 Cf.: Leonardo Greco. *O princípio do contraditório...* p. 71-79.

29 Sobre a importância do contraditório na arbitragem, especialmente pela garantia do direito à prova, cf. Alexandre Freitas Câmara. *Arbitragem – Lei n° 9.307/96*. 4ª ed. Rio de Janeiro: Lumen Juris, 2005. p. 84-86.

Em suma, para que se alcance um justo processo arbitral, nem o juiz, nem o árbitro, nem o perito designado pelo juiz ou pelos árbitros, valendo-se de argumentos formalistas, nem as partes, uma em relação à outra, podem restringir o alcance desses princípios, em especial do direito de participação e influência, sob pena de nulidade das decisões.

Parte 2. A aplicação do dever de revelação (*disclosure*) aos peritos nomeados no curso da arbitragem

No artigo 13 da lei 9.307/1996, o legislador estabeleceu que o árbitro deve ser pessoa capaz e "que tenha a plena confiança das partes". Normalmente os árbitros são escolhidos de comum acordo pelas partes. Em regra, cada parte indica um árbitro e, em seguida, os indicados escolhem o terceiro árbitro, considerado, por alguns doutrinadores de peso, como árbitro neutro.

Justamente pela circunstância de que o princípio da confiança é regente do procedimento arbitral foi que o legislador brasileiro, assim como a generalidade das legislações e regras de instituições ou de órgãos especializados em arbitragens, exige do árbitro o dever "de revelar antes da aceitação da função, qualquer fato que denote dúvida justificada quanto à sua imparcialidade e independência" (Lei 9.307/1996, artigo 14, § 1°).

Aqui, diferentemente da justiça comum, a essência da arbitragem exige que não exista nenhuma, ou melhor, a menor dúvida sobre a independência e a imparcialidade do árbitro.

Em razão da indispensável confiança, a independência e a imparcialidade do árbitro devem ser avaliadas objetivamente, não só a partir de fatos concretos, mas também de aparências, independentemente das suas intenções. Como corretamente leciona Guy Keutgen, professor da Universidade de Louvain e presidente do Centro Belga de Arbitragem e Mediação (CEPANI), tratando da matéria no direito belga, em tradução livre:[30]

> A apreciação objetiva deve ser privilegiada pois somente ela permite excluir qualquer suspeita ou interrogação concernente ao árbitro e salvaguardar a necessária confiança que ele deve inspirar nas partes. Isto leva a rejeitar um árbitro desde que uma circunstância ou um vínculo determinado seja de natureza a alterar o seu julgamento. Isto corresponde a dizer, na linha da jurisprudência da Corte Europeia de Direitos Humanos, que sublinha "a importância atribuída às aparências e à sensibilidade acrescida do público às garantias de uma boa justiça", que a aparência de independência do árbitro é essencial, independentemente de suas verdadeiras intenções.

30 Guy Keutgen. *L'indépendance et l'impartialité de l'arbitre en droit belge*. In: Jacques van Compernolle e Giuseppe Tarzia, L'impartialité du juge et de l'arbitre. Bruxelles: Ed. Bruylant, 2006. p. 282.

Existem inúmeras regras éticas espalhadas em regulamentos diversos que enumeram uma série de situações que podem denotar a imparcialidade ou a falta de independência do árbitro, como, por exemplo, o fato de o árbitro ter tido, ainda que no passado, qualquer relação comercial com uma das partes ou com empresas integrantes do grupo e mesmo com pessoas a eles vinculadas, inclusive de natureza pessoal, para justificar a recusa da indicação desse árbitro.

Assim, por exemplo, a International Bar Association, em 2004, após longos estudos de comissão de especialistas das mais diversas partes do mundo, editou as suas *Guidelines on Conflicts of Interest in International Arbitration*, nas quais, seguindo exemplo de legislações de alguns Estados americanos como a Califórnia e o Texas, dividiu em três listas (vermelha, laranja e verde) os fatos que devem ser revelados pelos árbitros e que justificam a sua recusa por qualquer das partes.

Dessas longas listas, podem ser destacadas duas elucidativas situações, a saber, também em tradução livre:[31]

> 2.3.8. O árbitro tem uma relação familiar íntima com uma das partes ou com um gerente, diretor ou membro do conselho superior ou com qualquer outra pessoa que tenha uma posição decisória similar em uma da partes, em uma de suas afiliadas ou no escritório de advocacia que representa uma parte.
>
> ...
>
> 3.4.3. Existe uma íntima amizade pessoal entre o árbitro e um gerente, diretor ou membro do conselho superior ou qualquer outra pessoa que tenha uma posição decisória similar em uma das partes, em uma de suas afiliadas, bem como uma testemunha ou perito, evidenciada pelo fato de que o árbitro e essa outra pessoa convivem juntos durante tempo considerável fora das suas atividades profissionais ou das atividades de associações profissionais ou de organizações sociais.

Com efeito, o princípio da confiança é absolutamente incompatível com a existência de uma dúvida justificável sobre a independência e imparcialidade do árbitro que irá julgar a causa. Aqui, diferentemente da justiça comum, apesar de a ela também ser aplicável, o legislador exige muito mais para a permanência do árbitro.

Seria absolutamente ilógico, a brigar com o bom senso, afirmar que os casos para a recusa do árbitro seriam somente aqueles enumerados no Código de Processo Civil, como impedimentos e motivos de suspeição. Não haveria, nesta hipótese, qualquer razão para a existência do dever de revelação de fato que possa indicar dúvida justificada quanto à independência e imparcialidade do árbitro.

---

31 Cf.: IBA Guidelines on Conflicts of Interest in International Arbitration. Disponível em: www.ibanet.org/Document. Consultado em 20 maio 2013. Ver, ainda: Thomas Clay, *L'indépendance et l'impartialité de l'arbitre et les règles du procès équitable.* In: Jacques van Compernolle e Giuseppe Tarzia, L'impartialité du juge et de l'arbitre. Bruxelles: Ed. Bruylant, 2006. p. 222-223; Stefan Rützel, Gerhard Wegen e Stephan Wilske. *Commercial dispute resolution in Germany – litigation, arbitration, mediation.* München: Verlag C.H. Beck, 2005. p. 123.

A regra, universalmente aceita, é no sentido de que se existe esta dúvida razoável e que deve ser indicada pelo próprio árbitro, qualquer das partes pode recusá-lo ou não. Do mesmo modo, caso o árbitro não revele fato que possa ser tido como dúvida razoável ou justificável sobre a sua independência ou imparcialidade, compete à parte pedir a sua manifestação, para, se for o caso, promover o incidente próprio de suspeição ou de impedimento.

A preocupação com a confiança levou legislações de países diversos e de institutos especializados a estabelecer que o árbitro neutro não deve ter a mesma nacionalidade das partes em disputa. Aqui, tem-se um exemplo eloquente de que no procedimento arbitral não se pode correr nenhum tipo de risco sobre a existência de um fato que possa representar uma dúvida razoável sobre a independência e a imparcialidade do árbitro.

Jacob Dolinger e Carmen Tiburcio, em sua clássica obra sobre a Arbitragem Comercial Internacional, já apontavam diversas legislações e regulamentos arbitrais que, uniformemente tratando do tema, estabelecem que os árbitros podem ser recusados se existem circunstâncias que originam uma dúvida justificável sobre a sua imparcialidade.[32]

Por outro lado, a escolha dos árbitros deve preservar a paridade de armas. Assim, se as partes porventura tiverem concordado que essa escolha recaia sobre árbitro indicado por apenas uma das partes, tal decisão não escapará da censura judicial, porque violaria o princípio da igualdade que uma das partes desfrutasse de uma posição de preponderância em relação à outra[33].

Ressalte-se que também a conduta do árbitro no curso da arbitragem pode comprometer a sua imparcialidade. Assim, a justiça inglesa removeu árbitro que acusou uma das partes de conduta deliberadamente procrastinatória, não deu ouvidos às suas alegações e insistiu em agendar a audiência para data em que as partes não estavam em condições de defender-se adequadamente, porque a finalidade da arbitra-

32 Cf.: Jacob Dolinger e Carmen Tiburcio. *Direito Internacional Privado (Parte Especial) – Arbitragem Comercial Internacional*. Rio de Janeiro: Ed. Renovar, 2003, que reproduz o Código Judicial da Bélgica, art. 1690 (p. 665); o Código de Processo Civil Alemão, art. 1036 (p. 646); o Código de Arbitragem Comercial do Canadá, art. 12 (p. 699); a Lei de Arbitragem de Israel, art. 11 (p. 746); o Código de Processo Civil dos Países Baixos, art. 1.033 (p. 765); a Lei de Arbitragem do Reino Unido, seção 24.1 (p. 803); a Lei Modelo da UNCITRAL (United Nations Commission on International Trade Law) sobre Arbitragem Comercial Internacional, art. 12 (p. 868); o Regulamento de Arbitragem da Corte de Arbitragem da Câmara de Comércio Internacional (CCI), arts. 7° e 11 (p. 941 e 943); as Regras de Arbitragem da World Intellectual Property Organization (WIPO), art. 24 (p. 964); as Regras de Arbitragem Internacional da American Arbitration Association, arts. 7° e 8° (p. 995 e 996); as Regras de Arbitragem da London Court of International Arbitration, art. 10.3 (p. 983); as Regras de Processo da Inter-American Commercial Arbitration Commission (IACAC), art. 6° (p. 1007); e o Regulamento da Câmara de Arbitragem do Mercado da Bolsa de Valores de São Paulo (BOVESPA), art. 6.1 (p. 1044).

33 V. Stefan Rützel. *Gerhard Wegen e Stephan Wilske, Commercial dispute resolution in Germany – litigation, arbitration, mediation*. München: Verlag C.H. Beck, 2005. p. 119.

gem, de acordo com o artigo 1(a) da Lei de Arbitragem do Reino Unido, é obter uma resolução justa da controvérsia por um tribunal imparcial. Não é necessária a prova da parcialidade. Basta a dúvida ou o perigo concreto de que a conduta dos árbitros tenha tratado uma das partes de modo menos favorável do que a outra.[34]

Todas as regras e princípios estabelecidos, e expostos na primeira parte deste estudo, aplicam-se, também, aos peritos indicados pelas partes ou pelos árbitros, pouco importando a existência ou não de dispositivo legal ou convencional expresso.

Como é notório, o juiz ou o árbitro se valem de um perito para a prova de fatos relevantes que dependem de conhecimentos altamente especializados de natureza técnica ou científica, os quais excedem a capacidade cognitiva do juiz. Exercem os peritos uma função auxiliar da própria atividade judicial.[35]

Como tem acentuado a Corte de Cassação francesa em diversas arestos, seguindo a influência da Corte Europeia de Direitos Humanos, a função do perito cada vez mais se aproxima da função de julgar e, assim, a ele devem ser aplicados os mesmos requisitos de independência e imparcialidade exigidos do juiz.[36]

O trabalho do perito e o seu laudo, especialmente naquelas hipóteses em que se exigem conhecimentos técnicos e científicos que poucos profissionais possuem, como é o caso de ramos especializados da engenharia, são fundamentais para o desfecho da causa, até mesmo para determinar a procedência ou improcedência de um pedido, estabelecer ou não nexo de causalidade ou a fixação de valores vultosos que deverão caber às partes.

Pode-se afirmar que, nestas hipóteses, a elucidação direta do fato probando cabe ao perito, cabendo ao juiz e ao árbitro aceitá-lo ou designar outro perito para dirimir eventuais dúvidas, em razão da falta completa de conhecimentos técnicos para formular conclusão diversa. O julgador não tem conhecimentos técnicos para contrariar a convicção formada pelo perito. Daí porque a independência e a imparcialidade do perito indicado pelo juízo ou pelo tribunal arbitral é inafastável e tão importante quanto a do próprio juiz ou árbitro.

Aliás, sempre ressalvando a autonomia da vontade das partes, os regulamentos arbitrais, de um modo geral, estabelecem que os peritos estão sujeitos às mesmas regras que disciplinam a verificação da independência e da imparcialidade dos árbitros. E nem poderia ser diferente, porque dispensar o perito da observância dessas regras poria por terra toda a principiologia da arbitragem, imposta pela necessidade de assegurar em todo o processo a preservação da confiança das partes.

---

34 Karen Tweeddale & Andrew Tweeddale, *A practical approach to arbitration law*. London: Blackstone Press Limited, 1999. p. 109-110.

35 Moacyr Amaral Santos. *Prova Judiciária no Civel e Comercial*. v. V. São Paulo: Ed. Max Limonad, s/d, p. 34.

36 Olivier Leclerc. *Le juge et l'expert – contribution à l'étude des rapports entre le droit et la science*. Paris: Ed. LGDJ, 2005. p. 265.

Por isso, os mesmos fatos que objetivamente comprometem a independência ou a imparcialidade dos árbitros, afetam a independência ou imparcialidade do perito, devendo ser por ele revelados e podendo levar à sua recusa por qualquer das partes, tenham ocorrido anteriormente ao processo arbitral ou no seu curso.

Esses motivos não são apenas os que resultam de vedações expressas da lei processual civil, que se aplica subsidiariamente e à falta de regras próprias no compromisso arbitral ou no regulamento da instituição arbitral, mas quaisquer outras circunstâncias que possam pôr em dúvida a imparcialidade do *expert*, como as relações pessoais ou profissionais anteriores mantidas com as partes ou com os seus agentes.

A recusa do tribunal arbitral em reconhecer esse risco, e até mesmo em justificá-la, constitui flagrante violação do princípio do devido processo legal.

O processualista italiano Sergio La China leciona que o perito (*consulente* tecnico *d'ufficio*), tanto nos processos judiciais quanto nos arbitrais, é um verdadeiro e próprio *istruttore delegato*, que, não só fornece, com a sua específica preparação técnica, resposta aos quesitos que lhe são propostos, mas antes e em grande escala pesquisa e adquire informações, dados, documentação sobre todos os aspectos da controvérsia, com muito mais profundidade do que o próprio juiz ou do que os próprios árbitros. Por isso, como estes, o perito tem a obrigação de abstenção nas situações que poderiam provocar a sua recusa.[37]

Nesse sentido, por exemplo, é expresso o Código de Processo Civil alemão, no §1049(3), ao determinar que o perito designado pelo tribunal arbitral preencha os mesmos requisitos de imparcialidade e independência exigidos do próprio árbitro, aplicando-se-lhe as mesmas regras de *disclosure* e os motivos de recusa do árbitro, inscritos nos §§1036 e 1037(1) e (2).[38]

---

37 Sergio La China. *L'arbitrato – il sistema e l'esperienza*. 3ª ed. Milano: Giuffrè, 2007. p. 179-180. Quanto ao perito na arbitragem, é sábia a citação que Ana Luiza Baccarat da Motta Pinto faz à opinião respeitável de Emmanuel Gaillard, em obra de fôlego sobre a Arbitragem Comercial Internacional: " Like the arbitrators, the expert must observe the principles of due process and equal treatment of the parties." Fouchard Gaillard Goldman on International Commercial Arbitration, Haia, 1999, p. 705, citado por Ana Luiza Baccarat da Motta Pinto. *As provas e a sua produção no procedimento arbitral sob o enfoque da prática*. In: Ana Luiza Baccarat da Motta Pinto e Karin Hlavnicka Skitnevsky. Arbitragem nacional e internacional. Rio de Janeiro: Ed. Campus Elsevier, 2012. p. 75

38 Código de Processo Civil alemão (ZPO), em tradução livre: § 1049(3): "Ao perito designado pelo tribunal arbitral se aplicam os §§ 1036 e 1037(1) e (2)". § 1036: "(1) Uma pessoa à qual se propõe a função de árbitro tem de revelar todas as circunstâncias que possam gerar dúvidas sobre a sua imparcialidade ou independência. Um árbitro também é obrigado, desde a sua designação até o final do procedimento arbitral a revelar tais circunstâncias às partes de forma imediata, se delas não tivera conhecimento anteriormente. (2) Um árbitro somente pode ser recusado se ocorrem circunstâncias que dão lugar a dúvidas justificadas sobre a sua imparcialidade ou independência, ou se não cumpre os requisitos exigidos de comum acordo pelas partes. Uma parte pode recusar um árbitro por ela designado ou em cuja designação interveio somente pelos motivos dos quais tomou conhecimento depois da designação". § 1037 "(1) Ressalvado o disposto no item (3) abaixo, as partes podem acordar um procedimento para a recusa de um árbitro. (2) Se não existe

Também o Regulamento de Perícias da Câmara de Comércio Internacional, que é a mais especializada e reputada instituição europeia de arbitragem, com sede em Paris, submete os peritos aos mesmos deveres de revelação de quaisquer fatos ou vínculos que possam gerar nas partes a mínima suspeita da sua parcialidade.

Por fim, entre nós, confirmando a tendência, o Regulamento de Arbitragem da Câmara de Arbitragem Empresarial – Brasil (CAMARB) passou por reforma em 2010 para explicitar formalmente a regra (item 8.8), antes decorrente da principiologia exposta no presente estudo, de exigir dos peritos o mesmo rigor na demonstração da sua independência e imparcialidade que é exigido dos árbitros, não bastando que estejam afastadas as causas de impedimentos e os motivos de suspeição arrolados no Código de Processo Civil.[39]

Conclusão

De tudo o quanto foi exposto, tem-se por aplicável ao *expert* nomeado no processo arbitral o dever de revelação (*disclosure*) imposto aos árbitros, cabendo a todos eles informar quaisquer circunstâncias que possam pôr em dúvida a sua independência e imparcialidade, ainda que não exista regra legal ou convencional explícita nesse sentido, sob pena de se comprometer, de modo irremediável, as conclusões da prova pericial e a própria sentença arbitral que nela diretamente tenha se fundamentado.

Como decorrência do dever de revelação, as partes e o Tribunal Arbitral poderão recusar o perito sempre que se confrontarem com fatos que indiquem a existência de dúvida razoável e justificada quanto à sua independência e imparcialidade, não sendo necessário, à luz dos princípios fundamentais do processo expostos ao longo do estudo, que a causa da recusa esteja arrolada no Código de Processo Civil.

Referências bibliográficas

AMARAL SANTOS, Moacyr. *Prova Judiciária no Civel e Comercial*. v. V. São Paulo: Ed. Max Limonad, s/d.

AZEVEDO, Antônio Junqueira de. *Responsabilidade Pré-Contratual no Código de Defesa do Consumidor; Estudo Comparativo com a Responsabilidade Pré-Contratual no Direito Comum*. In: Cadernos de Pós-Graduação da Faculdade de Direito da UERJ, n° 2, abr. 1996.

CALMES, Sylvia. *Du príncipe de protection de la confiance legitime en droits allemand, communautaire et français*. Paris: Ed. Dalloz, 2001.

tal acordo, a parte que quer recusar um árbitro tem de expor por escrito ao tribunal arbitral os motivos da recusa no prazo de duas semanas depois do conhecimento da composição do tribunal ou de uma das circunstâncias referidas no § 1036(2). Se o árbitro recusado não se demite do cargo ou a outra parte não concorda com a recusa, então o tribunal arbitral decide sobre a recusa".

39 Disponível em: www.camarb.com.br.

CÂMARA, Alexandre Freitas. *Arbitragem – Lei n° 9.307/96*. 4ª ed. Rio de Janeiro: Lumen Juris, 2005.

CARNEIRO, Paulo Cezar Pinheiro. *A ética e os personagens do processo*. Revista Forense, Rio de Janeiro, separata, v. 358.

CÉSAR PÉREZ, Enrique; ROBLEDO, Luño. *La reforma del arbitraje de 2011 – Presupuestos, antecedentes y alcance*. Valencia: Ed. Tirant lo Blanch, 2013.

COMOGLIO, Luigi Paolo. *Etica e tecnica del giusto processo*. Torino: Ed. G. Giappichelli, 2004.

COMPERNOLLE, Jacques van; TARZIA, Giuseppe. *L'impartialité du juge et de l'arbitre*. Bruxelles: Ed. Bruylant, 2006.

DOLINGER, Jacob; TIBURCIO, Carmen. *Direito Internacional Privado (Parte Especial) – Arbitragem Comercial Internacional*. Rio de Janeiro: Ed. Renovar, 2003.

GOLDSCHMIDT, James, *Der Prozess als Rechtslage*, Berlin: Ed. Julius Springer, 1925.

GRECO, Leonardo. *O princípio do contraditório*. In: Revista Dialética de Direito Processual, n. 24, São Paulo: Ed. Dialética, mar. 2005.

______. *Garantias Fundamentais do Processo: o Processo Justo*. In: Revista Jurídica, ano 51, nº 305, São Paulo: Ed. Notadez. mar. 2003, p. 61-99.

______. *A prova no Processo Civil: do Código de 1973 até o novo Código Civil*. In: Revista Forense, v. 374, 2004, Rio de Janeiro: Ed. Forense, p. 183-199.

KEUTGEN, Guy. *L'indépendance et l'impartialité de l'arbitre en droit belge*. In: Jacques van Compernolle e Giuseppe Tarzia, L'impartialité du juge et de l'arbitre. Bruxelles: Ed. Bruylant, 2006.

LA CHINA, Sergio. *Le nullità nel procedimento arbitrale*. In Rivista di Diritto Processuale. Padova: CEDAM, 1986.

______. *L'arbitrato – il sistema e l'esperienza*. 3ª ed. Milano: Giuffrè, 2007. p. 179-180.

LECLERC, Olivier. *Le juge et l'expert – contribution à l'étude des rapports entre le droit et la science*. Paris: Ed. LGDJ, 2005.

LORCA NAVARRETE, Antonio Maria. *La anulacion del laudo arbitral*. San Sebastian: Ed. Instituto Vasco de Derecho Procesal, 2008.

LUISO, Francesco P. *Diritto Processuale Civile. La resoluzione non giurisdizionale delle controversie*. v. V. 6ª ed. Milano: Giuffrè, 2011.

MARINONI, Luiz Guilherme. *Novas linhas do processo civil*. São Paulo: Ed. Revista dos Tribunais, 1993.

MARTINS, Pedro A. Batista. *Apontamentos sobre a lei de arbitragem*. Rio de Janeiro: Ed. Forense, 2008.

NEGREIROS, Teresa. *Fundamentos para uma interpretação constitucional do princípio da boa-fé*. Rio de Janeiro: Ed. Renovar, 1998.

OLIVEIRA, Eduardo Ribeiro de. *Comentários ao Novo Código Civil*. v II. Rio de Janeiro: Ed. Forense, 2008.

PICÓ I JUNOY, Joan. *El principio de la buena fe procesal*. Barcelona: Bosch Editor, 2003.

PINTO, Ana Luiza Baccarat da Motta. *As provas e a sua produção no procedimento arbitral sob o enfoque da prática*. In: Ana Luiza Baccarat da Motta Pinto e Karin Hlavnicka Skitnevsky. Arbitragem nacional e internacional. Rio de Janeiro: Ed. Campus Elsevier, 2012.

PUNZI, Carmine. *Disegno sistematico dell'arbitrato*. v. II, 2ª ed. Padova: CEDAM, 2012.

ROCHA, António Manuel da; CORDEIRO, Menezes. *Da boa fé no Direito Civil*. 3ª reimpressão. Coimbra: Ed. Almedina, 2007.

RÜTZEL, Stefan; WEGEN, Gerhard; WILSKE, Stephan. *Commercial dispute resolution in Germany – litigation, arbitration, mediation*. München: Verlag C.H. Beck, 2005.

TROCKER, Nicolò. *Processo Civile e Costituzione*. Milano: Ed. Giuffrè, 1974.

TWEEDDALE, Karen; TWEEDDALE, Andrew. *A practical approach to arbitration law*. London: Blackstone Press Limited, 1999.

VALLINES GARCÍA, Enrique. *La preclusión en el proceso civil*. Madrid: Thomson Civitas, 2004.

ZUBERBÜHLER, Tobias et alii. *IBA Rules of Evidence – Commentary on the IBA Rules on the taking of evidence in International Arbitration*. Zurich: Ed. Schulthess, 2012.

Os Negócios Jurídicos Processuais e a Alegação de Existência de Convenção de Arbitragem

Humberto Dalla Bernardina de Pinho
Julia Araripe Leite Lobo

1. Considerações iniciais

O novo Código de Processo Civil, que entrou em vigor em março de 2016, foi sancionado no contexto do sucesso e de crescente utilização do instituto da arbitragem, em especial nas disputas que envolvem temas de grande complexidade, em que as partes almejem manter a confidencialidade e/ou busquem celeridade.

Com relação ao momento e à forma de alegação de existência de convenção de arbitragem, durante a fase de discussão do projeto de novo Código de Processo Civil, o PL 8.046/10 previa uma importante inovação, qual seja, a figura do incidente de convenção de arbitragem – chamada por alguns de "exceção de arbitragem" ou "objeção de convenção de arbitragem".

Durante a votação do Substitutivo da Câmara dos Deputados ao Projeto de Lei do Senado n. 166 de 2010, no entanto, decidiu-se por suprimir a "exceção de arbitragem" e os artigos relacionados ao tema. A justificativa para a remoção foi a de que o novo CPC possuía como tendência a retirada das exceções, uma vez que estas apenas prolongariam o tempo de duração dos processos, e, por isso, a figura do incidente de convenção de arbitragem iria de encontro a essa tendência.

Ocorre que, no caso sob análise, a intenção era justamente prestigiar o princípio da celeridade. Assim, o legislador manteve a dinâmica do Código de Processo Civil de 1973 e reproduziu a regra segundo a qual a alegação de existência de convenção de arbitragem deverá ser feita na própria contestação, em sede de preliminar. Essa não foi a solução mais efetiva a nosso sentir.

Nesse contexto, diante da inconveniência de modelo, à luz dos princípios da efetividade, colaboração e duração razoável do processo, vem sendo sedimentado o entendimento no sentido de reconhecer a possibilidade de alteração da forma e do momento de alegação de existência de convenção de arbitragem, em especial em decorrência de celebração de negócio jurídico processual pelas partes.

2. Objeção de Convenção de Arbitragem

A convenção de arbitragem consiste no acordo por meio do qual as partes interessadas submetem a solução do litígio ao juízo arbitral[1], compreendendo tanto a cláusula compromissória[2] quanto o compromisso arbitral[3-4].

Como já referido, o art. 301, inciso X do CPC/1973 previa que a existência de convenção de arbitragem deveria ser alegada em sede de contestação, como preliminar de mérito.

De acordo com esse mecanismo, na mesma peça o réu deveria apresentar a alegação da existência de convenção de arbitragem e, no mérito, expor todos os argumentos de defesa.

Como se verá a seguir, o momento e forma de alegação de existência de convenção de arbitragem no CPC/1973 sofria muitas críticas, por ir de encontro a alguns dos princípios que deveriam ser respeitados a partir do momento que a parte opta pela jurisdição arbitral (por exemplo: a confidencialidade, celeridade, competência-competência, entre outros).

Com o advento da reforma do Código de Processo Civil Brasileiro, vislumbrou-se a oportunidade de alterar o mecanismo em questão, de modo a conferir maior eficácia ao procedimento.

Nesse sentido, o PL 8.046/10 previa relevante inovação: a figura do incidente de convenção de arbitragem. Assim, era permitido às partes alegar a existência de convenção de arbitragem em momento anterior ao oferecimento da contestação. Mais do que isso, o projeto continha cinco artigos que cuidavam exclusivamente da alegação de convenção de arbitragem e disciplinavam de forma minuciosa o procedimento para a sua apresentação.

---

1 PINHO, Humberto Dalla Bernardina de. Direito Processual Civil Contemporâneo. Volume I. 4ª Ed. São Paulo: Saraiva, 2012. p. 920.

2 Art. 4º da Lei nº 9.307/96: "A cláusula compromissória é a convenção através da qual as partes em um contrato comprometem-se a submeter à arbitragem os litígios que possam vir a surgir, relativamente a tal contrato".

3 Art. 9º da Lei nº 9.307/96: "O compromisso arbitral é a convenção através da qual as partes submetem um litígio à arbitragem de uma ou mais pessoas, podendo ser judicial ou extrajudicial".

4 Sobre a diferença ente a cláusula compromissória e o compromisso arbitral: "A cláusula compromissória, portanto, é firmada antes da ocorrência de qualquer controvérsia, ao passo que o compromisso arbitral vai ocorrer diante de um litígio concreto, em razão do acordo firmado pelas partes de se submeterem à arbitragem". (THEODORO JÚNIOR, Humberto. Curso de Direito Processual Civil – Procedimentos Especiais. vol. II. 50ª Ed. Rio de Janeiro: Forense. 2016. p. 571)

Com relação à forma, os arts. 345[5] e 346[6] do PL 8.046/10 previam que ela deveria ser formulada pelo réu em petição autônoma, a ser apresentada na audiência de conciliação ou mediação[7]. Caso o réu manifestasse desinteresse na composição consensual, teria que formular a alegação de convenção de arbitragem no mesmo momento. Não tendo sido designada audiência de conciliação ou mediação, a alegação de existência de convenção de arbitragem deveria ser feita em petição autônoma, no prazo da contestação.

Após a alegação, que preferimos denominar "objeção", já que seu conhecimento e admissão levam, inexoravelmente à extinção do processo judicial, o autor seria intimado a se manifestar no prazo de até quinze dias, após o qual deveria o magistrado se pronunciar. Intimadas as partes da decisão que a houvesse rejeitado, o prazo da contestação começaria a fluir. Em outras palavras, a apresentação de alegação de convenção de arbitragem interromperia o prazo para apresentação de contestação caso já estivesse em curso.

Os arts. 349[8] e 350[9] do PL 8.046/10, por sua vez, dispunham expressamente que a existência de convenção de arbitragem não poderia ser conhecida de ofício pelo órgão jurisdicional; de modo que deveria ser alegada pelo réu na forma dos artigos

---

5 Art. 345 do PL 8.046/10: "A alegação de existência de convenção de arbitragem deverá ser formulada, em petição autônoma, na audiência de conciliação ou de mediação. § 1º A alegação deve estar acompanhada do instrumento da convenção de arbitragem, sob pena de rejeição liminar. § 2º O autor será intimado para manifestar-se imediatamente sobre a alegação. Se houver necessidade, a requerimento do autor, o juiz poderá conceder prazo de até quinze dias para essa manifestação. § 3º A alegação de incompetência do juízo, se houver, deverá ser formulada na mesma petição a que se refere o caput deste artigo, que poderá ser apresentada no juízo de domicílio do réu, observado o disposto no art. 341. § 4º Após a manifestação do autor, o juiz decidirá a alegação. Intimadas as partes da decisão que a rejeita, o prazo da contestação começará a fluir. § 5º Se, antes da audiência de conciliação ou de mediação, o réu manifestar desinteresse na composição consensual, terá de, na mesma oportunidade, formular a alegação de convenção de arbitragem, nos termos deste artigo."

6 "Art. 346 do PL 8.046/10: "Não tendo sido designada audiência de conciliação ou de mediação, a alegação da existência de convenção de arbitragem deverá ser formulada, em petição autônoma, no prazo da contestação. § 1º A alegação deve estar acompanhada do instrumento da convenção de arbitragem, sob pena de ser rejeitada liminarmente e o réu ser considerado revel. § 2º A alegação de incompetência do juízo, se houver, deverá ser apresentada na mesma petição a que se refere o caput deste artigo, que poderá ser apresentada no juízo de domicílio do réu, observado o disposto no art. 341. § 3º Após a manifestação do autor, o juiz decidirá a alegação. Intimadas as partes da decisão que a rejeita, o prazo da contestação recomeçará por inteiro."

7 A alegação de existência de convenção de arbitragem deveria estar acompanhada do instrumento da convenção de arbitragem, sob pena de rejeição liminar.

8 Art. 349 do PL 8.046/10: "A existência de convenção de arbitragem não pode ser conhecida de ofício pelo órgão jurisdicional."

9 Art. 350 do PL 8.046/10: "A ausência de alegação da existência de convenção de arbitragem, na forma prevista neste Capítulo, implica aceitação da jurisdição estatal e renúncia ao juízo arbitral."

supracitados (arts. 345 e 346), regra essa que, aliás, já era contemplada no CPC/73 e foi mantida no CPC/2015.

Desse modo, caso o réu deixasse de alegar a existência de compromisso ou cláusula arbitral conforme previsto anteriormente, entender-se-ia que haveria uma renúncia tácita das partes ao juízo arbitral e consequente aceitação do juízo estatal para dirimir a controvérsia objeto do processo.

Essa regra se justificaria pelo respeito à autonomia da vontade, valor de suma importância no âmbito da arbitragem. Isso porque a convenção de arbitragem nada mais é do que um acordo privado, firmado entre duas partes capazes, referente a determinados direitos patrimoniais disponíveis. Ora, se uma das partes descumpre esse acordo, cabe à outra parte alegar esse descumprimento. Caso assim não ocorra, deve-se entender que ocorreu um distrato tácito.

Por fim, o art. 347[10] do PL 8.046/10 dispunha a respeito da apresentação da objeção de convenção de arbitragem quando o procedimento arbitral já tivesse sido instaurado (art. 19 da Lei n° 9.307/96). Nesse caso, o juiz deveria suspender o processo até que o próprio tribunal arbitral decidisse a respeito de sua competência. Na hipótese em que o procedimento arbitral ainda não tivesse sido instaurado caberia ao juiz decidir a questão.

Tratava-se de importante dispositivo, na medida em que este consagrava a regra da kompetenz-kompetenz, presente no art. 8º, parágrafo único da Lei Brasileira de Arbitragem e que acabou sendo prestigiada pelo inciso VII do art. 485 do CPC/2015[11]

Ou seja, existindo dúvida acerca da competência do juízo arbitral, em primeiro lugar cabe a ele próprio decidir se é ou não competente.

Durante a votação do Substitutivo da Câmara dos Deputados ao Projeto de Lei do Senado nº 166 de 2010, votou-se por suprimir a "exceção de arbitragem" e os demais artigos relacionados ao assunto[12].

---

10 Art. 347 do PL 8.046/10: "Se o procedimento arbitral já houver sido instaurado antes da propositura da ação, o juiz, ao receber a alegação de convenção de arbitragem, suspenderá o processo, à espera da decisão do juízo arbitral sobre a sua própria competência.
Parágrafo único. Não havendo sido instaurado o juízo arbitral, o juiz decidirá a questão."

11 Art. 485. O juiz não resolverá o mérito quando: (...) VII – acolher a alegação de existência de convenção de arbitragem ou quando o juízo arbitral reconhecer sua competência;

12 "Conjur — Uma das críticas à arbitragem é a possibilidade de uma das partes, quando insatisfeita, ir ao Judiciário. A Lei de Arbitragem ou o novo CPC preveem algo contra isso? José Antonio Fichtner — Não há propriamente um recurso. (...) Existia no projeto do novo CPC a exceção de arbitragem. A parte, então, teria a oportunidade de entrar com uma exceção de arbitragem e dizer "isso não é para ser discutido pelo Poder Judiciário". E o juiz poderia extinguir. (...) ConJur — Como uma exceção de competência? José Antonio Fichtner — Exatamente. Você entraria com a exceção e o juiz falaria que não era competência dele, que a arbitragem havia sido escolhida e extinguiria o processo. Só que no final do processo legislativo, o Congresso eliminou essa possibilidade da exceção e resolveu que essa defesa teria que ser feita na contestação." (FICHTNER, José Antonio. «Não é função da arbitragem

Ocorre que, na hipótese em discussão, a intenção era justamente prestigiar o princípio da celeridade. Dessa forma, o texto final do CPC/2015 acabou por dar maior poder a quem deseja violar o instituto da arbitragem e retardar a solução da lide, ao invés de apoiar a arbitragem como método de solução alternativa de disputas[13].

Nota-se, diante do exposto, que a supressão pode ser considerada um verdadeiro retrocesso para um Código de Processo Civil que claramente busca não só fomentar o uso da arbitragem, como integrá-la ao próprio sistema jurisdicional[14].

Nesse sentido, a redação do inciso X do art. 337 do novo CPC é praticamente idêntica à do já referido inciso X do art. 301 do CPC/1973.

E a consequência também é a mesma: caso o réu deixe de alegar a existência de convenção de arbitragem no prazo da contestação, entende-se que teria havido renúncia ao juízo arbitral[15].

Ou seja, de acordo com a sistemática prevista no atual diploma, o réu deverá apresentar na mesma peça a alegação da existência de convenção de arbitragem e a defesa de mérito.

Ressaltamos, contudo, que nosso entendimento, apesar dos exatos termos do referido dispositivo legal, é no sentido de que a matéria pode ser apresentada a qualquer tempo até a contestação, e não apenas, exclusivamente, na contestação.

E isso não chega a ser uma novidade. Veja-se, por exemplo, a redação do parágrafo 3° do art. 340[16]: se o réu, uma vez citado e intimado para a audiência do art. 334, alegar incompetência relativa ou absoluta do juízo, o Código lhe faculta protocolar contestação no foro de seu domicílio, o que acarretará, dentre outras possíveis conse-

impedir as pessoas de procurarem o Judiciário» [entrevista na internet]. Rio de Janeiro: Conjur; 2016 jan. 3. Entrevista concedida a Giselle Souza. Disponível em: <http://www.conjur.com.br/2016-jan-03/entrevista-jose-antonio-fichtner-especialista-arbitragem>. Acesso em: 17 jun. 2017).

13 MUNIZ, Joaquim Tavares de Paiva. Mediação e arbitragem no novo CPC **[entrevista na internet].** São Paulo: Jus Econômico; 2015 jan. 22. **Entrevista concedida** a Catia Santana. Disponível em: <http://www.juseconomico.com.br/entrevistas/joaquim-tavares-de-paiva-muniz>. Acesso em: 3 jun. 2016.

14 Art. 3º Não se excluirá da apreciação jurisdicional ameaça ou lesão a direito. § 1º É permitida a arbitragem, na forma da lei.

15 "A convenção de arbitragem é gênero do qual são espécies a cláusula compromissória e o compromisso arbitral (...), e a sua existência deve ser alegada em preliminar de contestação, sob pena de preclusão, na medida em que, assim como ocorre com a incompetência relativa, é matéria com status de exceção, que depende da iniciativa da parte para que seja apreciada". YARSHEL, Flávio Luiz, PEREIRA, Guilherme Setoguti J., RODRIGUES, Viviane Siqueira. Comentários ao Código de Processo Civil: artigos 334 ao 368. São Paulo: Editora Revista dos Tribunais, 2016. p. 144 e 145 (Coordenação: Luiz Guilherme Marinoni Sérgio Cruz Arenhart, Daniel Mitidiero).

16 Art. 340. Havendo alegação de incompetência relativa ou absoluta, a contestação poderá ser protocolada no foro de domicílio do réu, fato que será imediatamente comunicado ao juiz da causa, preferencialmente por meio eletrônico. (...) § 3º Alegada a incompetência nos termos do *caput*, será suspensa a realização da audiência de conciliação ou de mediação, se tiver sido designada.

quências, a suspensão da audiência de conciliação ou de mediação já designada por ocasião do recebimento da exordial.

Embora o dispositivo se refira, apenas, às hipóteses de incompetência, penso que a objeção de prévia existência de convenção de arbitragem se insere, ainda que em sentido amplo, no conceito de juiz incompetente, sobretudo se a arbitragem já estiver instaurada, por força dos arts. 8, parágrafo único c/c 19 da Lei de Arbitragem, já referidos.

De toda sorte, a fim de evitar qualquer discussão procedimental, parece mesmo mais seguro efetivar, preventivamente, convenção processual nesse sentido, como será tratado a seguir.

3. As convenções procedimentais e sua possível contribuição ao tema

Também denominadas negócios ou contratos processuais, as convenções constituem instituto pelo qual aos litigantes é dado modular aspectos ou mesmo o iter do feito, conforme a vontade acordada, estabelecendo as características que entendam relevantes para por termo à controvérsia e, com isso, assumindo responsabilidade comum por toda a prestação da jurisdição.

A doutrina aponta uma influência da arbitragem sobre a matéria, dada a notável valorização da autonomia privada das partes. Destaca-se, inclusive, que a marca participativa na modelagem do procedimento constituiria uma das justificativas para o índice elevado de cumprimento efetivo das sentenças arbitrais, e que o aprendizado afeto àquela seara e à ampla flexibilização procedimental nela operada transportar-se-iam como motivação para os estudiosos da área jurisdicional[17], enquanto alternativas aos problemas enfrentados pelo Poder Judiciário[18].

Decerto que a correspondência entre as duas áreas – arbitral e jurisdicional – não poderia ser perfeita, dadas as particularidades de cada uma[19]. A ideia daqueles que

---

17 MACÊDO, Lucas Buril de; PEIXOTO, Ravi de Medeiros. *Negócio processual acerca da distribuição do ônus da prova*. Revista de Processo, vol. 241/2015, p. 463-487, mar/2015.

18 São alguns os fatores atrativos exercidos pelas cortes de arbitragem, tais como o sigilo, a celeridade e a própria convencionalidade, destacando-se, inclusive, a possibilidade de julgamento por equidade, admitida pelo art. 2º, caput, da Lei nº 9.307/96. Entretanto, não se podem ignorar os fatores repelentes da mesma via, como os custos elevados e a ausência de ius imperium, impondo-se o socorro à seara jurisdicional para cumprimento forçado dos comandos arbitrais. De certo modo, as convenções buscam reduzir o abismo que por vezes se manifesta entre a via judicial e a arbitral.

19 "O que se percebe, porém, é a possibilidade de submissão do litígio ao Poder Judiciário, mas com adaptações procedimentais que tornem a jurisdição tão ou mais atrativa do que a arbitragem. Vale dizer, a possibilidade dessa liberdade contratual também no método oferecido pelo Estado. E a forma encontrada é a convenção relativa ao processo e ao procedimento." ALMEIDA, Diogo Assumpção Rezende de. *Das Convenções Processuais no Processo Civil*. Tese de Doutoramento. Universidade do Estado do Rio de Janeiro – UERJ, Rio de Janeiro, 2014, p. 99.

traçam esse paralelo, justamente, é destacar as convenções processuais, enquanto mecanismos de flexibilização procedimental, como ponto de interligação entre tais distintos campos.

Quando elaborada extrajudicialmente, a convenção pode ser redigida em instrumento autônomo ou constituir parte integrante de negócio jurídico mais amplo, ou seja, em formatos variados. Já quando dentro do processo, pode ser acostada em peça individual ou ato processual conjunto.

Diante de tantas peculiaridades e de seu evidente ineditismo, não são poucos os questionamentos que já cercam o ponto[20]. Com a nova disposição positiva, intenta a lei equilibrar, em uma mesma equação, as atuações das partes e do Juízo, conferindo às primeiras um espaço de disponibilidade que jamais lograram obter, mesmo sendo o escopo do processo a satisfação de seus interesses e a efetivação da justiça ao seu caso concreto.

O modelo processual, enfim, que está se descortinando, ao mesmo tempo em que persegue propósitos transindividuais, reconhece posição de destaque aos litigantes, enquanto destinatários diretos e imediatos do pronunciamento judicial.

Não se defende que as convenções confeririam caráter eminentemente privado ao processo. Elas vêm, ao contrário, garantir uma maior tutela de valores sobremaneira relevantes, como a liberdade, além da edificação de pautas emancipatórias, assegurando, simultaneamente, que o autorregramento da vontade encontre limites maiores quando confrontado com as normas processuais cogentes do que na seara do direito privado.

Nunca é demais destacar, portanto, que a autonomia privada não obrará com poderio absoluto e incontrastável. Ao contrário, marchará em um campo mínimo de convencionalidade, pelo espaço deixado pelas normas processuais obrigatórias, cuja aplicação nem mesmo os interessados podem afastar.

O direito processual não passará a equivaler ao direito privado. A participação estatal exigirá uma regulamentação específica, embora não se possa olvidar que os maiores interessados na solução da controvérsia são as próprias partes, que podem, se for o caso, proceder à livre disposição do bem da vida em litígio, transacionando direitos, renunciando-os ou mesmo reconhecendo sua existência e satisfazendo-os.

Em outras palavras, o que se busca é um maior equilíbrio entre os atores do processo. Assim como não vão poder as partes moldá-lo sem limites ou respeito à lei, tampouco o juiz será a figura concentradora de todos os poderes, como se fossem absolutamente irrelevantes os jurisdicionados.

---

20 Segundo Macêdo e Peixoto, a existência dos negócios processuais foi posta à controvérsia, diante da recorrente negativa em se tomar como possível que os sujeitos processuais adequem o processo conforme sua vontade, especialmente por se tratar de um complexo de normas de natureza pública. MACÊDO, Lucas Buril de; PEIXOTO, Ravi de Medeiros. *Negócio processual acerca da distribuição do ônus da prova*. Revista de Processo, vol. 241/2015, pp. 463-487, mar/2015.

Defende-se um meio-termo entre o autoritarismo judicial e o Estado meramente espectador da lide, ou seja, um órgão de julgamento que direcione o processo, em conjunto com as partes, que mantêm um espectro de autonomia. A estrutura visada, em síntese, é a de formação policêntrica das decisões, com a participação de todos a serem por elas afetados.

Com isso, o processo, tradicionalmente visto como norma de direito público indisponível, passa a tingir-se de matizes cooperativas e dialéticas, a partir de força jurígena oriunda das próprias partes, as quais, mediante uma contratualização do procedimento, adaptam as formas para tornar mais efetiva a tutela jurisdicional.

Saem, dessarte, de uma previsão genérica e fria da lei e buscam a determinação concreta das peculiaridades do rito, fugindo às eventuais lacunas e insuficiências de uma norma que, afinal, foi elaborada para todos os casos em abstrato, mas para nenhum em particular.

Entretanto, nunca é demais frisar que não se trata de um jogo de extremos, ou seja, é equivocado e mesmo temerário defender-se uma pauta absolutamente emancipatória e completamente coincidente com a órbita estritamente privada dos litigantes. Entre um polo e outro, a parcimônia e a prudência recomendam o caminho do meio-termo, racionalizando-se o campo de incidência da autonomia das partes à luz dos princípios e valores basilares da jurisdição contemporânea.

Eis a tônica das convenções processuais: adaptar (princípio da adaptabilidade) o procedimento, adequando-o (princípio da adequação) à melhor tutela pela qual clamam as especificidades do caso sub judice. Flexibilizando-se o procedimento, torna-se mais fácil garantir uma prestação jurisdicional efetiva e concretamente justa, apta, pois, a conferir aos jurisdicionados a proteção de seus direitos, objetivo primeiro quando de seu acesso ao Poder Judiciário.

No CPC/73, a ideia de negócio jurídico processual era controvertida[21]. A doutrina[22] entendia cabível em algumas hipóteses excepcionais, sempre quando houvesse norma expressa autorizativa, e a jurisprudência[23] caminhava no mesmo sentido. Entretanto, o assunto já era debatido desde a década de 1980[24].

---

21 MACÊDO, Lucas Buril de; PEIXOTO, Ravi de Medeiros. *Negócio processual acerca da distribuição do ônus da prova*. Revista de Processo, vol. 241/2015, mar/2015, pp. 463/487.

22 CUNHA, Leonardo Carneiro. *Negócios Jurídicos Processuais no Direito Brasileiro*. Disponível na internet. https://www.academia.edu/10270224. Acesso em 17 de abril de 2015, p. 14.

23 Com relação à alteração da ordem probatória e sua viabilidade por iniciativa do juiz, o STJ já se manifestou favoravelmente, em decisão de 1994. "Ementa: Prova. Inversão na ordem prevista no art. 452 do CPC. Ausência de prejuízo. Além de não ser peremptória a ordem estabelecida no art. 452 do CPC, há parte de evidenciar o prejuízo que lhe adviria com a inversão ocorrida. Aplicação ao caso, ademais, da Súmula nº 283-STF. Recurso Especial não conhecido." STJ – REsp 35786 SP 1993/0016147-4. 4ª Turma. Pub. em: 12.12.1994, DJ p. 34350, RSTJ, vol. 79, p. 238.

24 BARBOSA MOREIRA, José Carlos. *Convenção das partes sobre matéria processual*. In: Temas de Direito Processual, 3 série. São Paulo: Saraiva, 1984, pp. 87-88.

Em seu caminho evolutivo[25], o direito processual vem incorporando vários dispositivos que prestigiam o princípio da livre manifestação de vontade das partes[26].

A doutrina[27], a seu turno, também tem feito grande contribuição no sentido de concretizar e consolidar o instituto. Leonardo Greco[28], a seu turno, sistematiza as convenções em três grupos: (i) aquelas que afetam apenas a direitos processuais das partes, sem interferir nas prerrogativas do órgão julgador, demonstrando-se, portanto, aptas a produzirem efeitos imediatos; (ii) aquelas que afetam os poderes do juiz, o que é autorizado por lei na hipótese de conjugação de intenção das partes, razão pela qual também produzem efeitos desde a avença; (iii) aquelas nas quais a conjugação da vontade das partes deve ser somada à concordância do juiz, que fará uma análise da conveniência e oportunidade para que o acordo passe a surtir efeitos, haja vista a inexistência de autorização legal para a limitação dos poderes apenas pela conjugação da vontade dos litigantes.

Ainda segundo o autor[29], as convenções processuais devem obedecer aos seguintes requisitos: (a) a possibilidade de autocomposição a respeito do próprio direito material posto em juízo ou a impossibilidade de que a convenção prejudique o direito material indisponível ou a sua tutela; (b) a celebração por partes plenamente capazes; (c) o respeito ao equilíbrio entre as partes e à paridade de armas, para que uma delas, em razão de atos de disposição seus ou de seu adversário, não se beneficie de sua particular posição de vantagem em relação à outra quanto ao direito de acesso aos meios de ação e de defesa; e (d) a preservação da observância dos princípios e garantias fundamentais do processo e da ordem pública processual[30].

---

25 ARENHART, Sérgio Cruz; OSNA, Gustavo. *Os "acordos processuais" no projeto do Novo CPC – aproximações preliminares.* Revista Eletrônica – Tribunal Regional do Trabalho do Paraná, v. 39, 2015. Disponível em: http://www.mflip.com.br/pub/escolajudicial/index.jsp?ipg=194778. Acesso em 20 abr 2015.

26 MITIDIERO, Daniel. *Bases para a construção de um processo civil cooperativo: o direito processual civil no marco teórico do formalismo valorativo.* 147 f. Tese (Doutorado em Direito) – Programa de Pós-Graduação em Direito, Universidade Federal do Rio Grande do Sul, Porto Alegre, 2007. Disponível em: <http://www.bibliotecadigital.ufrgs.br/da.php?nrb=000642773&loc=2008&l=ff-f90792c6702178>. Acesso em: 15 out. 2011, p. 48.

27 CAPONI, Remo. *Autonomia privata e processo civile: gli accordi processuali. Accordi di Parte e Processo.* Quaderni della Rivista Trimestrale di Diritto e Procedura Civile, nº 11. Milano: Giuffrè, 2008, pp. 105/111.

28 GRECO, Leonardo. *O juiz pode ser sujeito de um negócio processual?* Palestra proferida no Seminário "Negócios Processuais no Novo CPC" promovida pela Associação dos Advogados de São Paulo/SP – AASP, em 06 de março de 2015.

29 GRECO, Leonardo. Instituições de Processo Civil – *Introdução ao Direito Processual Civil.* vol. 1, 5. ed, Rio de Janeiro: Forense, 2015, pp. 61-62.

30 ALMEIDA, Diogo Assumpção Rezende. *Das Convenções Processuais no Processo Civil.* Ob. Cit., p. 149.

Duas questões precisam ser esclarecidas: a primeira diz respeito à definição do alcance da expressão ordem pública processual. Como bem sinaliza Diogo Rezende, a expressão se refere a direitos públicos inafastáveis: São eles: a igualdade e a capacidade das partes; o contraditório e a ampla defesa; o devido processo legal; o princípio do juiz natural; a independência e a imparcialidade do julgador; a fundamentação das decisões judiciais; a busca da verdade; a celeridade; e a coisa julgada material.

A propósito, Robson Godinho[31] critica o conceito tradicional de "ordem pública", salientando ser necessário rever alguns desses conceitos diante da problemática do processo contemporâneo.

A segunda se refere à possibilidade da realização de convenções processuais mesmo quando está em jogo direito identificado como indisponível[32]. Nesse passo, importante reconhecer que com o advento do CPC/2015 (arts. 165 e 334, §4°) e da Lei de Mediação (art. 3°, §2° da Lei n° 13.140/2015) não há mais dúvida quanto à possibilidade de composição em direitos indisponíveis.

Temos sustentado[33] que, diante dos termos adotados pelo legislador, aliados à ideia da ressignificação da indisponibilidade a partir das premissas da contemporaneidade, a abrangência do direito indisponível que não admite autocomposição deve ser reduzida às hipóteses nas quais haja vedação expressa ao acordo, ou quando a disposição violentar um direito fundamental do cidadão.

Nesse sentido, e seguindo tendência que já se verifica em outros ordenamentos jurídicos, o art. 190 permite às partes adaptar o procedimento às peculiaridades da causa, constituindo cláusula geral de negociação processual.

O grande desafio é encontrar o ponto de equilíbrio. O NCPC, para mal ou para bem, só o tempo dirá, optou pela técnica da cláusula geral ao dispor sobre o novo instituto, ao mesmo tempo propiciando potenciais conquistas em termos de uma prestação jurisdicional mais ajustada às particularidades do litígio, e exigindo um estudo cauteloso e ponderado dos limites a serem observados.

---

31 GODINHO, Robson Renault. *Convenções sobre o ônus da prova: estudo sobre a divisão de trabalho entre as partes e os juízes no Processo Civil brasileiro.* 2013. 259 f. Tese (Doutorado em Direito Processual Civil) – Pontifícia Universidade Católica de São Paulo, São Paulo, 2013, pp. 175/176.

32 "Apesar de inexistir expressa conceituação legal no ordenamento brasileiro a respeito da locução "direitos indisponíveis", pode-se dizer que existe uma compreensão generalizada no sentido de se tratar de uma especial categoria de direitos cujo interesse público de efetiva proteção, irrenunciáveis, inalienáveis e intransmissíveis por parte de seus próprios titulares. A marca da indisponibilidade, assim, revelaria uma legítima opção intervencionista do Estado no campo das liberdades individuais e sociais no sentido de, paradoxalmente, por via de vedações ou restrições do exercício de certos direitos ou interesses, protegê-los contra lesões ou ameaças provenientes de seus próprios titulares ou de terceiros". VENTURI, Elton. *Transação de Direitos Indisponíveis?* In Revista de Processo, vol. 251, São Paulo: Revista dos Tribunais, jan / 2016, pp. 392/393.

33 Ver nossa exposição sobre Convenções Processuais, realizada no Auditório do Ministério Público de Minas Gerais, em agosto de 2015: http://humbertodalla.podomatic.com/entry/2015-08-19T07_10_28-07_00, acesso em 15 de novembro de 2015.

Não há um rol de hipóteses[34] nas quais a convenção é possível, mas sim uma autorização genérica subordinada a determinadas condições. O dispositivo prevê, para tanto, dois requisitos: um objetivo e outro subjetivo. Assim, o processo deve versar sobre direitos que admitam autocomposição[35] e as partes devem ser capazes.

Quanto à autocomposição, nada mais é do que uma das formas de resolução de conflitos, tal como correntemente classificada pela doutrina tradicional[36], que permite às partes acordarem quanto à existência ou inexistência de um direito.

Há de se observar, assim, que direitos que admitam autocomposição são, em sua essência, disponíveis ou reflexos patrimoniais de direitos indisponíveis[37].

Podem, ainda, ser de cunho material ou processual, ressalvando-se a impossibilidade de atingimento de norma processual de interesse público relevante. Somente as regras que interessem precipuamente às partes se enquadram no dispositivo, e, mesmo assim, desde que atentem para as indisponibilidades previstas na Lei civil.

Além desse requisito objetivo, o art. 190 faz menção a um de natureza subjetiva, ao exigir que as partes sejam plenamente capazes. A lógica da Lei é intuitiva: apenas

34 Não obstante a técnica legislativa, a doutrina tem manifestado grande preocupação com o tema. Nesse sentido, podem ser colhidos alguns enunciados do Fórum Permanente de Processualistas Civis, buscando identificar as hipóteses nas quais é possível ou não estabelecer convenções processuais: Enunciado n° 19 do FPPC: São admissíveis os seguintes negócios processuais, dentre outros: pacto de impenhorabilidade, acordo de ampliação de prazos das partes de qualquer natureza, acordo de rateio de despesas processuais, dispensa consensual de assistente técnico, acordo para retirar o efeito suspensivo de recurso, acordo para não promover execução provisória; pacto de mediação ou conciliação extrajudicial prévia obrigatória, inclusive com a correlata previsão de exclusão da audiência de conciliação ou de mediação prevista no art. 334; pacto de exclusão contratual da audiência de conciliação ou de mediação prevista no art. 334; pacto de disponibilização prévia de documentação (pacto de disclosure), inclusive com estipulação de sanção negocial, sem prejuízo de medidas coercitivas, mandamentais, sub-rogatórias ou indutivas; previsão de meios alternativos de comunicação das partes entre si. Enunciado n° 20 do FPPC: Não são admissíveis os seguintes negócios bilaterais, dentre outros: acordo para modificação da competência absoluta, acordo para supressão da primeira instância. Enunciado n° 254 do FPPC: É inválida a convenção para excluir a intervenção do Ministério Público como fiscal da ordem jurídica. Enunciado n° 255 do FPPC: É admissível a celebração de convenção processual coletiva.

35 GODINHO, Robson. *Convenções sobre o ônus da prova – estudo sobre a divisão de trabalho entre as partes e os juízes no processo civil brasileiro*. Tese. PUC/SP, 2013.

36 Sobre a autocomposição, destacamos, em outra obra, seu caráter residual no direito moderno, consistindo em "(...) solução parcial (por ato dos sujeitos em conflito) na qual as partes chegam a um acordo quanto à existência ou inexistência de um direito, seja pela renúncia, pela transação (concessões recíprocas) ou mediante o reconhecimento da pretensão alheia, pondo fim ao conflito de interesses existente." PINHO, Humberto Dalla Bernardina de. *Teoria geral do processo civil contemporâneo*. 3ª ed. Rio de Janeiro: Lumen Juris, 2010, p. 27.

37 MARTEL, Letícia de Campos Velho. *Indisponibilidade dos Direitos Fundamentais: conceito lacônico, consequências duvidosas.* Espaço Jurídico, v. 11, p. 334-373, julho/dezembro de 2010.

aqueles que possuem aptidão plena para a prática dos atos da vida civil podem decidir sobre os rumos da tutela de seus direitos no processo.

Tal capacidade, para convenções elaboradas de forma endoprocessual, é aferida em seu tríplice aspecto: capacidade de ser parte, capacidade de estar em juízo e capacidade postulatória.

Preenchidos ambos os requisitos, podem ser realizados acordos processuais versando sobre: a) ônus; b) poderes; c) faculdades; e d) deveres[38].

O acordo pode ser prévio[39] (realizado antes do processo, por exemplo, em uma cláusula contratual) ou incidental (quando já iniciada a relação processual).

O art. 357, § 2º, que trata da decisão de saneamento, prevê ainda que as partes podem apresentar ao juiz, para homologação, delimitação consensual das questões de fato e de direito.

E, ainda, o art. 373, § 3º, dispõe que a distribuição diversa do ônus da prova também pode ocorrer por convenção das partes, salvo quando recair sobre direito indisponível da parte ou tornar excessivamente difícil a uma parte o exercício do direito. São expressões concretas do princípio da cooperação, genericamente disposto no art. 6º do CPC/2015.

Retornando ao art. 190, seu parágrafo único determina que o magistrado, *ex officio* ou mediante provocação da parte interessada, deverá controlar a validade das convenções, sobretudo a fim de preservar os princípios constitucionais[40], observando os limites impostos pela ordem pública processual.

Ao examinar a convenção, o juiz pode homologá-la, ou, excepcionalmente, recusá-la, somente nos seguintes casos: a) configuração de nulidade; b) inserção abusiva em contrato de adesão; c) quando uma das partes se encontre em manifesta situação de vulnerabilidade.

Para Fernanda Tartuce[41], vulnerabilidade significa suscetibilidade. É possível falar-se, ainda, em vulnerabilidade processual[42].

---

38 Sobre a criação de deveres e sanções processuais, vide Enunciado nº 17 do FPPC: "As partes podem, no negócio processual, estabelecer outros deveres e sanções para o caso do descumprimento da convenção."

39 SANTOS, Tatiana Simões dos. *O processo civil modulado pelas partes: ampliação da autonomia privada em matéria processual.* 2009. Dissertação (Mestrado) – Universidade Estadual do Rio de Janeiro, Rio de Janeiro, p. 93.

40 BEDAQUE, José Roberto dos Santos. *Tutela cautelar e tutela antecipada: tutelas sumárias e de urgência (tentativa de sistematização).* 4ª ed. São Paulo: Malheiros, 2006, p. 168.

41 "Vulnerabilidade indica suscetibilidade em sentido amplo, sendo a hipossuficiência uma de suas espécies (sob o viés econômico) ". TARTUCE, Fernanda. *Vulnerabilidade Processual no novo CPC,* artigo disponível no seguinte endereço: https://www.academia.edu/25885818/Vulnerabilidade_processual_no_Novo_CPC, acesso em 05 de junho de 2016.

42 "Vulnerabilidade processual é a suscetibilidade do litigante que o impede de praticar atos processuais em razão de uma limitação pessoal involuntária; a impossibilidade de atuar pode decorrer de

Necessário, aqui, estabelecer em qual sentido o termo dever ser interpretado. Temos para nós que a vulnerabilidade, aqui, é somente a processual, devendo ser aferida pelo magistrado diante das peculiaridades do caso concreto.

4. O uso da convenção para alterar a forma e o momento da apresentação da objeção de convenção de arbitragem

Como demonstrado, a sistemática prevista no PL 8.046/10 trazia muitos avanços com relação ao disposto no CPC/1973 – e mantido pelo CPC/2015 –, pois preservava algumas das vantagens buscadas pelas partes ao optarem pela jurisdição arbitral.

Primeiramente, é importante se elencar algumas das razões pelas quais o atual mecanismo de alegação de existência de convenção de arbitragem é prejudicial para as partes envolvidas no processo, em especial o réu.

O art. 336 do CPC/2015 dispõe incumbir ao réu alegar, na contestação, toda a matéria de defesa. Trata-se do princípio da eventualidade, de acordo com a qual o réu deve apresentar todos os seus argumentos na contestação[43].

Desse modo, na dinâmica no CPC, o réu deverá adiantar toda a sua matéria de defesa de mérito na mesma peça em que apresenta a alegação de existência de convenção de arbitragem.

Com relação à estratégia processual, esse mecanismo tem impactos muito negativos para o réu. Isso porque o autor, ao apresentar seu requerimento de instauração de arbitragem e suas alegações iniciais já terá ciência do teor da defesa do réu, futuro requerido. Isso o deixa em posição de vantagem no procedimento arbitral, uma vez que poderá adequar e alterar as suas alegações iniciais de acordo com argumentos da defesa do requerido.

Além disso, a necessidade de alegar toda a matéria de defesa em sede de contestação reduz o prazo que a parte teria para obter e organizar todos os documentos a serem apresentados, bem como para aprofundar os argumentos de sua defesa[44].

---

fatores de saúde e/ou de ordem econômica, informacional, técnica ou organizacional de caráter permanente ou provisório". TARTUCE, Fernanda. *Igualdade e Vulnerabilidade no Processo Civil*. São Paulo: Método, 2012, p. 184.

---

43 "Por esse princípio, também chamado de princípio da concentração, o réu deve alegar toda a matéria de defesa em sede de contestação. Toda a matéria é alegada de uma só vez, e, se o réu assim não fizer, sujeitar-se-á à preclusão". PINHO, Humberto Dalla Bernardina de. Direito Processual Civil contemporâneo. Volume II. 4ª Ed. São Paulo: Saraiva, 2012. p. 137

44 KOHLBACH, Marcela. A arguição de existência de convenção de arbitragem no novo CPC e os negócios processuais. Disponível em: <https://processualistas.jusbrasil.com.br/artigos/325669740/a--arguicao-de-existencia-de-convencao-de-arbitragem-no-novo-cpc-e-os-negocios-processuais>. Acesso em: 5 mai. 2017.

Outro aspecto negativo da dinâmica proposta pelo novo CPC diz respeito aos princípios da duração razoável do processo e da eficiência, que devem estar sempre em equilíbrio.

O art. 4º do CPC, ao cuidar do princípio da duração razoável do processo, deixa claro que "há uma nítida opção do ordenamento pela construção de um sistema destinado a permitir a produção do resultado do processo sem dilações indevidas"[45].

José Antonio Fichtner[46], ainda em momento anterior à vigência do CPC -2015, já apontava a ineficiência do mecanismo previsto no diploma em questão no que se refere ao momento processual para a alegação de existência de convenção de arbitragem, que acabaria por transferir ao judiciário matéria que não deveria ser apreciada por ele.

O art. 8º do CPC-2015, por sua vez, dispõe que: "Ao aplicar o ordenamento jurídico, o juiz atenderá aos fins sociais e às exigências do bem comum, resguardando e promovendo a dignidade da pessoa humana e observando a proporcionalidade, a razoabilidade, a legalidade, a publicidade e a eficiência".

Ou seja, deve-se buscar o equilíbrio entre os princípios supramencionados, evitando-se demoras desnecessárias, mas se assegurando que o processo produzirá resultados adequados, em respeito ao princípio da eficiência[47].

Em atenção aos princípios acima mencionados, no caso de processos que versem sobre matérias sujeitas à convenção de arbitragem já celebrada pelas partes, não há sentido em mover o poder judiciário e obrigar o réu a apresentar defesa de mérito quando o processo será extinto e iniciado em sede de jurisdição arbitral.

Por todo o exposto, percebe-se que a dinâmica prevista no CPC/2015 para a alegação de existência de convenção de arbitragem vai de encontro aos princípios supramencionados e gera enormes prejuízos às partes, em especial ao réu.

Nessa perspectiva, soluções tiveram que ser buscadas em sede doutrinária e já receberam acolhida na jurisprudência, como demonstraremos a seguir.

---

45 CÂMARA, Alexandre Freitas. O Novo Processo Civil Brasileiro. 2ª Edição. São Paulo: Atlas, 2016. p. 8.

46 "É que no sistema que vai entrar em vigor, você entra com a ação, depois tem uma audiência de mediação. Não obtida a mediação, depois de um prazo, você oferece a sua contestação. Então, pelo que está proposto, você vai exigir que o juiz tenha, no conjunto de audiências de mediações que está fazendo, algo que não é da competência dele. E isso até ele verificar que de fato aquilo é para ser resolvido através de arbitragem e não pela via judicial. (...) Não faz sentido nenhum esperar seis meses para eliminar o que nunca deveria estar na frente do juiz". FICHTNER, José Antonio. "Não é função da arbitragem impedir as pessoas de procurarem o Judiciário" *[entrevista na internet]*. Rio de Janeiro: Conjur; 2016 jan. 3. *Entrevista concedida a* Giselle Souza. Disponível em: <http://www.conjur.com.br/2016-jan-03/entrevista-jose-antonio-fichtner-especialista-arbitragem>. Acesso em: 17 jun. 2017.

47 "Vamos acelerar o processo ao máximo desde que a nova velocidade imposta não gere prejuízos às partes, não cause surpresas, não inviabilize o exercício de direitos legítimos e se justifique naquela situação processual específica". PINHO, Humberto Dalla Bernardina de. Direito Processual Civil Contemporâneo. Volume I. 4ª Ed. São Paulo: Saraiva, 2012. p. 120.

Inicialmente, cumpre registrar que, ao menos em uma oportunidade, o TJ/SP já admitiu a apresentação dessa objeção por meio de petição autônoma[48], em homenagem ao princípio da instrumentalidade das formas.

Nesse mesmo sentido é o Enunciado nº 5 da I Jornada de Prevenção e Solução Extrajudicial de Litígios do Conselho da Justiça Federal, coordenada pelo Min. Luís Felipe Salomão, do Superior Tribunal de Justiça[49].

Outra solução já aceita por parte da doutrina consiste na celebração de negócio jurídico processual estabelecendo que a alegação de existência de convenção de arbitragem poderia ser feita por meio de simples petição, com a consequente interrupção ou suspensão do prazo para apresentação de contestação.

Nesse caso, as partes celebrariam negócio jurídico processual prévio[50] – por exemplo, no mesmo contrato do qual consta a cláusula compromissória ou com a celebração de um instrumento autônomo – determinando a forma e momento em que a alegação de existência de convenção de arbitragem deverá ser apresentada na eventualidade de surgimento de litígio entre as partes e uma das partes ingressar em juízo.

Também no mesmo instrumento as partes disporiam sobre os seus efeitos com relação ao processo judicial (por exemplo: a suspensão ou interrupção do prazo para apresentação de contestação)[51].

A alegação de existência de convenção de arbitragem seria, então, analisada, e, caso se entendesse pelo acolhimento da alegação, o processo seria extinto sem o julgamento do mérito, devendo a parte autora pleitear o seu direito junto à jurisdição arbitral, com a apresentação de requerimento de arbitragem.

---

48 "Extinção do processo sem julgamento de mérito. Alegação pela ré de existência de convenção de arbitragem, que afasta a jurisdição estatal. Arguição feita por meio de exceção de incompetência, não em preliminar de contestação. Irrelevância. Instrumentalidade das formas. Arts. 154 e 244 do Código Buzaid, correspondentes aos arts. 188 e 277 do NCPC. "Quando a lei prescrever determinada forma, sem cominação de nulidade, o juiz considerará válido o ato se, realizado de outro modo, lhe alcançar a finalidade", reza o art. 244 do Código revogado, dito a mais bela das regras do moderno Processo Civil (STJ, RT 683/183, Sálvio de Figueiredo). Sentença de extinção confirmada. Apelação da autora desprovida". TJSP, 1ª Câmara Reservada de Direito Empresarial, Apelação nº 1007793-08.2016.8.26.0100, Rel. Des. Cesar Ciampolini, j. 22.02.2017, data de registro 23.02.2017.

49 "A arguição de convenção de arbitragem pode ser promovida por petição simples, a qualquer momento antes do término do prazo da contestação, sem caracterizar preclusão das matérias de defesa, permitido ao magistrado suspender o processo até a resolução da questão" Disponível em: http://www.cjf.jus.br/enunciados/enunciado/882.

50 Nada impede que o negócio jurídico processual seja celebrado após o ajuizamento do processo. Embora isso pareça mais improvável, traria maior segurança jurídica às partes, na medida em que poderiam solicitar ao magistrado a designação de audiência especial para esse fim, ou poderiam fazê-lo na própria audiência do art. 334.

51 Após o ajuizamento do processo "cujo objeto é abrangido pela convenção de arbitragem, e, portanto, deveria ser conhecido e julgado pela via arbitral, a parte deverá comunicar e comprovar ao juízo a existência do negócio processual, o qual terá eficácia imediata, bem como a petição autônoma com a alegação de arbitragem". KOHLBACH, Marcela. Op. cit.

É nesse sentido o Enunciado nº 580 do Fórum Permanente de Processualistas Civis, que dispõe que: "É admissível o negócio processual estabelecendo que a alegação de existência de convenção de arbitragem será feita por simples petição, com a interrupção ou suspensão do prazo para contestação".

Vejamos, a título de exemplo, uma possível convenção versando sobre a matéria: a inserção de um item na cláusula compromissória dispondo que, caso eventual litígio que advenha daquele instrumento seja submetido por alguma das partes ao poder judiciário (ressalvada, obviamente, a pretensão de urgência, resguardada pelo art. 22-A da Lei n° 9.307/96), a outra parte deverá apresentar manifestação simples no prazo de quinze dias[52], apenas a respeito da existência de cláusula compromissória e consequente competência do Tribunal Arbitral para dirimir o conflito.

Nesse mesmo item poderia ser estabelecido que o prazo para apresentação de contestação seria interrompido até a decisão final do poder judiciário acerca da competência[53].

Portanto, a possibilidade de celebração de negócio jurídico processual visando a alteração do momento e da forma de alegação de existência de convenção de arbitragem se apresenta como importante ferramenta capaz de compatibilizar o disposto no CPC-2015 com os objetivos das partes ao decidirem submeter o conflito à jurisdição arbitral.

5. Considerações finais

O tema deste artigo consiste da análise dos negócios jurídicos processuais como instrumento possível de alterar a forma e o momento de apresentação da alegação de existência de convenção de arbitragem no processo judicial.

No primeiro capítulo, expôs-se o procedimento para alegação de existência de convenção de arbitragem ao longo dos anos. Iniciou-se pela análise do CPC/73, que dispunha que a alegação de existência de convenção de arbitragem deveria ser feita em sede de preliminar de contestação.

Em momento posterior, no contexto da reforma do Código de Processo Civil, o PL 8.046/10 previu a figura do incidente de convenção de arbitragem, que permitia às partes alegar a existência de convenção de arbitragem em momento anterior ao oferecimento da contestação.

---

52 Observe-se que nada impede que seja estipulado pelas partes prazo superior ou inferior ao previsto no CPC para apresentação de contestação.

53 "tendo em vista se tratar de questões eminentemente procedimentais, sendo certo que as partes se valerão do negócio processual justamente para ajustar o procedimento às suas especificidades, qual seja, a manifesta necessidade de haver uma discussão prévia sobre a existência de convenção de arbitragem, não há qualquer óbice para a realização do negócio processual." KOHLBACH, Marcela. Op. cit.

O CPC/2015, entretanto, manteve a dinâmica de seu antecessor, dispondo que a alegação de existência de convenção de arbitragem deverá ser feita em preliminar de contestação.

No capítulo seguinte, passou-se à análise dos negócios jurídicos processuais, instituto que ganhou muita força no novo CPC, o qual previu expressamente a possibilidade de celebração de negócios jurídicos processuais atípicos, de modo a permitir e estimular a adequação do processo judicial às particularidades do caso concreto.

Nesse passo, analisou-se o conceito dos negócios jurídicos processuais, suas espécies, classificações e, principalmente, os seus limites.

Por fim, buscou-se a indicação dos inconvenientes da alegação de existência de convenção de arbitragem na forma prevista no CPC/2015 – em sede de preliminar de contestação – para as partes envolvidas no processo, em especial o réu.

Intentou-se, então, a apresentação de possíveis soluções aos inconvenientes expostos, compatíveis com o código atual, em especial a celebração de negócio jurídico processual.

Da análise exposta, verificou-se que não há qualquer óbice legal à celebração de negócio jurídico processual que busque a alteração do momento e da forma da alegação de existência de convenção de arbitragem, desde que respeitado o disposto no CPC/2015. Ou seja, desde que o negócio jurídico processual seja celebrado por partes plenamente capazes e que o processo judicial verse sobre direitos que admitam a autocomposição.

Assim, com o presente artigo, buscou-se analisar a possibilidade da alteração da forma e do momento da apresentação de alegação de existência de convenção de arbitragem no processo judicial, como forma de compatibilizar os princípios da arbitragem com o novo CPC.

6. Referências bibliográficas

ALVIM, J. E. Carreira. Comentários ao novo Código de Processo Civil. Vol. V. Curitiba: Juruá, 2015.

CÃMARA, Alexandre Freitas. O Novo Processo Civil Brasileiro. 2ª Edição. São Paulo: Atlas, 2016.

CARMONA, Carlos Alberto. Arbitragem e processo: um comentário à Lei 9.307/96. 3ª Ed. São Paulo: Atlas, 2009.

CUNHA, Leonardo Carneiro da. Comentários ao Código de Processo Civil: artigos 188 ao 293. São Paulo: Editora Revista dos Tribunais, 2016. (Coordenação: Luiz Guilherme Marinoni Sérgio Cruz Arenhart, Daniel Mitidiero).

DIDIER Jr., Fredie. Curso de direito processual civil: introdução ao direito processual civil, parte geral e processo de conhecimento. 17ª Ed. Salvador: Ed. Jus Podivm, 2015.

DUARTE, Antonio Aurélio Abi Ramia. O novo código de processo civil, os negócios processuais e a adequação procedimental. In. Revista do GEDICON – v. 2 – dez./2014.

FICHTNER, José Antonio. "Não é função da arbitragem impedir as pessoas de procurarem o Judiciário" **[entrevista na internet].** Rio de Janeiro: Conjur; 2016 jan. 3. **Entrevista concedida** a Giselle Souza. Disponível em: <http://www.conjur.com.br/2016-jan-03/entrevista-jose-antonio-fichtner-especialista-arbitragem>. Acesso em: 17 jun. 2017.

GRECO, Leonardo. Os atos de disposição processual: primeiras reflexões, in MEDINA, José Miguel Garcia, et al. Os poderes do juiz e o controle das decisões judiciais: estudos em homenagem à Professora Teresa Arruda Alvim Wambier. São Paulo: Ed. RT, 2008, p. 290-291.

KOHLBACH, Marcela. A arguição de existência de convenção de arbitragem no novo CPC e os negócios processuais. Disponível em: <https://processualistas.jusbrasil.com.br/artigos/325669740/a-arguicao-de-existencia-de-convencao-de-arbitragem-no-novo-cpc-e-os-negocios-processuais>. Acesso em: 5 mai. 2017.

MARTINS, Pedro Antonio Batista. Apontamentos sobre a lei de arbitragem. 1ª Ed. Rio de Janeiro: Forense. 2008.

MUNIZ, Joaquim Tavares de Paiva. Mediação e arbitragem no novo CPC **[entrevista na internet].** São Paulo: Jus Econômico; 2015 jan. 22. **Entrevista concedida** a Catia Santana. Disponível em: < http://www.cemarpb.com.br/arquivos/207 >. Acesso em: 6 mai. 2017.

PINHO, Humberto Dalla Bernardina de. Direito Processual Civil Contemporâneo. Volume I. 4ª Ed. São Paulo: Saraiva, 2012.

PINHO, Humberto Dalla Bernardina de. Direito Processual Civil Contemporâneo. Volume II. 1ª Ed. São Paulo: Saraiva, 2012.

Divergência e Dispersão de Votos na Arbitragem Doméstica

Alex Velmovitsky

1. Introdução

As arbitragens, segundo o art. 13, § 2, da Lei nº 9.307/1996, podem ser formadas por um ou mais árbitros, sempre em número ímpar. O objetivo do diploma legal é evitar o empate nas decisões do painel arbitral. Entretanto, o número ímpar de árbitros não impede, por completo, um impasse na deliberação do colegiado. É possível que haja a dispersão de votos, de modo que cada árbitro tenha uma posição distinta, sem que se possa extrair o voto majoritário em determinado sentido. Essa situação foi identificada pelos espanhóis como discórdia e pelos franceses como partage[1].

A decisão arbitral pode ser unânime, como ocorre na grande maioria dos casos. Nos termos do art. 24, §1º, da Lei de Arbitragem, se não houver unanimidade, a decisão é tomada por maioria. E na hipótese de dispersão de votos, o posicionamento do árbitro presidente é preponderante.

Um dos momentos mais sensíveis da arbitragem é a deliberação para a decisão final. Os árbitros devem empenhar-se em buscar o consenso, tentando acomodar as diferentes posições a fim de se chegar a um denominador comum[2]. Não há dúvidas que para a parte vencedora, é mais vantajosa a decisão unânime, a qual tem maior propensão de ser cumprida espontaneamente pela parte vencida. Não se percebe o mesmo voluntarismo quando há um voto dissidente. Além disso, nas arbitragens internacionais, a decisão unânime facilita a homologação e execução do laudo arbitral, evitando-se questionamentos em torno dele[3].

Muitas vezes, as divergências são em relação a questões pontuais, superadas sem maiores dificuldades, já em outros casos é necessário um esforço maior. Entretanto, diante da existência de posições opostas ou inconciliáveis, não seria adequado nem legítimo que os árbitros tentassem, a todo custo, alcançar a unanimidade, renunciando

1 BARBOSA MOREIRA, José Carlos. *Comentários ao código de processo civil.* 16ª ed. Rio de Janeiro: Forense, 2011, v. V, p. 669;

2 SCHWEBEL, Stephen M. May the Majority Vote of an International Arbitral Tribunal be Impeached? *Arbitration international 13.2.* The 1996 Freshfields Lecture, 1997, p. 153.

3 CRAIG, W. Laurence; PARK, William W. Park; PAULSSON, Jan. *International Chamber of Commerce Arbitration.* 3ª ed. Nova Iorque: Oceana Publications, 2001, pp. 368-369.

ao que cada um entende individualmente como a decisão mais correta[4]. Esse comportamento desvirtua a arbitragem, pois os árbitros foram escolhidos justamente para propiciar um julgamento de maior qualidade, mais técnico e adequado que o obtido com a justiça comum[5].

Conforme ressalta Carlos Alberto Carmona, a nomeação dos árbitros pelas partes é um dos pontos mais positivos da arbitragem, pois as possibilita de participarem na administração da justiça, de forma a contribuir para a formação dos juízes que decidirão o litígio. Com efeito, quanto maior a contribuição das partes, mais legitimidade terá a sentença arbitral[6]. Entretanto, é grande a discussão na doutrina em relação ao critério de nomeação dos árbitros. Muitos entendem que a escolha de árbitros pelos próprios litigantes compromete a independência e imparcialidade dos julgadores[7].

Embora não seja desejável, excepcionalmente o coárbitro pode mostrar-se comprometido com a posição da parte que o escolheu[89]. Diga-se sem rodeios que a regra

---

4 "A questão é, portanto, saber como conseguir então a unidade e a coesão do tribunal se construam, se mantenham fortes e durem até o fim. Para tal efeito e mais vezes do que seria desejável existe — sobretudo nas arbitragens com árbitros pouco experientes — uma tendência para optar por *to split the baby*, com sentenças salomónicas que permitam um consenso entre todos os árbitros e evitem o 'risco' da *dissentig opinion* e tentem agradar pelo menos em alguma medida todas as partes. Esta é tendência é muito nefasta ao instituto da arbitragem, desrespeita a vontade das partes (que determinam um processo arbitral e não uma mediação além do mais vinculativa) e afecta o direito e a justiça". JÚDICE. José Miguel. Reflexão sobre a construção de um bom laudo arbitral. In: *Doutrinas essenciais da arbitragem e medição*. WALD, Arnoldo (org.). São Paulo: Revista dos Tribunais, 2011, v. III, p. 750.

5 Carlos Alberto Carmona afirma que as partes escolhem a arbitragem "porque querem um método diferente de julgar [referindo-se ao julgamento realizado pela justiça comum], mais arejado, mais técnico, menos burocrático. CARMONA, Carlos Alberto. Em torno do árbitro. *Revista de Arbitragem e Mediação*. v. 28. São Paulo: Revista dos Tribunais, 2011, p. 48.

6 CARMONA, Carlos Alberto. As listas de árbitros. In: *Arbitragem e Mediação*. 2ª ed. VIEIRA ROCHA, Caio Cesar; SALOMÃO, Luis Felipe (coord.). São Paulo: Altas, 2017, p. 75.

7 Nesse sentido, PAULSSON, Jan. *Moral hazard in international dispute resolution.* Aula inaugural proferida na Faculdade de Direito da Universidade de Miami em 29.04.2010. Disponível em: http://www.arbitration-icca.org/media/0/12773749999020/paulsson_moral_hazard.pdf. Acesso em 15.02.18.

8 "Se os árbitros, geralmente dois — indicando cada uma das partes um —, quiserem honrar a confiança neles depositada, buscarão entender-se sobre a decisão a ser dada à causa, pois, se divergirem, sabem que a solução estará nas mãos de um terceiro. No tribunal ímpar, composto geralmente de três árbitros, os indicados pelas partes podem ser tentados a votar em prol das partes que os indicaram, deixando a verdadeira decisão a cargo de um terceiro; é a lei do menor esforço, que frustra uma das principais qualidades do árbitro, que é a confiança". CARREIRA ALVIM, José Eduardo. *Tratado geral de arbitragem*. Belo Horizonte: Mandamentos, 2000, p. 304

9 "Cabe esclarecer, primeiramente, que o árbitro pode ser indicado pela parte, mas não se torna 'árbitro da parte', devendo se manter independente e imparcial. Não existe qualquer dever desse coárbitro com a parte que o indicou, o que se trata de mito infundado. Por óbvio há muitas vezes um jogo de xadrez pela parte na seleção dos árbitros, escolhendo-se alguém que, pelo perfil e/

é a existência de árbitros verdadeiramente independentes e imparciais, mas não se pode abordar a dispersão de votos, sem considerar a possibilidade de o coárbitro cair na tentação de agradar a parte que o escolheu. Às vezes, não é nem o caso de situações patológicas em que os árbitros não são independentes ou imparciais, mas há a possibilidade de um enviesamento favorável à parte que nomeou o coárbitro, de modo que este, consciente ou não, pode inclinar-se, ainda que de forma sutil, para a visão do litigante que o escolheu[10].

Nas próximas linhas serão analisadas a natureza da divergência entre os árbitros, que pode ser quantitativa ou qualitativa, bem como as possiblidades de se resolver a dispersão de votos. Embora a Lei de Arbitragem opte por fazer prevalecer o voto do árbitro presidente, a convenção arbitral pode admitir solução diversa, a fim de estabelecer critério mais adequado na perspectiva das partes.

2. Divergência quantitativa

O desacordo entre os árbitros pode ser quantitativo ou qualitativo. Na dispersão de votos qualitativa, cada um dos árbitros vota em determinado sentido. Por exemplo, pode ser que um árbitro queira condenar a parte a entregar ao seu adversário um bezerro, o outro queira condenar a entregar um potro e o terceiro entenda que deve ser um cabrito[11]. Nesse caso, segundo o art. art. 24, §1º, da Lei de Arbitragem, prevalece o voto do árbitro presidente.

Existe também a divergência quantitativa, em que os árbitros concordam em relação ao julgamento do pedido, porém divergem quanto ao valor a ser arbitrado. Nesses casos, não prevalece o voto do presidente. Muito pelo contrário, a maioria deve ser perquirida a partir do sistema da continência ou do sistema da média aritmética[12].

---

ou produção acadêmica, tenderia a favor da sua posição. Mas nunca se pode ultrapassar a linha da independência e imparcialidade. Até porque, como ensina mestre Jorge Benjor, 'se o malandro soubesse como é bom ser honesto, seria por malandragem'. O membro claramente parcial em painel de três membros provavelmente não influenciará os demais e se tornará o 'árbitro do vinho', que só terá voz na hora de pedir a bebida do jantar." MUNIZ, Joaquim de Paiva. Guia politicamente incorreto da arbitragem brasileira: visão crítica de vinte anos de sucesso. *Revista de Arbitragem e Mediação*. v. 50. São Paulo: Revista dos Tribunais, 2016, pp. 217-218; CARMONA, Carlos Alberto. Em torno do árbitro. Op. cit., p. 48.

10 JÚDICE. José Miguel. Op. cit., p. 749.

11 Esse exemplo é de Alexandre Freitas Câmara. *Arbitragem*. 2ªed. Rio de Janeiro: Lumen Juris, 1997, p. 91.

12 Nesse sentido: CARNEIRO, Paulo Cezar Pinheiro. Aspectos processuais da nova lei de arbitragem. In: *Arbitragem: a nova lei brasileira (9.307/96) e a praxe internacional*. CASELLA, Paulo Borba (coord). São Paulo: LTr, 1996, p. 149; CARMONA, Carlos Alberto. *Arbitragem e processo*. 3ª ed. São Paulo: Atlas, 2009, p. 359; BERALDO, Leonardo de Faria. *Curso de arbitragem*. São Paulo: Altas, 2014, pp. 422-433. Em sentido contrário, entendem que deve prevalecer o voto do presidente, prezando

O sistema da continência "consiste em verificar qual das quantidades fixadas nos diferentes votos se acha contida no menor número de pronunciamentos suficientes para compor a maioria"[13]. O voto vencedor encontra-se entre as extremidades dos demais posicionamentos, é o voto que está no meio. Se, por exemplo, são cinco árbitros, o primeiro condena a parte a pagar 130, o segundo 100, o terceiro 30, o quarto 20 e o quinto 10; o voto vencedor será o que condenou a parte a pagar 30, por estar entre as extremidades dos demais posicionamentos[14].

Já o sistema da média aritmética consiste em somar os valores presentes nos diferentes votos, e dividir o valor tolar pelo número de votantes[15]. No exemplo anterior, soma-se os votos dos julgadores que representa a quantia de 290, e divide-se pelo número de cinco votantes. Desse modo, o voto vencedor seria no valor de 58.

Entende-se que o sistema da continência é o mais adequado para resolver a divergência quantitativa[16], pois reflete de forma mais precisa a realidade. O sistema da média aritmética faz com que o voto vencedor não corresponda a nenhuma das posições estabelecidas pelos árbitros, o que representa um enorme contrassenso[17].

---

pela intepretação mais literal do art. 24, §1º, da Lei de Arbitragem: CAHALI, Francisco José. *Curso de arbitragem*. 6ª ed. São Paulo: Revista dos Tribunais, 2017, pp. 331-332; SCAVONE JUNIOR, Luiz Antonio. *Manual de arbitragem*. 4ª ed. São Paulo: Revista dos Tribunais, 2010, pp. 164-165.

13 BARBOSA MOREIRA, José Carlos. *Comentários ao código de processo civil*. Op. cit., p.670.

14 O Regimento Interno do Tribunal de Justiça do Rio de Janeiro, nos termos do art. 83, utiliza o sistema de continência utiliza o sistema de continência para resolver as divergências quantitativas: "Se, em relação a uma única parte do pedido, não se puder formar a maioria, em virtude de divergência quantitativa, o Presidente disporá os diversos votos, com as quantidades que cada qual indicar, em ordem decrescente de grandeza, prevalecendo a quantidade que, com as que lhe forem superiores ou iguais, reunir votos em número suficiente". O Superior Tribunal de Justiça já teve a oportunidade de se manifestar sobre o tema, no julgamento dos embargos de declaração no recurso especial n° 219.064/RJ: "Prevalece no resultado do julgamento o voto-médio, assim considerada a posição intermediária majoritária que fixou a indenização por danos morais em 500 salários mínimos, improcedendo a pretensão da recorrente de ver estabelecido o quantum resultante da média aritmética do valor deferido em cada um dos cinco votos prolatados pelos integrantes da Turma." Embargos de declaração no recurso especial nº 219.064/RJ, Rel. Ministro ALDIR PASSARINHO JUNIOR, QUARTA TURMA, julgado em 27/03/2001.

15 O Regimento Interno do Tribunal de Justiça de São Paulo, nos termos do art. 139 § 1º, utiliza o sistema aritmético para resolver as divergências quantitativas: "Tratando-se de determinação do valor ou quantidade, o resultado do julgamento será expresso pelo quociente da divisão dos diversos valores ou quantidades homogêneas, pelo número de juízes".

16 No mesmo sentido: CARNEIRO, Paulo Cezar Pinheiro Carneiro. Op. cit., p. 149; CARMONA, Carlos Alberto. *Arbitragem e processo*. Op. cit., p. 360.

17 Esse é o entendimento do Superior Tribunal de Justiça: "[se prevalecesse o sistema da média aritmética] ter-se-ia um valor que não corresponderia a quaisquer dos votos e o acórdão resultaria da derrota do ponto de vista de todos os integrantes da Turma, um contrassenso". Embargos de declaração no recurso especial nº 219.064/RJ, Rel. Ministro ALDIR PASSARINHO JUNIOR, QUARTA TURMA, julgado em 27/03/2001.

Não é só. O sistema da média da aritmética possui uma fragilidade muito grande. O voto destoante de um dos árbitros, por si só, pode gerar grandes repercussões na deliberação do colegiado. Imagine-se a hipótese em que um árbitro estabelece a condenação no valor de R$1.000.000,00, o segundo no valor de R$900.000,00 e o terceiro no valor de 100.000,00. No sistema da continência o voto médio seria no valor de R$900.000,00. Já no sistema da média aritmética, o valor da condenação seria de R$666.666,67. Percebe-se que um voto completamente isolado de um árbitro, no sistema da média aritmética, pode distorcer, de forma flagrante, a decisão do colegiado. Já no sistema da continência, não haveria esse problema.

O sistema da média aritmética pode ser considerado ainda mais inconveniente, no caso de um coárbitro, indicado pela parte vencida, estabelecer a condenação em valores pífios. Não há dúvidas que no sistema da média aritmética, esse voto estaria cercado de suspeitas (ainda que se mostrassem infundadas, porque pode ser essa a opinião do julgador). Já no sistema da continência, o voto passaria completamente desapercebido, pois não teria o condão de influenciar de forma tão radical o resultado.

3. Divergência qualitativa

3.1. O julgamento colegiado e a pluralidade de causas de pedir

Antes de se adentrar na análise da dispersão de votos que tenha por objeto divergência qualitativa, é necessário atentar-se para a peculiaridade da formação do voto majoritário no caso da pluralidade de causas de pedir. Como será demonstrado, nessa hipótese, é imprescindível um rigor maior na deliberação do colegiado.

É possível, no processo arbitral, que a parte pleiteie certa providência, baseando-se em mais de uma causa de pedir, sendo que cada uma, por si só, poderia justificar o acolhimento do pedido. Conforme explica José Carlos Barbosa Moreira, nesse caso, está se propondo em cumulação tantas as demandas quanto forem as causas de pedir[18].

Pode, por exemplo, a parte requerer o despejo de seu adversário com base em infração contratual e na necessidade de retomar o imóvel para uso próprio; ou requer a anulação de um contrato com fundamento em mais de um vício de consentimento. Não há dúvidas que nesses casos o tribunal arbitral depara-se com duas demandas cumuladas. A parte poderia requerer a pretensão por meio de duas demandas arbitrais distintas, ou até mesmo de forma sucessiva. Não haveria óbice em iniciar uma demanda arbitral a fim de se obter o despejo com base na violação do contrato, e se julgado improcedente o pedido, iniciar outra demanda arbitral, agora formulando a

18 José Carlos Barbosa faz o apontamento em relação ao processo judicial, mas a lógica é a mesma para o processo arbitral. BARBOSA MOREIRA, José Carlos. Julgamento colegiado e pluralidade de causas de pedir. *Temas de direito processual civil*. Terceira Série. São Paulo: Saraiva, 1984, p. 131.

pretensão com base na retomada do imóvel para uso próprio, que se mostra uma causa de pedir diversa[19].

A falta de percepção clara da estrutura complexa do objeto da cognição pode levar à aplicação de técnica defeituosa na formação do voto majoritário. Por esse motivo, os posicionamentos dos árbitros devem ser analisados com base em cada umas causas de pedir.

Imagine-se um caso em que a parte pede a anulação de um determinado ato jurídico, por três fundamentos diferentes (a, b e c). O primeiro árbitro reconhece apenas o fundamento a, mas rejeita os fundamentos b e c, o segundo só reconhece o fundamento b, rejeitando a e c, e o terceiro reconhece unicamente o fundamento c, rejeitando a e b. Os três julgadores manifestaram-se no sentido de anular o ato, entretanto cada um o fez com base em uma causa de pedir diversa (ou seja, com base em demandas diferentes). Se as três demandas fossem julgadas separadamente, em procedimentos arbitrais distintos, as três causas de pedir seriam rejeitadas. Com efeito, o único resultado que se pode extrair dessa deliberação é que nenhum dos árbitros julgou procedente o pedido de anulação e o ato deve permanecer válido[20].

No exemplo do despejo, pode o primeiro árbitro julgar improcedente o pedido, o segundo julgar procedente o pedido com base na violação contratual (primeira causa de pedir) e o terceiro julgar procedente o pedido com base na retomada do imóvel para uso próprio (segunda causa de pedir).

Um observador desatento talvez achasse que a maioria se formou em torno da procedência do pedido. Entretanto, diante de uma análise mais rigorosa, em relação à primeira causa de pedir, são dois votos pela improcedência do pedido e um voto pela procedência. Do mesmo modo, em relação à segunda causa de pedir, também há

19 Tanto no processo judicial quanto no processo arbitral, a coisa julgada material não impede o ajuizamento de uma nova demanda com causa de pedir distinta. É certo que os limites objetivos da coisa julgada arbitral são os mesmos da coisa julgada formada com a sentença judicial de mérito, ao menos quando se tratar da arbitragem doméstica, sujeita ao direito processual brasileiro, como afirmam FICHTNER, José Antonio; MANNHEIMER, Sergio Nelson; MONTEIRO, André Luís. Notas sobre a coisa julgada arbitral. In: *O Direito de estar em juízo e a coisa julgada.* Arlete Inês Aurelli et al. (coord). São Paulo: Revista dos Tribunais, 2014, p. 798. Em relação ao processo judicial, a doutrina pacífica no sentido de que a eficácia preclusiva só atinge argumentos e provas inseridos na causa de pedir definida pelo autor. Assim, é possível propor nova demanda, formulando o mesmo pedido, mas fundada em nova causa de pedir. Nesse sentido: BARBOSA MOREIRA, José Carlos. Eficácia preclusiva da coisa julgada material no sistema brasileiro. *Temas de direito processual civil.* São Paulo: Saraiva, 1977, pp. 99 e 103-108; CABRAL, Antonio do Passo. *Coisa julgada e preclusões dinâmicas.* 2ª ed. Salvador: Editora Juspodivm, 2014, p.95; DIDIER JR, Fredie; SARNO BRAGA, Paula; OLIVEIRA, Rafael Alexandria de. *Curso de direito processual civil.* 10ª Ed, Salvador: Ed. Juspodivm, 2015, v. II, p. 548; recurso especial nº 112.101/RS, Rel. Ministro CESAR ASFOR ROCHA, QUARTA TURMA, julgado em 29/06/2000.

20 O exemplo é de José Carlos Barbosa Moreira, que no caso refere-se ao julgamento realizado no processo judicial, em grau de apelação. BARBOSA MOREIRA, José Carlos. Julgamento colegiado e pluralidade de causas de pedir. Op. cit., p. 132.

dois votos pela improcedência do pedido e um voto pela procedência. Dessa forma, o pedido de desejo seria julgado improcedente, pois ambas as causas de pedir foram rejeitas pela maioria dos julgadores. Observa-se que o resultado não seria diferente, se as duas demandas fossem julgadas separadamente.

Dessa forma, para se apurar a formação da posição majoritária na arbitragem, é necessário que o posicionamento de cada árbitro seja analisado separadamente em relação a cada pedido e cada causa de pedir, para não serem somadas quantidades heterogêneas.

É evidente que a arbitragem é um sistema próprio e muitos dos métodos aplicados no processo ordinário estatal não são apropriados para o processo arbitral[21]. Entretanto, a observância de cada uma das causas de pedir na deliberação dos árbitros propicia um julgamento mais adequado, técnico e criterioso, sem distorções que poderiam ser causadas por uma visão turva da realidade, de modo que esse rigor também é necessário na arbitragem. Nesse sentido, inclusive é interessante notar que o regimento do Tribunal de Justiça do Rio de Janeiro, por sugestão de José Carlos Barbosa Moreira, prevê regra nesse exato sentido, no art. 82: "computar-se-ão separadamente os votos com relação a cada uma das questões preliminares ou prejudiciais, e, no mérito, quanto a cada parte do pedido e a cada causa de pedir, se mais de uma houver".

No entanto, é importante que fique claro que em relação à mesma causa de pedir podem os árbitros chegar a resultado idêntico, mas por motivos diferentes. Não há óbice para que haja entendimentos distintos sobre as questões fáticas e jurídicas que servem como premissa para a conclusão de cada julgador. Nesse caso, o que importa não são os fundamentos da decisão, apenas o resultado da deliberação. Observa-se que a divergência de fundamentos em relação à mesma causa de pedir não provoca distorções no resultado do julgamento, diferentemente da hipótese em que existem várias causas de pedir[22].

3.2. O voto preponderante do árbitro presidente

No caso da divergência qualitativa, há apenas posicionamentos isolados, sem ser possível formar maioria em relação julgamento da demanda. Assim, prevalece o voto

21 Carlos Alberto Carmona afirma que a "processualização" da arbitragem é um mal que deve ser combatido. CARMONA, Carlos Alberto. Em torno do árbitro. Op. cit., pp. 53-55. Como se demonstrou, a regra de julgamento proposta não se enquadra na crítica, uma vez que é extremamente benéfica para arbitragem, propiciando uma decisão mais técnica e adequada. Se no processo judicial há essa preocupação, com mais razão ainda também deve existir na arbitragem.

22 José Carlos Barbosa faz apontamento em relação ao processo judicial, mas a lógica é a mesma para o processo arbitral. BARBOSA MOREIRA, José Carlos. Julgamento colegiado e pluralidade de causas de pedir. *Temas de direito processual civil*. Terceira Série. São Paulo: Saraiva, 1984, p. 135.

do árbitro presidente, nos termos do art. 24, §1º, da Lei de Arbitragem[23]. O objetivo da norma é afastar o non liquet[24], de modo que se possa alcançar uma decisão, mesmo no caso de dispersão de votos.

O critério justifica-se pelo fato de o presidente normalmente ser escolhido por consenso das partes ou dos árbitros, ou por meio da entidade arbitral. Nesse sentido, é percebido como julgador de maior neutralidade[25], muito embora todos os árbitros (inclusive os indicados pelas partes) devam ser independentes e imparciais[26].

Um dos pontos positivos do voto de qualidade do árbitro presidente é a possibilidade de os árbitros optarem livremente pela solução que entendem como mais correta, sem o temor de que a arbitragem possa ficar comprometida, sem um resultado prático.

Conforme a atenta análise de Gary B. Born, esse critério confere maiores poderes ao árbitro presidente pelo fato de poder votar sozinho em caso de dispersão de votos, o que afeta diretamente a dinâmica da formação da decisão[27]. Diante da falta de consenso em relação ao resultado, o árbitro presidente não precisaria tentar convencer os coárbitro sobre o acerto de sua posição, já que possui a prerrogativa de proferir o voto de minerva e encerrar o julgamento.

Esse poder precisa ser exercido com parcimônia. O árbitro presidente deve buscar a melhor solução para a controvérsia, analisando os diversos pontos de vista dos coárbitros. Entretanto, é necessário também estar preparado para proferir o voto preponderante, se entender que esta é única forma de encontrar a decisão mais adequada para o jurisdicionado[28-29]. Sob outra perspectiva, o fato de os coárbitros saberem

---

23 Adotam esse modelo a Câmara de Comercio Internacional (art. 31, I) e praticamente todas as câmaras arbitrais brasileiras.

24 CAHALI, Francisco José. Op. cit., p. 334.

25 Selma Lemes explica a diferença entre imparcialidade e neutralidade. "Uma questão importante que se coloca quando se analisa a figura do árbitro é saber se existe árbitro neutro, se o conceito de imparcialidade e neutralidade sinônimos. Efetivamente, não são, pois não existe árbitro neutro, assim como não existe juiz neutro. Neutralidade não se confunde com imparcialidade. Não existe ser humano neutro; não somos robôs, autômatos. O ser humano é fruto do meio em que vive, se suas convicções religiosas, sociais, políticas, etc. e é por elas influenciado. Portanto, não existe pessoa neutra; obviamente, não existe árbitro neutro. A neutralidade pressupõe indiferença, o que é lago difícil de ser concebido. Ser imparcial é resolver a controvérsia de acordo com o seu livre convencimento (art. 21, §2º, da Lei 9.307/1996), de acordo com o seu modo de entender e fixar suas convicções sobre o assunto". LEMES, Selma Maria Ferreira. Árbitro. Princípios da independência e da imparcialidade. São Paulo: LTr, 2001, p. 63.

26 MUNIZ, Joaquim de Paiva. *Curso básico de direito arbitral.* 4ª ed. Curitiba: Juruá, 2017, p. 254.

27 BORN, Gary B. Born. *International Commercial Arbitration.* 2ª ed. Kluwer Law International, 2014, pp. 3049-3050.

28 CAHALI, Francisco José. Op. cit., p. 333.

29 "No plano da estratégia militar e da teoria dos conflitos, costuma-se dizer que só consegue alcançar e construir uma boa paz quem esteja preparado para fazer uma (boa) guerra. Este paradigma, com

que o presidente está disposto utilizar o voto de minerva é também um incentivo para que pelo menos um deles tente formar a maioria[30].

Como afirmam W. Laurence Craig, William W. Park e Jan Paulsson, o voto de qualidade do árbitro presidente é a única solução para os casos em que a arbitragem fica polarizada, situação em que os coárbitros caem na tentação de defenderem a posição da parte que os escolheu[31].

A arbitragem com cinco ou mais árbitros torna mais complexa a identificação do voto vencedor. Pode ocorrer, por exemplo, em uma arbitragem com cinco árbitros, a situação em que dois árbitros, sendo um deles o presidente, formam a uma determinada posição, enquanto os outros dois árbitros formam outra posição, permanecendo o quinto árbitro isolado. Neste caso, o mais correto é que prevaleça a corrente formada pelo árbitro presidente.

Entretanto, hipótese mais complicada é se dois árbitros possuem determinada opinião, outros dois uma opinião diversa, e o árbitro presidente sustenta um terceiro posicionamento, completamente isolado. Nesse caso, o árbitro presidente deve aderir a uma das duas correntes, a fim de que se possa alcançar decisão majoritária[32].

Outra situação delicada, na arbitragem com cinco ou mais julgadores, é possiblidade de a deliberação ser formada por maioria simples e não absoluta. Esse é o caso de dois árbitros aderirem à determinada posição, e os outros três árbitros terem posições diferentes entre si. Embora a maior parte da doutrina seja silente quanto ao tema, Alexandre Freitas Câmara entende que a maioria simples é suficiente para a deliberação[33]. Se a Lei de Arbitragem (art. 24, § 1º) prevê a possibilidade de o árbitro presidente votar sozinho no caso de dispersão de votos, prevalecendo a opinião de tão somente um árbitro sobre as demais, não há óbice em admitir também o predomínio da opinião de dois árbitros sobre o dissenso de outros três, cada um com uma posição isolada.

as devidas e naturais adaptações, pode e deve aplicar-se ao tema que estamos a desenvolver. O árbitro presidente só conseguirá obter um bom consenso se estiver preparado — e os coárbitros o saibam — para uma decisão que não seja unânime e que, no limite e se quando a legalmente possível, não seja apoiada por nenhum coárbitro." JÚDICE. José Miguel. Op. cit., p. 750.

30 CRAIG, W. Laurence; PARK, William W. Park; PAULSSON, Jan. Op. cit., p. 369.

31 "In some cases, not even a majority view will emerge. This be the case where each party-nominated arbitrator remains fairly close to the positions urged by 'his' party and the chairman is unable to find common ground with either side. In such a case, Article25(1) provides that the award shall be made by the chairman alone". CRAIG, W. Laurence; PARK, William W. Park; PAULSSON. Op. cit., p. 369. No mesmo sentido: CARREIRA ALVIM, José Eduardo. Op. cit., p. 304

32 CÂMARA, Alexandre Freitas. *Arbitragem*. Op. cit., p. 93.

33 Ibid., pp. 92-93.

3.3. A possibilidade de critérios estabelecidos pelas partes

Muito embora a Lei de Arbitragem defina o voto de minerva do presidente como critério de desempate nas deliberações, as partes têm a alternativa de dispor de forma diversa na convenção de arbitragem[34]. Nesse sentido, serão abordados outros modelos que podem ser utilizados pelas partes.

Uma possibilidade é a exigência do voto majoritário, de modo que só pode haver uma decisão quando os árbitros necessariamente alcançarem a maioria. A dinâmica na formação da decisão é completamente alterada, porque é necessário que um árbitro tente convencer o outro sobre o acerto de sua posição, até que se chegue a uma decisão majoritária[35]. Nessa hipótese, os votos dos coárbitros e do árbitro presidente têm o mesmo peso, uma vez que este último não possui a prerrogativa do voto de minerva na hipótese da dispersão de votos.

Nesse caso, a única alternativa existente para resolver o impasse é algum dos árbitros ceder ao seu posicionamento para que seja formado o voto majoritário. Com efeito, os árbitros têm que votar para formar uma maioria, ao invés de tentar fazer prevalecer o que cada um entende como o julgamento ideal. É necessário que se chegue a um denominador comum, acomodando as diversas opiniões, para obter uma decisão prática, ainda que não seja a melhor possível sob a ótica individual de cada um dos julgadores[36].

A exigência do voto majoritário pode fazer com que o árbitro presidente tente a todo custo obter a adesão de pelo menos um dos coárbitro, afim de conseguir uma decisão prática. Yves Derains e Eric A. Schwartz ressaltam que para isso, muitas vezes, podem ser obtidos consensos que não são razoáveis nem legítimos[37]. Algum árbitro poderia, em tese, renunciar à posição que entende como a mais correta apenas para formar a maioria.

Uma outra técnica para solucionar a dispersão de votos é proceder a uma nova votação entre duas posições conflitantes dos árbitros, excluindo a que for vencida, e depois uma terceira votação, entre a posição vencedora e qualquer das outras, repetindo esse procedimento sucessivamente. No final restarão apenas duas posições, das quais será escolhida uma pelo colegiado de árbitros[38].

---

34 Ibid., p. 93; CARMONA, Carlos Alberto. *Arbitragem e processo*. Op. cit., p. 361.

35 BORN, Gary B. Born. Op. cit., pp. 3049-3050.

36 "so much of the judicial and arbitral process is characterized by judges and arbitrators voting to form a majority rather than voting to express what each of them may see as the optimum judgment. In a collective body, there is very frequently a process of accommodation of differing views, sometimes sharply differing views. The result may be consecration of the least common denominator. That may not be a noble result, but it is a practical result. It is better than no result." SCHWEBEL, Stephen M. Op. cit., p. 153.

37 DERAINS, Yves; SCHWARTZ, Eric A. *A guide to the new ICC rules of arbitration*. Kluwer Law International, 1998, p. 285.

38 O art. 84, do Regimento Interno do Tribunal de Justiça do Rio de Janeiro adota esse método: "Se a impossibilidade de apurar-se a maioria for devida a divergência qualitativa, o Presidente porá em votação, primeiro, 02 (duas) quaisquer dentre as soluções sufragadas, sobre as quais terão de

A terceira possibilidade é convocação de outros árbitros para integrarem o painel arbitral[39]. Nesse caso, é recomendável que os árbitros suplentes sejam indicados desde o início do procedimento arbitral, no momento da celebração do compromisso arbitral ou do termo de arbitragem[40]. Evita-se com isso dúvidas, suspeitas e eventuais impugnações quanto à nomeação do árbitro. É certo que o final do procedimento arbitral, com o julgamento empatado, não é o momento mais propício para indicação dos árbitros.

Com efeito, a opção de prosseguir o julgamento com novos árbitros não parece muito adequada. Além de aumentar consideravelmente os custos da arbitragem com os honorários dos novos árbitros, não há nenhuma garantia de que o impasse será resolvido. Os árbitros suplentes podem cada um aderir a uma determinada corrente, sem que seja formada uma maioria.

4. A declaração de voto vencido

Todos os árbitros devem assinar o laudo arbitral, ainda que a decisão seja majoritária ou proferida com base no voto de qualidade do árbitro presidente. Ressalta-se que, consoante o art. 26, parágrafo único, da Lei de Arbitragem, "na hipótese de um ou alguns dos árbitros não poder ou querer assinar a sentença", compete ao árbitro presidente certificar o fato e continuar o procedimento com a comunicação das partes sobre laudo arbitral.

Embora não seja obrigatório, o árbitro vencido pode declarar as razões da divergência (art. 24, §2º). Uma vez que se trata de julgamento em instância única, o voto não terá nenhuma consequência prática em relação à deliberação. No entanto, essa faculdade do julgador é importante apenas para destacar a posição a dele, demonstrando a solução que entende como mais acertada.

---

manifestar-se obrigatoriamente todos os votantes, eliminando-se a que obtiver menor número de votos; em seguida, serão submetidos a nova votação a solução remanescente e outra das primitivamente sufragadas, procedendo-se de igual modo; e assim sucessivamente até que todas se hajam submetido a votação. Será vencedora a solução que obtiver a preferência na última votação". É importante ressaltar que com o advento do art. 942, do CPC/15, a técnica utilizada pelo Regimento Interno do Tribunal de Justiça sofreu alteração. No hipótese de dispersão de votos, primeiramente é necessário observar se o art. 942, do CPC, aplica-se ao caso concreto, de modo a ampliar o colegiado de desembargadores. Já com o colegiado ampliado, se o impasse continuar, aplica-se a técnica prevista no art. 84, do Regimento Interno do Tribunal de Justiça do Rio de Janeiro. Nesse sentido: CÂMARA, Alexandre Freitas. *A complementação de julgamentos não unânimes e a dispersão de votos*. Disponível em: https://www.conjur.com.br/2017-mar-16/alexandre-camara-complementacao-julgamentos-nao-unanimes. Acesso em 18.02.18.

39 Essa é a solução mais acertada para CARMONA, Carlos Alberto. *Arbitragem e processo*. Op. cit., p. 361.

40 NUSDEO, Fábio. Embargos infringentes na arbitragem? In: *Aspectos da arbitragem institucional: 12 anos da lei 9.307/1996*. VERÇOSA, Haroldo Malheiros Duclec (org.). São Paulo: Malheiros, 2008, p. 52.

Várias são as formas de manifestar a opinião contrária do árbitro. Pode ser ressaltada no próprio corpo da sentença, em um capítulo separado, ou em observações nas notas de rodapé quando forem questões mais pontuais[41]. Entretanto, no caso de dispersão de votos, diante da grande incompatibilidade entre os posicionamentos, o mais adequado é que os árbitros vencidos declarem em separado os respectivos votos.

5. Conclusão

Em um colegiado de árbitros, a regra é deliberação por unanimidade, em algumas hipóteses há decisão por maioria, já a dispersão de votos é situação rara. Por esse motivo, a doutrina brasileira manifesta-se pouco sobre o tema.

Como afirma José Miguel Júdice, um laudo arbitral ideal normalmente não agrada a todos[42]. É preciso evitar que as decisões, sob o pretexto de formar a unanimidade, não tutelem o direito do vencedor da forma mais ampla possível. Não se pode admitir que qualquer unanimidade seja formada apenas para evitar a inconveniência de um voto divergente.

As partes procuram a arbitragem para ter o seu litígio jugado por um especialista. O objetivo do painel arbitral é obter a decisão mais técnica e correta, sob o ponto de vista jurídico. Um bom laudo arbitral é sempre admirado e respeitado por todos[43]. Com efeito, para que se chegue a esse resultado, os árbitros têm que estar preparados para uma deliberação majoritária, e o presidente deve estar disposto a votar sozinho, se entender que essa é a forma de obter o melhor resultado possível.

Após serem analisados os diversos critérios para solucionar a dispersão de votos, observa-se que a opção feita pela Lei de Arbitragem brasileira, é, se dúvidas, a mais apropriada. Contudo, nada impede que, diante das peculiaridades do caso concreto, e apesar da advertência aqui feita, as partes disponham de forma diversa na convenção de arbitragem.

6. Referências bibliográficas

BARBOSA MOREIRA, José Carlos. Comentários ao código de processo civil. 16ª ed. Rio de Janeiro: Forense, 2011, v. V;

______. Eficácia preclusiva da coisa julgada material no sistema brasileiro. Temas de direito processual civil. São Paulo: Saraiva, 1977;

41 CAHALI, Francisco José. *Curso de arbitragem*. 4ª ed. São Paulo: Revista dos Tribunais, 2017, p. 336.

42 JÚDICE. José Miguel. Op. cit., p. 760.

43 Ibid., p. 760.

______. Julgamento colegiado e pluralidade de causas de pedir. Temas de direito processual civil. Terceira Série. São Paulo: Saraiva, 1984;

BERALDO, Leonardo de Faria. Curso de arbitragem. São Paulo: Altas, 2014;

BORN, Gary B. Born. International Commercial Arbitration. 2ª ed. Kluwer Law International, 2014;

CABRAL, Antonio do Passo. Coisa julgada e preclusões dinâmicas. 2ª edª. Salvador: Editora Juspodivm, 2014;

CAHALI, Francisco José. Curso de arbitragem. 6ª ed. São Paulo: Revista dos Tribunais, 2017;

CÂMARA, Alexandre Freitas. Arbitragem. 2ªed. Rio de Janeiro: Lumen Juris, 1997;

______. A complementação de julgamentos não unânimes e a dispersão de votos. Disponível em: https://www.conjur.com.br/2017-mar-16/alexandre-camara-complementacao-julgamentos-nao-unanimes. Acesso em 18.02.18.

CARMONA, Carlos Alberto. Arbitragem e processo. 3ª ed. São Paulo: Atlas, 2009;

______. As listas de árbitros. In: Arbitragem e Mediação. 2ª ed. VIEIRA ROCHA, Caio Cesar; SALOMÃO, Luis Felipe (coord.). São Paulo: Altas, 2017;

______.. Em torno do árbitro. Revista de Arbitragem e Mediação. v. 28. São Paulo: Revista dos Tribunais, 2011;

CARNEIRO, Paulo Cezar Pinheiro Carneiro. Aspectos processuais da nova lei de arbitragem. In: Arbitragem: a nova lei brasileira (9.307/96) e a praxe internacional. CASELLA, Paulo Borba (coord). São Paulo: LTr, 1996;

CARREIRA ALVIM, José Eduardo. Tratado geral de arbitragem. Belo Horizonte: Mandamentos, 2000;

CRAIG, W. Laurence; PARK, William W. Park; PAULSSON, Jan. International Chamber of Commerce Arbitration. 3ª ed. Nova Iorque: Oceana Publications, 2001;

DERAINS, Yves; SCHWARTZ, Eric A. A guide to the new ICC rules of arbitration. Kluwer Law International, 1998;

DIDIER JR, Fredie; SARNO BRAGA, Paula; OLIVEIRA, Rafael Alexandria de. Curso de direito processual civil. 10ª Ed, Salvador: Ed. Juspodivm, 2015, v. II;

FICHTNER, José Antonio; MANNHEIMER, Sergio Nelson; e MONTEIRO, André Luís. Notas sobre a coisa julgada arbitral. In: O Direito de estar em juízo e a coisa julgada. Arlete Inês Aurelli et al. (coord). São Paulo: Revista dos Tribunais, 2014;

JÚDICE. José Miguel. Reflexão sobre a construção de um bom laudo arbitral. In: Doutrinas essenciais da arbitragem e medição. WALD, Arnoldo (org.). São Paulo: Revista dos Tribunais, 2011, v. III;

LEMES, Selma Maria Ferreira. Árbitro. Princípios da independência e da imparcialidade. São Paulo: LTr, 2001.

MUNIZ, Joaquim de Paiva. Curso básico de direito arbitral. 4ª ed. Curitiba: Juruá, 2017;

______. Guia politicamente incorreto da arbitragem brasileira: visão crítica de vinte anos de sucesso. Revista de Arbitragem e Mediação. v. 50. São Paulo: Revista dos Tribunais, 2016;

NUSDEO, Fábio. Embargos infringentes na arbitragem? In: Aspectos da arbitragem institucional: 12 anos da lei 9.307/1996. VERÇOSA, Haroldo Malheiros Duclec (org.). São Paulo: Malheiros, 2008;

PAULSSON, Jan. Moral hazard in international dispute resolution. Aula inaugural proferida na Faculdade de Direito da Universidade de Miami em 29.04.2010. Disponível em: http://www.arbitration-icca.org/media/0/12773749999020/paulsson_moral_hazard.pdf. Acesso em 15.02.18;

SCAVONE JUNIOR, Luiz Antonio. Manual de arbitragem. 4ª ed. São Paulo: Revista dos Tribunais, 2010;

SCHWEBEL, Stephen M. May the Majority Vote of an International Arbitral Tribunal be Impeached? Arbitration international 13.2. The 1996 Freshfields Lecture, 1997.

Notas Sobre o Cumprimento de Sentença Arbitral

Bernardo da Silveira Latge

SUMÁRIO: 1. Introdução. **2.** A natureza da sentença arbitral e a necessidade de cumprimento forçado da obrigação. **3.** O cumprimento de sentença que reconhece obrigação de pagar quantia. **4.** O cumprimento de sentença que reconhece obrigação da Fazenda Pública de pagar quantia. **5.** O cumprimento da sentença arbitral que reconhece obrigação de fazer, não fazer ou de entregar coisa. **6.** A adoção de medidas despidas de força para o cumprimento da sentença arbitral: a divulgação da informação sobre o inadimplemento. **7.** Conclusão.

1. Introdução

É assente no âmbito da doutrina que, dentre os elementos que compõem o poder jurisdicional, o árbitro possui os de cognitio, vocatio e notio, sendo desprovido, no entanto, de coertio e executio[1]. É que, por questões de política legislativa, a Lei nº 9.307/1996 ("Lei de Arbitragem") não delegou aos árbitros poderes para exercer atos de força. De fato, conquanto possa conhecer, processar e julgar a controvérsia que lhe é submetida pelas partes por força da convenção de arbitragem, ao árbitro não é dado promover atos executórios que viabilizem o cumprimento forçado da obrigação estabelecida no laudo arbitral.

Resta, assim, ao juízo estatal processar as execuções de sentenças arbitrais, seguindo o mesmo procedimento previsto para a execução judicial, já que o laudo arbitral é considerado, para todos os efeitos, um título executivo judicial. Deverão ser observadas, nesse sentido, as disposições sobre o cumprimento de sentença previstos na legislação processual, inclusive as regras especiais quando o caso envolver um dos entes integrantes da Fazenda Pública.

Dessa circunstância, no entanto, emergem dúvidas de natureza procedimental. Com efeito, em que pese equiparada a um título executivo judicial, a sentença arbitral possui determinadas características próprias (v. g. o próprio fato de ter sido exarada fora de um processo judicial), que podem reclamar certos ajustes no procedimento previsto na legislação para o seu cumprimento. Tais dúvidas poderiam se estendidas, inclusive, para a própria efetividade da sentença, considerando que, em certos casos envolvendo a Fazenda Pública, a legislação processual civil estabelece condições para

---

1 BARBI, Marcelo. *Arbitrabilidade cautelar e monopólio estatal da coerção: revisitando a titularidade do ius imperium no Estado Contemporâneo*. In: CARNEIRO, Paulo Cezar Pinheiro; GRECO, Leonardo; DALLA, Humberto. Temas controvertidos na arbitragem à luz do Código de Processo Civil de 2015, vol. 1. Rio de Janeiro: GZ Editora, 2018. No mesmo sentido: "O árbitro é juiz de fato e de direito, porém, os árbitros não possuem outra parcela relevante da jurisdição que é o imperium e a coertio, para fazer valer a sentença de natureza condenatória, mandamental ou executiva lato senso." (GUERRERO, Luis Fernando. *Cumprimento da sentença arbitral e a Lei 11.232/2005*. In: Revista de Arbitragem e Mediação, v. 15, 2007. p. 102).

a eficácia do pronunciamento judicial, as quais se mostram incompatíveis com a natureza irrecorrível da sentença arbitral.

Nesse contexto, o presente ensaio tem por objetivo apresentar um breve panorama sobre o cumprimento de sentenças arbitrais, dando enfoque também ao procedimento previsto para os casos que envolvem a Fazenda Pública e paras determinadas dúvidas que possam emergir sobre o tema.

2. A natureza da sentença arbitral e a necessidade de cumprimento forçado da obrigação

Assim como aquelas proferidas no âmbito do Poder Judiciário, as sentenças arbitrais podem deter natureza declaratória, constitutiva ou condenatória. Como decorre de sua própria nomenclatura, aquelas de natureza declaratória declaram o direito vindicado pela parte, as de natureza constitutiva constituem situações jurídicas e as de natureza condenatória impõem obrigações a uma das partes.

Nas palavras de Pedro Batista Martins, "as sentenças que se exaurem na simples declaração, e nada mais, são aquelas meramente de cunho declaratório. Almejam, simplesmente, a declaração do direito em confronto", ao passo que "a sentença de conteúdo constitutivo, muito embora contemple a declaração do direito, vai além dessa simples declaração, pois interfere na relação jurídica preexistente para modificá-la, extingui-la ou criá-la". Ainda segundo o mencionado autor, "a sentença de conteúdo condenatório, apesar de conter uma declaração do direito, diferencia-se das demais pela sanção nela contida. Aí está o seu quid. Com ela se quer o cumprimento forçado de uma obrigação", isto é, "a sentença condena o devedor ao cumprimento da prestação contratada"[2].

Nessa toada, por simplesmente declararem um direito ou constituírem uma situação jurídica, as sentenças declaratórias e constitutivas, por si só, entregam o bem da vida almejado pela parte requerente – respectivamente, certeza e estado jurídico novo –, não ensejando, portanto, execução[3]. Por outro lado, por impor uma obrigação a uma das partes do contencioso, a sentença condenatória não basta em si; seu cumprimento depende da prática de atos da parte condenada. Assim, caso não haja o adimplemento voluntário da obrigação reconhecida na sentença condenatória, necessário se fará o manejo de execução forçada.

Diante dessa circunstância, a Lei de Arbitragem, em seu art. 31, estabeleceu que "a sentença arbitral produz, entre as partes e seus sucessores, os mesmos efeitos da sentença proferida pelos órgãos do Poder Judiciário e, sendo condenatória, constitui título executivo". Tal previsão encontra-se em consonância com o Código de Processo

2 MARTINS, Pedro Antonio Batista. *Apontamentos sobre a Lei de arbitragem*: comentários à lei 9.307/96. Rio de Janeiro: Forense. 2008. p. 306.

3 ASSIS, Araken de. *Manual de Execução*. São Paulo: Editora Revista dos Tribunais, 2017. p. 229

Civil, que também qualifica a sentença arbitral como título executivo judicial no rol taxativo previsto em seu art. 515.

Nessa esteira, a princípio, apenas sentenças arbitrais condenatórias demandarão a prática de atos executórios, na medida em que aquelas de conteúdo puramente declaratório e constitutivo serão suficientes para reconhecer o direito vindicado pela parte, conferindo certeza a um fato ou criando, modificando ou extinguindo uma situação jurídica.

Sucede que, como adiantado na introdução do presente ensaio, embora tenha investido o árbitro nas mesmas funções de um juiz estatal[4], o ordenamento jurídico nacional não lhe conferiu a prerrogativa de praticar atos executórios, que viabilizem o cumprimento forçado da sentença arbitral condenatória. Isso porque, como o Estado detém o monopólio do uso da força, caberá ao juízo estatal processar o cumprimento da sentença arbitral, na forma do disposto no art. 516, III, do Código de Processo Civil[5].

Desse modo, como assevera Luiz Fernando Guerreiro, "obtendo sentença arbitral condenatória, a parte vencedora que não verificar o cumprimento voluntário da decisão arbitral pela parte vencida poderá recorrer ao Judiciário para que busque o cumprimento coercitivo do mandamento arbitral, interferindo, se necessário, na esfera patrimonial da parte vencida"[6]. Precisará ela, com efeito, de auxílio do Estado-juiz para que possa lograr obter a satisfação da obrigação reconhecida no laudo arbitral, por meio do processo de execução.

A execução da sentença arbitral, por sua vez, seguirá as mesmas regras do procedimento de cumprimento de sentenças judiciais, inclusive aquelas previstas para as modalidades especiais de execução, como é o caso da execução contra a Fazenda Pública. Afinal, por ostentar a qualidade de título executivo judicial e sendo processada no âmbito do próprio Poder Judiciário, não há razão para o ordenamento conferir um procedimento específico destinado ao cumprimento de laudos arbitrais.

Evidentemente, como sentença arbitral possui determinadas características próprias, certos ajustes no procedimento previsto na legislação para o seu cumprimento devem ser observados. Dessa maneira, a seguir, pretende-se fazer uma breve abordagem dos procedimentos previstos no Código de Processo Civil para o cumprimento de sentenças judiciais condenatórias, inclusive aquele previsto para os casos que envolvam a Fazenda Pública, demonstrando-se os ajustes que devem ser observados em virtude de o pronunciamento executado ter sido proferido na via arbitral.

---

4 Confira-se, a propósito, o art. 18 da Lei de Arbitragem: "O árbitro é juiz de fato e de direito, e a sentença que proferir não fica sujeita a recurso ou a homologação pelo Poder Judiciário.".

5 "Art. 516. O cumprimento da sentença efetuar-se-á perante: (...) III – o juízo cível competente, quando se tratar de sentença penal condenatória, de sentença arbitral, de sentença estrangeira ou de acórdão proferido pelo Tribunal Marítimo.

6 GUERRERO, Luis Fernando. *Cumprimento da sentença arbitral e a Lei 11.232/2005*. In: Revista de Arbitragem e Mediação, v. 15, 2007. p. 102

3. O cumprimento de sentença que reconhece obrigação de pagar quantia

O Código de Processo Civil, em seu Capítulo VI, do Título II, do Livro I, prevê um procedimento específico para o cumprimento de sentenças condenatórios em obrigação de pagar quantia. Em resumo, dispõe o Código que cumprimento definitivo da sentença far-se-á a requerimento do exequente, sendo o executado intimado para pagar o débito, no prazo de 15 (quinze) dias (art. 523, caput), sendo certo que, não ocorrendo o pagamento voluntário, o débito será acrescido de multa de dez por cento e, também, de honorários de advogado de dez por cento (art. 523, § 1º). Por outro lado, efetuado o pagamento parcial no prazo (art. 523, § 2º), a multa e os honorários somente incidirão sobre a parcela restante inadimplida, prosseguindo a execução com atos de constrição e expropriação dos bens do executado (art. 523, § 3º).

Note-se que a intimação do executado para o cumprimento da obrigação se dá por intermédio de seu advogado, tendo em vista que a execução é processada nos próprios autos em que proferida a sentença da fase de conhecimento, em nome do sincretismo processual.

No caso da sentença arbitral, contudo, a formação do título executivo judicial se dá fora do âmbito do Poder Judiciário, inexistindo um processo de conhecimento prévio à execução da sentença arbitral. Desse modo, a execução da sentença arbitral dependerá do ajuizamento de um novo processo judicial, que seguirá as mesmas regras previstas no Código de Processo Civil para a fase de cumprimento de sentença.

Daí surge a primeira diferença entre a execução das sentenças judicial e arbitral. É que, como se trata de um novo processo, o pedido de cumprimento do laudo arbitral deve assumir a forma de "petição inicial", observando não só o disposto no art. 524 do Código de Processo Civil, como também, no que couber, os requisitos trazidos pelo art. 319 do diploma processual.

Além disso, por se tratar a execução da sentença arbitral de uma nova relação processual – e não mera continuidade do mesmo processo –, necessário se fará a citação pessoal do executado, não bastando a mera intimação do advogado que patrocinou seus interesses na arbitragem.

De fato, salvo disposição em contrário, o mandato outorgado ao causídico para patrocinar a parte na arbitragem se esgota com o término do procedimento arbitral, de sorte que aquele não possui poderes de representação na execução em curso perante o Poder Judiciário. Assim é que a ausência de citação pessoal ou a sua substituição por intimação na pessoa do advogado inquina o processo de cumprimento de sentença arbitral de nulidade.[7-8]

---

7 CAHALI, Francisco José. *Curso de arbitragem*. São Paulo: Editora Revista dos Tribunais, 2015. p. 363.

8 A confirmar o ora exposto, o Superior Tribunal de Justiça já decidiu que, no caso de execução de sentença arbitral, o prazo de 15 (quinze) dias previsto na legislação para o cumprimento da obrigação se inicia com juntada do mandado de citação devidamente cumprido aos autos (STJ, REsp 1.102.460/RJ, Corte Especial, Rel. Min. Marco Buzzi, j. 17.06.2015).

Outras particularidades da execução da sentença arbitral que vêm sendo aventadas pela doutrina nacional dizem respeito ao prazo para o cumprimento voluntário da obrigação e à multa prevista para a hipótese de inadimplemento. Em outros termos, perquire-se (i) se é dado ao árbitro estabelecer prazo para cumprimento da obrigação distinto daquele previsto no caput do art. 523 do Código de Processo Civil (15 dias); bem como (ii) se pode o árbitro fixar, na sentença arbitral, uma multa superior à 10% sobre o montante do débito, para o caso de não pagamento voluntário pelo devedor.

Francisco José Cahali[9], nessa linha, entende que as duas hipóteses não configuram sobreposição ou mesmo conflito de normas. Isso porque o prazo previsto na sentença arbitral para o cumprimento voluntário da obrigação seria distinto daquele constante do art. 523 do Código de Processo Civil, sendo o primeiro de direito material e o segundo de natureza processual. Assim, para o mencionado autor, o prazo estabelecido na sentença arbitral seria uma espécie de prazo de tolerância concedido pelos árbitros para o cumprimento da obrigação, durante o curso do qual não seria possível o ajuizamento da execução. Uma vez ultrapassado esse prazo, o titular do direito poderia promover a execução, no âmbito do qual, aí sim, transcorreria o prazo de 15 (quinze) dias previsto no diploma processual. Confira-se:

> Pela Lei de Arbitragem (art. 26, III), o árbitro poderá fixar prazo para o cumprimento da decisão; a seu turno, a legislação processual concede o prazo de 15 dias para o cumprimento da condenação sem encargos (CPC/1973, art. 475-J; CPC/2015, art. 523). Pois bem, para o cumprimento da decisão, sem as sanções processuais previstas para a fase de execução, considera-se o prazo estabelecido na sentença arbitral ou no Código de Processo Civil?
>
> Entendemos que são prazos distintos, e ambos devem ser observados, convivendo em harmonia. Pelas características do procedimento arbitral, dentre elas a celeridade e expectativa de cumprimento espontâneo, ao lado de então, em 1996, ser norma com proveitosas previsões seguindo modelos internacionais, previu-se a possibilidade do árbitro estabelecer o prazo para cumprimento da condenação, até porque, por vezes, pela sua complexidade ou vulto, a pronta exigência poderá ser totalmente despropositada. Assim, o prazo de tolerância, por lei deixado ao criterioso bom-senso do árbitro, representa um benefício destinado ao vencido, quiçá até para viabilizar o cumprimento espontâneo.
>
> Sem o decurso deste prazo, a sentença é, ainda, inexequível. O título, embora 'judicial', não poderá ser exigido até o dies termini para atendimento espontâneo da condenação. E assim, prematura sua execução, se promovida durante o período estabelecido, pois por direito reconhecido na sentença, o devedor poderá aproveitar de todo o tempo previsto parra promover o cumprimento da obrigação. (...)
>
> Transcorrido o prazo para se honrar a obrigação prevista na sentença arbitral, nasce ao credor a prerrogativa de provocar a jurisdição estatal para a satisfação de seu direito (novamente se antes já assim fez e à época restou frustrado o pedido pela inexigibilidade do título). Seguindo o parágrafo único do art. 475-N do CPC/1973 ou art. 515, § 1.º do CPC/2015, o devedor será citado para execução. E agora, formada a relação processual, terá o executado

9 CAHALI, Francisco José. *Curso de arbitragem*. op. cit. p. 359-361.

> 15 dias para o cumprimento da obrigação sob pena de lhe ser imposta a sanção processual prevista no art. 475-J do CPC/1973 (art. 523 e seu § 1.º do CPC/2015).
>
> Haverá, pois, um novo prazo. Este benefício, agora, é processual, independentemente do quanto se decidiu na sentença. E ultrapassado o período, a lei impõe a sanção, sem margem ao julgador para qualquer modificação.
>
> São prazos distintos, para diferentes situações, com consequências diversas. E, desta forma, ambas as previsões convivem.

Utilizando o mesmo raciocínio aplicado ao prazo para o cumprimento da condenação, Francisco José Cahali também entende que, em determinadas circunstâncias, poderá o árbitro estabelecer na sentença multa para o caso de o vencido inadimplir a obrigação determinada. Com efeito, de acordo com o autor, "a multa eventualmente estabelecida na arbitragem se conterá na decisão e, assim, integrará a condenação. Fará parte do título executivo, na forma e condições então estabelecidas. Seria como a multa prevista em um contrato para o caso de inadimplemento; também aqui se contém no 'título' e deverá ser objeto da condenação. (..). E, assim, o título judicial é 'intocável' neste particular e como tal pode ser exigido"[10].

Já a multa prevista no art. 523, § 1º, do Código de Processo Civil, prossegue o autor, "não faz parte da condenação, como obrigação acessória (e a termo), nem tampouco integra o título executivo". Assim, "embora o fato gerador de uma e de outra multa, em última análise, seja comum: a inércia do vencido em cumprir a sentença arbitral, para a primeira causa de sanção, sua incidência, e exigibilidade, se deve à falta de cumprimento espontâneo no prazo estabelecido pelo árbitro. Já a segunda pena (processual), se impõe por ter o vencido, além de deixar de cumprir em tempo a obrigação, ensejar a execução forçada, na qual, mesmo com nova oportunidade, opta por se submeter às providências judiciais inclusive com intervenção em seu patrimônio"[11].

Gilberto Gusti[12], a seu turno, muito embora reconheça que a Lei de Arbitragem conferiu a possibilidade de o árbitro estabelecer na sentença multa para o inadimplemento da condenação, afirma qual tal somente poderá se dar nos casos em que a sentença arbitral imponha ao vencido uma obrigação fazer, não fazer ou entregar coisa. Isso porque, neste caso, a fixação de multa, que ostentará natureza de astreintes, é medida necessária para assegurar a eficácia do julgado.

Por outro lado, no caso da sentença arbitral que condena o vencido em obrigação de pagar quantia, como o Código de Processo Civil já contém mecanismos que assegurem a eficácia do julgado, não haveria lugar para a fixação de nova multa pelos árbitros, a menos que as partes celebrassem negócio jurídico nesse sentido. Deveras,

---

10 *Ibidem*. p. 361-362.

11 *Ibidem*. p. 361-362.

12 GIUSTI, Gilberto. *As garantias do cumprimento da sentença arbitral*. In: Revista do Advogado, nº 119. ano XXXIII, 2013. p. 49-53.

através de convenção processual[13], as partes poderiam afastar a regra legal prevista no art. 523, § 1º, do Código de Processo Civil em favor da aplicação da norma negociada.

Com as devidas vênias, ousamos concordar com Gilberto Gusti. A toda evidência, a menos que as partes derroguem a norma legal contida no art. 523, § 1º, do Código Processo Civil e outorguem poderes ao árbitro através de convenção processual, não parece possível que a sentença arbitral possa fixar multa para o caso de descumprimento de obrigação de pagar quantia. A aplicação concomitante de duas multas para um mesmo evento – o inadimplemento voluntário da obrigação – parece resultar em reprovável bis in idem vedado pelo ordenamento nacional.

Pela mesma razão, parece não ser possível ao árbitro fixar prazo distinto do legal para o cumprimento da condenação de pagar quantia. É que, enquanto título executivo judicial, a sentença arbitral deve produzir efeitos desde logo, não podendo impor, sponte propria, condenação sujeita à condição ou termo.[14] Isso não impede, contudo, as partes de suspender a exigibilidade do direito reconhecido pelo pronunciamento, através da celebração de um pacto de non petendo[15].

Por fim, cabe ainda apontar uma última particularidade envolvendo a execução da sentença arbitral que impõe condenação de pagar quantia, a qual está especificamente relacionada à impugnação que pode ser ofertada pelo executado.

Deveras, de acordo com a sistemática do Código de Processo Civil, transcorrido o prazo de 15 (quinze) dias previsto no caput do art. 523 sem o pagamento voluntário, independente de penhora ou nova intimação, iniciará o prazo para que o executado apresente impugnação ao cumprimento da sentença. E essa impugnação – que, a princípio, não impede a prática de atos executivos[16] – deverá ater-se às matérias previstas no rol taxativo art. 525, § 2º.

---

13 O termo convenções processuais é utilizado por Antônio do Passo Cabral para designar os negócios jurídicos processuais bilaterais. Essa precisão terminológica se afigura relevante para o mencionado autor, pois permite a distinção entre as convenções e os contratos. Isso porque os contratos geralmente envolvem interesses contrapostos, ao passo que as convenções (acordos ou pactos) não necessariamente envolvem interesses contrapostos. Eles podem envolver interesses convergentes, que é o que geralmente ocorre no processo. A convenção seria um termo mais genérico que também envolve o contrato. Por isso, a utilização do termo. Isso não quer dizer, contudo, que não existem contratos processuais, do que é exemplo aquele que envolve os custos do processo (em que os interesses são contrapostos) (CABRAL, Antonio do Passo. *Convenções Processuais*. Salvador: Jus Podivm, 2016. p. 51-58).

14 Sobre o tema: COSTA E SILVA, Paula. *Pactum de non petendo*: exclusão convencional do direito de acção e exclusão convencional da pretensão material. In: CABRAL, Antonio do Passo; NOGUEIRA, Pedro Henrique (Coord.). Negócios Processuais. Salvador: JusPodivm, 2015. p. 297-334; TRIGO, Alberto Lucas Albuquerque da Costa. *Pactum de non petendo parcial*. In: Revista de Processo, v. 280, 2018. p. 19-39.

15 BARBOSA MOREIRA, José Carlos. *Execução sujeita a condição ou a termo no processo civil brasileiro*. In: BARBOSA MOREIRA, José Carlos. Temas de direito processual: sétima série. Rio de Janeiro: Saraiva, 2001. p. 111-118.

16 Nos termos do § 6º do art. 525 do Código de Processo Civil: "A apresentação de impugnação não impede a prática dos atos executivos, inclusive os de expropriação, podendo o juiz, a requerimento

Em outros termos, na impugnação, o executado somente poderá alegar, falta ou nulidade de citação, ilegitimidade, inexequibilidade do título ou inexigibilidade da obrigação, penhora incorreta ou avaliação errônea, excesso de execução, incompetência do juízo da execução ou causa modificativa ou extintiva da obrigação, desde que superveniente à penhora.

Ocorre que, no caso de impugnação ao cumprimento de sentença arbitral, além das matérias elencadas no art. 525, § 2º, do Código de Processo Civil, poderá também o executado invocar a nulidade da sentença arbitral.[17] Isso porque o § 3º do art. 33 da Lei de Arbitragem é expresso no sentido de que "a decretação da nulidade da sentença arbitral também poderá ser requerida na impugnação ao cumprimento da sentença, nos termos dos arts. 525 e seguintes do Código de Processo Civil, se houver execução judicial".

Aqui, no entanto, vale uma observação. Como se sabe, a Lei de Arbitragem previu um prazo decadencial de 90 (noventa) dias contados da notificação da sentença arbitral para que seja ajuizada demanda que tenha por objetivo anular a respectiva sentença (art. 33, § 1º)[18]. Nessa esteira, se o objetivo do legislador foi o de estabelecer um prazo peremptório para ataque ao laudo arbitral, parece intuitivo que o executado somente poderá alegar a nulidade da sentença arbitral em sede de execução, caso observe o referido prazo.[19]

Caso contrário, estar-se-ia a conferir uma incoerência ao sistema, permitindo ao executado burlar o prazo decadencial estabelecido pela legislação para a anulação da

do executado e desde que garantido o juízo com penhora, caução ou depósito suficientes, atribuir-lhe efeito suspensivo, se seus fundamentos forem relevantes e se o prosseguimento da execução for manifestamente suscetível de causar ao executado grave dano de difícil ou incerta reparação.".

17 Sobre o tema, confira-se a lição de Marcus Vinicius dos Santos Andrade: "A nulidade da sentença arbitral, também, poderá ser argüida na oportunidade da impugnação. O art. 33, § 3.º, da Lei 9.307/96, dispõe nesse sentido. Refere-se, entretanto, ao sistema de defesa do devedor, anterior às alterações trazidas pela Lei 11.232/2005, ou seja, à ação de embargos do devedor, que não mais subsiste. Substituída pela defesa incidental da impugnação, nesta é que o pedido de nulidade da sentença arbitral deverá ser reclamado. Entretanto, se foi proposta ação de nulidade e julgada improcedente, a impugnação, com o mesmo fundamento, não poderá mais ser argüida, por força de litispendência ou coisa julgada. De se admitir, contudo, que, se algumas das causas de pedir a nulidade não forem levantadas na petição inicial da ação respectiva e, destarte, não apreciadas pelo Poder Judiciário, inexistindo coisa julgada a respeito – na conformidade do mencionado § 3.º do art. 33, possam ser argüidas em impugnação aos atos de execução." (ANDRADE, Marcus Vinicius dos Santos. *Considerações sobre a arbitragem e o cumprimento da sentença arbitral.* In: Revista de Arbitragem e Mediação, vol. 15, 2007. p. 19-64).

18 "§ 1º A demanda para a declaração de nulidade da sentença arbitral, parcial ou final, seguirá as regras do procedimento comum, previstas na Lei no 5.869, de 11 de janeiro de 1973 (Código de Processo Civil), e deverá ser proposta no prazo de até 90 (noventa) dias após o recebimento da notificação da respectiva sentença, parcial ou final, ou da decisão do pedido de esclarecimentos."

19 CARMONA, Carlos Alberto. *Arbitragem e Processo*: um comentário à Lei nº 9.307/96. São Paulo: Atlas, 2009. p. 430.

sentença arbitral. Assim é que, caso a impugnação ao cumprimento de sentença seja ofertado depois de decorrido o prazo decadencial para a propositura da ação anulatória, o impugnante se verá impedido de invocar qualquer das matérias previstas no rol do art. 32 da Lei de Arbitragem para se eximir da obrigação por nulidade da sentença arbitral.

4. O cumprimento de sentença que reconhece obrigação da Fazenda Pública de pagar quantia

É sabido que o ordenamento estabelece um regime diferenciado para a execução de quantias movidas contra a Fazenda Pública[20]. Com efeito, o regime geral de execução de quantia previsto no art. 523 e ss. do Código de Processo Civil, por envolver atos de constrição e expropriação patrimonial, não se afigura compatível com os princípios da legalidade orçamentária e da impenhorabilidade ao qual estão submetidas as pessoas jurídicas de direito público e seus bens.

Além disso, o legislador foi sensível ao fato de que, por estar vinculada ao princípio da legalidade administrativa e em razão de sua estrutura burocrática, a Fazenda Pública possui maiores dificuldades na obtenção de informações e provas, não estando sempre em situação de igualdade frente ao particular no litígio.

Assim é que o Código de Processo Civil previu, nos arts. 534 e 535, um regramento diferenciado para a execução de sentenças que imponham obrigações de pagar quantia à Fazenda Pública. De acordo com os mencionados dispositivos, a execução da sentença se dará a requerimento do exequente, que deverá apresentar demonstrativo discriminado e atualizado do crédito, de modo a viabilizar a intimação da Fazenda Pública, na pessoa de seu representante judicial.

A intimação em execução, diferentemente da regra geral, não terá a finalidade do pagamento do débito no prazo de 15 (quinze) dias, mas sim a de que o ente público executado impugne a execução, se for o caso. Por isso, inclusive, há a previsão do art. 534, § 2º, do Código de Processo Civil, que estabelece que a multa pelo não pagamento do débito no prazo de 15 (quinze) dias não se aplica para a execução de quantia em face da Fazenda Pública.

Uma vez intimada, a Fazenda Pública poderá adotar duas condutas: impugnar ou não a execução. No primeiro caso, o ente público deverá alegar uma das matérias constantes do rol previsto no art. 535 do Código de Processo Civil, sendo certo que a impugnação será dotada de efeito suspensivo, em razão da interpretação conferida ao

---

20 É corrente da doutrina que, por Fazenda Pública, devem ser compreendidas as pessoas de direito público componentes da Administração (RODRIGUES, Marco Antonio dos Santos. *A Fazenda Pública em Juízo*. São Paulo: Atlas, 2016. p. 3). O Supremo Tribunal Federal, no entanto, vem emprestando à entidades privadas benefícios processuais que são conferidos à Fazenda Pública, como é o caso dos Conselhos de Fiscalização Profissional e as empresas públicas e sociedades de economia mista que prestem serviços públicos (STF, ADI 1.717, Tribunal Pleno, Rel. Min. Sidney Sanches, j. 07.11.2002; STF, RE 220.906, Tribunal Pleno, Rel. Min. Maurício Corrêa, j. 16.11.2000).

art. 100, § 5º, da Constituição Federal, que estabelece a necessidade de trânsito em julgado para a expedição do precatório.

Por outro lado, caso a Fazenda Pública deixe de ofertar impugnação, o juiz deverá aplicar os meios de satisfação do credor previstos no art. 100 da Constituição Federal, determinando a expedição de precatório judicial ou requisição de pequeno valor, a depender do montante do crédito executado. Ademais, por força do disposto no art. 85, § 7º, do Código de Processo Civil, não incidirão honorários de sucumbência de execução neste caso.

Pois bem. No caso de cumprimento de sentença arbitral que condene a Fazenda Pública a pagar quantia, algumas observações devem ser anotadas.

Em primeira ordem, valem as mesmas observações feitas no item anterior no que diz respeito à necessidade de citação pessoal do executado. Com efeito, o cumprimento da sentença depende da instauração de uma nova relação processual, se fazendo necessário chamar formalmente a Fazenda Pública a participar do processo, o que, no entanto, poderá ser feito de forma eletrônica, na forma do art. 246, §§ 1º e 2º, do Código de Processo Civil.

Em segundo lugar, é preciso registrar que, ao contrário do que sucede com a sentença judicial, a sentença arbitral não possui como condição de eficácia o duplo grau obrigatório de jurisdição previsto no art. 496 do Código de Processo Civil.

De fato, de acordo com o mencionado dispositivo, estão sujeitas ao reexame obrigatório todas as sentenças, definitivas e terminativas, proferidas contra a Fazenda Pública, exceto se a condenação, ou o direito controvertido, for de valor certo não superior à 1.000 (um mil) salários mínimos[21]. No entanto, tal norma deve ser afastada no âmbito da arbitragem, tendo em vista que o regime trazido pela Lei nº 9.307/1996 conta com regra especial que estabelece que a sentença arbitral não está sujeita à confirmação pelo Poder Judiciário (art. 18).

Além disso, como advertem José Antonio Fichtner, Sergio Nelson Mannheimer e André Monteiro, "as partes são, pois, pela própria Lei de Arbitragem, livres para estabelecer o procedimento arbitral a ser seguido na arbitragem, inexistindo disposição legal que determine a aplicação, automática e obrigatória, do Código de Processo Civil ao processo arbitral, nem direta e nem subsidiariamente"[22]. Assim, justamente por estar prevista no Código de Processo Civil, é inaplicável à arbitragem a regra do duplo grau obrigatório de jurisdição de sentenças contrárias à Fazenda Pública.

---

21 Esse valor se refere às ações movidas contra a União. No caso dos Estados e do Distrito Federal, esse limite é reduzido para 500 salários mínimos. Já no caso dos Municípios o limite é de 100 salários mínimos.

22 FICHTNER, José Antonio. MANNHEIMER, Sergio Nelson. MONTEIRO, André Luís. *A questão da aplicabilidade de técnicas instrutórias estrangeiras na arbitragem brasileira*. In: FICHTNER, José Antonio; MANNHEIMER, Sergio Nelson. MONTEIRO, André Luís. Novos temas de arbitragem. Rio de Janeiro: Editora FGV, 2014. p. 190.

Confira-se, a propósito, a lição de André Rodrigues Junqueira[23]:

> (...) a arbitragem constitui um sistema próprio e autônomo em relação ao procedimento ordinário previsto no Código de Processo Civil. O Estado, ao aderir voluntariamente à arbitragem deve renunciar às prerrogativas previstas na legislação processual, pois estas não fazem sentido no contexto da arbitragem, no qual não existe (ou não deveria existir) desigualdade entre as partes. Nessa toada, a Lei Federal no 9.307/96 igualmente não previu qualquer tipo de condição de eficácia da sentença, como o reexame necessário. Nessa toada, as câmaras arbitrais, em geral, não preveem a existência de qualquer tipo de órgão recursal. A conclusão que pode ser extraída dessa análise é de que a celeridade e qualidade de julgamento esperada em um procedimento arbitral não é compatível com a sistemática o reexame necessário.

Em terceiro lugar, é preciso investigar se a execução de sentenças arbitrais deve observar os meios de satisfação do credor previstos no art. 100 da Constituição Federal, notadamente o regime dos precatórios judiciais. Com efeito, o referido dispositivo constitucional estatui um regime próprio para que a Fazenda Pública quite seus débitos decorrentes de condenações em processos com sentenças judiciárias já transitadas em julgado, observando a ordem cronológica de apresentação dos precatórios judiciais.

Parcela da doutrina[24] defende que a submissão ao regime dos precatórios judiciais é uma exigência constitucional à execução da sentença arbitral. Isso porque, como já se viu, a sentença arbitral é considerada para todos os efeitos um título executivo judicial. E, se assim é, o pagamento do crédito nela lastreado deverá, obrigatoriamente, observar o procedimento previsto no art. 100 da Constituição Federal, sob pena de violação ao princípio da isonomia. Caso contrário, estar-se-ia a conferir tratamento privilegiado ao credor da sentença arbitral em detrimento daquele que obtém seu crédito por sentença proferida pelo Poder Judiciário.

De outro lado, há autores que sustentam que "a sentença arbitral, ainda que equiparada por lei a título executivo judicial, não se confunde com a sentença prolata-

---

23 JUNQUEIRA, André Rodrigues. *A Experiência da Administração Pública Brasileira na Arbitragem*. Publicações da Escola da AGU, v. 1, nº 31, 2013. p. 53.

24 A título de exemplo, cite-se Rodrigo Garcia da Fonseca, para quem "no que toca às execuções contra a Fazenda, justificável que a exceção atue também em matéria de sentenças arbitrais. Se a parte derrotada na arbitragem for a Fazenda Pública – na acepção processual deste termo, ou seja, incluindo a União, Estados, Municípios, autarquias e fundações públicas, a execução e os embargos à execução seguirão o rito próprio da execução contra a Fazenda e dos respectivos embargos, submetendo-se inclusive, se for o caso, ao regime dos precatórios. Aí tem aplicação o mesmo princípio da equivalência das sentenças judiciais e arbitrais afirmado acima. Se a execução da sentença arbitral deve ser, tanto quanto possível, idêntica à execução da sentença judicial, e se o processo de execução da sentença judicial contra a Fazenda Pública é diferenciado, bem como também o é a defesa desta – através de embargos e não de impugnação – então os mesmos procedimentos devem ser adotados se a sentença exeqüenda for de origem arbitral." (DA FONSECA, Rodrigo Garcia. *A arbitragem e a reforma processual da execução*. In: Revista de Arbitragem e Mediação, v. 14, 2007. p. 46-47).

da por juiz togado. A equiparação é apenas uma opção de política legislativa, para facilitar a execução da sentença arbitral e, com isso, fomentar a uso da arbitragem"[25]. Ou seja, "sentença arbitral possuiria natureza de título judicial, mas não se enquadraria no conceito de sentença judiciária, tal e qual apregoada pelo art. 100 da Carta Maior. Seria, na verdade, o ato que põe fim a um procedimento de resolução de conflitos que foi instituído de forma contratual"[26]. Assim, a submissão ao regime de precatórios judiciais não seria uma exigência ao cumprimento da sentença arbitral.

Corroborando essa posição, alguns ainda defendem que a Fazenda Pública poderia efetuar voluntariamente o pagamento reconhecido na sentença arbitral, antes da instauração de qualquer processo executivo, desde que haja dotação orçamentária específica para tanto. Deveras, se o ente público está autorizado, pela via administrativa, a promover a recomposição do equilíbrio econômico-financeiro de um contrato administrativo, poderia ele reconhecer a dívida cristalizada em sentença arbitral e efetuar o pagamento de forma espontânea[27].

Com as devidas vênias, parece que a razão se encontra com aqueles que veem o regime de precatórios como de necessária observância para o cumprimento da sentença arbitral. Afinal, tal regime foi criado para proteger a igualdade entre os indivíduos e não impor um sacrifício ao princípio da execução orçamentária, criando uma ordem cronológica para o pagamento decorrentes de sentenças judiciais[28]. Diante da equiparação da sentença arbitral à sentença judicial, destarte, não parece concebível conferir qualificação superior à primeira, visto que tal apenas teria a consequência de criar um privilégio odioso entre credores que se encontram diante da idêntica situação jurídica.

Não convence o argumento de que a Fazenda Pública poderia efetuar o pagamento voluntário da obrigação imposta na sentença arbitral. Como destaca Flavio Willeman, realmente nada obsta que, durante o curso do processo, a Fazenda Pública celebre com o particular acordo para pagamento voluntário da obrigação. No entanto, adverte o mencionado autor que tal medida não se afigura possível após operado o trânsito em julgado da sentença, por representar burla ao sistema dos precatórios[29].

---

25 SCHMIDT, Gustavo da Rocha. *A arbitragem nos conflitos envolvendo a Administração Pública*: uma proposta de regulamentação. 140 p. Dissertação (Mestrado). Escola de Direito do Rio de Janeiro da Fundação Getúlio Vargas, 2016. p. 84.

26 *Ibidem*. p. 85.

27 Por todos, cite-se: ACCIOLY, João Pedro. *O cumprimento de sentenças arbitrais desfavoráveis à Administração Pública*. Revista dos Tribunais, vol. 989, 2018. p. 53-54.

28 ALVES, Marcus Vinicuis Armani. *A Fazenda Pública na arbitragem*. 257 p. Dissertação (Mestrado em Direito). Faculdade de Direito da Universidade de São Paulo, 2016. p. 83-84.

29 A propósito: "(...) há um direito subjetivo de todos os titulares de créditos junto ao Poder Público, representados em precatórios judiciais precedentes, de não verem o débito reconhecido em sentença judiciária posterior, com trânsito em julgado, ser pago na sua frente. Entender de forma diversa é violar os princípios da isonomia e da impessoalidade, uma vez que a expedição do pre-

E, embora tenha se desenvolvido sob a ótica do processo judicial, a lição de Willeman se mostra plenamente compatível com a arbitragem, posto que, ao menos para esse fim, a sentença arbitral em nada se diferencia da sentença judicial.

Naturalmente, caso haja uma espécie de fundo garantidor previsto no contrato em que inserido a convenção de arbitragem, não haverá necessidade de observância do regime de precatórios, porquanto o fundo, como regra, tem natureza jurídica de direito privado (art. 16, § 1º, da Lei das PPPs), podendo ter seu patrimônio atingido de forma direta[30]. Não sendo esse o caso, contudo, o regime de precatórios se mostra imperativo.

Seja como for, ainda sobre a execução de quantia contra a Fazenda Pública, é preciso fazer uma quarta e última observação, que está relacionada especificamente ao Decreto nº 8.465/2015.

Deveras, o referido Decreto foi editado com o objetivo regulamentar arbitragens que tenham por finalidade dirimir litígios que envolvam a União ou as entidades da administração pública federal indireta e as concessionárias, arrendarárias, autorizatárias ou os operadores portuários em relação ao inadimplemento no recolhimento de tarifas portuárias e outras obrigações financeiras perante a administração do porto e a Agência Nacional de Transportes Aquaviários – ANTAQ. E seu art. 12 estabelece que "o árbitro ou o presidente do colegiado dos árbitros solicitará à autoridade judiciária competente a adoção das providências necessárias à expedição de precatório ou de requisição de pequeno valor, conforme o caso".

Ocorre que parte da doutrina, de maneira acertada, vem sustentando a inconstitucionalidade do referido dispositivo, sob o argumento de violação da inércia da jurisdição. De fato, descabe ao árbitro – que, lembre-se, é investido na função de juiz ao julgar a controvérsia – instaurar de ofício a execução, dependendo a mesma de iniciativa exclusiva do credor interessado.

---

catório judicial após o trânsito em julgado da sentença judiciária é ato-condição – formalidade constitucional – para a liquidação do pagamento da obrigação pecuniária nela contida." (WILLEMAN, Flávio de Araújo. *Acordos Administrativos, Decisões Arbitrais e Pagamentos de Condenações Pecuniárias por Precatórios Judiciais*. In: SOUTO, Marcos Juruena Villela [Coord.]. Direito Administrativo: Estudos em Homenagem a Francisco Mauro Dias. Rio de Janeiro: Editora Lumen Juris, 2009. p. 350).

---

30 Em sentido contrário, Marcus Vinicuis Armani Alves sustenta não ser possível a utilização de fundo garantidor para fins de pagamento do crédito reconhecido na sentença arbitral. Segundo o mencionado autor, uso desse fundo resultaria um desvio de sua finalidade original. A uma porque o art. 18, § 5º, da Lei nº 11.079/2004 previu que o parceiro privado somente poderia acionar o FGC em dois casos de inadimplemento contratual, que se distinguem do inadimplemento de obrigação reconhecida por sentença arbitral. A duas porque o uso do fundo garantidor importaria uma burla ao regime dos precatórios. (ALVES, Marcus Vinicuis Armani. *A Fazenda Pública na arbitragem*. op. cit. p. 235-236).

5. O cumprimento da sentença arbitral que reconhece obrigação de fazer, não fazer ou de entregar coisa

Cumpre, ainda, analisar o procedimento constante do Código de Processo Civil que é dedicado ao cumprimento de sentenças que reconheçam obrigações de fazer, não fazer e entregar coisa. Isso porque, como o procedimento de execução de pagar quantia não se afigura eficaz para tutelar direitos de natureza distinta, o Código colocou à disposição dos jurisdicionados, nos arts. 536 a 538, um instrumento adequado para o cumprimento de sentenças condenatórias de obrigação de fazer, não fazer e entregar coisa.

Assim, para as sentenças que reconheçam obrigação de fazer ou não fazer, o art. 536 confere ao magistrado uma maior liberdade no uso de medidas coercitivas, ao estabelecer que, decorrido o prazo estabelecido na sentença, "o juiz poderá, de ofício ou a requerimento, para a efetivação da tutela específica ou a obtenção de tutela pelo resultado prático equivalente, determinar as medidas necessárias à satisfação do exequente". Ou seja, pode o juiz adotar medidas atípicas destinadas ao cumprimento da obrigação, não obstante o Código elenque algumas medidas típicas, dentre as quais a imposição de multa, a busca e apreensão, a remoção de pessoas e coisas, o desfazimento de obras e o impedimento de atividade nociva.

Além disso, o Código estabelece que o executado também terá o direito de impugnar o cumprimento de sentença, desde que a impugnação observe as disposições previstas no art. 525, no que couber.

De outro lado, para as sentenças que reconheçam obrigação de entregar coisa, o art. 538 determina que, "não cumprida a obrigação de entregar coisa no prazo estabelecido na sentença, será expedido mandado de busca e apreensão ou de imissão na posse em favor do credor, conforme se tratar de coisa móvel ou imóvel". No mais, serão respeitadas as disposições referentes ao procedimento de cumprimento de obrigação de fazer ou não fazer.

Tais normas, que se aplicam à Fazenda Pública sem qualquer restrição, devem também ser observadas no cumprimento de sentença arbitral, não havendo grandes questões que demandem alteração do procedimento previsto na legislação. Talvez as únicas particularidades que se poderia invocar se tratam da possibilidade de o árbitro fixar, desde logo, na sentença arbitral, medidas coercitivas para a satisfação da obrigação e a hipótese de o juiz, posteriormente, revogá-las ou modificá-las no curso do cumprimento de sentença.

Quanto à primeira questão, há quem defenda que o árbitro não poderia estabelecer qualquer medida coercitiva na sentença arbitral (v.g. a imposição de astreites), visto que tal atividade teria natureza executória. Assim, caberia apenas ao Poder Judiciário, enquanto detentor privativo do uso da força, determinar a aplicação de tais medidas.[31]

---

31 AMARAL, Guilherme Rizzo. *As astreintes e o processo civil brasileiro*: multa do art. 461 do CPC e outras. Porto Alegre: Livraria do Advogado, 2010. p. 277.

Contudo, tal raciocínio não se afigura correto, já que é dado ao árbitro lançar mão de medidas coercitivas ou cautelares.[32] O que lhe é vedado é fazer cumprir tais medidas[33], sendo necessário, para tanto, recorrer ao auxílio do Poder Judiciário. Assim é que, conforme afirma Luiz Olavo Baptista[34], aplicação de multa com caráter de astreinte para levar uma parte a cumprir determinada providência ou adotar certa conduta está inserida no poder jurisdicional do árbitro.

Já quanto a segunda questão, poder-se-ia aventar que, estando a medida coercitiva prevista no laudo arbitral, sobre ela houve a formação da coisa julgada, não podendo o juiz promover qualquer modificação. Nada obstante, tal também problema também se passa com a sentença judicial, não havendo qualquer razão para diferenciação.

E, quanto a esta última, o art. 537, § 1º, do Código de Processo Civil é expresso em permitir que o juiz da execução, de ofício ou mediante requerimento, modifique o valor ou a periodicidade da multa vincenda, caso verifique que se tornou excessiva ou que o obrigado demonstrou cumprimento parcial superveniente da obrigação ou justa causa para o descumprimento. O Superior Tribunal de Justiça, por sua vez, também possui jurisprudência sedimentada de que "a decisão que comina a multa não preclui nem faz coisa julgada material. Assim, é possível a modificação do valor dessa sanção até mesmo de ofício, a qualquer tempo, inclusive na fase de execução, quando irrisório ou exorbitante" [35].

Desse modo, por ostentar natureza de título executivo judicial, também se mostra possível a majoração ou redução da multa fixada na sentença arbitral durante o

---

32 LEÃO, Fernanda de Gouvêa. *Arbitragem e execução.* 139 p. Dissertação (Mestrado em Direito). Faculdade de Direito da Universidade de São Paulo, 2012. p. 52.

33 Nesse sentido, confira-se a lição de Nilton Cesar Antunes da Costa: "Assim, pode-se concluir que o árbitro detém o poder de execução, sendo-lhe excluído tão somente o poder de executar praticamente, ou seja, realizar qualquer medida coercitiva no mundo sensível através dos auxiliares de justiça, com exceção do provimento condenatório, que constitui título executivo judicial (art. 31, parte final, da Lei 9.307/96), dando ensejo à parte interessada ao ingresso de execução forçada perante o órgão judiciário." (COSTA, Nilton Cesar Antunes. *Poderes de cognição e execução do árbitro.* São Paulo: Ed. Revista dos Tribunais, 2002. p. 94).

34 "Quando aplica multa com caráter de astreinte para levar uma parte a cumprir determinada providência ou adotar certa conduta determinada em ordem procedimental, o árbitro exerce plenamente sua jurisdição." (BAPTISTA, Luis Olavo. Arbitragem comercial e internacional. São Paulo: Lex Magister, 2011). No mesmo sentido: PITOMBO, Eleonora Coelho. *Arbitragem e Poder Judiciário*: aspectos relevantes. In: GUILHERME, Luiz Fernando do Vale Almeida (Coord.). Aspectos práticos da arbitragem. São Paulo: Quartier Latin, 2006. p. 111.

35 Por todos cite-se: "A jurisprudência desta Casa é iterativa no sentido de que a decisão que comina a multa não preclui nem faz coisa julgada material. Assim, é possível a modificação do valor dessa sanção até mesmo de ofício, a qualquer tempo, inclusive na fase de execução, quando irrisório ou exorbitante" (STJ, AgInt no AREsp 1.189.031/SP, Terceira Turma, Rel. Min. Marco Aurélio Bellizze, j. 10.04.2018).

curso da execução, adequando-a o magistrado às necessidades do caso concreto, para o cumprimento forçado da obrigação.[36]

6. A adoção de medidas despidas de força para o cumprimento da sentença arbitral: a divulgação da informação sobre o inadimplemento

Por fim, vale mencionar que, conquanto seja despido de poderes para executar atos de força, podem os árbitros – ou até mesmo a instituições arbitrais – adotar medidas que estimulem o cumprimento da obrigação por parte do devedor, como é o caso da divulgação da informação de que a parte vencida não cumpriu a obrigação reconhecida na sentença arbitral[37]. Com efeito, é possível que o regulamento de arbitragem da instituição arbitral eleita pelas partes contenha previsões dessa natureza.

A título ilustrativo, cite-se a disposição contida no art. 11.2 do Regulamento de Arbitragem do Centro de Mediação e Arbitragem da Câmara de Comércio Brasil-Canadá (CAM-CCBC): "na hipótese de descumprimento da sentença arbitral a parte prejudicada poderá comunicar ao CAM-CCBC, para que divulgue a outras instituições arbitrais e às câmaras de comércio ou entidades análogas no país ou no exterior".

Embora despidas de caráter de força, parece certo que tais medidas podem possuir alguma repercussão na esfera do devedor, visto que terá sua imagem prejudicada perante terceiros.

7. Conclusão

Considerando que o ordenamento jurídico nacional não atribuiu aos árbitros o poder de praticar atos de força, a execução da sentença arbitral deverá ser requerida pela parte vencedora junto ao Poder Judiciário, aplicando-se ao requerimento as mesmas regras do procedimento de cumprimento de sentenças judiciais. No presente trabalho, buscou-se analisar no presente algumas características próprias da sentença arbitral, que exigem determinadas adaptações do procedimento legal da execução de títulos judiciais previsto no Código de Processo Civil Civil, inclusive no que diz respeito à execução contra a Fazenda Pública.

36 Nesse sentido: "Entendemos ser possível, inclusive, a majoração de eventual multa fixada na decisão arbitral pelo juízo estatal, na hipótese de a parte renitente manter-se inerte quanto ao cumprimento da decisão arbitral executada na justiça comum, tendo em vista que o objetivo da multa é exercer pressão sobre a vontade do devedor para que este resolva adimplir a obrigação que lhe incumbe." (COSTA, Marcos Gomes. *Tutela de Urgência e Processo Arbitral.* Dissertação [Mestrado em Direito]. Faculdade de Direito, Universidade de São Paulo, 2012. p. 49).

37 GIUSTI, Gilberto. *As garantias do cumprimento da sentença arbitral.* op. cit. p. 49-53.

Referências bibliográficas

ACCIOLY, João Pedro. O cumprimento de sentenças arbitrais desfavoráveis à Administração Pública. Revista dos Tribunais, vol. 989, 2018.

AMARAL, Guilherme Rizzo. As astreintes e o processo civil brasileiro: multa do art. 461 do CPC e outras. Porto Alegre: Livraria do Advogado, 2010.

ALVES, Marcus Vinicuis Armani. A Fazenda Pública na arbitragem. 257 p. Dissertação (Mestrado em Direito). Faculdade de Direito da Universidade de São Paulo, 2016.

ANDRADE, Marcus Vinicius dos Santos. Considerações sobre a arbitragem e o cumprimento da sentença arbitral. In: Revista de Arbitragem e Mediação, vol. 15, 2007.

ASSIS, Araken de. Manual de Execução. São Paulo: Editora Revista dos Tribunais, 2017.

BARBI, Marcelo. Arbitrabilidade cautelar e monopólio estatal da coerção: revisitando a titularidade do ius imperium no Estado Contemporâneo. In: CARNEIRO, Paulo Cezar Pinheiro; GRECO, Leonardo; DALLA, Humberto. Temas controvertidos na arbitragem à luz do Código de Processo Civil de 2015, vol. 1. Rio de Janeiro: GZ Editora, 2018.

BAPTISTA, Luis Olavo. Arbitragem comercial e internacional. São Paulo: Lex Magister, 2011.

CABRAL, Antonio do Passo. Convenções Processuais. Salvador: Jus Podivm, 2016.

CAHALI, Francisco José. Curso de arbitragem. São Paulo: Editora Revista dos Tribunais, 2015.

CARMONA, Carlos Alberto. Arbitragem e Processo: um comentário à Lei nº 9.307/96. São Paulo: Atlas, 2009.

COSTA, Marcos Gomes. Tutela de Urgência e Processo Arbitral. Dissertação (Mestrado em Direito). Faculdade de Direito, Universidade de São Paulo, 2012.

COSTA, Nilton Cesar Antunes. Poderes de cognição e execução do árbitro. São Paulo: Ed. Revista dos Tribunais, 2002.

COSTA E SILVA, Paula. Pactum de non petendo: exclusão convencional do direito de acção e exclusão convencional da pretensão material. In: CABRAL, Antonio do Passo; NOGUEIRA, Pedro Henrique (Coord.). Negócios Processuais. Salvador: JusPodivm, 2015.

DA FONSECA, Rodrigo Garcia. A arbitragem e a reforma processual da execução. In: Revista de Arbitragem e Mediação, v. 14, 2007.

FICHTNER, José Antonio. MANNHEIMER, Sergio Nelson. MONTEIRO, André Luís. A questão da aplicabilidade de técnicas instrutórias estrangeiras na arbitragem brasileira. In: FICHTNER, José Antonio; MANNHEIMER, Sergio Nelson. MONTEIRO, André Luís. Novos temas de arbitragem. Rio de Janeiro: Editora FGV, 2014.

GUERRERO, Luis Fernando. Cumprimento da sentença arbitral e a Lei 11.232/2005. In: Revista de Arbitragem e Mediação, v. 15, 2007.

GIUSTI, Gilberto. As garantias do cumprimento da sentença arbitral. In: Revista do Advogado, nº 119. ano XXXIII, 2013.

JUNQUEIRA, André Rodrigues. A Experiência da Administração Pública Brasileira na Arbitragem. Publicações da Escola da AGU, v. 1, nº 31, 2013.

LOURENÇO, Haroldo. A onda evolutiva da arbitragem envolvendo o poder público no Brasil. Revista do Tribunais, v. 995, 2018.

MARTINS, Pedro Antonio Batista. Apontamentos sobre a Lei de arbitragem: comentários à lei 9.307/96. Rio de Janeiro: Forense. 2008.

PITOMBO, Eleonora Coelho. Arbitragem e Poder Judiciário: aspectos relevantes. In: GUILHERME, Luiz Fernando do Vale Almeida (Coord.). Aspectos práticos da arbitragem. São Paulo: Quartier Latin, 2006.

RODRIGUES, Marco Antonio dos Santos. A Fazenda Pública em Juízo. São Paulo: Atlas, 2016.

SCHMIDT, Gustavo da Rocha. A arbitragem nos conflitos envolvendo a Administração Pública: uma proposta de regulamentação. 140 p. Dissertação (Mestrado). Escola de Direito do Rio de Janeiro da Fundação Getúlio Vargas, 2016.

TRIGO, Alberto Lucas Albuquerque da Costa. Pactum de non petendo parcial. In: Revista de Processo, v. 280, 2018. p. 19-39.

WILLEMAN, Flávio de Araújo. Acordos Administrativos, Decisões Arbitrais e Pagamentos de Condenações Pecuniárias por Precatórios Judiciais. In: SOUTO, Marcos Juruena Villela (Coord.). Direito Administrativo: Estudos em Homenagem a Francisco Mauro Dias. Rio de Janeiro: Editora Lumen Juris, 2009.

Brasil, Superior Tribunal de Justiça, REsp 1.102.460/RJ, Corte Especial, Rel. Min. Marco Buzzi, j. 17.06.2015.

Brasil, Superior Tribunal de Justiça, AgInt no AREsp 1.189.031/SP, Terceira Turma, Rel. Min. Marco Aurélio Bellizze, j. 10.04.2018.

Brasil, Supremo Tribunal Federal, ADI 1.717, Tribunal Pleno, Rel. Min. Sidney Sanches, j. 07.11.2002.

Brasil, Supremo Tribunal Federal, RE 220.906, Tribunal Pleno, Rel. Min. Maurício Corrêa, j. 16.11.2000.

A Possibilidade de Solução de Conflitos Individuais Trabalhistas Através de Arbitragem e a Inconstitucionalidade da Reforma Trabalhista

Camila de Castro Barbosa Bissoli do Bem

1. Introdução

A arbitragem de um modo geral demorou para se transformar em um método de solução de conflito utilizado com frequência no Brasil, na verdade, ainda hoje está restrita a um grupo muito específico de grandes empresas que costumam utilizá-la para solucionar suas lides.

Verifica-se que o método, apesar de hoje já mais difundido no país, ainda encontra muita resistência não só na prática, mas na própria doutrina e jurisprudência que tratam o assunto. No processo do trabalho, não podia ser diferente, a arbitragem como método de solução de conflito é amplamente questionada, tendo-se por base, quase sempre a irrenunciabilidade dos direitos trabalhistas.

A questão por si só já era suficiente para um rico debate, porém a reforma trabalhista incluiu na CLT a possibilidade de inserção de cláusula compromissória nos contratos de trabalho daqueles empregados "cuja a remuneração seja superior a duas vezes o limite máximo estabelecido para os benefícios do Regime Geral de Previdência Social"[1], dessa forma ficando a possibilidade de arbitragem para conflitos individuais trabalhistas em determinadas situações prevista em lei, fato que acirrou mais ainda o debate em torno do tema.

O presente trabalho tem como objetivo investigar se é possível se utilizar da arbitragem como método de solução de conflitos individuais trabalhistas, mas com a inovação legislativa, não pôde deixar de analisar também a possibilidade de inclusão de cláusula compromissória no contrato de trabalho.

O estudo se inicia com uma análise do tratamento legal dispensado à possibilidade de arbitragem nos conflitos individuais do trabalho, tornando-se impossível não mencionar essa possibilidade quando se trata de conflitos coletivos, o que fora chancelado constitucionalmente através da Emenda Constitucional nº 45.

---

1 Vide art. 507-A da reforma.

Em seguida, com vistas a debater o principal argumento que diz que os direitos trabalhistas são indisponíveis e, portanto, inalienáveis, irrenunciáveis e intransacionáveis, abre-se um novo tópico para buscar, na legislação e na doutrina, um conceito para direitos indisponíveis a fim de reconhecer os direitos trabalhistas como indisponíveis ou refutar essa hipótese e assim identificar os direitos trabalhistas como arbitráveis ou não.

Solucionado o ponto anterior, passa-se a analisar a possibilidade de o empregado se submeter à arbitragem. Neste tópico, estuda-se a arbitrabilidade subjetiva, donde perquire-se se ele, o empregado tem capacidade para participar da arbitragem, além disso, investiga-se se ele se apresenta vulnerável, impedindo-o de participar da arbitragem, pois caso contrário estar-se-ia ferindo o princípio da igualdade das partes, garantia fundamental do processo.

Passa-se então a auscultar um dos pontos chaves da pesquisa que é a validade da inserção de cláusula compromissória em contrato de trabalho para enfim discutir se é possível a aplicação das legislações cabíveis à arbitragem ao processo do trabalho.

Em resumo, é o que começa a se apresentar:

2. O tratamento legal dispensado ao tema e a reforma trabalhista

A Reforma Trabalhista de 2017 (Lei nº 13.467), promulgada em 13 de julho do referido ano, trouxe a lume, entre as suas diversas polêmicas, a possibilidade de utilização da arbitragem como método de solução de conflitos trabalhistas individuais desde que observados alguns requisitos impostos pelo próprio dispositivo[2].

A questão, como já mencionado, há muito já é perquirida pelos doutrinadores e, como não podia deixar de ser, é objeto de construções normativas. Sendo assim, para iniciar os estudos que envolvem o tema, optou-se por, primeiramente, levantar os diplomas legislativos que o mencionam, analisando a tendência de se admitir ou não a arbitragem para a solução de conflitos individuais trabalhistas.

Apesar de o foco do presente trabalho se virar para a solução de conflitos individuais, não se pode falar em arbitragem e conflitos trabalhistas sem mencionar que a Emenda Constitucional nº 45/2004 (EC nº45/04), conhecida como "Reforma do Poder Judiciário" ou "Reforma da Justiça"[3], que, alterando o art. 114 da Constituição

2 Conforme art. 507-A da Consolidação das Leis Trabalhistas. (BRASIL. Decreto-Lei 5.452/43. Disponível em: < http://www.planalto.gov.br/ccivil_03/decreto-lei/Del5452.htm> Acessado em: 01 jun. 2017).

3 Segundo Barbosa Moreira: "A generalizada insatisfação com o desempenho da máquina judiciária tem provocado uma série de reformas legislativas, que já modificaram em muitos pontos o Código de Processo Civil de 1973. Entendeu-se, todavia, que não bastavam novas regras no plano de legislação ordinária: era preciso alterar a própria Constituição. Exato ou inexato que fosse, tal entendimento levou à edição de uma Emenda Constitucional, de nº 45, promulgada em 8 de dezembro de 2004. (BARBOSA MOREIRA, José Carlos. Temas de Direito Processual: nona série. São Paulo: Saraiva, 2007, p. 22).

Federal de 88 (CF/88), dispositivo responsável por tratar da competência da Justiça do Trabalho, inseriu o §1º que prevê que "frustrada a negociação coletiva, as partes poderão eleger árbitros" e o §2º que também menciona a arbitragem para solução de conflitos coletivos trabalhistas.

Em outras palavras, em sede de Direito do Trabalho Coletivo, plenamente cabível dirimir os litígios através de arbitragem, contando a matéria, inclusive, com autorização constitucional.

Neste ponto, cumpre ressaltar, que entre as características da arbitragem está a informalidade de procedimentos[4] o que necessariamente leva a um procedimento mais célere, outra característica do método de solução de conflito em comento[5], o que se pode dizer que era uma das finalidades almejadas pela EC nº 45/2004[6]. Essa afirmação encontra respaldo no fato de que tal instrumento normativo também cuidou de inserir ao art. 5º da CF/88 o inciso LXXVIII que elenca a duração razoável do processo como direito fundamental. Sendo assim, afirma-se que a referida Emenda se apresentou coerente neste aspecto.

Ora, a despeito de a reforma introduzida pela alteração constitucional em 2004 prever a possibilidade de arbitragem para conflitos coletivos e alçar esta possibilidade à hierarquia constitucional, tem-se que a Lei nº 7.783 de 28 de junho de 1989 já previa tal método de solução de conflitos coletivos trabalhistas ao regulamentar o exercício do direito de greve.

O texto da referida lei, ainda vigente, já havia sido objeto de anterior Medida Provisória e ao dispor sobre o exercício do direito de greve em seu artigo 7º prevê a possibilidade de laudo arbitral reger as relações obrigacionais surgidas durante o período da suspensão do contrato de trabalho.

Outra legislação que vai na mesma esteira, prevendo a arbitragem como método de solução de conflitos coletivos de trabalho, é a Lei 10.101[7], de 19 de dezembro de 2000, que dispõe sobre a participação dos trabalhadores nos lucros ou resultados da empresa.

---

4 Conforme se observa das características elencadas por Pamplona. (PAMPLONA FILHO, Rodolfo. Atualizando uma visão didática da arbitragem na área trabalhista. Disponível em: https://jus.com.br/artigos/6831/atualizando-uma-visao-didatica-da-arbitragem-na-area-trabalhista/3. Acessado em: 16 jul. 2017, p. 8).

5 PAMPLONA FILHO, Rodolfo. Atualizando uma visão didática da arbitragem na área trabalhista. Disponível em: https://jus.com.br/artigos/6831/atualizando-uma-visao-didatica-da-arbitragem-na-area-trabalhista/3. Acessado em: 16 jul. 2017, p. 6-7.

6 BARBOSA MOREIRA, José Carlos. Temas de Direito Processual: nona série. São Paulo: Saraiva, 2007, p. 30/31.

7 Destaca-se que o texto da referida lei também havia sido objeto de Medida Provisória anterior até ser convertido em lei.

Esta lei em seu artigo 4º prevê que em caso de a negociação entre as partes resultar em impasse, tal impasse deverá ser solucionado através de mediação (inciso I) ou arbitragem de ofertas finais[8] (inciso II).

No mesmo sentido de prever a possibilidade de arbitragem para a solução de litígios coletivos trabalhistas também a Lei nº 12.815, de 05 de junho de 2013, que dispõe, entre outras matérias, sobre as atividades desempenhadas pelos operadores portuários.

Tal diploma legal ordena que devem ser constituídos órgãos de gestão de mão de obra que organizarão de forma geral o trabalho no porto (art. 32), inclusive com relação aos trabalhadores avulsos (art. 33) e que, no âmbito desses órgãos de gestão de mão de obra, devem ser criadas uma comissão paritária para solucionar litígios decorrentes das funções do órgão (art. 37). Caso na comissão haja impasse de decisão entre seus membros, as partes devem recorrer à arbitragem de ofertas finais (§1º, art. 37).

Merece destaque o fato de que também o conteúdo desta lei foi objeto de anterior Medida Provisória e foi regulamentada pelo Decreto nº 8.033 de 27 de junho de 2013.

Diante do exposto, apesar de não ser o objetivo do trabalho, resta claro que a admissibilidade da arbitragem para dirimir conflitos coletivos trabalhistas é pacífica no ordenamento jurídico pátrio. A divergência acerca da questão, e que encontra muita resistência entre os doutrinadores e a jurisprudência juslaboralistas, diz respeito apenas à admissibilidade da arbitragem como método de solução de conflitos individuais trabalhistas.

A discussão muito se fundamentou na ausência de norma específica para tratar o assunto, o que não existe mais, já que com a entrada em vigor do art. 507-A, trazido pela Lei nº 13.467/2017 (Reforma Trabalhista), a matéria, pelo menos com relação "ao empregado cuja remuneração seja superior a duas vezes o limite máximo estabelecido para os benefícios do Regime Geral de Previdência Social"[9], já encontra regulamentação legal[10].

---

8 Arbitragem de ofertas finais, nos termos do §1º, do art. 4º da Lei nº 10.101/2000, é quando o árbitro fica adstrito às ofertas apresentadas pelas partes, não podendo inovar em seu laudo. Sobre o tema verificar Pamplona Filho (PAMPLONA FILHO, Rodolfo. Atualizando uma visão didática da arbitragem na área trabalhista. Disponível em: https://jus.com.br /artigos/6831/atualizando-uma-visao-didatica-da-arbitragem-na-area-trabalhista/3. Acessado em: 16 jul. 2017, p. 14).

9 De acordo com o art. 507-A da Consolidação das Leis Trabalhistas (BRASIL. Decreto-Lei 5.452/43. Disponível em: < http://www.planalto.gov.br/ccivil_03/decreto-lei/Del5452.htm> Acessado em: 01 jun. 2017).

10 Cumpre destacar que se entende que a reforma infringiu em alguns aspectos o ordenamento jurídico como um todo, principalmente as garantias fundamentais do processo, o que será identificado ao longo do texto, porém, neste momento, a crítica impende apenas a quem dizia que a arbitragem não era aplicada por falta de regulamentação legal, o que agora existe e nem por isso significa que a discussão torna-se infundada e inoportuna.

Todavia, antes mesmo da entrada em vigor da referida lei, já existia todo um sistema normativo a regular a matéria, qual seja.

A própria Lei de Arbitragem (Lei nº 9.307/96) trata a matéria em seu art. 1º ao tratar da arbitrabilidade objetiva, permitindo às pessoas capazes de contratar, valerem-se da arbitragem para dirimir litígios relativos a direitos patrimoniais disponíveis[11].

Merece destaque neste momento o fato de que a Lei de Arbitragem passou por reforma que foi efetivada através da Lei nº 13.129, promulgada em 26 de maio de 2015, a qual contava com dispositivo que tratava especificamente de arbitragem como método de solução de conflitos trabalhistas individuais, todavia tal dispositivo foi vetado pela então Presidente da República.

O referido dispositivo estava previsto no §4º do art. 4º, que trata de cláusula compromissória. No dispositivo vetado estava previsto que desde que o empregado ocupasse ou viesse a ocupar cargo ou função de administrador ou de diretor estatutário, nos contratos individuais de trabalho poderia ser pactuada cláusula compromissória, que só teria eficácia se o empregado tomasse a iniciativa de instituir a arbitragem ou se concordasse expressamente com a sua instituição.

A então Presidente vetou o dispositivo sob o argumento de que apesar de autorizar a previsão de cláusula de compromisso arbitral em contrato individual de trabalho restrita apenas para empregados que ocupassem ou viessem a ocupar cargo ou função de administrador ou diretor estatutário, tais termos não se encontravam definidos na lei trabalhista, o que poderia colocar em risco de a generalidade dos empregados se verem submetidos a procedimento arbitral[12].

---

11 Apesar de ser comum na doutrina sobre arbitragem encontrarmos o termo arbitrabilidade objetiva, para tratar o que pode ser objeto da arbitragem, e arbitrabilidade subjetiva, para tratar quem tem legitimidade para ser parte na arbitragem (neste sentido: DINAMARCO, Cândido Rangel. A arbitragem na teoria geral do processo. São Paulo: Malheiros, 2013, p. 75-80), para Selma Ferreira Lemes o termo é equivocado, pois não há que se falar em arbitrabilidade objetiva e subjetiva, mas tão-somente em causas excludentes de arbitrabilidade, pois na existência de qualquer uma delas a possibilidade de se utilizar a arbitragem como método alternativo de solução de conflito fica totalmente afastada. (LEMES, Selma Ferreira. Arbitragem na concessão de serviços públicos – Arbitrabilidade objetiva. Confidencialidade ou publicidade processual? Os novos paradigmas do direito administrativo. Palestra proferida na reunião do Comitê Brasileiro de Arbitragem/CBAR. São Paulo, maio/2003. Disponível em: http://selmalemes.adv.br/artigos/artigo_juri15.pdf Acessado em: 01 ago. 2017, p. 5-6).

12 Mensagem de veto: "O dispositivo autorizaria a previsão de cláusula de compromisso em contrato individual de trabalho. Para tal, realizaria, ainda, restrições de sua eficácia nas relações envolvendo determinados empregados, a depender de sua ocupação. Dessa forma, acabaria por realizar uma distinção indesejada entre empregados, além de recorrer a termo não definido tecnicamente na legislação trabalhista. Com isso, colocaria em risco a generalidade de trabalhadores que poderiam se ver submetidos ao processo arbitral." (BRASIL. Lei 13.129/15. Disponível em: <http://www.planalto.gov.br/ccivil_03/_Ato2015-2018/2015/Lei/L13129.htm> Acessado em: 01 jul. 2017).

A questão que se coloca é que pouco tempo depois, devido às inconstâncias políticas pelas quais vem passando o país, o conteúdo da norma vetada volta ao ordenamento e dessa vez é sancionada pelo Presidente com praticamente o mesmo teor. A mudança substancial é que na Lei de Arbitragem a restrição se fazia pelo cargo enquanto na Reforma Trabalhista a restrição se faz pelo salário.

Além dessa, outra diferença que denota a melhor técnica do dispositivo que se encontrava no seio da Lei de Arbitragem é que enquanto neste caberia ao empregado, a despeito da existência da cláusula compromissória, instituir a arbitragem; na Reforma Trabalhista a inserção da cláusula compromissória é que se dá por iniciativa do empregado ou por sua concordância expressa.

É fato notório que a iniciativa do empregado na inserção de cláusula compromissória no contrato individual de trabalho ou a sua concordância expressa com a inserção da referida cláusula pode ser facilmente burlada, o que será discutido nos próximos itens. Todavia, cumpre ressaltar que a iniciativa de instituição da arbitragem já não se apresenta como situação tão fácil de se burlar, por este motivo se homenageia o texto vetado da Lei de Arbitragem em comparação ao texto trazido pela Reforma Trabalhista.

Além da Lei de Arbitragem, também o Código de Processo Civil em vigor trata a matéria em seu art. 3º, §1º prevendo ser permitida a arbitragem na forma da lei. A aplicação do Código de Processo Civil ao Direito do Trabalho é questão que enseja alguma discussão da qual se tratará no item 6 deste breve artigo.

Em suma e a despeito da discussão sobre a aplicabilidade do Código de Processo Civil ao Processo do Trabalho o que não se pode negar é que o novo Código de Processo Civil instituiu um sistema multiportas, no qual é possível às partes escolherem dentre vários métodos para solucionar o seu conflito o que melhor se adequa a sua realidade[13].

Houve quem questionasse a constitucionalidade da arbitragem, todavia ficou cristalizado que ela não fere o princípio da inafastabilidade do controle jurisdicional. O Código de Processo Civil neste aspecto foi muito acertado ao prever o princípio da inafastabilidade do controle jurisdicional, mas consagrar os meios alternativos de solução de conflito, como a arbitragem, ao lado da jurisdição estatal[14].

Por fim, não se pode perder de vista no estudo da arbitragem, qualquer que seja seu enfoque, que ela tem como princípio basilar o acesso à justiça, princípio este que é a mais importante garantia de um processo justo[15], segundo Leonardo Greco, e essa ten-

---

13 NETO, João Luiz Lessa. O Novo CPC adotou o modelo multiportas!!! E agora?!. *In* Revista de Processo: RePro, São Paulo, v. 40, nº 244, p. 427-441, jun. 2015.

14 SILVA, Bruno Freire e. O art. 3º do Novo Código de Processo Civil e o processo do trabalho. *In:* Revista do Advogado, São Paulo, Ano XXXV, nº 126, p. 16 -26, maio 2015, p. 19.

15 GRECO, Leonardo. Garantias fundamentais do processo: o processo justo. In: Estudos de direito processual, Campos dos Goytacazes: Ed. Faculdade de Direito de Campos, 2005, p. 225-286, (p. 225-226).

dência de buscar alternativas para a solução dos conflitos representa um alargamento do conceito de acesso à justiça, inserido num amplo quadro de política judicial[16].

É dentro deste panorama legal que será analisada a possibilidade de a arbitragem ser utilizada como método de solução de conflito individual trabalhista, todavia, não se pode negar que a questão, como já mencionado, encontra forte resistência entre os juslaboralistas sob o argumento de a arbitragem não poder ser utilizada para dirimir litígios relativos a direitos indisponíveis e, sendo os direitos trabalhistas direitos sociais são, portanto, indisponíveis[17].

Sendo assim, este deve ser o próximo ponto da pesquisa: definir o que são direitos indisponíveis e se os direitos trabalhistas enquadram-se nesse conceito.

3. A (in)disponibilidade de direitos trabalhistas e a arbitrabilidade objetiva

Quando se fala em arbitragem, necessariamente deve-se perquirir o que pode ser objeto da arbitragem, ou seja, quais os assuntos podem ser tratados por meio desse método alternativo de solução de conflito. A essa característica dá-se o nome de arbitrabilidade objetiva[18].

---

16 CINTRA, Antônio Carlos de Araújo; GRINOVER, Ada Pellegrini; DINAMARCO, Cândido Rangel. Teoria geral do processo. 28ª ed. São Paulo: Malheiros, 2012, p. 44.

17 Mauro Schiavi destaca: "Não há previsão da arbitragem para solução dos conflitos individuais trabalhistas, como existe para o conflito coletivo. Diante disso, discute-se na doutrina e jurisprudência sobre a possibilidade da arbitragem para a resolução dos conflitos individuais trabalhistas. A doutrina e a jurisprudência não têm admitido a arbitragem para a solução dos conflitos individuais trabalhistas com os seguintes argumentos: a) acesso amplo e irrestrito do trabalhador ao Judiciário Trabalhista (art. 5º, XXXV, da CF); b) irrenunciabilidade do crédito trabalhista; c) hipossuficiência do trabalhador; d) o estado de subordinação inerente ao contrato de trabalho impede que o trabalhador manifeste sua vontade ao aderir a uma cláusula compromissória.". (SCHIAVI, Mauro. Manual de Direito Processual do trabalho. 8ª ed. São Paulo: LTr, 2015, p. 66), Todavia mais adiante se manifesta, a despeito de admitir parte da doutrina contrária, favorável a aplicação da arbitragem no processo do trabalho (SCHIAVI, Mauro. Manual de Direito Processual do trabalho. 8ª ed. São Paulo: LTr, 2015, p. 68.) Já Carlos Henrique Bezerra Leite é mais refratário à ideia de arbitragem para solucionar conflitos individuais trabalhistas: "O art. 1º da Lei 9.307/96 vaticina que a arbitragem só pode resolver conflitos envolvendo *direitos patrimoniais disponíveis,* o que, em linha de princípio, inviabiliza a sua aplicação como método de solução dos *conflitos individuais* trabalhistas." (LEITE, Carlos Henrique Bezerra. Curso de Direito Processual do Trabalho. 13ª ed. São Paulo: Saraiva, 2015, p. 128). Também pela inadmissibilidade Renato Saraiva: "Na seara trabalhista, embora prevista no plano coletivo, por força do art. 114, §§ 1º e 2º, da CF/1988, não tem sido adotada na prática. No âmbito do direito individual do trabalho, entendemos que não há espaço para o instituto da arbitragem, considerando a indisponibilidade dos direitos trabalhistas pelos obreiros.". (SARAIVA, Renato; MANFREDINI, Aryanna. Curso de Direito Processual do Trabalho. 11ª ed. São Paulo: Atlas, 2014. VitalBook file – versão digital).

18 Ou, como defendeu Selma Ferreira Lemes, causa excludente de arbitrabilidade objetiva, melhor explanado na nota de rodapé nº 18 (LEMES, Selma Ferreira. Arbitragem na concessão de serviços públicos – Arbitrabilidade objetiva. Confidencialidade ou publicidade processual? Os novos para-

O art. 1º da Lei de Arbitragem é o que traz os limites dessa arbitrabilidade objetiva, dispondo que a arbitragem só poderá "dirimir litígios relativos a direitos patrimoniais disponíveis"[19].

Cumpre neste tópico, pois, analisar não só a patrimonialidade, o que se irá fazer, mas enfrentar um conceito muito mais fluido que é o da indisponibilidade de direitos, para buscar compreender se direitos trabalhistas estão ou não enquadrados dentro do conceito de direitos indisponíveis para concluir sobre a possibilidade ou não de utilizar a arbitragem para solucionar os conflitos que os envolvem.

Mais uma vez, opta-se por se iniciar a investigação buscando uma conceituação legal para o tema e a conclusão a que se chega é que não há no ordenamento jurídico brasileiro nenhuma norma específica que cuide de conceituar o que e quais seriam os direitos indisponíveis[20]. Sendo assim, resta auscultar a doutrina na busca do referido conceito.

Ferrajoli, ao tratar dos direitos fundamentais, acaba por definir o que é a indisponibilidade desses direitos. Para o autor dizer que os direitos são indisponíveis significa dizer que estes estão subtraídos das decisões tanto políticas quanto de mercado. Isso se dá tanto pela sua indisponibilidade ativa que os fazem ser inalienáveis pelo sujeito

---

digmas do direito administrativo. Palestra proferida na reunião do Comitê Brasileiro de Arbitragem/CBAR. São Paulo, maio/2003. Disponível em: http://selmalemes.adv.br/artigos/artigo_juri15.pdf Acessado em: 01 ago. 2017, p. 5-6).

---

19 Vide art. 1º da Lei 9.307/96. (BRASIL. Lei 9.307/96. Disponível em: < http://www.planalto.gov.br / ccivil_03 /leis/L9307.htm> Acessado em: 01 jul. 2017.

20 Nesse sentido Elton Venturi: "Apesar de inexistir expressa conceituação legal no ordenamento brasileiro a respeito da locução "direitos indisponíveis", pode-se dizer que existe uma compreensão generalizada no sentido de se tratar de uma categoria especial de direitos cujo interesse público de efetiva proteção torna irrenunciáveis, inalienáveis e intransmissíveis por parte de seus próprios titulares" (VENTURI, Elton. Transação de direitos indisponíveis? Revista de processo (REPRO), São Paulo, v. 251, p. 391-429, jan. 2016, p. 1-2); Também no sentido da imprecisão legal sobre a conceituação da locução direitos indisponíveis, Letícia Martel: "Do levantamento legislativo, nota-se que quando um direito (fundamental ou não) for reputado indisponível, haverá consequências de monta, que se referem não apenas ao direito material, mas também ao direito processual. Porém, o sentido dado à expressão não é simples de divisar nos enunciados normativos, especialmente quando eles são cotejados com a doutrina, que se mostra flutuante ao ensejo da matéria em pauta. Ou seja, muitos dos dissensos doutrinários acerca da indisponibilidade advêm da diferença entre áreas do direito e textos legislativos estudados por cada autor. Desta forma, asseverar, em um âmbito do direito, que "os direitos fundamentais são indisponíveis" acarreta consequências que são negadas em outro âmbito, tornando os posicionamentos incoerentes entre si e diante do ordenamento jurídico visto sistematicamente. (MARTEL, Letícia de Campos Velho. Direitos fundamentais indisponíveis – os limites e os padrões do consentimento para a autolimitação do direito fundamental à vida. 2010. 475 f. Tese (Doutorado em Direito Público) – Faculdade de Direito, Universidade do Estado do Rio de Janeiro, Rio de Janeiro, p. 34-35).

que é seu titular, quanto pela sua indisponibilidade passiva que impede que sejam expropriados ou limitados por outro sujeito, inclusive o Estado[21].

Sendo assim, pode se afirmar que para o autor italiano a definição de direitos indisponíveis, está na própria etimologia da palavra, que refere imediatamente à impossibilidade de atos de disposição sobre o direito. A grande questão que se impõe é saber quais são esses direitos gravados de indisponibilidade?

Letícia Martel em sua tese de doutorado destaca que também na doutrina brasileira os delineamentos acerca dos direitos indisponíveis não são certeiros. Alega a autora que se verifica conceitos circulares em parte da doutrina que defende ser a indisponibilidade característica intrínseca aos direitos fundamentais, ou seja, para essa corrente afirma-se que os direitos são indisponíveis por serem fundamentais, e que são fundamentais por serem indisponíveis[22]. Em suma, não se chega a uma conclusão de quais seriam os direitos indisponíveis.

Apesar do descompasso constatado pela autora supracitada, ela identifica uma tendência doutrinária, legislativa e jurisprudencial, ainda que obscura, no sentido de haver uma conexão entre a indisponibilidade e a impossibilidade do titular se manifestar para abdicar do direito[23]. Todavia, tendo em vista a fragilidade do conceito não é possível destacar com segurança os direitos indisponíveis dos outros.

Nesta ânsia de se encontrar a verdadeira definição para indisponibilidade de direitos a fim de separá-los dos demais é possível encontrar na doutrina classificações como a trazida por Cintra, Ada e Dinamarco em seu tradicional "Teoria

21 FERRAJOLI, Luigi. Los fundamentos dos derechos fundamentales. Madrid: Editorial Trotta, 2001, p. 32.

22 MARTEL, Letícia de Campos Velho. Direitos fundamentais indisponíveis – os limites e os padrões do consentimento para a autolimitação do direito fundamental à vida. 2010. 475 f. Tese (Doutorado em Direito Público) – Faculdade de Direito, Universidade do Estado do Rio de Janeiro, Rio de Janeiro, p. 21-22.

23 MARTEL, Letícia de Campos Velho. Direitos fundamentais indisponíveis – os limites e os padrões do consentimento para a autolimitação do direito fundamental à vida. 2010. 475 f. Tese (Doutorado em Direito Público) – Faculdade de Direito, Universidade do Estado do Rio de Janeiro, Rio de Janeiro, p. 35-36."Tudo isso conduz a uma inexorável afirmação de que efetivamente existe um problema conceitual por detrás da ideia de indisponibilidade dos direitos fundamentais. E o problema não reside apenas na conceituação de *indisponível,* mas também na de *direito,* e mais especificamente, de direito *fundamental.* Quando um conceito é confuso, pode ser usado como um joguete na argumentação jurídica e facilitar demasiadamente a perda da coerência interna da interpretação. A análise ora realizada demonstra que não há, mesmo sob a melhor luz, um fio de integridade, uma teia inconsútil que permita reconhecer, com clareza e utilidade, o que são, quais são e, especialmente, quais os efeitos jurídicos dos chamados direitos fundamentais indisponíveis. (MARTEL, Letícia de Campos Velho. Direitos fundamentais indisponíveis – os limites e os padrões do consentimento para a autolimitação do direito fundamental à vida. 2010. 475 f. Tese (Doutorado em Direito Público) – Faculdade de Direito, Universidade do Estado do Rio de Janeiro, Rio de Janeiro, p. 36).

Geral do Processo", que diferencia indisponibilidade objetiva e subjetiva[24] e por Calmon de Passos que também faz o mesmo, mas com relação à indisponibilidade absoluta e relativa[25].

Importante ressaltar aqui que apesar de a classificação trazida por Cintra, Grinover e Dinamarco não apresentar grande relevância neste ponto da investigação há na referida passagem uma importante menção que merece destaque quando o problema é conceituar e identificar quais são os direitos indisponíveis, diz-se que de um modo geral a conciliação é admitida sempre que não se tratarem de "direitos tão intimamente ligados ao próprio modo de ser da pessoa, que a sua perda a degrade a situações intoleráveis", que seria a indisponibilidade objetiva.

Ora, pode-se dizer que nessa afirmação reside o teste de verificação da indisponibilidade ou não de um direito. Cabe, pois, a pergunta: "Os direitos trabalhistas estão tão intimamente ligados ao próprio modo de ser da pessoa, que a sua perda a degrada a situações intoleráveis?". Crê-se que não necessariamente, ou seja, o fato de ser um direito trabalhista por si só não leva a afirmação de que a sua perda degrada a pessoa a situações intoleráveis. Todavia, admite-se que alguns direitos trabalhistas, como aqueles ligados à saúde e segurança do trabalhador, quando ainda não se transformaram em indenizatórios, se perdidos levam as pessoas a situações intoleráveis[26].

---

24 Já a autocomposição, que não constitui ultraje ao monopólio estatal da jurisdição, é considerada legítimo meio alternativo de solução dos conflitos, estimulado pelo direito mediantes as atividades consistentes na *conciliação* (v. n. ant.). De um modo geral, pode-se dizer que é admitida sempre que não se trate de direitos tão intimamente ligados ao próprio modo de ser da pessoa, que a sua perda a degrade a situações intoleráveis. Trata-se dos chamados direitos da personalidade (vida, incolumidade física, liberdade, honra, propriedade intelectual, intimidade, estado, etc.). Quando a causa versar sobre interesses dessa ordem, diz-se que as partes não têm disponibilidade de seus próprios interesses (matéria penal, direito de família, etc.). Mas além dessa hipótese de *indisponibilidade objetiva,* encontramos aqueles casos em que é uma especial condição da pessoa que impede a disposição de seus direitos e interesses (*indisponibilidade subjetiva*); o que se dá com os incapazes e com as pessoas jurídicas de direito público. (CINTRA, Antônio Carlos de Araújo; GRINOVER, Ada Pellegrini; DINAMARCO, Cândido Rangel. Teoria geral do processo. 28ª ed. São Paulo: Malheiros, 2012, p. 35-36).

25 "Todo direito tem um ou mais titulares, sujeito ou sujeitos aos quais se vincula. Normalmente, esse titular disfruta da disponibilidade do direito que lhe é atribuído, ale dizer, pode manifestar livremente a sua vontade a respeito do interesse ou vantagem, enfim, do bem que lhe constitui objeto. Direitos há, contudo, que são indisponíveis, de modo absoluto ou relativo. A indisponibilidade é absoluta quando é próprio bem, conteúdo do direito, que se faz insuscetível de disposição, porque de tal modo se vincula ao sujeito que dele é indissociável. Werneck Cortes, no seu bem elaborado estudo, menciona alguns desses direitos. Predomina, entretanto, a categoria dos direitos cuja a indisponibilidade é relativa, porque deriva ela dos limites fixados em lei ou em convenção dos interessados, quando esta última seja admitida." (PASSOS, José Joaquim Calmon de. Comentários ao Código de Processo Civil. Lei nº 5.869, de 11 de janeiro de 1973, vol. III: arts: 270 a 331. Rio de Janeiro: Forense, 2005, p. 408-409).

26 Existem direitos trabalhistas ligados à saúde e higiene do trabalhador que não são transacionáveis, já que ligados à ordem pública, e estes sim podem ser considerados indisponíveis, neste sentido

Em outras palavras, a indisponibilidade não está adstrita a direitos trabalhistas, mas a uma determinada categoria de direitos trabalhistas, assim como ocorre com os demais direitos.

Letícia Martel, em sua tese, não deixa de abordar a questão da indisponibilidade dos direitos trabalhistas criticamente, afirmando que apesar de a doutrina majoritária defender que todos os direitos dos trabalhadores são indisponíveis, não se defende a legitimidade do Ministério Público para atuar em todos os processos trabalhistas, a despeito de a Constituição prever a atuação do órgão sempre que houver direitos indisponíveis em litígio[27].

Além disso, os céticos da indisponibilidade objetiva dos direitos trabalhistas afirmam que na prática o que mais se vê são transações envolvendo os referidos direitos, ou seja, atos de disponibilidade sobre os ditos direitos trabalhistas[28], para Rodolfo Pamplona Filho a "possibilidade da conciliação judicial por valores menores do que o efetivamente devido já demonstra a real disponibilidade na prática (e com chancela judicial!)"[29].

É certo que se encontra na doutrina quem defenda a possibilidade de transação dos direitos indisponíveis, por exemplo, Élio Venturi, baseando-se na teoria liberal dos direitos fundamentais, de Virgílio Afonso da Silva[30], ele afirma que tal teoria somada às perspectivas para resolução de conflitos não pode acarretar a presunção de inegociabilidade[31].

Michele Pedrosa Paumgartten (PAUMGARTTEN, Michele Pedrosa. A mediação de conflitos trabalhistas no Brasil e a mediação judicial no Tribunal do Trabalho do Reino Unido. Revista Eletrônica de Direito Processual (REDP), Rio de Janeiro, v. XIV, nº 1, p. 411-437, jul.-dez. 2014, p. 437).

---

27 MARTEL, Letícia de Campos Velho. Direitos fundamentais indisponíveis – os limites e os padrões do consentimento para a autolimitação do direito fundamental à vida. 2010. 475 f. Tese (Doutorado em Direito Público) – Faculdade de Direito, Universidade do Estado do Rio de Janeiro, Rio de Janeiro, p. 25-26: "A Constituição da República Federativa do Brasil de 1988 (CF/88) não consagrou dispositivo específico referente à indisponibilidade dos direitos fundamentais, nem foi a palavra indisponibilidade esculpida no preâmbulo constitucional. Existe, apenas, referência à indisponibilidade dos interesses individuais no art. 127, associada à legitimidade processual do Ministério Público." (MARTEL, Letícia de Campos Velho. Direitos fundamentais indisponíveis – os limites e os padrões do consentimento para a autolimitação do direito fundamental à vida. 2010. 475 f. Tese (Doutorado em Direito Público) – Faculdade de Direito, Universidade do Estado do Rio de Janeiro, Rio de Janeiro, p. 17).

28 MARTEL, Letícia de Campos Velho. Direitos fundamentais indisponíveis – os limites e os padrões do consentimento para a autolimitação do direito fundamental à vida. 2010. 475 f. Tese (Doutorado em Direito Público) – Faculdade de Direito, Universidade do Estado do Rio de Janeiro, Rio de Janeiro, p. 25

29 PAMPLONA FILHO, Rodolfo. Atualizando uma visão didática da arbitragem na área trabalhista. Disponível em: https://jus.com.br/artigos/6831/atualizando-uma-visao-didatica-da-arbitragem-na-area-trabalhista/3. Acessado em: 16 jul. 2017, p. 23-24.

30 Virgílio Afonso da Silva *apud* VENTURI, Elton. Transação de direitos indisponíveis? Revista de processo (REPRO), São Paulo, v. 251, p. 391-429, jan. 2016, p. 396-397.

31 VENTURI, Elton. Transação de direitos indisponíveis? Revista de processo (REPRO), São Paulo, v. 251, p. 391-429, jan. 2016, p. 397.

Para o referido autor, a transação não necessariamente implica em renúncia ou alienação de direitos, além disso, ao se admitir a transação se reafirma a titularidade do direito respeitando a autonomia e finaliza dizendo não ser possível, nem razoável o Estado restringir o pleno exercício da titularidade dos direitos fundamentais, sendo que muitas vezes a transação é o melhor caminho[32].

Sendo assim, percebe-se que tanto de um lado quanto de outro admite-se a possibilidade de se transacionar direitos trabalhistas. Primeiro, pois a transacionabilidade é o que se verifica empiricamente, afastando assim a classificação de indisponível se se admitir que não se transaciona direitos indisponíveis. Segundo, porque ainda que se considere que o direito trabalhista é indisponível, conforme, Élio Venturi, ainda assim eles podem ser transacionáveis[33].

Dessa forma, conclui-se que a possibilidade de transacionar ou não os direitos não seria a fórmula mais adequada para testar ser ou não um direito disponível.

Apesar disso, observa-se que sempre que se fala em arbitragem se fala da possibilidade de transacionar direitos, isso se dá porque há um consensualismo na origem da arbitragem[34], pois ela só é instaurada se houver consenso entre as partes, ainda que posteriormente se desenvolva como um método heterocompositivo de solução de conflito[35]. Esse consensualismo remete necessariamente às transações, por essa razão que a questão sempre é trazida a debate também.

Prosseguindo no tema da indisponibilidade, percebeu-se que ela vai gerar efeitos tanto no campo material quanto no campo processual, Talamini sintetiza bem a questão dizendo que a indisponibilidade apresenta dois aspectos, sendo o primeiro a vedação de renúncia a um direito existente e o segundo a "necessariedade de intervenção jurisdicional"[36].

---

32 VENTURI, Elton. Transação de direitos indisponíveis? Revista de processo (REPRO), São Paulo, v. 251, p. 391-429, jan. 2016, p. 397.

33 VENTURI, Elton. Transação de direitos indisponíveis? Revista de processo (REPRO), São Paulo, v. 251, p. 391-429, jan. 2016, p. 398.

34 RODRIGUES, Marco Antonio. A fazenda pública no processo civil. São Paulo, Atlas: 2016, p. 390.

35 Cândido Rangel Dinamarco ao tratar sobre o tema afirmou: "Há um estreito paralelismo entre a possibilidade ou impossibilidade da disposição de direitos e a admissibilidade ou inadmissibilidade da renúncia à jurisdição estatal. As mesmas razões de *ordem pública* de direitos no plano jurídico-material conduzem de igual modo à inadmissibilidade da arbitragem em relação aos direitos havidos como indisponíveis, porque optar por esta significa abrir mão da segurança jurídica inerente à estrita *legalidade* pela qual se rege o exercício da jurisdição pelos juízes togados e da possibilidade de acesso aos órgãos superiores do Poder Judiciário. (DINAMARCO, Cândido Rangel. A arbitragem na teoria geral do processo. São Paulo: Malheiros, 2013, 75-76).

36 TALAMINI, Eduardo. A (in)disponibilidade do interesse público: consequências processuais (composições em juízo, prerrogativas processuais, arbitragem, e ação monitória). Revista de Processo (REPRO), São Paulo, v. 30, nº 128, p. 59-77, out. 2005, p. 14. "Cabe arbitragem toda vez que a matéria envolvida for do tipo que possa ser resolvida pelas próprias partes, independentemente de ingresso em juízo" (TALAMINI, Eduardo. A (in)disponibilidade do interesse público: consequências processuais (composições em juízo, prerrogativas processuais, arbitragem, e ação monitória). Revista de Processo (REPRO), São Paulo, v. 30, nº 128, p. 59-77, out. 2005, p. 16).

Dessa feita, submete-se os litígios envolvendo os direitos trabalhistas a mais um teste, qual seja: podem tais litígios serem solucionados pelas próprias partes ou sua solução depende de intervenção jurisdicional? Parece claro que independem dessa intervenção.

Do exposto até aqui, conclui-se serem os direitos trabalhistas em sua grande maioria disponíveis, contudo a Lei de Arbitragem fala em direitos patrimoniais disponíveis, passa-se então a tratar a questão da patrimonialidade.

Para Talamini, o direito será patrimonial sempre que seu inadimplemento puder ser reparado[37]. Interessante neste ponto retomar algumas lições já apresentadas que de alguma forma acabam por relacionar a patrimonialidade com a indisponibilidade de direitos.

De acordo com o afirmado por Ferrajoli[38] sobre direitos fundamentais, que para ele se contrapõe aos patrimoniais, e por Letícia Martel[39] que levanta que a doutrina conceitua circularmente direitos fundamentais e indisponíveis, conjugando todos esses ensinamentos conclui-se que: direitos que podem ter seu inadimplemento reparado são disponíveis[40].

Trazendo a conclusão para o tema em debate, pode-se afirmar que direitos trabalhistas, principalmente após o término do contrato de trabalho, poderão ter seu inadimplemento devidamente reparado.

Por toda essa exposição, pode-se concluir possível a arbitrabilidade objetiva da maioria dos direitos trabalhistas, ficando fora desse rol direito à segurança e à saúde durante o contrato de trabalho. Todavia a tradição brasileira, não só na seara trabalhista, mas de um modo geral, é resistente com a adjudicação que não seja estatal para direitos indisponíveis[41], ainda que tenha-se concluído serem os direitos traba-

---

37 TALAMINI, Eduardo. A (in)disponibilidade do interesse público: consequências processuais (composições em juízo, prerrogativas processuais, arbitragem, e ação monitória). Revista de Processo (REPRO), São Paulo, v. 30, nº 128, p. 59-77, out. 2005, p. 17.

38 FERRAJOLI, Luigi. Los fundamentos dos derechos fundamentales. Madrid: Editorial Trotta, 2001, p. 30-32.

39 MARTEL, Letícia de Campos Velho. Direitos fundamentais indisponíveis – os limites e os padrões do consentimento para a autolimitação do direito fundamental à vida. 2010. 475 f. Tese (Doutorado em Direito Público) – Faculdade de Direito, Universidade do Estado do Rio de Janeiro, Rio de Janeiro, p. 21-22.

40 E é essa a coclusão de Eduardo Talamini: "Portanto, podem ser objeto de arbitragem todas as questões que versem sobre interesses eminentemente patrimoniais (i.e., cujo objeto tenha cunho econômico ou cujo inadimplemento possa ser reparado, compensado ou combatido por medidas com conteúdo econômico) cujo conflito poderia ser resolvido diretamente pelas partes independentemente de ingresso em juízo. (TALAMINI, Eduardo. A (in)disponibilidade do interesse público: consequências processuais (composições em juízo, prerrogativas processuais, arbitragem, e ação monitória). Revista de Processo (REPRO), São Paulo, v. 30, nº 128, p. 59-77, out. 2005, p. 17).

41 AGRAVO DE INSTRUMENTO. RECURSO DE REVISTA. ARBITRAGEM. RELAÇÕES INDIVIDUAIS DE TRABALHO. INAPLICABILIDADE. DECISÃO DENEGATÓRIA. MANUTENÇÃO . As fórmulas de solução de

lhistas disponíveis, sabe-se que boa parte da doutrina e jurisprudência assim não o consideram.

Entretanto o colapso pelo qual vem passando o Poder Judiciário está de alguma forma obrigando a uma mudança de postura e vislumbra-se um esforço legislativo nesse sentido como se viu no item anterior. Essas mudanças ocorreram nos Estados Unidos na década de 70[42] e parece estar a se aproximar do Brasil.

4. A vulnerabilidade do empregado e a arbitrabilidade subjetiva

Ficou demonstrado no item anterior que os direitos trabalhistas de um modo geral são arbitráveis objetivamente, entretanto, outra questão, talvez mais relevante, se impõe nesta seara, qual seja, a arbitrabilidade subjetiva, em outras palavras, a capacidade do empregado de submeter seu litígio a arbitragem.

O mesmo dispositivo que trata da arbitrabilidade objetiva cuida também da arbitrabilidade subjetiva, dizendo que apenas as pessoas capazes de contratar poderão valer-se da arbitragem para dirimir seus litígios (art. 1º, da Lei 9.307/96), essa capacidade é aquela regulamentada pelo Código Civil brasileiro, portanto, regra geral o empregado, bem como o empregador, desde que capazes nos termos do 3º e 4º do Código Civil, estão aptos a dirimir seus conflitos através de arbitragem.

Entretanto outra questão se impõe é a possibilidade de uma das partes mesmo vulnerável poder optar pela autocomposição. Neste aspecto, importante relembrar, como já mencionado, que a arbitragem é autocompositiva em sua primeira fase quando os litigantes optam por sua instituição.

conflitos, no âmbito do Direito Individual do Trabalho, submetem-se, é claro, aos princípios nucleares desse segmento especial do Direito, sob pena de a mesma ordem jurídica ter criado mecanismo de invalidação de todo um estuário jurídico-cultural tido como fundamental por ela mesma. Nessa linha, é desnecessário relembrar a absoluta prevalência que a Carta Magna confere à pessoa humana, à sua dignidade no plano social, em que se insere o trabalho, e a absoluta preponderância deste no quadro de valores, princípios e regras imantados pela mesma Constituição. Assim, a arbitragem é instituto pertinente e recomendável para outros campos normativos (Direito Empresarial, Civil, Internacional, etc.), em que há razoável equivalência de poder entre as partes envolvidas, mostrando-se, contudo, sem adequação, segurança, proporcionalidade e razoabilidade, além de conveniência, no que diz respeito ao âmbito das relações individuais laborativas. Desse modo, não há como assegurar o processamento do recurso de revista quando o agravo de instrumento interposto não desconstitui os termos da decisão denegatória, que subsiste por seus próprios fundamentos. Agravo de instrumento desprovido. (TST – AIRR: 25620105020351 2-56.2010.5.02.0351, Relator: Mauricio Godinho Delgado, Data de Julgamento: 29/08/2012, 3ª Turma).

42 VENTURI, Elton. Transação de direitos indisponíveis? Revista de processo (REPRO), São Paulo, v. 251, p. 391-429, jan. 2016, p. 394-395.

Sendo assim, duas questões se impõem: 1ª Os vulneráveis são capazes de instituir a arbitragem por cláusula compromissória ou convenção?; e, 2ª São os empregados vulneráveis?

Cabe, portanto, primeiramente, adentrar a primeira questão e investigar a possibilidade de se instituir a arbitragem quando uma das partes se apresenta vulnerável.

Regra geral, quando se trata de autocomposição, é relevante aferir se as garantias fundamentais ligadas ao processo restam asseguradas no método de solução de conflito escolhido, pois somente se todas as garantias estiverem asseguradas é que ele se mostrará adequado.

Dentre essas garantias, no aspecto tratado neste ponto, há que se destacar a igualdade, ou seja a paridade de armas, e ao se falar em igualdade das partes no processo faz-se imprescindível verificar se a isonomia entre elas, no método de solução escolhido, estará apta a assegurar que elas serão capazes de se desincumbir de todos os encargos processuais[43].

Ocorre que nos métodos alternativos de solução de conflito que envolvem a autocomposição, há um empoderamento das partes, esse empoderamento, sem sombra de dúvidas faz com que o protagonismo da parte evidencie sua vulnerabilidade, se ela existir. Dessa forma, se num processo civil tradicional a vulnerabilidade da parte se destaca, podendo lhe trazer prejuízos irreversíveis e a distanciando da garantia de isonomia, isso ocorre de maneira muito mais evidente nos processos de autocomposição em que a parte vulnerável é uma das protagonistas.

Com vistas a equacionar o problema, Bruno Takahashi defende que o conciliador, verificada a falta de equilíbrio entre as partes, deverá interferir em maior ou menor grau de modo a proteger a isonomia entre as partes[44], por sua vez, Fernanda Tartuce destaca que esta interferência deve sempre se dá de modo a não interferir na imparcialidade do julgador[45].

Percebe-se, pois, uma tendência de um cuidado maior quando se trata de composição que envolve vulneráveis, porém, o momento da autocomposição da arbitragem parece mais nebuloso, pois se dá em momento anterior a arbitragem propriamente dita e sem a presença de terceiro para fiscalizar e sopesar, se for o caso, as desigualdades.

Tem-se, pois, em resposta à primeira questão, que não se deve admitir a arbitragem instituída por pessoa vulnerável, já que isso feriria o princípio da isonomia.

43 TARTUCE, Fernanda. Vulnerabilidade processual no Novo CPC. Disponível em: <http://www.fernandatartuce.com.br/wp-content/uploads/2016/01/Vulnerabilidade-no-NCPC.pdf> Acessado em 05/10/2016, p. 2.

44 TAKAHASHI, Bruno. Dilemas éticos de um conciliador. Revista do Advogado, São Paulo, nº 123, p. 62-69, ago. 2014, p. 64.

45 TARTUCE, Fernanda. Vulnerabilidade processual no Novo CPC. Disponível em: <http://www.fernandatartuce.com.br/wp-content/uploads/2016/01/Vulnerabilidade-no-NCPC.pdf> Acessado em 05/10/2016, p. 18.

Passa-se a analisar se o empregado se apresenta como vulnerável, para se concluir ser a arbitragem cabível ou não para dirimir conflitos trabalhistas[46].

Fernanda Tartuce, quem estudou profundamente o tema da vulnerabilidade processual, destacou que essa vulnerabilidade não é só econômica, pode ser relativa à "legitimidade dos argumentos invocados, a formulação de ideias criativas, a determinação em não ceder ou a habilidade em provocar princípios morais"[47].

É principalmente no ponto que toca a determinação em não ceder que reside a dúvida quanto à vulnerabilidade do empregado, principalmente no que concerne à possibilidade de poder optar pela arbitragem através de cláusula compromissória a ser instituída em seu contrato de trabalho.

Verifica-se na doutrina[48] uma tendência em se reconhecer a vulnerabilidade do empregado, todavia, quando ele deixa de ser empregado, pode ser que esta vulnerabilidade desapareça. Quando se admite que pode ser, é porque não se afasta que a maioria dos empregados estão sujeitos a uma hipossuficiência econômica que os faz vulneráveis[49], contudo, se não houver essa hipossuficiência econômica, pode ser que o ex-empregado não se apresente mais vulnerável mediante a empresa que o empregava.

Todavia, há que se ressaltar que a despeito de nem sempre o empregado se apresentar vulnerável quando se desliga da empresa, enquanto ainda é funcionário da empresa ou até mesmo quando é um simples candidato apresenta uma vulnerabilidade que o impede muitas vezes de se autodeterminar por se encontrar dependente economicamente daquele emprego.

É, pois, com base nestas conclusões, de que o vulnerável só pode participar de autocomposições supervisionado por terceiros que trabalharão de modo a suprir as

---

46 Fernanda Tartuce, em sua tese de doutoramento, cuidou de item específico a tratar do assunto, no qual conclui: "Conforme salientado na análise sobre igualdade no processo do trabalho, não há como olvidar que em juízo o empregador pode ter facilidades muito maiores de produzir provas do que o empregado, assim como melhores condições financeiras de arcar com as despesas do processo – inclusive contratando assistência jurídica de nível -; não há, ainda, como olvidar ser este "um fator de grande relevo, que acaba por influir decisivamente na solução da causa". (TARTUCE SILVA, Fernada. Vulnerabilidade como critério legítimo de desequiparação no processo civil. 2011. 384 f. Tese (Doutorado em Direito Processual) – Faculdade de Direito, Universidade de São Paulo, São Paulo, p. 157).

47 TARTUCE, Fernanda. Vulnerabilidade processual no Novo CPC. Disponível em: <http://www. fernandatartuce.com.br/wp-content/uploads/2016/01/Vulnerabilidade-no-NCPC.pdf> Acessado em 05/10/2016, p. 16-17.

48 Nesse sentido: TARTUCE SILVA, Fernada. Vulnerabilidade como critério legítimo de desequiparação no processo civil. 2011. 384 f. Tese (Doutorado em Direito Processual) – Faculdade de Direito, Universidade de São Paulo, São Paulo, p. 157.

49 TARTUCE, Fernanda. Vulnerabilidade processual no Novo CPC. Disponível em: <http://www. fernandatartuce.com.br/wp-content/uploads/2016/01/Vulnerabilidade-no-NCPC.pdf> Acessado em 05/10/2016, p. 2.

desigualdades e que o empregado se apresenta vulnerável em momento anterior e durante o contrato de trabalho necessariamente que se passará a análise do próximo item com vistas a verificar a validade do dispositivo que trata de arbitragem inserido pela Reforma Trabalhista.

5. A possibilidade de cláusula compromissória no contrato de trabalho: a inconstitucionalidade do art. 507 -A da Consolidação das Leis Trabalhistas (CLT)

Conforme já mencionado, a lei que implementou a reforma trabalhista, inserindo o art. 507 – A na CLT, prevê, para uma determinada categoria, a possibilidade de se utilizar a arbitragem nos contratos individuais de trabalho, podendo ser pactuada cláusula compromissória de arbitragem, desde que pela iniciativa do empregado ou com sua expressa concordância.

Cumpre, em princípio, pois, tecer algumas notas acerca da cláusula compromissória. Antes de entrar em vigor a Lei nº 9.307, há mais de 10 anos, havia uma diferenciação rígida no Brasil entre cláusula compromissória e compromisso, que fazia com que a existência de cláusula compromissória não garantisse a instauração do juízo arbitral, diferente do que ocorria no resto do mundo[50].

Naquela época, a cláusula compromissória não bastava para obrigar a parte a se submeter à arbitragem, era necessário que mesmo após a elaboração de cláusula compromissória fosse firmado compromisso para só então as partes poderem instituir a arbitragem[51].

Também foi a Lei 9.307[52] que permitiu a arbitragem ser instaurada independentemente de cláusula compromissória, criando nova dinâmica de tratamento para os institutos de compromisso e cláusula compromissória. Se antes esses institutos repre-

---

50 Observe Carmen Tibúrcio sobre o assunto: "A tradição brasileira firmou-se na rígida distinção conceitual entre compromisso e cláusula compromissória, com as consequências práticas daí decorrentes. Assim, a *cláusula compromissória,'* contida no contrato original entre as partes, prevendo a submissão de qualquer litígio à arbitragem, não configurava garantia da instauração do juízo arbitral. Somente o *compromisso4* obrigava à realização efetiva da arbitragem, eis que pressupunha uma nova manifestação de vontade das partes, *após* o surgimento do litígio. (...)Visando adequar o Brasil à arbitragem comercial internacional praticada em outros países, boa parte da doutrina nacional defendia a equiparação da cláusula compromissória ao compromisso, com base no Protocolo de Genebra de 1923, ratificado pelo Brasil e promulgado pelo Decreto 21. I 87 de 22.3. I 932, já que, internamente, como visto, somente o compromisso ensejava a instauração do juízo arbitral." (TIBURCIO, Carmen. A lei de arbitragem e a pretensa inconstitucionalidade de seu artigo 7º. Revista ibero-americana de direito público, v. 2, nº 3, p. 15-33, jan.-mar., 2001, p. 18).

51 CARMONA, Carlos Alberto. Arbitragem e processo: um comentário à Lei nº 9.307/96. 3ª ed. São Paulo: Atlas, 2012, p. 94-95.

52 BRASIL. Lei 9.307/96. Disponível em: < http://www.planalto.gov.br/ccivil_03/leis/L9307.htm> Acessado em: 01 jul. 2017.

sentavam juntos conditio sine qua non para a instituição do juízo arbitral, a nova lei[53] permitiu que ambos institutos pudessem existir e estabelecer a instituição de arbitragem sem necessariamente coexistirem[54].

Importante trazer à baila essas considerações para deixar claro que, a partir da vigência da Lei 9.307, ao firmarem cláusula compromissória de arbitragem, as partes automaticamente, sem a necessidade de nenhum ato posterior se obrigam a submeter o seu litígio à arbitragem, podendo a outra parte, inclusive, obrigá-la a cumprir o acordado.

Daí a relevância do dispositivo incluído na reforma trabalhista, pois da forma em que se encontra a nova redação, a inserção de cláusula compromissória no contrato de trabalho obriga o empregado a submeter futuros litígios a arbitragem.

Cumpre salientar que a cláusula compromissória pode ser cheia ou vazia[55]. Quando cheia, geralmente traz consigo detalhes sobre a instauração do juízo arbitral que dispensa a convenção por si só, mas quando vazia, necessita de um futuro compromisso onde serão determinados os pormenores que serão submetidos à arbitragem[56].

Nas arbitragens comerciais é comum se estipular cláusulas compromissórias cheias, todavia, fica difícil se vislumbrar que no contrato de trabalho se possa haver

---

53 Já não tão nova assim.

54 CARNEIRO, Paulo Cezar Pinheiro. Aspectos processuais da nova lei de arbitragem. Separata de Revista forense, Rio de Janeiro, v. 93, nº 339, p. 127 – 141, 1997, p.127. Diz mais: "6. Assim pela nova lei tais institutos têm finalidade e natureza jurídica diversas, daí porque o questionamento não se coloca na possível equiparação da cláusula compromissória ao compromisso, mas sim em saber se basta para a instituição do juízo arbitral a existência de qualquer um deles isoladamente, ou se é necessário o concurso de ambos. 7. Cumpre consignar desde logo, para que não haja a menor dúvida, que o compromisso arbitral pode ser estabelecido independentemente da existência de anterior cláusula compromissória, inclusive no curso do próprio processo judicial" (CARNEIRO, Paulo Cezar Pinheiro. Aspectos processuais da nova lei de arbitragem. Separata de Revista forense, Rio de Janeiro, v. 93, nº 339, p. 127 – 141, 1997, p. 128).

55 "Cheia será a cláusula em que estão determinados todos os elementos essenciais para a instituição da arbitragem (podendo ainda prever outros requisito, facultativos para a instalação do juízo arbitral); vazia será a cláusula em que tais elementos não estão contemplados, ficando sua estipulação diferida para o momento em que a arbitragem efetivamente se mostre necessária, ou seja, para serem fixados no compromisso arbitral." (ARENHART, Sérgio Cruz. Breves considerações sobre o procedimento arbitral. Disponível em: http://www.abdpc.org.br/abdpc/artigos/Sergio%20 Arenhart%20-%20formatado .pdf Acessado em: 01 jul. 2017, p. 8).

56 "Em resumo: admite-se que quando da celebração de um contrato estipule-se cláusula – chamada de cláusula compromissória – de que os futuros e eventuais litígios que decorrem do contrato devem ser submetidos à arbitragem. Mas quando o conflito já existe – e assim não é incerto e eventual no futuro -, deve-se firmar o compromisso de arbitragem, definindo-se precisamente – como exige a lei de arbitragem – os limites da matéria que se pretende submeter à arbitragem". (ARENHART, Sérgio Cruz. Breves considerações sobre o procedimento arbitral. Disponível em: http://www.abdpc.org.br/abdpc/artigos/Sergio%20Arenhart%20-%20formatado .pdf Acessado em: 01 jul. 2017, p. 9).

tais cláusulas cheias, haja vista a dificuldade de se prever quais serão as demandas a serem apresentadas pelas partes, sendo assim, provavelmente, se se admite a existência de cláusula compromissória em contrato de trabalho elas tendem a ser vazias e abrangerem qualquer litígio entre empregado e empregador.

Este é mais um dos problemas que apresenta o dispositivo que possibilita a cláusula compromissória em contrato de trabalho, pois a relação de trabalho por todas as suas peculiaridades se apresenta muito complexa para no início dela se prever as situações que ensejarão a resolução através de arbitragem. Além de, como já foi afirmado, no item anterior, neste momento o empregado encontrar-se numa situação de vulnerabilidade em que não é possível se autodeterminar em contrapartida às determinações trazidas pelo pretenso empregador, independentemente de seu nível econômico ou cultural.

Tem-se, que a cláusula compromissória requer de seus estipulantes consciência e vontade. Dinamarco ressalta a questão ao tratar da cláusula compromissória nos contratos de consumo, que, nos mesmos moldes que se dá no contrato de trabalho, pois também é firmado com parte vulnerável, para ele a declaração de vontade ao firmar a cláusula deve ser consciente e livre[57].

No caso em tela, tem-se que o compromisso pode até ser consciente, ou seja, pode ser que o empregado ao firmar seu contrato de trabalho com cláusula compromissória de arbitragem tenha plena ciência do que isso significa. Entretanto não parece tão confortável afirmar que ela será livre, pois a necessidade do emprego, fato corriqueiro em nossa sociedade capitalista, torna o empregado vulnerável, no sentido de não ter liberdade de autodeterminar-se contra as imposições trazidas pela empregadora no momento do contrato de trabalho[58].

Diante do exposto, resta evidente o desacerto da reforma trabalhista ao possibilitar a inserção de cláusula compromissória no contrato de trabalho que obrigue o empregado a futuramente submeter seu litígio à arbitragem. Isso se dá porque a

57 DINAMARCO, Cândido Rangel. A arbitragem na teoria geral do processo. São Paulo: Malheiros, 2013, p. 81.

58 Importante ressaltar que o legislador, em caso de contrato de adesão, o que geralmente se dá no âmbito do consumo, resguardou ao consumidor a iniciativa da arbitragem, ainda que haja cláusula compromissória, cuidado este que o legislador trabalhista não teve. Observa-se neste ponto os dizeres de Carmona: "a inclusão da cláusula no contrato, por imposição do policitante, não conduzirá necessariamente à solução arbitral de futuro e eventual litígio: bastará que o aderente prefira a via judicial para que não se instaure a arbitragem. Decorre daí que só o policitante estará vinculado pela cláusula, pois querendo o oblato ver solucionado conflito de interesses pela via arbitral, dará início ao procedimento, contra o que não poderá opor-se o contratante economicamente mais forte; e não querendo optar pela via arbitral, bastará ao oblato propor demanda judicial, contra o que também não poderá opor-se o policitante." (CARMONA, Carlos Alberto. Arbitragem e processo: um comentário à Lei nº 9.307/96. 3ª ed. São Paulo: Atlas, 2012, p. 106).

igualdade concreta[59] das partes é uma garantia fundamental do processo, inclusive assegurada constitucionalmente e as fraquezas das partes que levam à vulnerabilidade devem ser sanadas de forma a preservar a isonomia sob pena de se estar diante de dispositivo inconstitucional[60].

Todavia, o que se observa no dispositivo alterado da Consolidação das Leis Trabalhistas (CLT) é que ao invés de o legislador tentar sanar e compensar a vulnerabilidade do empregado no momento do contrato de trabalho, o que ele fez foi asseverar ainda mais esta vulnerabilidade, deixando o empregado em situação mais desigual.

Essa atitude legislativa fere o princípio da igualdade, portanto, não há que se falar em cláusula compromissória no contrato de trabalho, a não ser que se faça uma interpretação restritiva, no sentido de se entender tratar de contrato de adesão e se exigir que a arbitragem seja instituída pelo empregado, não representando assim a cláusula compromissória como cláusula proibitiva de ação judicial.

Neste ponto, destaca-se um outro importante aspecto que envolve a arbitragem trabalhista, nos termos da reforma, mas que não se pretende aprofundar, a arbitragem é um procedimento caro, ao estabelecer a cláusula compromissória vazia com a obrigatoriedade de se submeter os litígios a arbitragens, mas sem especificar, por exemplo quem vai arcar com os custos da arbitragem, pode estar ferindo o próprio acesso à justiça.

O acesso à justiça tem como fundamento a acessibilidade, Cappelletti[61] já defendia a necessidade de um acesso efetivo progressivamente reconhecido, mais recentemente pode-se citar Carneiro que elencou alguns princípios que informam o acesso à justiça e em primeiro lugar trouxe a acessibilidade[62], destacando que os custos do processo pode ser um entrave à acessibilidade[63].

Dessa forma, pode se compreender que ao se permitir a cláusula compromissória no contrato de trabalho, pode ser que ao ser dispensado do emprego o emprega-

---

59 GRECO, Leonardo. Garantias fundamentais do processo: o processo justo. In: Estudos de direito processual, Campos dos Goytacazes: Ed. Faculdade de Direito de Campos, 2005, p. 255.

60 "Essas desigualdades que o juiz e o legislador do processo devem compensar com medidas adequadas são resultantes de fatores externos ao processo – *fraquezas de toda ordem,* como a pobreza, desinformação, carências culturais e psicossociais em geral. Neutralizar desigualdades significa promover a igualdade substancial, que nem sempre coincide com uma formal *igualdade* de tratamento porque esta pode ser, quando ocorrentes essas fraquezas, fonte de terríveis desigualdades. (DINAMARCO, Cândido Rangel. Instituições de direito processual civil. 6ª ed. rev. e atual. São Paulo: Malheiros, 2009, p. 213).

61 CAPPELLETTI, Mauro. GARTH, Bryant. Acesso à justiça. Trad.: Ellen Gracie Northfleet.Porto Alegre: Fabris, 1988, p. 11-12.

62 CARNEIRO, Paulo Cezar Pinheiro. Acesso à justiça: juizados especiais cíveis e ação civil pública – uma nova sistematização da teoria geral do processo. 2ª ed. Rio de Janeiro: Forense, 2007, p. 65-69.

63 CARNEIRO, Paulo Cezar Pinheiro. Acesso à justiça: juizados especiais cíveis e ação civil pública – uma nova sistematização da teoria geral do processo. 2ª ed. Rio de Janeiro: Forense, 2007, p. 68.

do se encontre em uma situação de hipossuficiência econômica que não lhe permita instituir a arbitragem, ficando outrossim, impossibilitado de propor a ação judicial, ou seja, a possibilidade de cláusula compromissória no contrato de trabalho fere também o acesso à justiça[64], se mostrando inconstitucional também sob outro prisma.

Dessa forma, conclui-se que a legislação que permite a inclusão de cláusula compromissória no contrato de trabalho fere importantes garantias fundamentais do processo, quais sejam a igualdade das partes e o acesso à justiça. Contudo, a despeito do desacerto da reforma trabalhista neste ponto em estudo, ainda se deve investigar a possibilidade da arbitragem no processo do trabalho o que far-se-á no próximo item.

6. A possibilidade de solução de conflitos individuais trabalhistas através de arbitragem

Diante de todo o exposto, resta analisar sobre a possibilidade da resolução de conflitos individuais trabalhistas através de arbitragem. A questão antes de mais nada envolve um conflito de normas, portanto para se chegar a uma conclusão deve-se começar pela verificação da possibilidade de aplicação da arbitragem ao Direito do Trabalho.

Como demonstrado no primeiro capítulo, a possibilidade da utilização de arbitragem consta do art. 3º do Código de Processo Civil, todavia não está na Consolidação das Leis Trabalhistas, portanto, pergunta-se: é possível a aplicação do referido artigo ao Processo do Trabalho?

Para responder a pergunta o primeiro passo é analisar a possibilidade de aplicação de regras contidas no Código de Processo Civil aos microssistemas que o cercam, sendo necessária uma breve análise das normas que tratam a matéria, que são o art. 15 do Código de Processo Civil e o art. 769 da CLT.

Tem-se que o dispositivo do diploma processual civil, apesar de localizado naquele instrumento normativo trata de norma especial relativa aos processos eleitorais, trabalhistas ou administrativos, sendo assim, afirma-se que é uma regra tão especial, quanto a regra disposta no instrumento normativo laboral.

Pois decerto, definida a natureza das normas em comento como sendo normas especiais, há que se utilizar o §1º do art. 2º da Lei de Introdução às Normas do Direito Brasileiro (LINDB) que prevê que norma posterior que regule inteiramente a matéria de que tratava norma anterior a revoga tacitamente. Este é o critério temporal utilizado quando se identifica conflito de normas no tempo.

64 A principal objeção à arbitragem trabalhista está, para além de suposta indisponibilidade dos direitos trabalhistas (com o que não se concorda, já que estes são objeto de conciliação na rotina das varas do trabalho), no risco de que a cláusula arbitral seja imposta pelo empregador ao empregado, prejudicando seu acesso à justiça. (ROQUE, André. A reforma trabalhista e o novo CPC: primeiras impressões. Disponível em: https://jota.info/colunas/novo-cpc/a-reforma-trabalhista-e-o-novo-cpc-primeiras-impressoes-01052017 Acessado em: 25 abr. 2017).

Todavia, Wânia Guimarães Rabêllo de Almeida ressalta que o art. 769 da CLT trata da aplicação de todo o direito processual comum, enquanto o art. 15 do Código de Processo Civil faz referência somente à aplicação deste diploma[65].

Sendo assim, é possível concluir que o Código de Processo Civil derrogou dispositivo presente na CLT, apenas no que tange a aplicação do Código de Processo Civil, ou seja, com relação ao Código de Processo Civil desde que este passou a vigorar, não há mais que se falar em aplicação do art. 769 da CLT[66-67].

Com relação ao dispositivo do processo civil, tem-se que o mesmo ampliou a aplicação do NCPC à CLT, pois enquanto o dispositivo derrogado falava apenas em aplicação subsidiária, a nova regra ao dispor sobre o tema fala também em aplicação supletiva.

Cumpre então diferenciar a aplicação subsidiária da aplicação supletiva, enquanto na aplicação subsidiária há uma omissão total acerca de certo instituto, na aplicação supletiva há menção ao instituto, mas ela é incompleta, por este motivo admite a sua complementação por meio de aplicação supletiva[68].

---

65 ALMEIDA, Wânia Guimarães Rabêllo. A teoria dinâmica do ônus da prova. MIESSA, Élisson. O Novo Código de Processo Civil e seus reflexos no processo do trabalho. 2ª ed. rev., ampl. e atual. Salvador: Juspodvim, 2016. p. 689-711.

66 MEIRELES, Edilton. O Novo CPC e sua aplicação supletiva e subsidiária no processo do trabalho. MIESSA, Élisson. O Novo Código de Processo Civil e seus reflexos no processo do trabalho. 2ª ed. rev., ampl. e atual. Salvador: Juspodvim, 2016. p. 57-82.

67 Ressalte-se que esta não é uma posição unânime na doutrina, por exemplo JAKUTIS (JAKUTIS, Paulo Sérgio. A influência do Novo CPC no ônus da prova trabalhista. MIESSA, Élisson. O Novo Código de Processo Civil e seus reflexos no processo do trabalho. 2ª ed. rev., ampl. e atual. Salvador: Juspodvim, 2016. p. 677-688) defende que o art. 769 é uma senha de acesso do Processo Civil ao Processo do Trabalho. Todavia, a despeito de opiniões diversas, entende-se que a norma que orienta o conflito de lei no tempo é a LINDB e com relação aos seus preceitos, com a devida *vênia,* não é possível vislumbrar que não houve a revogação do referido art. 769. Neste sentido também de que não houve revogação, haja vista que não há incompatibilidade entre as normas (mas observe-se que a incompatibilidade não é o único critério trazido pela norma regulamentadora do conflito), (LAURINDO, Salvador Franco de Lima. O artigo 15 do Novo Código de Processo Civil e os limites da autonomia do processo do trabalho. BRANDÃO, Cláudio; MALLET, Estevão. Processo do trabalho. 2ª ed. rev. e atual. Salvador: Juspodvim, 2016. p. 113-135).

68 Observe o que Paulo César Pinheiro Carneiro trouxe sobre o assunto: "Etimologicamente, existe uma diferença entre aplicação supletiva e aplicação subsidiária. A primeira se destina a suprir algo que não existe em uma determinada legislação, enquanto a segunda, serve de ajuda ou de subsídio para a interpretação de uma norma ou mesmo um instituto" (CARNEIRO, Paulo César Pinheiro. Comentários aos arts. 1º a 15, WAMBIER, Teresa Arruda Alvim et all. Breves Comentários ao novo Código de Processo Civil. São Paulo: Revista dos Tribunais, 2015, p. 94). Também imbuído no propósito de aclarar a diferença entre aplicação subsidiária e supletiva Edilton Meireles: "(...) e) a aplicação da regra subsidiária visa ao preencher a lacuna (omissão absoluta) do complexo que regula determinado sub-ramo do direito ou instituto jurídico (o processo do trabalho, por exemplo); f) a aplicação da regra supletiva visa a complementação normativa quando diante de regras mais especiais incompletas (omissão parcial); (...)" (MEIRELES, Edilton. O Novo CPC e sua aplicação supletiva e subsidiária no processo do trabalho. MIESSA, Élisson. O Novo Código de Processo Civil e seus reflexos no processo do trabalho. 2ª ed. rev., ampl. e atual. Salvador: Juspodvim, 2016. p. 81).

No caso em análise, tem-se a seguinte situação, a CLT no que tange a direitos trabalhistas individuais não fala em arbitragem, portanto, verifica-se a possibilidade, se for o caso, de aplicação subsidiária das normas que dispõem sobre a arbitragem no Código de Processo Civil, nos termos do art. 15 deste diploma, e nos termos do art. 769 da CLT de toda a legislação esparsa que tratar o tema.

Admitida a subsidiariedade da norma, tendo em vista sua omissão total, passa-se a outro questionamento: considerando que o art. 769 da CLT foi derrogado pelo art. 15 do Código de Processo Civil e o artigo do Código de Processo Civil não faz menção à compatibilidade da norma, resta descartada a necessidade de se compatibilizar uma norma com a outra, no que tange a aplicação do Código de Processo Civil?

Edilton Meireles traz a solução também se baseando na LINDB, dizendo que norma especial se mantém, ainda que anterior à norma geral. Sendo assim, as normas do Código de Processo Civil, excluído o art. 15, seriam normas gerais que não revogariam as normas especiais contidas na CLT, ou seja, o Código de Processo Civil não revogaria matéria trabalhista tratada na CLT, afastando, pois, a possibilidade de aplicação de normas incompatíveis[69].

Em suma, existe a possibilidade de aplicação subsidiária do art. 3º ao Processo do Trabalho, bem como de toda a Lei de Arbitragem, desde que se admita que seja compatível com o microssistema de Processo do Trabalho.

Com efeito, e pelo que foi exposto até aqui não se pode dizer que exista incompatibilidade entre a arbitragem e o Processo Laboral, pelo contrário, muitos de seus princípios e características se coadunam é o que, como por exemplo, a celeridade e a informalidade do procedimento.

Pamplona Filho reconhece a possibilidade da arbitragem para dirimir conflitos individuais trabalhistas, mas destaca não ser ela uma panaceia, e elenca como seus maiores problemas a existência de custos muito altos e a mentalidade demandista do brasileiro[70].

---

69 MEIRELES, Edilton. O Novo CPC e sua aplicação supletiva e subsidiária no processo do trabalho. MIESSA, Élisson. O Novo Código de Processo Civil e seus reflexos no processo do trabalho. 2ª ed. rev., ampl. e atual. Salvador: Juspodvim, 2016. p. 57-82.

70 PAMPLONA FILHO, Rodolfo. Atualizando uma visão didática da arbitragem na área trabalhista. Disponível em: https://jus.com.br/artigos/6831/atualizando-uma-visao-didatica-da-arbitragem--na-area-trabalhista/3. Acessado em: 16 jul. 2017, p. 24-25. Quanto à descrença do brasileiro na arbitragem, cumpre destacar importante passagem de Talamini: "(...) a arbitragem não é aposta, jogo de azar. Quem remete a solução de sua causa ao processo arbitral não a está submetendo ao cara-ou-coroa nem à roleta-russa. Está buscando uma solução para o conflito pautado em parâmetros objetivos quanto ao seu desenvolvimento e ao conteúdo de suas decisões; um processo pautado em parâmetros objetivos quanto ao seu desenvolvimento e ao conteúdo de suas decisões; um processo em consonância com as garantias do *due processo of law*; um processo em que os julgadores devem ser imparciais e respondem penalmente, como agentes públicos, se não o forem (Lei 9.307/1996, arts. 17, 20, 21, §2º, 26, II, 32...). E o respeito a todas essas garantias é controlável pelo Judiciário – pois apenas não cabe ação judicial para rever o mérito do julgamento do árbitro,

Também para Carmona, a lei de arbitragem incide tanto sobre as questões atinentes aos direitos individuais quanto aos coletivos, sendo cabível arbitragem em ambos os casos[71].

A experiência internacional mostra que a arbitragem é amplamente utilizada nos Estados Unidos para dirimir conflitos trabalhistas[72], além disso, em se tratando de métodos autocompositivos o Reino Unido apresenta uma interessante experiência de mediação trabalhista[73].

Sendo assim, não há que se proibir a arbitragem no processo do trabalho a despeito da resistência de alguns, todavia a escolha por este método de solução de conflito deve ser feita com plena liberdade e sem qualquer vício de consentimento[74].

Portanto, possível a arbitragem para dirimir conflitos individuais trabalhistas.

7. Conclusão

Por todo o exposto chega-se a algumas conclusões: a primeira dela é que os direitos trabalhistas nem sempre se apresentam como direitos indisponíveis, devendo se analisar a natureza de cada um deles para saber se se enquadram no conceito de indisponíveis ou não. Em regra, pode se afirmar, que são direitos disponíveis.

Outra conclusão é que o empregado nem sempre será vulnerável na relação empregado-empregador, mas em determinadas circunstâncias, como no momento da

mas cabe para controlar todos os aspectos do devido processo legal e da validade da arbitragem (Lei 9.307/1996, art. 33)." (TALAMINI, Eduardo. A (in)disponibilidade do interesse público: consequências processuais (composições em juízo, prerrogativas processuais, arbitragem, e ação monitória). Revista de Processo (REPRO), São Paulo, v. 30, nº 128, p. 59-77, out. 2005, p. 15-16).

71 CARMONA, Carlos Alberto. Arbitragem e processo: um comentário à Lei nº 9.307/96. 3ª ed. São Paulo: Atlas, 2012, p. 44.

72 CARMONA, Carlos Alberto. Arbitragem e processo: um comentário à Lei nº 9.307/96. 3ª ed. São Paulo: Atlas, 2012, p. 43-44.

73 PAUMGARTTEN, Michele Pedrosa. A mediação de conflitos trabalhistas no Brasil e a mediação judicial no Tribunal do Trabalho do Reino Unido. Revista Eletrônica de Direito Processual (REDP), Rio de Janeiro, v. XIV, nº 1, p. 411-437, jul.-dez. 2014, p. 427-432.

74 Neste aspecto, importante ressaltar passagem de Bruno Freire: "A conciliação já é uma realidade há bastante tempo no processo do trabalho. Em relação aos demais métodos alternativos, mesmo com toda a desconfiança e preconceito da magistratura trabalhista, diante dos novos conflitos trabalhistas que surgem com a dinâmica das novas relações sociais, e ausente a hipossuficiência do trabalhador, é possível, sim, desde que com ampla liberdade e sem qualquer vício de consentimento, os litigantes se valerem da mediação ou arbitragem. A vulnerabilidade do trabalhador oriunda de sua hipossuficiência econômico-financeira é mitigada após a rescisão do contrato de trabalho, pois não há mais subordinação inerente ao vínculo de emprego. (SILVA, Bruno Freire e. O art. 3º do Novo Código de Processo Civil e o processo do trabalho. *In:* Revista do Advogado, São Paulo, Ano XXXV, nº 126, p. 16 -26, maio 2015, p. 25-26).

contratação essa vulnerabilidade é inafastável, dada a subordinação do empregado ao empregador e consequente impossibilidade de autodeterminar-se quanto às cláusulas estabelecidas no contrato.

Por este motivo, essa desigualdade material, constitui um vício de inconstitucionalidade da reforma trabalhista no que tange a permissão de inserção de cláusula compromissória no contrato de trabalho, podendo, inclusive, também ferir o acesso à justiça.

Por fim, a despeito da impossibilidade de inserção de cláusula compromissória no contrato de trabalho, não se vislumbra na legislação nada que impossibilite a aplicação da arbitragem para dirimir conflitos individuais trabalhistas, até porque verifica-se uma compatibilidade entre os princípios da arbitragem e do processo do trabalho.

8. Referências bibliográficas

ALMEIDA, Wânia Guimarães Rabêllo. A teoria dinâmica do ônus da prova. **MIESSA, Élisson. O Novo Código de Processo Civil e seus reflexos no processo do trabalho**. 2ª ed. rev., ampl. e atual. Salvador: Juspodvim, 2016.

ARENHART, Sérgio Cruz. **Breves considerações sobre o procedimento arbitral**. Disponível em: http://www.abdpc.org.br/abdpc/artigos/Sergio%20Arenhart%20-%20formatado .pdf Acessado em: 01 jul. 2017.

BARBOSA MOREIRA, José Carlos. Temas de Direito Processual: nona série. São Paulo: Saraiva, 2007, p. 22.

CAPPELLETTI, Mauro. GARTH, Bryant. Acesso à justiça. Trad.: Ellen Gracie Northfleet.Porto Alegre: Fabris, 1988.

CARMONA, Carlos Alberto. **Arbitragem e processo**: um comentário à Lei nº 9.307/96. 3ª ed. São Paulo: Atlas, 2012.

CARNEIRO, Paulo Cezar Pinheiro. **Acesso à justiça**: juizados especiais cíveis e ação civil pública – uma nova sistematização da teoria geral do processo. 2ª ed. Rio de Janeiro: Forense, 2007, p. 12.

______. Aspectos processuais da nova lei de arbitragem. Separata de **Revista forense**, Rio de Janeiro, v. 93, nº 339, p. 127 – 141, 1997.

______. Comentários aos arts. 1º a 15, **WAMBIER, Teresa Arruda Alvim et all. Breves Comentários ao novo Código de Processo Civil.** São Paulo: Revista dos Tribunais, 2015.

CINTRA, Antônio Carlos de Araújo; GRINOVER, Ada Pellegrini; DINAMARCO, Cândido Rangel. **Teoria geral do processo**. 28ª Ed. São Paulo: Malheiros, 2012.

DINAMARCO, Cândido Rangel. **A arbitragem na teoria geral do processo**. São Paulo: Malheiros, 2013.

______. **Instituições de direito processual civil**. 6ª ed. rev. e atual. São Paulo: Malheiros, 2009.

FERRAJOLI, Luigi. **Los fundamentos dos derechos fundamentales**. Madrid: Editorial Trotta, 2001.

GRECO, Leonardo. Garantias fundamentais do processo: o processo justo. In: **Estudos de direito processual**, Campos dos Goytacazes: Ed. Faculdade de Direito de Campos, 2005, p. 225-286, (p. 225-226).

JAKUTIS, Paulo Sérgio. A influência do Novo CPC no ônus da prova trabalhista. **MIESSA, Élisson. O Novo Código de Processo Civil e seus reflexos no processo do trabalho.** 2ª ed. rev., ampl. e atual. Salvador: Juspodvim, 2016.

LAURINDO, Salvador Franco de Lima. O artigo 15 do Novo Código de Processo Civil e os limites da autonomia do processo do trabalho. **BRANDÃO, Cláudio; MALLET, Estevão. Processo do trabalho**. 2ª ed. rev. e atual. Salvador: Juspodvim, 2016.

LEITE, Carlos Henrique Bezerra. **Curso de Direito Processual do Trabalho**. 13ª Ed. São Paulo: Saraiva, 2015.

LEMES, Selma Ferreira. **Arbitragem na concessão de serviços públicos – Arbitrabilidade objetiva. Confidencialidade ou publicidade processual? Os novos paradigmas do direito administrativo.** Palestra proferida na reunião do Comitê Brasileiro de Arbitragem/CBAR. São Paulo, maio/2003. Disponível em: http://selmalemes.adv.br/artigos/artigo_juri15.pdf Acessado em: 01 ago. 2017.

MARTEL, Letícia de Campos Velho. **Direitos fundamentais indisponíveis – os limites e os padrões do consentimento para a autolimitação do direito fundamental à vida**. 2010. 475 f. Tese (Doutorado em Direito Público) – Faculdade de Direito, Universidade do Estado do Rio de Janeiro, Rio de Janeiro, p. 34-35.

MEIRELES, Edilton. O Novo CPC e sua aplicação supletiva e subsidiária no processo do trabalho. **MIESSA, Élisson. O Novo Código de Processo Civil e seus reflexos no processo do trabalho.** 2ª ed. rev., ampl. e atual. Salvador: Juspodvim, 2016.

NETO, João Luiz Lessa. O Novo CPC adotou o modelo multiportas!!! E agora?!. In **Revista de Processo: RePro**, São Paulo, v. 40, nº 244, p. 427-441, jun. 2015.

PAMPLONA FILHO, Rodolfo. Atualizando uma visão didática da arbitragem na área trabalhista. Disponível em: https://jus.com.br/artigos/6831/atualizando-uma-visao-didatica-da-arbitragem-na-area-trabalhista/3. Acessado em: 16 jul. 2017.

PASSOS, José Joaquim Calmon de. **Comentários ao Código de Processo Civil**. Lei nº 5.869, de 11 de janeiro de 1973, vol. III: arts: 270 a 331. Rio de Janeiro: Forense, 2005.

PAUMGARTTEN, Michele Pedrosa. A mediação de conflitos trabalhistas no Brasil e a mediação judicial no Tribunal do Trabalho do Reino Unido. **Revista Eletrônica de Direito Processual** (REDP), Rio de Janeiro, v. XIV, nº 1, p. 411-437, jul.-dez. 2014, p. 437.

RODRIGUES, Marco Antonio. **A fazenda pública no processo civil**. São Paulo, Atlas: 2016, p. 390.

ROQUE, André. **A reforma trabalhista e o novo CPC**: primeiras impressões. Disponível em: https://jota.info/colunas/novo-cpc/a-reforma-trabalhista-e-o-novo-cpc-primeiras-impressoes-01052017 Acessado em: 25 abr. 2017.

SARAIVA, Renato; MANFREDINI, Aryanna. **Curso de Direito Processual do Trabalho**. 11ª ed. São Paulo: Atlas, 2014. VitalBook file – versão digital.

SCHIAVI, Mauro. **Manual de Direito Processual do trabalho**. 8ª ed. São Paulo: LTr, 2015.

SILVA, Bruno Freire e. O art. 3º do Novo Código de Processo Civil e o processo do trabalho. In: **Revista do Advogado**, São Paulo, Ano XXXV, nº 126, p. 16 -26, maio 2015.

TAKAHASHI, Bruno. Dilemas éticos de um conciliador. **Revista do Advogado**, São Paulo, nº 123, p. 62-69, ago. 2014, p. 64.

TALAMINI, Eduardo. **A (in)disponibilidade do interesse público: consequências processuais (composições em juízo, prerrogativas processuais, arbitragem, e ação monitória)**. **Revista de Processo** (REPRO), São Paulo, v. 30, nº 128, p. 59-77, out. 2005, p. 14.

TARTUCE, Fernanda. **Vulnerabilidade processual no Novo CPC.** Disponível em: <http://www. fernandatartuce.com.br/wp-content/uploads/2016/01/Vulnerabilidade-no-NCPC.pdf> Acessado em 05/10/2016, p.

TARTUCE SILVA, Fernanda. **Vulnerabilidade como critério legítimo de desequiparação no processo civil**. 2011. 384 f. Tese (Doutorado em Direito Processual) – Faculdade de Direito, Universidade de São Paulo, São Paulo.

TIBURCIO, Carmen. A lei de arbitragem e a pretensa inconstitucionalidade de seu artigo 7º. **Revista ibero-americana de direito público**, v. 2, nº 3, p. 15-33, jan.-mar., 2001.

VENTURI, Elton. Transação de direitos indisponíveis? **Revista de processo** (REPRO), São Paulo, v. 251, p. 391-429, jan. 2016, p. 1-2.

A Desconsideração da Personalidade Jurídica e a Extensão da Cláusula Compromissória no Processo Arbitral

Carolina Azevedo Assis

1. Introdução

Em função da evolução da sociedade contemporânea, bem como dos institutos processuais, sabemos que não se adequa mais a ideia de acesso à justiça diretamente relacionada com o acesso aos tribunais. Cientes dessa nova concepção, em atenção às novas necessidades das relações do mundo moderno, que busca solucionar seus conflitos de forma rápida e eficaz, a arbitragem consagrou-se entre os meios alternativos de solução de conflitos.

No Brasil, a busca pela arbitragem vem crescendo a passos largos. É o que se constata dos dados divulgados pelo Centro de Arbitragem e Mediação da Câmara de Comércio Brasil-Canadá (CAM-CCBC), que em 2017 atingiu número recorde de arbitragens iniciadas, totalizando 141 processos, em comparação com 2016, que atingiu 98 processos começados. Um salto de quase 43,9%, nunca visto antes na história da entidade, fundada em 1979[1]. Assim, em função do exponencial crescimento do processo arbitral, os aplicadores do direito vêm se deparando com inúmeras polêmicas ainda sem respostas do ordenamento jurídico.

Fato é que a brevidade deste estudo e a inesgotável fonte de questionamentos colocados diante das múltiplas relações sociais não nos permitiriam enfrentar todos os pontos controvertidos da arbitragem, razão pela qual vamos nos restringir a discutir a possibilidade de aplicação da desconsideração da personalidade jurídica e a extensão subjetiva da cláusula compromissória no processo arbitral.

Para alcançarmos a resposta para o questionamento que propusemos, perguntamos ao leitor: considerando que a arbitragem pressupõe a autonomia da vontade, seria possível vincular terceiros não signatários da cláusula compromissória e atingir o patrimônio destes para satisfação da condenação? Estaria o árbitro vinculado aos limites objetivos da convenção de arbitragem?

Defenderemos, ao final deste artigo, a possibilidade de aplicação da desconsideração da personalidade jurídica e a extensão da cláusula compromissória nos processos arbitrais, mas, desde já, esclarecemos que não há consenso na resposta, sendo o tema controvertido na doutrina.

---

1 RACANICCI, Jamile. Câmara de Comércio Brasil-Canadá iniciou 43,9% mais arbitragens em 2017. *Jota*, 13 mar. 2018. Disponível em: <https://www.jota.info/justica/camara-de-comercio-brasil-canada-iniciou-439-mais-arbitragens-em-2017-13032018>. Acesso em: 10 abr. 2018.

2. A desconsideração da personalidade jurídica

O direito brasileiro reconhece a ampla personalidade às sociedades, consagrando, no artigo 1.024 do Código Civil[2], o princípio da autonomia patrimonial das pessoas jurídicas. Trata-se de importante mecanismo de incentivo ao empreendedorismo, reduzindo o risco empresarial por meio da limitação da responsabilidade, pois facilita a organização da atividade econômica através da separação do patrimônio, distinguindo os sócios da sociedade.

Contudo, ao longo da história das relações econômicas, verificou-se o uso das pessoas jurídicas de forma abusiva por empresários que se beneficiavam da autonomia patrimonial para fraudar seus credores. Para coibir o abuso perpetrado por esses agentes, surgiu a teoria da desconsideração da personalidade jurídica. Dessa forma, a personalidade jurídica passa a ser condicional ao atingimento do fim que se destina, qual seja, a facilitação da organização da atividade econômica. Caso a finalidade seja desviada, é permitido adentrar no véu da personalidade jurídica. Assim ensina Rubens Requião[3]:

> Se a personalidade jurídica constitui uma criação da lei, como concessão do Estado à realização de um fim, nada mais procedente do que se reconhecer no Estado, através da sua justiça, a faculdade de verificar se o direito concedido está sendo adequadamente usado. A personalidade jurídica passa a ser considerada doutrinariamente um direito relativo, permitindo ao juiz penetrar o véu da personalidade para coibir os abusos ou condenar a fraude através do seu uso.

Nessa linha de raciocínio, a doutrina brasileira defende que, sendo a personalidade jurídica técnica para o exercício da atividade econômica, decorrente do direito de propriedade, a função social da empresa seria fundamento para a desconsideração da personalidade jurídica.[4] No ordenamento jurídico brasileiro, essa teoria está prevista no artigo 50 do Código Civil, que dispõe o seguinte:

---

2 Art. 1.024. Os bens particulares dos sócios não podem ser executados por dívidas da sociedade, senão depois de executados os bens sociais.

3 1969 apud DIDIER JR., Fredie; ARAGÃO, Leandro. A desconsideração da personalidade jurídica no processo arbitral. In: YARSHELL, Flávio Luiz; PEREIRA, Guilherme Setoguti J. (coords.). *Processo societário*. São Paulo: Quartier Latin, 2012, p. 255.

4 Nas palavras de Fredie Didier e Leandro Aragão: "A pessoa jurídica é, portanto, um instrumento técnico-jurídico desenvolvido para facilitar a organização da atividade econômica. É técnica criada para o exercício da atividade econômica e, portanto, para o exercício do direito de propriedade. A chamada função social da pessoa jurídica (função social da empresa) é corolário da função social da propriedade. Se assim é, o caráter de instrumentalidade implica o condicionamento do instituto ao pressuposto do atingimento do fim jurídico a que se destina. Qualquer desvio ou abuso deve dar margem para a aplicação da sanção contida na desconsideração da personalidade jurídica, segundo a doutrina brasileira.

> Art. 50. Em caso de abuso da personalidade jurídica, caracterizado pelo desvio de finalidade, ou pela confusão patrimonial, pode o juiz decidir, a requerimento da parte, ou do Ministério Público quando lhe couber intervir no processo, que os efeitos de certas e determinadas relações de obrigações sejam estendidos aos bens particulares dos administradores ou sócios da pessoa jurídica.

Assim, conforme se infere da leitura do dispositivo, a desconsideração da personalidade jurídica deve basear-se no abuso da pessoa jurídica, caracterizada pelo desvio de finalidade ou pela confusão patrimonial.[5] Entretanto, a teoria deve ser aplicada de forma excepcional, sob pena de comprometimento do desenvolvimento econômico, fazendo-se indispensável a comprovação da má-fé da empresa.

3. A desconsideração da personalidade jurídica no processo arbitral

A cláusula arbitral afasta a competência da jurisdição estatal, razão pela qual a Lei de Arbitragem é categórica quanto ao seu caráter consensual, fundamentando-se na autonomia da vontade das partes, como se infere da leitura do artigo 2º desta legislação[6].

É a autonomia das partes que irá delimitar as matérias que estarão sujeitas à jurisdição arbitral, determinando o seu limite objetivo, devendo, na forma do artigo

---

O estudo da desconsideração da personalidade jurídica feito pela doutrina brasileira adota, portanto, a seguinte premissa: é indispensável a análise funcional do instituto da pessoa jurídica, a partir da análise também funcional do direito de propriedade, para que se possa compreender corretamente a desconsideração, que, em teoria geral do direito, é sanção aplicada ao ato ilícito (no caso, a utilização abusiva da personalidade jurídica)." (DIDIER JR., Fredie; ARAGÃO, Leandro. Op. cit., p. 262).

5 Sobre o instituto, faz-se conveniente destacar as palavras do ministro Luis Felipe Salomão em recente julgamento no Superior Tribunal de Justiça: "O instituto da desconsideração da personalidade jurídica se apresenta como importante mecanismo de recuperação de crédito, combate à fraude e, por consequência, fortalecimento da segurança do mercado, em razão do acréscimo de garantias aos credores, atuando, processualmente, sobre o polo passivo da relação, modificando ou ampliando a responsabilidade patrimonial." (STJ fixa entendimento sobre desconsideração da personalidade jurídica no CPC/15. *Migalhas*, 10 maio 2018. Disponível em: <http://www.migalhas.com.br/Quentes/17,MI279881,11049-STJ+fixa+entendimento+sobre+desconsideracao+da+personalidade+juridica>. Acesso em: 11 maio 2018.)

6 Art. 2º A arbitragem poderá ser de direito ou de equidade, a critério das partes.
§ 1º Poderão as partes escolher, livremente, as regras de direito que serão aplicadas na arbitragem, desde que não haja violação aos bons costumes e à ordem pública.
§ 2º Poderão, também, as partes convencionar que a arbitragem se realize com base nos princípios gerais de direito, nos usos e costumes e nas regras internacionais de comércio.
§ 3º A arbitragem que envolva a administração pública será sempre de direito e respeitará o princípio da publicidade.

1º da Lei 13.129 de 2015, restringir-se aos direitos patrimoniais disponíveis[7]. Ou seja, a arbitragem só apreciará matérias previstas na cláusula compromissória e que não tratem de direitos indisponíveis.

Reforçando os limites formais da cláusula arbitral, o artigo 32 da Lei 13.129, inciso IV[8], aduz sobre a nulidade da sentença arbitral proferida fora dos limites da convenção de arbitragem.

Considerando, portanto, a limitação da autonomia da vontade das partes, bem como da cognição arbitral, a ausência de manifestação do sócio que não aceitou expressamente a cláusula compromissória seria, por exemplo, impedimento para a aplicação do instituto da desconsideração da personalidade jurídica.

Mas, vamos refletir sobre o seguinte caso hipotético: consideremos um terceiro que, de má-fé, celebra contrato na qualidade de pessoa jurídica, esvazia o patrimônio da empresa em eventual litígio, tornando-a insolvente, com abuso de direito ou fraude, protegendo o patrimônio pessoal dos sócios e frustrando a satisfação do crédito da parte vencedora. Nesse caso, seria razoável manter a proteção do patrimônio desse sócio em função da limitação da responsabilidade da empresa? Defendemos que não. Os limites subjetivo e objetivo da arbitragem não são impedimentos para a aplicação da desconsideração da personalidade jurídica.

Conforme exposto na seção 2, a desconsideração da personalidade jurídica tem caráter de sanção, sendo, portanto, um remédio corretivo à disposição do julgador. Assim, quando uma sociedade estiver agindo de má-fé, com abuso de direito ou fraude, admite-se que o juiz penetre o véu da personalidade jurídica, atingindo a pessoa física dos sócios.

Pelo mesmo sentido, na arbitragem, também não seria razoável admitir o comportamento malicioso das partes. Em atenção à natureza jurisdicional da arbitragem, bem como ao artigo 18 da Lei de Arbitragem[9], não há diferença entre a posição do juiz e do árbitro, pois ambos aplicarão a mesma legislação e decidirão imparcialmente o conflito de modo definitivo por meio de um processo.

Como alerta Arnoldo Wald[10], é preciso que o processo seja contra o devedor real e não somente contra aquele que simulou ou que ocupou indevidamente o seu lugar

---

7 Art. 1º As pessoas capazes de contratar poderão valer-se da arbitragem para dirimir litígios relativos a direitos patrimoniais disponíveis.
§ 1º A administração pública direta e indireta poderá utilizar-se da arbitragem para dirimir conflitos relativos a direitos patrimoniais disponíveis.
§ 2º A autoridade ou o órgão competente da administração pública direta para a celebração de convenção de arbitragem é a mesma para a realização de acordos ou transações.

8 Art. 32. É nula a sentença arbitral se:
IV – for proferida fora dos limites da convenção de arbitragem.

9 Art. 18. O árbitro é juiz de fato e de direito, e a sentença que proferir não fica sujeita a recurso ou a homologação pelo Poder Judiciário.

10 WALD, Arnoldo. A desconsideração na arbitragem societária. *Revista de Arbitragem e Mediação*, 2015, v. 44, p. 52.

para frustrar os direitos da outra parte. A vinculação do terceiro, portanto, decorrerá do desfazimento de uma ardilosa ocultação, que se apresenta sob a capa da personalidade jurídica, para não ser colhida pela responsabilidade por um ato antijurídico.

No que tange ao limite objetivo, embora a competência do árbitro esteja vinculada ao objeto da convenção de arbitragem, essa compreende também o exame e a decisão sobre os fatos que incidem diretamente sobre a prestação jurisdicional, inclusive os relativos à personalidade jurídica[11].

É também o que se infere do parágrafo único do artigo 8º da Lei de Arbitragem, que atribui aos árbitros competência para decidir, de ofício ou por provocação das partes, questões relativas à existência, validade e eficácia da convenção arbitral.[12] Caso contrário, a efetividade do processo arbitral ficaria comprometida, sendo, dessa forma, preterido por aqueles que habitualmente atuam de forma fraudulenta, já que o árbitro estaria "amarrado" aos limites subjetivo e objetivo.

Assim, entendemos que a negativa de aplicação da desconsideração da personalidade jurídica nos processos arbitrais esvazia os poderes da arbitragem, desviando-a da finalidade para a qual foi criada e desprestigiando a função do árbitro.

4. O debate na doutrina

Como já esclarecemos no início do trabalho, o debate que propusemos está longe de alcançar um consenso. Para enriquecer este trabalho, incluímos, neste capítulo, o posicionamento de alguns acadêmicos a respeito do tema.

Iniciamos, então, com o entendimento, contrário ao que defendemos, de Fredie Didier e Leandro Aragão[13], que sustentam que a arbitragem não pode ir além do negócio jurídico que a motivou e nem pode envolver partes que não a convencionaram. Para os doutrinadores, decidir a desconsideração da personalidade jurídica é ir além dos limites da cognição arbitral.

Por outro lado, para Arnoldo Wald[14], não existe incompatibilidade entre a aplicação da teoria da desconsideração da personalidade jurídica e a arbitragem, admitindo,

11 LOBO, Carlos Augusto da Silveira. Cláusula compromissória e grupo de sociedades. *Revista de Arbitragem e Mediação*, 2016, v. 48, p. 49-50.

12 Art. 8º A cláusula compromissória é autônoma em relação ao contrato em que estiver inserta, de tal sorte que a nulidade deste não implica, necessariamente, a nulidade da cláusula compromissória. Parágrafo único. Caberá ao árbitro decidir de ofício, ou por provocação das partes, as questões acerca da existência, validade e eficácia da convenção de arbitragem e do contrato que contenha a cláusula compromissória.

13 DIDIER JR., Fredie; ARAGÃO, Leandro. A desconsideração da personalidade jurídica no processo arbitral. In: YARSHELL, Flávio Luiz; PEREIRA, Guilherme Setoguti J. (coords.). *Processo societário*. São Paulo: Quartier Latin, 2012, p. 266-267.

14 WALD, Arnoldo. A desconsideração na arbitragem societária. *Revista de Arbitragem e Mediação*, 2015, v. 44.

dessa forma, a responsabilidade do controlador por atos e débitos da empresa controlada – porém, somente de forma excepcional.

No mesmo sentido, Marcos Paulo de Almeida Salles[15] defende que, desde que haja pedido, é lícito ao árbitro "estender os efeitos de sua decisão às pessoas solicitadas pelas partes, que se vejam alvo da participação nas consequências da decisão", devendo-se arregimentar ao procedimento arbitral todos os fatos que impliquem a mais justa condenação.

Temos, então, breve exposição da divergência na doutrina.

5. Grupos de sociedades e a extensão da cláusula compromissória

Após o fim da Segunda Guerra Mundial, vimos surgir a sociedade de massa, que consolidou o consumo em larga escala. Neste cenário de globalização da economia, o modelo clássico societário mostrou-se insuficiente e frágil para atender aos anseios do novo mercado ampliado mundialmente.

Surgiu, então, a necessidade de fortalecimento das empresas tanto no âmbito financeiro quanto no tecnológico. Assim, o fenômeno dos grupos de sociedades assume elevada relevância no mundo contemporâneo. Vejamos os ensinamentos de Fabio Konder Comparato sobre as três fases históricas do direito empresarial:

> A associação de empresas juridicamente independentes, atuando sob uma direção unitária, compõe a figura dos grupos econômicos, que são, atualmente, os grandes agentes empresariais. O direito empresarial entra, assim, na terceira fase histórica de seu desenvolvimento. A primeira corresponde ao surgimento do comerciante individual, como professional dotado de um estatuto próprio, destacado do sujeito do direito comum. A segunda fase abre-se com a multiplicação das empresas societárias, notadamente com a vulgarização da sociedade anônima no curso do século passado [século XIX], como instrumento de captação do investimento popular. Agora, o universo das multinacionais, das holdings, joint ventures e consórcios indica que os atuais protagonistas da vida empresarial são associações de empresas, e não mais sociedades isoladas.[16]

Os grupos societários são caracterizados pela diversidade jurídica e unidade econômica. Ou seja, várias sociedades com autonomia patrimonial sob um controle comum e unidade econômica.[17] No Brasil, os grupos de sociedades estão regulados nos

---

15 SALLES, Marcos Paulo de Almeida. Aplicação da desconsideração da personalidade jurídica à arbitragem. In: VERÇOSA, Haroldo Malheiros Duclerc. (org.). *Aspectos da arbitragem institucional*: 12 anos da Lei 9.307/1996. 1ª ed. São Paulo: Malheiros, 2008, v. 1, p. 136; 147.

16 COMPARATO, Fabio Konder. *Direito empresarial*: estudos e pareceres. Saraiva: São Paulo, 1995, p. 25.

17 Nas palavras de Eduardo Munhoz, trata-se do mais importante protagonista do atual sistema econômico. "A afirmação do grupo de sociedades como o mais importante protagonista do atual sistema econômico decorre, fundamentalmente, de sua capacidade de aliar a necessidade de contínua

artigos 265 a 277 da Lei das Sociedades por Ações (Lei 6.404/1976), e podem ser de direito ou de fato.

Os grupos de direito são aqueles que se relacionam não apenas por meio de controle acionário, mas também mediante convenção e administração comum. Nestes, as sociedades integrantes podem combinar recursos ou esforços para realização dos objetos, ou para participar de empreendimentos conjuntos.[18]

Já os grupos de fato caracterizam-se pela informalidade. O relacionamento se dá em função da participação no capital social, sem que haja acordo sobre sua organização formal. Apesar de não estarem previstos na legislação, os tribunais vêm reconhecendo sua existência para fins de delimitação da responsabilidade das sociedades integrantes do grupo.[19]

---

expansão e concentração às exigências de flexibilidade e diversidade funcional, setorial e geográfica impostas pela economia globalizada.
Em razão da diversidade jurídica, o grupo permite a adoção de múltiplas estruturas organizacionais, em escala mundial, capazes de rápidas modificações (inclusive desmobilização de capitais), segundo os desejos dos mercados consumidores, com limitação dos riscos à órbita de cada unidade.
Em razão da unidade econômica, o grupo propicia a concentração do poder empresarial, indispensável para a obtenção de economias de escala, para o investimento em pesquisa e em desenvolvimento de novos produtos e para arcar com os altos custos de distribuição e de publicidade, em escala mundial." (MUNHOZ, Eduardo. Arbitragem e grupos de sociedades. In: VERÇOSA, Haroldo Malheiros Ducler (org.). *Aspectos da Arbitragem Institucional*: 12 anos da Lei 9.307/1996. São Paulo: Malheiros, 2008, p. 150).

---

18 Art. 265. A sociedade controladora e suas controladas podem constituir, nos termos deste Capítulo, grupo de sociedades, mediante convenção pela qual se obriguem a combinar recursos ou esforços para a realização dos respectivos objetos, ou a participar de atividades ou empreendimentos comuns.

§ 1º A sociedade controladora, ou de comando do grupo, deve ser brasileira, e exercer, direta ou indiretamente, e de modo permanente, o controle das sociedades filiadas, como titular de direitos de sócio ou acionista, ou mediante acordo com outros sócios ou acionistas.
§ 2º A participação recíproca das sociedades do grupo obedecerá ao disposto no artigo 244.
Art. 266. As relações entre as sociedades, a estrutura administrativa do grupo e a coordenação ou subordinação dos administradores das sociedades filiadas serão estabelecidas na convenção do grupo, mas cada sociedade conservará personalidade e patrimônios distintos.

19 CUMPRIMENTO DE SENTENÇA. ACOLHIMENTO DE INCIDENTE DE DESCONSIDERAÇÃO DE PERSONALIDADE JURÍDICA. POSSIBILIDADE. GRUPO ECONÔMICO DE FATO CARACTERIZADO. COMPORTAMENTO FRAUDULENTO E ABUSO DE PERSONALIDADE, EM PREJUÍZO DE CREDORES. MANUTENÇÃO DA DECISÃO.
Os documentos acostados aos autos comprovam que a executada não apenas esvaziou seu patrimônio, mas também integrava um grupo econômico de fato, caracterizado pela unidade de gestão, identidade de sedes sociais, semelhança de objeto social, gerenciamento e sociedade integrada pelas mesmas pessoas físicas ou da mesma família ou relacionadas entre si. Agravo conhecido em parte e, na parte conhecida, não provido. (Acórdão unânime da 12ª Câmara de Direito Privado do Tribunal de Justiça de São Paulo no Agravo de Instrumento nº 2229088-75.2017.8.26.0000, julgado em 1º de março de 2018. Relatora: desembargadora Sandra Galhardo Esteves).

Ocorre que, face à multiplicidade de estruturas organizacionais dos grupos societários e à complexidade das relações comerciais, não obstante a diversidade jurídica e a autonomia patrimonial, o mercado se deparou com alguns impasses quanto à sujeição ao procedimento arbitral de sociedades integrantes do mesmo grupo não signatárias da cláusula compromissória.

Além disso, neste início do século XXI, vimos surgir novas modalidades de contratação a distância, com múltiplas partes de diferentes países, exigindo maior flexibilização na formalização das operações comerciais.

Em regra, a cláusula compromissória assinada por uma das sociedades integrantes do grupo não pode ser estendida às demais sociedades do grupo, já que são juridicamente independentes. Entretanto, a experiência internacional tem demonstrado forte tendência das cortes arbitrais na flexibilização do conceito de consentimento para vincular sociedades que não teriam anuído expressamente com o procedimento arbitral, atribuindo maior efetividade às decisões arbitrais que não podem ficar alheias à realidade.

Assim, nos casos em que se constatar uma sociedade pertencente ao grupo, que apesar de não ter assinado a cláusula compromissória, demonstrou tacitamente a aceitação, admite-se a extensão da convenção arbitral.

No direito brasileiro, a extensão da cláusula compromissória encontra obstáculo à sua aplicação nas rígidas formalidades da celebração da cláusula compromissória em razão da inafastabilidade do controle jurisdicional (artigo 5º, XXXV, CF/88)[20]. A Lei de Arbitragem é categórica quanto ao seu caráter consensual (artigo 2º)[21]. O rigor formal se justifica na preocupação do legislador em assegurar que esta represente a vontade das partes sujeitas ao procedimento.

Entretanto, considerando que a extensão da cláusula compromissória a partes não signatárias somente se justificará quando restar demonstrada a aceitação tácita, ou seja, a vontade implícita das outras sociedades do grupo, não haveria, desse modo, qualquer incompatibilidade com a Lei de Arbitragem.

Apesar da consensualidade exigida, a Lei de Arbitragem nada dispõe a respeito de forma especial para demonstração do consentimento das partes sobre aquela cláusula (que deve ser escrita, como determina o artigo 4º).[22]

---

20 Art. 5º Todos são iguais perante a lei, sem distinção de qualquer natureza, garantindo-se aos brasileiros e aos estrangeiros residentes no País a inviolabilidade do direito à vida, à liberdade, à igualdade, à segurança e à propriedade, nos termos seguintes:
XXXV – a lei não excluirá da apreciação do Poder Judiciário lesão ou ameaça a direito.

21 Art. 2º A arbitragem poderá ser de direito ou de equidade, a critério das partes.

22 Art. 4º A cláusula compromissória é a convenção através da qual as partes em um contrato comprometem-se a submeter à arbitragem os litígios que possam vir a surgir, relativamente a tal contrato.
§ 1º A cláusula compromissória deve ser estipulada por escrito, podendo estar inserta no próprio contrato ou em documento apartado que a ele se refira.

A exigência da concordância por escrito com a cláusula arbitral se restringe aos contratos de adesão. Desse modo, nos contratos que não são de adesão, vale a regra do artigo 107 do Código Civil[23], que admite a manifestação de vontade tácita, podendo ser demonstrada por outros meios que não a assinatura da parte. Nessa linha, Pedro A. Batista defende o seguinte:

> O consenso reflete a intenção da parte na adoção da arbitragem para solucionar os conflitos que possam surgir de determinada relação ou negócio jurídico. O consentimento pode ser expresso ou tácito e, ainda, resultar na vinculação de terceiros formalmente desvinculados do contrato. [...] No âmbito da arbitragem, afirmam os estudiosos que o consentimento pode ser inferido no caso concreto, por força de peculiaridades na atuação, postura, posição, ou ação do terceiro frente ao negócio jurídico cujos termos e condições resultaram na disputa arbitral.[24]

Portanto, a assinatura não é critério decisivo para determinar a vinculação das partes na convenção arbitral, sendo importante avaliar a manifestação da vontade das partes, ainda que esta ocorra tacitamente.[25]

Decorre do princípio da boa-fé objetiva, pois o nosso Código Civil exige dos contratantes, em seu artigo 422, uma postura condizente com a boa-fé.[26] Ou seja, as partes devem se manter coerentes com os seus próprios comportamentos, protegendo o outro contratante contra eventual comportamento contraditório (venire contra factumproprium). Assim, se a sociedade pertencente a um grupo, mas não signatária da cláusula compromissória, participou ativamente no negócio jurídico e manifestou consentimento, ainda que tácito, em relação à arbitragem, admite-se sua vinculação no processo arbitral.

Nesse ponto, vale um alerta: a extensão da cláusula arbitral não pode se justificar meramente na existência de grupos de sociedades. O elemento fundamental

§ 2º Nos contratos de adesão, a cláusula compromissória só terá eficácia se o aderente tomar a iniciativa de instituir a arbitragem ou concordar expressamente com a sua instituição, desde que por escrito em documento anexo ou em negrito, com a assinatura ou visto especialmente para essa cláusula.

23 Art. 107. A validade da declaração de vontade não dependerá de forma especial, senão quando a lei expressamente a exigir.

24 [s.d.] apud LIMA, Flávio Pereira; MIRANDA, Daniel Calhman. A extensão da cláusula compromissória a partes não signatárias no direito brasileiro. In: MATTOS FILHO et al. (coords.). *Arbitragem no Brasil*. São Paulo: Impressão Régia, 2010, p. 21.

25 Nesse mesmo sentido, no julgamento da Sentença Estrangeira Contestada nº 856/GB, o Superior Tribunal de Justiça entendeu que para a homologação de sentença arbitral estrangeira, não é necessária a apresentação de via assinada da convenção arbitral, bastando a comprovação de que a parte concordou inequivocamente com a arbitragem.

26 Art. 422. Os contratantes são obrigados a guardar, assim na conclusão do contrato, como em sua execução, os princípios de probidade e boa-fé.

será sempre o consentimento manifestado por meio do comportamento apresentado pelas partes. Assim, Arnoldo Wald[27] resume os requisitos para extensão da convenção de arbitragem da seguinte forma:

> a) a sociedade tem que ter desempenhado um papel ativo nas negociações das quais decorreu o acordo no qual consta a cláusula compromissória; b) a sociedade tem que ter sido envolvida, ativa ou passivamente, na execução do contrato no qual consta a cláusula compromissória; c) a sociedade tem que ter sido representada, efetiva ou implicitamente, no negócio jurídico.

Pelos fundamentos aqui apresentados, entendemos que a extensão da cláusula compromissória a sociedades não signatárias pertencentes ao mesmo grupo pode ser adotada nas arbitragens com sede no Brasil, desde que presentes os requisitos anteriormente destacados. Confere-se, assim, maior prestígio ao consensualismo, adequando-se a realidade comercial moderna, para atribuir maior efetividade ao processo arbitral.

6. Desconsideração da personalidade jurídica × extensão da cláusula compromissória

Diante do exposto até aqui, percebemos que a desconsideração da personalidade jurídica e a extensão da cláusula compromissória não se confundem. Distinguindo as técnicas, Leonardo de Campos Melo esclarece o seguinte:

> A extensão subjetiva da cláusula compromissória não se confunde com a desconsideração da personalidade jurídica. Trata-se de institutos jurídicos distintos, com fundamentos e efeitos diversos. Enquanto a desconsideração da personalidade jurídica, via de regra, consiste em sanção a fraudes, perpetradas por meio do uso irregular da personalidade jurídica, a extensão da convenção arbitral a parte não signatária se funda na devida identificação de sua vontade, manifestada por meio de seu comportamento, de se vincular a determinado contrato e à cláusula compromissória subjacente. A etiologia de ambos os institutos também revela a marcante diferença que os distingue, tendo em vista que, enquanto a desconsideração da personalidade jurídica decorre da lei ou do princípio geral que veda a prática de ato contrário ao direito, a extensão da convenção arbitral decorre da própria vontade das partes signatária e não signatária, manifestada por seu comportamento e identificada por elementos de prova apresentados na arbitragem.[28]

---

27 WALD, Arnoldo. A arbitragem, os grupos societários e os conjuntos de contratos conexos. *Revista de Arbitragem e Mediação*, maio 2004, v. 2.

28 MELO, Leonardo de Campos. Extensão da cláusula compromissória e grupos de sociedades na prática CCI (de acordo com o regulamento CCI-2002). *Revista de Arbitragem e Mediação*, 2013, v. 36, p. 7. Disponível em: <https://www.academia.edu/26350843/Artigo_Extensão_da_Cláusula_Compromissória_e_Grupos_de_Sociedades_na_prática_CCI>. Acesso em: 7 jul. 2018.

Portanto, enquanto a desconsideração da personalidade jurídica seria uma sanção para as hipóteses em que há um comportamento antijurídico com a finalidade de livrar-se da responsabilidade por meio de fraude, a extensão se destina a vincular sociedades que teriam aderido tacitamente à cláusula compromissória, sem pressupor qualquer comportamento ilegal.[29]

7. A jurisprudência brasileira

Neste capítulo, examinaremos duas decisões judiciais tratando do tema aqui explorado.

A princípio, destacamos o caso GP Capital Partners, julgado pela 1ª Câmara de Direito Privado do Tribunal de Justiça de São Paulo. Entendeu a câmara que a mera existência do grupo de sociedade não implica na presunção de adesão da controladora à cláusula compromissória. Assim, nesse caso, a vinculação da controladora se deu em razão do consentimento tácito, pois os executivos da controladora participaram diretamente na negociação do contrato que figurou a cláusula compromissória, além de a controladora, em documento separado, ter outorgado garantia às obrigações assumidas pela controlada. Vejamos a ementa:

> Apelação. Direito Comercial/Empresarial. Ação anulatória de sentença arbitral. Alegação de não sujeição das autoras à cláusula compromissória e à sentença arbitral. Afastamento. Discussão sobre a extensão da cláusula compromissória a partes que não firmaram o contrato gerador do litígio. Existência de grupo de sociedades que não implica presunção "jure et de jure" para o reconhecimento da anuência de sociedade não signatária à convenção de arbitragem. Caso concreto. Vinculação que pode ser reconhecida em razão das circunstâncias negociais. Contrato empresarial precedido de intensa negociação. Consentimento implícito à eleição da arbitragem como meio de solução de conflitos derivados do negócio entre a GP, suas controladas e os corréus Rodrigo e Fernando. Prestação de garantia, pela GP PARTNERS, do cumprimento de todas as obrigações assumidas pelas controladas no contrato principal. Irregular constituição do Tribunal Arbitral não configurada. Indicação do árbitro realizada em conformidade com o regulamento da CAM/CCBC, escolhido para a regência do procedimento. Concordância com a nomeação e assinatura do termo de arbitragem pelas autoras. Proibição do "venire contra factum proprium". Sentença "extra petita" não configurada. Pedido de indenização formulado de forma ampla, conforme reconhecido no termo de arbitragem. Condenação à prestação de garantias que constitui mera adequação do modo de

29 No mesmo sentido sustenta Carlos Augusto da Silveira Lobo: "Enfatize-se uma importante diferença entre a teoria do grupo e a técnica da desconsideração: a primeira pode atingir uma sociedade controladora inocente, pois permite ao julgador concluir que ela se vinculou tacitamente à cláusula compromissória ainda que seu comportamento nada tenha de ilícito ou antiético. A segunda só é aplicável quando o julgador se convence de que a sociedade controladora comportou-se de modo antijurídico, seja usando a controlada para livrar-se da responsabilidade por ato ilegal ou ilícito, seja promovendo confusão patrimonial, embora mantendo formalmente autônomas as personalidades jurídicas de controladas. Daí dizer-se que a desconsideração da personalidade jurídica é uma sanção." (2016, p. 48-49).

> cumprimento da obrigação de indenizar. Improcedência mantida. Reforma da sentença apenas quanto ao valor arbitrado a título de honorários de sucumbência, a serem pagos pelas autoras aos patronos dos corréus Fernando e Rodrigo. Redução para R$ 400.000,00. Apelo a que se dá parcial provimento.[30]

O segundo caso que destacamos é o Newedge vs. Garcia. A decisão foi proferida pelo Ministro Ari Pargendler, na medida cautelar relacionada ao processo de homologação de sentença arbitral estrangeira.

Buscou a Newedge, via tutela de urgência, garantir a execução da sentença arbitral estrangeira que condenou solidariamente o Sr. Garcia e a empresa Fluxo-Cane. Para tanto, alegou processo de liquidação da empresa em Cortes estatais caribenhas, além da dissipação de bens pelo Sr. Garcia, mediante alienação de imóveis de propriedade da Fluxo-Cane. Requereu, assim, o arresto das ações da Fluxo-Cane, dos imóveis transferidos pela empresa a uma segunda empresa cujos acionistas eram os filhos do Sr. Garcia, e o de imóveis transferidos pelo Sr. Gracia aos seus filhos. Além disso, a Newedge também pleiteou a expedição de edital de protesto judicial, a ser publicado nas praças de Recife e São Paulo, para dar ciência a terceiros da litigiosidade dos bens pertencentes aos devedores.

Entendeu o Superior Tribunal de Justiça pela concessão da cautelar, pois a alienação dos bens colocava em risco a solvência do devedor. Apesar da empresa Fluxo-Cane não ter participado do contrato objeto da disputa, em razão da situação fraudulenta, justificava-se a desconsideração inversa da personalidade jurídica, identificando-a com a pessoa física do Sr. Garcia, que era o seu controlador. Vejamos a ementa:

> MEDIDA CAUTELAR EM SENTENÇA ESTRANGEIRA CONTESTADA. ARRESTO DE BENS. REQUISITOS PREENCHIDOS. 1. Cuida-se de caso em que, instaurado processo arbitral estrangeiro, o devedor deu início a alienações de bens da empresa ré, por ele controlada. Alienações que se acentuaram após a prolação da sentença arbitral, hoje já homologada na SEC 5692. 2. Confusão patrimonial entre os bens do devedor pessoa física e os bens da empresa ré (S/A Fluxo), da qual ele é sócio majoritário e controlador. Desconsidera-se a personalidade jurídica, nos termos do art. 50 do Código Civil. 3. Alienações que se deram em favor dos filhos, de empresa dos filhos e da ex-esposa do devedor, esvaziando o patrimônio imobiliário da empresa logo após instaurado o procedimento arbitral e especialmente logo após proferida a sentença arbitral capaz de reduzir o devedor à insolvência (mormente se somado o valor de tal condenação ao de outras provenientes de sentenças estrangeiras também já homologadas nas SECs 6197 e 6079). Presentes os elementos que autorizam o reconhecimento da fraude à execução, nos termos do art. 593, II, do CPC/1973. 4. Não se

---

30 TJSP. Apelação Cível: 0035404-55.2013.8.26.0100. Relator: Desembargador Pereira Calças. DJ: 3 set. 2015. Disponível em: <https://esaj.tjsp.jus.br/cposg/search.do?conversationId=&paginaConsulta=1&localPesquisa.cdLocal=-1&cbPesquisa=NUMPROC&tipoNuProcesso=UNIFICADO&numeroDigitoAnoUnificado=0035404-55.2013&foroNumeroUnificado=0100&dePesquisaNuUnificado=0035404-55.2013.8.26.0100&dePesquisa=&uuidCaptcha=&pbEnviar=Pesquisar>. Acesso em: 14 maio 2018.

pode negar ao processo arbitral as mesmas garantias executivas e acauteladoras colocadas à disposição daqueles que optam pela via judicial. 5. Medida cautelar procedente. Liminares confirmadas. Prejudicados os embargos de declaração de fls. 3677/3681.[31]

Assim, de acordo com a jurisprudência apresentada, vimos o caminho que o Poder Judiciário vem seguindo para vinculação de terceiros no processo arbitral, alinhado com os pontos defendidos neste trabalho.

8. Considerações finais

Diante da nossa exposição, concluímos ser plenamente possível a aplicação da teoria da desconsideração da personalidade jurídica e a extensão da cláusula compromissória a sociedades não signatárias pertencentes ao mesmo grupo em sede de arbitragem, vinculando, dessa forma, terceiros à cláusula compromissória.

É necessário que o conceito de partes da arbitragem seja alargado, de modo a compreender as modernas relações comerciais, alinhando o direito à realidade, sem torná-lo refém de comportamentos contraditórios ou até mesmo fraudulentos.

Entretanto, cabe alertar que o uso desses dois instrumentos deve ser cauteloso, sob pena de ensejar um verdadeiro retrocesso econômico e jurídico.[32]

Referências bibliográficas

COMPARATO, Fabio Konder. Direito empresarial: estudos e pareceres. Saraiva: São Paulo, 1995.

COSTA, Guilherme Recena. Partes e terceiros na arbitragem. 2015. f. 131/143 Tese (doutorado em Direito Processual) – Faculdade de Direito da Universidade de São Paulo, São Paulo, 2015.

DIDIER JR., Fredie; ARAGÃO, Leandro. A desconsideração da personalidade jurídica no processo arbitral. In: YARSHELL, Flávio Luiz; PEREIRA, Guilherme Setoguti J. (coords.). Processo societário. São Paulo: Quartier Latin, 2012.

LIMA, Flávio Pereira; MIRANDA, Daniel Calhman. A extensão da cláusula compromissória a partes não signatárias no direito brasileiro. In: MATTOS FILHO et al. (coords.). Arbitragem no Brasil. São Paulo: Impressão Régia, 2010.

LOBO, Carlos Augusto da Silveira. Cláusula compromissória e grupo de sociedades. Revista de Arbitragem e Mediação, 2016, v. 48.

---

31 STJ. Agravo Regimental em Medida Cautelar: 17.411. Relator: Ministro Ari Pargendler. DJ: 4 nov. 2016. Disponível em: <https://ww2.stj.jus.br/processo/pesquisa/?tipoPesquisa=tipoPesquisaNumeroRegistro&termo=201001835874&totalRegistrosPorPagina=40&aplicacao=processos.ea>. Acesso em: 14 maio 2018.

32 WALD, Arnoldo. A teoria dos grupos de sociedades e a competência do juízo arbitral. *Revista de Direito Mercantil*, jan./mar. 1996, v. 101, p. 26.

MELO, Leonardo de Campos. Extensão da cláusula compromissória e grupos de sociedades na prática CCI (de acordo com o regulamento CCI-2002). Revista de Arbitragem e Mediação, 2013, v. 36, p. 7. Disponível em: <https://www.academia.edu/26350843/Artigo_Extensão_da_Cláusula_Compromissória_e_Grupos_de_Sociedades_na_prática_CCI>. Acesso em: 7 jul. 2018.

______. Extensão da cláusula compromissória e grupos de sociedades: A prática arbitral CCI e sua compatibilidade com o direito brasileiro. Rio de Janeiro: Forense, 2013.

MUNHOZ, Eduardo. Arbitragem e grupos de sociedades. In: VERÇOSA, Haroldo Malheiros Ducler (org.). Aspectos da Arbitragem Institucional: 12 anos da Lei 9.307/1996. São Paulo: Malheiros, 2008.

PRADO, Viviane Muller; DECCACHE, Antonio. Arbitragem e desconsideração da personalidade jurídica. Disponível em: <http://www.publicadireito.com.br/artigos/?cod=f5496252609c43eb>. Acesso em: 10 abr. 2018.

RACANICCI, Jamile. Câmara de Comércio Brasil-Canadá iniciou 43,9% mais arbitragens em 2017. Jota, 13 mar. 2018. Disponível em: <https://www.jota.info/justica/camara-de-comercio-brasil-canada-iniciou-439-mais-arbitragens-em-2017-13032018>. Acesso em: 10 abr. 2018

RAMOS, André Luiz Santa Cruz. Direito empresarial. 7. ed. rev. e atual. Rio de Janeiro: Forense; São Paulo: Método, 2017.

SALLES, Marcos Paulo de Almeida. Aplicação da desconsideração da personalidade jurídica à arbitragem. In: VERÇOSA, Haroldo Malheiros Duclerc. (org.). Aspectos da arbitragem institucional: 12 anos da Lei 9.307/1996. 1. ed. São Paulo: Malheiros, 2008, v. 1.

STJ. Agravo Regimental em Medida Cautelar: 17.411. Relator: Ministro Ari Pargendler. DJ: 4 nov. 2016. Disponível em: <https://ww2.stj.jus.br/processo/pesquisa/?tipoPesquisa=tipoPesquisaNumeroRegistro&termo=201001835874&totalRegistrosPorPagina=40&aplicacao=processos.ea>. Acesso em: 14 maio 2018.

STJ fixa entendimento sobre desconsideração da personalidade jurídica no CPC/15. Migalhas, 10 maio 2018. Disponível em: <http://www.migalhas.com.br/Quentes/17,MI279881,11049-STJ+fixa+entendimento+sobre+desconsideracao+da+personalidade+juridica>. Acesso em: 11 maio 2018.

TEPEDINO, Gustavo. Consensualismo na arbitragem e teoria do grupo de sociedades. Revista dos Tribunais, 2011, v. 903.

TJSP. Apelação Cível: 0035404-55.2013.8.26.0100. Relator: Desembargador Pereira Calças. DJ: 3 set. 2015. Disponível em: <https://esaj.tjsp.jus.br/cposg/search.do?conversationId=&paginaConsulta=1&localPesquisa.cdLocal=-1&cbPesquisa=NUMPROC&tipoNuProcesso=UNIFICADO&numeroDigitoAnoUnificado=0035404-55.2013&foroNumeroUnificado=0100&dePesquisaNuUnificado=00-35404-55.2013.8.26.0100&dePesquisa=&uuidCaptcha=&pbEnviar=Pesquisar>. Acesso em: 14 maio 2018.

WALD, Arnoldo. A desconsideração na arbitragem societária. Revista de Arbitragem e Mediação, 2015, v. 44.

______. A teoria dos grupos de sociedades e a competência do juízo arbitral. Revista de Direito Mercantil, jan./mar. 1996, v. 101.

______. A arbitragem, os grupos societários e os conjuntos de contratos conexos. Revista de Arbitragem e Mediação, maio 2004, v. 2.

Notas Sobre a Proibição da Decisão-Surpresa no Processo Civil e na Arbitragem

Diego Costa Affonso

Introdução

O presente trabalho tem por objeto o estudo do princípio da proibição das decisões-surpresas. A escolha do tema se justifica porque ainda é pouca a atenção reservada pela doutrina ao assunto, ainda que de inegável importância, seja em razão da crescente produção jurisprudencial (nem sempre uniforme) no sentido de repreensão de tais decisões, seja por representar a concretização de princípios que decorrem da Constituição da Federal.

Então, a proposta é que, através de um estudo embasado em doutrina e jurisprudência nacional, se faça uma investigação sobre a regra da proibição da decisão-surpresa, consagrada no art. 10 do Código de Processo Civil, e sua aplicabilidade nos processos judiciais e arbitrais.

1. Conceito e enquadramento legal

A chamada decisão-surpresa se traduz naquele pronunciamento do juiz que se funda em premissas de conhecimento oficioso, seja de direito material ou de direito processual, que não tenha sido objeto de conhecimento prévio pelas partes do processo. Dito de outra forma, a decisão-surpresa é aquela cujos fundamentos não foram mencionados no processo ou a respeito dos quais não foi conferida a oportunidade de prévia manifestação[1].

Através do principio da proibição da decisão-surpresa, então, é vedado ao tribunal decidir questões de fato ou de direito, mesmo que de conhecimento oficioso, sem que previamente tenha sido facultada às partes a possibilidade de sobre elas se pronunciarem. Tal regra impõe-se não apenas na primeira instância, mas também na regulamentação de diferentes aspectos atinentes à tramitação e julgamento dos recursos.

A ordem jurídica brasileira consagra esse ideal no art. 10 do CPC, ao prescrever que:

---

1 SOUZA, André Pagani. Vedação das decisões-surpresa no processo civil. São Paulo: Saraiva, 2014, p. 136.

> "O juiz não pode decidir, em grau algum de jurisdição, com base em fundamento a respeito do qual não se tenha dado às partes oportunidade de se manifestar, ainda que se trate de matéria sobre a qual deva decidir de ofício".

De iure condito, portanto, antes de decidir com base em questão (de direito material ou direito processual) de conhecimento oficioso que as partes não tenham considerado, o juiz deve convidá-las a sobre ela se manifestarem, seja qual for a fase do processo em que tal ocorra[2], sob pena de incorrer em uma decisão-surpresa.

Em outras palavras, "constitui norma fundamental do processo, de acordo com o Código de Processo Civil de 2015, o dever imposto ao juiz de evitar a prolação das chamadas "decisões-surpresa" [...]. Tais são as decisões que se valem de algum fundamento – inclusive aqueles cognoscíveis de ofício – a respeito do qual não foi conferida às partes a oportunidade de se manifestar a respeito"[3].

Deste modo, o dispositivo em anotação teve em vista a concretização do princípio do contraditório, na sua vertente moderna e efetiva, marcado pelo modelo de processo cooperativo, em que todos os sujeitos devem atuar em conjunto para perseguir um processo justo e eficaz. E, considerando que os princípios do contraditório e da cooperação surgem exatamente como arrimo para a proibição das decisões-surpresas, justifica-se a sua análise em tópico próprio.

2. Consagração dos princípios do contraditório e da cooperação

O princípio do contraditório é considerado pela doutrina moderna um dos mais importantes princípios gerais do processo judicial, sendo ele elemento essencial do próprio direito de acesso à justiça[4].

O direito ao contraditório, que já foi visto como um símbolo do direito natural, após a segunda grande guerra, "passou a constar explicita ou implicitamente das Cartas de Direitos Fundamentais, como a da Constituição brasileira de 1988 (art. 5°, inciso LV), agora não mais simplesmente como um princípio, mas como garantia da eficácia concreta dos direitos fundamentais, característica não só do processo judicial, mas também do processo administrativo, conferindo uma dimensão jamais alcançada ao princípio político da participação democrática, já que, sem ele, esses direitos não passam de vazias proclamações e, somente através dele, o Estado põe

---

2 DIDIER Jr., Fredie. Comentários ao Novo Código de Processo Civil / coordenação Antonio do Passo Cabral e Ronaldo Cramer. 1ª edição, Rio de Janeiro: Forense, 2015, p. 37.

3 LUCON, Paulo Henrique dos Santos. Segurança jurídica no Código de Processo Civil de 2015. In: Processo em Jornadas, XI Jornadas Brasileiras de Direito Processual e XXV Jornadas Ibero-Americanas de Direito Processual / coordenação Paulo Henrique dos Santos Lucon, Ricardo de Carvalo Aprigliano e outros. Bahia: JusPodivm, 2016, p. 769.

4 RODRIGUES, Marco Antonio dos Santos. Modificação do pedido e da causa de pedir no processo civil. Rio de Janeiro: Editora GZ, 2014. p. 155.

à disposição dos cidadãos todos os meios possíveis para alcançar na prática essa proteção"[5].

Com efeito, não pode o princípio do contraditório ser visto apenas como regente das relações entre as partes e garantidor do equilíbrio que a elas deve ser assegurado. O contraditório deve garantir, também, o princípio político da participação democrática e, por conseguinte, o direito de todos influenciarem eficazmente as decisões judiciais.

Não por outro motivo, a doutrina observa no direito ao contraditório um conteúdo multifacetado: ele atribui à parte não só o direito ao conhecimento de que contra ela foi proposta uma ação ou requerida uma providência e, portanto, um direito à audição antes de ser tomada qualquer decisão, mas também um direito a conhecer todas as condutas assumidas pela contraparte e a tomar uma posição sobre elas, ou seja, um direito de resposta.

A concepção moderna do princípio do contraditório é ampla e deve ser entendida como garantidora da participação efetiva das partes no desenvolvimento de todo o litígio, em termos de, em plena igualdade, poderem influenciar todos os elementos (fatos, provas, questões de direito) que se encontrem em ligação, direta ou indireta, com o objeto da causa ou em qualquer fase do processo em que apareçam como potencialmente relevantes para a decisão.

Como destaca Leonardo Greco, o escopo principal do princípio do contraditório deixou assim de ser a defesa, no sentido negativo de oposição ou resistência à atuação alheia, para passar a ser a influência, no sentido positivo de direito de incidir ativamente no desenvolvimento e no êxito do processo[6]. A essa perspectiva, Trocker cunhou o termo "princípio da participação" (principio di partecipazione), destacando que os interessados devem colaborar para a formação de opinião do magistrado, seja qual for a etapa do processo[7].

---

5 GRECO, Leonardo Greco. O Princípio do contraditório. In: Estudos de direito processual. Campos dos Goytacazes: Faculdade de Direito de Campos, 2005. p. 542.

6 "[...] o que poderíamos chamar de contraditório participativo, ou seja, o contraditório que, não só alarga todas as faculdades de as partes atuarem no processo em favor dos seus interesses, mas que impõe ao juiz o dever de abandonar a postura burocrática e meramente recepticia, para ativamente envolver as partes num diálogo humano construtivo, em que o julgador não se limite a ouvir e as partes não se limitem a falar sem saber se estão sendo ouvidas, mas em que uns e outros, em comunicação de dupla via, construam juntos a solução da causa. Como diz Picardi, o contraditório deixou de ser um simples instrumento de luta entre as partes para transformar-se num instrumento operacional do juiz, ou melhor, um pressuposto fundamental do próprio julgamento" (GRECO, Leonardo Greco. O Princípio Do Contraditório. In: Estudos de direito processual. Campos dos Goytacazes: Faculdade de Direito de Campos, 2005. p. 543).

7 TROCKER, Nicòlo. Processo Civile e Costituzione: problemi di diritto tedesco e italiano. Milano: Giuffrè, 1974, pp. 371. Para o autor italiano, "Il principio di partecipazione determina così la vera ragion d'essere e lo escopo dell'audizione. Ne consegue una prima importante indicazione: lóbbiettivo principale della garanzia in esame non è la difesa intesa in senso negativo ossia come oppo-

Existe, atualmente, uma concepção ampla do princípio do contraditório, tendo a doutrina e jurisprudência começado a ligá-lo a ideias de participação efetiva das partes no desenvolvimento do litígio e de influência na decisão, passando o processo a ser visto como um sistema dinâmico de comunicações entre as partes e o tribunal[8]. Nasce, pois, uma nova vertente do princípio do contraditório: a garantia da não-surpresa.

Nesta conjuntura moderna do contraditório, portanto, tem-se um quadrinômio estrutural que se instala na estrutura dinâmica do procedimento – informação, reação, diálogo e influência –, sendo vedado ao juiz proferir decisão de forma solipsista, ou seja, sem a participação das partes, menosprezando o efetivo contraditório que lhes deve ser assegurado[9]. Sendo assim, um processo equitativo é aquele em que o magistrado também se enquadra no rol dos destinatários do princípio do contraditório – ora, da leitura do art. 7 do CPC vê-se que "competindo ao juiz zelar pelo efetivo contraditório".

Tal conclusão, por sua vez, nos direciona para um outro princípio: o da cooperação (art. 6 do CPC). Sobre tal princípio, pode-se dizer que recai sobre os operadores judiciários uma atitude de cooperação, com inversão absoluta do paradigma do processo judicial enquanto luta de privados, devendo o juiz cooperar com as partes para a composição da causa, em busca de uma decisão de mérito justa e efetiva[10].

É evidente que, embora o legislador tenha optado por enunciar os princípios – contraditório e cooperação – em dispositivos diferentes, ambos dialogam, entre outros, com o direito fundamental do devido processo legal consagrado no art. 5, LIV, da CRFB e o princípio da duração razoável do processo, previsto no art. 5, LXXVIII, da CRFB. Observe, nesse sentido, que o art. 6º do CPC é bastante claro ao afirmar que o princípio da cooperação serve para que se obtenha, com brevidade e eficácia, a justa composição do litígio.

E mais. Apesar de distintos, o princípio da cooperação constitui uma materialização do princípio do contraditório, pois o constante diálogo e debate entre os

sizione o resistenza all'agire altrui, bensì la 'influenza' intensa come Mitwirkungsbefugnis (Zeuner) o Einwirkungsmoglichkeit (Baur), ossia come diritto o possibilità di incidere attivamente sullo svolgimento e sull'esito del giudizio".

Por sua vez, Italo Andolina e Giuseppe Vignera utilizam o termo possibilidade de participação preventiva (ANDOLINA, Italo; VIGNERA, Giuseppe. Il modelo costituzionale de processo civile italiano. Torino: G. Giappichelli, 1990, p. 157).

8 CUNHA, Leonardo Carneiro da. Comentários ao art. 6º. In: *Comentários ao Código De Processo Civil / organizadores Lenio Luiz Streck, Dierle Nunes, Leonardo Carneiro da Cunha; coordenador executivo Alexandre Freire*. São Paulo: Saraiva, 2016, pp. 42/43.

9 MEDINA, José Miguel Garcia. Novo Código de Processo Civil Comentado. 3ª ed. São Paulo: Revistas dos Tribunais, 2015, p. 62.

10 MAZZOLA, Marcelo. Tutela Jurisdicional Colaborativa. Curitiba: Editora CRB, 2017, p. 131.

envolvidos no processo não só evita surpresas, como também possibilita às partes influenciarem nas decisões tomadas durante o processo.

Nesse quadro de progressiva afirmação do princípio da cooperação, tem-se que "na atual conjuntura do processo civil, o magistrado deve funcionar como verdadeiro núcleo de propagação de ideias, argumentos e alegações, para o qual convergem e do qual se refratam, difusa e assimetricamente"[11]. Não por outro motivo, como assinala o Marcelo Mazzola, o órgão jurisdicional possui ao menos cinco deveres de colaboração (poder-dever ou dever funcional) perante as partes, quais sejam:

I) dever de engajamento, i.e., o dever de o tribunal franquear e promover o debate judicial sobre as questões discutidas no processo;

II) dever de esclarecimento, i.e., o dever de o tribunal se esclarecer junto das partes quanto às dúvidas que tenha sobre as suas alegações, pedidos ou posições em juízo, de molde a evitar que a sua decisão tenha por base falta de informação e não a verdade apurada;

III) dever de prevenção, i.e., o dever de o tribunal prevenir as partes sobre eventuais deficiências ou insuficiências das suas alegações ou pedidos;

IV) dever de consulta, i.e., o dever de o tribunal consultar as partes sempre que pretenda conhecer de matéria de fato ou de direito sobre a qual aquelas não tenham tido a possibilidade de se pronunciarem, porque, por exemplo, o tribunal enquadra juridicamente a situação de forma diferente daquela que é a perspectiva das partes ou porque esse órgão pretende conhecer oficiosamente certo fato relevante para a decisão da causa; e, finalmente;

V) dever de auxílio, i.e., o dever de o tribunal auxiliar as partes na remoção das dificuldades ao exercício dos seus direitos ou faculdades ou no cumprimento de ônus ou deveres processuais.

Tudo isto para dizer que, o juiz, como terceiro imparcial no processo, deve exercer a sua função respeitando o direito das partes ao contraditório, a fim de que não sejam surpreendidas com decisões inesperadas, fundadas em premissas que não puderam previamente conhecer para tomar as providências adequadas ao caso[12]. Para tanto, antes que seja proferida qualquer decisão no processo, suscetível de afetar o interesse das partes, existe toda a vantagem, para estas e para o tribunal, que as mesmas exprimam suas observações sobre a questão a decidir, sob pena de incorrer na dita decisão-surpresa.

---

11 MAZZOLA, Marcelo. Tutela Jurisdicional Colaborativa. Curitiba: Editora CRB, 2017, p. 131.

12 NERY JUNIOR, Nelson. Princípios do processo na Constituição Federal: processo civil, penal e administrativo. 9ª edição, São Paulo: Revista dos Tribunais, 2009, pp. 222/223.

3. Consequência jurídica da decisão-surpresa no processo judicial

Até aqui, sabemos que a proibição da decisão-surpresa é um reflexo da garantia do contraditório dito moderno, marcado pela participação ativa dos sujeitos no processo, em conjunto com a figura estatal do magistrado. A partir de agora, importa saber qual a consequência jurídica de uma decisão que, ignorando esse modelo de processo cooperativo, se baseia em fundamentos que as partes não podiam prever e sobre os quais não tiveram a oportunidade de expor suas razões.

Conforme se estabeleceu acima, o processo civil contemporâneo pressupõe que a decisão judicial, para que de fato preencha o fim a que se propõe, seja produto de uma verdadeira comunidade de trabalho entre os sujeitos processuais – autor, réu e órgão jurisdicional colaborando em busca de um processo justo e um resultado mais próximo da verdade. Vale dizer, então, que a instalação deste ambiente democrático, em que todos os personagens estão sujeitos ao contraditório, de modo a influir no conteúdo das decisões (despacho saneador, sentença e acórdão), surge como um "pressuposto de validade" das mesmas.

Observe, por exemplo, que o art. 101 do CPC italiano[13] estabelece que, se o juiz pretende colocar como fundamento da decisão uma questão reconhecida de ofício, deve ele abrir às partes um prazo de vinte a quarenta dias para apresentar considerações sobre a mesma questão, sob pena de nulidade.

Ao comentar esse dispositivo, a doutrina é bastante enfática ao afirmar que a nulidade da sentença ocorre em qualquer caso em que o órgão judicial tenha decidido a causa com base em questão oficiosa sem antes respeitar a garantia ao contraditório das partes[14].

No que tange ao diploma processual brasileiro, em que pese não sejam expressas as consequências jurídicas de uma decisão-surpresa – o que pode criar um ambiente propício de inobservância e violação pelo juiz às disposições e seus deveres –, pode-se afirmar que a sua nulidade se extrai da própria estrutura processual.

---

13 "Art. 101 – Principio del contraddittorio

I. Il giudice, salvo che la legge disponga altrimenti, non può statuire sopra alcuna domanda, se la parte contro la quale è proposta non è stata regolarmente citata e non è comparsa.

II. Se ritiene di porre a fondamento della decisione una questione rilevata d'ufficio, il giudice riserva la decisione, assegnando alle parti, a pena di nullità, un termine, non inferiore a venti e non superiore a quaranta giorni dalla comunicazione, per il deposito in cancelleria di memorie contenenti osservazioni sulla medesima questione". Disponível em: http://mobile.ilcaso.it/codice_procedura_civile/101. Visto em: 10.12.2018.

14 Como bem destaca o italiano Marco Gradi: "(...) tale disposizione stabilisce infatti, nell'ambito delle disposizioni generali, che la nullità della sentenza si verifica, salvo ovviamente l'operare di eventuali meccanismi de 'sanatoria', in ogni ipotesi in cui l'organo giudicante abbia deciso la causa rilevando d'ufficio una questione senza attivare al riguardo il contraddittorio fra le parti." (GRADI, Marco. Il principio del contraddittorio e la nullità della sentenza della «terza via». Rivista di diritto processuale, Padova, Anno LXV (Senconda Serie), nº 4, Luglio-Agosto 2010, p. 833).

Como oportunamente explica NERY JUNIOR, a prolação de decisão-surpresa configura verdadeira violação ao direito fundamental do contraditório, sendo, por conseguinte, desnecessária se apresenta previsão infraconstitucional a respeito da sanção da referida ofensa: a nulidade resulta como consequência da atuação do preceito constitucional[15]. Considerando, portanto, que o sistema jurídico brasileiro consagra constitucionalmente a garantia ao contraditório, pode-se afirmar que o descumprimento pelo juiz do seu dever de consultar as partes (não mais oportuno ou discricionário, mas obrigatório) resulta na nulidade da decisão viciada.

Sobre tal conclusão não subsiste quaisquer divergências, sobretudo porque a interpretação do direito processual civil deve ser feita com os olhos voltados para a Constituição, que passou a ser o ponto de partida para qualquer reflexão sobre o direito processual.

Com efeito, toda vez que ele decidir com base em matéria fática ou jurídica que não tenha sido previamente oportunizada a manifestação das partes, salvo algumas exceções[16], haverá violação ao art. 10 do Código de Processo Civil e, reflexamente, ao princípio constitucional do contraditório.

Essa inobservância pelo juiz do seu dever de consulta gera a nulidade da decisão, pois, sendo o contraditório uma garantia de participação com influência, as decisões judiciais contrárias a alguma das partes só são legítimas se produzidas com respeito a um contraditório prévio, efetivo e dinâmico[17].

É pacífica também na jurisprudência a noção de que a sanção pela inobservância do art. 10 do CPC é a nulidade da decisão-surpresa, ou decisão de terceira via, na medida em que fere a característica fundamental do novo modelo de processualística pautado na colaboração entre as partes e no diálogo com o julgador[18].

Dessa forma, em que pese a omissão do legislador em regular expressamente a sanção adequada àquela decisão cuja ratio decidendi não fora submetida à discussão

---

15 NERY JUNIOR, Nelson. Princípios do processo na Constituição Federal: processo civil, penal e administrativo. 9ª edição, São Paulo: Revista dos Tribunais, 2009, pp. 229/230.

16 Araken de Assis anuncia que existem três situações em que, sem a participação prévia de uma das partes, o juiz toma certa resolução, franqueando-se a discussão para oportunidade ulterior. Em primeiro lugar, em situações de relevantes razões de urgência, secundadas pelo receio de que o contraditório sacrifique o direito do autor (art. 9, parágrafo único, I, do CPC), ou razões de evidência (art. 9, parágrafo único, II, c/c art. 311, II e III, do CPC), postergam o contraditório. Outra hipótese se prende à função instrumental do processo. A realização do direito já reconhecido da parte, após o amplo debate, por sua natureza limita o contraditório. E, por último, a lei atenua o contraditório nos casos em que a ausência beneficiará diretamente a parte que, em tese, colheria benefícios do debate. (ASSIS, Araken de. *Processo Civil Brasileiro, vol. II*, 2ª ed. São Paulo: Revista dos Tribunais, 2016, pp. 423/424).

17 CÂMARA, Alexandre Freitas. O novo processo civil brasileiro. 3ª ed., São Paulo: Atlas, 2017, p. 12.

18 Superior Tribunal de Justiça, *REsp nº 1.676.027/PR*, Ministro Relator Herman Benjamin, 2ª Turma, julgado em 26.09.2017. Disponível em www.stj.jus.br.

prévia das partes, certo é que esta atitude ilícita produz uma nulidade, por violar a garantia constitucional do contraditório. Isto é, em princípio, quando o magistrado não atua no sentido de advertir as partes acerca de questão de fato ou de direito que se apresenta como fundamento da decisão, esta decisão resta viciada e, por conseguinte, merece ser invalidada.

Registre-se, ainda, que no direito brasileiro prevalece o entendimento de que, em razão do interesse público envolvido, impositiva é a decretação da nulidade absoluta da decisão-surpresa[19], ou seja, não está sujeita a preclusão e, portanto, é cognoscível ex officio.

É claro que se constatar que as partes, embora não tenham invocado expressamente determinada questão de direito, nem referido o preceito legal aplicável, implicitamente a tiveram em conta, não há que se falar de invalidade; logo, a nulidade ocorre apenas naquelas situações em que efetivamente privaram-se as partes do direito de se defenderem sobre os elementos de fato e de direito relevantes para a decisão.

Da mesma forma, deve-se ter sempre em mente a máxima processual: sem prejuízo, não há nulidade. Ou seja, a decretação de nulidade da decisão-surpresa somente tem lugar em casos em que a inobservância do direito do contraditório de fato gerou um prejuízo à parte cujo direito foi violado (do francês, pas de nullité sans grief).

4. Consequência jurídica da decisão-surpresa no processo arbitral

Quando a questão passa para o campo da arbitragem, a conclusão não se apresenta tão simples. Isso porque, não há, em primeira ordem, uma lei predeterminada que deve ser seguida no curso de toda e qualquer arbitragem. Muito pelo contrário, o que acontece normalmente é que as partes, quando da celebração do pacto de arbitragem, elegem uma legislação a ser aplicada ao caso. Independente de qual seja a legislação aplicável – brasileira, americana, inglesa, francesa, etc. –, os árbitros ficam necessariamente vinculados a ela, devendo o caso ser julgado à luz das regras escolhidas pelas partes.

Caso a legislação eleita seja a brasileira, fácil será a resposta: aplicar-se-á a arbitragem o que foi dito linhas acima, de modo que seu dever de consulta cumulada com prejuízo a alguma das partes pela inobservância do contraditório acarretaria a nulidade da decisão.

Como elucida José Antônio Fichtner, porém, "as partes normalmente elegem a legislação material para regrar a arbitragem, a instituição que administrará e a sede da arbitragem, omitindo-se em relação ao direito processual aplicável, bem como a res-

19 Tribunal de Justiça do Estado de Minas Gerais, *Apelação nº 1.0556.14.001156-1/001*, Desembargador Relator Arnaldo Maciel, 18ª Câmara Cível, julgado em 25.07.2017. Disponível em www5.tjmg.jus.br.

peito do procedimento a ser seguido na arbitragem"[20]. A estipulação do procedimento aplicado, então, na grande maioria dos casos, fica a cargo do árbitro ou obedecem às regras da câmara arbitral elegida[21] (art. 21, § 1º, da Lei nº 9.307/96).

Independente de qual seja o procedimento adotado, a primeira questão que devem as partes se atentarem quando se trata de decisão-surpresa na arbitragem é se a legislação por elas eleita veda ou não esse tipo de decisão. Conhecer e aplicar o direito escolhido é um dever, uma obrigação, do árbitro, de modo que se legislação eleita veda a prolação de decisão sem a oitiva prévia das partes, não pode ele proceder de forma contrária. Não por outro motivo, os ordenamentos jurídicos em geral admitem a anulação da sentença arbitral que desrespeita a convenção de arbitragem, de modo que eventual inobservância do direito escolhido, consubstanciada na prolação de decisão-supressa, pode acarretar a anulação da decisão[22].

Mas a questão não se encerra na escolha da lei aplicável. Isso porque, na lição de José Eduardo Carreira Alvim, "a sentença arbitral, como ato consubstanciado a prestação jurisdicional, é um ato formal, pelo que, para ser válida e eficaz, deve observar determinados requisitos: relatório, fundamentos e dispositivo (art. 26, LA). Além desses requisitos formais, não pode a sentença incidir numa das hipóteses referidas no art. 32 da Lei de Arbitragem, porque, senão, será igualmente inválida e ineficaz"[23]. E dentre as hipóteses as disposições do art. 32, por seu turno, está previsto que são anuláveis as sentenças arbitrais que violam os princípios do contraditório (art. 32, VIII, da Lei de Arbitragem).

Assim, como explica Antônio Pinto Leito, "o árbitro deve ter presente que o princípio do contraditório, se não respeitado, tem o poder de destruir as sentenças arbitrais, estando consagrado nas ordens jurídicas nacionais como princípio de ordem pública internacional dos Estados"[24].

E como visto anteriormente, a proibição da decisão-surpresa nada mais é que uma repercussão da moderna concepção da garantia do contraditório, marcado pela participação ativa dos sujeitos no processo, em conjunto com a figura do julgador, seja ele juiz ou árbitro. Com efeito, a prolação de decisão-surpresa configura verdadeira violação ao direito fundamental do contraditório[25]. Considerando, portanto, que a Lei

---

20 FICHTNER, José Antonio. A atualidade do princípio *iura novit curia* no CPC e na Arbitragem. *Revista de Arbitragem e Mediação*, São Paulo, vol. 53/2017, p. 249-262, abr./jun. 2017.

21 SODRE, Antonio. *Curso de Direito Arbitral*. Leme: Editora J. H. Mizuno, 2008, p. 29.

22 FICHTNER, José Antonio. A atualidade do princípio *iura novit curia* no CPC e na Arbitragem. *Revista de Arbitragem e Mediação*, São Paulo, vol. 53/2017, p. 249-262, abr./jun. 2017.

23 ALVIM, José Eduardo Carreira. *Tratado Geral de Arbitragem*. Belo Horizonte: Editora Mandamento, 2000, p. 471.

24 LEITE, António Pinto. *Jura novit curia* e a arbitragem internacional. *Revista de Arbitragem e Mediação*, São Paulo, vol. 35/2012, p. 169-186, out./dez. 2012.

25 NERY JUNIOR, Nelson. Princípios do processo na Constituição Federal: processo civil, penal e administrativo. 9ª edição, São Paulo: Revista dos Tribunais, 2009, pp. 229/230.

de Arbitragem determina observância da garantia ao contraditório, pode-se afirmar que o descumprimento pelo árbitro do seu dever de consultar as partes (não mais oportuno ou discricionário, mas obrigatório) resulta na nulidade da decisão viciada.

De acordo como Paulo Cesar Pinheiro Carneiro, "este entendimento é derivado dos cânones do Estado Democrático de Direito, que deve proporcionar a maior e mais ampla participação dos jurisdicionados nas esferas decisórias"[26]. Por mais que o art. 10 do CPC não seja diretamente aplicável à arbitragem, suas disposições servem para parametrizar a observância ou não do contraditório, sendo esse artigo apenas a consolidação de algumas nuances do art. 5º, LV, da CRFB frente ao ordenamento pátrio.

Tanto assim é que, mesmo antes da vigência do CPC/15, Carlos Alberto Carmona já chamava a atenção para "o fato de que o princípio audiatur altera pars comporta a necessidade da atribuição às partes de um prazo suficiente para apresentação das próprias razões no curso do processo; lembram que os árbitros não podem amparar sua decisão em fatos e circunstâncias que tenha tido conhecimento pessoal for do processo arbitral, ressaltando ainda que a apresentação de um argumento novo deve levar à reabertura do debate, com vista à parte contrária"[27].

É possível afirmar, desse modo, que independente da legislação aplicável, o princípio do contraditório, em toda sua amplitude, deve ser observado pelo árbitro, até mesmo quando se tratar de questão que ele possa se manifestar de forma oficiosa. A arbitragem não fica de fora da tendência atual, de que o julgador – árbitro ou juiz – deva dialogar com as partes, permitindo, assim, que elas influenciem no resultado final da demanda[28].

É recomendável e desejável, portanto, que, caso as partes não suscitem algum fundamento que o tribunal arbitral considere relevante para resolução do caso, o árbitro conceda as partes prazo para se manifestarem sobre ele. Ao suscitar um debate, não está o árbitro assumindo uma posição, violando os princípios da imparcialidade e da iniciativa das partes. Muito pelo contrário, estará ele confirmando sua imparcialidade, pois, ao franquear o debate, o árbitro demonstrando sua transparência e isenção quanto à matéria[29], permitindo que ambas as partes possam expor seu ponto de vista, para que, então, ele forme seu convencimento.

---

26 CARNEIRO, Paulo Cesar Pinheiro. Livro I, Título Único, Capítulo I: das normas fundamentais do Processo Civil. In: WAMBIER, Teresa Arruda Alvim; DIDIER JR., Fredie; TALAMINI, Eduardo; DANTAS, Bruno (coord.). *Breves Comentários ao Novo Código de Processo Civil*, 2ª tiragem. São Paulo: Editora Revista dos Tribunais, 2016, p. 81.

27 CARMONA, Carlos Alberto. *Arbitragem e Processo: um comentário à lei nº 9.307/96*, 3ª ed. São Paulo: Editora Atlas, 2009, p. 410.

28 FICHTNER, José Antonio; MANNHEIMER, Sérgio Nelson; MONTEIRO, André Luiz. *Teoria Geral da Arbitragem*. Rio de Janeiro: Editora Forense, 2018, p. 166.

29 MAZZOLA, Marcelo. *Tutela Jurisdicional Colaborativa*. Curitiba: Editora CRB, 2017, pp. 137/138.

Pode ser dizer, deste modo, que a sentença arbitral que se funda em argumento sob o qual as partes não exerceram prévio contraditório é passível de anulação, com fundamento no art. 32, VIII, da Lei de Arbitragem[30].

Há quem defenda, porém, que no caso da arbitragem as consequências seriam desproporcionais frente aos demais casos de decisão-surpresa, pois, como explica Fabiane Verçosa, "se o poder judiciário defere o pedido de anulação formulado com base na violação ao princípio do contraditório operada na sentença arbitral (art. 32, VIII, da Lei de Arbitragem) o que se anula é, via de regra, a arbitragem inteira, i.e., todos os atos que antecederam a sentença arbitral – e não apenas a sentença arbitral especificamente"[31].

Contudo, violar o direito da parte ao contraditório é circunstância gravíssima que justifica a anulação da sentença. Tanto assim é que mesmo não são muitas as hipóteses de nulidade da sentença arbitral, está previsto no art. 32 da Lei de Arbitragem que a violação ao princípio do contraditório é uma delas. Quando se trata de uma decisão-surpresa, ademais, não se está falando de mera postergação do contraditório, mas sim a estripação dele que culminou com uma sentença da qual as partes não puderam participar e influir ativamente.

Nunca é demais lembrar, por fim, que quando se fala em decretação de nulidade em virtude de uma decisão-surpresa, deve se levar em consideração se, de fato, ela gerou um prejuízo à parte cujo direito foi violado. Assim como acontece no processo judicial: sem prejuízo, não há nulidade.

5. Conclusões

De todo o exposto acima, é possível concluir que uma decisão-surpresa, em breves palavras, é aquela que se pronuncia sobre questão sobre a qual as partes não tiveram a oportunidade de se manifestar.

Atualmente a prolação de decisão-surpresa se encontra estampada no art. 10 do CPC, sendo esse reflexo do conceito moderno de cooperação e, principalmente, do contraditório. Com efeito, o julgador – juiz ou arbitro – tem o dever de consultar as partes antes de conhecer de matéria de fato ou de direito sobre a qual aquelas não tenham tido a oportunidade de se pronunciarem, sob pena de constituir uma decisão-surpresa.

30 BARROS, Vera Cecília Monteiro de. Anulação de sentença arbitral: vinculação de parte não signatária à cláusula compromissória e aplicação do princípio *iura novit curia* à arbitragem comentários à sentença 583.00.2010.214068-4 da 8.ª Vara Cível do Foro Central da Comarca de São Paulo. *Revista de Arbitragem e Mediação*, São Paulo, vol. 32/2012, p. 309-328, jan./mar. 2012.

31 VERÇOSA, Fabiane. *Da mihi factum, dabo tibi ius: arbitragem, contraditório e iura novit curia*. *Revista de Processo*, São Paulo, vol. 249/2015, p. 471-499, nov. 2015.

Caso não se consulte as partes, uma decisão-surpresa deve ser declarada nula, por se tratar de ato processual que viola o direito constitucional do contraditório.

No direito brasileiro prevalece o entendimento de que, em razão do interesse público envolvido, impositiva é a decretação da nulidade absoluta da decisão-surpresa, o que permite concluir que a mesma não está sujeita a preclusão e, portanto, é cognoscível ex officio.

Mesmo em se tratando de processo arbitral, deve-se observar o dever o dever de consulta às partes. Isso porque, de acordo com o art. 32, VII, da Lei de Arbitragem, uma das causas de nulidade da sentença arbitral é a não observância ao princípio do contraditório.

Em que pese o art. 10 do CPC não seja aplicado, necessariamente, ao procedimento arbitral, ainda, assim, deve o arbitro conferir prazo para as partes se manifestarem quanto à fundamentos não antes debatidos. Isso porque, o art. 10 do CPC introduz no ordenamento pátrio mais um parâmetro à verificação da observância ao princípio do contraditório.

Não se trata de uma regra nova, apenas a consolidação de mais uma nuance deste importante princípio constitucional. O legislador apenas deixou expresso para o sistema que, diante da nova concepção do contraditório-participativo, a não oitiva das partes configura violação ao art. 5º, LV, da CRFB.

Por fim, sempre importa registrar que não é qualquer a inobservância do direito do contraditório apta a configurar a nulidade da decisão, seja judicial ou arbitral. Em virtude dos impactos causados pelo reconhecimento da nulidade de uma decisão, para sua decretação faz-se imperiosa, de acordo com a doutrina e jurisprudência, a existência de prejuízo à parte cujo direito foi violado. Caso contrário: pas de nullité sans grief (não há nulidade sem prejuízo).

Referências bibliográficas

ALVIM, José Eduardo Carreira. Tratado Geral de Arbitragem. Belo Horizonte: Editora Mandamento, 2000.

ANDOLINA, Italo; VIGNERA, Giuseppe. Il modelo costituzionale de processo civile italiano. Torino: G. Giappichelli, 1990.

ASSIS, Araken de. Processo Civil Brasileiro, vol. II, 2ª ed. São Paulo: Revista dos Tribunais, 2016.

BARROS, Vera Cecília Monteiro de. Anulação de sentença arbitral: vinculação de parte não signatária à cláusula compromissória e aplicação do princípio iura novit curia à arbitragem comentários à sentença 583.00.2010.214068-4 da 8.ª Vara Cível do Foro Central da Comarca de São Paulo. Revista de Arbitragem e Mediação, São Paulo, vol. 32/2012, p. 309-328, jan./mar. 2012.

CÂMARA, Alexandre Freitas. O novo processo civil brasileiro. 3ª ed., São Paulo: Atlas, 2017.

CARMONA, Carlos Alberto. Arbitragem e Processo: um comentário à lei nº 9.307/96, 3ª ed. São Paulo: Editora Atlas, 2009.

CARNEIRO, Paulo Cesar Pinheiro. Livro I, Título Único, Capítulo I: das normas fundamentais do Processo Civil. In: WAMBIER, Teresa Arruda Alvim; DIDIER JR., Fredie; TALAMINI, Eduardo; DANTAS, Bruno (coord.). Breves Comentários ao Novo Código de Processo Civil, 2ª tiragem. São Paulo: Editora Revista dos Tribunais, 2016.

CUNHA, Leonardo Carneiro da. Comentários ao código de processo civil / organizadores Lenio Luiz Streck, Dierle Nunes, Leonardo Carneiro da Cunha; coordenador executivo Alexandre Freire. São Paulo: Saraiva, 2016, pp. 42/43.

DIDIER Jr., Fredie. Comentários ao Novo Código de Processo Civil / coordenação Antonio do Passo Cabral e Ronaldo Cramer. 1ª edição, Rio de Janeiro: Forense, 2015.

FICHTNER, José Antonio. A atualidade do princípio iura novit curia no CPC e na Arbitragem. Revista de Arbitragem e Mediação, São Paulo, vol. 53/2017, p. 249-262, abr./jun. 2017.

FICHTNER, José Antonio. A atualidade do princípio iura novit curia no CPC e na Arbitragem. Revista de Arbitragem e Mediação, São Paulo, vol. 53/2017, p. 249-262, abr./jun. 2017.

FICHTNER, José Antonio; MANNHEIMER, Sérgio Nelson; MONTEIRO, André Luiz. Teoria Geral da Arbitragem. Rio de Janeiro: Editora Forense, 2018.

GRADI, Marco. Il principio del contraddittorio e la nullità della sentenza della «terza via». Rivista di diritto processuale, Padova, Anno LXV (Senconda Serie), n.º 4, Luglio-Agosto 2010.

GRECO, Leonardo Greco. O Princípio do contraditório. In: Estudos de direito processual. Campos dos Goytacazes: Faculdade de Direito de Campos, 2005.

LEITE, António Pinto. Jura novit curia e a arbitragem internacional. Revista de Arbitragem e Mediação, São Paulo, vol. 35/2012, p. 169-186, out./dez. 2012.

LUCON, Paulo Henrique dos Santos. Segurança jurídica no Código de Processo Civil de 2015. In: Processo em Jornadas, XI Jornadas Brasileiras de Direito Processual e XXV Jornadas Ibero-Americanas de Direito Processual / coordenação Paulo Henrique dos Santos Lucon, Ricardo de Carvalo Aprigliano e outros. Bahia: JusPodivm, 2016.

MAZZOLA, Marcelo. Tutela Jurisdicional Colaborativa. Curitiba: Editora CRB, 2017.

MEDINA, José Miguel Garcia. Novo Código de Processo Civil Comentado. 3ª ed. São Paulo: Revistas dos Tribunais, 2015.

NERY JUNIOR, Nelson. Princípios do processo na Constituição Federal: processo civil, penal e administrativo. 9ª edição, São Paulo: Revista dos Tribunais, 2009.

RODRIGUES, Marco Antonio dos Santos. Modificação do pedido e da causa de pedir no processo civil. Rio de Janeiro: Editora GZ, 2014.

SODRE, Antonio. Curso de Direito Arbitral. Leme: Editora J. H. Mizuno, 2008.

SOUZA, André Pagani. Vedação das decisões-surpresa no processo civil. São Paulo: Saraiva, 2014.

TROCKER, Nicòlo. Processo Civile e Costituzione: problemi di diritto tedesco e italiano. Milano: Giuffrè, 1974.

VERÇOSA, Fabiane. Da mihi factum, dabo tibi ius: arbitragem, contraditório e iura novit curia. Revista de Processo, São Paulo, vol. 249/2015, p. 471-499, nov. 2015.

Intervenção do Poder Judiciário nas Decisões e nos Contratos Arbitrais no Brasil e nos Estados Unidos da América

Everton Ferreira Jordão

SUMÁRIO: 1. Introdução. **2.** A arbitragem como método alternativo[1] de solução de conflitos. **3.** A convenção de arbitragem no Brasil. **3.1.** A cláusula compromissória. **3.2.** O compromisso arbitral. **4.** O contrato de arbitragem nos Estados Unidos da América. **5.** Do procedimento de arbitragem. **5.1.** O Procedimento de arbitragem no Brasil. **5.2.** O Procedimento de arbitragem nos Estados Unidos da América. **6.** Das previsões de lege lata de concessão de medida cautelar ou de urgência pelo Poder Judiciário Brasileiro, antes de instituída a arbitragem. **7.** Das previsões de lege lata de concessão de medida cautelar ou de urgência pelo Poder Judiciário dos Estados Unidos da América. **8.** Das previsões de lege lata de declaração de nulidade das sentenças arbitrais pelo do Poder Judiciário Brasileiro. **9.** Da previsão de lege lata de declaração de nulidade das sentenças arbitrais pelo do Poder Judiciário dos Estados Unidos da América. **10.** Da vedação da utilização compulsória da arbitragem. Código de Defesa do Consumidor. Lei nº 8.078/1990. **11.** Decisões proferidas pelo poder judiciário brasileiro sobre arbitragem, pacto arbitral e cláusulas de arbitragem. **11.1.** O caso do Museu Guggenheim. **11.2.** Declaração de nulidade de convenção de arbitragem por vício formal na elaboração do termo de compromisso arbitral. **11.3.** Declaração de nulidade de sentença arbitral por inexistência de cláusula compromissória ou compromisso arbitral. **11.4.** Reconhecimento de competência do Poder Judiciário para medidas cautelares. **11.5.** Análise geral das decisões proferidas pelo Tribunal de Justiça do Estado do Rio de Janeiro sob arbitragem. **11.6.** Decisões do Superior Tribunal de Justiça sobre Arbitragem. **11.7.** Decisões do Supremo Tribunal Federal versando sobre arbitragem. **12.** Decisões proferidas pelo Poder Judiciário Americano sobre arbitragem, pacto arbitral e cláusulas de arbitragem. **12.1.** Becker Autoradio U.S.A. Inc. versus Becker Autoradiowerk Gmbh, Max Egon Becker, Becker Electronics Inc., Lothar Amanda, Roland Becker e Mercedes-Benz of North America, Inc. (United States Court of Appeals, Third Circuit. 585 F.2d 39, Nos. 77-2566, 77-2567. Argued June 7, 1978. Decided July 17, 1978.). **12.2.** NITRO-LIFT TECHNOLOGIES, L. L. C. versus Eddie Lee Howard e outros (Supreme Court of the United States. No. 11-1377. On Petition for Writ of Certiorari to the Supreme Court of Oklahoma. Decided November 26, 2012). **13.** Conclusão. **14.** Referências bibliográficas.

---

1 Não se desconhece a crítica realizada ao termo alternativo, preferindo, boa parte da doutrina, a utilização do termo adequado, em decorrência da Teoria da Justiça Multiportas. Discordamos, isso porque o oposto de adequado é inadequado, e o método que é oposto aos institutos da arbitragem, da conciliação e da mediação, entre outros métodos alternativos, é a solução do conflito pelo Poder Judiciário, através do processo judicial, logo, se estaria gravando este meio de solução com a pecha de inadequado, com o que não concordamos. Reconhecer que há uma alternativa mais célere, mais barata ou até mais efetiva, não torna a outra opção inadequada, imprópria. Noutra senda, não se pode perder de vista que o termo foi traduzido do inglês *Alternative Dispute Resolution.* Ainda que seja recomendável que haja a natural adaptação à realidade brasileira ao introduzir qualquer instituto em nosso ordenamento jurídico, continuar tratando-o como alternativo não importa em nenhuma consequência negativa.

1. Introdução

Os Estados Unidos da América são historicamente importantes parceiros comerciais do Brasil. No ano de 2016 o país teve participação de 14,55% no comércio exterior brasileiro, sendo o segundo nas exportações brasileiras (atrás da China, país para o qual exportamos US$37.4 milhões) e o primeiro nas importações. O Brasil exportou US$23.156 milhões para os Estados Unidos da América e importou do país US$23.803 milhões, um déficit de US$647 milhões na balança comercial em desfavor do Brasil.

Embora o intercâmbio comercial tenha decrescido 20,5% desde 2012, diminuindo de US$59,06 bilhões para US$46,96 bilhões, os Estados Unidos da América continuam sendo um dos mais importantes países no comércio exterior brasileiro.[2]

Os resultados da balança comercial Brasil-Estados Unidos da América, portanto, justificam a importância deste artigo, que visa, em breves linhas, analisar a intervenção do Poder Judiciário nas decisões dos tribunais de arbitragem e nos contratos arbitrais, no Brasil e nos Estados Unidos da América.

A arbitragem tem como escopo dirimir litígios relativos a direitos patrimoniais disponíveis, podendo valer-se do instituto também a administração pública direta e indireta (art. 1º, § 1º da Lei nº 9.307/96).

Na Constituição da República Federativa do Brasil, de 1988, o instituto é previsto no art. 114, §1º, que prevê a possibilidade das partes elegerem árbitros para o julgamento das demandas trabalhistas coletivas, uma vez frustrada a negociação.

Antes da promulgação da Constituição da República, o Brasil aderiu ao Protocolo de Genebra, relativo à cláusula de arbitragem, firmado em 24 de setembro de 1923, introduzido no ordenamento jurídico pátrio por meio do Decreto Presidencial nº 21.187, de 22 de março de 1932.

Em 1996, adveio a Lei nº 9.307. A comunidade jurídica recebeu a novidade com grande entusiasmo, pondo fé que o instituto seria capaz de contribuir fortemente para o desassoberbamento do Poder Judiciário, finalizando os litígios de forma mais célere e eficiente. Em 2015 houve ampla modificação na Lei nº 9.307, operada pela Lei nº 13.129.

Em 2002, por meio do Decreto Presidencial nº 4.311, de 23 de julho, o Brasil aderiu à Convenção de Nova Iorque, aprovada pelo Congresso Nacional conforme o Decreto Legislativo nº 52, de 25 de abril de 2002, deixando de vigorar no País o Protocolo de Genebra, por força do art. VII, 2 da Convenção de Nova Iorque, que determina que o Protocolo de Genebra sobre Cláusulas de Arbitragem, de 1923, e a Convenção de Genebra sobre a Execução de Sentenças Arbitrais Estrangeiras, de 1927, deixarão de ter efeito entre os Estados signatários da Convenção de Nova Iorque.

---

2 Dados obtidos no sítio do Ministério das Relações Exteriores em 15/08/2017. Acessado em: <chrome-extension://oemmndcbldboiebfnladdacbdfmadadm/https://investexportbrasil.dpr.gov.br/arquivos/IndicadoresEconomicos/web/pdf/INDEstadosUnidos.pdf>

Nos Estados Unidos da América a arbitragem tem como base normativa o Código de Processo, a Lei Federal de Arbitragem de 1925, a Convenção de Nova Iorque de 1958 e a Convenção do Panamá de 1990.

Oito estados americanos (Califórnia, Connecticut, Flórida, Georgia, Illinois, Lousiana, Oregon e Texas) adotaram o modelo de lei de arbitragem da Comissão das Nações Unidas para o comércio internacional (UNCITRAL – United Nations Commission on International Trade Law) de 1985, cujo escopo é harmonizar o procedimento arbitral entre as nações. O estado da Flórida, inclusive, já adequou-se às emendas no modelo UNCITRAL ocorridas em 2006.

O modelo de lei de arbitragem da Comissão das Nações Unidas foi adotada por um total de 75 países (do total de 106 jurisdições), incluindo Austrália, Canadá, China, Alemanha, Índia, México, Japão, Rússia, Espanha, Estados Unidos da América e Reino Unido[3].

2. A arbitragem como método alternativo[4] de solução de conflitos

A arbitragem, ao lado dos demais mecanismos autocompositivos, como a negociação, a mediação e a conciliação, é um dos principais métodos alternativos (ou adequados) de solução de conflitos.

Nos Estados Unidos da América a arbitragem é considerada como uma das formas do Alternative Dispute Resolution ou ADR.

A arbitragem é o método de solução de conflitos mais assemelhado à jurisdição exercida pelo Poder Judiciário através do processo judicial, posto que exercida sob o palio do contraditório, podendo as partes produzir provas, prestar depoimentos, arrolar testemunhas e determinar a realização de perícias ou outras provas que julgar necessárias, inclusive pericial e apresentarem defesa. A sentença terá força de título executivo judicial (art. 515, VII do Código de Processo Civil e art. 31 da Lei nº 9.307 de 1996), embora proferida por órgão de entidade privada, o juiz arbitral ou o tribunal arbitral. Assim, a diferença entre a arbitragem e o processo judicial repousa principalmente na figura do juiz, que é particular, escolhido pelas partes em comum acordo, no caso da arbitragem, devendo ser observado o princípio do Juiz Natural no processo judicial, não havendo possibilidade neste caso de escolha do árbitro pelas partes.

A arbitragem tem como uma de suas principais vantagens a questão de ser célere, comparada à jurisdição prestada pelo Poder Judiciário, além de poder ser escolhido árbitro especialista, com grande conhecimento sobre a matéria objeto do litígio que se busca a composição.

3 Informações obtidas em: <http://www.uncitral.org/uncitral/en/uncitral_texts/arbitration/1985Model_arbitration_status.html> acessado em 15/08/2017.

4 Vide nota 205 supra.

Como principal desvantagem da arbitragem ressaltamos o custo alto, superior até mesmo às taxas judiciárias cobradas pelo Poder Judiciário para os julgamentos dos processos judiciais.

3. A convenção de arbitragem no Brasil

A convenção de arbitragem no Brasil é prevista no art. 3º da Lei nº 9.307/1996 que assim prevê: "As partes interessadas podem submeter a solução de seus litígios ao juízo arbitral mediante convenção de arbitragem, assim entendida a cláusula compromissória e o compromisso arbitral".

3.1. A cláusula compromissória

No Brasil o contrato de arbitragem é realizado em duas fases, na primeira é pactuada a cláusula compromissória, que pode ser escrita no próprio contrato comercial, firmado entre as partes para a compra e venda de um bem ou prestação de um serviço, ou pactuada em separado, fazendo menção ao negócio jurídico. Na segunda fase é realizado o compromisso arbitral, onde é pactuada a escolha do árbitro ou do tribunal arbitral, os meios de provas, entre outras regras. A Lei nº 9.307/1996 regulamenta a cláusula compromissória e o contrato arbitral, como passaremos a expor.

As partes interessadas podem submeter a solução de seus litígios ao juízo arbitral mediante convenção de arbitragem, assim entendida a cláusula compromissória e o compromisso arbitral.

A cláusula compromissória é a convenção através da qual as partes em um contrato comprometem-se a submeter à arbitragem os litígios que possam vir a surgir, relativamente a tal contrato. Deve ser estipulada por escrito, podendo estar inserta no próprio contrato ou em documento apartado que a ele se refira. Nos contratos de adesão a cláusula compromissória só terá eficácia se o aderente tomar a iniciativa de instituir a arbitragem ou concordar expressamente com a sua instituição, desde que por escrito em documento anexo ou em negrito, com a assinatura ou visto especialmente para essa cláusula. Esse procedimento visa garantir o direito da parte hipossuficiente, evitando o abuso pela parte mais forte.

Aplicando esses dispositivos legais, o Superior Tribunal de Justiça proferiu julgamento registrando que os contratos de adesão, mesmo aqueles que não apresentam relação de consumo, devem observar o que prescreve o art. 4º, § 2º, da Lei 9.307/96, que dispõe que a cláusula compromissória só terá eficácia se o aderente tomar a iniciativa de instituir a arbitragem ou concordar, expressamente, com a sua instituição, desde que por escrito em documento anexo ou em negrito, com a assinatura ou visto especialmente para essa cláusula. (AgInt no AgInt no AREsp 1029480/SP, Rel. Ministro RAUL ARAÚJO, QUARTA TURMA, julgado em 06/06/2017, DJe 20/06/2017).

O art. 8º da Lei nº 9.307/1996 determina que a cláusula compromissória é autônoma em relação ao contrato em que estiver inserta, de tal sorte que a nulidade deste não implica, necessariamente, a nulidade da cláusula compromissória. Outrossim, mesmo que não se trate de contrato de adesão, uma vez declarada a nulidade do contrato em razão de incapacidade de qualquer das partes, ou por vício de vontade, a cláusula compromissória igualmente será nula, como defende o Professor Gustavo Tepedino. [5] A Professora Carmen Tiburcio também contribui para o melhor entendimento do dispositivo, citando exemplo em que é declarada a invalidade do contrato (por razão diferente de incapacidade da parte ou de vício de vontade), mas que continua válida a cláusula compromissória.[6]

Reportando-se as partes, na cláusula compromissória, às regras de algum órgão arbitral institucional ou entidade especializada, a arbitragem será instituída e processada de acordo com tais regras, podendo, igualmente, as partes estabelecerem na própria cláusula, ou em outro documento, a forma convencionada para a instituição da arbitragem. Não havendo acordo prévio sobre a forma de instituir a arbitragem, a parte interessada manifestará à outra parte sua intenção de dar início à arbitragem, por via postal ou por outro meio qualquer de comunicação, mediante comprovação de recebimento, convocando-a para, em dia, hora e local certos, firmar o compromisso arbitral. Não comparecendo a parte convocada ou, comparecendo, recusar-se a firmar o compromisso arbitral, poderá a outra parte propor a demanda perante o órgão do Poder Judiciário a que, originariamente, tocaria o julgamento da causa.

5 "Nos termos do art. 8º da Lei de Arbitragem, a nulidade do contrato alcança a cláusula arbitral quando os vícios se referem à capacidade das partes ou à formação da vontade necessária ao negócio como um todo. Tal orientação foi confirmada pela Convenção de Nova York que, em seu art. II, item 3, confere expressamente à jurisdição estatal competência para avaliar a existência, validade e eficiência de cláusulas compromissórias.

Não se pode suprimir do Poder Judiciário o exame de cláusula compromissória inexistente, inválida ou ineficaz, já que expressão do controle necessário à renúncia do direito fundamental de acesso à justiça, consagrado no art. 5º, inciso XXXV, da Constituição brasileira".

TEPEDINO. Gustavo. Cláusula Compromissória e seu Controle pela Jurisdição Estatal. Controvérsias em torno de Acordos de Acionistas Celebrados em Conflito de Interesses. Revista de Direito da Associação dos Procuradores do Novo Estado do Rio de Janeiro, v. XVIII, Rio de Janeiro: Lumen Juris, 2006, pp. 276-277.

6 "De forma geral, como se sabe, a validade de qualquer negócio jurídico requer: agentes capazes, objeto lícito e forma prescrita ou não proibida em lei, além da vontade livremente manifestada, requisitos que serão examinados em relação aos dois negócios. Assim, se para determinada espécie de contrato – como acontece, *e.g.,* para a compra e venda de bens imóveis situados no Brasil – é exigida forma essência e esta não é observada, o contrato principal será inválido; já a cláusula compromissória eventualmente pactuada, porém, para a qual não se exige forma específica, permanece perfeitamente válida, sendo o árbitro competente para apreciar as questões relativas à invalidade do contrato".

TIBURCIO, Carmen. Extensão e limites da jurisdição brasileira: competência internacional e imunidade de jurisdição. Salvador: Juspodivm, 2016, p. 182.

Existindo cláusula compromissória e havendo resistência quanto à instituição da arbitragem, poderá a parte interessada requerer a citação da outra parte para comparecer em juízo a fim de lavrar-se o compromisso, designando o juiz audiência especial para tal fim. Isto não importará no julgamento da lide principal, o objeto do contrato, mas apenas quanto à submissão da parte recalcitrante ao julgamento em processo de arbitragem.[7]

3.2. O compromisso arbitral

O compromisso arbitral é a convenção através da qual as partes submetem um litígio à arbitragem de uma ou mais pessoas, podendo ser judicial ou extrajudicial.

O compromisso arbitral judicial celebrar-se-á por termo nos autos, perante o juízo ou tribunal, onde tem curso a demanda. Destarte, o compromisso arbitral judicial é o pacto pelo qual as partes, em um processo judicial, resolvem redirecioná-lo ao juiz arbitral ou ao tribunal arbitral, para julgamento.

O compromisso arbitral extrajudicial será celebrado por escrito particular, assinado por duas testemunhas, ou por instrumento público.

Constará, obrigatoriamente, do compromisso arbitral: I – o nome, profissão, estado civil e domicílio das partes; II – o nome, profissão e domicílio do árbitro, ou dos árbitros, ou, se for o caso, a identificação da entidade à qual as partes delegaram a indicação de árbitros; III – a matéria que será objeto da arbitragem; e IV – o lugar em que será proferida a sentença arbitral.

Poderá, ainda, o compromisso arbitral conter: I – local, ou locais, onde se desenvolverá a arbitragem; II – a autorização para que o árbitro ou os árbitros julguem por equidade, se assim for convencionado pelas partes; III – o prazo para apresentação da sentença arbitral; IV – a indicação da lei nacional ou das regras corporativas aplicáveis à arbitragem, quando assim convencionarem as partes; V – a declaração da respon-

7 "Vê-se aqui, disposição que, na verdade, significa apenas a existência de situação específica de aplicação de uma norma geral: aquela segundo a qual a todo direito corresponde um mecanismo processual capaz de assegurá-lo, e que nada mais é do que a cláusula geral garantidora da tutela jurisdicional adequada. Dito de outro modo: ao ser celebrada a cláusula compromissória, as partes assumiram, uma perante a outra, uma obrigação de fazer: a obrigação de emitir declaração de vontade (ou, mais especificamente, a obrigação de celebrar o compromisso arbitral). O Descumprimento, por qualquer das partes, dessa obrigação de fazer, gera para outra parte o direito de obter tutela jurisdicional específica, através de um provimento jurisdicional que lhe assegurara resultado prático equivalente ao do adimplemento. Assim sendo, proposta a demanda a que se refere o art. 7º da Lei de Arbitragem, estará o demandante buscando uma sentença que seja capaz de produzir os mesmos efeitos da declaração de vontade não emitida, substituindo o compromisso arbitral não celebrado."
CÂMARA, Alexandre Freitas. Das Relações entre a Arbitragem e o Poder Judiciário. Revista de Direito da Associação dos Procuradores do Novo Estado do Rio de Janeiro, v. XVIII, Rio de Janeiro: Lumen Juris, 2006, p. 9.

sabilidade pelo pagamento dos honorários e das despesas com a arbitragem; e VI – a fixação dos honorários do árbitro, ou dos árbitros.

Existindo cláusula compromissória e havendo resistência quanto à instituição da arbitragem, poderá a parte interessada requerer a citação da outra para comparecer em juízo a fim de lavrar-se o compromisso, designando o juiz audiência especial para tal fim. Comparecendo as partes à audiência o juiz tentará, previamente, a conciliação acerca do litígio principal. Não obtendo sucesso, tentará o juiz conduzir as partes à celebração, de comum acordo, do compromisso arbitral.

Não concordando as partes sobre os termos do compromisso, decidirá o juiz, após ouvir o réu, sobre seu conteúdo, na própria audiência ou no prazo de dez dias, respeitadas as disposições da cláusula compromissória.

Se a cláusula compromissória nada dispuser sobre a nomeação de árbitros, caberá ao juiz, ouvidas as partes, estatuir a respeito, podendo nomear árbitro único para a solução do litígio. A sentença que julgar procedente o pedido valerá como compromisso arbitral.

4. O contrato de arbitragem nos Estados Unidos da América

A Convenções do Panamá e de Nova Iorque, às quais os Estados Unidos da América aderiram, têm maior importância no que diz respeito à execução de sentenças arbitrais (principalmente às proferidas por tribunal arbitral estrangeiro), à desnecessidade de homologação judicial e à obrigatoriedade de cumprimento das convenções de arbitragem e das cláusulas compromissórias. No que é pertinente ao procedimento arbitral em si, a norma principal é a FAA – Federal Arbitration Act, que inclusive serve de modelo ao qual os estados, que nos Estados Unidos da América têm competência para legislar sobre matéria processual, devem observar, não podendo aprovar nenhuma norma incompatível em suas legislações. Trata-se da aplicação do Princípio da Hierarquia das Normas.

O §2, do Título 9, da Federal Arbitration Act prevê que a disposição escrita em qualquer transação marítima ou instrumento contratual comprovando que a controvérsia decorrente dessa transação ou contrato será submetida à arbitragem, ou a recusa ao cumprimento, total ou de qualquer parte da transação ou do contrato, ou o acordo posterior, escrito, para submeter à arbitragem a controvérsia existente oriunda de transação marítima ou de contrato comercial, será válida, irrevogável e exigível, salvo por motivos previstos em lei ou nos costumes para a revogação de qualquer contrato.

Destarte, tal qual ocorre no Brasil, a convenção de arbitragem pode ser estipulada por cláusula no contrato comercial ou em contrato específico, antes ou depois de surgida a controvérsia.

O §3, do Título 9, da Federal Arbitration Act determina que qualquer processo ou procedimento proposto em qualquer tribunal dos Estados Unidos da América, pertinente a qualquer matéria objeto de convenção de arbitragem, comprovado por contrato ou acordo escrito, deverá ser suspenso a requerimento de uma das partes, até que a arbitragem seja realizada nos termos previstos no acordo, desde que o requerente da suspensão não esteja em falta em proceder com a referida arbitragem.

No Brasil o caso não seria de suspensão, mas sim de extinção do processo sem resolução de mérito, conforme art. 485, VII do Código de Processo Civil Pátrio.

5. Dos procedimentos de arbitragem

Embora tanto nos Estados Unidos da América, quanto no Brasil, os procedimentos de arbitragem tenham as suas linhas mestras previstas em leis escritas, é permitido aos órgãos de arbitragem estipularem os seus próprios regulamentos de arbitragem, obviamente sem contrariar o estabelecido nas leis, salvo quando estas prevejam expressamente a possibilidade de acordo em sentido contrário ou a sua aplicação (da lei) apenas nos casos de omissão dos contratos e convenções arbitrais.

A lei brasileira é mais completa e prevê um rito desencadeado de atos do procedimento arbitral. A legislação americana, ou melhor, a Federal Arbitration Act é mais enxuta neste sentido e se atém mais a garantir poderes aos árbitros, força executiva às sentenças arbitrais e garantias das partes, embora tenha previsões também quanto a ordens de citação e intimação de testemunhas para audiências. É válido lembrar que a FAA é uma norma geral e que os estados americanos têm competência para legislar sobre matéria processual, podendo, por tanto, legislarem sobre arbitragem, porém observando os preceitos gerais da FAA, como antes mencionado.

5.1. Do procedimento de arbitragem no Brasil

Considera-se instituída a arbitragem no Brasil quando aceita a nomeação pelo árbitro, se for único, ou por todos, se forem vários.

A instituição da arbitragem interrompe a prescrição, retroagindo à data do requerimento de sua instauração, ainda que extinta a arbitragem por ausência de jurisdição.

A arbitragem obedecerá ao procedimento estabelecido pelas partes na convenção de arbitragem, que poderá reportar-se às regras de um órgão arbitral institucional ou entidade especializada, facultando-se, ainda, às partes, delegarem ao próprio árbitro, ou ao tribunal arbitral, regular o procedimento.

Não havendo estipulação acerca do procedimento, caberá ao árbitro ou ao tribunal arbitral discipliná-lo. Serão sempre respeitados no procedimento arbitral os princípios do contraditório, da igualdade das partes, da imparcialidade do árbitro e de seu livre convencimento.

Competirá ao árbitro ou ao tribunal arbitral, no início do procedimento, tentar a conciliação das partes.

Poderá o árbitro ou o tribunal arbitral tomar o depoimento das partes, ouvir testemunhas e determinar a realização de perícias ou outras provas que julgar necessárias, mediante requerimento das partes ou de ofício.

Em caso de desatendimento, sem justa causa, da convocação para prestar depoimento pessoal, o árbitro ou o tribunal arbitral levará em consideração o comportamento da parte faltosa, ao proferir sua sentença; se a ausência for de testemunha, nas mesmas circunstâncias, poderá o árbitro ou o presidente do tribunal arbitral requerer à autoridade judiciária que conduza a testemunha renitente, comprovando a existência da convenção de arbitragem. Se durante o procedimento arbitral um árbitro vier a ser substituído fica a critério do substituto repetir as provas já produzidas.

A revelia da parte não impedirá que seja proferida a sentença arbitral.

A sentença arbitral será proferida no prazo estipulado pelas partes. Nada tendo sido convencionado, o prazo para a apresentação da sentença é de seis meses, contado da instituição da arbitragem ou da substituição do árbitro. A sentença poderá ser parcial. Quando forem vários os árbitros, a decisão será tomada por maioria. Se não houver acordo majoritário, prevalecerá o voto do presidente do tribunal arbitral. O árbitro que divergir da maioria poderá, querendo, declarar seu voto em separado.

São requisitos obrigatórios da sentença arbitral: I – o relatório, que conterá os nomes das partes e um resumo do litígio; II – os fundamentos da decisão, onde serão analisadas as questões de fato e de direito, mencionando-se, expressamente, se os árbitros julgaram por equidade; III – o dispositivo, em que os árbitros resolverão as questões que lhes forem submetidas e estabelecerão o prazo para o cumprimento da decisão, se for o caso; e IV – a data e o lugar em que foi proferida.

A sentença arbitral decidirá sobre a responsabilidade das partes acerca das custas e despesas com a arbitragem, bem como sobre verba decorrente de litigância de má-fé, se for o caso, respeitadas as disposições da convenção de arbitragem, se houver.

Se, no decurso da arbitragem, as partes chegarem a acordo quanto ao litígio, o árbitro ou o tribunal arbitral poderá, a pedido das partes, declarar tal fato mediante sentença arbitral.

No prazo de cinco dias, a contar do recebimento da notificação ou da ciência pessoal da sentença arbitral, salvo se outro prazo for acordado entre as partes, o interessado, mediante comunicação à outra parte, poderá solicitar ao árbitro ou ao tribunal arbitral que: I – corrija qualquer erro material da sentença arbitral; II – esclareça alguma obscuridade, dúvida ou contradição da sentença arbitral, ou se pronuncie sobre ponto omitido a respeito do qual devia manifestar-se a decisão. O árbitro ou o tribunal arbitral decidirá no prazo de dez dias ou no prazo acordado com as partes.

A sentença arbitral produz, entre as partes e seus sucessores, os mesmos efeitos da sentença proferida pelos órgãos do Poder Judiciário e, sendo condenatória, constitui título executivo judicial.

5.2. O procedimento de arbitragem nos Estados Unidos da América

Na Federal Arbitration Act não há previsão discorrendo sobre todo o procedimento de arbitragem como faz a Lei nº 9.307/1996 brasileira, ficando a cargo das entidades de arbitragem a regulamentação dos procedimentos. Porém, o §5, do Título 9, da Federal Arbitration Act, determina que se na convenção de arbitragem houver previsão acerca de método de nomeação ou se eleger o árbitro, o método deverá ser seguido, mas se não houver tal previsão no instrumento ou se as partes não puderem se submeter a tal método, ou se por qualquer outro motivo não ocorrer a nomeação do árbitro, ou se não houver a substituição do árbitro eleito, então, por requerimento de qualquer das partes, o Poder Judiciário deverá designar e apontar o árbitro conforme demandar o caso. O árbitro deverá atuar conforme a convenção de arbitragem, com os mesmos poderes e efeitos se ali houvesse sido especificamente nomeado e, salvo se houver previsão em contrário na convenção de arbitragem, o árbitro deverá ser individual.

6. Das previsões de lege lata de concessão de medida cautelar ou de urgência pelo Poder Judiciário Brasileiro, antes de instituída a arbitragem

A Lei nº 9.307/96 prevê no seu Art. 22-A, incluído pela Lei nº 13.129/2015, que antes de instituída a arbitragem, as partes poderão recorrer ao Poder Judiciário para a concessão de medida cautelar ou de urgência. Outrossim, o parágrafo único do referido dispositivo impõe a instituição da arbitragem no prazo de trinta dias, sob pena de perda da eficácia da medida cautelar ou de urgência. O prazo será contado da data de efetivação da respectiva decisão.

A respeito já se pronunciou o Superior Tribunal de Justiça no julgamento do RESP 1244401/SC, onde constou que: "o ajuizamento de ação cautelar perante a Justiça Estatal não afasta a eficácia da cláusula compromissória arbitral." E ainda que: "A ausência de iniciativa para a instauração do juízo arbitral extingue a cautelar, na forma do art. 808 do Código de Processo Civil de 1973." (Rel. Ministra MARIA ISABEL GALLOTTI, QUARTA TURMA, julgado em 07/02/2017, DJe 16/02/2017)

Conforme o art. 22-B, instituída a arbitragem, caberá aos árbitros manter, modificar ou revogar a medida cautelar ou de urgência, ainda que concedida pelo Poder Judiciário. Estando já instituída a arbitragem, a medida cautelar ou de urgência será requerida diretamente aos árbitros.

7. Das previsões de lege lata de concessão de medida cautelar ou de urgência pelo Poder Judiciário dos Estados Unidos da América

A Federal Arbitration Act americana prevê no §12, do capítulo 1, do título 9, da FAA, que o Poder Judiciário poderá suspender a execução da sentença arbitral caso a parte prejudicada proponha ação judicial requerendo a modificação ou declaração de nulidade da sentença arbitral. Outrossim, diferente do Brasil, não há previsão na FAA para a concessão de medida cautelar ou de urgência antes do início do procedimento arbitral.

8. Das previsões de lege lata de declaração de nulidade das sentenças arbitrais pelo do Poder Judiciário Brasileiro

O art. 33 da Lei nº 9.307/96 assegura à parte interessada pleitear ao órgão do Poder Judiciário a declaração de nulidade da sentença arbitral nos casos previstos no art. 32, que são os seguintes: nulidade da convenção pela qual se pactuou a arbitragem em que foi proferida a sentença (neste caso a sentença é nula por efeito rebote da convenção); sentença proferida por quem não podia ser árbitro; sentença que não contiver os requisitos do art. 26 (relatório com os nomes das partes e o resumo do litígio; fundamentos da decisão; parte dispositiva; prazo para o cumprimento da decisão e; data e lugar em que foi proferida); sentença proferida fora dos limites da convenção de arbitragem; sentença proferida por prevaricação, concussão ou corrupção passiva; sentença proferida fora do prazo previsto no compromisso arbitral (caso em que o árbitro deverá ser intimado após o escoamento e ainda assim não apresentar a sentença nos dez dias seguintes, conforme art. 12, III); e quando forem desrespeitados no procedimento arbitral os princípios do contraditório, da isonomia, da imparcialidade do árbitro e o seu livre convencimento (art. 21, § 2º).

Ilustrando o procedimento acima relatado, no julgamento do agravo de instrumento autuado sob o nº 0031409-67.2015.8.19.0000, em sede de ação anulatória de sentença arbitral em que foi deferida tutela antecipada para suspender a eficácia de sentença proferida em procedimento arbitral, a Oitava Câmara cível do Tribunal de Justiça do Estado do Rio de Janeiro repisou a competência do juízo arbitral para análise do mérito da demanda, não cabendo ao Poder Judiciário qualquer intervenção quanto à substância da decisão. Consignou, entretanto, que a lei admite a interposição de ação de nulidade da sentença arbitral e que eventual descumprimento do devido processo legal, nulidade da perícia, extrapolação dos limites da convenção, falta de fundamentação, desrespeito ao litisconsórcio necessário, podem, de fato, evidenciar a nulidade da sentença arbitral. No julgado a Oitava Câmara entendeu que o periculum in mora, um dos requisitos para a antecipação dos efeitos da tutela (proferida sob a égide do Código de Processo Civil de 1973) consubstanciava-se no fato de que a execução da sentença, por si só, traria prejuízos de difícil reparação aos agravados no que tange à questão patrimonial.

O agravo de instrumento autuado sob o nº 0025241-49.2015.8.19.0000 também ilustra o respeito do Tribunal de Justiça do Estado do Rio de Janeiro ao instituto da arbitragem, posto que deu provimento ao recurso interposto contra a decisão que em sede de ação anulatória de sentença arbitral deferiu a antecipação dos efeitos da tutela para suspender os efeitos da sentença arbitral. Registrou que para anular uma sentença arbitral, a Lei 9.307/1996 é rigorosa e não poderia ser diferente, até para que o Judiciário não venha funcionar como uma espécie de instância revisora do julgamento arbitral, fazendo-se do processo anulatório uma verdadeira lide rescisória. Tal qual ocorre nas demandas rescisórias, não importando se o magistrado relator acha justa ou injusta a decisão, devendo ater-se aos pressupostos indicados no art. 32 da mencionada Lei e, uma vez verificados, anulará a sentença. Portanto, deve fazer todo o possível para preservar a sentença arbitral sob pena de fazer tábula rasa da mediação. Nesta trilha, devem estar claros os fatos e os vícios mencionados pelos autores (da demanda principal) no sentido de possibilitar que se defira a tutela que antecipa o provimento jurisdicional reclamado. Entendeu, no caso concreto, pelos fatos relatados na petição inicial, que seria prematuro o reconhecimento da verossimilhança e que só após a instrução seria possível concluir pela existência dos vícios indicados na exordial da demanda principal.

Na apelação autuada sob o nº 0032946-92.2011.8.19.0209, mais uma vez o TJRJ proferiu acórdão homenageando o instituto da arbitragem, contudo, a nosso ver, a fundamentação foi equivocada. Isto porque embora o Tribunal tenha reconhecido a obrigatoriedade da solução do litígio pela via arbitral, posto que existente cláusula previamente ajustada entre as partes (art. 4º da Lei 9.307/96), tratando-se de verdadeiro impedimento processual, asseverou que "qualquer pendência contratual deve ser dirimida primeiramente na esfera arbitral", e ainda que "Não incumbe ao Judiciário pronunciar-se sobre a validade e eficácia de convenções de arbitragem". Ocorre que a Lei nº 9.307/1996 não prevê nenhum órgão revisor das decisões arbitrais, como faz crer a expressão "dirimida primeiramente na esfera arbitral". O que a lei prevê é uma ação própria, declaratória de nulidade, que deve se ater a declarar ou não a nulidade da sentença, mas não revê-la ou modificá-la no seu mérito. Noutra senda, a declaração pelo Poder Judiciário sobre a validade e a eficácia das convenções de arbitragem é prevista expressamente pela Lei ao conferir à parte interessada o direito de pleitear ao órgão do Poder Judiciário competente a declaração de nulidade da sentença arbitral (art. 33, caput) quando for nula a convenção de arbitragem (art. 32, I). Nas palavras de De Plácido e Silva: "...a nulidade mostra vício mortal, em virtude do que o ato não somente se apresenta como ineficaz ou inválido, como se mostra como não tendo vindo"[8].

A demanda para a declaração de nulidade da sentença arbitral, parcial ou final, deverá ser proposta no prazo de noventa dias após o recebimento da notificação da respectiva sentença, ou da decisão do pedido de esclarecimentos (art. 33, § 1º).

Contudo, o Tribunal de Justiça do Estado do Rio de Janeiro deu provimento à apelação autuada sob o nº 0298605-09.2011.8.19.0001, interposta contra sentença proferida pelo Poder Judiciário, que declarou decadência em ação anulatória proposta em 22/08/2011, após sentença final proferida em procedimento de arbitragem, porém atacando exclusivamente a matéria decidida em sentença arbitral parcial, data-

8 SILVA, De Plácido. Vocabulário Jurídico, 22ª Ed. Rio de janeiro: Forense, 2003, p. 964.

da de 28/12/2010, consistente esta no indeferimento da intervenção da PETROBRÁS no feito arbitral. Consubstanciava-se o caso concreto de contratos de compra e venda de gás natural. Houve controvérsia acerca do repasse à usina termoelétrica TERMOPERNAMBUCO S/A, do custo do ICMS incidente na venda do produto pela fornecedora PETROBRÁS à empresa distribuidora COPERGÁS, tratava-se de relação comercial trilateral, portanto. As partes convencionaram, como faculta o art. 5º da Lei nº 9.307/96, que o procedimento de arbitragem se desenvolveria segundo as regras da UNCITRAL – United Nations Commission on International Trade Law, que possui previsão de prolação de sentença parcial, tanto na sua versão de 1976, quanto na versão de 2010. Porém, as regras para procedimento arbitral da UNCITRAL são omissas quanto ao momento para impugnação da sentença arbitral parcial, através de ação judicial própria, ou seja, se deve ocorrer imediatamente após a notificação do teor da sentença arbitral parcial ou após a decisão final. Entendeu o Tribunal de Justiça que tal lacuna não poderia acarretar a perda do direito de impugnar a sentença parcial, sob pena de violação da legítima expectativa da demandante, surpreendida por imposição não prevista no regulamento eleito, na lei de arbitragem, ou mesmo por convenção das partes. Cabe ressaltar que o acórdão foi prolatado em 11/09/2014, antes, portanto, da alteração introduzida pela Lei nº 13.129/2015 no parágrafo 1º, do art. 33, da Lei nº 9.307/96, passando a determinar o dispositivo, expressamente, que o prazo para impugnação seria contado da notificação da sentença arbitral, quer seja parcial, quer seja final. No mérito, o Tribunal de Justiça reconheceu a conexão e a coligação contratual entre as três empresas, a justificar o ingresso da PETROBRÁS, na qualidade de litisconsorte necessário, dada a unidade da relação de direito material vislumbrada, sob pena de ineficácia da sentença arbitral.

O art. 33, prevê ainda, no §3º, que a decretação da nulidade da sentença arbitral também poderá ser requerida na impugnação ao cumprimento da sentença, nos termos dos arts. 525 e seguintes do Código de Processo Civil, se houver execução judicial.

Interessante a previsão do §4º, do art. 33, segundo o qual a parte interessada poderá ingressar em juízo para requerer a prolação de sentença arbitral complementar, se o árbitro não decidir todos os pedidos submetidos à arbitragem. Contudo, nos posicionamos ao lado de Lucas Britto Mejias, no sentido de que para a parte demandar a sua pretensão perante o Poder Judiciário é necessário que antes tenha oposto o que a doutrina convencionou chamar de embargos arbitrais, ou seja, solicitar ao árbitro ou ao tribunal arbitral que corrija qualquer erro material da sentença arbitral ou esclareça alguma obscuridade, dúvida ou contradição da sentença arbitral, ou se pronuncie sobre ponto omitido a respeito do qual devia manifestar-se a decisão, como faculta o art. 30, I e II da Lei de Arbitragem.[9]

---

9 "Aliás, ao menos no caso de omissão, eventual inércia da parte diante do vício poderá inclusive inviabilizar a revisão judicial da questão. Isso porque, como já visto, nos termos da nossa Lei de Arbitragem, o controle interno da atividade do árbitro é, em regra, requisito necessário para que haja controle externo.

Felipe Scripes Wladeck relata a existência de discussão sobre o cabimento de outros mecanismos de controle judicial da regularidade das sentenças arbitrais nacionais (aquelas proferidas em território brasileiro), como o mandado de segurança e a ação rescisória, mas registra a pacificação do tema acerca da impossibilidade de se proceder ao controle judicial de mérito das sentenças arbitrais.[10]

9. Da previsão de lege lata de declaração de nulidade das sentenças arbitrais pelo do Poder Judiciário dos Estados Unidos da América

A Federal Arbitration Act, assim como a Lei nº 9.307/1996, também prevê expressamente casos de nulidades da sentença arbitral, lá chamadas award of arbitrators.

A alínea (a), do §10, do capítulo 1, do título 9, da FAA, determina que a Corte dos Estados Unidos da América ou do distrito onde foi proferida a sentença arbitral pode declarar a nulidade da sentença por requerimento de qualquer das partes, nas seguintes situações: 1) quando a sentença arbitral for proferida por corrupção, fraude, ou fins indevidos; 2) quando houver evidente parcialidade ou corrupção dos árbitros, ou de qualquer um deles (nos casos de haver mais de um árbitro); 3) quando os árbitros forem culpados de indevidamente recusarem a adiar a audiência, demonstrados motivos suficientes para o adiamento, ou de se recusarem a ouvir prova oral ou analisar prova material pertinente à controvérsia, ou qualquer outro ato indevido do árbitro que prejudique os direito de qualquer das partes ou; 4) quando os árbitros excederem os seus poderes ou os tenha exercido indevidamente de maneira que a sentença arbitral não solucione a questão que lhes foi submetida.

A alínea (c) do dispositivo supracitado concede competência à corte distrital dos Estados Unidos da América, com jurisdição sobre o distrito onde tenha sido proferida sentença arbitral em desacordo com a seção 580, do título 5, para conceder ordem anulando a sentença arbitral, a requerimento de terceiro afetado ou prejudicado, que

Diante disso, não basta à parte simplesmente postular o controle interno. Deve utilizar os mecanismos que estão ao seu dispor para que tal controle seja efetivamente exercido, de forma a cumprir a mencionada condição. Apenas na hipótese de, mesmo tendo adotado os mecanismos disponíveis (inclusive os embargos arbitrais), o órgão arbitral se recusar a efetuar tal controle, estaria então admitida a via direta ao controle externo."

MEJIAS, Lucas Britto. *Controle da Atividade do Árbitro.* São Paulo: Editora Revista dos Tribunais, 2015 (Coleção Liebman/Coordenação Teresa Arruda Alvim Wambier, Eduardo Talamini) p. 178.

10 "Mas não se questiona a impossibilidade de se proceder ao controle judicial de mérito das sentenças arbitrais. Trata-se de escolha do legislador pátrio, destinada a conferir efetividade ao processo arbitral e segurança jurídica aos que a ele recorrem e que se legitima precisamente pelo fato de a arbitragem, nos limites em que o seu emprego é admitido, necessariamente ter de se fundar na vontade das partes (regular e espontaneamente manifestada) e, além disso, dever se realizar plenamente segundo os ditames do devido processo legal".

WLADECK, Felipe Scripes. *Impugnação da Sentença Arbitral.* Salvador: Jus Podivm. 2014, p. 33.

não tenha participado do procedimento, se o uso da arbitragem ou a sentença arbitral for claramente inconsistente, conforme os preceitos estatuídos na seção 572, do título 5, que autoriza as agências governamentais usarem meios alternativos de resolução de disputa.

O §11 do capítulo 1, do título 9, da FAA também é dedicado às modificações ou correções das sentenças arbitrais pelo Poder Judiciário e outorga competência para tanto à corte do mesmo distrito onde a sentença arbitral foi proferida, quando: a) houver evidente erro material na análise da situação ou qualificação de qualquer pessoa, coisa ou propriedade mencionada na sentença arbitral; b) quando os árbitros decidirem acerca de qualquer matéria que não lhes tenham sido submetidas, salvo quando a matéria não afetar o mérito (sentença extra petita) e; c) quando a sentença arbitral não analisar o mérito da controvérsia (sentença infra petita).

Conforme o §12 da mesma norma, a parte contrária ou seu advogado deve ser notificado da ação para declarar a nulidade ou modificar a sentença, no prazo de três meses a contar da notificação da sentença arbitral. A notificação deve seguir as regras do foro do domicílio da parte contrária.

10. Da vedação da utilização compulsória da arbitragem. Código de Defesa do Consumidor. Lei nº 8.078/1990

O Código de Defesa do Consumidor, instituído pela Lei nº 8.078/1990, prevê em seu art. 51, VII que são nulas de pleno direito as cláusulas contratuais relativas ao fornecimento de produtos e serviços que determinem a utilização compulsória de arbitragem.

Outrossim, a Lei nº 9.307/1996 prevê a voluntariedade da utilização do procedimento de arbitragem (art. 1º), bem como que nos contratos de adesão, a cláusula compromissória só terá eficácia se o aderente tomar a iniciativa de instituir a arbitragem ou concordar expressamente com a sua instituição, por escrito, em documento anexo ou em negrito, com a assinatura ou visto especialmente para tal cláusula, last but no least, para se empregar uma expressão utilizada pelo saudoso Professor José Carlos Barbosa Moreira, na Constituição da República Federativa do Brasil é insculpido o Princípio da Inafastabilidade da Jurisdição (art. 5º, XXXV).

Desta forma, O TJRJ, no julgamento da apelação nº 0029052-11.2011.8.19.0209, rejeitou preliminar de existência de convenção de arbitragem escrita em contrato de adesão, por tratar-se de condição imposta ao consumidor, sob pena do negócio não ser concluído.

11. Decisões proferidas pelo poder judiciário brasileiro sobre arbitragem, pacto arbitral e cláusulas de arbitragem

A seguir iremos relatar alguns casos emblemáticos de decisões judiciais acerca de convenções de arbitragem, cláusulas compromissórias e contratos de arbitragem.

11.1. O caso do Museu Guggenheim

Um dos casos mais emblemáticos acerca de decisões proferidas pelo Poder Judiciário sobre arbitragem no Brasil é o Agravo de Instrumento autuado sob o nº 0005615-64.2003.8.19.0000, julgado pela Décima Terceira Câmara Cível do Tribunal de Justiça do Estado do Rio de Janeiro, sob relatoria do Desembargador Ademir Paulo Pimentel, interposto pelo Município do Rio de Janeiro, contra decisão que concedeu liminar em ação popular para suspender os efeitos do contrato firmado pelo Município e Solomon R. Guggenheim Foundation, visando a instalação de um museu na Cidade do Rio de Janeiro.

O Relator, em decisão monocrática, manteve a decisão liminar, negando seguimento ao Agravo de Instrumento, fundamentando a sua decisão em vários pontos de ilegalidade do contrato, tais como a vedação de adoção de lei estrangeira em contrato firmado pela administração pública com particular, o contrato firmado em moeda estrangeira para serviço que seria prestado no Brasil, bem como a ausência de previsão em plano orçamentário plurianual (art. 167, § 1º da Constituição da República Federativa do Brasil e art. 5º, §5º da Lei Complementar nº 101/2000), já que o pagamento se daria em dez anos, ultrapassando não só o ano fiscal mas também o mandato do então prefeito da cidade, CESAR EPITÁCIO MAIA. Foi asseverada ainda infringência ao art. 52, V da Constituição da República Federativa do Brasil face à inexistência de autorização do Senado Federal para a operação externa de natureza financeira. Neste artigo, entretanto, iremos nos deter ao capítulo do acórdão que versa sobre cláusula compromissória.

No item 12.2 do contrato firmado entre o Município do Rio de Janeiro e Solomon R. Guggenheim Foundation foi pactuada cláusula compromissória pela qual as partes submeteriam as controvérsias à arbitragem perante à Câmara de Comércio Internacional em Londres, afastando a aplicação da lei brasileira em algumas cláusulas específicas.

A Lei Brasileira nº 9.307/96 restringe o âmbito de sua aplicação a direitos patrimoniais disponíveis, o que exclui as verbas municipais, que são indisponíveis. Assim sendo, as partes não poderiam pactuar a arbitragem como método para a solução de litígio advinda do contrato firmado entre o Município do Rio de Janeiro e Solomon R. Guggenheim Foundation.

Noutra senda, o item "h" da cláusula 12.2 do contrato impunha que o procedimento arbitral fosse mantido em sigilo e que a existência da arbitragem ou qualquer um dos seus elementos não seriam revelados a qualquer pessoa além dos árbitros, das partes, dos seus advogados e de qualquer outra pessoa participando dos procedimentos. Contrária, portanto, ao estatuído pelo art. 37 da Constituição da República Federativa do Brasil, que insere entre os princípios da administração a obediência à publicidade, a fim de que os administrados possam fiscalizar os atos dos administradores. José Maria Rossani Garcez corrobora o posicionamento adotado no acórdão, defendendo que o "sigilo não é um dogma a ser seguido em relação a toda e qualquer arbitragem e que as conveniências do Estado em submeter seus contratos à arbitragem não deve ser repelida em função desse tratamento sigiloso".[11]

A Câmara Cível do Tribunal de Justiça do Estado do Rio de Janeiro firmou o entendimento, ainda, que não seria possível um ente federativo sujeitar-se aos tribunais e às leis estrangeiras em uma relação contratual com o particular, mas apenas quando envolvessem dois Estados (gênero), em razão da sua igualdade jurídico-formal.

Após a decisão monocrática proferida pelo Relator, foram interpostos Agravo Interno, Embargos de Declaração e outro Agravo Interno, todos mantendo a decisão do Juízo de primeira instância.

11.2. Declaração de nulidade de convenção de arbitragem por vício formal na elaboração do termo de compromisso arbitral

Em sede de apelação em ação anulatória que versava sobre cobrança de cotas condominiais, autuada sob o nº 0024795-79.2012.8.19.0203, julgada pela Oitava Câmara Cível do Tribunal de Justiça do Estado do Rio de Janeiro, sob relatoria do Desembargador Adriano Celso Guimarães, o Tribunal de Justiça do Estado do Rio de Janeiro, com fundamento no artigo 32, inciso I, da Lei nº 9.307/96, declarou a nulidade de sentença arbitral por inobservância dos requisitos previstos na Lei de Arbitragem, sobretudo no tocante às formalidades exigidas para o termo de compromisso arbitral, violando o disposto no parágrafo segundo, do artigo 9º, que exige a assinatura de duas testemunhas para o caso de o termo se dar por escrito particular, bem como não ter consignado a qualificação completa do árbitro designado, infringindo o disposto no art. 10, II.

11.3. Declaração de nulidade de sentença arbitral por inexistência de cláusula compromissória ou compromisso arbitral

Na Ação Anulatória autuada sob o nº 0021545-13.2010.8.19.0054, que versava sobre Renovação de Contrato de Locação, em sede de Apelação julgada pela Décima Sétima Câmara Cível do Tribunal de Justiça do Estado do Rio de Janeiro, sob relatoria do Desembargador Wagner Cinelli de Paula Freitas, o Tribunal de Justiça do Estado do Rio de Janeiro declarou a nulidade de sentença arbitral proferida sem a declaração de vontade de uma das partes através de cláusula compromissória ou compromisso arbitral (art. 3º da Lei nº 9.307/96). No caso em estudo o Tribunal manifestou-se ainda acerca do mérito da sentença arbitral, sustentando que não tinham sido observados os requisitos previstos na Lei de Locações para a renovação do contrato de locação não-residencial, mais especificamente o art. 51 da Lei nº 8.245/91. Com isso, segundo

---

11 GARCEZ, José Maria Rossani. *Arbitragem Nacional e Internacional: Progressos Recentes*. Belo Horizonte: Del Rey, 2007, p. 87.

o Tribunal, estaria configurada infringência ao art. 26, II da Lei nº 9.307/96, que elenca dentre os requisitos da sentença arbitral a necessidade de fundamentação, onde serão analisadas as questões de fato e de direito que levaram à decisão final.

11.4. Reconhecimento de competência do Poder Judiciário para medidas cautelares

Em demanda ajuizada por integrantes de sociedade de responsabilidade limitada tendo como causa de pedir a inadimplência de um dos sócios quanto à integralização do capital e como pedido a rescisão contratual, além da reintegração de posse na sociedade (ractio estabelecimento) e no fundo de empresa, houve sentença de extinção do processo sem resolução do mérito, com base no art. 267, VII do Código de Processo Civil, acatando a impossibilidade de apreciação da demanda pelo Poder Judiciário haja vista a existência de cláusula de arbitragem. Considerou-se inequívoca prova quanto à cláusula de exceção onde ressalvavam as partes a possibilidade de demandarem a tutela judicial para obtenção de medidas liminares, inclusive reintegração imediata na posse, pela falta de pagamento. Tutela liminar de reintegração na posse concedida inicialmente que acabou sendo revogada na sentença. Quanto a matéria de fundo, foi reconhecida que a apreciação e decisão seria da competência, sem dúvida alguma, do Juízo Arbitral, como foi convencionado pelos contratantes. E nesse caso, o manejo da ação judicial, desconsiderando a convenção de arbitragem, conduziria à extinção do processo, sem resolução do mérito, nos termos do artigo 267, VII, do CPC, com a redação conferida pela Lei nº 9.307/96. Entretanto, a regra comporta exceção, não só pela cláusula expressa neste sentido, bem como por se tratar de uma medida urgente. A sentença foi reformada apenas quanto ao capítulo que tratava da cassação da liminar concedida de reintegração de posse, já que a medida deveria vigorar até a apreciação final da matéria a ser decidida pelo Juízo Arbitral, permanecendo mantida a extinção do processo sem resolução do mérito quanto aos demais pedidos. (Apelação Cível nº 0389968-48.2009.8.19.0001. TJRJ. Relator Sirley Abreu Biondi. Décima Terceira Câmara Cível. Julgada em 16/03/2016).

11.5. Análise geral das decisões proferidas pelo Tribunal de Justiça do Estado do Rio de Janeiro sob arbitragem

Como notado, pela análise dos julgados acima relatados, o Tribunal de Justiça do Estado do Rio de Janeiro vem mantendo o entendimento de que a atuação do Poder Judiciário em causas que versem sobre arbitragem deve se restringir a verificar causas de nulidade da sentença arbitral ou da convenção de arbitragem, esta podendo se dar por cláusula compromissória ou por compromisso arbitral. Entende o Tribunal que as causas de nulidade são taxativas e textualmente previstas no artigo 32, da Lei nº 9.307, de 1996. Este posicionamento merece aplausos pois do contrário o Poder Judiciário seria alçado a verdadeira instância revisora do julgamento arbitral, esvaziando um dos objetivos da Lei de Arbitragem, qual seja contribuir para a diminuição da quantidade de processos que assolam o Poder Judiciário, bem como disponibilizar às partes um meio de solução alternativa ou adequada de solução de conflitos mais célere e, portanto, mais eficiente. A economia de tempo, na maioria dos casos, representa também economia de recursos financeiros. A maior intervenção do Poder Judiciário nos julgamentos arbitrais terminaria ainda por esvaziar a credibilidade do instituto arbitragem, reduzindo investimentos estrangeiros no País. Outros exemplos de julgamento pelo Tribunal de Justiça do Estado do Rio de Janeiro neste sentido são o Agravo de Instrumento autuado sob o nº 0039209.49.2015.8.19.0001 e a Apelação autuada sob o nº 0129488-55.2011.8.19.0054.

Além dos casos de "fiscalização" das causas de nulidade, o Tribunal de Justiça do Estado do Rio de Janeiro, corretamente, vem sustentando a possibilidade de sua intervenção para a concessão de medidas cautelares, situação também expressamente prevista pelos artigos 22-A e 22-B, acrescentados à Lei nº 9.307/1996 pela Lei nº 13.129/2015. Segundo os dispositivos em comento a medida poderá ser requerida pelo interessado antes de instituída a arbitragem, cessando o efeito caso não haja o requerimento de instituição no prazo de 30 dias. Instituída a arbitragem, a medida cautelar poderá ser mantida, modificada ou revogada pelo árbitro. Estando já instituída a arbitragem a medida cautelar ou de urgência deverá ser requerida diretamente ao árbitro.

11.6. Decisões do Superior Tribunal de Justiça sobre Arbitragem

No processo de homologação de sentença estrangeira SEC 12.493/EX o STJ proferiu acórdão no sentido de que não cabe a corte, em juízo delibatório de homologação, reexaminar o provimento liminar devidamente fundamentado exarado no procedimento de arbitragem, ao qual as partes se submeteram de comum acordo, sob pena de invadir a competência do Tribunal Arbitral, notadamente porque não evidenciada a alegada parcialidade do árbitro a autorizar o reconhecimento de ofensa à ordem pública e à soberania nacional. (Rel. Ministra MARIA THEREZA DE ASSIS MOURA, CORTE ESPECIAL, julgado em 15/02/2017, DJe 21/02/2017).

No Recurso Especial REsp 1526789/SP a Corte Superior, analisando se o parentesco colateral em terceiro grau entre a árbitra indicada pela recorrente e um de seus advogados constitui causa de impedimento ou suspeição. Registrou a Corte que a Lei 9.307/96 erigiu a imparcialidade em postulado fundamental do procedimento arbitral, de modo que o alcance de seu conteúdo normativo não fica restrito, unicamente, às hipóteses de impedimento ou suspeição expressamente listadas nos arts. 134 e 135 do Código de Processo Civil de 1973. Constatada a ocorrência de violação de qualquer espécie aos atributos de independência e imparcialidade, deve ser obstada a investidura do árbitro. Na hipótese, apesar do não enquadramento específico em alguma das hipóteses de impedimento constantes no art. 134 do CPC/73, o Tribunal de Justiça do Estado de São Paulo reconheceu como evidente que a imparcialidade da árbitra estaria comprometida em razão do parentesco existente entre ela e o advogado da recorrente. A decisão foi mantida pelo STJ. (Rel. Ministra NANCY ANDRIGHI, TERCEIRA TURMA, julgado em 13/06/2017, DJe 22/06/2017).

Em outro Recurso Especial, REsp 1636102/SP, em que se questionou a validade de sentença arbitral por ofensa aos princípios da motivação e do contraditório o STJ concluiu que o controle judicial, exercido somente após a prolação da sentença arbitral, está circunscrito a aspectos de ordem formal, a exemplo dos vícios previamente elencados pelo legislador (art. 32 da Lei nº 9.307/1996), em especial aqueles que dizem respeito às garantias constitucionais aplicáveis a todos os processos, que não podem ser afastados pela vontade das partes. Constou no acórdão que no procedimento arbitral é plenamente admitida a prorrogação dos prazos legalmente previstos por livre disposição entre as partes e respectivos árbitros, sobretudo em virtude da maior flexibilidade desse meio alternativo de solução de conflitos, no qual deve prevalecer, em regra, a autonomia da vontade. No caso questionou-se também a extrapolação do prazo para responder aos pedidos de esclarecimentos. A respeito o STJ entendeu que se a anulação da sentença proferida fora do prazo está condicionada à prévia notificação do árbitro ou do presidente do tribunal arbitral, concedendo-lhe um prazo suplementar de dez dias (art. 32, VII, da Lei de Arbitragem), não haveria motivo razoável para não aplicar a mesma disciplina ao pedido de esclarecimentos, que, em última análise, visa tão somente aclarar eventuais dúvidas, omissões, obscuridades ou contradições, ou corrigir possíveis erros materiais. Por fim, o Tribunal Superior repisou a teoria de que o mero inconformismo quanto ao conteúdo meritório da sentença arbitral não pode ser apreciado pelo Poder Judiciário. (Rel. Ministro RICARDO VILLAS BÔAS CUEVA, TERCEIRA TURMA, julgado em 13/06/2017, DJe 01/08/2017).

11.7. Decisões do Supremo Tribunal Federal versando sobre arbitragem

O Supremo Tribunal Federal, no julgamento do agravo regimental interposto em pedido de homologação de sentença estrangeira (SE 5206 AgR), se pronunciou quanto à constitucionalidade da Lei de Arbitragem nº 9.307/96 em que houve discussão incidental da constitucionalidade de vários dos tópicos da nova lei, especialmente acerca da compatibilidade, ou não, entre a execução judicial específica para a solução de futuros conflitos da cláusula compromissória e a garantia constitucional da universalidade da jurisdição do Poder Judiciário (art. 5º, XXXV, da Constituição da República Federativa do Brasil). A constitucionalidade foi declarada pelo plenário, considerando o Tribunal, por maioria de votos, que a manifestação de vontade da parte na cláusula compromissória, quando da celebração do contrato, e a permissão legal dada ao juiz para que substitua a vontade da parte recalcitrante em firmar o compromisso, não ofendem o artigo 5º, XXXV, da CRFB. Houve votos vencidos, em parte – incluído o do relator – que entendiam inconstitucionais a cláusula compromissória – dada a indeterminação de seu objeto – e a possibilidade de a outra parte, havendo resistência quanto à instituição da arbitragem, recorrer ao Poder Judiciário para compelir a parte recalcitrante a firmar o compromisso, e, consequentemente, declaravam a inconstitucionalidade de dispositivos da Lei nº 9.307/96 (art. 6º, parágrafo único; 7º e seus parágrafos e, no art. 41, das então novas redações atribuídas ao art. 267, VII e art. 301, inciso IX do Código de Processo Civil de 1973; e art. 42), por violação da garantia da universalidade da jurisdição do Poder Judiciário. Constitucionalidade – aí por decisão unânime, dos dispositivos da Lei de Arbitragem que prescrevem a irrecorribilidade (art. 18) e os efeitos de decisão judiciária da sentença arbitral (art. 31). (Relator: Min. SEPÚLVEDA PERTENCE, Tribunal Pleno, julgado em 12/12/2001, DJ 30-04-2004 PP-00029 EMENT VOL-02149-06 PP-00958).

Em processo de homologação de sentença estrangeira, com acórdão proferido em 1979, o STF desproveu recurso que visava a não-homologação em território nacional de sentença judicial estrangeira, proferida pelo Poder Judiciário Alemão, homologando sentença proferida pelo Tribunal Arbitral de Hamburgo, também na Alemanha, para dirimir controvérsia de natureza mercantil suscitada no cumprimento de contrato de compra e venda comercial em que a vendedora é sociedade brasileira e a compradora é sociedade que tem sua sede em Lausanne, Suíça. As partes acordaram em dirimir suas divergências mediante arbitragem de um Colégio extraoficial de árbitros. O STF entendeu que a sentença jurisdicional que homologou a arbitragem transmite a esta a sua qualidade. (SE 2178 AgR, Relator(a): Min. ANTONIO NEDER, Tribunal Pleno, julgado em 08/11/1979, DJ 14-12-1979 PP-09443 EMENT VOL-01157-01 PP-00065 RTJ VOL-00092-02 PP-515).

12. Decisões proferidas pelo Poder Judiciário Americano sobre arbitragem, pacto arbitral e cláusulas de arbitragem

Os Estados Unidos da América adotam o sistema da common law, de origem anglo-saxã, baseado principalmente na jurisprudência. Nos países que adotam o sistema da common law, a jurisprudência tende a ser mais estável, muito menos exposta à superação. Este fenômeno acarreta a existência de poucos julgados, ao menos pela Suprema Corte dos Estados Unidos da América. Noutra senda, os julgados costumam ter relatório e fundamentação bem extensas, possibilitando o melhor emprego das técnicas de distinguishing o estudo dos julgados e suas aplicações aos casos concretos. Neste sentido, passamos ao estudo de dois casos bem emblemáticos julgados pela U.S. Supreme Court.

12.1. Becker Autoradio U.S.A. Inc. versus Becker Autoradiowerk Gmbh, Max Egon Becker, Becker Electronics Inc., Lothar Amanda, Roland Becker e Mercedes-Benz of North America, Inc. (United States Court of Appeals, Third Circuit. 585 F.2d 39, Nos. 77-2566, 77-2567. Argued June 7, 1978. Decided July 17, 1978)

Um dos casos mais emblemáticos versando sobre a arbitragem nos Estados Unidos da América é o Becker Autoradio U.S.A. Inc. versus Becker Autoradiowerk

Gmbh, Max Egon Becker, Becker Electronics Inc., Lothar Amanda, Roland Becker e Mercedes-Benz of North America, Inc. (United States Court of Appeals, Third Circuit. 585 F.2d 39, Nos. 77-2566, 77-2567. Argued June 7, 1978. Decided July 17, 1978)[12].

Tratam-se de apelações interpostas por Becker Autoradiowerk Gmbh, Max Egon Becker e Roland Becker (nº 77-2566) e Mercedes-Benz of North America, Inc. (nº 77-2567) versando sobre a obrigatoriedade do julgamento da disputa entre Becker Autoradio U.S.A. Inc. (BECKER USA), demandante, uma corporação americana, da Pennsylvania, distribuidora exclusiva nos Estados Unidos da América dos produtos da empresa Becker Autoradiowerk Gmbh (BAW), demandada, uma indústria da Alemanha Ocidental, de rádios e acessórios. A corte distrital negou requerimento da BAW para suspender processo judicial e determinar a arbitragem. A Corte de Apelações dos Estados Unidos, Terceiro Circuito reverteu a decisão local.

Em primeiro de julho de 1974 a BAW e a Becker USA firmaram contrato escrito pactuando a distribuição exclusiva nos Estados Unidos da América dos produtos fabricados pela primeira. O contrato foi redigido em alemão e assinado em Ittersbach, Alemanha Ocidental, com prazo de validade até 30 de junho de 1976. O contrato previa no artigo 11 que se as partes desejassem estender o prazo de colaboração as negociações deveriam ocorrer em até seis meses antes do término do prazo de validade do contrato, ou seja, até 30 de dezembro de 1975.

As partes iniciaram as negociações para renovar o contrato, mas não foram capazes de concordarem com os termos e o contrato aparentemente expirou em 30 de junho de 1976.

Em primeiro de fevereiro de 1977, Becker USA propôs a demanda em face de BAW, Becker Electronics Inc. (uma subsidiária da BAW em Delaware), Max Egon Becker e Roland Becker (representantes da BAW), Lothar Amanda (Vice-Presidente Executivo da Becker Electronics) e Mercedes-Benz of North America Inc. (cliente da BAW). Iremos nos deter à parte da decisão que é relevante para este artigo, qual seja a solução quanto à alegação de que a BAW, pelos representantes Max Egon Becker e Roland Becker, prometeu oralmente que a BAW renovaria o contrato firmado em 1974, por mais cinco anos, mantendo os mesmo termos originais então em vigor, sob certas condições: 1) continuar promovendo satisfatoriamente as vendas dos rádios da BAW; 2) abrir uma filial do escritório em Chicago; 3) anunciar às suas próprias expensas os rádios BAW durante o ano de 1975 e seguintes e; 4) realizar sem remuneração certas funções administrativas para Becker Electronics Avionics Division, em Paramus, Nova Jersey. Becker USA alegou que, com a garantia firmada oralmente por Max Egon Becker e Roland Becker, cumpriu todas as condições exigidas, mas o direito de distribuição não foi renovado.

---

12 Disponível em: <https://www.scribd.com/document/320781366/Becker-Autoradio-U-S-A-Inc--v-Becker-Autoradiowerk-Gmbh-and-Max-Egon-Becker-and-Becker-Electronics-Inc-And-Lothar--Amanda-and-Roland-Becker-and-Me 14/09/2017> Acessado em: 14/09/2017, 10:35h.

Todos os réus, com fulcro nos §§ 3 e 206 da Federal Arbitration Act, 9 USC, requereram a suspensão do processo na corte distrital e a realização forçada do procedimento arbitral. A BAW fundamentou-se no artigo 13 do contrato de 1974, que elegia a Corte de Arbitragem de Karlsruhe, na Alemanha, para o julgamento de qualquer disputa referente àquele contrato. A corte deveria observar as regras de arbitragem da Câmara Internacional de Comércio, Paris. A sentença arbitral deveria ter efeitos de uma sentença judicial entre as partes.

O dispositivo em tela também conferia à BAW (mas não à Becker USA) a opção de deduzir a sua demanda em uma corte judicial, em vez de submeter qualquer disputa à arbitragem. Se optasse pela corte judicial, a demanda deveria obrigatoriamente ser ajuizada nos Estados Unidos da América e ser julgada conforme as leis do país. Adicionalmente, o artigo 13 ratifica que a Becker USA não pode iniciar qualquer processo contra a BAW em qualquer corte que não seja a Corte de Arbitragem de Karlsruhe.

As demais partes questionaram que se houvesse suspensão de qualquer parte do processo na corte distrital em relação à BAW (a demanda tinha três questões de mérito a ser julgada), todo o processo deveria ser suspenso. Em sustento à tese, os réus alegaram perante a Corte Distrital que a disputa emanava do contrato firmado em 1974, em que havia sido convencionada a arbitragem e, portanto, o processo judicial deveria ser suspenso, na forma dos §§ 9 e 206 da Federal Arbitration Act. A Corte Distrital discordou e negou a ordem de suspensão, em 05 de outubro de 1977, sob o fundamento de que a renovação contratual objeto do processo emanava não do contrato firmado em 1974, mas do alegado contrato verbal, que era distinto do primeiro (de 1974) e não previa convenção de arbitragem. Todos os requerentes apelaram, com exceção de Lothar Amanda.

Becker USA defendeu que o caso Korody Marine Corp. v. Minerals & Chemicals Philipp Corp., 300 F.2d 124 (2d Cir. 1962), sustentava a sua tese. Porém a Corte de Apelação dos Estados Unidos da América aplicou a técnica de distinguishing afirmando que os casos eram diferentes, eis que no caso Korody versus Philipp Corp as partes apenas continuaram a transacionar informalmente após o término do prazo contratual, ou seja, inexistia contrato, ao passo que no caso Becker era alegada a existência de um contrato verbal.

Há uma clara e evidente política nas cortes federais dos Estados Unidos da América favorecendo a arbitragem, especialmente no contesto dos tratados internacionais. A Corte indicou vários julgados neste sentido e mencionou ainda que:

> ...dúvidas como se uma cláusula de arbitragem pode ser interpretada para incidir sobre determinada disputa deve ser resolvida em favor da arbitragem salvo se a corte puder definir com segurança positiva que não houve intenção de que essa disputa não fosse resolvida por arbitragem.[13]

---

13 Hussey Metal Division v. Lectromelt Furnace Division, 471 F.2d 556, 558 (3d Cir. 1972) (citando United Steelworkers of America v. Warrior & Gulf Navigation Co., 363 U.S. 574, 582-83, 80 S.Ct. 1347, 4 L.Ed.2d 1409 (1960)).

Com base na política acima citada e no padrão de se decidir pela possibilidade da realização da arbitragem, a Corte se declarou obrigada a discordar da conclusão da Corte Distrital no sentido de que a renovação do contrato alegada pela Becker USA não é passível de arbitragem, na medida em que a Corte de Apelações dos Estados Unidos, Terceiro Circuito, concluiu que não pode ser dito, com "positiva segurança" que a dúvida não exsurge do contrato de 1974.

Além do mais, se a Becker USA alega que houve renovação total do contrato firmado em 1974, mantendo-se todas as cláusulas originais, alterando-se apenas o prazo de duração, para que se estendesse até 1981, e este previa a cláusula de convenção de arbitragem, então não há como entender que a disputa concernente ao término e renovação do contrato não surge do contrato de 1974, registrou a Corte de Apelações. Acrescentamos, se o contrato foi integralmente renovado, alterando-se apenas o prazo de duração, então a convenção de arbitragem também o foi, tornando-se obrigatória, tal como no contrato de 1974.

A Corte de Apelações dos Estados Unidos, Terceiro Circuito, decidiu então que a disputa deveria ser submetida à arbitragem, na forma do artigo 13 do contrato de 1974, revertendo a decisão da Corte Distrital, e determinou que a disputa deveria ser submetida à Corte de Arbitragem com domicílio em Karlsruhe, República Federal da Alemanha, como as partes pactuaram no contrato de 1974.

12.2. NITRO-LIFT TECHNOLOGIES, L. L. C. versus EDDIE LEE HOWARD e OUTROS (Supreme Court of the United States. No. 11-1377. On Petition for Writ of Certiorari to the Supreme Court of Oklahoma. Decided November 26, 2012)[14]

As cortes estaduais dos Estados Unidos da América, ao contrário das cortes federais, são provocadas mais vezes a aplicarem a Federal Arbitration Act, § 1 e seguintes, incluindo a política nacional favorecendo a arbitragem. É matéria de grande importância, assim sendo, que as cortes supremas estaduais adiram à correta interpretação da legislação. No caso em tela, segundo a Suprema Corte dos Estados Unidos da América, a Suprema Corte de Oklahoma falhou neste sentido (interpretar corretamente a legislação). Ao declarar nula e inválida cláusula de não competição firmada em contrato por dois empregados e a empregadora, em vez de deixar tal decisão para o árbitro em primeira instância, a corte estadual ignorou princípio básico da lei substantiva da arbitragem. A decisão foi anulada.

O litígio surgiu do contrato firmado entre a requerente Nitro-Lift Technologies LLC e dois ex-empregados. A Nitro-Lift contratou com os operadores de poços de óleo e gás a prestação de serviços para melhorar a produção. Os requerentes Eddie Lee Howard e Shane D. Schneider pactuaram acordo de confidencialidade e não-competição com a Nitro-Lift, que continha a seguinte cláusula:

14 Disponível em: https://www.supremecourt.gov/opinions/12pdf/11-1377_3e04.pdf> Acessado em 02/10/2017, 21:29h.

> Qualquer disputa, divergência ou questão não resolvida entre a Nitro-Lift e o empregado será resolvida em arbitragem por um único árbitro mutuamente aceito pelas partes em disputa em um procedimento de arbitragem conduzido em Houston, Texas, de acordo com as regras da American Arbitration Association existentes nesta data.

Após trabalharem para a Nitro-Lift em poços em Oklahoma, Texas e Arkansas, os requeridos desistiram e começaram a trabalhar para um dos seus concorrentes. Alegando que os requerentes haviam violado o acordo de não-competição, a Nitro-Lift os notificou com uma demanda para arbitragem. Os requerentes então ajuizaram ação na Corte Distrital do Condado de Johnson, Oklahoma, requerendo que a Corte declarasse nulo e inválido o acordo de não competição e proibisse a sua execução. A Corte indeferiu o pedido, entendendo que os contratos continham cláusulas válidas de arbitragem segundo as quais um árbitro, e não a Corte, deveria resolver o desacordo das partes.

A Suprema Corte de Oklahoma reteve a apelação e ordenou às partes que justificassem porque a questão não deveria ser resolvida aplicando-se o Estatuto de Oklahoma, Título 15, §219 (West 2011), que limita a execução de acordo de não competição. A Nitro-Lift argumentou que qualquer disputa, como a exigibilidade do contrato, seria uma questão para o árbitro. Fundamentou-se com suporte em vários casos da Suprema Corte de Oklahoma interpretando a FAA e registrou que segundo o caso Buckeye Check Cashing Incorporated versus Cardegna, 546 U.S. 440, 446 (2006) "essa lei de arbitragem se aplica em ambas, cortes estaduais e federais." Registrado sob o nº 109,003 (Okla.), p. 273.

A Suprema Corte de Oklahoma não foi persuadida. Sustentou que nos casos da Suprema Corte dos Estados Unidos da América versando sobre os empregadores a existência de uma convenção de arbitragem em um contrato de trabalho não proíbe a revisão judicial do contrato subjacente. 2011 OK 98, ¶15, nº 20, ¶16, 273 P. 3d 20, 26, nº 20, 27. Por esta proposição a Corte fundamentou-se na exaustiva revisão das decisões da Suprema Corte dos Estados Unidos da América acerca da Federal Arbitration Act no caso Bruner versus Timberlane Manor Ltd. Partnership, 2006 OK 90, 155 P. 3d 16, em que foi verificada que a jurisprudência da Suprema Corte dos Estados Unidos da América não inibe a revisão das validades dos contratos subjacentes. 273 P. 3d, at 26. Entendendo que as cláusulas de arbitragem não eram obstáculos para a revisão, a Corte sustentou que as convenções de não competição eram inválidas e não exequíveis conforme a política de pública, prevista no Estatuto do Oklahoma. Título 15, §219ª. 273 P. 3d, at 27.

A Suprema Corte de Oklahoma declarou que a sua decisão encontra suporte nos fundamentos estatais adequados e independentes. Id., at 23-24, nº 5. Que se assim o fosse, a Corte não teria jurisdição sobre o caso. Citou Michigan versus Long, 463 U. S. 1032, 1037–1044 (1983). A Nitro-Lift sustentou que o árbitro deveria decidir sobre a validade do contrato, fundamentando-se com base em lei federal citadas em casos da Suprema Corte interpretando a FAA. "...litigante desejando suscitar uma questão federal pode facilmente indicar a fundamentação na lei federal para a sua demanda em uma petição ou razões para a corte estadual..." "...citando, combinado com a reclamação a fonte federal da lei em que se sustenta ou um caso decidindo tal questão com base federal...". Howell, supra, at 444 (quoting Baldwin v. Reese, 541 U. S. 27, 32 (2004). A Corte Suprema de Oklahoma reconheceu os casos apontados pela Nitro-Lift, assim como as suas relevâncias, mas preferiu desconsiderar esses precedentes. A sua decisão, a despeito da jurisprudência da Suprema Corte, foi de que a validade do contrato é puramente uma questão de lei estadual.

A decisão da Suprema Corte de Oklahoma contraria os precedentes da Suprema Corte dos Estados Unidos da América acerca da FAA. Este ato (FAA) "declara uma política nacional favorecendo a arbitragem" Southland Corp. v. Keating, 465 U. S. 1, 10 (1984), determina que "a previsão escrita em contrato provando que a transação envolvendo comércio terá a controvérsia posterior surgida de tal contrato ou transação resolvida por arbitragem..." "...será válida, irrevogável e exigível, salvo por motivos previstos em lei ou nos costumes para a revogação de qualquer contrato" 9 U. S. C. §2. É bem pacífico que "o ato criado (FAA) é aplicável nas cortes estaduais e federais". Southland Corp., supra, at 12; veja também Buckeye, supra, at 446. E quando as partes comprometem submeter disputas contratuais à arbitragem é princípio basilar da lei substantiva do ato (FAA) que a contestação à validade do contrato, distinto do ataque à validade da própria cláusula de arbitragem, deve ser resolvida "pelo árbitro em primeira instância, e não por uma corte estadual ou federal. Preston v. Ferrer, 552 U. S. 346, 349 (2008); veja também Prima Paint Corp. v. Flood & Conklin Mfg. Co., 388 U. S. 395 (1967). Por esses motivos, uma "previsão de arbitragem é cindível do restante do contrato", Buckeye, supra, at 445, e sua validade é sujeita à análise inicial da corte, mas a validade do restante do contrato (se a previsão de arbitragem for válida) é para ser decidida pelo árbitro.

Esse princípio determina que a decisão (da Suprema Corte de Oklahoma) seja cassada. A corte de primeira instância decidiu que o contrato contém cláusula válida de arbitragem, e a Corte de Oklahoma não manteve de outra forma. Nada obstante, assumiu a função do árbitro ao declarar a cláusula de não competição nula e sem efeito. A Corte Estadual insistiu que a sua "jurisprudência regula essa questão" e permite a revisão do "contrato submetido à arbitragem quando uma das partes alega que o acordo subjacente é nulo e inexigível. "273 P. 3d, at 26. Mas a Suprema Corte de Oklahoma deve respeitar o FAA, que é "a suprema Lei da Terra", Constituição dos Estados Unidos das América, Art. VI, cl. 2. e à opinião da Suprema Corte dos Estados Unidos da América interpretando a lei. "É responsabilidade desta Corte (Suprema Corte dos Estados Unidos da América) dizer o significado de um estatuto, e uma vez dito por esta corte, é dever das outras cortes respeitar esse entendimento da regra diretiva da lei". Rivers v. Roadway Express, Inc., 511 U. S. 298, 312 (1994).

A Corte Estadual arrazoou que o Estatuto de Oklahoma "abordando a validade da cláusula de não competição deve prevalecer sobre o estatuto geral favorecendo a arbitragem". 273 P. 3d, em 26, nº 21. Mas o antigo princípio interpretativo de que a regra específica prevalece sobre a regra geral (generalia specialibus non derogant) se aplica apenas entre leis de equivalente hierarquia. Onde um estatuto específico, por exemplo, conflita com uma previsão geral constitucional, esta prevalece. E o mesmo é verdadeiro onde um estatuto estadual específico conflita com um estatuto geral federal. Não há exceção geral/específica para a cláusula de supremacia, Constituição dos Estados Unidos da América, Art. VI, cl. 2. "Se a lei estadual proíbe completamente a arbitragem de um tipo particular de demanda, a análise é direta: a regra conflitante é superada pela FAA." Marmet Health Care Center, Inc. v. Brown, 565 U. S. ___, ___–___ (2012) (per curiam)(slip op., at 3–4) (quoting AT&T Mobility LLC, supra, at ___–___ (slip op., at 6–7). Por isso, compete ao árbitro decidir, em primeira instância, se as cláusulas de não competição são válidas como uma questão de aplicação de lei estadual. Veja Buckeye, 546 U. S., em 445-446.

Pelas razões acima expostas, a petição de revisão (certiorari) foi concedida. O julgamento do Supremo Tribunal de Oklahoma foi anulado e foi determinado a este tribunal a revisão não inconsistente com a decisão da Suprema Corte dos Estados Unidos da América.

13. Conclusão

Analisando-se comparativamente o tratamento do instituto da arbitragem nos Estados Unidos da América e no Brasil, percebe-se que em ambos os países a legislação confere à arbitragem segurança e autonomia, assim como exigibilidade às sentenças proferidas pelos árbitros ou pelos tribunais arbitrais.

Tanto a Lei nº 9.307/96 como a Federal Arbitration Act preveem expressamente hipóteses de anulação da sentença arbitral, as quais os Tribunais tratam como numerus clausus.

Na jurisprudência dos Estados Unidos da América vige a premissa de que havendo dúvida na interpretação de cláusula de convenção, o Poder Judiciário deve decidir em favor da arbitragem, salvo se a corte puder definir com absoluta segurança que não houve intenção das partes de que determinada matéria fosse resolvida por arbitragem.

No Brasil também vigora na jurisprudência e na doutrina uma postura favor arbitratis. Este fenômeno é notado não só na jurisprudência do Supremo Tribunal Federal e do Superior Tribunal de Justiça, como também nas demais instâncias.[15]

15 "Além da promulgação da Lei de Arbitragem, atualmente o país (Brasil) é parte de todas as convenções internacionais sobre o assunto e o Judiciário – notadamente o Supremo Tribunal Federal e o Superior Tribunal de Justiça, mas também, em diferentes graus, as demais instâncias – tem adotado uma clara postura usualmente referida pela doutrina como *favor arbitratis.* Nesse contexto, o princípio da interpretação estrita restrita da cláusula arbitral é, majoritariamente, rejeitado pela doutrina brasileira. Em vez disso, o que se deve observar é a existência ou não de elementos que indiquem a vontade das partes em estarem ligadas à convenção de arbitragem.

Em ambos os países a sentença arbitral só deve ser anulada em caso de vício formal, devendo o Poder Judiciário abster-se de analisar o seu mérito, a despeito da posição do magistrado quanto ao seu acerto, o que fortalece o instituto, aumenta a segurança das partes e fomenta principalmente as transações comerciais.

14. Referências bibliográficas

CÂMARA, Alexandre Freitas. Das Relações entre a Arbitragem e o Poder Judiciário. Revista de Direito da Associação dos Procuradores do Novo Estado do Rio de Janeiro, v. XVIII, Rio de Janeiro: Lumen Juris, 2006.

GARCEZ, José Maria Rossani. Arbitragem Nacional e Internacional: Progressos Recentes. Belo Horizonte: Del Rey, 2007.

MEJIAS, Lucas Britto. Controle da Atividade do Árbitro. (Coleção Liebman/Coordenação Teresa Arruda Alvim Wambier, Eduardo Talamini). São Paulo: Editora Revista dos Tribunais, 2015.

SILVA, De Plácido. Vocabulário Jurídico, 22ª ed. Rio de janeiro: Forense, 2003.

TEPEDINO. Gustavo. Cláusula Compromissória e seu Controle pela Jurisdição Estatal. Controvérsias em torno de Acordos de Acionistas Celebrados em Conflito de Interesses. Revista de Direito da Associação dos Procuradores do Novo Estado do Rio de Janeiro, v. XVIII, Rio de Janeiro: Lumen Juris, 2006

TIBURCIO, Carmen. Extensão e limites da jurisdição brasileira: competência internacional e imunidade de jurisdição. Salvador: Juspodivm, 2016.

WLADECK, Felipe Scripes. Impugnação da Sentença Arbitral. Salvador: Jus Podivm, 2014.

TIBURCIO, Carmen. *Extensão e limites da jurisdição brasileira: competência internacional e imunidade de jurisdição.* Salvador: Juspodivm, 2016, pp. 180-181.

Medidas Estruturantes, Processo Estruturante e Arbitragem

Felipe Barreto Marçal

Sumário: **1.** Introdução e conceito das medidas estruturantes. **2.** Breve introdução histórica das medidas estruturantes. **3.** Aplicação das medidas estruturantes no Brasil: jurisprudência e doutrina. **4.** Litígios "policêntricos", Poder Público e arbitragem. **5.** Características do processo estruturante e sua compatibilidade com a arbitragem. **5.1.** Execução na arbitragem e cooperação com o Judiciário. **6.** Conclusão.

1. Introdução e conceito das medidas estruturantes[1]

As medidas estruturantes se originam de decisões da Suprema Corte dos Estados Unidos e já vêm sendo aplicadas por outros tribunais ao redor do mundo. Recentemente, o Judiciário brasileiro – com maior destaque para decisões do STF – começou a se valer desse tipo de medida em suas decisões, o que despertou um pouco da atenção da doutrina, ainda insipiente.

As medidas estruturantes são medidas gradativas e difusas, com uma perspectiva preponderantemente futura[2] e global do proble-

---

1 Há autores que se valem do adjetivo "estrutural" para as medidas de que se tratará adiante, provavelmente fruto de tradução do termo cunhado pelo precursor do instituto, "*structural* reform" ou "*structural* injunctions". Entretanto, enquanto estrutural, em português, é aquilo "relativo a estrutura", "que é básico, essencial, fundamental" (*http://michaelis.uol.com.br/busca?r=0&f=0&t=0&palavra=estrutural*), entendo que as medidas aplicadas pelo Judiciário não serão, *necessariamente*, ao final a estrutura ou a essência do que se pretende modificar. Na verdade, o objetivo dessas medidas é possibilitar uma (re)estruturação do objeto em discussão ou somente um ambiente adequado para que ela ocorra. Por isso, parece que "estruturante", considerado como aquilo "que estrutura ou (que) permite a estruturação" (*https://dicionariodoaurelio.com/estruturante*) se mostra mais adequado à ideia que se apresenta no texto.

2 CHAYES, Abram. The role of the judge in public law litigation. Harvard Law Review, v. 89, nº 7, may-1976 (também disponível em espanhol em: CHAYES, Abram. El rol del juez en el litigio de interes público, in: Revista de Processo: RePro, São Paulo, v. 42, nº 268, p. 143-188, jun. 2017, p. 171.). ARENHART, Sérgio Cruz. Decisões estruturais no Direito Processual Civil brasileiro, in: Revista de Processo: RePro, v. 38, nº 225, 2013, p. 389-410. BAUERMANN, Desirê. Structural injunctions no direito norte-americano, in: Processos Estruturais. Org: Sérgio Cruz Arenhart, Marco Félix Jobim. Salvador: Juspodivm, 2017, p. 284. LIMA, Edilson Vitorelli Diniz. O devido processo Legal Coletivo: representação, participação e efetividade da tutela jurisdicional, Universidade Federal do Paraná, 2015, Tese de Doutorado em Direito das Relações Sociais, p. 577. Disponível em: http:/acervodigital.ufpr.br/bitstream/handle/1884/40822/R%20-%20T%20-%20EDILSON%20VITORELLI%20DINIZ%20LIMA.pdf?sequence=2. Acesso em: 07.08.17. FERRARO, Marcela Pereira. Do processo bipolar ao processo coletivo-estrutural. Universidade Federal do Paraná, 2015, Dissertação de Mestrado em Direito das Relações Sociais, p. 23-26.

ma,[3-4] buscando operar alterações em práticas e em condutas[5] ou "implantar uma reforma[6] estrutural (structural reform) em um ente, organização ou instituição, com o objetivo de concretizar um direito fundamental, realizar uma determinada política pública ou resolver litígios complexos",[7] sendo essa noção de litígios complexos sinônima à de "litígios de difusão irradiada"[8] ou de "litígios policêntricos".[9]

Trata-se de nova forma de concretização das decisões judiciais, que rompe com o modelo "clássico" de sentença condenatória + execução (por coerção ou por sub-rogação), a fim de conferir maior efetividade à atividade jurisdicional.

---

3 CHAYES, Abram. The role of the judge in public law litigation. Harvard Law Review, v. 89, nº 7, may-1976 (também disponível em espanhol em: CHAYES, Abram. El rol del juez en el litigio de interes público, in: Revista de Processo: RePro, São Paulo, v. 42, nº 268, p. 143-188, jun. 2017, p. 171.). FISS, Owen. The forms of justice. Harvard Law Review, nº 93, Nov-1979. ARENHART, Sérgio Cruz. Decisões estruturais no Direito Processual Civil brasileiro, in: Revista de Processo: RePro, v. 38, nº 225, 2013, p. 389-410. BAUERMANN, Desirê. Structural injunctions no direito norte-americano, in: Processos Estruturais. Org: Sérgio Cruz Arenhart, Marco Félix Jobim. Salvador: Juspodivm, 2017, p. 284. FERRARO, Marcela Pereira. Do processo bipolar ao processo coletivo-estrutural. Universidade Federal do Paraná, 2015, Dissertação de Mestrado em Direito das Relações Sociais, p. 10-13.

4 LIMA, Edilson Vitorelli Diniz. O devido processo Legal Coletivo: representação, participação e efetividade da tutela jurisdicional, Universidade Federal do Paraná, 2015, Tese de Doutorado em Direito das Relações Sociais, p. 293. Disponível em: http://acervodigital.ufpr.br/bitstream/handle/1884/40822/R%20-%20T%20-%20EDILSON%20VITORELLI%20DINIZ%20LIMA.pdf?sequence=2. Acesso em: 07.08.17.

5 FERRARO, Marcela Pereira. Do processo bipolar ao processo coletivo-estrutural. Universidade Federal do Paraná, 2015, Dissertação de Mestrado em Direito das Relações Sociais, p. 3. CABRAL, Antonio do Passo. Juiz natural e eficiência processual: flexibilização, delegação e coordenação de competências no processo civil. Tese apresentada no concurso de provas e títulos para provimento do cargo de Professor Titular de Direito Processual da Faculdade de Direito da Universidade do Estado do Rio de Janeiro. Rio de Janeiro: 2017, p. 504, nota de rodapé nº 332.

6 LANDAU, David. The Reality of Social Rights Enforcement. Harvard International Law Journal, v. 53, nº 1, 2012, p. 449.

7 DIDIER JR., Fredie; ZANETI JR., Hermes; OLIVEIRA, Rafael Alexandria. Notas sobre as decisões estruturantes, in: Processos Estruturais. Org: Sérgio Cruz Arenhart, Marco Félix Jobim. Salvador: Juspodivm, 2017, p. 355. DIDIER JR., Fredie; ZANETI JR., Hermes. Curso de direito processual civil: processo coletivo. 10ª ed. – Salvador: JusPODIVM, 2016, p. 380.

8 LIMA, Edilson Vitorelli Diniz. LIMA, Edilson Vitorelli Diniz. O devido processo Legal Coletivo: representação, participação e efetividade da tutela jurisdicional, Universidade Federal do Paraná, 2015, Tese de Doutorado em Direito das Relações Sociais, p. 88-95 e 561-575. Disponível em: http://acervodigital.ufpr.br/bitstream/handle/1884/40822/R%20-%20T%20-%20EDILSON%20VITORELLI%20DINIZ%20LIMA.pdf?sequence=2. Acesso em: 07.08.17.

9 FERRARO, Marcela Pereira. Do processo bipolar ao processo coletivo-estrutural. Universidade Federal do Paraná, 2015, Dissertação de Mestrado em Direito das Relações Sociais, p. 10-13.

Isso porque a estrutura "clássica" ou "tradicional" do processo e de suas medidas executivas não tem se mostrado eficaz em diversos casos, ainda que sirvam à maioria dos litígios que ingressam no Judiciário.[10]

Com isso, se está diante de mais uma forma – pela via jurisdicional – de concretização de direitos que guardam (tanto os direitos violados como a forma de concretização) certas particularidades, sendo sem dúvidas mais uma alternativa ao sistema multiportas.[11]

Nesse sentido, como se trata de nova forma de efetivação de decisões, importante analisar se é possível sua utilização por meio do procedimento arbitral. O objetivo do presente trabalho é justamente verificar as peculiaridades do processo estruturante e demonstrar como ele é compatível com a arbitragem.

2. Breve introdução histórica das medidas estruturantes

Atribui-se a origem das medidas estruturantes à implementação pelos juízes federais das decisões da Suprema Corte norte-americana no caso "Brown v. Board of Education of Topeka" (Brown II),[12] chamadas pela doutrina de "structural reform", de "structural injunctions", de "structural remedies", de "prophylactic injunction" ou de "institutional remedies".[13] Entretanto, o uso das medidas estruturantes "alcançou seus

---

10 LIMA, Edilson Vitorelli Diniz. O devido processo Legal Coletivo: representação, participação e efetividade da tutela jurisdicional, Universidade Federal do Paraná, 2015, Tese de Doutorado em Direito das Relações Sociais. Disponível em: http://acervodigital.ufpr.br/bitstream/handle/1884/40822/R%20-%20T%20-%20EDILSON%20VITORELLI%20DINIZ%20LIMA.pdf?sequence=2. Acesso em: 07.08.17. FERRARO, Marcela Pereira. Do processo bipolar ao processo coletivo-estrutural. Universidade Federal do Paraná, 2015, Dissertação de Mestrado em Direito das Relações Sociais.

11 Cuja análise pela doutrina brasileira não tem conseguido escapar da fórmula: jurisdição (clássica); arbitragem; conciliação e mediação.

12 Que tratou da "segregação racial" nas escolas, pondo fim à doutrina do "separate, but equal", consagrada no julgamento de "Plessy v. Fergusson". Sobre o caso, merecem destaque: PUGA, Mariela. La litis estructural em el caso Brown v. Board of Education, in: Processos Estruturais. Org: Sérgio Cruz Arenhart, Marco Félix Jobim. Salvador: Juspodivm, 2017, p. 85-140. JOBIM, Marco Félix; ROCHA, Marcelo Hugo da. Medidas estruturantes: origem em Brown v. Board of Education, in: Processos Estruturais. Org: Sérgio Cruz Arenhart, Marco Félix Jobim. Salvador: Juspodivm, 2017, p. 563-582. FERRARO, Marcela Pereira. Do processo bipolar ao processo coletivo-estrutural. Universidade Federal do Paraná, 2015, Dissertação de Mestrado em Direito das Relações Sociais, p. 99-108. PUGA, Mariela G. Litigio Estructural. Faculdade de Direito, Universidade de Buenos Aires, Buenos Aires, 2013, Tese de Doutorado, p. 58-131. Disponível em: https://www.researchgate.net/profile/Mariela_Puga/publication/251231477_LITIGIO_ESTRUCTURAL_-_Tesis_Doctoral_Mariela_Puga/links/00b7d51eef3c69135c000000/LITIGIO-ESTRUCTURAL-Tesis-Doctoral-Mariela-Puga.pdf. Acesso em: 06.07.17.

13 FISS, Owen M. Two models of adjudication. In: DIDIER JR, Fredie; JORDÃO, Eduardo Ferreira. Teoria geral do processo: panorama doutrinário mundial. Salvador: Juspodivm, 2007, p. 761. FISS, Owen M.; RESNIK, Judith. Adjudication and its alternatives: an introduction to procedure. New York: Foundation Press, 2003, p. 287-288. THOMAS, Tracy A. The continued vitality of prophylactic relief, in: The review of litigation. Out-2007, Vol. 27, nº 1, p. 113. FLETCHER, William A. The discretionary constitution: institutional remedies and judicial legitimacy, in: The Yale law journal. Yale, mar-82, vol. 91, nº 4, p. 635; EISENBERG, Theodore. YEAZELL, Stephen C. The ordinary and the extraordinary in institutional litigation, in: Harvard law review. Jan-80, Vol. 93, nº 3, p. 465. RENDLEMAN,

mais notáveis êxitos em litígios de reforma prisional e, nesse contexto, tem sido recentemente defendido pela Suprema Corte"[14] (prison reform litigation).[15]

Tanto na jurisprudência norte-americana quanto em sua doutrina, esse tipo de medida é visto como destinada a tutelar valores públicos e constitucionais,[16] apesar de não ser o único meio.[17]

Recentemente, a utilização das medidas estruturais tem sido verificada em outros países, como África do Sul[18], Colômbia[19] e Argentina[20], em casos envolvendo

---

Doug. Complex litigation: injunctions, structural remedies, and contempt. Nova Iorque: Thompson Reuters Foundation Press, 2010, p. 498 e ss.

---

14 FISS, Owen. Fazendo da Constituição uma verdade viva – Quatro conferências sobre a *structural injunction*, in: Processos Estruturais. Org: Sérgio Cruz Arenhart, Marco Félix Jobim. Salvador: Juspodivm, 2017, p. 26. Também disponível em inglês na mesma coletânea: FISS, Owen. To make the Constitution a living truth – Four lectures on the structural injunction, in: Processos Estruturais. Org: Sérgio Cruz Arenhart, Marco Félix Jobim. Salvador: Juspodivm, 2017, p. 583.

15 VIOLIN, Jordão. Holt v. Sarver e a reforma do sistema prisional do Arkansas, in: Processos Estruturais. Org: Sérgio Cruz Arenhart, Marco Félix Jobim. Salvador: Juspodivm, 2017, p. 306-307.

16 CHAYES, Abram. The role of the judge in public law litigation. Harvard Law Review, v. 89, nº 7, may-1976 (também disponível em espanhol em: CHAYES, Abram. El rol del juez en el litigio de interes público, in: Revista de Processo: RePro, São Paulo, v. 42, nº 268, p. 143-188, jun. 2017.). FISS, Owen M. Um novo processo civil: estudos norte-americanos sobre jurisdição, Constituição e sociedade. Trad. Daniel Porto Godinho da Silva e Melina de Medeiros Rós. Coord. Carlos Alberto de Salles. São Paulo: Revista dos Tribunais, 2007. Idem. To make the Constitution a living truth, in: Processos Estruturais. Org: Sérgio Cruz Arenhart, Marco Félix Jobim. Salvador: Juspodivm, 2017, p. 583-607. ZARING, David. National rulemaking through Trial courts: the big case and institutional reform. University of California UCLA Review, nº 1015, april-2004.

17 Sobre outras formas de tutela de: TUSHNET, Mark V. New Forms of Judicial Review and the Persistence of Rights – And Democracy-Based Worries, in: Wake Forest Law Review, v. 38, 2003, p. 813-838. Idem. Weak Courts, Strong Rights: Judicial Review and Social Welfare Rights in Comparative Constitutional Law. Princeton University Press, 2009. LANDAU, David. The Reality of Social Rights Enforcement. Harvard International Law Journal, v. 53, nb. 1, winter-2012, p. 190-247.

18 HIRSCH, Danyelle Elyce. A Defense of Structural Injunctive Remedies in South African Law. Oregon Review of International Law, v. 9, 2007, p. 1. Disponível em: http://law.bepress.com/cgi/viewcontent.cgi?article=7940&context=expresso. Acesso em: 12.07.17. EBADOLAHI, Mitra. Using Structural Interdicts and the South African Human Rights Commission to Achieve Judicial Enforcement of Economic and Social Rights in South Africa, in: NYU Law Review, v. 83, nb. 5, nov-2008, p. 1565-1606. Disponível em: http://www.nyulawreview.org/sites/default/files/pdf/NYULawReview-83-5-Ebadolahi.pdf. Acesso em: 11.04.17. ROACH, Kent; BUDLENDER, Geoff. Mandatory relief and supervisory jurisdiction: when is it appropriate, just and equitable?, in: The South African Law Journal, v. 122, nº 2, 2005, p. 328-329. SATHANAPALLY, Aruna. Beyond disagreement: open remedes in human rights adjudication. Oxford: oxford University Press, 2012, p. 17-18.

19 GRAVITO, César Rodríguez; FRANCO, Diana Rodríguez.Cortes y Cambio Social. Cómo la Corte Constitucional transformó el desplazamiento forzado en Colombia. SANTOS, Helena Maria Pereira dos; VIEIRA, José Ribas; DAMASCENO, Luana Regina D'Alessandro; CHAGAS, Tayná Tavares das. Estado de Coisas Inconstitucional: um estudo sobre os casos colombiano e brasileiro, *in*: Revista Quaestio Iuris. vol. 08, nº. 04, Número Especial. Rio de Janeiro, 2015. pp. 2596-2612.

20 VERBIC, Francisco. El remedio estructural de la causa "Mendoza": antecedentes, principales características y algunas cuestiones planteadas durante los primeros três años de su implementación.

questões coletivas (sociais – repasses previdenciários e condições dos presídios – e ambientais).

Segundo a doutrina majoritária estrangeira que analisou esses casos, as medidas estruturais e os "litígios estruturais" (estruturantes) são meios utilizados para interesses coletivos e públicos.[21]

3. Aplicação das medidas estruturantes no Brasil: jurisprudência e doutrina

Essa técnica também chegou ao Judiciário brasileiro, existindo dois casos de maior repercussão julgados pelo STF: a Ação Popular 3.388 (caso Raposa Serra do Sol)[22] e a ADPF 347 (Estado de Coisas Inconstitucional do sistema penitenciário brasileiro).

No primeiro, ao declarar a validade da demarcação de terras indígenas realizada pelo Executivo, o STF estabeleceu uma série de medidas e de limitações à exploração dos recursos naturais ali existentes, estabelecendo deveres para órgãos da Administração.

Em relação à ADPF, determinou-se uma completa reestruturação do sistema penitenciário brasileiro, a fim de que se encerrasse seu "estado de coisas inconstitucional" (ou "inferno dantesco", segundo palavras de alguns Ministros), com diversas imposições e especificações para o cumprimento dessa decisão pelo Executivo, em parceria com o CNJ.

Note-se que, em ambos, se tratou de questões que podem ser classificadas como constitucionais (demarcação de terras indígenas, pena violadora da dignidade dos presos), de interesse público e coletivo, de modo que se encaixam no que já sustentava a doutrina estrangeira sobre as medidas e sobre os litígios estruturantes.

Alguns autores nacionais sustentam que os litígios e as medidas estruturantes se

---

Disponível em: http://sedici.unlp.edu.ar/bitstream/handle/10915/33771/Documento_completo.pdf?sequence=1. Acesso em: 02.01.17.

---

21 BERIZONCE, Roberto O. La jurisdicción protectora o "de Acompañamiento", in: Revista de Derecho Procesal, 2014-2. Idem. Conflictos ambientales de interés público y princípios procesales. DJ, 14.09.11. VERBIC, Francisco. Un nuevo proceso para conflictos de interés público. La Ley, 2014. Disponível em: https://www.academia.edu/9303643/Un_nuevo_proceso_para_conflictos_de_inter%C3%A9s_p%C3%BAblico. Acesso em: 10.05.17. BERGALLO, Paola. Justice and Experimentalism: The Judiciary's Remedial Function in Public Interest Litigation in Argentina. Yale SELA (Seminario en Latinoamérica de Teoría Constitucional y Política) Papers, 2005, Paper 44. Disponível em: http://digitalcommons.law.yale.edu/cgi/viewcontent.cgi?article=1043&context=yls_sela e em http://digitalcommons.law.yale.edu/yls_sela/44. Acesso em: 18.07.17.

22 JOBIM, Marco Félix. Medidas estruturantes: da Suprema Corte estadunidense ao Supremo Tribunal Federal. Porto Alegre: Livraria do Advogado, 2013, p. 166-169.

prestam à tutela de direitos fundamentais[23] ou de preceitos fundamentais,[24] ao passo que outros defendem sua aplicação para direitos coletivos de qualquer natureza.

Importante destacar que, dentro da tutela coletiva, Sérgio Cruz Arenhart afirma que "as questões típicas de litígios estruturais envolvem valores amplos da sociedade, no sentido não apenas de que há vários interesses concorrentes em jogo, mas também de que a esfera jurídica de vários terceiros pode ser afetada pela decisão judicial".[25]

Em sentido semelhante, Hermes Zaneti Jr. e Rafael Alexandria sustentam que "a decisão estrutural (structural injunction) é, pois, aquela que busca implantar uma reforma estrutural (structural reform) em um ente, organização ou instituição, com o objetivo de concretizar um direito fundamental, realizar uma determinada política pública ou resolver litígios complexos".[26]

Ou seja, segundo esses autores, um dos parâmetros para analisar se são necessárias as medidas estruturantes não é somente que se esteja diante de um litígio coletivo.

Marcela Ferraro, também percebendo que não se deve limitar à conceituação de "litígios coletivos", vai além e diz que o foco é verificar se o problema discutido é "policêntrico"[27] – em contraposição ao contorno clássico "bipolar" que se atribui ao processo -, independentemente de se tratar de litígio classicamente visto como individual ou como coletivo (apesar de reconhecer que, em regra, os litígios individuais são tidos como "bipolares").[28]

---

23 Carlos Alexandre de Azevedo Campos sustenta que os litígios estruturais estão intimamente ligados à ideia de "Estado de Coisas Inconstitucional", criado pela Corte Colombiana e que já encontrou guarida no STF (Da Inconstitucionalidade por Omissão ao "Estado de Coisas Inconstitucional". Universidade do Estado do Rio de Janeiro. 2015. Tese de Doutorado em Direito Público; Estado de Coisas Inconstitucional. Disponível em: https://jota.info/artigos/jotamundo-estado-de-coisas-inconstitucional-04052015. Acesso em: 20.01.17).

24 JOBIM, Marco Félix. Medidas estruturantes: da Suprema Corte estadunidense ao Supremo Tribunal Federal. Porto Alegre: Livraria do Advogado, 2013, p. 171-182.

25 ARENHART, Sérgio Cruz. Decisões estruturais no Direito Processual Civil brasileiro, in: Revista de Processo: RePro, v. 38, n., p. 389-410. Em seu artigo, Sérgio Arenhart destaca que há autores que se referem aos "litígios policêntricos para designar os conflitos típicos das medidas estruturais".

26 Sendo essa noção de litígios complexos sinônima à de "litígios de difusão irradiada". DIDIER JR., Fredie; ZANETI JR., Hermes. Curso de direito processual civil: processo coletivo. 10ª ed. – Salvador: JusPODIVM, 2016, p. 380.

27 Apesar da ideia – de que o foco do problema e de que quem será afetado pelo processo não estão limitados somente às duas partes –, não parece que a terminologia seja a mais adequada. Isso porque "centro", por definição, é único, correspondendo a um ponto equidistante de outros (das extremidades de uma reta, de uma superfície etc – *http://michaelis.uol.com.br/busca?r=0&f=0&t=0&palavra=centro*), de modo que "centro" só pode existir um. Correndo o risco de ter escorregado em conceito matemático, fica a sugestão para que o termo seja trocado para "multifocal" (afinal, é possível haver mais de um foco, como na elipse, por exemplo).

28 FERRARO, Marcela Pereira. Do processo bipolar ao processo coletivo-estrutural. Universidade Federal do Paraná, 2015, Dissertação de Mestrado em Direito das Relações Sociais.

Em sentido semelhante, Antonio do Passo Cabral defende o escopo dos processos estruturantes não está somente no campo das políticas públicas, também não envolve apenas entes públicos e tampouco visa sempre à uma (re)estruturação, podendo se limitar a operar práticas ou condutas, se valendo de prestações positivas e negativas.[29]

Portanto, diferentemente do que sustenta Owen Fiss, no Brasil, as medidas estruturantes – apesar da divergência apresentada – não têm seu campo de aplicação restrito a assuntos que envolvem o Estado (e sua burocracia), podendo servir a discussões de caráter privado,[30] desde que a necessidade de implementação das mudanças buscadas esteja inserida no campo de aplicação peculiar desse "meio de tutela".

4. Litígios "policêntricos", Poder Público e arbitragem

Como se sabe, tem crescido na prática o uso da arbitragem pela Administração Pública, que passou a contar com previsões expressas de seu cabimento em diversos setores, como: de petróleo (art. 43, X, da Lei 9.478/97); de energia elétrica (art. 4º, § 5º, V, da Lei 10.438/02 e art. 4º, §§ 5º a 7º, da Lei 10.848/04); de investimentos públicos pelo BNDES (arts. 9º, I, e 15, VII, do Decreto 4.418/02); de parcerias público-privadas (art. 11, III, da Lei 11.079/04); de concessões (art. 23-A da Lei 8.987/95, que foi incluído pela Lei 11.196/05); portuário (arts. 37, §§ 1º a 3º, e 62, § 1º, da Lei 12.815/13, este último regulamentado pelo Decreto 8.465/15), dentre outros.

Existe, portanto, uma permissão genérica para que a cláusula arbitral seja inserida nos contratos administrativos (Lei 8.987/95 e Lei 11.079/04), fazendo com que a doutrina afirmasse o cabimento da arbitragem pelo Poder Público,[31]

---

29 CABRAL, Antonio do Passo. Juiz natural e eficiência processual: flexibilização, delegação e coordenação de competências no processo civil. Tese apresentada no concurso de provas e títulos para provimento do cargo de Professor Titular de Direito Processual da Faculdade de Direito da Universidade do Estado do Rio de Janeiro. Rio de Janeiro: 2017, p. 504, destaque para nota de rodapé nº 332. FERRARO, Marcela Pereira. Do processo bipolar ao processo coletivo-estrutural. Universidade Federal do Paraná, 2015, Dissertação de Mestrado em Direito das Relações Sociais, p. 2-3.

30 Há também na doutrina estrangeira quem defenda a utilização das medidas para questões envolvendo apenas entes privados (não obstante a dificuldade de se enquadrar os problemas como essencialmente "privados"): STURM, Susan. Second Generation Employment Discrimination: A Structural Approach, in: 101 Columbia Law Review 458, 537-552.

31 MEIRELLES, Hely Lopes. Licitação e contrato administrativo. 13.ed. São Paulo: Malheiros, 2002, p. 249. TALAMINI, Eduardo. Arbitragem e parcerias público-privadas, in: TALAMINI, Eduardo; JUSTEN, Monica Spezia (org.) Parcerias público-privadas: um enfoque multidisciplinar. São Paulo: Revista dos Tribunais, 2005, p. 333-358. Idem. Cabimento de arbitragem envolvendo sociedade de economia mista dedicada à distribuição de gás canalizado. Revista Brasileira de Arbitragem. v. 4, 2005, p. 44-64. BINENBOJM, Gustavo. As parcerias público-privadas (PPPS) e a constituição. Revista de Direito Administrativo, Rio de Janeiro, v. 241, p. 159-176, jul. 2005. Disponível em: http://bibliotecadigital.fgv.br/ojs/index.php/rda/article/view/43332. Acesso em: 05.05.17. VITA, Jonathan Barros. O desenvolvimento continuado de uma nova visão da interação entre a arbitragem e o poder público, in: JOBIM, Eduardo; MACHADO, Rafael Bicca (Coord.). Arbitragem no Brasil: aspectos ju-

interpretando o conceito de disponibilidade previsto no art. 1º, caput, da Lei 9.307/96.[32]

Sobre o tema, o próprio TCU chegou a proferir decisões contrárias à previsão de compromisso arbitral nos contratos,[33] mas modificou esse entendimento foi posteriormente, aderindo à doutrina majoritária.[34] A possibilidade de realização de arbitragem pelo Poder Público também contou com o respaldo da jurisprudência do STJ[35] e de acórdão do STF.[36]

---

rídicos relevantes. São Paulo: Quartier Latin do Brasil, 2008, p. 203-204. SALLA, Ricardo Medina. Arbitragem e Direito Público. Revista Brasileira de Arbitragem, nº 22, Porto Alegre: Síntese, Curitiba: Comitê Brasileiro de Arbitragem, abr./jun. 2009, p. 78-106. ALMEIDA, Lise de; COSTA, Sérgio de Freitas. Prerrogativas da Administração Pública no Processo Arbitral: um Imperativo? Revista Brasileira de Arbitragem, nº 25. Porto Alegre: Síntese; Curitiba: Comitê Brasileiro de Arbitragem, jan./fev./mar. 2010, p. 76-83. TIMM, Luciano Benetti; TAVARES DA SILVA, Thiago. Os contratos administrativos e a arbitragem. Revista Brasileira de Arbitragem, nº 29. Porto Alegre: Síntese; Curitiba: Comitê Brasileiro de Arbitragem, jan./fev./mar. 2011, p. 43-59.CARVALHO, Juliane Erthal de. Arbitragem no âmbito dos contratos firmados com o Poder Público. Informativo Justen, Pereira, Oliveira e Talamini. Curitiba, nº 48, fev/2010. Disponível em: http://www.justen.com.br//informativo.php?&informativo=48&artigo=1068&l=pt. Acesso em: 05.05.17. NARDI, Luciana. A arbitragem na administração pública. Tribunal Arbitral de São Paulo-Mediação e Arbitragem. Disponível em: http://www.taspvm.com.br/artigos/artigosrecentes_27.htm. Acesso em: 05.05.17. Confira-se, ainda, importante coletânea sobre o tema: PEREIRA, Cesar Augusto Guimarães; TALAMINI, Eduardo (Coord.). Arbitragem e poder público. São Paulo: Saraiva, 2010.

---

32 TALAMINI, Eduardo. A (in)disponibilidade do interesse público: consequências processuais (composições em juízo, prerrogativas processuais, arbitragem, e ação monitória). RePro, São Paulo, v. 30, nº 128, p. 59-77, out. 2005.

33 TCU – Processo n° 005/250/2002-2, Acórdão n° 584/2003. Acórdão nº 1099/2006, Plenário, Relator Ministro Augusto Nardes. Acórdão nº 537/2006, Segunda Câmara, Relator Ministro Alencar Rodrigues, j.: 14.03.2006.

34 TCU – Acórdão nº 2145/2013, Plenário, Relator Ministro Benjamin Zymler, j.: 14.08.2013, como aponta SICA, Heitor. Arbitragem e Fazenda Pública. Disponível em: https://www.academia.edu/12883545/2015_-_Arbitragem_e_Fazenda_P%C3%BAblica. Acesso em: 10.05.17.

35 STJ – AgRg no MS 11.308/DF, Rel. Ministro LUIZ FUX, PRIMEIRA SEÇÃO, julgado em 28/06/2006, DJ 14/08/2006, p. 251. REsp 606.345/RS, Rel. Ministro JOÃO OTÁVIO DE NORONHA, SEGUNDA TURMA, julgado em 17/05/2007, DJ 08/06/2007, p. 240. MS 11.308/DF, Rel. Ministro LUIZ FUX, PRIMEIRA SEÇÃO, julgado em 09/04/2008, DJe 19/05/2008. REsp 904.813/PR, Rel. Ministra NANCY ANDRIGHI, TERCEIRA TURMA, julgado em 20/10/2011, DJe 28/02/2012.

36 "INCORPORAÇÃO, BENS E DIREITOS DAS EMPRESAS ORGANIZAÇÃO LAGE E DO ESPOLIO DE HENRIQUE LAGE. JUÍZO ARBITRAL. CLÁUSULA DE IRRECORRIBILIDADE. JUROS DA MORA. CORREÇÃO MONETÁRIA. 1. LEGALIDADE DO JUÍZO ARBITRAL, QUE O NOSSO DIREITO SEMPRE ADMITIU E CONSGROU, ATÉ MESMO NAS CAUSAS CONTRA A FAZENDA. PRECEDENTE DO SUPREMO TRIBUNAL FEDERAL. 2. LEGITIMIDADE DA CLÁUSULA DE IRRECORRIBILIDADE DE SENTENÇA ARBITRAL, QUE NÃO OFENDE A NORMA CONSTITUCIONAL. 3. JUROS DE MORA CONCEDIDOS, PELO ACÓRDÃO AGRAVADO, NA FORMA DA LEI, OU SEJA, A PARTIR DA PROPOSITURA DA AÇÃO. RAZOAVEL INTERPRETAÇÃO DA SITUAÇÃO DOS AUTOS E DA LEI Nº 4.414, DE 1964. 4. CORREÇÃO MONETÁRIA CON-

Além disso, recentemente, a Lei 13.129/15 alterou a Lei 9.307/96 para, dentre outras modificações, expressamente estabelecer que "a administração pública direta e indireta poderá utilizar-se da arbitragem para dirimir conflitos relativos a direitos patrimoniais disponíveis" (art. 1º, § 1º).

Assim, a discussão passou a incidir sobre a definição de (in)disponibilidade e sobre a limitação aos direitos patrimoniais, por opção legislativa.[37] Não obstante, ao que tudo indica, a legislação especial supracitada permanece aplicável, sem que existam os referidos requisitos para que se estipule cláusula arbitral.[38]

Portanto, a arbitragem é vista como um meio adequado de resolução de determinados conflitos ainda que envolvam o Poder Público.[39]

Nesse sentido, é perfeitamente possível que à luz da legislação especial – que não estabelece a limitação da patrimonialidade para a arbitralidade objetiva –, surjam litígios envolvendo a Administração Pública que se enquadrem como "policêntricos" ou de "difusão irradiada" – que, segundo a doutrina majoritária estrangeira e parte da doutrina nacional, são os litígios que definem as medidas estruturantes.

Não se pode esquecer, ainda, que, como visto anteriormente, os litígios "policêntricos" podem dizer respeito também a particulares. Contudo, resta verificar se existirá uma área comum entre "direitos patrimoniais disponíveis", que permite a instauração da arbitragem (art. 1º, caput, da Lei 9.307/96), e a ideia de litígios estruturantes.[40]

CEDIDA, PELO TRIBUNAL A QUO, A PARTIR DA PUBLICAÇÃO DA LEI Nº 4.686, DE 21.6.65. DECISÃO CORRETA. 5. AGRAVO DE INSTRUMENTO A QUE SE NEGOU PROVIMENTO." (AI 52181, Relator(a): Min. BILAC PINTO, Tribunal Pleno, julgado em 14/11/1973, DJ 15-02-1974 PP-00720 EMENT VOL-00936-01 PP-00042).

---

37 TALAMINI, Eduardo. A (in)disponibilidade do interesse público: consequências processuais (composições em juízo, prerrogativas processuais, arbitragem, e ação monitória) – versão atualizada para o CPC/2015, in: RePro, São Paulo, v. 42, nº 264, p. 83-107, fev. 2017, p. 96-100. SICA, Heitor. Arbitragem e Fazenda Pública. Disponível em: https://www.academia.edu/12883545/2015_-_Arbitragem_e_Fazenda_P%C3%BAblica. Acesso em: 10.05.17. DI PIETRO, Maria Sylvia Zanella. As possibilidades de arbitragem em contratos administrativos. Publicado em: 24.09.15. Disponível em: http://www.conjur.com.br/2015-set-24/interesse-publico-possibilidades-arbitragem-contratos-administrativos2. Acesso em: 07.05.17.

38 RODRIGUES, Marco Antonio. A fazenda pública no processo civil. São Paulo: Atlas, 2016, p. 370.

39 TALAMINI, Eduardo. A (in)disponibilidade do interesse público: consequências processuais (composições em juízo, prerrogativas processuais, arbitragem, e ação monitória) – versão atualizada para o CPC/2015, in: RePro, São Paulo, v. 42, nº 264, p. 83-107, fev. 2017. RODRIGUES, Marco Antonio; ALVAREZ, Pedro de Moraes Perri. Arbitragem e Fazenda Pública, in: Revista Eletrônica de Direito Processual – REDP. Volume XIV. v. 14, nº 1, 2014. Disponível em: http://www.e-publicacoes.uerj.br/index.php/redp/article/view/14545. Acesso em: 05.05.17. SICA, Heitor. Arbitragem e Fazenda Pública. Disponível em: https://www.academia.edu/12883545/2015_-_Arbitragem_e_Fazenda_P%C3%BAblica. Acesso em: 10.05.17.

40 Seria possível vislumbrar litígios estruturantes e essencialmente patrimoniais envolvendo, por exemplo, instituições financeiras e consumidores, de modo que, em tese, admitiria a utilização da

Caso isso ocorra, não parece correto que se suprima da arbitragem a solução desses litígios, tornando ineficaz a cláusula arbitral estabelecida. Assim, penso ser plenamente possível a via arbitral para solução de litígios "policêntricos" (estruturantes).

Portanto, está demonstrado que esses tipos de litígios – aos quais se aplicam os processos estruturantes – podem, em algumas hipóteses, ser submetidos à arbitragem.

5. Características do processo estruturante e sua compatibilidade com a arbitragem

Como já se disse acima, as medidas estruturantes correspondem a uma nova forma de efetivação de decisão judicial, com características consideradas distintas do sistema tradicional – algumas delas já estão corriqueiramente presentes, sem que se preste atenção. Neste tópico, se analisará a compatibilidade do processo estruturante com a arbitragem.

Em primeiro lugar, as medidas estruturantes se prestam a um tipo de tutela menos "retrospectiva" e mais "prospectiva",[41] que não foca tanto em sancionar condutas

arbitragem. Entretanto, essa é outra polêmica, tendo em vista o veto presidencial dos §§ 2º e 3º do art. 4º da Lei 9.307/96 (introduzidos pela Lei 13.129/15), que permitiam a cláusula compromissória em contratos de adesão, mesmo em relação de consumo. Apesar disso, ainda é possível pensar em compromisso arbitral envolvendo relação de consumo patrimonial que seja estruturante, permitindo a utilização da arbitragem nesses casos.

Gustavo Osna (Nem "tudo", nem "nada" – decisões estruturais e efeitos jurisdicionais complexos, in: Processos Estruturais. Org: Sérgio Cruz Arenhart, Marco Félix Jobim. Salvador: Juspodivm, 2017, p. 177-202.) desenvolve a importância dos processos estruturantes para aquelas instituições consideradas *too big to fail*, usando como exemplo a crise no sistema financeiro norte-americano, iniciada no âmbito "privado" de instituições financeiras (concessão de crédito por bancos privados) e que abalou todo o planeta.

41 CHAYES, Abram. The role of the judge in public law litigation. Harvard Law Review, v. 89, nº 7, may-1976, p. 1282 (também disponível em espanhol em: CHAYES, Abram. El rol del juez en el litigio de interes público, in: Revista de Processo: RePro, São Paulo, v. 42, nº 268, jun. 2017, p. 166.). RESNIK, Judith. Managerial Judges, in: Harvard Law Review, p. 391. Disponível em: http://digitalcommons.law.yale.edu/cgi/viewcontent.cgi?article=1974&context=fss_papers. Acesso em: 03.05.17. (também disponível em espanhol em: RESNIK, Judith. Los jueces como directores del proceso, in: Revista de Processo: RePro, São Paulo, v. 42, nº 268, jun. 2017, p. 209.). FISS, Owen. The forms of justice. Harvard Law Review, nº 93, Nov-1979, p. 23. Confira-se também p. 47-48. FERRARO, Marcela Pereira. Do processo bipolar ao processo coletivo-estrutural. Universidade Federal do Paraná, 2015, Dissertação de Mestrado em Direito das Relações Sociais, p. 15 e 23. ARENHART, Sérgio Cruz. Decisões estruturais no Direito Processual Civil brasileiro, in: Revista de Processo: RePro, v. 38, nº 225, 2013, p. 389-410. BAUERMANN, Desirê. Structural injunctions no direito norte-americano, in: Processos Estruturais. Org: Sérgio Cruz Arenhart, Marco Félix Jobim. Salvador: Juspodivm, 2017, p. 284. LIMA, Edilson Vitorelli Diniz. O devido processo Legal Coletivo: representação, participação e efetividade da tutela jurisdicional, Universidade Federal do Paraná, 2015, Tese de Doutorado em Direito das Relações Sociais, p. 577. Disponível em: http://acervodigital.ufpr.br/bitstream/handle/1884/40822/R%20-%20T%20-%20EDILSON%20VITORELLI%20DINIZ%20LIMA.pdf?sequence=2. Acesso em: 07.08.17.

pretéritas, e sim em resolver problemas numa perspectiva futura,[42] ideia que não é incompatível com a arbitragem.

Alguns autores apontam que o principal instituto com o qual o processo estruturante rompe é a ideia de esgotamento da decisão de mérito (ou melhor, do esgotamento do mérito até a sentença), de modo que cabe ao juiz enfrentar – até a sentença – todas as questões de mérito que permeiam o processo.

Com efeito, a medida estruturante pode – e deve – ser implementada de forma parcial-progressiva (passo a passo). Ou seja, profere-se uma decisão-núcleo estabelecendo alguns parâmetros para seu cumprimento e, posteriormente, são verificados os desdobramentos, sendo proferidas novas decisões – que confirmam, revogam ou adequam os comandos anteriores – em cascata.[43]

A rigor, essa ideia nem mesmo está engessada no processo "tradicional", diante de cognição exercida após a prolação de sentença (liquidação de sentença, verificação de condições na fase de execução etc). A ideia de cisão do mérito não é nova, diante das decisões parciais de mérito – sendo feita a ressalva que, nesse caso, todo o mérito é decidido até a sentença.

Não se constata qualquer impedimento também no campo da arbitragem, sendo, por exemplo, expressamente prevista a possibilidade de "sentença arbitral parcial" (art. 23, § 1º, da Lei 9.307/96, incluído pela Lei 13.129/15), de modo que não existe um momento preestabelecido para que todo o mérito seja decidido.

Não se pode, ainda, dizer que o art. 26, II e III, da Lei 9.307/96 (tal como os arts. 489, § 1º, IV, e 490 do CPC) constituem embaraço a esse tipo de técnica. Isso porque todas as questões e todos os pedidos serão analisados, ainda que de forma parcial e sucessiva.

Além disso, as medidas estruturantes, como decorrência do que se disse acima, podem ser provisórias e adaptáveis, de modo que, em cada etapa, o magistrado deve analisar se o que foi determinado antes permanece adequado, à luz do que se implementou na prática (ou do que não se conseguiu implementar).[44] Se a medida se

---

42 ARENHART, Sergio Cruz; MARINONI, Luiz Guilherme. A proteção ressarcitória de danos coletivos e o devido processo legal: a experiência brasileira, in: Revista de Estudos Jurídicos e Sociais. 3ª ed., n.3. Cascavel: NEJUS, 2014, p. 22-23 e 26-32. FERRARO, Marcela Pereira. Do processo bipolar ao processo coletivo-estrutural. Universidade Federal do Paraná, 2015, Dissertação de Mestrado em Direito das Relações Sociais, p. 24. LEVIT, Janet Koven. Rewriting Beginnings: The Lessons of Gautreaux. The John Marshall Law Review, v. 28, 1994, p. 97.

43 ARENHART, Sérgio Cruz. Decisões estruturais no Direito Processual Civil brasileiro, in: Revista de Processo: RePro, v. 38, n., p. 389-410.

44 ARENHART, Sérgio Cruz. Decisões estruturais no Direito Processual Civil brasileiro, in: Revista de Processo: RePro, v. 38, nº 225, 2013, p. 398-401. CHAYES, Abram. The role of the judge in public law litigation. Harvard Law Review, v. 89, nº 7, may-1976, p. 1301 (também disponível em espanhol em: CHAYES, Abram. El rol del juez en el litigio de interes público, in: Revista de Processo: RePro, São Paulo, v. 42, nº 268, p. 143-188, jun. 2017, p. 171.). ROACH, Kent; BUDLENDER, Geoff. Mandatory relief and supervisory jurisdiction: when is it appropriate, just and equitable?, in: The South African Law Journal, v. 122, nº 2, 2005, p. 330. SATHANAPALLY, Aruna. Beyond disagreement: open remedes in human rights adjudication. Oxford: oxford University Press, 2012, p. 14.

mostrar insuficiente, inútil ou exagerada, poderá adaptá-la para alcançar o objetivo desejado, que deve ser ótimo.[45]

Nesse ponto, quando se trata de medidas para concretização de direitos, também não há qualquer novidade, pois o próprio árbitro pode estabelecer comandos provisórios (cautelares,[46] antecipados e de evidência[47]) e modificar as tutelas provisórias já concedidas, mesmo pelo Judiciário (art. 22-B da Lei 9.307/96, incluído pela Lei 13.129/15).

Mais uma característica das medidas estruturantes é que, com exceção da decisão-núcleo, algumas questões podem ser decididas fora do juízo (judiciário ou arbitral), trabalhando, portanto, com a ideia de delegabilidade.[48]

Assim, o juízo pode estabelecer que um "órgão" externo ou mesmo integrantes de determinado grupo (membros de uma comunidade) tomem algumas decisões, sem que o julgador se envolva diretamente.

Muda-se radicalmente o papel do juiz, que deixa de ser quem sempre resolve os problemas apresentados e passa, muitas vezes, a ser quem cria um ambiente adequado para que as próprias partes ou terceiros os solucionem.

Acerca da delegabilidade de medidas executivas ou mesmo de decisões tomadas no curso da efetivação das medidas estruturantes, apesar de possuir caráter dogmático, esse tema também não constitui novidade no processo tradicional.[49]

Um primeiro exemplo é das cartas – de ordem, precatória, arbitral e rogatória –, que, sem dúvida, são delegações de atos jurisdicionais.[50-51] Ainda que se diga que a

45 ARENHART, Sérgio Cruz. A tutela coletiva de interesses individuais. Para além da proteção de interesses individuais homogêneos. 2ª ed. São Paulo: Revista dos Tribunais, 2014, p. 377.

46 Por todos: CANEIRO, Paulo Cezar Pinheiro. Aspectos processuais da nova lei de arbitragem, in: Revista Forense, v. 339, 1991, p. 127-141. CARMONA, Carlos Alberto. A arbitragem no processo civil brasileiro. São Paulo: Malheiros, 1993, p. 108-109. Idem. Arbitragem e processo. 2ª ed. São Paulo: Atlas, 2004, p. 215-216.

47 Alexandre Freitas Câmara defende expressamente o poder do árbitro de conceder tutela cautelar, antecipada "de segurança" e antecipada de evidência: CÂMARA, Alexandre Freitas. Arbitragem – Lei nº 9.307/96. 5ª ed., rev., ampl. e atual. Rio de Janeiro: Lumen Juris, 2009, 92-96. Merece destaque que o CPC modificou parcialmente essa nomenclatura, passando a prever a tutela de urgência (arts. 300 a 302) – que pode ser antecipada (arts. 303 e 304) ou cautelar (arts. 305 a 310) – e da evidência (art. 311).

48 CABRAL, Antonio do Passo. Juiz natural e eficiência processual: flexibilização, delegação e coordenação de competências no processo civil. Tese apresentada no concurso de provas e títulos para provimento do cargo de Professor Titular de Direito Processual da Faculdade de Direito da Universidade do Estado do Rio de Janeiro. Rio de Janeiro: 2017, p. 504.

49 Tese apresentada no concurso de provas e títulos para provimento do cargo de Professor Titular de Direito Processual da Faculdade de Direito da Universidade do Estado do Rio de Janeiro. Rio de Janeiro: 2017, p. 446-506.

50 GRECO, Leonardo. Instituições de processo civil, volume I. 5ª ed. – Rio de Janeiro: Forense, 2015. CABRAL, Antonio do Passo. Juiz natural e eficiência processual: flexibilização, delegação e coordenação de competências no processo civil. Tese apresentada no concurso de provas e títulos para provimento do cargo de Professor Titular de Direito Processual da Faculdade de Direito da Universidade do Estado do Rio de Janeiro. Rio de Janeiro: 2017, p. 446-506.

51 Ainda que se discuta quais atos são efetivamente jurisdicionais, não parece haver dúvida na doutrina tradicional de que as medidas sub-rogatórias executivas o são e estas podem ser objeto de

jurisdição é una no território nacional e que, portanto, as cartas de ordem, precatória e arbitral não representariam uma delegação de jurisdição, mas de competência para atos específicos, o mesmo não se pode falar da carta rogatória, pois os atos delegados são praticados no exterior, sem exercício de jurisdição nacional.

Outro exemplo no processo tradicional é o administrador judicial, que tem competência para tomar decisões, assim como o leiloeiro nomeado pelo juízo. Interessante notar que há atos processuais (inclusive executivos) que já são praticados por terceiros que não compõem o quadro de auxiliares do juízo ou de servidores do Judiciário, como a alienação por iniciativa particular, que é ato de expropriação, e aqueles praticados por inventariante particular.

Veja-se, com isso, que sequer precisamos analisar inventividades ou proatividades de alguns magistrados, podendo trabalhar com previsões legais já existentes servindo de parâmetros, a fim de constatar que é possível a delegação de atos processuais, mesmo por árbitros, a terceiros, caso seja necessário.

Ainda, deslocar o centro decisório do árbitro pode, muitas vezes, evitar discussões acerca dos limites de intervenção em outras funções, como a administrativa ou mesmo a legislativa. Para os que defendem uma maior separação dos "Poderes" (funções), essa solução se mostraria ideal, pois a atividade jurisdicional (para os que defendem a natureza jurisdicional da arbitragem) pode se limitar à de criar um ambiente para que as decisões sejam tomadas pelos que detém legitimidade política.

Em qualquer hipótese de delegação pelo árbitro, não se delega sua competência fiscalizatória acerca da regularidade dos atos delegados, de modo que o árbitro passa a exercer uma cognição secundária,[52] sob a função de fiscalizador e de um supervisor (de prazo, de cumprimento, de limites, de requisitos formais/materiais etc).[53]

carta rogatória. Por todos: GRECO, Leonardo. Instituições de processo civil, volume I. 5ª ed. – Rio de Janeiro: Forense, 2015.

52 CABRAL, Antonio do Passo. Juiz natural e eficiência processual: flexibilização, delegação e coordenação de competências no processo civil. Tese apresentada no concurso de provas e títulos para provimento do cargo de Professor Titular de Direito Processual da Faculdade de Direito da Universidade do Estado do Rio de Janeiro. Rio de Janeiro: 2017, p. 487.

53 Referindo-se à função do juiz, que entendo aplicável, *mutatis mutandis*, ao árbitro: VERBIC, Francisco. El remedio estructural de la causa "Mendoza": antecedentes, principales características y algunas cuestiones planteadas durante los primeros três años de su implementación. Disponível em: http://sedici.unlp.edu.ar/bitstream/handle/10915/33771/Documento_completo.pdf?sequence=1. Acesso em: 02.01.17. RESNIK, Judith. Managerial Judges, in: Harvard Law Review, p. 391. Disponível em: http://digitalcommons.law.yale.edu/cgi/viewcontent.cgi?article=1974&context=fss_papers. Acesso em: 03.05.17. (também disponível em espanhol em: RESNIK, Judith. Los jueces como directores del proceso, in: Revista de Processo: RePro, São Paulo, v. 42, nº 268, jun. 2017, p. 209.). GILLES, Myriam E. Reinventing structural reform litigation: deputizing private citizens in the enforcement of civil rights. Columbia Law Review, v. 100, nº 6, out.-2000, p. 1434. ROACH, Kent; BUDLENDER, Geoff. Mandatory relief and supervisory jurisdiction: when is it appropriate, just and equitable?, in: The South African Law Journal, v. 122, nº 2, 2005, p. 325. Chega à mesma conclusão: CABRAL, Antonio do Passo. Juiz natural e eficiência processual: flexibilização, delegação e coorde-

Essa "delegação da decisão" está também intimamente ligada à ideia de solução consensual, uma vez que a autocomposição tem ganhado força, sob a afirmação de que em muitos litígios é melhor que as partes alcancem uma solução não imposta. Com efeito, o mesmo se pode afirmar para as medidas estruturantes, de caráter menos impositivo e mais dialógico, devolvendo muitas vezes às partes o poder decisório sobre questões que digam respeito ao litígio.[54]

Além disso, deve-se afastar a ideia de que o juiz é um ser perfeito, imune a erros e de que o comando judicial mais indicado a assegurar direitos é aquele que permanece imutável, prestigiando-se a experimentação ("tentativa e erro") na fase de efetivação do direito.[55]

Essas ideias também não encontram qualquer óbice na arbitragem, ainda que se espere um julgador mais qualificado e menos "abarrotado de processos" – críticas

nação de competências no processo civil. Tese apresentada no concurso de provas e títulos para provimento do cargo de Professor Titular de Direito Processual da Faculdade de Direito da Universidade do Estado do Rio de Janeiro. Rio de Janeiro: 2017, p. 486.

54 COSTA, Eduardo José da Fonseca. A "execução negociada" das políticas públicas em juízo, in: Revista de Processo, São Paulo, v. 37, nº 212, p. 25-56, out. 2012. Disponível em: http://www.bvr.com.br/abdpro/wp-content/uploads/2016/03/Execucao-negociada-de-politicas-publicas.pdf. Acesso em: 01.03.17. FERRARO, Marcela Pereira. Do processo bipolar ao processo coletivo-estrutural. Universidade Federal do Paraná, 2015, Dissertação de Mestrado em Direito das Relações Sociais, p. 3. GISMONDI, Rodrigo. Consensualidade e cooperação na execução judicial de políticas públicas: a subsidiariedade do modelo tradicional da execução-sanção diante do Novo CPC, in: Fazenda Pública. ARAÚJO, José Henrique Mouta; CUNHA, Leonardo Carneiro da; RODRIGUES, Marco Antonio (Org.). 2ª ed. – Salvador: Juspodivm, 2016, p. 705-738. RODRIGUES, Marco Antonio; GISMONDI. Negócios jurídicos processuais como mecanismos de auxílio à efetivação de políticas públicas, in: Processos Estruturais. Org: Sérgio Cruz Arenhart, Marco Félix Jobim. Salvador: Juspodivm, 2017.

55 FERRARO, Marcela Pereira. Do processo bipolar ao processo coletivo-estrutural. Universidade Federal do Paraná, 2015, Dissertação de Mestrado em Direito das Relações Sociais, p. 109-117. DIDIER JR., Fredie; ZANETI JR., Hermes. Curso de direito processual civil: processo coletivo. 10ª ed. – Salvador: JusPODIVM, 2016, p. 36-37. BERGALLO, Paola. Justice and Experimentalism: The Judiciary's Remedial Function in Public Interest Litigation in Argentina. Yale SELA (Seminario en Latinoamérica de Teoría Constitucional y Política) Papers, 2005, Paper 44. Disponível em: http://digitalcommons.law.yale.edu/cgi/viewcontent.cgi?article=1043&context=yls_sela e em http:// http://digitalcommons.law.yale.edu/yls_sela/44. Acesso em: 18.05.17. SABEL, Charles F.; SIMON, William H. Destabilization Rights: how public law litigation succeeds, in: Harvard Law Review, 117, feb-2004, p. 1.020 e 1082-1100. Disponível em: http://www2.law.columbia.edu/sabel/papers/Destabilization%20Rights%20-%20Westlaw.pdf. Acesso em: 10.05.17. SIMON, William H. The Warren Court, Legalism and Democracy: Sketch for a Critique in a Style Learned from Morton Horwitz. In: BROPHY; HAMILTON (Ed.). Transformations in American Legal History: Essays in Honor of Professor Morton J. Horwitz. Cambridge: Harvard University Press, v. I, 2009, p. 14. RODRIGUES, Luís Henrique Vieira; VARELLA, Luiz Henrique Borges. As structural injunctions e o direito processual brasileiro: apontamentos acerca do alcance coletivo, da participação e da executividade das medidas estruturantes no âmbito da litigância de interesse público, in: Processos Estruturais. Org: Sérgio Cruz Arenhart, Marco Félix Jobim. Salvador: Juspodivm, 2017, p. 530-531.

formuladas ao Judiciário, que servem de motivos para a procura pelo procedimento arbitral –, pois ainda é um operador do direito humano, sujeito a limitações, além de, como já dito, haver provisoriedade também em determinados provimentos arbitrais.

O processo estruturante ainda tende a flexibilizar os "princípios"[56] da demanda[57] e da correspondência/congruência/adstrição,[58] pois a tutela necessária pode variar e mesmo o conhecimento dos problemas pode ser de difícil aferição desde logo.

Importante destacar que parte desse problema não diz respeito propriamente a flexibilizar a demanda, mas a forma de tutela pretendida pelo autor em alguns casos, sendo possível que o meio requerido não seja o utilizado pelo magistrado ao longo do processo. Afinal, trata-se de poder do órgão jurisdicional determinar as medidas cabíveis para tutelar os direitos (art. 139, IV, do CPC),[59] o que é perfeitamente aplicável ao árbitro – feita a ressalva da efetivação dessas medidas, o que será visto adiante.

Com relação à modificação do pedido e da causa de pedir, a doutrina já defende diversas hipóteses em que ela é possível, com base na boa-fé[60] e na consensualidade, valendo destacar que "o legislador passou de uma vedação expressa e categórica (art.264, parágrafo único, CPC de 1973) a um dispositivo de interpretação extremamente maleável, porque omisso (art.329, CPC de 2015). Sabe-se que certas questões são objeto de política legislativa, e essa é mais uma delas".[61]

Importante destacar que a arbitragem – mais do que o processo que tramita no Judiciário – tem maior carga de disponibilidade (material e processual), o que permite maior flexibilização das amarras do CPC. Como dito, se nem mesmo no processo civil

---

56 Creio que se está diante de uma regra (art. 492 do CPC), e não de um princípio. Aliás, como se verá adiante, trata-se de uma regra repleta de exceções no próprio ordenamento processual. Fredie Didier Jr., Paula Sarno Braga e Rafael Alexandria de Oliveira, por exemplo, chamam de "regra da congruência": DIDIER, JR., Fredie; BRAGA, Paula Sarno; OLIVEIRA, Rafael Alexandria de. Curso de direito processual civil – teoria da prova, direito probatório, ações probatórias, decisão, precedente, coisa julgada e antecipação dos efeitos da tutela, vol. 2. 8ª ed. Salvador: Juspodivm, 2013, p. 342.

57 ARENHART, Sérgio Cruz. Decisões estruturais no Direito Processual Civil brasileiro, in: Revista de Processo: RePro, v. 38, n., p. 389-410.

58 Afirmando que o último é corolário do primeiro: ARENHART, Sérgio Cruz. Reflexões sobre o princípio da demanda, in: Processo e Constituição – estudos em homenagem ao professor José Carlos Barbosa Moreira. Coord. Luiz Fux, Nelson Nery Jr. e Teresa Arruda Alvim Wambier. São Paulo: RT, 2006, p. 587 e ss.

59 JOBIM, Marco Felix. A previsão das medidas estruturantes no artigo 139, IV, do Novo Código de Processo Civil brasileiro, in: Processo Coletivo. Coord. Hermes Zaneti Jr. Salvador: JusPODIVM, 2016, p. 215-234.

60 RODRIGUES, Marco Antonio dos Santos. A modificação do pedido e da causa de pedir no processo civil. Rio de Janeiro: GZ, 2014.

61 VOGT, Fernanda. Aspectos relevantes sobre a estabilização da demanda na óptica do interesse processual. Civil Procedure Review, v. 8, n. 1: 107-136, jan.-apr., 2017, p. 115. Disponível em: http://civilprocedurereview.com/index.php?option=com_content&view=article&id=593%3Apdf-revista-n1-2017&Itemid=114&lang=pt. Acesso em: 07.07.17.

judiciário existe uma vedação expressa, é perfeitamente possível compatibilizar a flexibilização da demanda com o processo arbitral.

Visto isso, impõe-se falar de dois desdobramentos do contraditório no procedimento estruturante: um decorrente de legitimidade (contraditório participativo) e outro decorrente dos "provimentos em cascata" (contraditório diferido).

O primeiro é, na verdade, característica de todo processo coletivo (ou "policêntrico"), devendo ser repensadas as formas tradicionais de intervenção e de participação (que são insuficientes),[62-63] diante da complexidade das matérias e da potencialidade de irradiação dos efeitos da decisão para terceiros – os que serão afetados juridicamente (com criação de obrigações) pela decisão precisam ser integrados ao processo como partes; os que sofram efeitos práticos demais devem ter direito de se manifestar.

Em relação a ele, apesar de as formas tradicionais de intervenção e de participação serem insuficientes, o CPC abriu espaço com a tipificação do amicus curiae (art. 138)[64] e da previsão de audiências públicas (arts. 927, §2º, 983, § 1º, 1.038, II).

Esta, não obstante ser prevista como poder apenas do relator (do IRDR – 983, § 1º, do CPC – e dos recursos repetitivos – art. 1.038, II, do CPC) deve necessariamente se estender a todo o microssistema de processos coletivos, servindo, evidentemente, ao processo estruturante[65] e, consequentemente, ao árbitro, quando for decidir esse tipo de litígio.

---

62 VIOLIN, Jordão. O contraditório no processo coletivo: amicus curiae e princípio da cooperação, in: Repercussões do novo CPC – Processo Coletivo. Coord. Hermes Zaneti Jr. Salvador: JusPODIVM, 2016, p. Coord. Hermes Zaneti Jr. Salvador: JusPODIVM, 2016, p. 263-284. FERRARO, Marcela Pereira. Do processo bipolar ao processo coletivo-estrutural. Universidade Federal do Paraná, 2015, Dissertação de Mestrado em Direito das Relações Sociais. LIMA, Edilson Vitorelli Diniz. LIMA, Edilson Vitorelli Diniz. O devido processo Legal Coletivo: representação, participação e efetividade da tutela jurisdicional, Universidade Federal do Paraná, 2015, Tese de Doutorado em Direito das Relações Sociais, p. 88-95 e 561-575.

63 Apesar de não se tratar de técnica de processo coletivo, é aplicável a ideia de ampliação da participação no IRDR: TEMER, Sofia. Incidente de resolução de demandas repetitivas. Salvador: Juspodivm, 2016, p. 132-149; 166-193.

64 Para algumas reflexões sobre o *amicus curiae*: CABRAL, Antonio do Passo. Pelas asas de Hermes: a intervenção do amicus curiae, um terceiro especial. In Revista de Direito Administrativo n.234, 2003 ou Revista de Processo n.117, 2004; Comentários ao artigo 138. in STRECK, Lênio; NUNES, Dierle; CUNHA, Leonardo Carneiro da (Org.). Comentários ao Código de Processo Civil. São Paulo: Saraiva, 2016. DIDIER JR., Fredie; ZANETI JR., Hermes. Curso de direito processual civil: processo coletivo. 10ª ed. – Salvador: JusPODIVM, 2016, p. 223-224; VIOLIN, Jordão in: Processo Coletivo. Coord. Hermes Zaneti Jr. Salvador: JusPODIVM, 2016, p.215-234, p. 263-283.

65 FERRARO, Marcela Pereira. Do processo bipolar ao processo coletivo-estrutural. Universidade Federal do Paraná, 2015, Dissertação de Mestrado em Direito das Relações Sociais. LIMA, Edilson Vitorelli Diniz. O devido processo Legal Coletivo: representação, participação e efetividade da tutela jurisdicional, Universidade Federal do Paraná, 2015, Tese de Doutorado em Direito das Relações Sociais, p. 88-95 e 561-575. ARENHART, Sérgio Cruz. Processo multipolar, participação e representação de interesses concorrentes, in: Processos Estruturais. Org: Sérgio Cruz Arenhart, Marco Félix

Portanto, a compatibilidade é total desses dois institutos, que ampliam a legitimidade democrática da decisão e servem para fornecer mais subsídios para o árbitro e para as partes.

Sobre o contraditório diferido, como as medidas estruturantes trabalham com a ideia de experimentação, muitas vezes o contraditório ocorrerá com mais intensidade durante e depois de sua implementação, quando as partes e terceiros poderão levar ao conhecimento do juízo o que funciona e o que não funciona.

É evidente que o magistrado não deve impor uma medida estruturante atípica sem ouvir as partes previamente, pois isso violaria tanto o próprio contraditório (art. 10 do CPC), como a cooperação (art. 6º do CPC). Da mesma forma, não se pode dispensar a mesma garantia às partes de um processo arbitral, o que – além de possuir caráter principiológico para todos os processos (art. 1º do CPC) – é expresso no art. 21, § 2º, da Lei 9.307/96 e extraído do art. 5º, LV e LIV, da CRFB/88.

Contudo, muitas das vezes as questões surgidas e as soluções aventadas serão tão novas, que não será possível avaliar de antemão os impactos da medida, sendo mais frutífero o contraditório realizado depois da decisão.

Importante destacar que contraditório diferido ou postecipado não quer dizer que ele se realizará depois de se exaurir a medida aplicada; ao contrário, parece que ele será mais eficiente se o diálogo ocorrer no curso da implementação da medida, com verificação imediata dos problemas e dos acertos.

A fim de lhe conferir maior efetividade no curso da execução das medidas estruturantes, o árbitro pode nomear terceiros responsáveis por acompanhar em tempo real a execução das medidas, por receber críticas e conselhos (das partes, de terceiros) e por relatar-lhe periodicamente o ocorrido. Aliás, delegar a especialistas (peritos ou outros auxiliares do juízo) essas funções parece muito mais razoável do que o próprio árbitro exercê-las.

Diante desse conjunto de características dos processos estruturantes, constata-se que não há necessidade de "rompimento" ou de "inovação" com o ordenamento processual em vigor. Esses mesmos institutos são perfeitamente aplicáveis ao processo arbitral, seja por analogia ou por expressa previsão na Lei 9.307/96.

Jobim. Salvador: Juspodivm, 2017, p. 423-448. RODRIGUES, Luís Henrique Vieira; VARELLA, Luiz Henrique Borges. As *structural injunctions* e o direito processual brasileiro: apontamentos acerca do alcance coletivo, da participação e da executividade das medidas estruturantes no âmbito da litigância de interesse público, in: Processos Estruturais. Org: Sérgio Cruz Arenhart, Marco Félix Jobim. Salvador: Juspodivm, 2017, p. 531-536. JOBIM, Marco Félix. Reflexões sobre a necessidade de uma teoria dos litígios estruturais, in: Processos Estruturais. Org: Sérgio Cruz Arenhart, Marco Félix Jobim. Salvador: Juspodivm, 2017, p. 464-466.

5.1. Execução na arbitragem e cooperação com o Judiciário

Além dessas características, está inter-relacionado com a desnecessidade de esgotamento do mérito até a sentença o fato de que o julgador pode deixar parcela da cognição para a fase de cumprimento de sentença (execução).

Significa isso que o processo estruturante tenta abolir de vez a divisão existente entre cognição e execução, fazendo com que o procedimento se torne verdadeiramente sincrético.[66]

Com isso, é possível que, durante a fase de cumprimento das medidas estruturantes, sejam realizadas medidas executivas (coercitivas, sub-rogatórias, de apoio) concomitantemente ao conhecimento de questões (anteriores ou novas), que se retroalimentam, num verdadeiro "looping ou uma simbiose entre conhecimento e execução".

Verifica-se, portanto, que há dois problemas em relação à arbitragem quando se está diante de medidas estruturantes: i) é possível realizar esse sincretismo entre cognição e execução na arbitragem, uma vez que a fase de execução deverá ser promovida perante o Judiciário (art. 31 da Lei 9.307/96; art. 515, VII, do CPC) e ii) se é possível a aplicação de medidas coercitivas pelo árbitro.

No que diz respeito ao primeiro problema, é possível que o árbitro se valha das medidas estruturantes ainda que lhe seja negado o poder executório.[67] Isso porque já é consagrada a utilização das cartas arbitrais (art. 22-C da Lei 9.307/96; arts. 69, § 1º, 237, IV, e 260, § 3º, do CPC), estabelecendo uma cooperação entre o Judiciário e o juízo arbitral. Assim, no curso do processo arbitral, sempre que for necessária a execução de uma medida estabelecida (ou pactuada entre as partes), caberá o instituto da carta arbitral para seu cumprimento pelo Judiciário.

Tendo em vista que as decisões que aplicam medidas estruturantes são adaptáveis e provisórias, além de não haver esgotamento do mérito até a sentença, ainda não há consolidação doutrinária acerca de sua classificação – se de mérito; se sentença ou decisão interlocutória. Como somente as sentenças arbitrais são títulos executivos judiciais (art. 515, VII, do CPC): i) ou se considera que todas as decisões serão títulos executivos (porque dizem respeito ao mérito, como se fossem decisões parciais de mérito); ii) ou somente se atribui eficácia executiva à "decisão-núcleo", remetendo-se o cumprimento das demais à via das cartas arbitrais ou iii) considera-se que, em caso de medidas estruturantes nenhuma decisão (nem mesmo a "decisão-núcleo")

---

66 Afinal, se sincrético é aquilo "que objetiva o todo, o conjunto; global" (http://michaelis.uol.com.br/busca?id=ok7wn) ou característica de "amálgama de concepções heterogêneas" (https://dicionariodoaurelio.com/sincretismo), então somente com a verdadeira fusão das fases de conhecimento e de execução – tal como se pretende no processo estruturante – é que se alcançará o sincretismo processual/procedimental.

67 FIGUEIRA JÚNIOR, Joel Dias de. Arbitragem, Jurisdição e Execução. Análise crítica da Lei 9.307, de 23.09.1996. São Paulo: Editora Revista dos Tribunais, 1999, p. 288.

é título executivo judicial, por não serem dotadas de uma estabilidade forte (como a coisa julgada),[68] devendo haver seu cumprimento pela carta arbitral.

De todo modo, constata-se que a arbitragem se mostra uma via possível e adequada em relação a esse ponto.

Merece destaque que a função de supervisão e de fiscalização das medidas pode perfeitamente ficar a cargo do árbitro, pois não há qualquer incompatibilidade com seus poderes de cognição e de instrução.

Passa-se, então, a verificar se é possível a aplicação de medidas coercitivas pelo árbitro.

Como se sabe, o art. 22, § 4º, da Lei 9.307/96 estabelecia uma vedação para o árbitro de determinar medidas coercitivas, que deveriam ser requeridas ao Judiciário.[69]

Entretanto, esse dispositivo foi revogado pela Lei 13.129/15 e, ao que tudo indica, passou a ser perfeitamente possível a determinação de medidas coercitivas diretamente na arbitragem, como ocorre em outros países.[70]

A doutrina já sustentava que o art. 22, § 4º, da Lei 9.307/96 determinava que somente a execução das medidas coercitivas cabia ao Judiciário (em caso de não haver cumprimento voluntário), mas o árbitro podia determiná-las.[71]

Enquanto não se consolidar a possibilidade de cumprimento das medidas de coerção pelo árbitro, também será possível que o Judiciário as execute, por meio das cartas arbitrais.[72]

Nota-se, com isso, que não há incompatibilidade acerca dessas questões, de modo que tudo indica que a arbitragem possa ser adequada para os litígios estruturantes. Para que isso seja viável, é necessário intensificar as relações de auxílio entre árbitros

---

68 Sobre tipos de estabilidades e a estabilidade da sentença (laudo) arbitral, equiparável à coisa julgada, confira-se: CÂMARA, Alexandre Freitas. Arbitragem – Lei nº 9.307/96. 5ª ed., rev., ampl. e atual. Rio de Janeiro: Lumen Juris, 2009, 127-129. Para maiores reflexões sobre tipos de estabilidades: CABRAL, Antonio do Passo. Coisa julgada e preclusões dinâmicas. Salvador: Jus Podivm, 2ª ed., 2014.

69 COSTA E SILVA, Paula. A Arbitrabilidade de Medidas Cautelares nos Direitos Português e Brasileiro, in: Revista Brasileira de Arbitragem. São Paulo, nº 4, p. 65-84, out-dez. 2004. p. 66.

70 LEE, João Bosco. Arbitragem comercial internacional nos países do Mercosul. Curitiba: Juruá, 2002. p. 160.

71 ALVIM, J. E. Carreira. Direito Arbitral. 2ª ed. Rio de Janeiro: Forense, 2004, p. 339. MARTINS, Pedro A. Batista. Da Ausência de Poderes Coercitivos e Cautelares do Árbitro, in: MARTINS, Pedro A. Batista; LEMES, Selma M. Ferreira; CARMONA, Carlos Alberto. Aspectos fundamentais da lei de arbitragem. Rio de Janeiro: Forense, 1999. p. 372. VILELA, Marcelo Dias Gonçalves. Reflexões sobre a Tutela Cautelar na Arbitragem, in: Revista Brasileira de Arbitragem. São Paulo, nº 7, p. 30-44, jul-set. 2005. p. 33-34.

72 Havia quem já defendesse, à luz do art. 22, § 4º, da Lei 9.307/96, que seu requerimento ao Judiciário dispensava a carta arbitral, podendo ser feita mediante simples ofício: VALENÇA FILHO, Clávio. Tutela Judicial de Urgência e a Lide Objeto de Convenção de Arbitragem, in: Revista Brasileira de Arbitragem. São Paulo, nº 7, p. 7-29, jul-set. 2005, p. 28.

e o Judiciário[73] e – quem sabe – desburocratizar essas formas de cooperação, tornando--as mais céleres (tal como determina o art. 69 do CPC para a cooperação jurisdicional[74]).

6. Conclusão

O tema das medidas e dos processos estruturantes ainda é novo no Brasil, especialmente seu enfrentamento pela doutrina. Com relação ao campo da arbitragem, ainda não se tem notícia de uma proposta de aplicação dos processos estruturantes.

Portanto, talvez mais do que apresentar respostas, o presente texto vise a propor questionamentos e críticas, pois não se pode aplicar o instituto sem qualquer reflexão sobre sua compatibilidade com o ordenamento jurídico, tampouco se pode limitar sua aplicação por "medo" ou por desconhecimento.

Impõe-se, assim, pensá-lo de forma sistêmica e crítica, a fim de conferir à sua aplicação maior tecnicidade, legitimidade e eficiência, afastando qualquer postura atécnica e, até mesmo, autoritária pelo árbitro (e pelo Judiciário, ao rever e executar as determinações arbitrais).

Espero, com o presente artigo, dar pequena contribuição sobre o tema, trazendo luzes e debates à academia e à práxis arbitral. Nesse sentido, visando à melhoria dos institutos processuais, "nosso olhar dirige-se, neste momento, ao futuro. O restabelecimento do Estado de Direito, em sua plenitude, é preocupação constante e instante dos advogados brasileiros [e dos demais juristas]. A consecução de tal objetivo exige, sem dúvida, a reforma profunda das instituições sob que vivemos. Mas a nossa pregação não pode diluir-se em genéricas e vagas declarações de princípios. Somos convocados a contribuir com sugestões específicas e concretas para a grande tarefa de reconstrução de uma ordem jurídica que atenda aos anseios do País. Incumbe a cada qual trazer o seu adminículo, modesto que seja, para dar forma visível e precisa ao ideal comum".[75]

Afinal, "se o problema é praticamente importante, então compensa que a ele se volte de vez em quando, tênue que seja a esperança de vê-lo um dia bem resolvido. Ao menos nisto não se dirá que pecamos por omissão".[76]

---

73 CÂMARA, Alexandre Freitas. Das Relações entre a Arbitragem e o Poder Judiciário, in: Escritos de direito processual – segunda série. Rio de Janeiro: Lumen Juris, 2005, p. 131.

74 Para aqueles que sustentam a natureza jurisdicional da arbitragem – hoje, ao que tudo indica, prevalente – deve ser ainda mais justificável essa desburocratização. Contudo, parece que somente *de lege ferenda* é possível sustentá-la. Isso porque, ainda que se considere arbitragem uma atividade jurisdicional, ela certamente não advém do Poder Judiciário, requisito utilizado pelos arts. 67 a 69 do CPC ("Art. 67. *Aos órgãos do Poder Judiciário*, estadual ou federal, especializado ou comum, em todas as instâncias e graus de jurisdição, inclusive aos tribunais superiores, incumbe o dever de recíproca cooperação, por meio de seus magistrados e servidores.").

75 MOREIRA, José Carlos Barbosa. A motivação das decisões judiciais como garantia inerente ao Estado de Direito, in: Temas de direito processual: segunda série. São Paulo: Saraiva, 1988, p. 94.

76 MOREIRA, José Carlos Barbosa. Que significa 'não conhecer' de um recurso?, in: Temas de direito processual : sexta série. São Paulo: Saraiva, 1997, p. 143.

A Impossibilidade de Pagamento das Custas da Arbitragem Como Causa de Ineficácia da Convenção Arbitral

Humberto Santarosa de Oliveira

SUMÁRIO: 1. A fixação da primeira premissa: a arbitragem e sua natureza jurisdicional. **2.** A fixação da segunda premissa: a atribuição do árbitro de decidir sua própria competência e os custos do procedimento. **3.** Obstáculos econômicos não podem servir como impedimento para o acesso à justiça. **4.** O não pagamento das custas da arbitragem como causa de ineficácia da cláusula compromissória. **5.** A demonstração da impecuniosidade pelas partes e propostas alternativas para dar eficácia à cláusula compromissória. Conclusão. Referências bibliográficas.

1. A fixação da primeira premissa: a arbitragem e sua natureza jurisdicional

O conceito de jurisdição é visto hoje de forma multifacetada, no qual se insere uma gama de novas funções colaborando para o seu fim último, a pacificação do conflito.[1] Isso não quer dizer que perdeu importância a faceta que atribui ao terceiro, em substituição às partes, o poder de decidir a controvérsia dizendo quem tem o direito em litígio; ela apenas se insere e se imiscui junto com as demais atribuições, sendo exercida quando necessário.

Também não há que se falar em limitação ou exclusividade desta função – de aplicar o direito – pelo Estado. Esta concepção revelaria uma compreensão deturpada da própria atividade jurisdicional, mesmo porque não é o agente materializador do ato o requisito precípuo da jurisdição,[2] mas sim o seu próprio resultado e conteúdo.

Assim, com a declaração de constitucionalidade da Lei de arbitragem pelo Supremo Tribunal Federal,[3-4] o instituto tomou nova vida, libertando-se de uma desconfiança ainda existente por parte dos contratantes, fato este que foi corroborado pela Lei 9.307/96, bem como pela reforma do Código de Processo Civil de 1973 pela lei

---

1 Para maior aprofundamento sobre o tema, ver PINHO, *Humberto Dalla Bernardina*. ***Jurisdição e Pacificação*: limites e possibilidades do uso dos meios consensuais de resolução de conflitos na tutela dos direitos transindividuais e pluri-individuais,** Rio de Janeiro: Editora CRV, 2017.

2 Apesar de o agente não ser um requisito da jurisdição, a imparcialidade daquele que exerce o poder é uma garantia inalienável do cidadão, além de obrigação para aquele que decidirá o conflito, afinal deve ser "eqüidistante das partes e dos interesses a ele submetidos", cfr. GRECO, Leonardo. Garantias fundamentais do processo: o processo justo. *In: Estudos de Direito Processual*, Rio de Janeiro: Faculdade de Direito de Campos, 2005.

3 SE 5.206-Espanha (AgRg), rel. Min. Sepúlveda Pertence, 12.12.2001.

4 Não só o STF referendou a tese do caráter jurisdicional da arbitragem, o Superior Tribunal de Justiça é pródigo em decisões ratificando-o, por exemplo, CC 113.260/SP, Rel. Ministra Nancy Andrighi, Rel. p/ Acórdão Ministro João Otávio de Noronha, Segunda Seção, julgado em 08/09/2010, DJe 07/04/2011, bem como CC 111.230/DF, Rel. Ministra Nancy Andrighi, Segunda Seção, julgado em 08/05/2013, DJe 03/04/2014.

11.232/05, que salvaguardou a sentença arbitral como título executivo judicial (antigo art. 475-N, IV, normativo replicado no CPC/15, art. 515, VII).

Esse marco, na visão de Carmona, pôs "*termo à atividade homologatória do juiz, fator de emperramento da arbitragem*", e, felizmente, desconstruiu um debate com "*colorido excessivamente acadêmico e, pior, pouco prático, de sorte que não parece útil alimentar a celeuma,*[5] mesmo porque, se o árbitro é juiz de fato e de direito, conforme prenuncia a Lei 9.307/96, sobram alguns poucos argumentos para quem defende o contrário.[6]

O Código de 2015 sedimentou a vertente jurisdicional da arbitragem, o que se infere da previsão do §1º do art. 3º, inserido no capítulo referente as normas fundamentais do processo,[7] além do próprio art. 42, alocado no capítulo destinado à competência, que resguarda às partes o direito de instituir juízo arbitral quando convencionado. Ademais, é preciso que se atente para a "carta arbitral", figura criada pelo novel legislador originário para facilitar os atos de comunicação entre o juiz estatal e o privado, concretizando outra norma fundamental do processo, a cooperação.[8]

Como se vê, a controvérsia presente nos principais debates do final do século passado deixou de ter a relevância e ser discutida como outrora,[9] até mesmo porque os dois principais argumentos contrários ao caráter jurisdicional da arbitragem[10] têm robustas respostas contrariando-os. Não é o poder de coerção que delimita a

---

5 CARMONA, Carlos Alberto. *Arbitragem e Processo*: um comentário à Lei nº 9.307/96. 3ª ed. São Paulo: Atlas, 2009, p. 26-27.

6 Há autores que ainda negam o caráter jurisdicional da arbitragem, por todos, e citando inclusive doutrina estrangeira na mesma linha, ver MARINONI, Luiz Guilherme. *Rápidas observações sobre arbitragem e jurisdição.* Disponível em https://processoemdebate.files.wordpress.com/2010/09/arbitragem-e-jurisdicao_marinoni.pdf. Último acesso em: 13 jan. 2019. O mesmo autor, em obra posterior, ratifica seu entendimento, cfr. MARINONI, Luiz Guilherme; ARENHART, Sérgio Cruz; MITIDIERO, Daniel. *Novo Curso de Processo Civil*: vol. 1, Teoria Geral do Processo – 1ª ed. – São Paulo: Editora Revista dos Tribunais, 2015, p. 175.

7 APRIGLIANO, Ricardo de Carvalho. Jurisdição e Arbitragem no Novo Código de Processo Civil. In: MELO, Leonardo de Campos; BENEDUZI, Renato Resende. *A Reforma da Arbitragem.* Rio de Janeiro: Forense, 2016, p. 251.

8 É pressuposto do presente trabalho que a arbitragem se insere dentro da Teoria Geral do Processo. Neste sentido, DINAMARCO, Cândido Rangel. *A arbitragem na Teoria Geral do Processo.* São Paulo: Malheiros, 2013.

9 Para maiores incursões a respeito da controvérsia, ver CARMONA, Carlos Alberto. Arbitragem e Jurisdição. *In: Participação e Processo.* GRINOVER, Ada Pellegrini, DINAMARCO, Cândido Rangel e WATANABE, Kazuo (coord.), São Paulo, 1ª ed., RT: 1988.

10 Sobre os argumentos daqueles que negariam o caráter jurisdicional da arbitragem, ver as resumidas exposições em CREMASCO, Suzana Santi. A responsabilidade pelo exercício da função jurisdicional do árbitro. Disponível em http://www.editoramagister.com/doutrina_23276140_A_RESPONSABILIDADE_PELO_EXERCICIO_DA_FUNCAO_JURISDICIONAL_DO_ARBITRO.aspx. Último acesso em 18 jul. 2016, e ainda DIDIER JUNIOR, Fredie. *Curso de Direito Processual Civil* – Introdução ao Direito Processual Civil, Parte Geral e Processo de Conhecimento, Salvador: JusPodivm, 17ed, 2015, p. 169-174.

jurisdição, ele é apenas uma ferramenta para compilar a determinação. No processo civil romano, *v.g.*, pelos menos nas suas duas primeiras fases (*legis actiones* e *per formulas*), era o cidadão comum (*judex*) – e não o pretor, órgão estatal – o responsável por solucionar os conflitos, dizendo o direito a quem cabia.[11] Ademais, a possibilidade de execução de decisões também não se mostra como elemento capaz de distinguir a função jurisdicional, lembrando que há países que desjudicializaram a execução, entendimento este já comungado por alguns doutrinadores brasileiros.[12-13]

Em conclusão, "*(...) a jurisdicionalidade é inerente à própria arbitragem, (...). O que há de fundamental é o reconhecimento da função de pacificar pessoas mediante a realização da justiça, exercida tanto pelo juiz togado quanto pelo árbitro*"[14], e neste sentido, a propalada inafastabilidade da tutela jurisdicional, albergada como direito fundamental pelo art. 5º, inciso XXXV, da CRFB/88, inclui em sua conta os litígios arbitrais.[15]

---

11 As linhas gerais sobre o processo civil romano podem ser encontradas em SANTOS, Moacyr Amaral. *Primeiras linhas de direito processual*. São Paulo: Saraiva, 2010, vol. I, p. 37-40. Já sobre as especificidades abordadas, ver ABBOUD, Georges. *Jurisdição constitucional e direitos fundamentais*. São Paulo: RT, 2011, p. 387 e ss.

12 É o caso, por exemplo, de Portugal. Para maior aprofundamento, ver FREITAS, José Lebre de. Agente de execução e Poder Jurisdicional. *Revista Themis* n° 7, 2003, p. 21. A desjudicialização da execução é um assunto em voga no direito processual civil e foi muito bem explorado por RIBEIRO, Flávia Pereira. *Desjudicialização da Execução Civil*. São Paulo: Saraiva, 2013. Para Fredie Didier, o fato de o árbitro não executar suas funções é porque lhe falta competência funcional, o que não se relaciona com jurisdição, vide, DIDIER JUNIOR, Fredie. *Curso de Direito Processual Civil ... Op. Cit.* p. 173.

13 E ainda sobre o tema, importante destacar que o assunto vem ganhando força nas discussões que envolvem a arbitragem – tentativa de desvelar um poder de império dos árbitros –, o qual pode ser visto no texto de BARBI, Marcelo. Arbitrabilidade cautelar e monopólio estatal da coerção: revisitando a titularidade do ius imperium no Estado Contemporâneo. In *Temas controvertidos na arbitragem à luz do Código de Processo Civil de 2015*. Paulo Cezar Pinheiro Carneiro, Leonardo Greco, Humberto Dalla. (Org.). 1ed.Rio de Janeiro: GZ Editora, 2018, v. 1, p. 187-207, sobretudo quando assenta que "o mito do monopólio estatal da violência legítima não mais se sustenta, pois se admite a delegação do poder de império para agentes extraestatais." (p. 199), concluindo que "nem toda providência coercitiva pressupõe o exercício do poder de autoridade para sua implementação (p. 201), motivo pelo qual "atribuir às partes o poder de escolha de um agente privado para a prática de atos de constrição (...) não deveria despertar o temor habermasiano de *refeudalização da esfera pública*" (p. 203).

14 DINAMARCO, Candido Rangel. *A arbitragem na Teoria Geral do Processo*. Op. cit, p. 39. Registre-se, aliás, que o entendimento pretérito do autor era justamente o contrário, ou seja, não reconhecer o caráter jurisdicional da arbitragem, o que pode ser inferido de sua obra *Instituições de Direito Processual Civil*. v. I. 5.ed. São Paulo: Malheiros, 2005.

15 FICHTNER, José Antonio *et al*. *Teoria Geral da Arbitragem*. Rio de Janeiro: Forense. 2018, p. 158-159; no mesmo sentido, CASADO FILHO, Napoleão. Arbitragem e acesso à justiça – o novo paradigma do third party funding. São Paulo: Saraiva. 2017, p. 101-102.

2. A fixação da segunda premissa: a atribuição do árbitro de decidir sua própria competência e os custos do procedimento

Estabelecido o caráter jurisdicional da arbitragem, outra abordagem imperiosa antes de adentrar ao escopo deste trabalho é a prerrogativa conferida aos árbitros de afirmarem sua competência (art. 8º, parágrafo único, da Lei 9.307). O princípio *kompetenz-kompetenz* estabelece, portanto, uma "prioridade cronológica" do árbitro para analisar a sua própria atribuição para atuar.[16]

O princípio, tal como majoritariamente entendido pela doutrina[17], demonstra ter adotado o modelo de competência prioritária incondicionada do árbitro, de modo a recepcionar os efeitos positivo e negativo da norma. O efeito positivo implica que o árbitro, juiz de sua competência, disponha sobre a existência, a validade ou a eficácia da cláusula compromissória, devendo ser o primeiro a se afirmar como apto ao julgamento da controvérsia. O efeito negativo, lado outro, revela uma necessidade de repulsa do juiz estatal ao deparar-se com litígios que contenham convenção de arbitragem, devendo declarar-se impossibilitados para manifestarem-se a respeito de qualquer questão relativa à competência do árbitro.

Todavia, a despeito da cogência do princípio, entende-se que não se trata de norma absoluta. O que se afirma, portanto, é a possibilidade, bastante restrita, de o juiz estatal se antecipar ao árbitro para controlar a existência, a validade ou a eficácia de uma cláusula compromissória – e aqui o argumento não é direcionado para questões envolvendo tutelas provisórias, cujo permissivo da atuação judicial está presente na própria lei de arbitragem (artigos 22-A a 22-C, incluídos pela Lei 13.129/15).

É o que ocorre, por exemplo, em questões teratológicas, na qual se visualiza, *prima facie*, a inexistência, a nulidade ou ineficácia da convenção de arbitragem,[18-19] até mesmo porque não se mostra muito lógico, tampouco economicamente viável, aguardar o deslinde de todo o procedimento arbitral para,

---

16 WALD, Arnoldo. As *anti-suit injuctions* no Direito Brasileiro. In *Revista de Arbitragem e Mediação*, ano 3, nº 9, pp. 29-43, abr.-jun./2006, p. 31.

17 CARMONA, Carlos Alberto. Arbitragem e Processo: um comentário à Lei nº 9.307/96. São Paulo: Atlas, 2007, p. 160-162, bem como CAHALI, Francisco José. *Curso de Arbitragem*. 7ª Edição. São Paulo: Editora Revista dos Tribunais. 2017. p. 143-148.

18 TALAMINI, Eduardo. Competência-competência e as medidas antiarbitrais pretendidas pela Administração Pública *in Revista de Arbitragem e Mediação*, ano 13, nº 50, jul.-set./2016, pp. 127-153 (notadamente em p. 137-138). Ver ainda BRANCHER. Paulo M. R. Ilegalidade *prima facie* como limitador do princípio da competência-competência: uma análise em relação a matérias de ordem pública. *Revista de Processo*. v. 53, abr-jun/2017. Versão eletrônica.

19 Há quem entenda, todavia, que somente até a instituição da arbitragem, os juízes poderiam realizar o controle da convenção, isso se os vícios arguidos pudessem ser aferidos *prima facie*, em atividade de cognição sumária, pelo magistrado. Neste sentido ALVES, Rafael Francisco. *A inadmissibilidade das medidas antiarbitragem no direito brasileiro* – São Paulo: Atlas, 2009, pp. 190-193.

somente a partir de então, permitir a sua revisão via Judiciário, nos termos do art. 32, I, da Lei 9.307/96.[20]

O entendimento em questão já foi referendado pelo C. STJ – e isso mesmo diante das dezenas de decisões reafirmando a força do princípio competência-competência,[21] –, notadamente quando assentou que *"o Poder Judiciário pode, nos casos em que prima facie é identificado um compromisso arbitral 'patológico', i.e., claramente ilegal, declarar a nulidade dessa cláusula instituidora da arbitragem, independentemente do estado em que se encontre o procedimento arbitral"*.[22]

E o Brasil não é o único país a rechaçar o modelo que prega por um absolutismo cego ao *kompetenz-kompetenz*. Na França e na Alemanha, por exemplo, há legislação – e não apenas decisões judiciais, pois – que permitem o ajuizamento da ação antes ou concomitante ao procedimento arbitral.[23] Igualmente, a Lei modelo da UNCITRAL, adotada por diversos países, tem expressa previsão em seu art. 8º, item 1, defendendo o princípio da competência-competência, *"a menos que constate que referida convenção de arbitragem é nula, inoperante ou ineficaz"*, quando então seria possível ao juiz estatal enfrentar desde logo a questão.

Pois bem, ciente de que é o próprio árbitro quem tem o poder de afirmar-se competente para julgar as questões postas sob seu conhecimento, é preciso dedicar-se a um ponto mais sensível, afeta ao espectro de decisões dos árbitros, porém sem um caráter decisório de mérito: os custos do procedimento.

---

20 Neste sentido, ver CARMONA, Carlos Alberto. Arbitragem e Processo: um comentário à Lei nº 9.307/96. São Paulo: Atlas, 2009, p. 176, bem como WALD, Arnoldo. Conflito de competência entre o Poder Judiciário e o Tribunal Arbitral. Cabimento. Competência constitucional (art. 105, I, *d*, da CF) e legal (art. 115, I, do CPC) do STJ para resolvê-lo. Decisão majoritária que consolida a jurisprudência na matéria. *In Revista de Arbitragem e Mediação*, ano 11, nº 40, pp. 351-383, jan.-mar./2014, pp. 380-381. Já na doutrina estrangeira, defendendo a mesma posição, BERMANN, George A. Le rôle respectif des cours et des arbitres dans la détermination de la competénce arbitrale. In *Revista de Arbitragem e Mediação*, ano 8, nº 31, pp. 155-170, out.-dez./2011, p. 157.

21 A título exemplificativo, ver: REsp 1614070/SP, Rel. Ministra Nancy Andrighi, Terceira Turma, julgado em 26/06/2018, DJe 29/06/2018; REsp 1597658/SP, Rel. Ministro Ricardo Villas Bôas Cueva, Rel. p/ Acórdão Ministra Nancy Andrighi, Terceira Turma, julgado em 18/05/2017, DJe 10/08/2017; SEC 854/EX, Rel. Ministro Massami Uyeda, Rel. p/ Acórdão Ministro Sidnei Beneti, Corte Especial, julgado em 16/10/2013, DJe 07/11/2013, entre outras.

22 REsp 1602076/SP, Rel. Ministra NANCY ANDRIGHI, TERCEIRA TURMA, julgado em 15/09/2016, DJe 30/09/2016.

23 Neste sentido, com análise TALAMINI, Eduardo. Competência-competência e as medidas antiarbitrais pretendidas pela Administração Pública ... *Op cit.*, bem como GABARDO, Rodrigo Araujo. *A insuficiência de recursos financeiros na Instauração da Arbitragem Comercial:* efeitos no Direito Brasileiro a partir de uma perspectiva comparada. Dissertação (mestrado). Universidade de São Paulo, Faculdade de Direito, 159 f., 2014, que em seu trabalho também analisa a questão na perspectiva da lei portuguesa.

A regra geral da arbitragem é a divisão dos custos entre as partes do procedimento[24] – com exceção para a taxa de registro ou o pedido de instauração, que, obviamente, fica por conta de quem protocola o mesmo –, sendo certo que, após a decisão, o Tribunal direciona as despesas para a parte vencida. Trata-se de verdadeiro ato consequente da escolha de referido método de resolução de conflitos, afinal, nada mais justo do que repartir as despesas se ambas as partes, voluntariamente e de comum acordo, entenderam por bem sujeitar o seu conflito à arbitragem.

Entretanto, com a eclosão de conflitos sendo resolvidos por meio da arbitragem[25], uma ocorrência que vem aparecendo com certa frequência é a negativa de uma das partes em custear a metade das despesas do procedimento, fato este que suspende ou encerra o procedimento arbitral. Esta é, regra geral, a previsão dos regulamentos das mais conhecidas câmaras de arbitragem no país, que, ou condiciona a retomada do curso da arbitragem ao pagamento do valor remanescente ou mesmo determina a extinção do processo.[26]

---

24 A exceção hoje encontra-se no terreno das arbitragens envolvendo a administração pública. Isto porque, com a alteração legislativa, permitindo-se, de forma expressa, aos entes da administração direta participarem de procedimentos arbitrais, o que se verificou foi a edição de textos normativos eximindo os entes públicos do pagamento das custas, imputando-o à parte contrária. A título exemplificativo, veja-se o Decreto dos Portos (Decreto n.8.465/15, vide texto do art. 3º, VII); menos criticável é o Decreto do Estado do Rio de Janeiro (Decreto 46.245/2018, vide art. 9º) que, *a contrario sensu,* estabeleceu a previsão de pagamento apenas na hipótese de a administração pública ter a iniciativa da instauração do procedimento. As previsões, em nossa visão, são de constitucionalidade duvidosa, mesmo porque estabelece diferenças de tratamento não condizentes com o ambiente da arbitragem. Ademais, se é do interesse da administração se beneficiar das características da arbitragem, deve também arcar com os seus ônus.

25 Neste sentido, ver o trabalho "Arbitragem em Números e Valores", capitaneado por Selma Ferreira Lemes, disponível em http://selmalemes.adv.br/artigos/An%C3%A1lise-%20Pesquisa-%20Arbitragens%20Ns.%20e%20Valores-%202010%20a%202017%20-final.pdf, último acesso em 10 de janeiro de 2019, que pesquisando sobre a quantidade de arbitragens entre 2010 e 2017 em 06 (seis) instituições arbitrais, revelando um significativo aumento do número de arbitragens. A mesma conclusão é verificada por Carlos Forbes, presidente da CAM-CCBC, que em matéria publicada no Conjur, disponível https://www.conjur.com.br/2018-mar-12/numero-processos-camaras-arbitragem-dobra-anos, último acesso em 10 de janeiro de 2019, disse, analisou os números até 2017, concluindo que a quantidade de arbitragens dobrou em um período de 05 (cinco) anos.

26 Referidas situações são tratadas de forma essencialmente igual pelos regulamentos, mas cada qual com suas particularidades. Exemplificativamente, no caso da Câmara de Arbitragem da FGV, o procedimento é encerrado em caso de não pagamento, podendo as partes reapresentar o pedido em novo processo (vide anexo do regulamento disponível em https://camara.fgv.br/conteudo/regulamento-da-camara-fgv-de-mediacao-e-arbitragem). O CBMA estabelece em seu regimento de custas a suspensão do procedimento em caso de não pagamento, o qual permite a reinstauração do procedimento em caso de quitação do valor devido (disponível em http://site1379424603.hospedagemdesites.ws/regimento_custas_arb_1). Já o CAM-CCBC, também prevê a suspensão, porém ultrapassados 30 dias sem o pagamento, o processo será extinto (vide regulamento disponível em https://ccbc.org.br/cam-ccbc-centro-arbitragem-mediacao/resolucao-de-disputas/arbitragem/regulamento-2012/). Por fim, a CCI também tem a previsão de suspensão por 15 dias, após o qual

É esta questão que traz um certo desconforto, pois a esperada equiparação de posições entre autor e réu é posta em desequilíbrio com a negativa da parte contrária em pagar sua quota parte daquela convenção inicialmente estabelecida. A própria principiologia inerente à arbitragem começa a ruir quando a divisão de custos está em xeque, uma vez que a isonomia já começa a desbalancear.

Mas, nada é mais prejudicial às partes do que a não prolação da sentença. Conforme assinalado alhures, ante o efeito negativo da competência-competência, o Judiciário encontra-se excluído de pronunciar sobre a controvérsia, ao passo que, o Tribunal competente para julgar a causa, dotado de jurisdição conforme visto acima, se nega a decidir o conflito por ausência do pagamento completo das despesas.

O que se deve fazer em uma situação como essa em que a inafastabilidade da tutela jurisdicional é direito fundamental, protegido pela previsão do estabelecida no art. 5º, XXXV, da CRFB/88? De outro modo, se nos termos da lei brasileira o acesso à justiça, ainda que privada, é garantido a todos, seria possível deixar as partes sem a decisão do caso concreto por falta de pagamento de custas, denegando justiça aos sujeitos em litígio, equiparando os sujeitos do processo àquilo em que direito internacional se convencionou chamar de *forum necessitatis*[27]?

Soa bastante óbvio que a obstaculização à resposta jurisdicional de mérito não é uma solução plausível, sequer imaginável. O problema, então, é verificar se, e em qual medida, a jurisdição arbitral estaria efetivamente deixando de solucionar o caso quando uma das partes, real e efetivamente, não tem condições de arcar com o seu quinhão das custas do procedimento[28]. Em adiantamento, propõe-se que a melhor solução jurídica para os casos de comprovada impecuniosidade e ausência de solução alcançada pelas partes e/ou pelo tribunal arbitral é o afastamento da cláusula compromissória, como se demonstrará abaixo.

---

as demandas sem pagamentos são retiradas; nada impede, todavia, sua reaparesentação (vide regulamento disponível em https://iccwbo.org/content/uploads/sites/3/2017/02/ICC-2017-Arbitration-and-2014-Mediation-Rules-portuguese-version.pdf).

---

27 TIBURCIO, Carmen. *Extensão e Limites da Jurisdição Brasileira*: competência internacional e imunidade de jurisdição. Salvador: Juspodivm, 2016, p. 253-256.

28 Soa igualmente óbvio que a mera negativa de pagamento ou a justificativa infundada (*v.g.*, os valores são muito caros, mesmo porque é fato fácil de ser previsto) não dão azo ao afastamento da jurisdição arbitral. Esta parece ser a posição de MANGE, Flávia Foz e FARIA, Marcela Kolhbach de. Arbitragem em Tempos de Crise: situações de impecuniosidade e financiamento de terceiros. In BRAGA, Ana Gabriela Mendes e BORGES, Daniel Damasio (Org.). *Aspectos jurídicos da crise brasileira*: o direito em face dos desafios nacionais. São Paulo: Cultura Acadêmica/UNESP. No prelo. A jurisprudência já se deparou com situações semelhantes, tendo a parte inadimplente sido obstada de acionar o Judiciário pela simples alegação de que os custos do procedimento eram muito elevados. É o que decidiu o E. TJR nos autos da apelação cível nº 0031996-20.2010.8.19.0209, Des. Rel. Alexandre Antônio Franco Freitas Câmara, Julgamento em 11/06/2014, Segunda Câmara Cível.

3. Obstáculos econômicos não podem servir como impedimento para o acesso à justiça

Estabelecidas as duas premissas anteriores, quais sejam, a de que a arbitragem tem natureza jurisdicional e a de os árbitros definem sua própria competência, deve-se tratar da situação de escassez de numerário para arcar com os custos do procedimento arbitral e o eventual afastamento da cláusula compromissória.

Ressalte-se, entretanto, que a mera negativa ao pagamento da quota parte devida por um dos sujeitos não é justificativa plausível para a caracterização da impecuniosidade e a consequente ineficácia da cláusula compromissória. É preciso que as partes que não tenham condições de arcar com os custos do procedimento efetivamente demonstrem sua situação financeira, devendo se valer, inclusive, de expedientes probatórios para tanto.

A ideia, pois, é que apenas aqueles sujeitos que não possuam reais condições de arcar com as custas do processo, possam se valer da objeção à cláusula compromissória e assim obter uma resposta jurisdicional para as violações ou ameaças de seus direitos. Em sua devida proporção, o que se pretende defender aqui é que *"a ausência do recolhimento das custas ou a sua insuficiência não podem determinar a paralisação do processo ou a sua extinção, porque a sua arrecadação não pode sobrepor-se ao acesso à Justiça constitucionalmente assegurado"*.[29]

Essa questão é sensível, tendo em vista a garantia fundamental de acesso à justiça, que deve ser defendida mesmo quando em análise os meios jurisdicionais alternativos de solução de controvérsias. Se o processo judicial é a última tentativa do jurisdicionado em ver a sua controvérsia resolvida, a falta de numerário para o custeio não pode ser o impedimento para a tutela do direito. No mesmo sentido, a parte no procedimento arbitral não deve ser impedida de receber a resposta ao seu direito por razões de falta de pagamento de custas.

Todavia, apesar da exigência constitucional de acesso à justiça ser aplicável também à arbitragem, disso não se implica que nela deve existir exatamente a mesma solução que há no processo estatal, em razão das diferenças que cercam ambos exercícios de jurisdição.

Primeiro, porque a justiça estatal, diferentemente da jurisdição privada, pode e, quando necessário, deve ser gratuita, o que também é um direito fundamental garantido ao cidadão pela Constituição brasileira. Segundo, pois além de os tribunais arbitrais não serem custeados por meio de verbas públicas, eles se caracterizarem pelo fato de ser uma "justiça" eleita pelas partes contratantes.

29 GRECO, Leonardo. Garantias fundamentais do processo: o processo justo. *Op. cit*, p. 260.

O cenário apresentado ilustra de forma bastante clara a necessidade de se privilegiar o acesso à justiça em detrimento dos custos do procedimento[30], entretanto, para o caso da arbitragem, algumas notas extras precisam ser destacadas antes de se desconsiderar a forma de resolução do conflito prevista em um contrato livre e autonomamente celebrado entre partes.

4. O não pagamento das custas da arbitragem como causa de ineficácia da cláusula compromissória

Como adiantado, não se tem dúvidas que a proteção do art. 5º, XXXV, da CRFB/88 deve prevalecer em razão da falta de recursos econômicos de uma das partes para arcar com os custos do procedimento. A tutela jurisdicional deve ser sempre defendida quando confrontada com a suspensão ou paralisação do processo em razão da comprovada falta de numerário.

Qual a solução, então, para a parte que, sem condições de arcar com os custos do procedimento, possa ter resposta ao seu direito? A justiça estatal é a *ultima ratio*. A ineficácia do compromisso arbitral nesses casos permite ao jurisdicionado dirigir o seu pleito para a justiça estatal, que por força do mandamento constitucional deve resolver a controvérsia.

Porém, não se trata de expediente automático. A parte inadimplente deve, antes de qualquer medida, adotar providências que permitam à contraparte do contrato ter ciência da situação de impecuniosidade e com isso auxiliar, se possível for, na solução para o problema. Assim, seja por meio de notificação extrajudicial ou mesmo por meio da própria ação judicial antecedente, na hipótese de nem se ter iniciado o procedimento arbitral, seja através de comunicação por intermédio do próprio Tribunal, quando já instaurada a arbitragem, deve-se permitir ao adversário quitar os custos no lugar do "necessitado", sub-rogando-se, para todos os efeitos, nos direitos creditícios relativos aos referidos valores em caso de sucesso de sua tese.

Como sói ocorrer uma divisão equânime dos custos da arbitragem, os quais são revisados com a prolação da sentença arbitral, o autor que tenha que quitar as custas do réu ou o réu que pague as custas para o autor[31], ao final do procedimento conhece-

30 Mais sobre esta discussão pode ser encontrada em ŽIVKOVIĆ, Patricia. Impecunious party in arbitration proceedings and its rights under article 6 (1) of the European Convention on Human Rights. In: *Journal of Constitutionalism & Human Rights*. (2015 * 1-2(7)). Disponível em https://ssrn.com/abstract=2708657. Último acesso em 20 de fev. 2019.

31 Apesar da distinção, nos parece pouco crível e nada factível que o réu suporte os custos integrais do procedimento, até mesmo porque, é muito difícil alguém se dispor a pagar a conta total para ter contra si um processo que pode lhe render prejuízos. Uma situação como esta somente se visualizaria apenas em hipóteses nas quais ao réu efetivamente tenha interesse em uma decisão final mais rápida, a qual seria condição de implementação de outros negócios; do contrário, melhor aguardar a solução judicial e não sofrer prejuízos por antecipação.

rá se a sua condição será de credor, em caso de vitória total ou parcial, ou devedor, em caso de sucumbência integral – hipótese na qual já terá adimplido sua dívida. Entretanto, relembre-se que esta hipótese é uma liberalidade, não uma obrigação da parte.

Caso uma das partes não se disponibilize a pagar os custos do procedimento para a outra, uma segunda solução se mostraria possível: pagamento dos custos do procedimento ao final. Essa solução, apesar de possível, não pode ser imposta/obrigada aos árbitros, mesmo porque trata-se de uma justiça privada e condicionada à remuneração daqueles que exercem a jurisdição.

Neste caso, não apenas os árbitros teriam que abrir mão de seus honorários antes da sentença, em contradição ao modelo atual que condiciona a prolação da decisão de mérito ao recebimento total dos honorários pelos julgadores, mas também as próprias Câmaras que administram os procedimentos arbitrais (isso quando não for uma arbitragem *ad hoc*) teriam que se condicionar e aceitar o recebimento dos valores a ela devidos ao término do debate sobre a controvérsia.

Todavia, sua ocorrência é pouco factível,[32] até mesmo porque depende da anuência de pessoas e instituições cuja existência dependem destes valores para manterem-se operantes.

Aliás, e quando se tratar de procedimentos administrados por entidades privadas, mais adequado do que defender um recebimento *a posteriori* dos valores, seria debater a respeito da criação de fundos para auxiliar no pagamento dos custos do procedimento caso a parte não tenha condições de com eles arcar.[33]

Não se implementando qualquer das situações acima, ou seja, não havendo uma quitação espontânea da parte contrária dos custos e sua consequente sub-rogação no eventual crédito, tampouco havendo liberação dos árbitros e câmaras para pagamento ao final, é dever da parte necessitada provar a sua condição.

---

32 Apenas a título de curiosidade, Anne-Carole Cremades anota em seu texto que American Arbitration Association (AAA) possui previsão em seu regulamento de arbitragem que permite à parte sem condições de arcar com os custos do procedimento (nos dizeres do regulamento "*extreme harship*") requerer a redução ou a própria isenção dos valores, havendo inclusive lista de árbitros *pro bono* (CREMADES, Anne-Carole. La falta de recursos económicos para participar al arbitraje pactado. In Miguel Ángel Fernández-Ballesteros and David Arias (eds), *Spain Arbitration Review – Revista del Club Español de Arbitraje*. Vol. 2010, issue 8, Espanha: Wolters Kluwer, 2010, p. 158). Ainda neste sentido, CAHALI, Francisco José. *Curso de Arbitragem*. 7ª Edição. São Paulo: Editora Revista dos Tribunais. 2017. p. 293.

33 Também conforme Anne-Carole Cremades, esta hipótese chegou a ser discutida na Europa, com a tentativa de implementação de cotas pagas por outras arbitragens. Todavia, e como soa lógico, conclui-se por sua impossibilidade, pois a arbitragem não poderia ser vista e nem entendida como um serviço público (CREMADES, Anne-Carole. La falta de recursos económicos para participar al arbitraje pactado. Op. Cit. p. 153-164). No mesmo sentido, KUDRNA, Jaroslav. Arbitration and right of access to justice: tips for a successful marriage. In: New York University – *Journal of international law and politics online forum*. Disponível em: https://nyujilp.org/arbitration-and-right-of-access-to-justice-tips-for-a-successful-marriage/. Último acesso em 22 de fevereiro de 2019.

A ideia aqui é que a cláusula compromissória está ancorada na força obrigatória dos contratos (*pacta sund servanda*), motivo pelo qual a sua ineficácia não depende da mera manifestação unilateral de vontade de uma das partes. Aquele sujeito que informa não possuir condições de arcar com os custos do procedimento traz para si o ônus de provar a sua afirmativa, devendo demonstrar, preponderantemente através de documentos, a sua condição de "miserabilidade".

E veja-se que aqui não se aplicam as críticas direcionadas aos beneficiários da assistência judiciária gratuita estatal no sentido de que a comprovação da situação de hipossuficiência seria *"considerada constrangedora ou humilhante para o necessitado"*[34]. Partindo do pressuposto que as partes pactuaram de forma livre e consciente a cláusula compromissória, elas desde sempre tiveram ciência das consequências dessa sua escolha, inclusive o fato de se tratar de um meio privado de resolução de controvérsias.

Neste sentido, não se pode admitir qualquer pretensão ou escusa da parte inadimplente com as custas em apresentar as provas necessárias à sua condição de periclitância financeira. A comprovação do estado de necessidade é uma verdadeira condição *sine qua non* para que possa ser declarada a ineficácia da cláusula compromissória e a consequente reassunção da competência pelo Judiciário.

Em conclusão, a única hipótese em que a parte tem condições de afastar os efeitos da sua escolha pela arbitragem como método de resolução de conflitos é através de robustas provas de que não possui condições de arcar com os custos. Para tanto, deve abrir mão do sigilo de suas informações, demonstrando informativos contábeis e financeiros, bem como extratos de contas bancárias, declaração de imposto de renda, entre outros.[35]

5. A demonstração da impecuniosidade pelas partes e propostas alternativas para dar eficácia à cláusula compromissória

A prevalência da resposta jurisdicional em detrimento de obstáculos econômicos para o acesso à justiça restou assentada no item anterior. Não se pode ter dúvidas de que a concretização dos direitos fundamentais do cidadão, dentre os quais se insere a tutela do seu direito, não deva sucumbir em razão de empecilhos financeiros à obtenção de uma solução para a controvérsia.

A questão, todavia, é saber a melhor forma de procedimentalizar referida questão. Não se tem dúvidas que a reassunção da competência estatal para dirimir o confli-

34 GRECO, Leonardo. *Instituições de Direito Processual* – Introdução ao Direito Processual Civil. Rio de Janeiro: Forense, 2015, p. 440.

35 Caso bastante assemelhado à posição ora defendida foi julgado pelo Tribunal do Nono Circuito dos Estados Unidos. Trata-se do *case law Tillman v. Rheingold Firm, nº 13-56624, 2016 BL 190432 (9th Circuit)*. A decisão pode ser acessada através do link https://law.justia.com/cases/federal/appellate-courts/ca9/13-56624/13-56624-2016-06-15.html, último acesso em 22/02/2019.

to entre as partes está intimamente relacionada com a inércia da jurisdição privada. A posição em debate não pretende enfraquecer ou menosprezar a arbitragem em comparação com a justiça estatal, mas, não se pode aceitar a solução atualmente existente na seara arbitral para a falta de não pagamento das custas do procedimento, qual seja, suspensão do procedimento até o efetivo pagamento.

Assim, questiona-se, reconhecida a impecuniosidade, como realizar a modificação a competência do juízo arbitral para a justiça estatal? No caso, duas abordagens se fazem importantes distinguir e analisar. A primeira delas em razão do momento em que verificada a impecuniosidade; já a segunda delas em decorrência do sujeito impecunioso.

Quanto ao momento, é imperioso que se diferencie o estágio de evolução do conflito existente. Se já efetivado o pedido de instauração da arbitragem, entendemos que é no próprio procedimento que a parte tem que demonstrar a sua situação de penosidade, provando não ter condições financeiras de arcar com os custos da justiça privada. A justificar esta posição, pode ser que o tribunal ou a câmara de arbitragem encontre solução própria e específica para o problema (permitindo o pagamento dos custos ao final, *v.g.*), sendo certo ainda que a outra parte pode preferir assumir os ônus e sub-rogar-se no eventual crédito.

Não há que se admitir, nestes casos, e para fins de análise da impecuniosidade, a participação estatal até que o(s) árbitro(s), e também a instituição que administre o procedimento, se manifestem a respeito, seja para encontrar posições alternativas, seja para determinar a suspensão do procedimento pela da falta de pagamento dos custos.

A segunda abordagem, que diz respeito sobre a posição das partes no procedimento, também se mostra assaz importante.

Quando é o réu que não tem condições financeiras, deve-se levar em conta que o autor abastado economicamente é sempre o mais interessado no procedimento arbitral pelas suas características (celeridade, especialidade e confiança, notadamente), motivo pelo qual pode se interessar em adiantar as custas para o requerido. Todavia, não há obrigação do autor em arcar com estes custos, mesmo porque a praxe da arbitragem é a divisão, sem contar o grande ônus que este adiantamento pode trazer naquele momento.

E ainda quanto ao sujeito que alega a impecuniosidade, é preciso ter a consciência de que a probidade e a lealdade impõe, principalmente ao réu no procedimento, que ele assuma os seus ônus, não se admitindo comportamentos escusos, especialmente no sentido de dificultar o desenvolver do processo sob alegações vazias dos altos custos do procedimento, tudo sob pena de violar a sempre esperada boa-fé.

Reafirma-se que é dever daquele que alega a situação de impecuniosidade provar a sua condição, tudo sob pena de permitir uma intervenção judicial para permitir o pagamento da sua quota parte dos custos. O entendimento aqui é que esta tutela de urgência de natureza cautelar (art. 301, CPC) pode ser requerida ao árbitro de emergência[36], se já instaurada a arbitragem e houver referida previsão no regulamento das Câmaras, ou até mesmo pleiteada ao juiz estatal em sede de tutela provisória (art. 22-A e 22-B, da Lei 9.307/96, modificada pela Lei 13.129/15).

Lado outro, quando é o autor que se torna necessitado, caberá a ele tomar a iniciativa de demonstração da sua condição. Assim, além de poder notificar extrajudicialmente o pretenso réu da sua condição, tem a ser favor a faculdade de desde logo ajuizar a ação competente visando a solução da controvérsia posta. Neste caso, entretanto, entendemos que deverá ser formulado pedido de declaração de ineficácia da cláusula compromissória, instruindo o pedido com os documentos hábeis a comprovar sua situação financeira.

Há, entretanto, alternativas para a extinção sumária deste processo estatal e a devolução da matéria para a seara arbitral. Trata-se da hipótese de o réu se dispor a pagar a quota parte dos custos do autor – situação bem difícil de se configurar na prática, pois ainda que vitorioso, se o autor alega não ter condições de pagar pelo procedimento, muito dificilmente terá a possibilidade de quitar ao final.

De mais a mais, competindo ao autor demonstrar sua situação de penúria, ao réu é lícito produzir as contraprovas, sendo certo que, verificando não existir as condições de impecuniosidade, deve o juiz extinguir o feito sem resolução do mérito, na forma do art. 485, VII, CPC/15[37] (neste ponto, pressupõe-se a alegação pelo réu de existência de convenção de arbitragem, o que lhe é obrigatório por força do art. 337, X e §5º, do CPC, até mesmo porque estaria combatendo a alegação de ausência de numerário do autor).

Em breve suma, e se coadunando com o exposto aqui, *"não havendo êxito no consenso quanto à redistribuição do encargo ou havendo recusa expressa ou ainda, na hipótese de também a parte adversa se encontrar financeiramente hipossuficiente, torna-se inviável a instauração da arbitragem, configurando-se a renúncia de ambas as partes ao procedimento arbitral, com o consequente direito de proporem a demanda no Poder Judiciário, em face do princípio do acesso à Justiça."*[38-39]

---

36 Para a efetivação desta medida, entendemos que a carta arbitral, prevista no art. 260, §3º, do CPC/2015 e no art. 22-C, da Lei 9.307/96, modificada pela Lei 13.129/15, é o caminho mais adequado.

37 E aqui pressupõe que o réu tenha alegada a existência de convenção de arbitragem, até mesmo porque estaria combatendo a alegação de ausência de numerário do autor para o pagamento dos custos do procedimento privado de resolução de controvérsias. Caso não tenha alegação pelo réu, por óbvio que o processo estatal se perpetuará independentemente da discussão sobre a falta de custos, afinal, pela lei, entende-se que o réu renunciou à compromisso assumido.

38 BRITO, Cristiano Gomes de; CAMPOS, Sarah Couto. Os efeitos da onerosidade excessiva decorrente da hipossuficiência financeira superveniente na arbitragem. In: *Revista de Direito Privado*. vol. 88, p. 139-161, arb. São Paulo: Editora Revista dos Tribunais, 2011, Versão Eletrônica.

39 Coadunando-se com o entendimento ora defendido, tramitava na Câmara dos Deputados o Projeto de Lei nº 7.436/2017, que visava acrescentar o §3º e o §4º ao art. 136-A da Lei das Sociedades

O que não se pode de forma alguma aceitar são as propostas ventiladas no sentido de que, ainda que a parte seja devedora das custas, no caso o autor, a saída para o problema seria forçar o ajuizamento da ação do art. 7º, da Lei 9.307/96, para que o Judiciário modifique os termos da cláusula arbitral, seja modificando a composição do Tribunal Arbitral, seja alterando os próprios custos do procedimento.[40] Com as devidas vênias ao entendimento, mas a sugestão em questão contraria o próprio cerne da eleição da arbitragem como método de solução de conflitos, haja vista colocar em xeque a autonomia da vontade e a liberdade das partes.

Por derradeiro, solução intermediária e que pode ter assento nas causas de afastamento da situação de impecuniosidade é quando se fala na figura do financiador. Apesar da controversa posição doutrinária a respeito da natureza jurídica do *funder* em relação aos sujeitos do processo ou do procedimento arbitral[41], não há dúvidas em

Anônimas, com o objetivo de suspender os efeitos da cláusula arbitral sempre que for verificada, em cada caso concreto, a incapacidade de a companhia arcar com os custos financeiros do procedimento de solução da controvérsia pela via da arbitragem. Todavia, em 12 de dezembro de 2018, o relator do projeto, Deputado Daniel Almeida, apresentou parecer rejeitando o projeto, que quanto ao ponto, assentava: "Em nosso entendimento, a proposta enfraquece a utilização do mecanismo da arbitragem. O motivo é que passará a existir uma dúvida razoável acerca da possibilidade de o caso ser remetido ao Poder Judiciário em detrimento da existência de convenção de arbitragem. Afinal, a análise quanto a custos porventura excessivos referentes à utilização do mecanismo da arbitragem será sempre subjetiva, prejudicando a celeridade para a solução de litígios uma vez que passará a existir uma questão prévia e complexa a ser resolvida, que se refere à eventual incapacidade de a companhia arcar com os custos envolvidos". Assim, a despeito de não enfrentar o efetivo problema que a celeuma apresentava (a questão dos custos do procedimento e o acesso à justiça do acionista minoritário), o projeto foi arquivado em 31 de janeiro de 2019. A integra do parecer está disponível em https://www.camara.leg.br/proposicoesWeb/prop_mostrarintegra?codteor=1700987&filename=Tramitacao-PL+7436/2017. Último acesso em 22 de fev. 2019.

40 Esta posição, com a qual discordamos em todos os sentidos, é exposta por CASADO FILHO, Napoleão. *Arbitragem e acesso* à justiça – o novo paradigma do third party funding. São Paulo: Saraiva. 2017. p. 103, notadamente quando afirma: "Para os casos em que um investidor não se interessou em financiar a disputa, podemos vislumbrar a possibilidade da parte impecuniosa se valer da Ação de Instauração de Arbitragem prevista no art. 7º da Lei nº 9.307/96, solicitando a intervenção estatal para adequar a cláusula arbitral para a situação contenciosa apresentada". O mesmo entendimento parece ser compartilhado por CABRAL, Thiago Dias Delfino. *A impecuniosidade na arbitragem*: um grave problema na instauração do procedimento arbitral, um novo conceito e uma proposta de solução à luz do princípio do acesso à justiça. 2019. Dissertação de mestrado em Direito Processual apresentada na Faculdade de Direito, Universidade do Estado do Rio de Janeiro, sob a orientação do Professor Dr. Marco Antônio Rodrigues, Rio de Janeiro, 2019, p. 168-176; e ainda por GABARDO, Rodrigo Araujo. *A insuficiência de recursos financeiros na instauração da arbitragem comercial: efeitos no direito brasileiro a partir de uma perspectiva comparada*. 2014. Dissertação (Mestrado em Direito) – Faculdade de Direito, Universidade de São Paulo, São Paulo, 2014, p. 132-139.

41 Para uma análise minuciosa sobre a natureza jurídica do contrato de financiamento entre parte e *funder*, ver PINSOLLE, Philippe. Le financement de l'arbitrage par les tiers. *Revue de l'Arbitrage*. Comité Français de l'Arbitrage. 2011, p. 385-414.

afirmar que se as partes (autor ou réu) tiverem autonomia e liberdade na escolha e procura do financiador, ele poderá ser o responsável pela manutenção da competência do tribunal arbitral para dirimir o conflito.

O que não se pode e nem se deve aceitar é a imposição à parte de sua procura, tampouco a exigência de assumir compromissos que ela mesma entenda onerosa demais para si, com o intuito de "prestigiar" a arbitragem. Ratifica-se que a pedra de toque do instituto é a liberdade de escolha e a autonomia da vontade, sendo certo que qualquer tipo de imposição é suficiente para minar a legitimidade da arbitragem.[42]

Conclusão

Notoriamente que o presente artigo não teve a pretensão de observar todas as nuances que o tema enseja. É certo que a resolução do problema para a falta de pagamento de custas do procedimento arbitral pode enveredar para situações pouco ou nada singelas, envolvendo pontos e controvérsias muito além da mera ausência de quitação das despesas. Entretanto, foi preciso estabelecer um norte, e, neste ponto, para o fim de estabelecer uma conclusão, esta que está sendo apresentada, escolheu-se discutir o tema de forma mais direta e abrangente, sem considerar eventuais especificidades que apenas o caso concreto poderiam apresentar.

Em sendo assim, a exposição dos dois primeiros tópicos deste trabalho demonstrou que o entendimento da arbitragem como jurisdição mostra-se como um meio de concretização do acesso à justiça, na forma como garantido pela CRFB/88. A justiça estatal, como entendimento quase uníssono, não pode e nem deve ser a única forma jurisdicional de resolução de conflitos.

Ato contínuo, a partir do momento em que duas ou mais partes contratantes firmam uma convenção de arbitragem, de forma autônoma e livre, têm a ciência de que eventual controvérsia a ser resolvida se dará pelos árbitros, que inclusive detém o poder de afirmar a sua atribuição. E para além de afirmar a sua competência, este poder dos juízes privados estende-se para a própria atribuição de negar a prolação de sentença caso os custos do procedimento arbitral não estejam todos quitados.

É neste ponto que um conflito de normas revela-se premente de solução. A discussão envolve saber se a força obrigatória dos contratos decorrente da decisão de arbitrar eventuais conflitos decorrentes do negócio jurídico entabulado, a qual se alicerça na autonomia da vontade, prevalece sobre o acesso à ordem jurídica, mais propriamente ao direito de obter uma resposta jurisdicional para a controvérsia

---

42 É justamente por isso que se discorda de CABRAL, Thiago Dias Delfino. *A impecuniosidade na arbitragem* ... Op cit., p. 176, notadamente quando diz: "Todavia, é possível vislumbrar hipótese na qual o Poder Judiciário não conseguirá reduzir os custos da arbitragem. Nessa situação, deverá declarar a resolução da convenção de arbitragem, permitindo o acesso da parte impecuniosa ao Poder Judiciário, onde receberá a tutela dos seus direitos.".

existente, na hipótese de falta de numerário para cobrir os custos do procedimento arbitral.

A conclusão alcançada partiu do pressuposto que obstáculos econômicos não pode servir de justificativa para a denegação de justiça, aqui entendida como decisão de mérito sobre o debate instaurado. A partir do momento em que os custos do procedimento arbitral colocam-se como verdadeiro óbice à prolação da decisão, a força obrigatória dos contratos perde sua força obrigatória, tornando-se ineficaz para o fim a que se destina.

Ora, não se tem dúvidas de que ao firmar a cláusula compromissória, as partes tinham em mente que eventuais conflitos surgidos seriam efetivamente dirimidos pela arbitragem. Todavia, ao se verificar que o acesso à resposta jurisdicional está bloqueado por fatores puramente econômicos, resta indene de dúvidas que os efeitos daquele compromisso anteriormente entabulado já não perduram.

A consequência lógica para a situação de impossibilidade de resposta do tribunal arbitral em relação à controvérsia posta está na reassunção da competência estatal para dirimir o conflito, por força da ineficácia da cláusula compromissória. Reafirmamos, portanto, que a falta de recursos financeiros, devidamente demonstrada e comprovada por quem alega, não pode jamais servir de impedimento ao acesso à ordem jurídica e à resposta jurisdicional do conflito existente.

Referências bibliográficas

ABBOUD, Georges. *Jurisdição constitucional e direitos fundamentais.* São Paulo: RT, 2011.

ALVES, Rafael Francisco. *A inadmissibilidade das medidas antiarbitragem no direito brasileiro* – São Paulo: Atlas, 2009, pp. 190-193.

APRIGLIANO, Ricardo de Carvalho. Jurisdição e Arbitragem no Novo Código de Processo Civil. In: MELO, Leonardo de Campos; BENEDUZI, Renato Resende. *A Reforma da Arbitragem*. Rio de Janeiro: Forense, 2016.

BARBI, Marcelo. Arbitrabilidade cautelar e monopólio estatal da coerção: revisitando a titularidade do ius imperium no Estado Contemporâneo. In *Temas controvertidos na arbitragem à luz do Código de Processo Civil de 2015*. Paulo Cezar Pinheiro Carneiro, Leonardo Greco, Humberto Dalla. (Org.). 1ed. Rio de Janeiro: GZ Editora, 2018.

BERMANN, George A. Le rôle respectif des cours et des arbitres dans la détermination de la competénce arbitrale. In *Revista de Arbitragem e Mediação*, ano 8, nº 31, pp. 155-170, out.-dez./2011.

BRANCHER. Paulo M. R. Ilegalidade *prima facie* como limitador do princípio da competência-competência: uma análise em relação a matérias de ordem pública. *Revista de Processo*. v. 53, abr-jun/2017. Versão eletrônica.

BRITO, Cristiano Gomes de; CAMPOS, Sarah Couto. Os efeitos da onerosidade excessiva decorrente da hipossuficiência financeira superveniente na arbitragem. In: *Revista de Direito Privado*. vol. 88, p. 139-161, arb. São Paulo: Editora Revista dos Tribunais, 2011, Versão Eletrônica.

CABRAL, Thiago Dias Delfino. *A impecuniosidade na arbitragem*: um grave problema na instauração do procedimento arbitral, um novo conceito e uma proposta de solução à luz do princípio do acesso à justiça. 2019. Dissertação de mestrado em Direito Processual apresentada na Faculdade de Direito, Universidade do Estado do Rio de Janeiro, sob a orientação do Professor Dr. Marco Antônio Rodrigues, Rio de Janeiro, 2019.

CAHALI, Francisco José. *Curso de Arbitragem*. 7ª Edição. São Paulo: Editora Revista dos Tribunais. 2017.

CARMONA, Carlos Alberto. *Arbitragem e Processo: um comentário à Lei nº 9.307/96*. São Paulo: Atlas, 2007.

CARMONA, Carlos Alberto. Arbitragem e Jurisdição. *In: Participação e Processo*. GRINOVER, Ada Pellegrini, DINAMARCO, Cândido Rangel e WATANABE, Kazuo (coord.), São Paulo, 1ª ed., RT: 1988.

CASADO FILHO, Napoleão. *Arbitragem e acesso à justiça – o novo paradigma do third party funding*. São Paulo: Saraiva. 2017.

CREMADES, Anne-Carole. La falta de recursos económicos para participar al arbitraje pactado. In Miguel Ángel Fernández-Ballesteros and David Arias (eds), *Spain Arbitration Review – Revista del Club Español de Arbitraje*. Vol. 2010, issue 8, Espanha: Wolters Kluwer, 2010.

CREMASCO, Suzana Santi. *A responsabilidade pelo exercício da função jurisdicional do árbitro*. Disponível em http://www.editoramagister.com/doutrina_23276140_A_RESPONSABILIDADE_PELO_EXERCICIO_DA_FUNCAO_JURISDICIONAL_DO_ARBITRO.aspx.

DIDIER JUNIOR, Fredie. *Curso de Direito Processual Civil* – Introdução ao Direito Processual Civil, Parte Geral e Processo de Conhecimento, Salvador: JusPodivm, 17ª ed, 2015.

DINAMARCO, Cândido Rangel. *A arbitragem na Teoria Geral do Processo*. São Paulo: Malheiros, 2013.

FICHTNER, José Antonio *et al*. *Teoria Geral da Arbitragem*. Rio de Janeiro: Forense. 2018.

FREITAS, José Lebre de. Agente de execução e Poder Jurisdicional. *Revista Themis* n° 7, 2003.

GABARDO, Rodrigo Araujo. *A insuficiência de recursos financeiros na Instauração da Arbitragem Comercial:* efeitos no Direito Brasileiro a partir de uma perspectiva comparada. Dissertação (mestrado). Universidade de São Paulo, Faculdade de Direito, 159 f., 2014.

GRECO, Leonardo. Garantias fundamentais do processo: o processo justo. *In: Estudos de Direito Processual*, Rio de Janeiro: Faculdade de Direito de Campos, 2005.

GRECO, Leonardo. *Instituições de Direito Processual* – Introdução ao Direito Processual Civil. Rio de Janeiro: Forense, 2015.

KUDRNA, Jaroslav. Arbitration and right of access to justice: tips for a successful marriage. In: New York University – *Journal of international law and politics online forum*. Disponível em: https://nyujilp.org/arbitration-and-right-of-access-to-justice-tips-for-a-successful-marriage/.

MANGE, Flávia Foz e FARIA, Marcela Kolhbach de. Arbitragem em Tempos de Crise: situações de impecuniosidade e financiamento de terceiros. In BRAGA, Ana Gabriela Mendes e BORGES, Daniel Damasio (Org.). *Aspectos jurídicos da crise brasileira*: o direito em face dos desafios nacionais. São Paulo: Cultura Acadêmica/UNESP. No prelo.

MARINONI, Luiz Guilherme. *Rápidas observações sobre arbitragem e jurisdição.* Disponível em https://processoemdebate.files.wordpress.com/2010/09/arbitragem-e-jurisdicao_marinoni.pdf.

MARINONI, Luiz Guilherme; ARENHART, Sérgio Cruz; MITIDIERO, Daniel. *Novo Curso de Processo Civil*: vol. 1, Teoria Geral do Processo – 1ª ed. – São Paulo: Editora Revista dos Tribunais, 2015.

PINHO, *Humberto Dalla Bernardina*. ***Jurisdição e Pacificação*****: limites e possibilidades do uso dos meios consensuais de resolução de conflitos na tutela dos direitos transindividuais e pluri-individuais,** Rio de Janeiro: Editora CRV, 2017.

PINSOLLE, Philippe. Le financement de l'arbitrage par les tiers. *Revue de l´Arbitrage*. Comité Français de l´Arbitrage. 2011, p. 385-414.

RIBEIRO, Flávia Pereira. *Desjudicialização da Execução Civil*. São Paulo: Saraiva, 2013.

SANTOS, Moacyr Amaral. *Primeiras linhas de direito processual*. São Paulo: Saraiva, 2010, vol. I.

TALAMINI, Eduardo. Competência-competência e as medidas antiarbitrais pretendidas pela Administração Pública *in Revista de Arbitragem e Mediação*, ano 13, nº 50, jul.-set./2016, pp. 127-153.

TIBURCIO, Carmen. *Extensão e Limites da Jurisdição Brasileira*: competência internacional e imunidade de jurisdição. Salvador: Juspodivm, 2016.

WALD, Arnoldo. As *anti-suit injuctions* no Direito Brasileiro. In *Revista de Arbitragem e Mediação*, ano 3, nº 9, pp. 29-43, abr.-jun./2006.

WALD, Arnoldo. Conflito de competência entre o Poder Judiciário e o Tribunal Arbitral. Cabimento. Competência constitucional (art. 105, I, *d*, da CF) e legal (art. 115, I, do CPC) do STJ para resolvê-lo. Decisão majoritária que consolida a jurisprudência na matéria. *In Revista de Arbitragem e Mediação*, ano 11, nº 40, pp. 351-383, jan.-mar./2014, pp. 380-381.

ŽIVKOVIĆ, Patricia. Impecunious party in arbitration proceedings and its rights under article 6 (1) of the European Convention on Human Rights. In: *Journal of Constituionalism & Human Rights*. (2015 * 1-2(7))

Sites consultados:

www.stf.jus.br

www.stj.jus.br

www.tjrj.jus.br

www.camara.gov.br

http://selmalemes.adv.br/artigos/An%C3%A1lise-%20Pesquisa-%20Arbitragens%20Ns.%20e%20Valores-%202010%20a%202017%20-final.pdf

https://www.conjur.com.br/2018-mar-12/numero-processos-camaras-arbitragem-dobra-anos

https://law.justia.com/cases/federal/appellate-courts/ca9/13-56624/13-56624-2016-06-15.html

https://camara.fgv.br/conteudo/regulamento-da-camara-fgv-de-mediacao-e-arbitragem

http://site1379424603.hospedagemdesites.ws/regimento_custas_arb_1

https://ccbc.org.br/cam-ccbc-centro-arbitragem-mediacao/resolucao-de-disputas/arbitragem/regulamento-2012/

https://iccwbo.org/content/uploads/sites/3/2017/02/ICC-2017-Arbitration-and-2014-Mediation-Rules-portuguese-version.pdf

Homologação de Sentenças Arbitrais Estrangeiras em Matéria de Propriedade Intelectual

Arbitrabilidade, Ordem Pública e a Experiência Internacional

Isabel Milman

1. Introdução

A arbitrabilidade de questões relacionadas aos direitos da propriedade intelectual, não é de hoje, ocupa espaço importante nas discussões e estudos sobre a arbitragem, especialmente no campo da arbitragem comercial internacional, em razão da inegável vocação dessa categoria de direitos para a circulação pelo mundo globalizado[1], constituindo, por onde passam e para muito além dos limites territoriais dos países de onde provêm, incontáveis situações jurídicas e disputas legais.

Trata-se, com efeito, de importante canal de resolução de litígios, que vem ganhando espaço no plano internacional, por meio do crescente número de instituições capacitadas para dirimir conflitos surgidos dessa área do direito e pela cada vez maior aceitação da arbitragem como método legítimo e adequado para a solução de controvérsias relacionadas à propriedade intelectual por um progressivo número de países.

O tema, no entanto, está longe de poder ser considerado novo. Apesar de pouco difundido entre nós, ele é objeto, há mais de duas décadas, de ampla produção acadêmica no exterior. Tanto assim que, no ano de 1994, a Organização Mundial da Propriedade Intelectual (OMPI) e a Associação Americana de Arbitragem (AAA) promoveram, na cidade de Genebra, Suíça, conferência internacional sobre a matéria, da qual resultaram diversos artigos publicados no sítio WorldWide Forum on The Arbitration of Intelectual Property Disputes.[2]

Temos, assim, que a arbitragem internacional de direitos da propriedade intelectual é uma realidade no mundo e que, ao contrário da visão conservadoramente acei-

---

1 "Lembre--se que a própria natureza transnacional e desmaterializada dos direitos de propriedade intelectual exige soluções internacionais, que não se limitem à fronteira de uma única jurisdição." (LEVY, Daniel de Andrade. *Anotações sobre a Arbitragem em Matéria de Propriedade Intelectual*. Revista Brasileira de Arbitragem, Edição Especial, 2013, p. 207).

2 Disponível em http://www.wipo.int/amc/en/events/conferences/1994/index.html, acessado em 05.10.18.

ta e defendida pela doutrina brasileira[3], não deve ser limitada a aspectos meramente patrimoniais decorrentes de tais direitos.

Mesmo questões substanciais relativas à validade de direitos da propriedade intelectual dependentes de outorga de concessões estatais, como é o caso das patentes de invenção, dos modelos de utilidade, dos desenhos industriais e das marcas — e que são, não há dúvida, o ponto sensível do tópico ora em estudo — podem ser objeto de arbitragem em muitas jurisdições estrangeiras.

No Brasil, porém, o desenvolvimento do tema ainda é acanhado, restrito a controvérsias que versam, em sua maioria, sobre direitos patrimoniais decorrentes de contratos de licenciamento, de cessão de uso ou de transferência de tecnologia, mas nunca para desafiar a validade de uma patente brasileira, tampouco a infração de uma marca registrada perante o Instituto Nacional de Propriedade Industrial (INPI). Litígios que tenham esses objetivos ou que resvalem nessas questões, ainda que de forma apenas incidental, são, via de regra, dirigidos à via estatal, para solução judicial.

Isso não significa, entretanto, que o país não tenha avançado no tratamento da matéria. No ano de 2012, o INPI firmou com a Organização Mundial da Propriedade Intelectual (OMPI) Memorando de Entendimento que estabeleceu um procedimento conjunto de resolução de disputas a ser conduzido pela autarquia federal e o Centro de Arbitragem e Mediação da OMPI, com o objetivo de facilitar a mediação de controvérsias relacionadas a direitos da propriedade intelectual perante o INPI.

O Memorando de Entendimentos deu origem a Instruções Normativas da Presidência do INPI[4], cujos dispositivos passaram a regular o procedimento da mediação a ser realizada pelo CEDPI (Centro de Defesa da Propriedade Intelectual).

Interessante observar, no entanto, que a mediação intermediada pelo CEDPI é restrita a controvérsias relacionadas ao direito marcário e, muito embora tenha o condão de suspender temporariamente os processos administrativos de registro de marca, não vincula a decisão do INPI de deferir ou não o registro controvertido, na hipótese em que não tenha havido parecer técnico favorável à viabilidade do acordo produzido pela própria autarquia federal.

A iniciativa do INPI, sem dúvida importante, é de aplicação e eficácia limitadas e não chega a representar um salto expressivo para o reconhecimento da legitimidade da utilização de meios alternativos (hoje, entendidos como adequados) de resolução de disputas no campo da propriedade intelectual.

É claro que o pouco desenvolvimento do tema entre nós é decorrência da falta de incentivos para a proposição de soluções jurídicas mais sofisticadas, consequência

---

3 LEMES, Selma. Palestra proferida no Seminário "O papel do agente da propriedade industrial na América Latina e Caribe" – Associação Interamericana de Propriedade Industrial – ASIPI e Organização da Propriedade Intelectual – OMPI. Santiago do Chile, 1997.

4 Resoluções 23/2013, 28/2013 e 84/2013. Disponíveis em http://www.inpi.gov.br/sobre/legislacao-1, acessado em 19.10.18.

de uma economia ainda em expansão e que, apesar de inserida no mercado global, se ressente de um maior protagonismo no comércio internacional.

Para a realidade de muitas empresas nacionais, direitos da propriedade intelectual ainda são um artigo de luxo, fora de lista de prioridades na destinação de investimentos e recursos voltados para a sua constituição, manutenção e proteção.

Cenário bem diferente do que é encontrado nos Estados Unidos e em muitos países da Europa[5], que estão na vanguarda do estudo e da implementação da arbitragem como meio eficiente para a solução de controvérsias relacionadas aos direitos da propriedade intelectual, muito a reboque das exigências e desafios impostos por um ambiente econômico pujante.

Entre nós, o tema da ampla arbitrabilidade dos direitos da propriedade intelectual ainda é espinhoso e dependente de mais amadurecimento, em razão de questões relacionadas ao inegável interesse público que cerca a constituição e revogação de tais direitos[6], em especial àqueles dependentes de outorga estatal, para as quais se faz imprescindível a participação do Instituto Nacional da Propriedade Industrial (INPI) e a produção de efeitos erga omnes[7].

---

5 GRANTHAM, Willian. *The arbitrability of international intellectual property disputes*, 14 Berkeley J. Int'l Law. 173, 1996.

6 "Da mesma forma, cabe precisar a natureza essencialmente publica das concessões de patente: Uma patente não constitui, apenas, uma posição jurídica individualizada, de cunho plenamente privado, em que se defrontam apenas o Estado e o indivíduo. Pelo contrário:
a) as exclusivas serão propriedades no sentido constitucional, vinculadas ao ditame do *uso social*, em sua modalidade de interesse difuso.
b) mais ainda, sob a tutela constitucional que lhes e deferida, tais exclusivas estão sujeitas a uma vinculação especifica ao *interesse social, ao desenvolvimento tecnológico e econômico do Brasil.*
c) tais propriedades, não obstante serem assim classificadas, são simultaneamente *concorrenciais*, simultaneidade que se aponta no *leading case* do STF sobre a natureza dos direitos de Propriedade Intelectual e que denota a clara existência de interesses juridicamente protegidos de concorrentes;
d) no que se constituem em *exclusões concorrenciais*, suscitam relevantes interesses no âmbito do direito anti-monopólico;
e) no que representam diferimento do domínio público, e restrições ao livre acesso a produção expressiva e técnica, entram em tensão com tal direito humano fundamental, reconhecido pelo art. 27, 1 da Declaração Universal de 1948;
f) constituindo-se em uma restrição a esse direito humano, em prol da evolução tecnológica e do desenvolvimento, cria um quadro em que há *direito adquirido* ao público acesso, ao fim do prazo e fora dos estritos limites da concessão;
g) em particular, no tocante a área de saúde e alimentação, exatamente onde os direitos exclusivos de comercialização seriam aplicáveis, há inegável – e frequentemente avassalador – interesse público." (BARBOSA, Denis Borges. Ensaios e Estudos de Propriedade Intelectual 2014-2015. Disponível em http://www.nbb.com.br/pub/denis/ensaios_estudos_pi_direito_internacional.pdf, acessado em 18.10.18, p. 164).

7 O assunto será melhor desenvolvido no decorrer deste artigo em virtude de sua estreita relação com a noção de ordem pública, que deve direcionar o juízo de delibação necessário à homologação de sentenças estrangeiras pelo Superior Tribunal de Justiça.

Nesse passo, os trabalhos acadêmicos já produzidos para o seu estudo, infelizmente, não foram capazes de produzir um consenso apto a impulsionar a difusão do assunto para além dos muros da academia —, o presente artigo não terá por objetivo examiná-lo. Nosso propósito é outro.

Partimos do reconhecimento e da aceitação de que, no atual estágio do desenvolvimento econômico, jurídico e social brasileiro, a arbitragem de direitos da propriedade intelectual ainda é realidade distante. Preferimos abordar, nesse espaço, um outro enfoque da questão: a possibilidade de homologação de sentenças arbitrais estrangeiras que versem sobre conflitos que envolvam direitos da propriedade intelectual, para que possam produzir efeitos no Brasil.

Se, como afirmado, o tema da arbitrabilidade de direitos da propriedade intelectual é controverso no Brasil, não o é em muitos países do estrangeiro. Portanto, existe um grande mercado voltado para a arbitragem internacional desses direitos.

Para a segurança da ordem jurídica e econômica internacional, é importante que tais arbitragens produzam decisões passíveis de reconhecimento pelas jurisdições nacionais, de modo a que possam ser dotadas de eficácia e executoriedade. Do contrário, a arbitragem de tais questões se converteria no mais completo non sense.

Por isso, revela-se fundamental perquirir se a nossa ordem jurídica interna seria capaz de recepcionar tais decisões oriundas de juízos arbitrais estrangeiros, mesmo diante da sensível (e controvertida) questão da arbitrabilidade dos direitos da propriedade industrial no Brasil.

O assunto, por evidente, adentra o campo do direito internacional privado, e deve ser analisado à luz da fluída noção de ordem pública, presente na Convenção de Nova Iorque de 1958, recepcionada pelo Decreto n° 4.311/2002, e prevista também pela Lei da Arbitragem brasileira (Lei n° 9.307/96) como requisito negativo para a internalização de decisões arbitrais estrangeiras.

2. Disputas Internacionais Envolvendo Propriedade Intelectual: Vantagens da Arbitragem

No contexto do multilateralismo comercial que caracteriza o mundo contemporâneo, a arbitragem internacional é instrumento de que se valem as grandes corporações para acertarem as disputas que exsurgem do desenvolvimento de suas atividades, negócios e estratégias empresariais.

Seus atrativos são bem conhecidos: i) os árbitros podem ser escolhidos de acordo com sua expertise para julgar o objeto do litígio; ii) o procedimento e a própria decisão arbitral se revestem de confidencialidade, preservando do conhecimento público situações que as partes não desejam revelar[8]; iii) ampla liberdade para a conformação

---

8 "Esta situação é particularmente relevante nas hipóteses em que a transmissão de conhecimentos técnicos são não registráveis (Know-How) e aparecem como complemento da transação de um

do procedimento arbitral pelas partes; iv) celeridade em comparação com a justiça estatal, normalmente pela previsão de julgamento em única instância; v) ambiente mais negocial e menos contencioso, propenso a permitir a continuidade das relações comerciais entre as partes[9]; vi) neutralidade do árbitro em relação às jurisdições das partes em disputa.[10]

No campo dos direitos da propriedade intelectual, além desses atrativos, a grande vantagem da opção pela via arbitral é que o procedimento de arbitragem pode ser utilizado para resolver conflitos internacionais complexos, que envolvam questões das quais decorram repercussões jurídicas simultâneas em diversas jurisdições, como, por exemplo, a violação de uma invenção, patenteada em diversos países, por um mesmo infrator; ou uma disputa pela titularidade de uma patente ou marca, objeto de registro em diversos países.[11]

Nesses casos em que os direitos da propriedade intelectual circulam em escala global, a arbitragem internacional de disputas representa solução legal, logística e financeiramente vantajosa: um único procedimento arbitral para resolver disputas transnacionais complexas.

Com efeito, a opção pela arbitragem nesses casos representaria inegável salto de eficiência ao permitir a resolução de todas as disputas oriundas de uma mesma situação jurídica em momento único, através de uma única decisão, proferida por um único tribunal, a partir de uma única instrução probatória.

direito de propriedade industrial. Na submissão da controvérsia a uma jurisdição estatal será muito difícil manter o caráter secreto dos conhecimentos transmitidos com o consequente prejuízo para ambas as partes. Neste tópico, feliz é o dito popular: a publicidade é o freio das paixões." (LEMES, Selma Maria Ferreira. Ob. cit. p. 15).

9 "A arbitragem se adequa ao espírito de cooperação inerente aos contratos de exploração de direitos de propriedade industrial. Estes contratos estabelecem entre as partes uma estreita e duradoura colaboração, prestando assistência técnica à outra parte, bem como cedendo ou transferindo toda melhora ou inovação operada no direito transferido. Este elemento de cooperação e mútua confiança inerentes a estes contratos contribuem à adoção da arbitragem que é mais suscetível a esses interesses em face da informalidade e flexibilidade do procedimento arbitral. A Justiça Estatal está encarregada de decidir entre "rivais" que não apresentam interesses comuns." (LEMES, Selma. Ob. cit. 15-16).

10 "(...) a arbitragem permite que a solução das disputas se dê em local neutro, dado que pelas regras de competência internacional a ação judicial acabaria sendo proposta em um dos domicílios das partes. No contexto dos países desenvolvidos em confronto com os países em desenvolvimento, em que a diferença de cultura jurídica tem uma importância crucial, a arbitragem oferece inegável vantagem prática." (SANTOS, Manoel Joaquim Pereira dos. *Arbitragem e propriedade intelectual.* Revista Brasileira de Arbitragem, nº 0, jul./out. 2003, p. 194-195).

11 MERKL, Márcio. *Arbitrabilidade de disputas de propriedade intelectual: a arbitragem como uma ferramenta útil para os negócios internacionais.* In: IV Congresso Internacional de Ciências Jurídico-Empresariais, 2014, disponível em https://iconline.ipleiria.pt/handle/10400.8/1451, acessado em 15.10.18.

Esse efeito é próprio da arbitragem, nem mesmo a eleição contratual do foro teria equivalente resultado, na medida em que a justiça estatal está em grande medida limitada por questões de territorialidade. Cortes nacionais são moldadas para a solução de controvérsias ocorridas em suas próprias jurisdições, envolvendo a aplicação de seus próprios ordenamento jurídicos, em sua própria língua.[12]

Isso certamente limita a possibilidade de que cortes nacionais de justiça possam consolidar, sob suas jurisdições internas, a solução de disputas conexas envolvendo marcas registradas em diversos países, por exemplo; gerando, como consequência, uma superposição de litígios no plano internacional.

Do ponto de vista da análise econômica, portanto, a arbitragem internacional de conflitos ligados a direitos da propriedade intelectual representa inegável ganho em termos de celeridade, redução de custos e uniformidade do regramento de disputas transnacionais, permitindo que um mesmo litígio com ramificações em diversas jurisdições seja solucionado por um único tribunal arbitral, sem dispersão dos debates e replicação do material probatório em inúmeros processos paralelos, evitando o desperdício de energia e recursos, que podem, com isso, receber melhor destinação pelos agentes e instituições que pretendam dela se utilizar.

Aliado a isso, soma-se o fato de que, em razão da Convenção das Nações Unidas para o Reconhecimento e Execução de Sentenças Arbitrais Estrangeiras, firmada em Nova Iorque em 1958, ratificada pelo Brasil através do Decreto n° 4.311/2002, houve o fortalecimento da aceitação das sentenças arbitrais estrangeiras nos mais de 150 (cento e cinquenta) países signatários.

Diante de cenário tão favorável à arbitragem[13], para o qual contribuem o estabelecimento de centros internacionais altamente capacitados para o julgamento de conflitos de direito da propriedade intelectual, com regulamentos que vem sendo aprimorados para atender às exigências da complexidade das matérias que a globalização de tais direitos desafia[14], é importante perquirir se esses esforços serão recompensados por sentenças arbitrais internalizáveis nas diversas jurisdições em que devam produzir efeitos, em especial aqui no Brasil.

---

12 MORRISON, James. *A turning tide: arbitrating international trademark disputes and importance of the new WIPO arbitration rules.* INTABulletin, Nov. 2014, vol. 69, nº 20.

13 "A ideia de um procedimento verdadeiramente transnacional, com a possibilidade de aplicação de uma lei material cunhada sob medida para um litígio envolvendo matérias totalmente novas, que muitas vezes sequer receberam tratamento legislativo, são razões mais do que suficientes para explicar o sucesso da arbitragem." (LEVY, Daniel de Andrade. Ob. cit. p. 214).

14 É o caso do novo regulamento de arbitragem da OMPI, editado no ano de 2014 para substituir o regulamento de 1994.

3. Propriedade Intelectual e Arbitragem: Dificuldade do Tema

Do ponto de vista de nosso ordenamento jurídico interno, a questão da arbitrabilidade de conflitos que envolvam direitos da propriedade intelectual é – como antecipado – controvertida.

A Organização Mundial da Propriedade Intelectual (OMPI), instituída pelas Nações Unidas em 1967, define como propriedade intelectual o conjunto de direitos relativos às obras literárias, artísticas e científicas, às interpretações dos artistas intérpretes e às execuções dos artistas executantes, aos fonogramas e às emissões de radiodifusão, às invenções em todos os domínios da atividade humana, às descobertas científicas, aos desenhos e modelos industriais, às marcas industriais, comerciais e de serviço, bem como às firmas comerciais e denominações comerciais, à proteção contra a concorrência desleal e todos os outros direitos inerentes à atividade intelectual nos domínios industrial, científico, literário e artístico.

Trata-se, como ensina Denis Borges Barbosa, de "um capítulo do Direito, altíssimamente internacionalizado, compreendendo o campo da Propriedade Industrial, os direitos autorais e outros direitos sobre bens imateriais de vários gêneros."[15]

Dentre as espécies de direitos da propriedade intelectual, assume destaque os direitos da propriedade industrial, regidos pela Lei nº 9.279, de 15 de maio de 1996 (Lei da Propriedade Industrial – LPI), os quais, de acordo com o artigo 2º[16], são protegidos através da concessão de patentes de invenção e modelo de utilidade, bem como de registro de marca e desenho industrial.

As patentes de invenção, modelos de utilidade, desenhos industriais e marcas são bens móveis[17], cuja titularidade é adquirida mediante a outorga de uma concessão estatal, por meio de atos administrativos proferidos pelo INPI, consubstanciados na expedição de cartas-patente, para as patentes de invenção e modelos de utilidade, e no deferimento de registros, para os desenhos industriais e as marcas.[18]

15 BARBOSA, Denis Borges. *O conceito de propriedade intelectual*. Disponível em http://denisbarbosa.addr.com/paginas/200/propriedade.html, acessado em 15.10.18.

16 "Art. 2° – A proteção dos direitos relativos à propriedade industrial, considerado o interesse social e o desenvolvimento tecnológico e econômico do País, se efetua mediante: I – concessão de patentes de invenção e de modelo de utilidade; II – concessão de registro de desenho industrial; III- concessão de registro de marca; IV – repressão às falsas indicações geográficas; e V – repressão à concorrência desleal."

17 Nos termos do art. 5º da Lei n° 9.279/96: "Consideram-se bens móveis, para os efeitos legais, os direitos de propriedade industrial."

18 "Art. 129. A propriedade da marca adquire-se pelo registro validamente expedido, conforme as disposições desta Lei, sendo assegurado ao titular seu uso exclusivo em todo o território nacional, observado quanto às marcas coletivas e de certificação o disposto nos arts. 147 e 148."

Isso quer dizer que a concessão estatal é condição para a existência do direito à exclusividade, assumindo ela, em nosso ordenamento jurídico, natureza constitutiva.[19]

Por essa razão, dispõe a Lei da Propriedade Industrial (LPI) que as ações judiciais voltadas para o reconhecimento da nulidade dos atos administrativos de concessão de cartas-patente ou de registros de desenho industrial e marcas, bem como demandas que tenham por objetivo contestar o indeferimento administrativo de tais direitos, exigem a participação obrigatória do INPI no polo passivo e, por isso, devem ser ajuizadas na Justiça Federal.[20]

Dessa circunstância resulta, em larga medida, a resistência ao reconhecimento da arbitragem como meio adequado para a solução de questões relacionadas à validade dos direitos da propriedade industrial.

O entendimento majoritário é o de que apenas os aspectos patrimoniais e obrigacionais desses direitos seriam arbitráveis.[21] Questões relativas à constituição, extinção, validade e titularidade dos privilégios outorgados pelo Estado, tais como patentes de invenção, desenhos industriais e marcas, estariam fora do espectro de incidência da arbitragem, por revelarem conteúdo de ordem pública, decorrente do interesse público que a proteção de tais direitos desperta.[22]-[23]

---

19 Vigora entre nós o sistema atributivo. "No CPI atual, Lei 9279/96, assim como no CPI de 1945, vigora o sistema misto, qual seja, um sistema predominantemente o sistema atributivo da propriedade marcária, isto é, a propriedade da marca se adquire somente através do seu registro no INPI, com algumas exceções como a prevista no artigo 129, parágrafo 1º." (BARBOSA, Denis. Direito de Precedência ao Registro de Marcas, Disponível em http://denisbarbosa.addr.com/paginas/200/propriedade.html, acessado em 15.10.18.2005). Nos EUA, de outro modo, vige o sistema declarativo, pelo qual o direito se adquire pelo uso e o registro concedido pelo estado tem natureza meramente declaratória.

20 "Art. 57. A ação de nulidade de patente será ajuizada no foro da Justiça Federal e o INPI, quando não for autor, intervirá no feito."

21 "(...) todas as questões que envolvam direitos patrimoniais disponíveis, que são transacionáveis, podem submeter-se a arbitragem. Destarte, toda controvérsia meramente obrigacional decorrente de contratos em geral, tais como de licença de patente, cessão de uso de marca, contrato de edição, contrato de franchising e suas consequências, entre elas, pretensões relativas ao pagamento de quantias adequadas pelo licenciado/cessionário ou a indenização devida pelo inadimplemento de obrigações assumidas podem ser resolvidas por arbitragem. Sem dúvida, encontramo-nos em campo de livre disposição das partes, onde não existem aspectos de interesses que impeçam o recurso à arbitragem." (LEMES, Selma. Arbitragem em propriedade intelectual).

22 Sobre o ponto, Selma Lemes afirma que "(...) *há questões que surgem no campo da propriedade industrial em que o questionamento através da arbitragem encontra óbice legal em alguns países, tais como a validade de um direito, a caducidade de patente ou a concessão de licença obrigatória que somente podem ser discutidas perante as Cortes Oficiais por envolver interesse público relevante, classificado como de ordem pública. A discussão, por exemplo, de validade de uma patente ultrapassa os limites do interesse privado.*" (LEMES, Selma. *Arbitragem em propriedade intelectual*).

23 No mesmo sentido, José Rogério Cruz e Tucci é taxativo ao afirmar que "*excluem-se dos domínios da arbitragem os litígios cujo objeto é de exclusiva atribuição do Instituto Nacional da Propriedade Industrial (INPI), autarquia federal, que tem como precípua finalidade executar, no âmbito nacio-*

Direitos da propriedade industrial são considerados privilégios, verdadeiros monopólios estatais conferidos a particulares[24], desde que preenchidos os requisitos impostos pela lei, para explorarem com exclusividade tais direitos por um período de tempo determinado, como contrapartida pela contribuição dada para o desenvolvimento tecnológico, científico, artístico e de outros campos do conhecimento humano.[25]

No caso dos signos marcários, há, ainda, o relevante interesse social de evitar o risco de confusão no mercado consumidor, pela convivência de marcas semelhantes para a designação de produtos e serviços idênticos ou similares.

Por isso, existe inegável interesse público na concessão (e também na denegação, quando for o caso) de tais privilégios, porquanto os mesmos representam não apenas uma limitação temporária à liberdade de comércio e à atividade industrial, e, portanto, uma excepcional restrição ao princípio da livre concorrência (art. 170, inc. IV, CF/88), mas também uma proteção ao público consumidor contra o risco de confusão e abusos na oferta de bens e serviços.[26]

Em razão disso, a crítica doutrinária mais comum e contundente endereçada à obstaculizar o uso da arbitragem para a resolução de conflitos relacionados a direitos

nal, as normas que regulam a propriedade industrial, tendo em vista a sua função social, econômica e técnica. Assim, por exemplo, não é passível de arbitragem o pleito de anulação de título de patente, que sempre deve ser dirigido ao INPI." (CRUZ E TUCCI, José Rogério. *Arbitrabilidade dos litígios sobre direitos da propriedade industrial.* Revista Consultor Jurídico, Set. 2014).

24 Denis Borges Barbosa, citando clássica lição de Thomas Jefferson, ensina que *"o direito de exclusiva aos bens intelectuais é dado 'de acordo com a vontade e conveniência da sociedade, sem pretensão nem demanda de quem quer que seja'. É um movimento de política, e política econômica mais do que tudo, e não um reconhecimento de um estatuto fundamental do homem. A essência do homem é que as idéias e criações fluam e voem em suas asas douradas, como Verdi propunha."* (BARBOSA, Denis Borges. *Bases Constitucionais. In:* Manoel J. Pereira dos Santos, Wilson Jabour. (Org.). Criacoes Industriais. Sao Paulo: *Saraiva, 2006, v. 1, p. 3 e ss.*)

25 *"One does not say that the owner of a parcel of land has a monopoly because he has the right to exclude others from using the land. But a patent or a copyright is a monopoly in the same sense. It excludes other people from using some piece of intellectual property without consent. That in itself has no antitrust significance. (...). Information is a scarce good, just like land. Both are commodified – that is, made excludable property-in order to create incentives to alleviate their scarcity. Talk of patent and copyright 'monopolies' is conventional; we have used this terminology ourselves in this book. The usage is harmless as long as it is understood to be different from how the same word is used in antitrust analysis."* (LANDES, William M., POSNER, Richard A., *The Economic Structure of Intellectual Property Law*, Harvard University Press, 2003, p. 374).

26 "O fim imediato da garantia do direito à marca é resguardar o trabalho e a clientela do empresário. Não assegurava nenhum direito do consumidor, pois, para ele, constituía apenas uma indicação da legitimidade da origem do produto que adquirisse. Atualmente, todavia, o direito sobre a marca tem duplo aspecto: resguardar os direitos do produtor, e, ao mesmo passo, proteger os interesses do consumidor, tornando-se instituto ao mesmo tempo de interesse público e privado. O interesse do público é resguardado pelas leis penais que reprimem a fraude e falsificações fora do campo da concorrência desleal." (REQUIÃO, Rubens. *Curso de Direito Comercial.* Vol. I, 22ª ed., Saraiva, 1995).

da propriedade industrial consiste no argumento de que o árbitro não teria o poder de decidir, com eficácia erga omnes, pela existência, aquisição, extinção, validade ou titularidade desses direitos, sobre os quais pesa um interesse público, resultante da outorga de uma concessão estatal, que gera efeitos que ultrapassam a esfera jurídica das partes que dela se beneficiam, afetando a sociedade como um todo.[27]

Nesse sentido, Selma Lemes é taxativa ao afirmar que "a incapacidade de um tribunal arbitral decidir com eficácia 'erga omnes' supõe uma limitação decisiva neste campo."[28]

Embora a polêmica sobre a possibilidade de admitirmos a arbitrabilidade dos direitos da propriedade intelectual na ordem jurídica brasileira não seja o foco deste artigo, pelas razões já expostas no título introdutório, o tema toca o objeto do presente estudo pela sua proximidade com a noção de ordem pública, fundamental para o juízo de delibação exercido na análise dos pedidos de homologação de sentença arbitral estrangeira decididos pelo Superior Tribunal de Justiça.

Sob esse aspecto, uma visão panorâmica do tratamento da matéria nos ordenamentos jurídicos estrangeiros é essencial para a circunscrição dos limites da ordem pública internacional, dentro dos quais é possível defender a tese da possibilidade de internalização de sentenças arbitrais proferidas no exterior, ainda que apresentem como objeto decisões sobre a validade, aquisição e extinção de direitos da propriedade intelectual.

4. Tratamento do Tema no Direito Estrangeiro

4.1. Estados Unidos

Antes de 1983 era grande a incerteza quanto à arbitrabilidade de direitos da propriedade intelectual no ordenamento jurídico norte-americano. Até então, havia a percepção de que disputas envolvendo tais direitos estavam relacionadas a questões

27 *"Indeed, the most convincing argument for limiting the arbitrability of certain types of intellectual property disputes focuses not on the state´s interests, but on the arbitrators 'powers. Because an arbitral award is merely a private affair, binding only on the parties and having no wider impact, an arbitrator cannot make an award that has an effect erga omnes. Any arbitral award that attempts to invalidate a state grant would by its nature seek to operate erga omnes, ant thus, would be beyond the arbitrator´s powers. A similar argument might be advanced in the case of intellectual property ownership – assuming, that is, that an argument can be found to distinguish the ownership of intellectual property from that of other kinds of property. Because the state grant settles ownership on a particular party, a contrary arbitral finding affects not only the relationship between the parties to the dispute, but makes a declaration as to ownership that inevitably implicates non-parties, and therefore, exceeds the arbitrator´s powers. This is seen as calling into question the basis of the state grant of intellectual property rights."* (GRANTHAM, Willian. Ob. cit. p. 184.)

28 LEMES, Selma. Palestra proferida no Seminário "O papel do agente da propriedade industrial na América Latina e Caribe" – Associação Interamericana de Propriedade Industrial – ASIPI e Organização da Propriedade Intelectual – OMPI. Santiago do Chile, 1997.

de limitação da concorrência (antitruste) e, por isso, não poderiam ser adequadamente resolvidas pela via arbitral. Nesse contexto, as cortes americanas costumavam decidir que os direitos da propriedade intelectual, porque afetos a interesses públicos, somente poderiam ser submetidos à jurisdição estatal.

A partir de 1983, com a edição do U.S. Patent Act (incorporado ao título 35 do U.S. Code, sob a Seção 294[29]), essa visão foi alterada e hoje não há dúvida de que qualquer disputa relacionada a questões de propriedade intelectual são adequadas à receberem solução pela via arbitral.

Nos termos da legislação em vigor, a decisão arbitral sobre direito patentário é vinculante para as partes em disputa, não afetando, porém, direito de terceiros[30], e somente passa a ter força executiva após a notificação do Diretor do Escritório de Marcas e Patentes[31], que deve lhe conferir publicidade, mediante averbações junto aos respectivos registros.

O mesmo tratamento é dado, por construção jurisprudencial, para os demais direitos da propriedade intelectual (marcas, direitos autorais e segredos de negócio), carentes de uma regulação específica prevista em lei.[32]

Marcio Merkl anota que o tratamento legislativo dado pelos Estados Unidos ao tema da arbitrabilidade dos direitos da propriedade intelectual "ecoou no resto do mundo – principalmente porque a maioria das empresas e indivíduos precavidos que desenvolvem alguma invenção buscam a respectiva proteção nos E.U.A. – e a questão passou a ser efetivamente analisada com maior profundidade nos outros países também. "[33]

---

29 35 U.S. Code Section 294 (a): *"A contract involving a patent or any right under a patent may contain a provision requiring arbitration of any dispute relating to patent validity or infringement arising under the contract. In the absence of such an agreement, the parties to any existing patent validity or infringement suit may agree in writing to settle such dispute by arbitration."*

30 35 U.S. Code Section 294 (c): *"An award by an arbitrator shall be final and binding between the parties to the arbitration but shall have no force or effect on any other person."*

31 35 U.S Code Section 294: *"(d) When an award is made by an arbitrator, the patentee, his assignee or licensee shall give notice thereof in writing to the Director. There shall be a separate notice prepared for each patent involved in such proceeding. Such notice shall set forth the names and addresses of the parties, the name of the inventor, and the name of the patent owner, shall designate the number of the patent, and shall contain a copy of the award. If an award is modified by a court, the party requesting such modification shall give notice of such modification to the Director. The Director shall, upon receipt of either notice, enter the same in the record of the prosecution of such patent. If the required notice is not filed with the Director, any party to the proceeding may provide such notice to the Director. (e) The award shall be unenforceable until the notice required by subsection (d) is received by the Director."*

32 GRANTHAM, William. Ob. cit. p. 216.

33 MERKL, Márcio. Ob. cit. p. 91.

4.2. Suíça

A Suíça, ao lado dos Estados Unidos, é um dos países mais abertos à arbitragem comercial, tanto doméstica, quanto internacional, e tem regras específicas para cada uma delas.[34]

No que aqui interessa, prevê a Swiss Private International Law Act de 1987 (PIL), que regula as arbitragens internacionais, que "any dispute involving property may be the subject-matter of an arbitration." [35]

Mesmo antes de tal regramento entrar em vigor, a doutrina especializada já apontava para a plena aceitação da arbitragem para a solução de disputas envolvendo direitos da propriedade intelectual. [36]

As decisões arbitrais relativas a direitos da propriedade intelectual, depois de terem sua executoriedade certificada pelas cortes estatais de justiça, devem ser levadas à averbação nos registros competentes, de modo a que possam produzir efeitos.[37]

4.3. Portugal

A submissão de disputas de direitos da propriedade intelectual à arbitragem é, já de alguns anos, uma realidade em Portugal.[38] Desde de 2003, o Código da Propriedade

---

34 KARAMANIAN, Susan L. *Public policy and the arbitration of international intellectual property disputes*. Law School, Washington University, p. 453.

35 *Chapter 12, article 177:*
1. Any dispute involving property may be the subject-matter of an arbitration.
2. If a party to the arbitration agreement is a state or an enterprise or organization controlled by it, it cannot rely on its own law in order to contest its capacity to be a party to an arbitration or the arbitrability of a dispute covered by the arbitration agreement.

36 *"Arbitration in respect of intellectual property disputes has always been recognized in Switzerland. In 1945, the Federal Supreme Court already decided that the jurisdiction reserved to the State courts as per Article 76 of the Federal law on patents – in respect of all civil suits provided for in that law – was not exclusive."* (BRINER, Robert. *The arbitrability of intellectual property disputes with a particular emphasis on the situation in Switzerland*. WorldWide Forum, Geneva, 1994).

37 Nesse sentido, Willian Granthan observa que "(...) in Switzerland, the Federal Office of Intellectual Property adopted the view more than twenty years ago that arbitral tribunals could decide the validity of industrial property-patents, trademarks, and designs. These decisions, if accompanied by a certificate of enforceability issued by a Swiss court with jurisdiction over the seat of arbitration, will be entered in the federal intellectual property register. By making the arbitration tribunal, in a sense, do the work of the public authorities, the integrity of the ordre public is not compromised." (Ob. cit. p. 186).

38 LOUSA, Nuno Ferreira; SILVA, Raquel Galvão. *Arbitrating Intellectual Property Disputes in Portugal: A Case Study*. Kluwer Arbitration Blog, Nov. 2015, Disponível em http://arbitrationblog.kluwerarbitration.com/2015/11/13/arbitrating-intellectual-property-disputes-in-portugal-a-case-study/, acessado em 02.10.18.

Industrial (DL n° 36/2003) prevê expressamente (art. 48) a possibilidade de recurso à via arbitral para a solução de tais questões.[39]

O CPI português dispõe, ainda, que o INPI pode ser acionado para compor o procedimento arbitral, através de sua vinculação a centros de arbitragem voluntária institucionalizada.[40]

Nesse sentido, no ano de 2009, foi instituído o Arbitrare, centro de arbitragem privado, de âmbito nacional, que conta com o apoio do Estado português, com competência para dirimir litígios com alçada de até um milhão de euros em matéria de propriedade industrial, nomes de domínio de .PT, sinais e denominações, sujeitos a arbitragem voluntária; bem como litígios emergentes de direitos de propriedade industrial, quando em causa medicamentos de referência e medicamentos genéricos, sujeitos a arbitragem necessária nos termos da Lei n° 62/2001.[41]

---

39 *"Artigo 48: Tribunal arbitral*
1. Sem prejuízo da possibilidade de recurso a outros mecanismos extrajudiciais de resolução de litígios, pode ser constituído tribunal arbitral para o julgamento de todas as questões susceptíveis de recurso judicial.
2. Exceptuam-se do disposto no número anterior os casos em que existam contra-interessados, salvo se estes aceitarem o compromisso arbitral.
3. O tribunal arbitral pode determinar a publicidade da decisão nos termos do nº 3 do artigo 35º"

40 Art. 49, Código da Propriedade Industrial Português (DL nº 36/2003):
"1 – O interessado que pretenda recorrer à arbitragem, no âmbito dos litígios previstos no artigo anterior, pode requerer a celebração de compromisso arbitral, nos termos da lei de arbitragem voluntária, e aceitar submeter o litígio a arbitragem.
2 – A apresentação de requerimento, ao abrigo do disposto no número anterior, suspende os prazos de recurso judicial.
3 – Sem prejuízo do disposto no número seguinte, a outorga de compromisso arbitral por parte do Instituto Nacional da Propriedade Industrial é objecto de despacho do presidente do conselho directivo, a proferir no prazo de 30 dias contado da data da apresentação do requerimento.
4 – Pode ser determinada a vinculação genérica do Instituto Nacional da Propriedade Industrial a centros de arbitragem voluntária institucionalizada com competência para dirimir os conflitos referidos no n.º 1 do artigo anterior, por meio de portaria do membro do Governo de que dependa este Instituto, a qual estabelece o tipo e o valor máximo dos litígios abrangidos, conferindo aos interessados o poder de se dirigirem a esses centros para a resolução de tais litígios."

41 *"More recently, Law no. 62/2011 of 12 December 2011, implemented mandatory arbitration for certain cases of infringement disputes concerning patents and Supplementary Protection Certificates ("SPCs"). According to Law 62/2011, disputes concerning industrial property rights, including preliminary injunctions, related to reference medical products [fn]The reference medicinal product is a medicinal product which has been granted a marketing authorization on the basis of a complete dossier, i.e., with the submission of quality, pre-clinical and clinical data in accordance with Article 3, no. 1 of Decree Law no. 176/2006, 30 August 2006, and to which the application for marketing authorization for a generic/hybrid medicinal product refers, by demonstration of bioequivalence, usually through the submission of the appropriate bioavailability studies.[/fn] or to generics medicines, are subject to ad hoc or institutionalized mandatory arbitration (Article 2 of Law 62/2011)."* (LOUSA, Nuno Ferreira; SILVA, Raquel Galvão. Arbitrating Intellectual Property Disputes in Portugal: A Case Study. Kluwer Arbitration Blog, Nov. 2015, Disponível em http://arbitrationblog.kluwerarbi-

Importante observar, entretanto, que conflitos que envolvam a pretensão de invalidação de patentes, ainda quando declarada de forma incidental, permanecem sendo de competência exclusiva da jurisdição estatal, por força de previsão legal expressa do art. 35, do CPI português[42], ratificado pela Corte Constitucional no julgamento do recurso n° 297/16.[43]

4.4. Alemanha

O sistema judicial alemão é referência mundial em matéria de propriedade intelectual, nutrido por relevante produção acadêmica e pela existência do Bundespatentsgericht (Tribunal Federal de Patentes), especializado no julgamento de litígios envolvendo exclusivamente a validade de patentes alemães e composto por juízes de formação multidisciplinar. Todas as demais questões patentárias litigiosas, notadamente as ações de infração, são resolvidas pelas Cortes distritais de justiça.[44]

A doutrina especializada aponta ser possível a arbitragem de direitos da propriedade intelectual, inclusive, aqueles oriundos de patentes de invenção, embora reconheça não ser aceitável a declaração de nulidade de uma patente, com efeito erga omnes, pela via arbitral.[45]

---

tration.com/2015/11/13/arbitrating-intellectual-property-disputes-in-portugal-a-case-study, acessado em 02.10.18).

---

42 "Artigo 35:
Processos de declaração de nulidade e de anulação
1 – A declaração de nulidade ou a anulação só podem resultar de decisão judicial."

43 "A fundamentação da restrição à possibilidade de suscitação incidental da exceção perentória da nulidade da patente na ação por infração de patente passa pela consideração de que a matéria da nulidade não pode ser conhecida no tribunal arbitral necessário, por ser antes competência exclusiva do TPI, sendo tal vício apenas invocável perante esta jurisdição, mediante ação destinada a declará-la nula com eficácia geral. Este argumento tem na sua base duas ordens de razões: (i) a própria natureza da relação material controvertida; e (ii) o interesse de assegurar a competência exclusiva de determinado tribunal para apreciar a matéria subjacente à exceção perentória." (Tribunal Constitucional de Portugal – 1ª Seção, Processo n° 297/16, Rel. Conselheira Maria de Fátima Mata-Mouros, Acórdão n° 251/2017, Julgado em 24.05.17. Disponível em http://www.tribunalconstitucional.pt/tc/acordaos/20170251.html, acessado em 10.10.18).

44 PAGENBERG, Jochen. *Arbitrability of intelectual property disputes in Germany.* In WorldWide Forum, Geneva, 1994, disponível em http://www.wipo.int/amc/en/events/conferences/1994/pagenberg.html, acessado em 15.10.2018.

45 *"Limitations exist however with respect to nullity proceedings (8). A typical case of violation of public order in patent law would be the declaration of nullity of a German patent. The jurisdiction of the Federal Patent Court concerning the invalidation of German patents is exclusive in the strict sense, since the granting act by the Patent Office constitutes an act of public authority, based on a substantive examination for patent validity. An arbitration award cannot replace a nullity decision of the Federal Patent Court, since the decision on the validity of patents is not at the disposal of*

No entanto, na seara das disputas relacionadas à infração de uma patente em vigor, admite-se que o árbitro, a despeito de não poder emitir juízo sobre a sua validade, possa restringir o escopo de proteção do privilégio com eficácia restrita às partes em conflito, de modo a que seja possível decidir pela existência, ou não, de infração.[46]

4.5. OMPI

Além do crescente reconhecimento da arbitragem como meio adequado para a solução de disputas envolvendo direitos da propriedade intelectual no plano interno das jurisdições nacionais, como acima evidenciado, a relevância do tema para o tráfego jurídico e econômico internacional impulsionou a criação de estruturas supranacionais de resolução de conflitos nessa área; a mais importante delas, o Centro de Mediação e Arbitragem da Organização Mundial da Propriedade Intelectual (OMPI), estabelecido em 1994, com sede em Genebra, Suíça.

O Centro da OMPI é um organismo internacional neutro, independente e sem fins lucrativos, que oferece mecanismos privados de resolução de disputas, tais como mediação, arbitragem, arbitragem expedita e decisão de especialista[47], e que tem por objetivo melhor acomodar as peculiaridades dos conflitos comerciais internacionais ligados a direitos da propriedade intelectual, através de ambiente institucional adequado para dirimir litígios de cunho contratual e não contratual, como é o caso das ações de infração que envolvem partes de diversas jurisdições.[48]

---

the parties. However, this does not mean that the parties are bound and have to assume the validity of the patent claims, or more importantly, the wording and scope of the claims as they have been granted. Consequently, the parties could agree on a limitation of the patent claims and they could also agree that certain embodiments do not fall under the scope of patent protection." (PAGENBERG, Jochen. Arbitrability of intelectual property disputes in Germany. In WorldWide Forum, Geneva, 1994. Disponível em http://www.wipo.int/amc/en/events/conferences/1994/pagenberg.html, acessado em 15.10.2018).

46 *"Although patent invalidation erga omnes is not possible, an alleged infringer can also prevail if the arbitration tribunal declares the patent as unenforceable or limited to the exact wording of the claims in view of identical prior art, so that the infringement must be denied."* (PAGENBERG, Jochen. Arbitrability of intelectual property disputes in Germany. In WorldWide Forum, Geneva, 1994, disponível em http://www.wipo.int/amc/en/events/conferences/1994/pagenberg.html, acessado em 15.10.2018).

47 FERREIRA, Gonçalo da Cunha Ferreira; CASTRO, Ignácio, TOSCANO, Leandro Emílio; MOSER, Luiz Gustavo Meira Moser. *O Uso da Mediação para a Resolução de Disputas de Propriedade Intelectual – A Experiência Internacional.* Revista Brasileira de Arbitragem, Ed. Especial. Disponível em http://cbar.org.br/site/wp-content/uploads/2015/03/RBA_Especial_PIArbMed.pdf, acessado em 10.10.18.

48 GURRY, Francis. *The WIPO Arbitration Center and its services.* The American Review of International Arbitration, Vol. 5, 1994.

Nos últimos dez anos, houve significativo aumento da procura pelo Centro de Mediação e Arbitragem da OMPI:

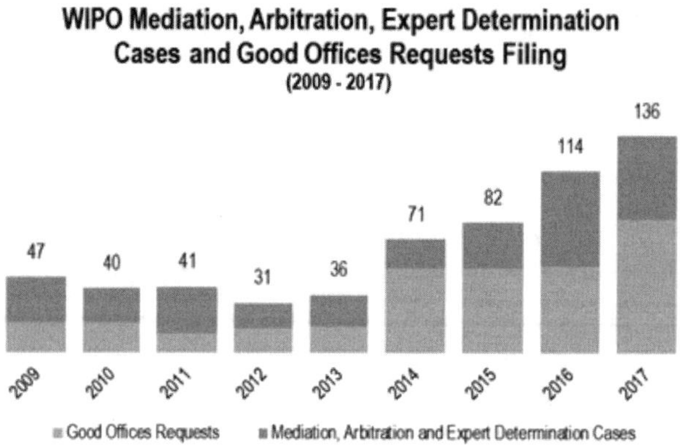

http://www.wipo.int/amc/en/center/caseload.html

5. Arbitrabilidade e Ordem Pública

Do panorama acima desenhado, percebe-se que tanto no plano interno do ordenamento de muitos países, como no tráfego jurídico internacional, a arbitragem de disputas envolvendo direitos da propriedade intelectual, em seus mais variados contornos, é uma realidade presente e crescente.

Diante disso, surge a questão – verdadeiramente crucial -- de saber se as sentenças arbitrais proferidas no estrangeiro acerca de tal matéria poderão ser aceitas e internalizadas pela ordem jurídica brasileira, para que aqui produzam os efeitos esperados pelas partes que se submeteram à via arbitral.

Para tanto, é importante que a controvérsia a respeito da arbitrabilidade objetiva dos direitos da propriedade intelectual seja analisada sob o filtro da noção de ordem pública internacional.

Isso porque, muito embora a Convenção de Nova Iorque de 1958 disponha, em seu artigo V (2) (a)[49], que a sentença arbitral estrangeira pode ser recusada pelo país da execução nas hipóteses em que, (i) segundo a sua lei interna, o objeto da disputa não seja passível de solução mediante arbitragem e (ii) ofenda à ordem pública, a

49 "2. O reconhecimento e a execução de uma sentença arbitral também poderão ser recusados caso a autoridade competente do país em que se tenciona o reconhecimento e a execução constatar que: a) segundo a lei daquele país, o objeto da divergência não é passível de solução mediante arbitragem; ou b) o reconhecimento ou a execução da sentença seria contrário à ordem pública daquele país."

doutrina, tanto nacional[50], como estrangeira[51], entende que, no plano do direito internacional, arbitrabilidade objetiva e ordem pública são temas inter-relacionados.

Com efeito, no âmbito internacional, o conceito de arbitrabilidade objetiva é permeado pela noção de ordem pública, para fins de controle judicial das sentenças arbitrais estrangeiras, visto que "cada estado é livre e soberano para determinar as matérias que são de competência exclusiva do Poder Judiciário e que, portanto, não podem ser resolvidas por arbitragem. "[52] E, nesse sentido, a recusa ao reconhecimento de uma sentença arbitral proferida no exterior é referível à noção de ofensa à ordem pública.

A arbitrabilidade é, portanto, um dos aspectos inerentes ao fenômeno da ordem pública, que, no âmbito da arbitragem comercial internacional, "está no centro de preocupação das partes e dos árbitros interessados na composição do litígio e na eficácia plena da sentença arbitral."[53]

No plano jurídico interno, a ordem pública funciona como limitadora da vontade das partes, resultando do conjunto de princípios e regras legais de natureza inderrogável em determinado ordenamento jurídico. "Já no Direito Internacional privado, a ordem pública impede a aplicação de leis estrangeiras, o reconhecimento de atos realizados no exterior e a execução de sentenças estrangeiras. "[54]

Esse é o sentido teleológico da ordem pública; defini-la, porém, tem se revelado tarefas das mais difíceis. Jacob Dolinger, que dedicou parte de sua brilhante produção acadêmica ao tema, afirma que

> "o princípio da ordem pública é o reflexo da filosofia sociopolítico-jurídica imanente no sistema jurídico estatal, que representa a moral básica de uma nação e que protege as necessidades econômicas do Estado. A ordem pública encerra, assim, os planos filosófico, político, moral e econômico de todo o Estado constituído."[55]

---

50 GONÇALVES, Eduardo Damião. *Comentários ao art. V (2) (A) (B) da Convenção de Nova Iorque.* In: WALD, Arnoldo; LEMES, Selma (coords.). Arbitragem comercial internacional: a Convenção de Nova Iorque e o direito brasileiro. São Paulo: Saraiva, 2011, p. 278/279.

51 *"It is generally accepted that arbitrability forms part of the general concept of public policy and that therefore Article V (2) (a) can be deemed superfluous."* (VAN DEN BERG, Albert Jan. *The New York Convention of 1958. Towards a uniform judicial interpretation.* The Hague: Kluwer Law International, 1981, p. 360).

52 BARROS, Vera Cecília Monteiro de. *Exceção de ordem pública na homologação de sentença arbitral estrangeira no Brasil.* São Paulo: Quartier Latin, 2017, p. 192.

53 BARROS, VERA Cecilia Monteiro de. Ob. cit. p. 127.

54 BARROS, VERA Cecília Monteiro de. Ob. cit. 139.

55 DOLINGER, Jacob. *Direito Internacional Privado: parte geral.* Rio de Janeiro: Renovar, 2008, p. 394.

Em complemento, Dolinger observa que a ordem pública deve ser aferida

> "pela mentalidade e pela sensibilidade médias de determinada época. Aquilo que for considerado chocante a esta média será rejeitado pela doutrina e repelido pelos tribunais. Em nenhum aspecto do direito o fenômeno social é tão determinante como na avaliação do que fere e do que não fere a ordem pública."[56]

A contemporaneidade, que é marca característica da noção de ordem pública, é ponto fundamental para a correta análise do tema de nosso estudo. Segundo Irineu Strenger, "os valores que podem excepcionar o jogo normal do sistema de Direito Internacional Privado são aqueles que têm plena vigência no momento em que o intérprete jurídico atende à regulamentação do pressuposto internacional em análise."[57]

Portanto, através da exceção de ordem pública é possível obstar a aplicação do direito estrangeiro e, no que aqui interessa, o reconhecimento de decisões proferidas no exterior que sejam, no momento de análise, chocantes às noções mais elementares de justiça e moral de uma nação.

Trata-se de um conceito fluído e indefinível, que toca o sentimento coletivo de uma sociedade, mas que não encontra necessária relação de identidade com o ordenamento jurídico vigente em determinado país.

Com efeito, não se deve confundir, no exercício do juízo de delibação necessário à homologação de sentenças arbitrais proferidas no exterior, a noção de ordem pública com as regras cogentes e imperativas que integram o ordenamento jurídico interno de uma nação.[58]

Isso porque, como bem enfatizado por Vera Cecília Monteiro de Barros

> "uma decisão estrangeira pode eventualmente violar regra imperativa e, ainda assim, não infringir a ordem pública — razão pela qual Fouchard, Gaillard e Goldman afirmam que 'not every breach of mandatory rule of the host country could justify refusing recognition or enforcement of a foreign award."[59]

Chega-se, assim, à conclusão de que nem toda violação de regra cogente de direito interno deve implicar no não reconhecimento de decisão estrangeira por ofensa à ordem pública. E isso porque existe uma relevante distinção conceitual entre o que seja a ordem pública interna e a ordem pública internacional.[60]

---

56 Ob. cit. p. 394.

57 STRENGER, Irineu. *Arbitragem comercial internacional*. São Paulo: LTr, 1996, p. 216.

58 Ob. cit. p. 147.

59 Ob. cit. p. 149.

60 O tema é controvertido na doutrina, Vera Cecília Monteiro de Barros destaca que "*parte dos doutrinadores brasileiros adotou a distinção de Charles Brocher entre ordem pública interna e ordem*

No campo da arbitragem comercial internacional, a diferenciação é absolutamente fundamental e se justifica pelos distintos propósitos das relações domésticas e internacionais. Segundo a doutrina de Carlos Alberto Carmona,

> "a ordem pública interna denota a impossibilidade de derrogação, pela vontade privada, de normas materiais, enquanto a ordem pública internacional funciona como verdadeiro filtro de leis, sentenças (arbitrais ou estatais) e atos em geral que devam ter eficácia no território nacional, impedindo tal eficácia quando ameaçados relevantes valores de justiça e moral."[61]

A ordem pública internacional não é, pois, continente do ordenamento legal imperativo do país onde a decisão estrangeira pretende produzir efeitos. Não se prende a minucias legislativas dos ordenamentos jurídicos internos, mas revela o conjunto de concepções e princípios básicos de determinado país, que não admite sacrifícios e deve ser capaz de obstar, por afronta a valores essencialmente relevantes, a produção de efeitos de decisões estrangeiras.

Nesse sentido, o campo da ordem pública internacional é rigorosamente mais restrito do que o campo de incidência da ordem pública interna, de tal modo que é possível depreender que nem tudo o que pertence à ordem pública doméstica, pertence à ordem pública internacional e que, por isso, é possível admitir que uma decisão proferida no estrangeiro possa violar norma cogente nacional e, ainda assim, não afrontar a ordem pública internacional.[62]

Nesse sentido, emblemático é o exemplo extraído do Guia do Internacional Council for Commercial Arbitration sobre a Interpretação da Convenção de Nova Iorque de 1958:

> "Em um caso alemão que transcorreu perante a Corte de Apelação de Celle, o vendedor buscou a homologação de sentença arbitral proferida sob a égide da Corte de Arbitragem Internacional da Câmara de Comércio e Indústria da Federação Russa (ICAC). O comprador arguiu que a homologação da sentença violaria a ordem pública em razão das irregularidades procedimentais ocorridas na arbitragem e também porque a sentença arbitral deu eficácia a uma elevada e desproporcional multa contratual. O tribunal estatal rejeitou os argumentos do comprador afirmando que: 'No caso específico de sentenças arbitrais estrangeiras, o desvio, na arbitragem estrangeira, de regras imperativas domésticas relativas ao processo não representa [automaticamente] violação à ordem pública. Ao contrário, deve haver violação à ordem pública internacional. Portanto, a homologação de sentenças arbitrais estrangeiras

pública internacional, valendo citar Clóvis Beviláqua, Haroldo Valladão, Irineu Strenger e Eduardo Espínola. Outros rejeitaram a distinção, como Oscar Tenório, Gama e Silva e Wilson de Souza Campos Batalha." (Ob. cit. p. 153)

61 CARMONA, Carlos Alberto. *Arbitragem e processo. Um comentário à Lei n° 9.307/1996*. São Paulo: Atlas, 3ª edição, 2009, p. 69/70.

62 BARROS, Vera Cecília Monteiro de. Ob. cit. p. 158.

está, em regra, sujeita a um regime menos estrito do que a homologação de sentenças arbitrais domésticas. A questão aqui não é se um juiz alemão chegaria a um resultado diferente baseado nas regras imperativas do direito alemão. Ao contrário, há violação à ordem pública internacional apenas quando as consequências da aplicação da lei estrangeira a um caso concreto são tão diversas das disposições alemãs que a torna inaceitável segundo os princípios alemães. Não é esse o caso aqui. '"[63]

No caso da arbitragem, a limitação à recusa do reconhecimento e internalização de decisões arbitrais estrangeiras, decorrente dessa noção restritiva do conceito de ordem pública internacional, é resultado de um ambiente de prestígio e incentivo à segurança das relações jurídicas e do desenvolvimento do comércio internacional, consagrado pela Convenção de Nova Iorque de 1958.

Com efeito, a Convenção de Nova Iorque 1958 representou marco evolutivo decisivo para o desenvolvimento da arbitragem internacional, um grande esforço jurídico-diplomático para estimular a aceitação e reconhecimento, pelas nações signatárias, de decisões arbitrais proferidas no estrangeiro e para uniformizar os parâmetros segundo os quais devem ser observadas as convenções de arbitragem e executadas as sentenças arbitrais nos países signatários.

Todo o conjunto de regras estabelecido pela Convenção de Nova Iorque deve ser interpretado à luz do espírito de favorecimento da arbitragem. Em verdade, como bem afirma Arnoldo Wald, a "Convenção estabelece um critério liberal mínimo em matéria de reconhecimento e execução de sentença arbitral estrangeira, sem impedir que cada país estabeleça um regime ainda mais flexível."[64]

O Brasil, muito tardiamente, através do Decreto n° 4.311/2002, ratificou a Convenção de Nova Iorque[65], que tem, segundo a própria Lei de Arbitragem[66], hierarquia legislativa na regulação da matéria atinente ao reconhecimento e execução de sentenças arbitrais estrangeiras.[67]

---

63 Guia do *Internacional Council for Commercial Arbitration* sobre a Interpretação da Convenção de Nova Iorque de 1958: um texto de referência para juízes. Publicado pelo International Council for Commercial Arbitration. www.arbitration-icca.org, acessado em 05.10.18, p. 112.

64 WALD, Arnoldo. A interpretação da convenção de Nova Iorque no direito comparado. Revista de Direito Bancário e do Mercado de Capitais, vol. 22, Out. 2003, p. 353.

65 "Passaram-se mais de quarenta anos para que o Brasil finalmente ratificasse a Convenção de Nova Iorque e integrasse o rol dos países desenvolvidos em matéria de arbitragem. Essa ausência se deveu em grande parte ao regime da arbitragem anteriormente vigente no direito brasileiro, à luz do qual Hildebrando Accioly emitiu parecer contrário à adesão, que previa a necessidade do duplo exequatur, por entender-se, na época, que a decisão arbitral não constituiria uma sentença. Essa situação desapareceu com o advento da Lei 9.307/96." (WALD, Arnoldo. Ob. cit. p. 353).

66 "Art. 34. A sentença arbitral estrangeira será reconhecida ou executada no Brasil de conformidade com os tratados internacionais com eficácia no ordenamento interno e, na sua ausência, estritamente de acordo com os termos desta Lei."

67 "O artigo 34 da Lei nº 9.307/1996 determina que a sentença arbitral estrangeira será homologada no Brasil, inicialmente, de acordo com os tratados internacionais com eficácia no ordenamento in-

De acordo com o artigo V (2) da Convenção de Nova Iorque, são duas as hipóteses em que o reconhecimento e a execução de uma sentença arbitral estrangeira poderiam ser obstados pelo país onde se pretenda a internalização: (i) quando o objeto da divergência não for passível de solução mediante arbitragem segundo as suas leis; ou ainda (ii) quando houver ofensa à ordem pública.[68]

Disposição semelhante é prevista pelo art. 39 da Lei de Arbitragem segundo o qual a homologação de sentença arbitral estrangeira será negada quando for constatado, pelo Superior Tribunal de Justiça, o objeto do litígio não é suscetível de ser resolvido por arbitragem, nos termos da lei brasileira, ou quando a decisão ofender a ordem pública nacional.[69]

Comentando o aludido dispositivo da Lei de Arbitragem, André de Albuquerque Cavalcanti Abbud afirma que a regra "deve ser interpretada à luz de sua norma inspiradora, o art. V, n° 2, 'b', da Convenção de Nova Iorque, redigidos em termos idênticos (public policy of that country)"[70], consagradora do conceito de ordem pública internacional para fins de homologação de sentença arbitral estrangeira.

Nesse mesmo sentido, Ricardo Ramalho Almeida pontua que:

> "parece mais acertado o entendimento de que, no contexto de reconhecimento e execução de sentenças arbitrais estrangeiras, a Lei só pode estar se preocupando com a manutenção da integridade essencial do ordenamento jurídico nacional, no mesmo sentido em que tradicionalmente se aplica a exceção de ordem pública à homologação de sentenças judiciais estrangeiras, vale dizer, no sentido próprio do direito internacional privado — às vezes identificado com a designação 'ordem pública internacional' —, que é específico de relações jurídicas multiconectadas, internacionais, não se confundindo com o emprego do princípio da ordem pública no plano das relações civis exclusivamente internas."[71]

---

terno e que, somente na ausência destes, incidirão os dispositivos da Lei de Arbitragem Brasileira." (STJ, Corte Especial, SEC 5.782-EX, Rel. Min. Jorge Mussi, DJe 16.12.2015).

68 "2. O reconhecimento e a execução de uma sentença arbitral também poderão ser recusados caso a autoridade competente do país em que se tenciona o reconhecimento e a execução constatar que:

a) segundo a lei daquele país, o objeto da divergência não é passível de solução mediante arbitragem; ou
b) o reconhecimento ou a execução da sentença seria contrário à ordem pública daquele país."

69 "Art. 39. A homologação para o reconhecimento ou a execução da sentença arbitral estrangeira também será denegada se o Superior Tribunal de Justiça constatar que:
I – segundo a lei brasileira, o objeto do litígio não é suscetível de ser resolvido por arbitragem;
II – a decisão ofende a ordem pública nacional."

70 ABBUD, André de Albuquerque Cavalcanti. *Homologação de sentenças arbitrais estrangeiras*. São Paulo: Atlas, 2008, p. 209.

71 ALMEIDA, Ricardo Ramalho. *Arbitragem comercial internacional e ordem pública*. Rio de Janeiro: Renovar, 2005, p. 278/279.

Nessa ordem de ideias, sob o ponto de vista da noção de ordem pública internacional, há que se reconhecer, sem dúvida, que a arbitragem internacional de direitos da propriedade intelectual, mesmo quando voltada para a solução de disputas ligadas a validade e titularidade de direitos outorgados pelo Estado, não representa afronta a valores inarredáveis e princípios essenciais à integridade da nação brasileira. A bem da verdade, sequer existe limitação legal expressa no ordenamento jurídico nacional à arbitrabilidade de tais questões.

Os direitos da propriedade intelectual são disponíveis e tem cunho patrimonial, ainda que, em se tratando de direitos da propriedade industrial, dependam de outorga estatal e exista inegável interesse público na sua concessão (ou denegação). Em qualquer caso, porém, tais direitos podem ser renunciados, cedidos e, até mesmo, não exercidos, nos limites da conveniência e de acordo com a autonomia privada de seus titulares.

A vontade privada, além de ser fundamento determinante para o estabelecimento da via arbitral, fonte primária da jurisdição do árbitro, ganha relevância cada vez mais acentuada no ordenamento jurídico brasileiro, do que são exemplos a recente alteração da Lei de Arbitragem (Lei n° 9.307/96) e a edição da Lei da Mediação (Lei n° 13.140/15) e do Novo Código de Processo Civil.

Dentre as novidades, está a significativa ampliação das hipóteses de arbitrabilidade subjetiva pela previsão da possibilidade de que entes da administração pública direta e indireta resolvam conflitos relativos a direitos patrimoniais disponíveis pela via arbitral (art. 1º, parágrafo 1º, da Lei n° 9.307/96); o que significa, como bem esclarece Antonio do Passo Cabral, "que o interesse público não é, sempre e em todos os casos, absolutamente indisponível."[72]

Mencione-se também o artigo 190 do Novo Código de Processo Civil, que instituiu a aclamada cláusula geral de negociação processual, indicativa da adoção de um modelo cooperativo de processo civil, e que autoriza possam as partes dispor sobre o procedimento e de suas posições jurídicas processuais sempre que o processo verse sobre direitos que admitam autocomposição.

A doutrina em peso festejou a opção legislativa pela circunscrição da possibilidade de celebração de convenções processuais às hipóteses relacionadas a direitos passíveis de autocomposição, porque, como sustenta Pedro Henrique Nogueira, trata-se de "noção mais abrangente, pois mesmo direitos indisponíveis podem ser objeto de negociação, e frequentemente o são, quanto ao modo de cumprimento, tal como se passa nos compromissos de ajustamento de conduta." [73]

---

72 CABRAL, Antonio do Passo. *Convenções processuais.* Salvador: Ed. JusPodivm, 2ª edição, 2018, p. 343.

73 NOGUEIRA, Pedro Henrique. Comentários ao art. 190. *In* WAMBIER, Tereza Arruda Alvim et al. (coord.). *Breves comentários ao Novo Código de Processo Civil.* Revista dos Tribunais, 3ª ed. ver. e atual. p. 662.

Tais alterações legislativas são sintomáticas de um ambiente jurídico maior liberdade e propensão à valorização da vontade das partes[74], sejam elas privadas ou entes da administração pública, admitindo possam as mesmas regular a forma como devam resolver suas disputas, inclusive aquelas que envolvam interesses públicos (disponíveis) e direitos indisponíveis (que admitam autocomposição), quer seja via processo judicial, quer seja via arbitragem, conforme o caso.

Isso contribui, sem dúvida, para desmitificar o uso da arbitragem em matéria de propriedade intelectual e infirmar a concepção tradicional de que a nossa ordem pública repeliria a solução arbitral de conflitos nessa seara.

Em cenário legislativo interno tão favorável, chegamos à conclusão de que a recepção de decisões arbitrais estrangeiras que versem sobre litígios envolvendo direitos da propriedade intelectual, mesmo aqueles que dependem de outorga estatal, não tem o condão de ferir a nossa ordem pública internacional, tampouco, ousamos dizer, a nossa ordem pública doméstica.

Pelo contrário, o atual estágio do desenvolvimento da arbitragem no país, o avanço representado pela ratificação da Convenção de Nova Iorque, a crescente popularidade internacional da arbitragem como meio adequado para a resolução de conflitos litígios atinentes à propriedade intelectual e, ainda, a ampla valorização da autonomia da vontade em nosso ordenamento jurídico, são fatores que devem concorrer para que o Judiciário brasileiro seja um porto seguro para o reconhecimento e internalização de decisões arbitrais estrangeiras versando sobre o tema.

Naturalmente, isso não quer significar que as decisões arbitrais estrangeiras possam suplantar a necessidade de outorga estatal para a concessão de direitos da propriedade industrial no Brasil, tampouco que a anulação de privilégios patentários, signos marcários e outros direitos congêneres por decisões arbitrais estrangeiras possam infirmar, automaticamente, os registros concedidos pelo INPI e produzir eficácia erga omnes.

Não se pode, evidentemente, desconsiderar a natureza eminentemente consensual da arbitragem, da qual resulta que as decisões arbitrais somente vinculam as partes que de alguma forma estejam envolvidas na disputa, não obrigando terceiros que dela não fizeram parte.

Realmente, é importante observar que os efeitos produzidos pela sentença arbitral estrangeira, uma vez homologada pelo Superior Tribunal de Justiça e internalizada em nossa ordem jurídica, são aqueles compatíveis com o ordenamento brasileiro, res-

74 "Põe-se a descoberto, no novo CPC, o prestígio da autonomia da vontade das partes, cujo fundamento é a liberdade, um dos principais direitos fundamentais previstos no art. 5º da Constituição Federal. O direito à liberdade contém o direito ao autoregramento, justificando o chamado *princípio do respeito ao autoregramento da vontade no processo*." (CUNHA, Leonardo Carneiro. Comentários ao art. 190. *In* CABRAL, Antonio do Passo; CRAMER, Ronaldo (coord.) *Comentários ao novo Código de Processo Civil*, 2ª ed. rev., atual. e ampl., Rio de Janeiro: Forense, 2018, p. 317).

peitando-se as limitações impostas pela própria dinâmica dos direitos da propriedade intelectual, em especial àqueles sujeitos à outorga de concessão estatal.

Nesse sentido, a título de exemplo, a decisão arbitral proferida no exterior regulando controvérsia sobre a validade de uma patente estrangeira, da qual decorra registro de patente nacional, não produzirá maiores efeitos no Brasil para além da típica eficácia declaratória, já que patentes de invenção são regidas pelo princípio da independência.[75]

Assim, tais patentes nacionais ainda dependerão de processos administrativos e/ou judiciais para serem reconhecidas como inválidas, o que não significa que as decisões arbitrais estrangeiras não possam, como título judiciais com força declaratória, produzir efeitos no Brasil, inclusive para vincular juízos futuros quanto ao que restou decidido na via arbitral.

6. O Caso Viagra

A hipótese acima aventada, aliás, já foi objeto de julgamento pela Corte Especial do Superior Tribunal de Justiça, em sede de pedido de homologação de sentença estrangeira (SEC n° 911-GB)[76], no qual se pretendia o reconhecimento de sentença judicial proferida pela Justiça do Reino Unido, que declarou inválida a patente do conhecido medicamento comercializado pelo nome Viagra.

Importante notar que, embora o caso julgado pelo STJ fizesse referência à decisão judicial estrangeira, as razões e fundamentos do que restou decidido pela Corte Superior poderiam ser, perfeitamente, aplicados à sentença arbitral estrangeira, como aqui se propõe.

O julgado em questão versou sobre a disputa judicial envolvendo as gigantes farmacêuticas, Lilly Icos LLC, de um lado, na qualidade de requerente, e Pfizer Limited, de outro, na qualidade de requerida.

A requerente Lilly obteve, perante o Judiciário inglês, sentença judicial transitada em julgado, reconhecendo a nulidade da patente concedida ao medicamente Viagra pelo Reino Unido à requerida Pfizer, por entender faltar ao privilégio o requisito da atividade inventiva.

Como a patente inglesa do medicamento Viagra foi objeto de revalidação, pelo regime de pipeline[77], junto ao INPI, gerando a concessão, em favor de Pfizer, de paten-

75 Os países signatários da Convenção da União de Paris (CUP) são independentes para apreciar e julgar os pedidos de patentes depositados em seus territórios. Assim, cada patente obtida para uma invenção é um título nacional e permanece em vigor inteiramente independente da patente concedida de outros Países.

76 STJ – SEC n° 911-GB, rel. Min. Francisco Peçanha Martins, DJe 13.08.2007.

77 O regime de patente denominado pipeline autoriza a revalidação, no território nacional, de patente concedida ou depositada em outro país, à luz da observância das condições estabelecidas no art. 230 da LPI.

te de invenção brasileira com o mesmo objeto, a requerente Lilly pretendeu submeter a decisão judicial inglesa ao processo de homologação junto ao Superior Tribunal de Justiça para que a sentença estrangeira pudesse produzir efeitos no Brasil.

Pelo lado da requerida Pfizer, foram alegados óbices à internalização da decisão inglesa decorrentes de suposta afronta à soberania e ordem pública nacionais, bem como aspectos relacionados ao princípio da territorialidade das patentes e a impossibilidade de permitir que decisão estrangeira pudesse interferir com privilégios patentários concedidos pelo Brasil.

Nada disso impediu, entretanto, a homologação da sentença inglesa. No parecer oferecido pelo Ministério Público, incorporado às razões de decidir da Corte Superior, restou assentado que

> "a homologação, ora pretendida, não atenta, evidentemente, contra o princípio da territorialidade nem ofende a soberania nacional ou a ordem pública, pois não está em discussão, aqui e agora, a validade da patente brasileira, tema a ser apreciado no processo e momento próprios."

E, na sequência, citando novamente os fundamentos do parecer ministerial, a Corte Especial conclui que "se a execução da sentença estrangeira possa servir de fundamento à anulação de patente brasileira, é questão a ser discutida e examinada pela Justiça brasileira, a única competente para o caso."

Em voto-vista, o Ministro Luiz Fux, à época ainda integrante do Superior Tribunal de Justiça, afirmando a existência de interesse da requerente Lilly para ver apreciado o pedido de homologação da sentença judicial inglesa perante o Judiciário brasileiro, sustentou que

> "O Direito Brasileiro não se limita a admitir sentença estrangeira passíveis de homologação senão atos decisórios que reclamam produção de eficácia no nosso território.
>
> A homologação da sentença que deslegitima patente estrangeira da qual derivou o ato de propriedade industrial nacional revela a necessidade de nacionalização da sentença alienígena a ser utilizada ad futurum, na forma dos artigos 469, III e 470 do CPC, verificados os requisitos formais exigíveis. "

O julgado ora retratado revela a inegável utilidade e, até mesmo, imprescindibilidade de que decisões estrangeiras relacionadas à matéria de propriedade intelectual, notadamente direitos da propriedade industrial, como é o caso de patentes de invenção, sejam internalizadas para que possam aqui produzir efeitos que sejam compatíveis com o ordenamento jurídico brasileiro, em especial a eficácia declaratória, capaz de vincular, como questão prejudicial, juízos proferidos em demandas futuras.

A mesma resposta, é de se esperar, recebam as decisões arbitrais estrangeiras que resolvam disputas nessa seara, submetidas ao processo de homologação perante o Superior Tribunal de Justiça.

7. Considerações Finais

A arbitragem internacional de direitos da propriedade intelectual é uma realidade, que vem ganhando, a cada dia, maior aceitação e legitimidade. Representa indiscutível instrumento facilitador do desenvolvimento de relações jurídicas e comerciais entre as nações inseridas no mundo globalizado, dada a intensa circulação, para além das fronteiras nacionais, de tais direitos e a crescente importância estratégica que ocupam na vida das empresas.

A segurança jurídica e a estabilidade das relações internacionais impõem que as sentenças proferidas por juízos arbitrais acerca de questões e conflitos relacionados à propriedade intelectual recebam tratamento favorável pelos ordenamentos jurídicos onde tencionem produzir efeitos.

Nesse sentido, podemos afirmar que a existência de interesse público e de participação do Estado na concessão de direitos da propriedade industrial, como patentes de invenção, marcas e desenhos industriais, não devem ser impedimento para que decisões arbitrais proferidas no estrangeiro sejam internalizadas pela ordem jurídica brasileira.

No plano do direito internacional, o caráter restritivo da noção de ordem pública relega o não reconhecimento de atos proferidos no estrangeiro apenas àquelas hipóteses que mais drasticamente afrontem valores básicos e princípios essenciais de uma nação. Esse, evidentemente, não é o caso das decisões arbitrais estrangeiras que resolvam conflitos atinentes a direitos da propriedade intelectual, de cunho eminentemente patrimonial e disponível, mesmo quando envolvam direitos que dependam de outorga estatal.

O ordenamento brasileiro deve ser capaz de recepcionar tais atos, para que possam ser compatibilizados, a depender da hipótese, com a nossa ordem jurídica interna, notadamente com os procedimentos administrativos e/ou judiciais, sem os quais não é possível a vinculação do INPI e a produção de efeitos erga omnes. Entretanto, qualquer que seja o caso, não se pode recusar às decisões arbitrais estrangeiras que resolvam disputas relativas a tais direitos a possibilidade de internalização, permitindo-se que sua eficácia declaratória se faça sentir no Brasil.

8. Referências bibliográficas

ABBUD, André de Albuquerque Cavalcanti. Homologação de sentenças arbitrais estrangeiras. São Paulo: Atlas, 2008.

ALMEIDA, Ricardo Ramalho. Arbitragem comercial internacional e ordem pública. Rio de Janeiro: Renovar, 2005.

BARBOSA, Denis Borges. Bases Constitucionais. In: Manoel J. Pereira dos Santos, Wilson Jabour. (Org.). Criacoes Industriais. Sao Paulo: Saraiva, 2006, v. 1, p. 3 e ss.

______. O conceito de propriedade intelectual. Disponível em http://denisbarbosa.addr.com/paginas/200/propriedade.html, acessado em 15.10.18.

______. Direito de Precedência ao Registro de Marcas. Disponível em http://denisbarbosa.addr.com/paginas/200/propriedade.html, acessado em 15.10.18.

______. Ensaios e Estudos de Propriedade Intelectual 2014-2015. Disponível em http://www.nbb.com.br/pub/denis/ensaios_estudos_pi_direito_internacional.pdf, acessado em 18.10.18, p. 164

BARROS, Vera Cecília Monteiro de. Exceção de ordem pública na homologação de sentença arbitral estrangeira no Brasil. São Paulo: Quartier Latin, 2017.

BRINER, Robert. The arbitrability of intellectual property disputes with a particular emphasis on the situation in Switzerland. WorldWide Forum, Geneva, 1994.

CABRAL, Antonio do Passo. Convenções processuais. Salvador: Ed. JusPodivm, 2ª edição, 2018.

CARMONA, Carlos Alberto. Arbitragem e processo. Um comentário à Lei n° 9.307/1996. São Paulo: Atlas, 3ª edição, 2009.

CRUZ E TUCCI, José Rogério. Arbitrabilidade dos litígios sobre direitos da propriedade industrial. Revista Consultor Jurídico, Set. 2014.

CUNHA, Leonardo Carneiro. Comentários ao art. 190. In CABRAL, Antonio do Passo; CRAMER, Ronaldo (coord.) Comentários ao novo Código de Processo Civil, 2ª ed. rev., atual. e ampl., Rio de Janeiro: Forense, 2018, p. 317.

DOLINGER, Jacob. Direito Internacional Privado: parte geral. Rio de Janeiro: Renovar, 2008.

FERREIRA, Gonçalo da Cunha Ferreira; CASTRO, Ignácio, TOSCANO, Leandro Emílio; MOSER, Luiz Gustavo Meira Moser. O Uso da Mediação para a Resolução de Disputas de Propriedade Intelectual – A Experiência Internacional. Revista Brasileira de Arbitragem, Ed. Especial, Disponível em http://cbar.org.br/site/wp-content/uploads/2015/03/RBA_Especial_PIArbMed.pdf, acessado em 10.10.18.

GONÇALVES, Eduardo Damião. Comentários ao art. V (2) (A) (B) da Convenção de Nova Iorque. In: WALD, Arnoldo; LEMES, Selma (coords.). Arbitragem comercial internacional: a Convenção de Nova Iorque e o direito brasileiro. São Paulo: Saraiva, 2011, p. 278/279)

GRANTHAM, Willian. The arbitrability of international intellectual property disputes, 14 Berkeley J. Int'l Law. 173, 1996, p. 184.

GURRY, Francis. The WIPO Arbitration Center and its services. The American Review of International Arbitration, Vol. 5, 1994.

KARAMANIAN, Susan L. Public policy and the arbitration of international intellectual property disputes. Law School, Washington University, p. 453.

LANDES, William M., POSNER, Richard A., The Economic Structure of Intellectual Property Law. Harvard University Press, 2003, p. 374.

LEMES, Selma. Palestra proferida no Seminário "O papel do agente da propriedade industrial na América Latina e Caribe" – Associação Interamericana de Propriedade Industrial – ASIPI e Organização da Propriedade Intelectual – OMPI. Santiago do Chile, 1997.

LEVY, Daniel de Andrade. Anotações sobre a Arbitragem em Matéria de Propriedade Intelectual. Revista Brasileira de Arbitragem, Edição Especial, 2013, p. 207.

LOUSA, Nuno Ferreira; SILVA, Raquel Galvão. Arbitrating Intellectual Property Disputes in Portugal: A Case Study. Kluwer Arbitration Blog, Nov. 2015, Disponível em http://arbitrationblog.kluwerarbitration.com/2015/11/13/arbitrating-intellectual-property-disputes-in-portugal-a-case-study, acessado em 02.10.18.

MERKL, Márcio. Arbitrabilidade de disputas de propriedade intelectual: a arbitragem como uma ferramenta útil para os negócios internacionais. In: IV Congresso Internacional de Ciências Jurídico-Empresariais, 2014, disponível em https://iconline.ipleiria.pt/handle/10400.8/1451, acessado em 15.10.18.

MORRISON, James. A turning tide: arbitrating international trademark disputes and importance of the new WIPO arbitration rules. INTABulletin, Nov. 2014, vol. 69, nº 20.

NOGUEIRA, Pedro Henrique. Comentários ao art. 190. In WAMBIER, Tereza Arruda Alvim et al. (coord.). Breves comentários ao Novo Código de Processo Civil. Revista dos Tribunais, 3ª ed. ver. e atual. p. 662.

PAGENBERG, Jochen. Arbitrability of intelectual property disputes in Germany. In WorldWide Forum, Geneva, 1994, Disponível em http://www.wipo.int/amc/en/events/conferences/1994/pagenberg.html, acessado em 15.10.2018.

REQUIÃO, Rubens. Curso de Direito Comercial. Vol. I, 22ª ed., Saraiva, 1995.

SANTOS, Manoel Joaquim Pereira dos. Arbitragem e propriedade intelectual. Revista Brasileira de Arbitragem, nº 0, jul./out. 2003, p. 194-195.

STRENGER, Irineu. Arbitragem comercial internacional. São Paulo: LTr, 1996.

VAN DEN BERG, Albert Jan. The New York Convention of 1958. Towards a uniform judicial interpretation. The Hague: Kluwer Law International, 1981, p. 360.

WALD, Arnoldo. A interpretação da convenção de Nova Iorque no direito comparado. Revista de Direito Bancário e do Mercado de Capitais, vol. 22, Out. 2003, p. 353.

Reflexões Atuais Sobre o Dever de Revelação (Duty Of Disclosure) à Luz do Princípio da Confiança na Arbitragem e a Análise do Caso Tecnimont

Ludmilla Camacho Duarte Vidal

Introdução

O dever de revelação (duty of disclosure) do árbitro em relação à arbitragem corresponde a um tema acentuadamente relevante, que pode nos remeter tanto à arbitragem interna quanto internacional.

No intuito de trazer a lume as discussões que atualmente circundam o instituto, principalmente no que se referem aos seus pressupostos, margem de extensão e o conteúdo, serão utilizados alguns parâmetros ou standards elencados por regramentos internacionais, por exemplo, o Guideline da Internacional Bar Association (IBA)[1], além da demonstração de como alguns ordenamentos estrangeiros e as cortes internacionais lidam com duty of disclosure.

O estudo sobre o conteúdo e a abrangência da temática foi sistematizado em cinco partes: i) a exposição do princípio da confiança, o papel do árbitro e a capacidade para ser árbitro; ii) o dever de revelação sobre qualquer fato que suscite dúvida razoável sobre a imparcialidade e a independência dos árbitros; iii) a recente alteração do Guideline da Internacional Bar Association (IBA) quanto aos conflitos de interesses na arbitragem, destacando, a título exemplificativo, parâmetros acerca do dever de revelação a serem seguidos; iv) a possibilidade da propositura de ação anulatória da sentença arbitral fundamentada na inobservância do dever de revelação pelo árbitro e demais sujeitos envolvidos da arbitragem; v) o dilema trazido pelo caso Tecnimont e o exercício tardio da impugnação do árbitro.

Quanto ao último tópico, trata-se de situação atual e bastante polêmica colocada na ordem do dia, fato que denota com clareza a importância da discussão sobre a responsabilidade da parte impugnante em função da criação de padrões de comportamento esperados sobre fatos já conhecidos durante o procedimento de arbitragem, porém sem qualquer manifestação.

---

1 Disponível em: <https://www.ibanet.org>, acesso em: 03 ago. 2017.

1. O princípio da confiança, o papel do árbitro e a capacidade para ser árbitro

Na esteira do adágio mundialmente conhecido e citado por Selma Maria Ferreira Lemes: "a arbitragem vale o que vale o árbitro".[2] A confiança é a "pedra de toque" da arbitragem. Sem a confiança depositada na via arbitral e, consequentemente, no árbitro, aquela não prosperaria como notável meio de resolução de conflitos, que envolvem direitos patrimoniais disponíveis, podendo figurar como parte, inclusive, os entes da administração pública direta e indireta[3] (artigo 1º, caput e § 1º da Lei de Arbitragem – Lei nº 9.307/1996, alterada pela Lei nº 13.129/2015).

O princípio da confiança ocupa papel central na arbitragem, tendo em vista que as partes renunciam expressamente à prestação jurisdicional estatal. Ao renunciarem à possibilidade de o conflito ser solucionado dentro da esfera institucional do Poder Judiciário, abrem mão de oportunidades não concedidas pela arbitragem, como a interposição de recursos, a observância do duplo grau de jurisdição, as ações próprias de desconstituição da coisa julgada, a concessão da tutela provisória no bojo do processo, além da fase de cumprimento de sentença nos próprios autos. Não há, portanto, o que se denomina de ius imperium.[4]

Registra-se que a confiança deve estar sempre presente, não só na instituição da arbitragem e na escolha dos árbitros para julgarem o caso, mas alimentada pelo tribunal arbitral ao longo de todo o procedimento. A escolha da controvérsia pela via da arbitragem resulta da autonomia privada das partes, que manifestam consentimento livre e direcionado a esse respeito. Dessa forma, a liberdade deverá orientar o procedimento arbitral. Na arbitragem, há a escolha de um procedimento legal, como o Código de Processo Civil brasileiro, por exemplo, ou se adere ao procedimento da instituição arbitral e, nos campos vazios, ou seja, os espaços não versados pela norma aplicável, devem ser buscadas providências que contribuam na alimentação do princípio da confiança.[5]

A importante premissa da confiança das partes enquanto manifestação da própria legitimidade da via jurisdicional eleita está interligada ao princípio da boa-fé,[6]

---

2 *O papel do árbitro*. Disponível em: <http://www.selmalemes.adv.br>, acesso em 09 nov 2016. *Cf.* também: CLAY, Thomas. *L'arbitre*. Paris: Dalloz, 2001 p. 11 *et seq*.

3 RODRIGUES, Marco Antonio dos Santos. *A fazenda pública no processo civil*, 2ª ed. Rio de Janeiro: Atlas, 2016, p. 392 *et seq*.

4 NAGAO, Paulo Issamu. Do controle judicial da sentença arbitral. In: GRINOVER, Ada Pellegrini; WATANABE, Kazuo (coord.). *Coleção MASC – Meios Alterativos de Solução de Conflitos*. Vol. II. Brasília: Gazeta Jurídica, 2013, p. 116.

5 CARNEIRO, Paulo Cezar Pinheiro; SCHENK, Leonardo Faria. O justo processo arbitral e o dever de revelação (disclosure) dos peritos. In: *Revista Eletrônica de Direito Processual – REDP*, v. 12, nº 12, 2013. Disponível em: <http://e-publicacoes.uerj.br>, acesso em: 04 ago 2017.

6 Afora o respaldo normativo pátrio, o princípio da boa-fé ocupa posição de destaque no cenário internacional, além de funcionar como princípio geral de orientação das relações internacionais. Ademais, a compilação de princípios da UNIDROIT prevê a boa-fé contratual expressamente no ar-

pensado originalmente para o direito privado, mas que invadiu os ramos da ciência do direito, inclusive os espaços de elevada penetração de interesse público. Na esfera arbitral, a boa-fé objetiva possui um papel de destaque, já que a confiança legítima não é depositada tão somente nos fins alcançados, como, outrossim, nos meios adequados, que permitem se chegar a resultados correspondentes à correta aplicação do direito material ao caso submetido à apreciação.

Na verdade, a boa-fé promove a estabilização do vínculo jurídico firmado entre as partes, bem assim entre as partes e a corte arbitral, protegendo as expectativas legítimas criadas pelos sujeitos, sem que sejam quebradas por comportamentos contraditórios posteriormente praticados. É responsável por atribuir retidão ao desenvolvimento tanto do processo judicial, quanto da arbitragem, de modo a conduzi-los a resultados justos e eticamente orientados. Como dito, os padrões de conduta são impostos aos sujeitos, sendo identificados, em sede doutrinária, os seguintes: i) dever de lealdade; ii) dever de proteção; iii) dever de esclarecimento.[7] Conforme o primeiro, deve-se observar a ética no decorrer do processo, atuando com sinceridade e destemor.[8] O segundo dever é relacionado com a vedação de condutas temerárias, acarretando danos injustificados a outra parte. Já o terceiro dever, por sua vez, impõe que as manifestações sejam sempre claras e precisas. A proibição do venire contra factum proprium perfaz um vetor interpretativo do comportamento dos sujeitos envolvidos na arbitragem, que decorre, por lógica, da boa-fé. Será examinado um dos desdobramentos do princípio da boa-fé mais adiante, quando da exposição do caso Tecnimont.

---

tigo 1.7, § 1º. Disponível em: http://www.unidroit.org/instruments/commercial-contracts/unidroit-principles-2010/396-chapter-3-validity-section-2-grounds-for-avoidance/921-article-3-2-7-gross-disparity; acesso em 05 ago. 2017.

---

7 DIDIER, JR., Fredie. Das normas processuais civis. In: *Comentários ao Novo Código de Processo Civil.* Coord.: Antonio do Passo Cabral; Ronaldo Cramer. Rio de Janeiro: Forense, 2015, p. 20.

8 Na lição de Judith Martins-Costa, "[...]na proibição do *venire* incorre quem exerce posição jurídica em contradição com o comportamento exercido anteriormente, verificando-se a ocorrência de dois comportamentos de uma mesma pessoa, diferidos no tempo, sendo o primeiro (*factum proprium*) contrariado pelo segundo. Consiste, pois, numa vedação genérica à deslealdade [...]" Prosseguindo, a autora enumera as suas condicionantes obrigatórias: a) identidade de partes, ainda que por vínculo de sucesso ou representação; b) a situação contraditória se produza em uma mesma situação jurídica ou entre situações jurídica estreitamente coligadas; c) a primeira conduta (*factum proprium*) tenha um significado social minimamente unívoco; d) que o *factum proprium* seja suscetível de criar fundada confiança na parte que alega o prejuízo, confiança essa a ser averiguada segundo as circunstâncias, os usos aceitos pelo comércio jurídico, a boa-fé, os bons costumes ou o fim econômico social do negócio; e)o caráter vinculante da primeira conduta no sentido de ser um comportamento ocorrido no âmbito de uma situação jurídica que afete uma esfera de interesses alheia, de tal modo que tenha induzido a outra parte a confiar em que tal conduta fosse índice ou definição de uma certa atitude do seu parceiro frente a essa mesma situação jurídica. V. A ilicitude derivada do exercício contraditório de um direito: o renascer do *venire contra factum proprium*. In: *Revista Forense*, v. 376, 2004, p. 110; p. 121.

Cumpre realçar que a vedação do venire corresponde à proibição do exercício de uma situação jurídica incompatível ao comportamento anterior (factum proprium), responsável por incutir na parte a expectativa legítima de sua manutenção, sendo que o direito processual converge com a noção de preclusão lógica. Para a correta aplicação do venire contra factum proprium, exige-se um comportamento prévio gerador de expectativa legítima, no sentido de não ser praticada conduta contraditória posterior. Trata-se de padrão comportamental com o fito de gerar no adversário a confiança quanto às práticas de atuação pro futuro.

Na arbitragem é imprescindível que o princípio da boa-fé objetiva seja vetor de orientação para o desempenho das partes e do comportamento dos árbitros, peritos e demais sujeitos participantes da arbitragem, sob pena de invalidação do procedimento arbitral e das decisões proferidas.

Para ser árbitro são exigidas no artigo 13 da Lei de Arbitragem brasileira (Lei nº 9.307/1996) duas condições essenciais, sendo a primeira de ordem objetiva e a segunda subjetiva: i) capacidade civil absoluta; ii) pessoa que tenha a confiança das partes. A capacidade para desempenhar o papel de árbitro consiste na capacidade de fato ou de exercício, i.e., a titularidade de direitos e deveres e a possibilidade de exercê-los em sua plenitude pelo próprio agente de maneira autônoma. Percebe-se que basta a existência da capacidade civil absoluta somada à confiança.

Não é necessário que o árbitro seja profissional do direito. Inclusive, uma das características procuradas reside na especialidade para julgar a matéria sub examine. Sendo assim, se faz recorrente, na prática, a escolha de profissional detentor de conhecimento específico, v.g., um engenheiro de determinado segmento ou um especialista em alguma modalidade complexa de contrato, um economista que detém experiência do mercado financeiro ou de questões empresariais. As partes podem estabelecer como condição de indicação do árbitro alguma capacidade específica,[9] v.g., a experiência de mais de 15 anos na construção civil ou no mercado financeiro.

Conforme o §6º do artigo 13 da Lei de Arbitragem, ao desempenhar a sua função, o árbitro deverá proceder com imparcialidade, independência, competência, diligência e descrição. Assim sendo, a primeira característica a qual se exige de um árbitro é sua imparcialidade, vale dizer, a equidistância que estabelece em relação às partes. Semelhantemente à jurisdição estatal, imparcialidade não se confunde com a ideia de neutralidade.

---

9 LEMES, Selma Maria Ferreira. O dever de revelação do árbitro. O conceito de dúvida justificada quanto a sua independência e imparcialidade (art. 14 § 1º, da Lei 9.307/1996) e a ação de anulação de sentença arbitral (art. 32, II, da Lei 9.307/1996). In: *Revista de Processo*, v. 231. São Paulo: Revista dos Tribunais, 2013. Versão eletrônica.

Há necessidade de o árbitro não estar envolvido, direta ou indiretamente, com as partes. Não obstante, reconhece-se que ele não é um ser alheio ao mundo em que habita e ao ambiente no qual atua.[10]

O árbitro não consegue ser absolutamente neutro, tendo em vista que sempre estará sujeito às circunstâncias políticas, pressões econômicas, questões sociais, divulgações e repercussões da mídia etc.

Comumente se verifica que, em arbitragens internacionais, os árbitros na maioria dos casos não pertencem aos mesmos países dos quais sejam as partes nacionais. Dessa maneira se garante, afora a imparcialidade, maior índice de neutralidade, uma vez que o árbitro permanecerá distante do ambiente do conflito.

A segunda característica sobre as condições para desempenhar adequadamente a função de árbitro consiste na sua independência, ou seja, o julgador não poderá manter quaisquer relações de ordem econômica, afetiva, moral ou social, que o remeta a alguma das partes.

Não se furtando de boa técnica, Carlos Alberto Carmona estabelece a diferença entre imparcialidade de independência, ambas decorrentes do due process e do princípio da confiança.[11] Na visão do autor, a imparcialidade seria "uma predisposição do espírito",[12] já a independência, "uma situação de fato, que pode ser apreciada objetivamente, enquanto a imparcialidade só pode ser avaliada pela prática".[13]

---

10 "Não existe ser humano neutro; não somos robôs, autômatos. O ser humano é fruto do meio em que vive, de suas convicções religiosas, sociais, políticas etc. e é por elas influenciado. Portanto, não existe pessoa neutra; obviamente, não existe árbitro neutro. A neutralidade pressupõe a indiferença, o que é algo difícil de ser concebido. Ser imparcial é resolver a controvérsia de acordo com o seu livre convencimento (art. 21, § 2°da LA), de acordo com o seu modo de entender e fixar sua convicção sobre o assunto". LEMES, Selma Maria Ferreira. *O papel do árbitro*. Disponível em: <http://www.selmalemes.adv.br>, acesso em 09 nov 2016.

11 BAPTISTA, Luiz Olavo. Constituição e arbitragem: dever de revelação, devido processo legal. São Paulo: Revista do advogado, nº 119, abril 2013, p. 105.

12 CARMONA, Carlos Alberto. *Arbitragem e processo: um comentário à Lei nº 9.307/1996.* 3ª ed. São Paulo, Atlas, 2009, p. 239-240.

13 Idem. Na linha do lecionado pelo lusitano Agostinho Pereira de Miranda: "Dito doutra forma, a independência visaria uma "situação de facto", a "posição" em que se encontra o árbitro, ao passo que a imparcialidade seria "uma disposição de espírito", uma atitude intelectual. A independência é, assim, considerada como visando a relação entre o árbitro e as partes, enquanto a imparcialidade relevaria da relação entre o árbitro e o objeto do litígio". *Dever de revelação e direito de recusa do árbitro: considerações a propósito dos artigos 13º e 14º da Lei da arbitragem voluntária.* Disponível em: <http://www.arbitragem.pt/.../dever-de-revelacao-e-direito-de-recusa-de-arbitro--2013—agostinho>, acesso em 02 set.2017.

2. O dever de revelação de qualquer fato que enseja dúvida razoável sobre o comprometimento da imparcialidade e da independência do árbitro

Como manifestação do princípio da confiança na arbitragem, o legislador brasileiro, além de outras legislações e regulamentos de instituições arbitrais, exige que os árbitros observem irrestritamente o dever de revelar, previamente à aceitação da função a ser desempenhada, qualquer fato que denote dúvida justificada quanto à sua imparcialidade e independência, conforme é a previsão do artigo 14, §1º da Lei de Arbitragem brasileira (Lei nº 9.307/1996).

Sob essa perspectiva, o princípio da confiança demonstra ser incompatível com a existência de dúvida razoável sobre a independência e imparcialidade do árbitro no julgamento da causa. Verifica-se que além das causas de impedimento e de suspeição listadas pelo CPC/2015, nos artigos 144 e seguintes, com alterações relevantes em relação ao CPC/1973, pode-se observar que outros fatos que sugerirem dúvidas razoáveis da imparcialidade e da independência dos árbitros devem ser revelados, sob pena de nulidade da decisão e do procedimento.

Até aqui cabem duas constatações.

Em primeiro lugar, não há na arbitragem uma diferença, no que diz respeito aos efeitos práticos, das causas de impedimento e de suspeição. Isso não ocorre na jurisdição estatal, uma vez que somente o impedimento consiste, por exemplo, em uma das condições para a propositura da ação rescisória.

Em segundo lugar, literalmente todos os fatos devem ser revelados, independentemente de qualquer juízo do árbitro a respeito das situações as quais seriam reveláveis, mesmo julgando, mediante análise própria, que não seriam verdadeiramente relevantes ao conhecimento das partes.

A razão para tanto é que os acontecimentos dignos de revelação não aludem unicamente àqueles compreendidos pelo árbitro como essenciais, mas principalmente aos fatos que sejam relevantes aos "olhos das partes", consoante previsão no General Standard 3(a) do Guideline da IBA.[14]

No mesmo sentido, na arbitragem brasileira consta expressamente, a título de exemplo, expressa orientação análoga encontrada no Enunciado n.4 do Código de Ética do Centro de Arbitragem e Mediação da Câmara de Comércio Brasil-Canadá (CAM-CCBC).[15] Em suma, o dever de revelação ou "dever de lealdade" não está adstri-

---

14 Na versão em português: "(a) Se houver fatos ou circunstâncias que, aos olhos das partes, possam suscitar dúvidas quanto à imparcialidade ou independência do árbitro, cumpre ao árbitro divulgá-los às partes, à instituição arbitral ou a outra autoridade responsável pela nomeação (se houver, e se assim requerido por força das normas institucionais aplicáveis) e aos co-árbitros, se houver, antes de aceitar sua nomeação ou, após tal aceitação, assim que deles tiver conhecimento".

15 "O árbitro deverá revelar às Partes, frente à sua nomeação, interesse ou relacionamento negocial e profissional que tenha ou teve com qualquer uma delas e que possa de alguma forma afetar a sua imparcialidade ou sua independência. Revelar qualquer interesse ou relacionamento que po-

to a uma análise subjetiva do árbitro, e sim relacionada à compreensão de que aquela determinada situação específica detém a potencialidade de gerar dúvida razoável sobre sua independência ou imparcialidade na perspectiva das partes.

Também no ordenamento francês, conforme o artigo 1.456 do Code de Procédure Civile,[16] o duty of disclosure não está adstrito a uma análise subjetiva do julgador, mas relacionado à confiança na arbitragem.[17] Não por outro motivo que, ao se indicar um árbitro que atue como advogado, deve-se apurar se ele ou o escritório, mesmo que em outra atividade, não tenha prestado assessoria para alguma das partes em certo momento. Esses fatos devem ser revelados, e a avaliação da viabilidade da recusa será realizada pelas partes, bem como pela instituição arbitral, conforme estiver disposto em seu regulamento institucional.[18] O dever de revelação do árbitro quanto à possibilidade de alguma das partes manifestarem a sua recusa ao tomarem conhecimento de alguma situação que possa comprometer a imparcialidade do julgamento são previstos em inúmeros ordenamentos jurídicos.[19]

tencialmente possa afetar a independência ou que possa criar uma aparência de parcialidade ou tendência.
As Partes, ao tomarem ciência da indicação do árbitro, deverão informar qualquer fato que seja de seu conhecimento ou que deveriam conhecer e que as vincule ao árbitro, a fim de que este possa efetuar as verificações e revelações pertinentes. Ao tomar conhecimento da revelação efetuada pelo árbitro, a Parte deve informar os fatos de que deseja esclarecimentos e que no seu entender poderiam comprometer a imparcialidade e independência do árbitro. Por parcialidade e tendência entenda-se a situação pessoal do árbitro frente às partes e seus advogados ou, quanto à matéria objeto do litígio, que possa afetar a isenção do seu julgamento no caso concreto. O dever de revelação é contínuo durante o procedimento arbitral e quaisquer ocorrências ou fatos de que possam surgir ou ser descobertos nesse período devem ser revelados". Disponível em: http://www.ccbc.org.br/Materia/1384/codigo-de-etica-do-arbitro, acesso em 07 set 2017.

16 *"[...] Il appartient à l'arbitre, avant d'accepter sa mission, de révéler toute circonstance susceptible d'affecter son independence ou son ipartialité. Il lui est également fait obligation de révéler sans délai toute circonstance de même nature qui pourrait naître après l'acceptation de as mission".* Registra-se que essa disposição, referente à arbitragem interna na França, alterada em 2011, também se aplica à arbitragem internacional, em virtude do artigo 1506 do Code de Procédure Civile.

17 AUGENDRE, Geneviève. Loyauté et impartialité de l'arbitre. In: *Gazette du Palais*, mai/2012, p. 23.

18 *"Les institutions d'arbitrage prévoient dans leur règlement des procédures de controle. Prenons l'exemple de la CCI: l'arbitre pressenti reçoit un questionnaire. En dehors des quetions relatives à ses diplômes, as carrière, as connaissance des langues, il doit encore justifier de as disponibilité, mais aussi révéler les rations qu'il peut avoir avec l'une ou l'autre des parties ou leurs conseils".* AUGENDRE, Geneviève. Loyauté et impartialité de l'arbitre. In: *Gazette du Palais*, mai/2012, p. 22.

19 Nesse sentido, destaca Ramón Mullerat:*"It is difficult to determine the criteria that must be followed urbi et orbi in order to evaluate the arbitrator's independence and impartiality. Different cultures have different perceptions on particular circumstances. Thus, parties, arbitrators, institutions and courts face complex decisions about what to disclose and what standards to apply. The complexity of these varying standards creates a tension on the balance between the parties' rights to a fair hearing, which embodies the disclosure of facts that may reasonably call into question an arbitrator's independence or impartiality, and the parties right to select arbitrators of their choice".*

Na Itália, por exemplo, o artigo 815 do Codice di Procedura Civile elenca algumas causas que ensejam recursa do árbitro:

i) quando não possuir qualificação expressamente convencionada pelas partes; ii) se o próprio árbitro ou alguma instituição a qual pertença guardar interesse na causa examinada; iii) quando o árbitro ou seu cônjuge são parentes de alguma das partes até o quarto grau; iv) quando o árbitro ou seu cônjuge forem amigos íntimos de qualquer das partes ou dos advogados; v) quando o árbitro ou seu cônjuge forem inimigos capitais de qualquer das partes ou dos advogados; vi) se o árbitro estiver ligado a alguma das partes em virtude de relação de trabalho ou econômica, que possa comprometer a sua independência e; vii) quando o árbitro tiver assessorado legalmente, como advogado ou ainda consultor em fase precedente do conflito.

No Regulamento da Câmara Arbitral Internacional de Paris, artigo 3(c), consta a disposição de que os fatos não notórios, na ótica das partes, que poderiam ter influência sobre o julgamento, devem ser revelados pelo árbitro. Por consequência, infere-se que os fatos notórios para as partes não impõem a revelação. Contudo, o difícil é estabelecer objetivamente quais seriam os fatos notórios na perspectiva das partes. Por isso, o ideal é trazer o maior arsenal fático possível, não apenas pelo árbitro, como pela câmara de arbitragem, no sentido de viabilizar o acesso às informações de cada árbitro por meio de portfólios.

Ademais, a normatização em destaque vem a indicar a distinção entre o dever de imparcialidade e o dever de independência em comparação ao duty of disclosure. O exercício do dever de revelação do árbitro perfaz um sistema de viabilização para se verificar as características indispensáveis ao julgamento ético e justo, sendo a confiança conferida na pessoa do árbitro uma certeza de que ele julgará a causa com independência e imparcialidade.[20]

Segundo a previsão no Regulamento da Câmara de Paris, o árbitro poderá ser recusado em até cinco dias da notificação de sua designação para cumprir o mister, sendo necessário alegar todas as circunstâncias que o ligue com as partes ou seus advogados, acontecimentos estes ocorridos antes ou durante o procedimento.[21]

«The IBA guidelines on conflicts of interest revisited: Another contribution to the revision of an excellent instrument, which needs a slight Daltonism treatment », *2009 Internacional Workshop on ADR/ODRs. Building bridges: legal framework and principles*. Universitat Oberta de Catalunya (UOC), Internet Interdisciplinary Institute (IN3), September 15, 2009. Disponível em: <http://www.uoc.edu/symposia/adr/>, acesso em: 31 ago 2017.

20 LEMES. Selma Maria Ferreira. O dever de revelação do árbitro. O conceito de dúvida justificada quanto a sua independência e imparcialidade (art. 14 § 1º, da Lei 9.307/1996) e a ação de anulação de sentença arbitral (art. 32, II, da Lei 9.307/1996). In: *Revista de Processo*, v. 231. São Paulo: Revista dos Tribunais, 2013. Versão eletrônica.

21 Analogamente ao Regulamento da Câmara Arbitral Internacional de Paris, é a jurisprudência da Cour d'Appel de Paris, nos seguintes termos: *"L'exercice des fonctions d'arbitre suppose un lien de*

A jurisprudência francesa é bastante rica em parâmetros de fatos suscetíveis de revelação e aqueles os quais não deteriam o condão de prejudicar o dever de lealdade do árbitro. Nesse sentido, devem ser indicados os fatos não notórios, as relações pessoais e profissionais entre árbitros e partes. Mas não só com as partes, e também a relação estabelecida entre árbitros e advogados e entre os próprios árbitros do tribunal. Em sede jurisprudencial há decisões no sentido de que não seriam reveláveis os fatos notórios ou acontecimentos sem capacidade de incidência no julgamento, assim como relações acadêmicas entre árbitro e advogados.[22] Ademais, entende-se que a manifestação de uma opinião como professor e doutrinador sobre determinada questão jurídica relacionada ao objeto da controvérsia não necessariamente deve ser revelada.

Entende-se, todavia, que a restrição acerca dos fatos que não sejam objeto de revelação se pauta em critérios subjetivos do árbitro, ainda que se tente criar padrões ou parâmetros para tanto. Deveras, parece hercúlea a atividade de se mensurar, a priori, qual a possível interferência e o grau de comprometimento trazido à higidez da sentença arbitral, por exemplo, que um relacionamento acadêmico ou a opinião pública ou, ainda, política, do julgador poderia acarretar.

Prosseguindo, consoante a jurisprudência francesa, bem como os demais sistemas internos de arbitragem em exame, a violação do árbitro do seu dever de revelação constitui motivo suficiente à anulação da sentença arbitral. O valor que se pretende assegurar é a confiança e segurança na figura do árbitro e, automaticamente, na própria arbitragem. No entanto, é importante considerar a hipótese de a parte sucumbente na arbitragem se valer de fatos anteriormente conhecidos por esta, mas não revelados no momento oportuno, sendo trazidos caso advenha sentença arbitral em seu desfavor. Esse comportamento deve ser repudiado, tendo em vista que afronta os deveres de colaboração e de boa-fé, conforme mencionado, os quais deverão ser observados irrestritamente no espaço de atuação jurisdicional.

Em outro giro, a Lei de Arbitragem Voluntária (LAV) de Portugal, no artigo 13, n.1, dispõe sobre o dever de revelação quanto às circunstâncias capazes de colocar em xeque os qualitativos de independência e imparcialidade.[23] O cerne da questão não se localiza na existência dessa obrigação, mas em sua margem de extensão e em seu con-

confiance avec les parties qui doit être préservé pendant toute la durée de l'arbitrage ; qu'à cet égard l'arbitre a l'obligation d'informer les parties de tout fait ou de toute relation ne présentant pas un caractère notoire susceptible de troubler son indépendance d'esprit ou pouvant raisonnablement aux yeux des parties avoir une incidence sur son jugement, son impartialité ou son indépendance envers l'une ou l'autre de celles-ci" CA Paris Pôle 1 – Chambre 1, 21 février 2012, Garoube nº 10/06953.

22 AUGENDRE, Geneviève. Loyauté et impartialité de l'arbitre. In: *Gazette du Palais*, mai/2012, p. 24.

23 Vide os exemplos do sistema português em: MENDES, Armindo Ribeiro et al. *Lei da arbitragem voluntária anotada.* Lisboa: Almedina, 2015, p. 165 *et seq.*

teúdo, i. e., a identificação das circunstâncias reveláveis.[24] Nada mais é do que o problema existente em todos os ordenamentos, porquanto segue naturalmente aliado a toda subjetividade dos fatos dignos de revelação. Na realidade, o escopo precípuo da revelação é permitir às partes avaliarem se concordam com circunstância mencionada pelo árbitro. Sendo assim, no caso de dúvida, o árbitro deverá optar pela revelação.[25]

Consta no artigo 14, nº 2 da Lei de Arbitragem Voluntária (LAV) a previsão de que se a parte não iniciar o processo de recusa do árbitro escolhido dentro do prazo de 15 dias, entender-se-á pela renúncia ao direito de invocar tais circunstâncias.[26] Na linha do direito português, a renúncia ao processo de recusa implicaria, pois, na caducidade do direito de manifestar a não concordância do árbitro para o julgamento da causa em virtude da circunstância revelada. Dessa maneira, compreende-se que a parte não poderá se valer futuramente das circunstâncias indicadas, porém não objetadas oportunamente, no almejar de, em momento posterior, requerer a anulação da sentença arbitral perante o Poder Judiciário (art. 46, n.4, LAV).

3. Alteração recente do Guideline da Internacional Bar Association (IBA) sobre conflitos de interesses: novos parâmetros?

Terminou no ano de 2014, em Tóquio, o processo de revisão das diretrizes da IBA (International Bar Association) relativas aos conflitos de interesses em arbitragem internacional.[27]

---

24 MIRANDA, Agostinho Pereira de. *Dever de revelação e direito de recusa do árbitro: considerações a propósito dos artigos 13º e 14º da Lei da arbitragem voluntária.* Disponível em: <http://www.arbitragem.pt/.../dever-de-revelacao-e-direito-de-recusa-de-arbitro--2013—agostinho>, acesso em 02 set.2017; "Quanto ao conteúdo ou a extensão do dever de revelação, deve ele incidir sobre as circunstâncias que suscitem fundadas dúvidas [...] Respeitam elas, por exemplo, às relações profissionais, regulares ou esporádicas bem como aos eventuais direitos ou deveres patrimoniais de qualquer monta, do árbitro face a cada uma das partes." OLIVEIRA, Mário Esteves. *Lei de arbitragem voluntária comentada.* Coleção: Vieira de Almeida e Associados. Lisboa: Almedina, 2014, p. 388.

25 Assim também é o entendimento reiterado pela Nota de Orientação (*Guidance Note*) publicada em 12 de fevereiro de 2012 pela Secretaria da Corte da Câmara de Comércio Internacional – ICC (*International Chamber of Commerce*).

26 OLIVEIRA, Mário Esteves. *Lei de arbitragem voluntária comentada.* Coleção: Vieira de Almeida e Associados. Lisboa: Almedina, 2014, p. 389.

27 *"[...] As contemplated when the Guidelines were first adopted, on the eve of their tenth anniversary it was considered appropriate to reflect on the accumulated experience of using them and to identify areas of possible clarification or improvement. Accordingly, in 2012, the IBA Arbitration Committee initiated a review of the Guidelines, which was conducted by an expanded Conflicts of Interest Subcommittee (the 'Subcommittee'),2 representing diverse legal cultures and a range of perspectives, including counsel, arbitrators and arbitration users." IBA Guidelines on Conflicts of Interest in International Arbitration 2014.* Disponível em: <https://www.ibanet.org>, acesso em: 03 ago. 2017.

Na esteira da anterior orientação de 2004, foram fornecidos determinados standards de conduta a respeito do duty of disclosure. Algumas alterações dignas de nota foram apresentadas em relação ao Guideline de 2004.

Insta esclarecer que as diretrizes da International Bar Association constituem orientações de natureza não cogente (soft law) que, ao longo do tempo, e em razão do importante papel persuasivo que albergam, receberam um notório destaque no cenário internacional, com a aceitação de inúmeros órgãos e das pessoas que utilizam a via arbitral, como partes e advogados.

A principal função do Guideline alusivo aos conflitos de interesses é assegurar a imparcialidade e a independência dos árbitros, de modo a indicar o dever de revelação sobre fatos que possam comprometer a confiança na arbitragem, bem como a qualidade da sentença arbitral.

Foi visto que a confiança é essencial para a boa adesão da arbitragem e ao seu desempenho enquanto uma via adequada de solução de conflitos. No que se refere às novidades trazidas pela reformulação do Guideline, vale ressaltar que estas refletem preocupações de ordem prática do fenômeno em todo o mundo, a partir das experiências já vivenciadas por vários sistemas jurídicos. Trata-se de novos direcionamentos compatíveis com a realidade arbitral internacional ao longo de 10 anos de prática quando da primeira versão das orientações da IBA.[28] Malgrado não tenha ocorrido modificações profundas em relação às diretrizes de 2004, houveram destacados pontos de mudança, sendo os mais significativos comentados adiante.

i) A duração do período de observância aos deveres de imparcialidade e independência

Os deveres de imparcialidade e independência, respeitados por meio do sistema de revelação, devem ser mantidos até o final do procedimento de arbitragem, e não apenas anteriormente à aceitação do árbitro. Pode ser que, nesse momento, o fato ainda não tenha ocorrido, de modo que seria impossível prevê-lo. Infere-se, pois, que o dever de revelação é prolongado durante todo o processamento.

Consta nas orientações da IBA que o duty of disclosure não se estenderia após a prolação do laudo arbitral. A exceção para tanto seria nas situações em que após o reconhecimento da nulidade da sentença arbitral, a questão retorne para outro árbitro decidir novamente. Voltando a arbitragem ao seu prosseguimento, o dever será continuamente respeitado.[29]

---

28 MOURRE, Alexis. *Conflicts of Interest: Towards Greater Transparency and Uniform Standards of Disclosure?* Disponível em: http://kluwerarbitrationblog.com/2009/05/19/conflicts-of-interest--towards-greater-transparency-and-uniform-standards-of-disclosure/, acesso em: 06 set. 2017.

29 SPACCAPELO, Chiara. *L'imparzialità dell'arbitro*. Centro di Studi sulla Giustizia. Facoltà di giurisprudenza dell'Università degli Studi di Milano. Milano: Giuffrè, 2009, p. 175; NORMAND-BODARD, Xavier. *Le devoir d'independance et d'impartialite de l'arbitre em droit français.* Disponível em: http://www.uianet.org/sites/default/files/safe_uploads/clients/16761/rapports/NORMANDBODARD%20Xavier%20-%20Marrakech%20presentation.pdf, acesso em 18 ago 2017.

ii) Validade e extensão da advance waivers convencionada pelas partes: vinculam ou não vinculam o árbitro?

A nova versão do Guideline não enfrenta detidamente a validade das convenções que forem celebradas pelas partes, cujo objeto corresponda à renúncia expressa ao dever de revelação (advance waivers). Parece-nos que essa é uma questão a ser examinada à luz da norma aplicável. Por exemplo, se for aplicável a Lei de Arbitragem do Brasil ou o Código de Processo Civil brasileiro, poder-se-ia entender pela nulidade por representarem violação ao devido processo arbitral[30], notadamente no que toca ao princípio da imparcialidade do árbitro, previsto expressamente no art. 21, § 2º da Lei de Arbitragem.

Por outro lado, poder-se-ia considerar o argumento de que, se ambas as partes escolhem a arbitragem em conflitos sobre direitos patrimoniais e disponíveis, autonomia suficiente para a escolha da via poderia servir, outrossim, de fundamento que justifique a renúncia consensual ao dever de revelação do árbitro.

No entanto, essa hipótese poderia apresentar afronta direta ao princípio da igualdade enquanto paridade de armas, tendo em vista que uma parte poderia ter o conhecimento prévio de uma situação passível de revelação pelo árbitro, e com isso, desfrutaria de posição de vantagem em relação à outra.

Feita essa breve apresentação de ideias, o fato é que a interpretação sinalizada pela diretriz examinada converge com o entendimento de que a convenção para o reajuste do procedimento arbitral pelas partes não detém o condão de tornar isento o árbitro do dever contínuo de revelação. Portanto, qualquer situação que suscite dúvida razoável sobre a imparcialidade do julgador deverá ser devidamente indicada independentemente da advance waivers.

Isso significa dizer: não são válidas as convenções formuladas nesse sentido por encontrarem limitações nas garantias fundamentais do processo e do próprio procedimento arbitral. Além disso, essa invalidade existe porque, com esteio na teoria do negócio jurídico, não se pode negociar sobre as esferas de terceiros, isto é, daqueles que não participaram do ajuste. Quando as partes celebram convenção relacionada ao advance waivers, a autonomia individual dos codeclarantes não é suficiente para vincularem terceiros ou disporem de interesses de terceiros, como é a situação do árbitro em relação à observância do dever de revelação.

A formação do vínculo e sua justificativa encontram-se na possibilidade de os celebrantes se autovincularem ao conteúdo do ajuste, e isso só será possível se a disposição pelas partes se referir aos interesses dos quais elas próprias sejam titulares. Trata-se, na realidade, da aplicação da premissa quanto à relatividade dos contratos, segundo a qual o negócio jurídico só produz efeitos em relação às partes que o cele-

---

30 CARNEIRO, Paulo Cezar Pinheiro; SCHENK, Leonardo Faria. O justo processo arbitral e o dever de revelação (disclosure) dos peritos. In: *Revista Eletrônica de Direito Processual – REDP*, v. 12, nº 12, 2013. Disponível em: <http://e-publicacoes.uerj.br>, acesso em: 04 ago 2017.

bram, não sendo possível a negociação de interesses daqueles que não participaram do acordo.[31]

iii) Ampliação do dever de revelação aos demais agentes que participam da arbitragem

A imparcialidade e a independência também devem ser preservadas pelos secretários, assistentes do árbitro e peritos envolvidos na arbitragem. Nesse viés, incumbe ao próprio tribunal arbitral assegurar que estes deveres sejam respeitados por todos aqueles que participarem enquanto sujeitos do processo arbitral, sob pena de nulidade da decisão e do procedimento.

Sobre o duty of disclosure aplicado aos peritos, Paulo Cezar Pinheiro Carneiro e Leonardo Schenk trataram da temática no estudo intitulado "o justo processo arbitral e o dever de revelação (disclosure) dos peritos".[32] Após encetarem as bases teóricas, os autores concluíram ser plenamente aplicável ao perito nomeado no processo arbitral o dever de revelação imposto aos árbitros.

Desse modo, exige-se que todos eles informem quaisquer circunstâncias que possam questionar a sua independência e imparcialidade, independemente de regra legal ou convencional expressa. Caso não se verifique, poderá o comprometimento das conclusões da prova pericial embasar a sentença arbitral. As partes e as instâncias arbitrais poderão manifestarem-se pela não aceitação do expert, apresentando fundada recusa com base nos princípios fundamentais do processo.[33]

---

31 A premissa da relatividade é encampada por Antonio do Passo Cabral ao tratar do tema das convenções processuais. Tal comparação é lógica e deveras pertinente, já que a instauração da arbitragem sobrevém da realização de uma convenção processual, que é a cláusula compromissória ou o compromisso de arbitral. Vale salientar que essa interface ou "reciprocidade sistêmica" entre arbitragem e convenções processuais cumpre o papel de auxílio entre ambas. *Convenções processuais*. Salvador: Juspodivm, 2016, p.220; v. na doutrina internacional: CADIET, Loïc. Les jeux du contrat et du procès : esquisse. *In* : *Philosophie du droit et droit économique – quel dialogue ? Mélanges en l'honneur de Gérard Farjat*. Paris : Frison-Roche, 1999, p. 27-28.

32 CARNEIRO, Paulo Cezar Pinheiro; SCHENK, Leonardo Faria. O justo processo arbitral e o dever de revelação (disclosure) dos peritos. In: *Revista Eletrônica de Direito Processual – REDP*, v. 12, nº 12, 2013. Disponível em: <http://e-publicacoes.uerj.br>, acesso em: 04 ago 2017.

33 Cândido Rangel Dinamarco aloca a arbitragem dentro da teoria geral do processo, e reconhece a sua sujeição ao direito processual constitucional: "[...] a inserção da arbitragem na teoria geral do processo constitui uma postura de busca de um equacionamento organizado dos conhecimentos verdadeiramente científicos e, portanto, confiáveis de que nenhuma ciência jurídica pode prescindir. Essa postura é um penhor da segurança do processo arbitral, capaz de chegar a um indispensável equilíbrio entre o informalismo de seu procedimento e a observância do que há de essencial em todos os setores do exercício da jurisdição, que é a necessária observância da garantia constitucional do *due process*". A arbitragem na teoria geral do processo. São Paulo: Malheiros, 2013, p. 17.

iv) Atribuição complementar das partes de revelar fatos que possam representar conflitos de interesses

De acordo com diretriz da IBA de 2014, há também o dever das partes sobre a revelação ou o alerta de um potencial conflito de interesses em relação aos demais árbitros, o que constitui um dever contínuo. Isso porque incumbe às partes informarem ao árbitro, à Câmara de Arbitragem e à outra parte sobre relações que têm ou que tiveram com qualquer dos árbitros da causa.

Nesse sentido, o princípio da boa-fé processual (artigo 5º, CPC) e a cooperação (artigo 6º, CPC) instituem padrões colaborativos para os sujeitos do processo, que incidem também na arbitragem, muito em virtude de se sustentar o entendimento hoje majoritário de que seria esta uma via jurisdicional, devendo-se respeitar todos os princípios inerentes ao processo justo.

No que se refere às listas dos fatos reveláveis pelo árbitro e demais sujeitos envolvidos na arbitragem, a diretriz de 2014 pouco alterou aquela de 2004. Situações exemplificativas vêm e já vinham indicadas em três listas – vermelha, laranja e verde –, de acordo com a gravidade da situação e a sua necessária observância. Nesse contexto, são marcados de vermelho os fatos a serem revelados, irrenunciáveis pelas partes. Os casos elencados na lista vermelha são suficientes para provocar o afastamento in continenti do árbitro; são situações onde existem conflitos de interesse que impedem com que o árbitro prossiga no seu mister ou que aceite fazê-lo quando o fato for de conhecimento antes da aceitação.[34]

A lista laranja traz um rol não exaustivo de situações que, sob os olhos das partes, poderiam gerar dúvidas razoáveis e, portanto, devem ser alertadas pelo árbitro da causa.[35] A

34 Por exemplo: um membro familiar próximo do árbitro possui interesse financeiro significativo no resultado da demanda; o árbitro ou um membro familiar próximo do árbitro possui relacionamento próximo com terceiro que pode ser responsabilizado em ação de regresso instituída pela parte derrotada na demanda; relacionamento do árbitro com as partes ou advogados; o árbitro atualmente representa ou presta consultoria a uma das partes ou a coligada de uma das partes; o árbitro atualmente representa o advogado ou escritório de advocacia que atua como consultor jurídico para uma das partes; o árbitro possui relacionamento familiar próximo com uma das partes ou com o administrador, conselheiro ou membro de órgão supervisor, ou com qualquer pessoa com influência de controle semelhante sobre uma das partes ou sobre coligada destas, ou com advogado que as represente; o membro familiar próximo do árbitro possui interesse financeiro significativo em uma das partes ou em coligada.

35 Por exemplo: o árbitro atuou, nos três anos anteriores, como consultor jurídico para uma das partes ou para coligada de uma das partes, ou prestou consultoria jurídica ou foi consultado pela parte ou por coligada da parte que o indicar em assunto não relacionado, mas o árbitro e a parte ou coligada desta não possuem relacionamento constante; o árbitro atuou, nos três anos anteriores, como consultor jurídico contra uma das partes ou coligada de uma das partes, em assunto não relacionado; o árbitro foi nomeado, nos três anos anteriores, para exercer tal função em duas ou mais ocasiões, por uma das partes ou por coligada de uma das partes; o escritório de advocacia do árbitro atuou, nos três anos anteriores, para uma das partes ou para coligada de uma das partes, em assunto não relacionado, sem o envolvimento do árbitro.

existência de conflito de interesses dependerá da análise pelas partes no caso concreto. Nesse contexto, se as partes não manifestarem a recusa em tempo hábil, entender-se-á por aceita a nomeação do árbitro.

A lista verde retrata situações em que não haverá conflitos de interesses hábeis ao comprometimento da imparcialidade ou da independência dos árbitros, de maneira que tais fatos não precisam ser revelados.[36] No entanto, o próprio Guideline aconselha que sejam revelados para evitar futuros desdobramentos indesejáveis. Isso porque, tendo em vista que o dever de revelação se relaciona com situações hábeis a ensejar dúvida razoável sob a perspectiva das partes, será possível a propositura de ação anulatória com base em fato não revelado pelo árbitro, ainda que não fosse grave o suficiente para restar constado na lista vermelha.

Em que pese as listas verde, vermelha e laranja trazerem um rol exemplificativo, aquelas englobam um arsenal significativo, e que denota situações comumente verificáveis na prática. Além disso, buscam, ao mesmo tempo, pela lista verde, trazer segurança para situações interpretadas como possíveis de acontecerem sem a necessidade da revelação do árbitro, o que sugere maior segurança e eficiência para a arbitragem, porquanto evitam que as decisões arbitrais sejam impugnadas por motivos desnecessários ou insuficientes.

Destaca-se que o rol de circunstâncias trazidas pelas três listas (vermelha, laranja e verde) não é taxativo. Trata-se de orientação firmada em graus de gravidade no comprometimento da imparcialidade e independência do árbitro, em ordem decrescente: vermelha, laranja e verde.

4. Notas sobre a possibilidade da propositura de ação anulatória pela inobservância do duty of disclosure

No que concerne à possibilidade de ação anulatória frente à inobservância do dever de revelação, é importante se ter em mente que a exclusão de censura do juiz togado quanto ao mérito do laudo arbitral consiste em uma das principais premissas da coordenação entre jurisdição estatal e jurisdição arbitral. Sob essa perspectiva, a ação anulatória permitida no artigo 32 da Lei de Arbitragem contém em si somente a possibilidade de desconstituição da sentença arbitral, não apresentando uma faceta similar ao conceito de juízo rescisório, mas apenas do juízo rescidente.

---

36 Por exemplo: pareceres jurídicos anteriores; o árbitro expressara anteriormente uma opinião geral (como, por exemplo, em artigo publicado em revista jurídica, ou em palestra pública) a respeito de determinada matéria que também integra o procedimento arbitral (mas tal opinião não se refere especificamente ao caso objeto da arbitragem); serviços anteriores contra uma das partes; o escritório de advocacia do árbitro atuou contra uma das partes ou coligada de uma das partes em assunto não relacionado, sem envolvimento do árbitro; uma firma em associação ou aliança com o escritório de advocacia do árbitro, mas que não partilha honorários ou outras receitas com o escritório de advocacia do árbitro, presta serviços a uma das partes ou a coligada de uma das partes em assunto não relacionado.

Só por vícios formais que gerem as nulidades previstas no dispositivo anteriormente mencionado é que pode ser proposta, processada e julgada uma ação anulatória em face de sentença arbitral. É por essa razão que um juiz togado não poderá rescindir no mérito de uma causa levada à arbitragem, mesmo que uma em parte mínima e por mais graves que possam ser os errores in iudicando eventualmente cometidos.[37]

Quanto à possibilidade de se anular sentença arbitral proferida por árbitro que não observar em sua atuação os deveres de imparcialidade e independência, violados em função do não atendimento do dever de revelação, a regra autorizativa se encontra no artigo 32, inciso VIII. Essa regra nos remete ao desrespeito aos princípios fundamentais do processo de que trata o artigo 21, parágrafo segundo da Lei de Arbitragem, conteúdo princípiológico que se denomina de devido processo arbitral ou de justo processo arbitral. A referida legislação prevê expressamente os seguintes princípios: contraditório, isonomia, imparcialidade do árbitro e o seu livre convencimento.

Reconhece-se ser possível o cabimento da ação anulatória no que diz respeito a qualquer fato que enseje dúvida razoável e possa violar a confiança das partes no árbitro, ainda que essa seja uma condição pública e notória, colocada ao alcance público e das partes. Dessa forma, entende-se que a simples inobservância desse dever poderia ser suficiente para que, na jurisdição estatal, seja rescindida a sentença pela via da ação anulatória. Orientação diversa é prevista pela jurisprudência francesa, conforme mencionado anteriormente no presente artigo.

Ademais, a partir da reforma do Guideline da IBA, malgrado não seja, em sua natureza de fonte do direito internacional, uma norma cogente, mas espécie de soft law,[38] percebe-se que vem tomando bastante força o entendimento de que a revelação sobre algum fato ensejador de dúvida razoável da independência e da imparcialidade arbitral deve ser fiscalizado pelas partes por meio de seus advogados, de modo a não recair tão somente nos ombros dos árbitros ou das instâncias arbitrais.

Veremos mais à frente que as partes, ao tomarem conhecimento de circunstância a qual deverá ser revelada, não poderão aguardar a oportunidade de manifestar a recusa se, eventualmente, vier a sucumbir no processo arbitral. O caso concreto adiante tratado é esclarecedor nesse aspecto.

De toda forma, recomenda-se que as cortes arbitrais possuam um portfólio de cada árbitro, com o histórico dos julgamentos já proferidos, vida profissional etc., a fim de que as partes possam ter maior previsibilidade quando da escolha da arbitragem e do árbitro. Importante destacar que isso não exime, de forma alguma, o dever de revelação antes e durante todo o procedimento arbitral, mas que serve de incremento e maior previsibilidade para se evitar as consequências futuras quando a revelação se der em estágio avançado do procedimento.

---

37 DINAMARCO, Cândido Rangel. *A arbitragem na teoria geral do processo*. São Paulo: Malheiros, 2013, p. 235-239.

38 Sobre o tema: ABBUD, André de Albuquerque Cavalcanti. *Soft law e Produção de Provas na Arbitragem Internacional*. São Paulo: Atlas, 2014.

Na jurisprudência estrangeira, notadamente nos Estados Unidos e na França, a inobservância total ou parcial de comunicação do árbitro no que se refere às situações relevantes hábeis a causar a sua recusa, são suficientes tanto para a anulação da sentença arbitral, quanto para a responsabilização civil do árbitro pelo rompimento do dever de confiança na arbitragem e de disposição contratual que assegure a sua imparcialidade e independência.

5. Caso Tecnimont e o exercício tardio do direito de impugnação do árbitro

Até o presente momento foram abordadas as situações em que o árbitro tinha informações que deveriam ser reveladas para as partes decidirem se, em razão das circunstâncias, este continuará na gestão do procedimento, julgando a causa ao final. Nessas situações, a parte detinha a informação mediante a revelação do árbitro.

Situação distinta seria aquela em que a parte pudesse obter a informação por esforço próprio, como em casos em que as circunstâncias sejam públicas e notórias, conforme mencionado no texto.

Também existe a hipótese de a parte suspeitar ou deter conhecimento sobre circunstâncias comprometedoras quanto ao árbitro e, por escolha própria, deixar de investigar ou trazer o fato ao debate, guardando a "carta na manga" para uma oportunidade futura. Na verdade, é intuitivo que esse tipo de conduta representa frontal violação aos princípios da confiança, boa-fé objetiva e segurança jurídica. O caso Avax v. Tecnimont se relaciona com essa última circunstância.

Trata-se de uma disputa atual e muito discutida na doutrina internacional por remeter à importância do dever de revelação e, inclusive, à necessária verificação dos padrões de conduta a serem seguidos pelas partes no curso da arbitragem, como em toda a esfera jurisdicional.

Em abril de 2016 foi proferida a quinta decisão pelos tribunais franceses sobre a controvérsia envolvendo a demanda anulatória da sentença arbitral no caso que opõe a sociedade de direito grego J&P Avax e a sociedade italiana Tecnimont SpA, cuja sentença foi proferida em arbitragem institucional processada pela Câmara de Comércio Internacional (CCI).[39] Já se adianta que a conclusão atingida pela Cour d'appel de Paris, em abril de 2016, foi pelo entendimento quanto à não anulação do laudo arbitral, notadamente em razão do exercício tardio do direito de impugnação do árbitro.

39 Lapidar o esclarecimento do caso Avax *v.* Tecnimont em: LEITE, Antonio Pinto. Tecnimont V – A força jurídica dos regulamentos de arbitragem perante os tribunais judiciais e a consequência do exercício tardio do direito de impugnação do árbitro. In: Revista de Arbitragem e Mediação, v. 50/2016. p.408 et seq; DEGOS, Louis. La révélation remise en question(s) – Retour sur l'arrêt de la Cour d'appel de Paris du 12 février 2009, SA J. & P. Avax SA c/ Société Tecnimont SPA In: *Gazette du Palais*. 13 au Mardi 15 Decembre, 2009.

Nesse rumo, a parte que pretendeu a anulação do julgado não suscitou, na arbitragem, a questão impugnada judicialmente no seu momento oportuno, esperando o desfecho do procedimento arbitral.

Para que se consiga expor as conclusões atingidas e o embasamento técnico e argumentativo que ostentam, parece-nos ser necessário situar o leitor no caso em exame. O litígio que deu origem ao julgamento pela arbitragem relaciona-se com a execução de um contrato referente à construção de uma fábrica de propileno em Tessalónica, na Grécia.[40] O nascimento da disputa no contrato deu origem à instauração do tribunal arbitral (CCI) no ano de 2002.[41]

Como regra geral, após a escolha de dois árbitros, um por cada uma das partes, foi indicado o terceiro membro do tribunal pela corte arbitral, o Sr. Sigvard Jarvin, consultor da sociedade de advogados Jones Day.[42] Ao declarar a sua imparcialidade e independência, o terceiro árbitro destacou que os escritórios filiais em Washington e Milão assistiram uma sociedade pertencente ao grupo Tecnimont, conflito este já finalizado, sendo que jamais o árbitro declarante teria atuado no caso.

Após as informações complementares no ano de 2007 – em que o árbitro informou o fato de a firma Jones Day, entre outras declarações, ter possuído um advogado no escritório de Paris como árbitro perante a CCI em caso em que a Sofregaz, empresa consorciada da Tecnimont, atuou na qualidade de parte -, a sociedade Avax deixou de manifestar a recusa do Sr. Sigvard Jarvin. Ocorre que após a sentença arbitral, a empresa Avax requereu perante a Cour d'appel de Paris a anulação da sentença parcial, com fundamento na formação irregular do tribunal.[43]

---

40 DEGOS, Louis. *La révélation remise en question(s) Retour sur l'arrêt de la Cour d'appel de Paris du 12 février 2009, SA J. & P. Avax SA c/ Société Tecnimont SPA.* In: *Gazette du Palais*, 13 au Mardi 15 Decembre, 2009, p. 6.

41 A sistematização dos episódios do caso em referência pode ser encontrada em: FOUCHARD, Clément. *Tecnimont Saga: Episode V – The Paris Court Strikes Back.* Disponível em: http://kluwerarbitrationblog.com/2016/08/03/tecnimont-saga-episode-v-the-paris-court-strikes-back/, acesso em 03 set. 2017.

42 LEITE, Antonio Pinto. Tecnimont V – A força jurídica dos regulamentos de arbitragem perante os tribunais judiciais e a consequência do exercício tardio do direito de impugnação do árbitro. In: Revista de Arbitragem e Mediação, v. 50/2016; CERQUEIRA, Gustavo; HEINTZ, Tom P. L'obligation d'indépendance de l'arbitre: vers une nouvelle interprétation ad extirpanda en droit français? (Note sous CA Reims, 2 novembre 2011, n° 10/02888, Tecnimont) In: ASA Bulletin, nº 30, p.197-211, 2012. Disponível em: http://www.kluwerlawonline.com/toc.php?area=Journals&mode=bypub&level=5&values=Journals~~ASA+Bulletin~Volume+30+(2012), acesso em 19 ago 2017.

43 NORMAND-BODARD, Xavier. *Le devoir d'independance et d'impartialite de l'arbitre em droit français.* Disponível em: http://www.uianet.org/sites/default/files/safe_uploads/clients/16761/rapports/NORMAND-BODARD%20Xavier%20-%20Marrakech%20presentation.pdf, acesso em 18 ago 2017. LEITE, Antonio Pinto. Tecnimont V – A força jurídica dos regulamentos de arbitragem perante os tribunais judiciais e a consequência do exercício tardio do direito de impugnação do árbitro. In: Revista de Arbitragem e Mediação, v. 50/2016, p. 412.

A primeira decisão emitida pelo Poder Judiciário, proferida pela Cour d'appel de Paris, foi no sentido do reconhecimento quanto à invalidade da sentença arbitral. Os argumentos colocados pelo julgado foram basicamente os seguintes: i) o reconhecimento do assessoramento jurídico do escritório Jones Day para a empresa Sofregaz, pertencente ao mesmo grupo da Tecnimont; ii) meses após a instituição de arbitragem o escritório prestou consulta para a sociedade interligada à empresa parte Tecnimont; iii) o escritório Jones Day, com filial em Paris, também forneceu assistência jurídica para sociedade do grupo da Tecnimont.[44]

A Tecnimont interpôs recurso à Cour de Cassation, advindo acórdão que revogou a decisão da Cour d'appel de Paris. Resumidamente, a Corte Superior entendeu que os fatos foram revelados à Avax durante o procedimento de arbitragem e, inclusive, que alguns já constavam na impugnação que fora anteriormente apresentada pela Avax, embora não acolhida pela Câmara de Comércio Internacional (CCI).

Prosseguindo no caso, os autos foram remetidos à Cour d'appel de Reims, cujo acórdão anulou a sentença arbitral sob os argumentos, entre outros, de que o prazo para impugnação do árbitro previsto no regulamento da arbitragem não vincula os tribunais judiciais, além do entendimento de que a recusa do árbitro consiste em decisão que não seria apta à formação da coisa julgada.

Na doutrina, defende-se que a decisão proferida pela Cour d'appel de Reims seria deveras criticável, tendo em vista que a desconsideração daquele prazo reduziria a autonomia das partes no que se refere à escolha da norma aplicável, além de representar abalo ao princípio da segurança jurídica.[45]

Ocorre que a Cour de Cassation revogou a decisão anterior com o fundamento de que a Avax renunciara, à época em que havia tomado conhecimento dos fatos revelados pelo árbitro, ao seu direito de impugnação ao tribunal arbitral, em virtude de não ter se pronunciado no prazo de 30 dias previsto no artigo 11 do Regulamento de Arbitragem da CCI.[46] Reconhecido o lapso temporal de quase 7 anos da prolação da sentença arbitral e 12 anos do início da arbitragem, a Cour de Cassation remeteu o processo à Cour d'appel de Paris para esta decidir se houvera violação ao dever de revelação, e consequentemente, ao comprometimento da imparcialidade e independência do árbitro impugnado. Em recente acórdão proferido em 12 de abril de 2016, a

---

44 LEITE, Antonio Pinto. Tecnimont V – A força jurídica dos regulamentos de arbitragem perante os tribunais judiciais e a consequência do exercício tardio do direito de impugnação do árbitro. In: Revista de Arbitragem e Mediação, v. 50/2016, p. 414.

45 Idem.

46 MOURRE, Alexis. *Conflicts of Interest: Towards Greater Transparency and Uniform Standards of Disclosure?* Disponível em: http://kluwerarbitrationblog.com/2009/05/19/conflicts-of-interest-towards-greater-transparency-and-uniform-standards-of-disclosure/, acesso em: 06 set. 2017. No mesmo sentido é a redação do artigo 1506 Code de Procédure Civile: *"La partie qui, en connaissance de cause et sans motif légitime, s'abstient d'invoquer en temps utile une irrégularité devant le tribunal arbitral est réputée avoir renoncé à s'en prévaloir".*

última decisão até então sobre o caso, manteve-se o entendimento exarado pela Cour de Cassation, de modo a se rejeitar o recurso de anulação da decisão arbitral.[47]

Fato é que a última decisão do tormentoso caso Tecnimont realça que o dever de revelação é contínuo, plural e dinâmico, de forma que caberá também às partes procederem à diligência de fatos que possam comprometer a atuação imparcial e independente do árbitro.[48] Na realidade, isso não retira o dever jurídico dos árbitros; no entanto, por certo acentua o princípio da confiança, da boa-fé e da cooperação. Essa corresponde, aliás, à orientação constada no **General Standard** (7) do Guideline da IBA alterado em 2014.

Em razão do que se mencionou, deve-se perceber que o julgado de anulação da sentença arbitral no processo entre as empresas Avax e Tecnimont nos conduz para um novo paradigma mundial acerca da compreensão contemporânea do dever de revelação (duty of disclosure), em um país que é referência global na prática da arbitragem, como a França.

Por fim, vale realçar que se entendeu que as partes, ao se submeterem a um regulamento, devem segui-lo irrestritamente, apresentando, por exemplo, a impugnação ao árbitro conforme o prazo previsto no regimento institucional aplicável. Compreendeu-se que, desde que não seja violada a ordem pública,[49] as situações sobre as quais a parte tomou conhecimento deixando correr o prazo para a impugnação não poderão mais ser levadas em consideração como fundamento que possa lastrear a recusa do arbitro, em função da previsibilidade e da segurança jurídica que devem ser preservadas durante o curso da arbitragem. A Corte de Apelação firmou entendi-

---

47 Cumpre realçar um dos fundamentos de respaldo da decisão proferida:*"Considérant, dès lors, que la requête en récusation, introduite plus d'um mois après qu'AVAX a reçu les renseignements qui altéraient sa confiance dans le président du tribunal arbitral, et sans qu'aucune information complémentaire qui ne fût notoire ait été entre-temps découverte, est tardive; qu'AVAX n'est donc plus recevable à invoquer devant la cour à l'appui du recours en annulation de la sentence les faits sur lesquels cette requête se fondait [...] Considérant, toutefois, que ces informations relatives aux relations entre le cabinet Jones Day et TECNIMONT ou Sofregaz n'étaient pas de nature à aggraver de manière significative les doutes sur l'indépendance et l'impartialité de l'arbitre qui pouvaient résulter des éléments à la disposition d'AVAX avant sa requête en récusation; que la recourante n'est donc pas recevable à s'en prévaloir devant le juge de l'annulation".* Cour d'appel de Paris, Pôle 1 – Chambre 1
Arret du 12 avril 2016.

48 LEITE, Antonio Pinto. Tecnimont V – A força jurídica dos regulamentos de arbitragem perante os tribunais judiciais e a consequência do exercício tardio do direito de impugnação do árbitro. In: Revista de Arbitragem e Mediação, v. 50/2016.

49 HUNTER, Martin; SILVA, Gui Conde e. A ordem pública transnacional e sua operação nas arbitragens relativas a investimentos. In: *Arbitragem: Estudos em Homenagem ao Prof. Guido Fernando da Silva Soares. Coord. Carlos Alberto Carmona; Selma Ferreira Lemes; Pedro Batista Martins*. São Paulo: Atlas, 2007, p. 162. TIBÚRCIO, Carmen. A ordem pública na homologação de sentenças estrangeiras. In: *Processo e Constituição: Estudos em homenagem ao Professor José Carlos Barbosa Moreira*. São Paulo: Revista dos Tribunais, 2006, p. 15.

mento de que os fatos não impugnados pelas partes sugerem a sua conformação, i. e., se estabeleceu um padrão de conduta pelo qual não serviriam de respaldo à impugnação da sentença arbitral.

Por outro lado, vale acrescentar que se entende, nesse breve estudo, que os fatos apreciados no caso retro não se enquadram naqueles inseridos na lista vermelha dos Guidelines da Internacional Bar Association (IBA), situações que não teriam o condão de representar renúncia tácita à manifestação de recusa do árbitro, como, v.g., se o árbitro trabalhar para alguma das partes, se o escritório no qual atue o árbitro prestar aconselhamento regular a alguma das partes.

6. Conclusão

O artigo pretendeu analisar a importância do dever de revelação do árbitro sobre situações que possam ensejar dúvida razoável a comprometer a sua independência e imparcialidade.

Constatou-se que o dever de revelação constitui um dever jurídico contínuo (on going duty) e de cumprimento imediato pelo árbitro, perito e demais sujeitos envolvidos na arbitragem. O duty of disclosure decorre do princípio da confiança legítima que a arbitragem deverá aspirar às partes. O princípio da confiança, por sua vez, encontra-se lastreado nos princípios da cooperação e da boa-fé, consoante as normas fundamentais do processo civil contemporâneo.

Em razão das considerações realizadas, compreende-se que o árbitro, assim como a própria corte arbitral a qual pertença, deverá revelar qualquer fato potencialmente comprometedor, independentemente do seu juízo particular, mas circunstâncias que possam prejudicar a higidez do procedimento e das decisões arbitrais sob "olhos das partes". Viu-se que o Guideline da Internacional Bar Arbitration desvenda certos parâmetros razoáveis no tocante ao que seria ou não passível de revelação e quais as consequências que poderiam trazer ao julgamento arbitral.

A recomendação é de que as cortes arbitrais brasileiras adotem padrões de revelação similares, seja em diretivas, códigos de éticas ou regulamentos internos, com o fito de que se preserve a segurança jurídica no que alude à admissibilidade e ao mérito da rescisória que objetive a anulação de uma decisão arbitral eivada de vício em função da inobservância do dever de revelação.

Por outro lado, às partes incumbe a tarefa de manifestar recusa quando tiverem o conhecimento de situação hábil a ensejar o afastamento o árbitro, ainda que tal conhecimento não tenha vindo à tona pela própria manifestação do árbitro. Outra situação que se apontou como inadequada no presente artigo refere-se ao fato de a parte quedar-se inerte diante da revelação do árbitro, no intento de esperar o conteúdo da decisão final, se ao seu favor ou desfavor, para assim impugná-la, ao argumento de inobservância do dever de revelação.

Conclui-se que na mesma medida em que o princípio da boa-fé e da cooperação orientam a conduta do árbitro quanto à revelação de quaisquer fatos que possam remeter a dúvidas razoáveis sobre a imparcialidade e independência no desempenho desse mister, as mesmas garantias servem para se firmar standards de conduta das partes, de modo a atuarem com respeito à lealdade, probidade, eticidade e cooperação. A última decisão proferida em 12 de abril de 2016 pela Cour d'appel de Paris, no caso Tecnimont, realça e corrobora a presente orientação.

Referências bibliográficas

ABBUD, André de Albuquerque Cavalcanti. Soft law e Produção de Provas na Arbitragem Internacional. São Paulo: Atlas, 2014.

AUGENDRE, Geneviève. Loyauté et impartialité de l'arbitre. In: Gazette du Palais, mai/2012.

BAPTISTA, Luiz Olavo. Constituição e arbitragem: dever de revelação, devido processo legal. In: Revista do advogado, n. 119, abr./2013.

______. Dever de revelação do árbitro: extensão e conteúdo. In: Revista de Arbitragem e Mediação. São Paulo: Revista dos Tribunais, n. 36, mar./2013.

CARMONA, Carlos Alberto. Arbitragem e Processo – Um comentário à lei nº 9.307/96. 3. ed. São Paulo: Atlas, 2009.

CARNEIRO, Paulo Cezar Pinheiro; SCHENK, Leonardo Faria. O justo processo arbitral e o dever de revelação (disclosure) dos peritos. In: Revista Eletrônica de Direito Processual – REDP, v. 12, n. 12, 2013. Disponível em: <http://e-publicacoes.uerj.br>, acesso em: 04 ago 2017.

CERQUEIRA, Gustavo; HEINTZ, Tom P. L'obligation d'indépendance de l'arbitre : vers une nouvelle interprétation ad extirpanda en droit français? (Note sous CA Reims, 2 novembre 2011, n° 10/02888, Tecnimont) In: ASA Bulletin, n. 30, 2012. Disponível em: http://www.kluwerlawonline.com/toc.php?area=Journals&mode=bypub&level=5&values=Journals~~ASA+Bulletin~Volume+30+(2012), acesso em 19 ago 2017.

CLAY, Thomas. L'arbitre. Paris: Dalloz, 2001.

DIDIER, JR., Fredie. Das normas processuais civis. In: Comentários ao Novo Código de Processo Civil. Coord.: Antonio do Passo Cabral; Ronaldo Cramer. Rio de Janeiro: Forense, 2015.

DEGOS, Louis. La révélation remise en question(s) – Retour sur l'arrêt de la Cour d'appel de Paris du 12 février 2009, SA J. & P. Avax SA c/ Société Tecnimont SPA In: Gazette du Palais. jun./2009.

DINAMARCO, Cândido Rangel. A arbitragem na teoria geral do processo. São Paulo: Malheiros, 2013.

GRECO, Leonardo. O princípio do contraditório. In: Revista Dialética de Direito Processual, n. 24, São Paulo: Dialética, mar./2005.

HASCHER, Dominique. Independence and Impartiality of Arbitrators: 3 Issues. In: Washington: American University International Law Review, 2012.

HUNTER, Martin; SILVA, Gui Conde e. A ordem pública transnacional e sua operação nas arbitragens relativas a investimentos. In: Arbitragem: estudos em homenagem ao Prof. Guido Fernando da Silva Soares. Coord. CARMONA, Carlos Alberto; LEMES, Selma Ferreira; MARTINS, Pedro Batista. São Paulo: Atlas, 2007.

LEE, João Bosco; PROCOPIAK, Maria Claudia de Assis. A obrigação da revelação do árbitro – está influenciada por aspectos culturais ou existe um verdadeiro standard universal? In: Revista Brasileira de Arbitragem. São Paulo: abr.jun./2007.

LEITE, Antonio Pinto. Tecnimont V – A força jurídica dos regulamentos de arbitragem perante os tribunais judiciais e a consequência do exercício tardio do direito de impugnação do árbitro. In: Revista de Arbitragem e Mediação, v. 50/2016.

LEMES, Selma Maria Ferreira. A independência e a imparcialidade do árbitro e o dever de revelação. In: Revista Brasileira de Arbitragem. São Paulo: n.26, abr.jun./2010

______. Arbitragem Institucional e Ad Hoc. In: MARTINS, Pedro A. Batista; LEMES, Selma M. Ferreira; CARMONA, Carlos Alberto. Aspectos fundamentais da lei de arbitragem. Rio de Janeiro: Editora Forense, 1999.

______. Dos árbitros. In: MARTINS, Pedro A. Batista; LEMES, Selma M. Ferreira; CARMONA, Carlos Alberto. Aspectos fundamentais da lei de arbitragem. Rio de Janeiro: Editora Forense, 1999.

______. O dever de revelação do árbitro, o conceito de dúvida justificada quanto a sua independência e imparcialidade (art. 14, § 1º, da 175 Lei 9.307/1996) e a ação de anulação de sentença arbitral (art. 32, II, da Lei 9.307/1996). In: Revista de Arbitragem e Mediação. São Paulo: Revista dos Tribunais, n. 36, jan./2013.

______. O papel do árbitro. Disponível em: <http://www.selmalemes.adv.br>, acesso em 09 nov 2016.

MARTINS-COSTA, Judith. A ilicitude derivada do exercício contraditório de um direito: o renascer do venire contra factum proprium. In: Revista Forense, v. 376, 2004.

MULLERAT, Ramón. The IBA guidelines on conflicts of interest revisited: Another contribution to the revision of an excellent instrument, which needs a slight Daltonism treatment, 2009 Internacional Workshop on ADR/ODRs. Building bridges: legal framework and principles. Universitat Oberta de Catalunya (UOC), Internet Interdisciplinary Institute (IN3), September 15, 2009. Disponível em: <http://www.uoc.edu/symposia/adr/>, acesso em 31 ago 2017.

NAVARETTI, Antonio Maria Lorca. ¿Garantías Ordinarias versus Garantías Constitucionales en el Arbitraje? In: Arbitragem: estudos em Homenagem ao Prof. Guido Fernando da Silva Soares. Coord. CARMONA, Carlos Alberto; LEMES, Selma Ferreira; MARTINS, Pedro Batista. São Paulo: Atlas, 2007.

SANTOS, Fernando Silva Moreira dos. Impedimento e suspeição do árbitro: o dever de revelação. In: Revista de Arbitragem e Mediação. São Paulo: Revista dos Tribunais, n.35, out./dez. 2012.

TIBÚRCIO, Carmen. A ordem pública na homologação de sentenças estrangeiras. In: Processo e Constituição: Estudos em homenagem ao Professor José Carlos Barbosa Moreira. São Paulo: Revista dos Tribunais, 2006.

VERBRUGGEN, Caroline. The arbitrator – as a neutral third party. Walking a thin line. What an arbitrator can do, must do or must not do. Recent developments and trends. Bruxelas: Bruylant, 2010. Disponível em: < http://www.youngicca-blog.com/the-arbitrator-as-aneutral-third-party-by-caroline-verbruggen/>, acesso em: 12 fev. 2016.

WEBER, Ana Carolina. Imparcialidade dos árbitros: um exame à luz de precedentes judiciais. In: Revista Eletrônica de Direito Processual – REDP. ano 2. v II. Rio de Janeiro. 2008. Disponível em: www.e-publicacoes.uerj.br/index.php/redp/article/download/23720/16749, acesso em 09 ago. 2017.

WIJNEM, Otto L. O. de Witt; VOSER, Nathalie; REO, Neomi. Background Information on the IBA Guidelines on Conflicts of Interest in International Arbitration. In: Business Law International. London: set./2004.

A Publicidade das Sentenças Arbitrais Parciais e Decisões Provisórias

Maria Eduarda Moog

1. Introdução

Christian Buhring-Uhle, realizou pesquisa empírica que demonstrou que mais de 60% (sessenta por cento) dos entrevistados consideram o sigilo na arbitragem "altamente relevante" ou "significativo".[1] Lord Neill, advogado britânico e membro da bancada da Câmara dos Lordes, chegou também a afirmar que não poderia haver dano maior à Inglaterra como sede arbitral do que negar a confidencialidade aos procedimentos arbitrais.[2]

O sigilo na arbitragem é, portanto, ponto sensível e questão cara aos usuários do instituto. As vantagens atribuídas à confidencialidade são incontáveis, razão pela qual raros são os procedimentos que não a preveem.

No entanto, há casos em que o dever de confidencialidade das partes entra em choque com dever de publicidade. É o caso, por exemplo, das companhias de capital aberto, que tem como dever informar seus investidores sobre a ocorrência de fatos relevantes.

O que fazer, portanto, quando o dever de confidencialidade e o dever de informar se contrapõe? Em caso de prevalência do dever de informação, qual é a sua extensão? Deve-se divulgar toda e qualquer informação relevante, ainda que não definitivas? O presente (e breve) trabalho, busca dar algumas respostas a estas indagações.

2. O sigilo na arbitragem

Muito embora não haja, no Brasil, um dispositivo legal específico sobre a confidencialidade na arbitragem, previsões neste sentido são bastante comuns nos regulamentos das principais câmaras arbitrais mundiais a que muitos litígios estão submetidos.[3] Por esta razão, pode-se afirmar que o sigilo na arbitragem é regra, sendo

---

1 Este estudo foi referido por PRYLES, Michael, Confidentiality, in Richard D.Hill and Lawrence W. Newman, *The Leading Arbitrators' Guide to International Arbitration*, Juris Publishing, 2008.

2 Neill, Patrick, Confidentiality in Arbitration, Arb. Int'l, 1996, p. 316-317.

3 Como exemplos pragmáticos de textos do direito positivo que contém uma ou mais espécies desse sigilo arbitral, tem-se: o art. 52 da WIPO (World International Property Organization) Arbitration Rules; Art. 30 da LCIA (London Court of International Arbitration) Arbitration Rules, Seção 9 do Regulamento do Centro de Arbitragem da Câmara de Comércio Brasil-Canadá – CCBC; e o art. 6º das Regras da Câmara Arbitral da CCI (Câmara de Comércio Internacional); regra 6.2. das ICSID (International Centre for Settlement of Investment Dispute) Abitration Rules, regra 13.1 do regulamento da CAMARB (Câmara de Mediação e Arbitragem Empresarial).

a publicidade a exceção. Contrapõe-se, portanto, ao que ocorre na jurisdição estatal, que tem em seu cânone a publicidade das decisões, por força do inciso IX do artigo 93, o qual determina que "*todos os julgamentos dos órgãos do Poder Judiciário serão públicos* (...)".[4]

Por esta razão, não raras as vezes o sigilo é citado como uma das vantagens da arbitragem em contraposição à jurisdição estatal, na medida em que se torna um atrativo a muitas pessoas, físicas e jurídicas, que veem na confidencialidade garantia de menor exposição à sua imagem, à publicidade negativa e às suas informações, além de uma menor suscetibilidade dos julgadores à opinião pública e a fatores externos.

Não é pacífico, contudo, o grau de extensão que o sigilo alcança em cada sistema jurisdicional. A maior parte da doutrina e da jurisprudência mundial, por sua vez, consideram que o sigilo pode ser mitigado em determinadas circunstâncias, as quais devem ser analisadas em casos concretos.[5]

Neste sentido, Stephan Kroll, Judith M. Lew e Loukas A. Mistelis,[6] propõem que o sigilo na arbitragem alcança quatro diferentes graus que podem ser combinados aleatória ou cumulativamente e que variam se o sigilo (i) foi previsto pelas partes em contrato, (ii) se consta nas regras da instituição arbitral, (iii) se na lei que governa a arbitragem ou da sede da arbitragem, ou (iv) nos casos de investimento (*ICSID Cases*), em que uma das partes será estatal. Em qualquer destes casos, deve se observar as regras pertinentes a fim de verificar a sua maior ou menor abrangência.

Não há ainda no Brasil uma posição concreta sobre a extensão do sigilo e as consequências da sua quebra,[7] apesar de haver uma tendência para que o sigilo seja

---

4 Evidentemente que em casos excepcionais pode ser requerido o segredo de justiças das decisões judiciais, o que ocorre quando o interesse de possibilitar informações a todos cede diante de um interesse público maior ou quando há relevante interesse privado em jogo, como é o caso da preservação da intimidade e da dignidade da pessoa humana. Ademais, a legislação infraconstitucional prevê hipóteses específicas em que a publicidade pode ser excepcionada. É o que ocorre com a antiga Lei 4.717/76, nos artigos 1º, parágrafo 6º (hipótese de interesse público devidamente justificado), Código Penal, artigo 325 (violação de sigilo profissional), Código de Processo Penal, artigo 20 (sigilo na investigação) e a colaboração, mais conhecida por delação premiada, prevista na Lei 12.850, de 2013, artigo 4º, parágrafo 6º (para organizações criminosas), além do Código de Processo Civil, em seu artigo 189.

5 Martin Hunter e Alan Redfern apresentam considerações e casos que reforçam esse entendimento na doutrina e jurisprudência internacional em Redfern and Hunter on international arbitration. Oxford. Oxford Press, 2010.

6 Julian D. M. Lew, 'Chapter 7. The Arbitrator and Confidentiality', in Yves Derains and Laurent Lévy (eds), Is Arbitration only As Good as the Arbitrator? Status, Powers and Role of the Arbitrator, Dossiers of the ICC Institute of World Business Law, Volume 8 (Kluwer Law International; International Chamber of Commerce (ICC) 2011) pp. 105-129.

7 Muito embora a análise das consequências da quebra do sigilo escape ao escopo do presente artigo, cumpre mencionar doutrina que defenda a consequência do descumprimento chegue à invalidação do procedimento arbitral. Neste sentido, Jonathan Vita afirma o seguinte: "a par da

relativizado em detrimento do interesse público, como se deu, por exemplo, no caso julgado pelo Tribunal Estadual de São Paulo no caso envolvendo o Metrô.

Entretanto, é preciso que se tenha em mente que não são todos os casos em que as quebras de sigilo implicam em dolo ou culpa de uma parte, o que geraria consequências negativas para esta. Em algumas situações, a divulgação de determinadas informações está vinculada às obrigações legais ou estruturais do sistema, havendo um embate (antinomia) entre as estruturas do sistema jurídico. Isto porque, se por um lado deve-se guardar sigilo sobre o procedimento arbitral, por outro, algumas vezes, é necessário que se divulgue determinadas informações sobre o litígio.

É o que ocorre, por exemplo, no direito societário no âmbito de companhias abertas, em que a companhia possui o dever de transparência com seus acionistas e, consequentemente, possui o dever de informar sobre as questões que podem influenciar na tomada de decisão dos seus acionistas.

3. O dever de informar das companhias abertas e a mitigação do dever de sigilo dos procedimentos arbitrais

A Lei das Sociedades por Ações (Lei n° 6.404/76) elenca, nos artigos 153 a 157, os principais deveres atribuídos aos administradores das companhias, incluindo, dentre eles, o de lealdade e o de informar. Cabe destacar que tais normas relativas aos deveres e responsabilidades dos administradores aplicam-se tanto aos conselheiros como aos diretores da companhia, nos termos do artigo 145 da referida lei.

O dever de lealdade dos administradores, regulado pelo artigo 155 da Lei das Sociedades por Ações, consagra no direito brasileiro o *standard of loyalty* do direito norte-americano, segundo o qual o administrador, na condução dos negócios sociais,

análise das consequências jurídicas das quebras do sigilo arbitral, em um primeiro momento, sua reparaçao é ponderada, por, basicamente, três fatores: o momento m que o sigilo foi revelado; a extensão da publicidade da quebra do sigilo; e qual elemento do mesmo foi quebrado. Logo, dois cenários mostram-se possíveis: a quebra ocorre no decorrer do procedimento arbitral; ou aquela que acontece em um momento posterior ao seu fim. Obviamente, no primeiro momento relacionado, os prejuízos podem ser de duas ordens: somente danos econômicos; ou prejuízos materiais e fundamentais ao procedimento (e/ou cláusula) arbitral, que podem levar a sua invalidade. Nessa segunda hipótese e que surge uma das ideias centrais desse estudo, ou seja, a possibilidade de se invalidar o procedimento arbitral por conta de uma quebra de sigilo. Caso essa hipótese de invalidação do procedimento não seja aplicada, essas atitudes de quebra do sigilo podem ocasionar uma entropia do instituto da arbitragem que se torna, a depender da forma que as partes (consubstanciadas em suas condutas) encaram o sigilo, um sem sentido jurídico." (Arbitragem e sigilo: análise estrutural e consequências jurídicas de sua quebra. in Arbitragem nacional e internacional/ Ama Luiza Pinto e Karin Skitnesky, coord. Rio de Janeiro: Elsevier, 2012, p. 62/63).

deverá exercer seus poderes de boa-fé, tendo em vista os interesses da sociedade e não os seus próprios interesses ou os de outras pessoas.[8]

A Lei n° 6.404/76 prevê, ainda, a obrigatoriedade dos administradores prestarem esclarecimentos à Assembleia Geral, quando solicitado por acionistas representantes de, pelo menos, 5% (cinco por cento) do capital social.[9]

A obrigação de informar é o mais típico dever acessório derivado do princípio da boa-fé,[10] sendo certo que, no âmbito específico das companhias abertas, o *full disclosure* é direito fundamental dos investidores.

Consiste no *full disclosure* a obrigação de que os dados sobre a situação patrimonial da companhia devem ser amplamente divulgados, colocando os acionistas e os investidores em atuação de avaliarem a oportunidade, o preço e as condições dos negócios de aquisição, e a alienação de valores mobiliários emitidos pela companhia de forma consciente, o que acaba também por reforçar a relação de confiança do mercado.

Afinal, como afirma Paula A. Forgioni[11]

> A boa-fé no direito comercial não desempenha apenas uma função moral, desconectada da realidade dos negócios e fundada em valores outros que não a busca do melhor funcionamento do mercado. Ao contrário, reforça a possibilidade de *confiança* dos agentes econômicos no sistema, diminuindo o *risco*. A boa-fé – agora em todo direito privado – é um catalisador da fluência das relações no mercado.

E é por essa razão que a legislação prevê que os administradores têm obrigação de divulgar determinadas informações sobre a companhia. Neste sentido, a Lei n° 6.404/76 (artigo 157, §4º) e a Instrução da Comissão de Valores Mobiliários ("ICVM") 358/02 estabelecem a obrigatoriedade de comunicação à Bolsa de Valores e publicação pela imprensa, de qualquer deliberação da assembleia-geral ou dos órgãos da administração da companhia e a ocorrência de fatos relevantes, assim entendidos os fatos capazes de influir de modo ponderável na cotação dos valores mobiliários em questão.

---

8 EIZIRIK. Nelson Laks. Questões de direito societário e mercado de capitais. Rio de Janeiro: Forense, 1984.

9 *"Art 157, § 1°: O administrador de companhia aberta é obrigado a revelar à assembléia geral ordinária, a pedido de acionistas que representem cinco por cento ou mais do capital social: (...) (e) quaisquer atos ou fatos relevantes nas atividades da companhia".*

10 *"O dever de informar é classificado como dever anexo. A identificação e disciplina de sua exigibilidade dá-se mediante a incidência, sobre a relação jurídica contratual, do princípio da boa-fé, em seu sentido objetivo"* (FRADERA, Vera M. Jacob "A interpretação da proibição de publicidade enganos ou abusiva à luz do princípio da boa fé: o dever de informar no Código de Defesa do Consumidor", *Revista do Consumidor.* .São Paulo: Revista dos Tribunais, 1992, nº 4, pp. 174-175).

11 A interpretação dos negócios empresariais no novo código civil brasileiro", Revista de Direito Mercantil, n.130, abr/jun. 2003, p. 27.

A ICVM 480/09 estabelece, também, que os emissores de valores mobiliários devem enviar à CVM informações estruturadas periódicas sobre seus negócios, na forma e nos prazos estabelecidos pela referida instrução para que sejam acessadas pelo mercado em geral, visando à ***transparência da real situação da companhia***.

Evidente, contudo, que o dever de informar não é absoluto. Afinal, as companhias abertas têm interesse em manter sigilo sobre determinadas informações estratégicas (*proprietary information*), que podem ser extremamente relevantes para a condução dos seus negócios e cuja divulgação poderia afetar adversamente os legítimos interesses das companhias e de seus acionistas. Visando a resguardar esse interesse, o artigo 155 da Lei das Sociedades Anônimas estabelece, em seu parágrafo primeiro, que os administradores das companhias abertas devem ser diligentes na guarda do sigilo de informações não públicas que envolvam a companhia e que tenham sido obtidas durante o exercício do cargo.[12]

A própria Lei nº 6.404/76[13] e a ICVM 358/02[14] reforçam a necessidade de resguardo de certas informações cuja publicidade poderia colocar em risco interesse legítimo das companhias, ao facultar aos administradores a recusa à prestação de informações se entenderem que sua revelação poderia colocar em risco interesse legítimo da companhia.[15]

Assim, a divulgação de informações por uma companhia aberta contrapõe-se a outro valor igualmente digno de proteção, que é o interesse estratégico e competitivo da companhia aberta. De forma a preservar esses interesses, a companhia somente deveria divulgar suas informações negociais e estratégicas, senão quando expressamente exigida pela lei, quando essenciais à informação dos seus acionistas, dado que a divulgação descuidada poderia colocar em risco interesses legítimos da própria companhia — que afinal é o interesse de todos os seus acionistas.

Nesse sentido, vide voto do então Presidente da CVM Marcelo Fernandez Trindade no Processo nº RJ2004/5476:

> Assim, interpretações extensivas de normas legais, para o fim de determinar a disponibilização pública de documentos, somente devem ser adotadas quando essenciais à informação dos investidores, dado o risco para os interesses da própria companhia — que afinal é o interesse de todos os seus acionistas e credores.

---

12 PAPPINI, Roberto. Sociedade Anônima e mercado de valores mobiliários. Rio de Janeiro: Forense, 1999, p. 195. p. 208.

13 *"Art 157, §5º da Lei nº 6.404/76: Os administradores poderão recusar-se a prestar informação (§1º, alínea "e"), ou deixar de divulgá-la (§4º), se entenderem que sua revelação porá em risco interesse legítimo da companhia, cabendo á Comissão de Valores Mobiliários, a pedido dos administradores, de qualquer acionista, ou por iniciativa própria, decidir sobre a prestação de informação e responsabilizar os administradores, se for o caso."*

14 *"Art. 6º da Instrução CVM 358/02: Ressalvado o disposto no parágrafo único, os atos ou fatos relevantes podem, excepcionalmente, deixar de ser divulgados se os acionistas controladores ou os administradores entenderem que sua revelação porá em risco interesse legítimo da companhia."*

15 A respeito da preservação de interesses privativos da companhia, vejam a esclarecedora manifestação de voto do ilustre Diretor Eli Loria no Processo Administrativo Sancionador CVM nº 25/03.

Verifica-se, portanto, que muitas vezes há embate entre o dever de sigilo que permeia a arbitragem institucional de forma geral e o dever de *full disclosure* imposto às companhias abertas. E a doutrina reconhece a antinomia:

> Outra questão que se coloca como um desafio para as arbitragens fundamentadas em cláusulas compromissórias estatutárias que envolvam companhias abertas brasileiras diz respeito ao sigilo do procedimento arbitral. Como se sabe, uma das características das arbitragens é o sigilo dos procedimentos arbitrais, que garante que as partes possam litigar sem que terceiros tenham conhecimento da disputa, preservando o seu relacionamento e boa condução dos negócios.
>
> No entanto, as companhias abertas estão submetidas, nos termos da regulamentação vigente, ao princípio do full disclosure. Ou seja, as companhias abertas devem informar ao mercado e aos investidores em geral todos os atos e fatos que possam impactar a avaliação que façam sobre os valores por ela emitidos. Como compatibilizar tal obrigação quando a sociedade passa a participar de procedimento arbitral que possa afetar seu patrimônio?[16]

Como se vê, de um lado, a informação sobre existência de procedimento arbitral que possa afetar a companhia financeiramente transcende a esfera de interesse individual da companhia – afeta seus investidores. De outro lado, a preservação do sigilo, em muitos casos, é imprescindível para manutenção de informações que, se reveladas, acarretariam alteração na situação financeira da companhia[17], inclusive por meio de dano à imagem ou relação com potenciais investidores e parceiros.

Por isso, ambos os deveres devem ser sopesados. Para parte da doutrina, o dever de revelação se sobrepõe ao de confidencialidade porque, diferente deste, aquele é imposto por normas de ordem pública. Neste sentido, Daniel Levy[18] afirma que

> É clara a tendência atual em relativizar o dever de confidencialidade não apenas em prol da transparência do mercado, mas também em vista do impacto cada vez maior que as arbitragens têm em um interesse que transcende a relação processual. Dessa forma, na ponderação entre o full disclosure e o sigilo arbitral, deve prevalecer o primeiro até o limite constituído pela prova de que determinada informação, especificamente, não pode ser divulgada, com base nos prejuízos que ela causaria para as partes, somada à sua inutilidade para o suposto destinatário.

16 EIZIRIK, Nelson; WEBER, Ana Carolina. Notas sobre a arbitragem no mercado de capitais. In: CARMONA, Carlos Alberto; LEMES, Selma M. Ferreira; MARTINS; Pedro Batista. 20 anos da lei de arbitragem: homenagem a Petrônio R. Muniz. 1ª ed. São Paulo: Atlas, 2017, p. 901.

17 LEVY, Daniel. Aspectos Polêmicos da Arbitragem no Mercado de Capitais. Revista Brasileira de Arbitragem, vol. 7, nº 27, p. 32.

18 LEVY, Daniel. Aspectos Polêmicos da Arbitragem no Mercado de Capitais. Revista Brasileira de Arbitragem, vol. 7, nº 27, p. 36.

No mesmo sentido, Carlos Alberto Carmona[19] afirma que *"é preciso mitigar eventual sigilo fixado nas regras procedimentais quando a arbitragem lidar com questões societárias, especialmente naquelas hipóteses em que a sentença produzirá inevitável efeito em relação aos sócios e aos negócios sociais"*.

Por essa lógica, o *full disclosure* deve prevalecer sempre que o prejuízo com a divulgação não justifique o contrário.[20]

Outros autores, por sua vez, defendem que se faça juízo de proporcionalidade, mas não sugerem que um dever deve prevalecer sobre o outro. É o que entende Ana Thereza Basilio e Thiago Lins[21]

> A fim de evitar certo casuísmo, que não se confunde com a necessidade de perquirição do exame do caso concreto para individuar a normativa aplicável, convém adotar, como principal parâmetro hermenêutico, o princípio da proporcionalidade, que implica em avaliar qual dos interesses a serem ponderados, no caso, a confidencialidade ou a publicidade, deve prevalecer.

De toda forma, é inegável que há uma clara tendência em relativizar o dever de confidencialidade não apenas em prol da transparência do mercado, mas também em vista do impacto cada vez maior que as arbitragens têm em interesses que transcendem a relação processual.

Seguindo a tendência da ponderação entre o *full disclosure* e o sigilo arbitral, e reforçando o dever de quebra do sigilo eventualmente existente nos procedimentos arbitrais em favor da transparência com investidores, a CVM promulgou recentemente a Instrução CVM n. 590/2017 para alterar dispositivos da Instrução CVM 358/02. A alteração do parágrafo único do art. 2º da Instrução CVM 358/02 indicou expressamente como exemplo de fato relevante a ser publicado ao mercado, procedimento arbitral que possa vir a afetar a situação econômico-financeira da companhia.

Também algumas instituições arbitrais já se preocuparam com a antinomia existente entre os seus regulamentos, os quais preveem o sigilo das arbitragens, quanto previsões legais que mitigam a confidencialidade em prol da transparência e informação aos investidores. A Câmara de Comércio Brasil-Canadá é um bom exemplo: apesar

19 Arbitragem e processo: um comentário à Lei nº 9.37/96 – 3ª ed., rev. atual. e ampl. – São Paulo: Atlas, 2009, p. 246.

20 LEVY, Daniel. Aspectos Polêmicos da Arbitragem no Mercado de Capitais. Revista Brasileira de Arbitragem, vol. 7, nº 27.

21 BASILIO, Ana Thereza; LINS, Thiago. A relativização da confidencialidade na arbitragem; companhias abertas. Revista de Arbitragem e Mediação, v. 49, 2016, p. 8.

de prever que o procedimento arbitral é sigiloso, ressalva o dever de confidencialidade às hipóteses previstas em lei. [22]-[23]

Assim, assentou-se o entendimento de que, quando o procedimento arbitral tenha relevância tamanha que possa vir afetar a conjuntura da sociedade, deve prevalecer o dever de informação.

Contudo, vale ressaltar que a divulgação das informações não impacta unicamente as companhias abertas, vindo a afetar também a contraparte, que não raras as vezes não comunga do dever de informar, mas que, ainda assim, pode ser negativamente afetada pela quebra do sigilo.

Em tais casos, é preciso que se tenha em mente que a possibilidade de divulgar informações do procedimento arbitral é conferida à apenas uma das partes que, por possuir o dever legal de revelar, também acaba por possuir uma espécie de "*super trunfo*" para utilizar em benefício próprio ao optar por divulgar informações – ainda que não finais – como meio de manipular a contraparte. É o caso, por exemplo, da divulgação de informações de forma estratégica para tentar fragilizar a contraparte ou influenciar a opinião pública a seu favor.

Embora serem táticas evidentemente ilegais (muito embora de dificílima comprovação), o fato é que, em tais casos, apenas uma das partes tem a prerrogativa de divulgar informações, o que deixa a outra em posição de mais fragilidade quanto aos seus próprios dados e imagem.

Para evitar situações como essas, além de uma maior preservação do dever de sigilo, é que se defende uma interpretação mais restritiva do fornecimento das informações. Por meio desta intepretação, não se permite que toda e qualquer informação

22 INSTRUÇÃO CVM No 358, art. 2º, Parágrafo único. Observada a definição do caput, são exemplos de ato ou fato potencialmente relevante, dentre outros, os seguintes: XXII – pedido de recuperação judicial ou extrajudicial, requerimento de falência ou propositura de ação judicial, de procedimento administrativo ou arbitral que possa vir a afetar a situação econômico financeira da companhia.

23 "*ARTIGO 14 – SIGILO. 14.1. O procedimento arbitral é sigiloso, ressalvadas as hipóteses previstas em lei ou por acordo expresso das partes ou diante da necessidade de proteção de direito de parte envolvida na arbitragem. 14.1.1. Para fins de pesquisa e levantamentos estatísticos, o CAM-CCBC se reserva o direito de publicar excertos da sentença, sem mencionar as partes ou permitir sua identificação. 14.2. É vedado aos membros do CAM-CCBC, aos árbitros, aos peritos, às partes e aos demais intervenientes divulgar quaisquer informações a que tenham tido acesso em decorrência de ofício ou de participação no procedimento arbitral.*" Veja-se que os comentários à este dispositivo citam como exemplo da quebra do dever de confidencialidade, a obrigação das companhias de prestar informações aos seus acionistas: "*Finally, in regard to the parties' duty of confidentiality, in spite of the general legal imposition, various particularities found on a case-by-case analysis must be assessed as, for instance, whenever the company has the obligation to provide information to its shareholders, by doing it under the legal and contractual limits, it may not be charged with having breached its confidentiality duties.*" (ROVAIS, Armando Luiz e FREDERICO, André Luis Caetano Silva. "Article 14 – Confidentiality" in José Straube, Claudio Finkelstein and Napoleão Casado Filho (org.). The CAM-CCBC arbitration rules 2012: a commentary. The Hague, the Netherlands : Eleven International Publishing, 2016, p. 226).

seja divulgada ao mercado à critério da companhia aberta; devendo ser revelada apenas aquelas que realmente possam influenciar na situação econômica da companhia e na cotação dos valores mobiliários.

Fabrice Fages,[24] por exemplo, em artigo sobre o tema, conforme apontado por Daniel Levy, destaca quais matérias relativas a um procedimento arbitral são realmente necessárias para a apreciação de seu risco para os investidores, sendo estas, (i) o estado da arbitragem, pois, quanto mais avançada estiver a arbitragem, mais precisa será a informação fornecida, evitando, portanto, especulações; e (ii) o montante em jogo, isto é, uma ordem de grandeza do risco, bem como seu nível máximo.

Feitas essas considerações, passa-se agora a analisar se sentenças parciais e decisões de mérito proferidas em sede de tutela de urgência – mas que possam afetar a situação econômico-financeira da companhia a teor da ICVM 358 -, devem ser objeto de fato relevante inobstante o dever de sigilo existente na maioria dos procedimentos arbitrais.

4. O dever de companhias abertas de informar ao mercado sobre sentenças arbitrais parciais e decisões provisórias de mérito

Verificado o entendimento majoritário da doutrina no tocante à mitigação do dever de sigilo das arbitragens frente ao dever de informar questões relevantes do procedimento arbitral ao mercado, passamos a analisar se este dever, com base no parâmetro estabelecido pela recente alteração da ICVM 358 – a capacidade de influenciar a situação econômico-financeira da companhia – também se aplica às sentenças parciais e decisões provisórias.

4.1. Sentenças parciais

A sentença parcial é um instrumento mundialmente utilizado em arbitragem com o intuito de tornar mais efetivo o processo de resolução de controvérsias. Os benefícios oriundos de sua prolação refletem principalmente na celeridade e economia processual. Explique-se: a possibilidade de se adiantar a decisão sobre determinada matéria que facilitará (ou mesmo condicionará) a decisão de outras, inclusive quanto à produção de provas, tem efeitos práticos nos custos e duração do procedimento. São exemplos de sentenças parciais corriqueiras aquelas que decidem sobre jurisdição do tribunal arbitral e a existência do dano para posterior liquidação/quantificação.

Sua utilidade é tão reconhecida que diversos regulamentos de câmaras nacionais e internacionais já há muitos anos previam expressamente em seu regulamento a pos-

24 FAGES, Fabrice. La confidentialité de l'arbitrage à l'épreuve de la transparence financière. Revue de l'Arbitrage (Comité Français de l'Arbitrage), v. 2003, nº 1 *apud* LEVY, Daniel. Aspectos Polêmicos da Arbitragem no Mercado de Capitais. Revista Brasileira de Arbitragem, vol. 7, nº 27, pp. 34-36.

sibilidade de prolação de sentenças arbitrais parciais pelo árbitro. Exemplos disso são a Câmara de Comércio Internacional, *American Arbitration Association*, *London Court of International Arbitration*, e, no Brasil, a Câmara de Comércio Brasil-Canadá.

Contudo, até 2015, não existia na Lei de Arbitragem ("Lei 9.307"), ou mesmo na lei processual civil, previsão expressa sobre a possibilidade de prolação de sentenças parciais, o que levava a grande parte da doutrina e jurisprudência a negar essa possibilidade. No que toca especificamente à arbitragem, os maiores óbices quanto à possibilidade de prolação de sentenças arbitrais parciais encontravam-se nos artigos 29 e 32, V, da Lei 9.307. O artigo 29 dispõe que, com a prolação da sentença, finda a arbitragem e consequentemente a jurisdição dos árbitros, e o artigo 32, V, como sendo nula a sentença que não decidir todo o litígio submetido à arbitragem.

A leitura desses dois dispositivos induzia alguns à interpretação de que a sentença arbitral deva ser una.[25] Em sentido similar, em que também reinava o princípio da unicidade da sentença, o §1º do art. 162 do CPC de 1973, previa que a sentença era "*o ato pelo qual o juiz põe termo ao processo, decidindo ou não o mérito da causa*", o que também levava à negação da possibilidade de se prolatar decisões parciais de mérito.[26]

De toda forma, seguindo tendência internacional,[27] em 2015 a Lei de Arbitragem e, em seguida, a legislação processual civil, passaram a expressamente autorizar a prolação de sentenças parciais.

No âmbito específico da arbitragem, foi somente com a promulgação da Lei 13.129/15, que reformou a Lei de Arbitragem, que a legislação arbitral, por meio da nova redação do parágrafo 1º do artigo 23, passou a positivar a possibilidade de se prolatar sentença parcial pelos árbitros. Tendo sido disposto, ainda, que o prazo de 90

---

25 Importante destacar, contudo, que desde aquela época diversos autores já defendiam que a previsão do artigo 32 não se referia às sentenças parciais, mas às sentenças *citra* ou *infra petita*, ou seja, aquelas que, pretendendo encerrar o litígio, deixam em aberto questões que deveriam ter sido analisadas. A sentença parcial, como se sabe, é hipótese diversa, eis que não pretende pôr fim ao procedimento, mas julgar apenas uma ou algumas matérias que já estejam maduras para decisão. Consequentemente, as sentenças parciais também não estariam sujeitas aos efeitos então previstos no art. 29 da Lei 9.307.

26 Muito embora alguns autores, como Teresa Arruda Alvim (WAMBIER, Teresa Arruda Alvim. O agravo e o conceito de sentença, cit) e Rodrigo Garcia da Fonseca (FONSECA, Rodrigo Garcia da. Reflexões sobre a sentença parcial. Revista de Arbitragem e Mediação. Ano 2, julho-setembro 2005), afirmassem, com razão, que sentenças parciais eram, antes das reformas, proferidas todos os dias nos tribunais brasileiros, há anos, sem qualquer nulidade, como era o caso da *decisão interlocutória* que exclui um réu por ilegitimidade e determina o prosseguimento da ação contra o outro réu, a *decisdo interlocutória* que acolhe a prescrição quanto a parte do pedido e determina a realização de perícia para verificação e/ou quantificação da parte remanescente, por exemplo.

27 Na Itália, por exemplo, o art. 277 do *Codice* di *Procedura Civile* já previa claramente, há muitos anos, a possibilidade de pronúncia de sentença parcial, restrita a alguns pedidos. Da mesma forma, na Alemanha, o *Zivílprozessordnung* (ZPO) igualmente autoriza há anos o julgamento parcial da causa, no § 301 (1). 12.

dias para requerer a anulação da sentença arbitral corre a partir da notificação de cada sentença, seja ela parcial ou final, ou da respectiva decisão de esclarecimentos (art. 33, § 1º da Lei nº 9.307/1996).

Atualmente, portanto, pacificou-se o entendimento sobre a possibilidade de se prolatar sentenças arbitrais parciais, as quais são definitivas e, consequentemente, podem ser imediatamente executadas/liquidadas.

4.2. Decisões provisórias na arbitragem

O art. 1.086, II do Código de Processo Civil de 1973, revogado pela Lei nº 9307/96, dispunha que ao árbitro era defeso "decretar medidas cautelares". José Antonio Fitchner e André Luis Monteiro,[28] ao comentarem a redação do antigo dispositivo do CPC revogado, o justificavam pelo fato de que *"como os árbitros não detêm o* ius imperium, *não poderiam eles decretar essas espécies de medidas, que seriam de competência do Poder Judiciário"*.

Francisco Antunes Maciel Mussnich e Marcela Maffei Quadra Travassos,[29] complementam a explicação afirmando que, *"em verdade, o que se pretendia com a referida redação não era abolir do árbitro o conhecimento de medidas de urgência, mas simplesmente proibir a execução das medidas cautelares"*.

No mesmo sentido, Carlos Alberto Carmona[30] expõe o escopo da referida norma até então existente:

> Em realidade, a lei processual de então, revogada em boa hora pela Lei 9.307/96, foi infeliz ao dispor que ao árbitro seria defeso decretar medidas cautelares, já que o dispositivo visava proibir a execução cautelar (*rectius*, cumprimento) da medida cautelar. Assim, havendo necessidade de tutela cautelar, a parte interessada requereria a providencia ao árbitro; se este vislumbrasse o *fumus boni iuris* e o *periculum in mora*, concederia a medida; se houvesse resistência, o árbitro (e não a parte) deveria solicitar o concurso de força do Poder Judiciário

Muito embora o art. 1.086 do CPC tenha sido revogado pela lei de arbitragem, a polemica ainda permanecia. Isto porque, embora a redação do art. 22, §4º, da Lei de Arbitragem não tenha sido tão rigorosa ao expressamente vedar a possibilidade de o árbitro manejar uma medida cautelar, também não foi clara ao autorizá-lo. A

28 FITCHNER, José Antonio; MONTEIRO, André Luis. *Temas de Arbitragem: primeira série*, Rio de Janeiro: Renovar, 2010, p. 125.

29 MUSSNICH, Francisco Antunes Maciel; TRAVASSOS, Marcela Maffei Quadra. Medidas liminares em arbitragens e sociedades limitadas. In: YARSHELL, Flávio Luiz; PEREIRA, Guilherme Setoguti J. (Coord). *Processo societário*, São Paulo: Quartier Latin, 2012. p. 242.

30 CARMONA, Carlos Alberto. *Arbitragem e Processo: um comentário à Lei nº 9.307/96*, 3ª ed. rev., atual. e ampl., São Paulo: Atlas, 2009, p. 323.

inconsistência da redação do dispositivo acabou por gerar incontáveis divergências doutrinárias sobre o tema.

Paulo Furtado, ao comentar o referido dispositivo, é peremptório ao afirmar que "*não pode o árbitro, ou o tribunal arbitral, decretar medidas coercitivas, ou processar e julgar ações cautelares*"[31]. No mesmo sentido Paulo Cezar Pinheiro Carneiro também advogava pela vedação da concessão de medidas cautelares pelos árbitros quando as partes nada dispuserem sobre a questão, flexibilizando este entendimento apenas se as partes expressamente autorizarem a concessão de tais medidas[32-33].

Ainda, diferente das medidas cautelares, que visam "*assegurar meios para a eficiência do processo mediante o proveitoso exercício da jurisdição (provas e bens)*"[34], as tutelas antecipatórias buscam garantir a própria tutela jurisdicional, com o objetivo de, confirmado a existência do *periculum in mora* e o *fumus boni iuris*, assegurar ao demandante a fruição de bens ou situações jurídicas que somente seria concedida ao final do processo.

As antecipações de tutela são medidas excepcionais que, assim como as cautelares, também se afiguram medidas de urgência bastante úteis para proteger as partes dos efeitos nefastos que o tempo pode vir a causar.

Contudo, considerando que a Lei de Arbitragem não é precisa ao autorizar a concessão pelos árbitros de tutelas antecipadas, e que as arbitragens não estão vinculadas, necessariamente, à lei processual civil brasileira, podendo as partes convencionar a utilização das normas que melhor lhe convierem, indagou-se se caberia a antecipação de tutela no processo arbitral. Pode-se dizer que, para a franca maioria da doutrina, a resposta sempre foi afirmativa.[35]

---

31 FURTADO, Paulo e BULUS, Uadi L., *Lei da Arbitragem Comentada*, São Paulo, Ed. Saraiva, 1997, p. 93.

32 PINHEIRO CARNEIRO, Paulo Cezar. Aspectos processuais da nova lei de arbitragem, In:, DE PAULO, Borba Castella (Coord.), *Arbitragem: A Nova Lei Brasileira (9.307/96) e a Praxe Internacional,* São Paulo, Ed. Ltr, 1997, p. 137.

33 Em igual sentido José Carlos Magalhães afirma que "a convenção de arbitragem, por tratar de norma de procedimento, pode prever, de maneira expressa, que o árbitro está autorizado a proferir decisão parcial ou a deferir tutela antecipada a requerimento de qualquer das partes. Omissa a convenção, somente em sentença final é que poderá o árbitro decidir. Isto porque a Lei 9.307 de 1996 não estabeleceu norma prevendo a aplicação subsidiária da lei processual, nas hipóteses de omissão da convenção de arbitragem, como fez relativamente à instituição da arbitragem." (*A tutela antecipada no processo arbitral*, Revista de Arbitragem e Mediação, vol. 4, Jan. 2005, p. 11).

34 DINAMARCO, Cândido Rangel. *A arbitragem na teoria geral do processo*, São Paulo: Malheiros, 2013, p. 228.

35 Segundo a lúcida indagação de Carreira Alvim, "se o árbitro dispõe de poderes para resolver o próprio mérito do litígio, nos quais foi investido por um ato de confiança das partes, por que não teria para conceder um simples provimento antecipatório, que não passa de antecipação dos efeitos da decisão de mérito?" (Direito Arbitral, 2ª ed. Rio de Janeiro: Forense, 2004, p. 336).

Seja como for, as questões acima vieram a ser pacificadas pela alteração da lei de arbitragem que expressamente revogou o §4º do art. 22 e inseriu o art. 22-A, o qual autoriza que a partes recorram ao Poder Judiciário para a concessão de medida cautelar ou de urgência, devendo a parte interessada requerer a instituição da arbitragem no prazo de 30 dias, sob pena de cessar a eficácia da decisão judicial. Instituída a arbitragem no prazo legal, caberá aos árbitros manter, modificar ou revogar a medida cautelar ou de urgência concedida pelo Poder Judiciário.No entanto, estando já instituída a arbitragem, a lei determina que a medida seja requerida diretamente aos árbitros.[36]

Tal alteração legal veio em linha do que já havia sendo decidido pelo Superior Tribunal de Justiça, o qual entendia que o Tribunal Arbitral possui legitimidade não só para manejar medidas cautelares como também para revisar as decisões proferidas pelo Poder Judiciário no âmbito das tutelas de urgência, as quais são sempre provisórias e podem ser modificadas após cognição exauriente.[37]

4.3. Informar ou não informar sobre sentenças arbitrais parciais e decisões provisórias de mérito?

Como visto, sentença parcial e decisão provisória têm naturezas muito distintas. A primeira faz coisa julgada, eis que proferida em cognição exauriente, tendo decidido sobre um ou mais pedidos antes dos demais simplesmente pelo fato destes já estarem aptos a serem julgados. A decisão provisória, por outro lado, como o próprio nome diz, é *provisória*, podendo vir a ser modificada após o contraditório pleno e a análise aprofundada da questão posta.

É importante que os conceitos fiquem entendidos, tendo em vista que, na prática (talvez pelo fato de as sentenças parciais ainda serem recentes em nosso

36 Em todo caso, não se deve esquecer da existência dos "árbitros de emergência"; oferecidos por algumas câmaras arbitrais para que não seja necessário socorrer-se ao Judiciário caso seja necessária a concessão de tutela de emergência antes de formado o tribunal arbitral. Conforme assinala Francisco Cahali, *"a situação é excepcional e reclama regramento especial para 'um procedimento cautelar pré-arbitral' destinado a solucionar pleitos emergenciais, anteriores à instituição do juízo arbitral. Este regramento pode vir incorporado no regulamento da Câmara, ou merecer regulamento específico e exclusivo. E também haverá de ter clara a previsão sobre a submissão das partes a estas regras, sendo usual considerar indispensável que as partes tenham convencionado expressamente na cláusula compromissória a adoção deste expediente. Nestes casos, então, as medidas de urgência já serão submetidas à instituição para processamento do pedido em modelo criado para esta finalidade. Depende-se, então, do regulamento da Instituição encomendada para administrar a arbitragem e do consenso prévio das partes na adoção do mecanismo proposto pela Câmara."* (Árbitro de Emergência e Arbitragem Multipartes – Considerações Gerais e Resultado da Pesquisa do Grupo de Pesquisa em Arbitragem da PUC-SP – Projeto II – 2.º Semestre de 2015 – Revista de Arbitragem e Mediação, vol. 51/2016, p. 113/121, Out – Dez / 2016).

37 *MITIDIERO, Daniel. Antecipação da Tutela – da Tutela Cautelar À Técnica Antecipatória,* RT, 3ª Ed. 2017.

ordenamento), muitas vezes percebe-se a existência de confusão entre estes dois institutos que muito se diferem.

A sentença parcial, como se viu, nada mais é do que sentença, produzindo todos os seus efeitos, razão pela qual aplica-se o entendimento *supra*. Ou seja, caso verse sobre questão que possa afetar a situação econômico-financeira da companhia, deve ser revelada ao mercado, nos termos da ICVM 358 e, consequentemente, mitigado o dever de sigilo eventualmente existente.

Neste sentido, Nelson Eizirik e Ana Carolina Weber, em artigo que explora especificamente a revelação de conteúdo de sentença arbitral, defendem que, na hipótese de prolação de sentença *final* ou *parcial* que possa impactar o patrimônio ou condução dos negócios da companhia, é recomendável que ela divulgue ao mercado as informações relevantes sobre a decisão. Os autores ressaltam que, em todo o caso, não é necessário que se divulgue a íntegra da decisão:

> Além disso, na hipótese de prolação de sentença arbitral – final ou parcial – que possa impactar o patrimônio ou a condução dos negócios sociais – seria recomendável que a companhia divulgasse ao mercado informações a respeito da decisão proferida pelo tribunal, sem que seja necessário a apresentação integral de cópia da sentença.[38]

Diferente, contudo, são as decisões provisórias, eventualmente ainda pendentes de recurso[39] e, certamente, ainda pendentes de reanálise pelo tribunal arbitral. Em tais casos, ainda não se tem uma decisão definitiva, o que pode gerar o questionamento sobre a necessidade ou não de divulgar uma informação que, logo depois, pode ser modificada no todo ou em parte. Ou seja, ainda que tal decisão provisória tenha o condão de afetar a situação econômico-financeira da companhia, isso pode não ocorrer (ou pode ser revertido), caso a decisão não venha a se concretizar.

Indaga-se, portanto, se, em casos como tais, em que ainda há incerteza sobre a questão controvertida, se ainda assim o dever de confidencialidade deve ser mitigado em prol do dever de informar o mercado.

Neste sentido, o Comitê de Orientação para Divulgação de Informações ao Mercado (CODIM), emitiu o Pronunciamento de Orientação 05[40] no qual apresenta exemplo de ato ou fato relevante. O CODIM expressamente recomenda que seja ob-

---

38 EIZIRIK, Nelson; WEBER, Ana Carolina. Notas sobre a arbitragem no mercado de capitais. In: CARMONA, Carlos Alberto; LEMES, Selma M. Ferreira; MARTINS; Pedro Batista. 20 anos da lei de arbitragem: homenagem a Petrônio R. Muniz. 1ª ed. São Paulo: Atlas, 2017, p. 903.

39 Se prolatadas pelo Poder Judiciário como medida pré arbitral, conforme autoriza o artigo 22-B da Lei de Arbitragem, ou caso prevista essa possibilidade pelo regulamento da instituição arbitral ou convencionado pelas partes.

40 Disponível em http://www.codim.org.br/downloads/pronunciamento_orientacao_05.pdf, acessado em 20.11.2018.

jeto de publicação de Fato Relevante decisões arbitrais que contemplem matéria de mérito relevante, mesmo que admitam recurso, mas que possam afetar a situação econômico-financeira da companhia.

Note-se ainda que a recomendação é estendida até a *medidas de urgência*, ou seja, não importa que a decisão ainda não seja definitiva, bastando que possa impactar o patrimônio ou condução dos negócios da companhia.[41]

Quanto à relevância das orientações do CODIM, a CVM recomenda a consulta aos seus pronunciamentos "*quanto às melhores práticas de divulgação de informações*"[42], já tendo também a própria autarquia se manifestado no sentido de que as companhias devem divulgar informação preliminar:

> Não se exige que a informação seja definitiva ou esteja formalizada para que se considere um fato como relevante e, portanto, sujeito ao dever de divulgação. Basta que a informação não seja meramente especulativa e, portanto, sujeito ao dever de divulgação. [...] Para que um fato relevante seja divulgável não é preciso que se conheçam todos os seus elementos. Muitas vezes, deve-se fazer a divulgação aos poucos, à medida que as informações venham a ser produzidas.[43]

Ao nosso ver, acertada é a orientação do CODIM quanto à necessidade de informar ao mercado sobre as medidas de urgência que possam impactar o patrimônio ou condução dos negócios da companhia.

Afinal, conquanto não seja definitiva a decisão, para que seja deferida e tutela de urgência deve ser avaliado, pelo julgador, a existência de elementos que evidenciem a probabilidade do direito e o perigo de dano ou o risco ao resultado útil do processo.[44] Neste sentido, uma vez pleiteada tutela de urgência, tanto o Judiciário quanto o Tribunal Arbitral, devem fazer análise relativa à plausibilidade do direito cuja proteção se requer. Inexistindo a fumaça do bom direito (fumus boni iuris), não deve haver a concessão da tutela de urgência requerida.

Assim, embora não seja definitiva a decisão, que poderá não ser confirmada pelo Tribunal Arbitral quando (i) da instauração da arbitragem caso tenha sido requerida ao Poder Judiciário (art. 22-B da Lei de Arbitragem), ou (ii) quando da prolação da

---

41 O texto da recomendação dispõe o seguinte: "*25. Assim, recomenda-se que seja também objeto de publicação de Fato Relevante decisões administrativas, judiciais ou arbitrais, inclusive medidas de urgência (e.g. liminares, cautelares ou tutelas antecipadas), que contemplem matéria de mérito relevante, contrárias ou favoráveis à companhia aberta, mesmo quando proferidas em primeira instância ou que admitam recurso, mas que possam afetar a situação econômico-financeira da companhia.*"

42 Ofício Circular CVM Sep nº 02/2016.

43 CVM, Processo Administrativo nº RJ2006/5928, Rel. Diretor Pedro Oliva Marcilio de Sousa, julgado em 17 de julho de 2007.

44 Neste sentido dispõe o art. 300 do Código de Processo Civil.

sentença (seja final ou parcial), o julgador, ao conceder o pleito requerido, teve que avaliar a plausibilidade do direito requerido e acabou entendendo pela sua existência.

Tal filtro (verificação da probabilidade do direito), imposto por lei, leva à conclusão de que há uma maior *probabilidade* da existência daquele direito do que o contrário. Neste sentido, omitir dos investidores de companhias abertas a informação de que um julgador já entendeu pela concessão de determinada medida que pode impactar o patrimônio ou condução dos negócios da companhia (seja ela favorável ou contrária aos interesses desta), nos parece omitir informação relevante e contrária aos deveres de *full disclosure* verificados na Lei n° 6.404/76 e na ICVM 358/02.

Verifica-se, portanto, que assim como das sentenças parciais e finais, também quando as decisões provisórias tratarem de fato relevante para a situação econômico-financeira da sociedade, a companhia possui o dever de informar ao mercado, inobstante eventual existência de confidencialidade no procedimento arbitral.

5. Conclusão

Conforme se verificou ao longo deste artigo, o sigilo na arbitragem é ponto sensível e questão cara aos usuários do instituto. As vantagens atribuídas à confidencialidade são incontáveis, razão pela qual raros são os procedimentos que não a preveem.

No entanto, há casos em que o dever de confidencialidade das partes entra em choque com dever de publicidade, sendo o caso, por exemplo, das companhias de capital aberto, que tem como dever informar seus investidores sobre a ocorrência de fatos relevantes.

Verifica-se, portanto, que muitas vezes há embate entre o dever de sigilo que permeia a arbitragem institucional de forma geral e o dever de *full disclosure* imposto às companhias abertas.

No entanto, não sem muito debate, assentou-se o entendimento de que, quando o procedimento arbitral tenha relevância tamanha que possa vir afetar a conjuntura da sociedade, deve prevalecer o dever de informação.

Diante de tal conclusão, passou-se a analisar se, diante do dever de sigilo das arbitragens frente ao dever de informar questões relevantes do procedimento arbitral ao mercado, dever-se-ia informar também o conteúdo preferido no âmbito de sentenças parciais e decisões provisórias.

Como as sentenças arbitrais parciais são definitivas e formam coisa julgada, a conclusão sobre este ponto não se distancia da anteriormente alcançada: o dever de informação aos acionistas deve prevalecer frente ao dever de confidencialidade.

Diferente, contudo, são as decisões provisórias, eventualmente ainda pendentes de recurso e, certamente, ainda pendentes de reanálise pelo tribunal arbitral. Em tais casos, ainda não se tem uma decisão definitiva, o que pode gerar o questionamento sobre a necessidade ou não de divulgar uma informação que, logo depois, pode ser modificada no todo ou em parte. Ou seja, ainda que tal decisão provisória tenha o condão de afetar a situação econômico-financeira da companhia, isso pode não ocorrer (ou pode ser revertido), caso a decisão não venha a se concretizar.

Neste sentido, CODIM, emitiu o Pronunciamento de Orientação 05 no qual expressamente recomenda que seja objeto de publicação de Fato Relevante decisões arbitrais que contemplem matéria de mérito relevante, mesmo que admitam recurso, mas que possam afetar a situação econômico-financeira da companhia. A recomendação é estendida também às medidas de urgência, ou seja, não importa que a decisão ainda não seja definitiva, bastando que possa impactar o patrimônio ou condução dos negócios da companhia.

Somos igualmente da opinião de que, também nos casos de decisões provisórias, mas que possam impactar o patrimônio ou condução dos negócios da companhia, o mercado deve ser informado, mormente porque, em tais casos, já houve uma análise prévia de probabilidade do direito que deve ser levado em conta por aqueles que investem na sociedade.

Referências bibliográficas

BASILIO, Ana Thereza; LINS, Thiago. A relativização da confidencialidade na arbitragem; companhias abertas. Revista de Arbitragem e Mediação, v. 49, 2016.

CAHALI, Francisco. Árbitro de Emergência e Arbitragem Multipartes – Considerações Gerais e Resultado da Pesquisa do Grupo de Pesquisa em Arbitragem da PUC-SP – Projeto II – 2º Semestre de 2015 – Revista de Arbitragem e Mediação, vol. 51/2016, p. 113/121, Out – Dez / 2016.

CARMONA, Carlos Alberto. Arbitragem e processo: um comentário à Lei nº 9.37/96 – 3ª ed., rev. atual. e ampl. – São Paulo: Atlas, 2009.

DINAMARCO, Cândido Rangel. A arbitragem na teoria geral do processo. São Paulo: Malheiros, 2013.

EIZIRIK, Nelson; WEBER, Ana Carolina. Notas sobre a arbitragem no mercado de capitais. In: CARMONA, Carlos Alberto; LEMES, Selma M. Ferreira; MARTINS; Pedro Batista. 20 anos da lei de arbitragem: homenagem a Petrônio R. Muniz. 1ª ed. São Paulo: Atlas, 2017.

EIZIRIK, Nelson Laks. Questões de direito societário e mercado de capitais. Rio de Janeiro: Forense, 1984.

FAGES, Fabrice. La confidentialité de l'arbitrage à l'épreuve de la transparence financière. Revue de l'Arbitrage (Comité Français de l'Arbitrage), v. 2003, n. 1 *apud* LEVY, Daniel. Aspectos Polêmicos da Arbitragem no Mercado de Capitais. Revista Brasileira de Arbitragem, vol. 7, nº 27.

FITCHNER, José Antonio; MONTEIRO, André Luis. temas de arbitragem: primeira série, Rio de Janeiro: Renovar, 2010.

FRADERA, Vera M. Jacob, "A interpretação da proibição de publicidade enganos ou abusiva à luz do princípio da boa fé: o dever de informar no Código de Defesa do Consumidor", Revista do Consumidor. São Paulo: Revista dos Tribunais, 1992, nº 4.

FURTADO, Paulo e BULUS, Uadi L., *Lei da Arbitragem Comentada*, São Paulo, Ed. Saraiva, 1997.

Julian D. M. Lew, The Arbitrator and Confidentiality, in Yves Derains and Laurent Lévy (eds), Is Arbitration only As Good as the Arbitrator? Status, Powers and Role of the Arbitrator, Dossiers of the ICC Institute of World Business Law, Volume 8, Kluwer Law International; International Chamber of Commerce (ICC) 2011.

LEVY, Daniel. Aspectos Polêmicos da Arbitragem no Mercado de Capitais. Revista Brasileira de Arbitragem, vol. 7, nº 27.

MITIDIERO, Daniel. Antecipação da Tutela – da Tutela Cautelar À Técnica Antecipatória, RT, 3ª Ed. 2017.

MUSSNICH, Francisco Antunes Maciel; TRAVASSOS, Marcela Maffei Quadra. Medidas liminares em arbitragens e sociedades limitadas. In: YARSHELL, Flávio Luiz; PEREIRA, Guilherme Setoguti J. (Coord). Processo societário, São Paulo: Quartier Latin, 2012.

NEILL, Patrick, Confidentiality in Arbitration, Arb. Int'l, 1996.

PAPPINI, Roberto. Sociedade Anônima e mercado de valores mobiliários. Rio de Janeiro: Forense, 1999.

PINHEIRO CARNEIRO, Paulo Cezar. Aspectos processuais da nova lei de arbitragem, In: DE PAULO, Borba Castella (Coord.), Arbitragem: A Nova Lei Brasileira (9.307/96) e a Praxe Internacional, São Paulo, Ed. Ltr, 1997.

PRYLES, Michael, Confidentiality, in Richard D.Hill and Lawrence W. Newman, The Leading Arbitrators' Guide to International Arbitration, Juris Publishing, 2008.

REDFERN, HUNTER on international arbitration. Oxford. Oxford Press, 2010.

ROVAIS, Armando Luiz e FREDERICO, André Luis Caetano Silva. "Article 14 – Confidentiality" in José Straube, Claudio Finkelstein and Napoleão Casado Filho (org.). The CAM-CCBC arbitration rules 2012: a commentary. The Hague, the Netherlands: Eleven International Publishing, 2016.

VITA, Jonathan Barros, Arbitragem e sigilo: análise estrutural e consequências jurídicas de sua quebra. in Arbitragem nacional e internacional/ Ama Luiza Pinto e Karin Skitnesky, coord. Rio de Janeiro: Elsevier, 2012.

WAMBIER, Teresa Arruda Alvim. O agravo e o conceito de sentença, cit. e FONSECA, Rodrigo Garcia da. Reflexões sobre a sentença parcial. Revista de Arbitragem e Mediação. Ano 2, julho-setembro 2005.

Os Processos Concursais Falimentares e sua Compatibilidade com a Arbitragem

Matheus Sousa Ramalho

Introdução

O Brasil é um dos países que mais utiliza a arbitragem, sendo o 4º país com maior número de arbitragens perante a Câmara de Comércio Internacional ("CCI"), estando atrás apenas de EUA, Alemanha e França[1]. Nesse contexto, diante da enorme recessão que assola o nosso, cabe perquirir: será que o referido método seria compatível com os processos concursais falimentares previstos em nosso ordenamento?

Muito embora seja, aparentemente, conflitante a ideia de uma jurisdição, como é o caso da arbitragem, conviver em harmonia com um juízo universal, feição característica processos falimentares, é preciso ir além dessa negativa primeira impressão.

Em primeiro lugar, tanto a falência, como a recuperação regem-se pelos princípios da celeridade e da economia processual. Além disso, a função precípua de ambos os procedimentos é interromper o processo erosão causado pela crise, conforme também prevê o art. 75 caput e parágrafo único da Lei 11.101/2005.

Em que pese a arbitragem seja uma alternativa mais cara do que o processo judicial, é bem verdade que costuma também ser mais rápida. A depender do cenário, a agilidade pode ser mais desejável do que fazer economias.

Em todo caso, a discussão em torno da compatibilidade dos regimes concursais com a arbitragem não é nova. A doutrina e a jurisprudência já se posicionaram sobre o tema. Não obstante, o tema para alguns ainda é tratado como um verdadeiro tabu.

Nesse contexto, o presente tem por intuito demonstrar a compatibilidade da arbitragem com a falência e com a recuperação judicial. Para avançar o objetivo aqui apresentado, o presente estudo será dividido em três partes.

A primeira etapa ater-se-á em analisar como os processos de insolvência afetam a capacidade das partes, tanto a civil como a processual, uma vez que o uso da arbitragem predispõe da capacidade de seus contratantes.

Na segunda etapa, analisar-se-á se a instauração de um processo concursal teria o condão de tornar o direito da parte indisponível e, consequentemente, prejudicar sua arbitrabilidade objetiva.

---

1 LEMES, Selma. Números mostram maior aceitação da arbitragem no Brasil. Disponível em: http://www.conjur.com.br/2014-abr-10/selma-lemes-numeros-mostram-maior-aceitacao-arbitragem-brasil. Accesso 21/08/2017.

Já a terceira e derradeira parte deste trabalho, será destinada a comentar alguns cenários hipotéticos envolvendo uma arbitragem no qual uma das partes é uma massa falida ou um empresário em recuperação judicial, sendo esses:

(a) seria possível a contratação de uma arbitragem por equidade com partes em regime de insolvência?

(b) como funciona a execução do laudo arbitral contra uma parte falida ou em recuperação; e, por fim,

(c) estando uma das partes em qualquer dos dois regimes processuais de insolvência, poderá/deverá o Ministério Público intervir no procedimento arbitral?

1. Análise da capacidade de contratante falido ou em recuperação judicial

Arbitrabilidade, nas palavras de Emmanuel Gaillard e John Savage, é "a possibilidade de solucionar disputas por meio da arbitragem"[2]. Ademais, o conceito de arbitrabilidade pode ser divido em arbitrabilidade objetiva – quais matérias são sujeitas a arbitragem ou arbitráveis – e arbitrabilidade subjetiva – quem pode contratar uma arbitragem.

A Lei nº 9.307/96 disciplina, em seu art. 1º, o referido conceito, ao dispor que "As pessoas capazes de contratar poderão valer-se da arbitragem para dirimir litígios relativos a direitos patrimoniais disponíveis".

Considerando que a falência e a recuperação judicial afetam a capacidade do devedor gerir os seus bens, o primeiro em maior e o segundo em menor escala, resta saber se essas limitações poderão acarretar na impossibilidade de contratação da arbitragem.

A capacidade civil é o elemento central da arbitrabilidade subjetiva.

Em nosso ordenamento, a capacidade jurídica encontra-se regulamentada nos arts. 1º3º, 4º e 5º, e seus respectivos incisos, do Código Civil. Além disso, considerando que a convenção de arbitragem[3] é um contrato, impõe-se a observação adicional dos arts. 104, I, 166, I e 171, I do Código Civil, que regulamentam a capacidade de contratar.

De notar que o vocábulo "pessoa", empregado no art. 1º da Lei de Arbitragem, não remete exclusivamente à pessoas naturais. Conforme bem pontua José Emilio Nunes Pinto[4], a expressão refere-se também a pessoas jurídicas e, até mesmo, entes públicos, como Estado, União e Municípios.

---

2 GAILLARD, Emmanuel; SAVAGE, John. Fouchard Gaillard Goldman – International commercial arbitration. The Hague; Boston; London; Editora Kluwer Law International, 1999, p. 312 (tradução livre feita pelos autores).

3 Lembrando que nos termos do art. 3º da lei de arbitragem, o termo convenção de arbitragem engloba tanto o conceito de cláusula compromissória, como de compromisso arbitral.

4 PINTO, José Emilio Nunes. A arbitrabilidade de controvérsias nos contratos com o Estado e empresas estatais. Disponível em http://www.migalhas.com.br/dePeso/16,MI2843,71043-A+arbitrabilidade+de+controversias+nos+contratos+com+o+Estado+e. Acesso em 21/08/2017.

A análise dos aspectos subjetivos da arbitragem (leia-se capacidade jurídica, capacidade para contratar e capacidade processual) deve ser feita de forma separada, para a falência e a recuperação judicial, tendo em vista as diferenças existentes em cada um destes processos.

1.1. Aspectos subjetivos da arbitragem envolvendo parte em recuperação judicial

O primeiro ponto deste tópico é verificar se a capacidade do devedor firmar convenção de arbitragem permanece inalterada estando ele em recuperação judicial. A resposta desta pergunta demanda uma rápida explicação sobre a própria recuperação judicial.

O mencionado processo, grosso modo, consiste em remédio legal de natureza mista[5], por meio do qual o empresário regular pode valer-se para renegociar os seus débitos.

Durante a recuperação judicial, o empresário é auxiliado por um administrador judicial, nomeado pelo juiz do processo. Neste procedimento especial, o devedor apresentará um plano de recuperação judicial, o qual disporá acerca das estratégias de recuperação a serem implementadas para superação da crise e, ao mesmo tempo, da forma como os débitos serão reestruturados.

Salienta-se aqui que o plano de recuperação judicial precisará ser aprovado pelos credores concursais, nos percentuais mínimos previstos em lei, para que a recuperação judicial seja concedida.

Em que pese a nomeação de um administrador judicial nos processos de recuperação, é comum que o empresário permaneça à frente de suas atividades durante o curso do processo, conforme o caput do artigo 64.

O destaque a palavra comum é proposital, pois em caso de indícios de fraude, esse mesmo artigo traz em seus incisos algumas hipóteses em que o devedor poderá ser afastado da administração da empresa. Sendo este o caso, o juiz convocará a Assembleia Geral de Credores, nos termos do art. 65 da LRF, para que seja nomeado um novo gestor judicial das suas atividades.

Salienta-se que a função do administrador na recuperação é distinta daquela na falência. Enquanto no primeiro caso, o administrador é apenas um auxiliar do juízo no procedimento de verificação de créditos; no segundo o síndico é nomeado para administrar a massa e verificar os créditos habilitados.

Dito isso, verifica-se que a única restrição clara que a lei impõe ao devedor em recuperação é que não pode alienar ou onerar bens que integram o seu ativo permanente sem a obtenção de prévia autorização judicial – salvo, evidentemente, os casos em que a venda esteja prevista no plano de recuperação judicial, hipótese que, por motivos óbvios, prescinde de autorização (LFR, art. 66).

---

5 O procedimento possui feições que lhe aproximam, de igual forma, do processo e do contrato. Por essa razão, diz-se ser este dotado de natureza mista.

Assim, verifica-se que estar em recuperação judicial não acarreta, prima facie, em nenhum empecilho para contratação de arbitragem.

Não obstante, cumpre destacar que alguns estudiosos, escudados na leitura do artigo 66 da LFR, enxergam uma proibição na contratação de arbitragem, por enxerga-la como uma oneração, por via oblíqua, dos bens do empresário em recuperação, considerando os altos custos do procedimento arbitral.

Não compartilhamos dessa posição, tendo em vista que a contratação de arbitragem, apesar de todos dos custos, não é uma forma direta de onerarão da empresa. Por esse motivo, não se pode argumentar que a parte em recuperação judicial precisa de autorização judicial para contratar arbitragem. O juízo de conveniência da contratação de arbitragem é uma faculdade exclusiva do empresário em recuperação, afinal, será ele o declarado falido na hipótese do procedimento de soerguimento vir a fracassar.

Neste mesmo sentido, está Carla de Vasconcellos Crippa, em seu artigo publicado na Revista de arbitragem e Mediação[6].

Abre-se aqui um parêntese para dizer que não se olvida da possibilidade da arbitragem ser utilizada como subterfúgio pelo empresário mal intencionado para perpetrar algum fraude, afinal a engenhosidade dos malfeitores não tem limites. A existência de probabilidade, contudo, não faz atrair a regra do Art. 66. No caso hipotético da fraude, caberá ao interessado prejudicado provar o desvio de finalidade na contratação da arbitragem propondo as medidas legais cabíveis.

Superada a questão da capacidade civil do devedor para celebrar convenção de arbitragem, cumpre analisar a questão sobre o prisma da capacidade processual.

Neste caso, é preciso que duas hipóteses sejam verificadas: (a) a primeira delas é se o devedor em recuperação judicial possui capacidade processual para iniciar e

---

6 "Não existe na lei 11.101/2005 qualquer restrição ao cumprimento de convenções de arbitragem. Diferentemente, a lei somente proíbe, em seu art. 66, a alienação ou oneração de bens ou direitos que façam parte do ativo permanente do devedor, o que não seria o caso do cumprimento da convenção de arbitragem. Ainda que o cumprimento da convenção de arbitragem pudesse, ao final do respectivo procedimento arbitral, acarretar a obrigação do devedor de alienar ou onerar bens do seu ativo permanente como forma de cumprimento da sentença arbitral, essa alienação ou oneração não seria consequência direta e imediata do cumprimento da convenção de arbitragem, mas sim da própria sentença arbitral. Em outras palavras, não haveria relação de causalidade direta e imediata entre o cumprimento da convenção de arbitragem e a suposta alienação ou oneração do bem. Quando muito, o cumprimento da sentença arbitral poderia ficar suspenso pelo período previsto no art. 6º §4º, da Lei 11; 101/2005, o que, porém, não teria o condão de liberar o devedor da obrigação de cumprir a convenção de arbitragem e se submeter à arbitragem. Em conferência realizada no Rio de Janeiro em 20.06.2006, o juiz Luiz Roberto Ayoub sustentou que o juízo da recuperação conservaria competência absoluta para temas como o processamento da recuperação judicial, mas impasses específicos durante o procedimento (tais como as discussões entre os credores e a elaboração do plano de recuperação) poderiam ser resolvidos por arbitragem". CRIPPA, Carla de Vasconcellos – Recuperação Juidcial, Falência e Arbitragem – Revista de Arbitragem e mediação, vol. 29, p. 183, Abril 2011.

ser demandado em procedimento de arbitral; (b) se há algum prejuízo ao direito de instaurar uma arbitragem contra credores neste estado.

A resposta para primeira questão dispensa grandes explicações. Considerando que não há prejuízo à capacidade do devedor em recuperação judicial contratar arbitragem, é óbvio que inexiste prejuízo a sua capacidade processual.

A resposta da segunda indagação, contudo, é um pouco mais trabalhosa.

No § 1º do art. 6º da LRF está escrito que não serão suspensas pelo processamento da recuperação judicial ou pela decretação de falência às ações que versarem sobre valores ilíquidos.

Nesse sentido, caberia saber se por valores ilíquidos a lei compreende (a) todas as ações de conhecimento ou (b) aquelas demandas que versarem sobre prejuízos ilíquidos (danos morais, lucros cessantes, indenização por perda de uma chance). A doutrina apresenta um posicionamento interessante sobre essa questão.

De acordo com Manoel Justino Bezerra Filho[7] e Fabio Ulhoa Coelho[8], valores ilíquidos seria todo tipo de pretensão que precisa ser confirmada por ação de conhecimento. Pedro Batista Martins, corroborando com concepção desses doutrinadores, afirma que a arbitragem é "instituto que visa solucionar disputa, disputa essa de cunho ilíquido e controvertido. Não se presta, ou ao menos não se deveria prestar, a solucionar questões passíveis de execução forçada"[9].

Portanto, na visão dos 3 doutrinadores, o procedimento arbitral não poderá ser suspenso pela decisão de processamento da recuperação judicial e ou pela decretação de falência, dado que a arbitragem seria, por excelência, método de resolução de disputas de cunho ilíquidos.

Não obstante ser inegável o brilhantismo dos doutrinadores acima, ousa-se dissentir do posicionamento por eles adotado. Para nós, o legislador não utilizou a expressão valores ilíquidos como substitutivo de "processo de conhecimento".

Embora boa parte das ações de conhecimento possuem em si mesmas uma natureza liquidatória, nem todas assim o são. Apesar da maior parte das ações de co-

---

7 "Este parágrafo [referindo-se ao §1º do Art. 6º da Lei 11.101/2005] tem acentuada aplicação na prática, pois há necessidade de prosseguimento do processo, para que a sentença determine qual o valor, ou a coisa, ou a prestação, ou a abstenção, a que o autor tem direito, contra o devedor falido ou em recuperação". BEZERRA FILHO, Manoel Justino. Lei de Recuperação de Empresas e Falências. 5ª Ed. São Paulo: Editora Revista dos Tribunais. 2008, p. 67.

8 "As ações de conhecimento contra o devedor falido ou em recuperação não se suspendem pela sobrevinda da falência ou do processo visando o benefício. Não são execuções e, ademais, o legislador reservou a elas um dispositivo específico preceituando o prosseguimento (§1º)". ULHOA, Fabio Coelho – Comentários à Lei de Falências e de Recuperação de Empresa. 5ª Ed. São Paulo. Editora Saraiva, 2008, p. 39.

9 MARTINS, Pedro A. Batista. O poder judiciário e a arbitragem. Quatro anos da Lei 9.307/96(2ª Parte). Revista de Direito Bancário, do Mercado de Capitais e da Arbitragem 10/338, São Paulo: Ed. RT, abr.-jun.2000.

nhecimento terem o objetivo de liquidar determinada pretensão, como, por exemplo, são as ações indenizatórias por dano moral, nem toda a ação de conhecimento possui essa natureza.

Uma ótima ilustração do que aqui se alega é o processo monitório, procedimento especial por meio do qual se empresta o atributo da eficácia a um direito líquido e certo que, não obstante, é desprovido de executoriedade. Há ações de conhecimento em que se discute o pagamento de valores líquidos e incontroversos (v.g. a ação de cobrança de uma cláusula penal e/ou de uma multa contratual).

É por esse motivo que não podemos nos filiar a posição de que toda ação de conhecimento envolve, de fato, uma disputa de valores ilíquidos, conforme disposto na §1º do Artigo 6º da LRF. Adota-se o presente posicionamento não por preciosismo ou tecnicalidade, mas também por sua utilidade prática.

Há enorme interesse em se suspender a tramitação de uma arbitragem onde se discute a incidência de um multa contratual e/ou cláusula penal. Isto porque, se o crédito discutido na arbitragem for sujeito aos efeitos da recuperação judicial, ou seja, se ele for concursal, nos termos do art. 49 da LFR, a suspensão do procedimento arbitral é uma prudência, em razão da probabilidade daquela pretensão de cobrança movida no processo arbitral poder ser novado pelo sucesso do processo de recuperação. Ora, s.m.j o comando constitucional da economia processual também se estende aos processos arbitrais.

Portanto, nas hipóteses em que a arbitragem versar a cobrança de direito líquido e certo de crédito sujeito a recuperação, nos termos do art. 49 da LRF, o procedimento arbitral deve ser suspenso nos termo do art. 6º da LRF.

Feita essa exposição referente aos aspectos subjetivos da recuperação judicial, avança-se agora para a análise dos aspectos subjetivos da falência.

1.2. Aspectos subjetivos da arbitragem envolvendo parte falida

Diferentemente do que ocorre com o devedor em recuperação judicial, o qual conserva os seus poderes de gestão sobre a sua atividade, na falência o empresário os perde por inteiro[10] (LFR, art. 102 e 103[11]). Além disso, todos os seus bens são arreca-

10 CF. COELHO, Fabio Ulhôa. Comentários à Nova Lei de Falências e de Recuperação de Empresas *(Lei nº 11.101, de 9-2-2005)*. 4ª Edição. São Paulo: Saraiva, 2007. p. 237. Essa consequência da falência era também observada no antigo regime falimentar. Nesse sentido, cf. REQUIÃO, Rubens. Curso de direito falimentar. São Paulo: Saraiva, 1975. v. 1, p. 140.

11 Lei de Falência, Art. 102. O falido fica inabilitado para exercer qualquer atividade empresarial a partir da decretação da falência e até a sentença que extingue suas obrigações, respeitado o disposto no § 1º do art. 181 desta Lei.
Parágrafo único. Findo o período de inabilitação, o falido poderá requerer ao juiz da falência que proceda à respectiva anotação em seu registro.
Art. 103. Desde a decretação da falência ou do sequestro, o devedor perde o direito de administrar os seus bens ou deles dispor.

dados para compor a massa falida e deverão ser entregues ao administrador judicial (LFR, art. 104, V).

Ademais, é importantíssimo destacar que na falência o administrador judicial substitui integralmente o devedor na gestão de suas atividades, tornando-se o responsável pela administração da massa falida (LFR, art. 22, I e III).

Verifica-se que no caso da falência o devedor perde a capacidade de disposição sobre os seus bens. Nesse sentido, é evidente o devedor falido não pode celebrar uma convenção de arbitragem após a quebra.

Todavia, será que a quebra prejudica os compromissos firmados anteriormente?

Bem, se à época em que foi avençada a convenção de arbitragem a parte que a celebrou poderia fazê-lo, então esta convenção é ato jurídico perfeito, não havendo qualquer prejuízo pela perda superveniente da possibilidade do agente que o praticou. Esse é o posicionamento do STJ[12] e do Tribunal de São Paulo[13].

O professor Arnoldo Wald faz as seguintes considerações sobre esses dois precedentes e sobre o tema em debate:

> A solução dada pelo STJ e pelo TJSP se coaduna com a do direito estrangeiro, que chega à mesma conclusão, conforme esclarece Philippe Fouchard, em artigo publicado em 1998 e em comentário à jurisprudência, que data de 2003, reconhecendo que a cláusula compromissória deve ser respeitada quando anterior à falência ou à liquidação extrajuidical.
>
> O eminente e saudoso professor enfatiza que a jurisprudência francesa tem admitido a arbitragem mesmo quando iniciada após a decretação da falência, desde que se limite a fixar o

Parágrafo único. O falido poderá, contudo, fiscalizar a administração da falência, requerer as providências necessárias para a conservação de seus direitos ou dos bens arrecadados e intervir nos processos em que a massa falida seja parte ou interessada, requerendo o que for de direito e interpondo os recursos cabíveis.

12 A posição do STJ mencionada foi empregada em um caso de intervenção judicial. No entanto, considerando-se as similitudes daquele instituto com a falência, afirma-se que as razões dispensadas naquele julgamento servem também para presente análise. "O primeiro aspecto a ser ressaltado é que a cláusula compromissória foi firmada pelas partes antes da decretação da liquidação extrajudicial da INTERCLÍNICAS, oportunidade em que esta detinha capacidade plena para contratar, tendo então optado por sujeitar à arbitragem a resolução de direitos patrimoniais disponíveis, concernentes à transferência de sua carteira de clientes. (...) não há, pois, dúvida alguma acerca da validade da cláusula compromissória na espécie. " STJ, Medida Cautelar MC nº 14.295/SP, Terceira Turma, Rel. Min. Nancy Andrighi, DJ. 09.06.2008.

13 "(...) mesmo considerando-se que no processo de falência há interesses da coletividade dos credores do devedor comum, não se entrevê qualquer impedimento ao cumprimento de convenção de arbitragem pactuada anteriormente à decretação da falência, em cláusula prevista no contrato firmado por pessoas jurídicas, regularmente constituídas e presentadas na forma de seus atos constitutivos, com plena capacidade negociai e tendo por objeto direitos patrimoniais disponíveis, conforme estabelece o artigo 1º , da Lei n° 9 307, de 1996" Cf. TJSP, Câmara Especial de Falências e Recuperações Judiciais, Agravo de Instrumento nº 531.020-4/3-00, Des. Rel. Manoel de Queiroz Pereira Calças, DJ 25/08/2008.

> montante de um crédito. Esclarece, a respeito, que: il existe de solides arguments pour permettre au tribunal arbitral de se prononcer, même dans ce sas, sur le montant de la créance, et notamment le respect de l'effet négatif de la compétence-compétence de l'arbitre(sur ce point, voir Paries, 13 février 2002 et Besancon; 4 juin 2002, préc.). En outre, le rapprochement des articles 47 et 48 (voire 49) de la loi de 1985 n'impose pas une telle interprétation (en ce sens, sentence CCI 9163 2001), infra p. 227. Et surtout, les articles 101 et 102 de la m~eme loi (partiellement remplacés, à ce jour, par les contester la compétence du juge-commissaire pour statuer sur le bien-fondé de celle-ci. C'est donc bien que le fond du litige (et l'établissement de la créance et de son montant) peut releve d'un autre juge que le juge de la failite. Ces dispotitions précisent m~eme que si le juge comissaire décline sa compétence, le créancier dispose d'un délai de deux mois pour saisir 'la juridiction compétenté, à peine de forclusion, et donc, sur le fondement de la clause compromissoire, engager, l'intance arbitrale (en ce sens, P. Ancel, Arbitrage et procédures collectives après la loi du 25 janvier 1985, Rev. Arb. 1987.127, spéc. 132; PH. Fouchard, art. préc., n. 40[14].

Contudo, essa explicação não é suficiente. Porque, afinal, não se aplicam as regras do direito falimentar, que facultam ao administrador descumprir determinado contrato, a arbitragem?

Em primeiro lugar, porque a cláusula compromissória é autônoma com relação ao contrato no qual está inserida, portanto, mesmo que o administrador judicial decidisse não cumprir determinado contrato, a cláusula compromissória permaneceria em vigor (LARB, art. 8º).

Em segundo lugar, porque a convenção de arbitragem produz efeitos imediatos a partir de sua celebração, sendo estes: o efeito negativo em relação a jurisdição estadual e o efeito positivo com relação a jurisdição arbitral[15]. Sobre esses dois efeitos, explica com maestria Carlos Augusto da Silveira Lobo:

> O efeito negativo repele a jurisdição estatal e impede o prosseguimento do processo judicial, determinando que o juiz decrete a sua extinção sem julgamento de mérito, sempre que se defrontar com uma convenção de arbitragem. O efeito positivo assegura a realização da arbitragem, ainda que se oponha ou se omita a parte recalcitrante e garante a eficácia da sentença arbitral, determinando que ela seja reconhecida como título executivo capaz de mobilizar o poder de coerção da Justiça estatal, para promover sua execução forçada, da mesma forma com que se executam as sentenças judiciais[16]

14 WALD, Arnoldo; FONSECA, Rodrigo Garcia da. "The Interclínicas Case: Brazil's Superior Court of Justice rules on the arbitrability of disputes involving bankruptcy companies and reaffirms the principle of kompetenz-kompetenz". IN: Expert Commentaries, LexisNexis-Research resolutions-Sept. 2008. p. 7.

15 ALVIM, J. E. Carreira. *Direito Arbitral.* 3ª ed. Rio de Janeiro: Forense, 2007 p. 114.

16 LOBO, Carlos Augusto da Silveira Uma introdução à Arbitragem Internacional. In ALMEIDA, Ricardo Ramalho (Coord.) *Arbitragem Interna e Internacional.* Rio de Janeiro: Renovar, 2003, p. 11-12.

Em terceiro, e de suma importância, pelo princípio do kompetz-kompetz, o qual outorga ao árbitro o direito de ser o primeiro a se pronunciar acerca da eficácia e validade da convenção de arbitragem (LARB, art. 8º § único[17]).

Neste diapasão, precisa é a lição de Pedro Batista Martins:

> A cláusula compromissória é autônoma; quer isso dizer que não se macula, não se impregna de qualquer desses possíveis vícios. Ela está acima do bem e do mal, ao menos em um primeiro momento, o da instituição da arbitragem, e que resulta da eficácia da cláusula compromissória. Para esse efeito, detém o árbitro a competência para dirimir sobre sua própria competência. Quem afirma isso é a lei. Queira ou não, está escrito na lei e, por isso, deve ser cumprido. (...) Aqui um parênteses: detém o árbitro competência para decidir sobre sua **jurisdição** e não, como vulgarmente tratado, competência para dirimir sobre sua **competência**. O rigor técnico assim impõe, pois a arbitragem afasta a jurisdição estatal e não a competência de um órgão do próprio poder judiciário. Trata-se de analisar qual das duas jurisdições – estatal ou arbitral – está legitimada a apreciar e julgar a controvérsia.[18]

Portanto, o estado de falência tem o poder de repelir a jurisdição arbitral[19], podendo, inclusive, a parte interessada em instaurar a arbitragem propor a medida processual prevista no artigo 7º da lei de arbitragem, para forçar a massa falida recalcitrante a se submeter ao procedimento arbitral.

Embora tenha sido afirmado que o devedor não pode celebrar convenção de arbitragem após a quebra, será que o administrador judicial poderia fazê-lo em nome da massa? E, ademais, pode o administrador representar a massa passivamente em um processo arbitral? As indagações serão respondidas na sequência em que foram formuladas.

Quanto a primeira indagação, é preciso entender que o administrador judicial, em que pese seja investido de poderes de gestão, ele não possui poderes de livre disposição sobre os bens da massa falida. A atuação do síndico é vinculada a satisfação dos melhores interesses do concurso de credores (Art. 83). Ao administrador compete o juízo de conveniência sobre como se dará a arrecadação dos ativos.

Portanto, em que pese a LRF não traga uma autorização expressa sobre a celebração de convenções de arbitragem após a quebra, ela, ao mesmo tempo, também não

---

17 Lei de Arbitragem, Art. 8º A cláusula compromissória é autônoma em relação ao contrato em que estiver inserta, de tal sorte que a nulidade deste não implica, necessariamente, a nulidade da cláusula compromissória.
Parágrafo único: Caberá ao árbitro decidir de ofício, ou por provocação das partes, as questões acerca da existência, validade e eficácia da convenção de arbitragem e do contrato que contenha a cláusula compromissória.

18 Op cit. MARTINS, 2008 p. 136 e 137.

19 Foi, inclusive no sentido desta fundamentação que foi decidido a, MC nº 14.295/SP, relatado pela Min. Nancy Andrighi, DJ. 09.06.2008 e o Agravo de Instrumento 531.020-4/3-00, Des. Rel. Manoel de Queiroz Pereira Calças, DJ 25.08.2008.

faz qualquer vedação nesse sentido. Assim, tomando-se por premissa a autorização genérica que a lei conferiu ao administrador judicial de gerenciar e liquidar os bens da massa falida, poder-se assumir que esse possui essa faculdade, contanto seja obtida autorização do juízo da recuperação do comitê e do Comitê de credores, caso haja.

Com relação a segunda indagação, a exegese do artigo 22, III, N da LRF[20], traz, ao nosso ver a expressa possibilidade do administrador representar a massa passivamente em uma arbitragem. A interpretação apresentada do art. 22 da lei de falências está em consonância com a jurisprudência do Tribunal de São Paulo[21] e com o magistério dos professores Beat Walter Rechsteiner[22] e Mauro Rodrigues Penteado[23].

Terminada as aplicações sobre os aspectos subjetivos que permeiam o estudo da arbitragem envolvendo partes em estado de recuperação judicial ou de falência, cumpre agora tratar dos aspectos objetivos.

2. Aspectos objetivos da arbitragem na recuperação judicial e na falência

Por aspectos objetivos da arbitragem quer-se dizer as matérias que podem ser submetidas à arbitragem ou, de outro modo, os litígios que podem ser resolvidos por arbitragem. A análise dos aspectos objetivos da arbitragem na falência e na recuperação judicial é, necessariamente, distinta, eis que, de ponto de vista objetivo, o estado de recuperação judicial e o estado de falência possuem características diferentes.

---

20 Art. 22: Ao administrador judicial compete, sob a fiscalização do juiz e do Comitê, além de outros deveres que esta Lei lhe impõe: (...) III – Na Falência (...) n representar a massa falida em juízo, contratando, se necessário, advogado, cujos honorários serão previamente ajustados e aprovados pelo Comitê de Credores.

21 "(...) não colhe a alegação de inaplicabilidade da Lei nº 9307/96 porque a superveniente decretação de quebra da embargante não impede o cumprimento da cláusula de arbitragem, cujo processo terá participação do administrador judicial" Cf. TJSP, Embargos declaratórios no agravo de instrumento nº 644204.4/01, 4ª Câmara de Direito Privado, Rel. Des. Maia da Cunha, DJE 26.02.2010.

22 "(...) ao administrador judicial, em princípio, está facultado iniciar, em nome da massa falida, procedimentos arbitrais, baseados em contratos firmados pelo falido ainda antes da decretação de sua falência, ou até depois, quando não serão mais firmados pelo falido, mas pelo administrador judicial, caso se tratar in casu de ação não regulada pela Lei n 11.101 de 9 de fevereiro de 2005 e quando a massa falida for parte demandante " Cf. RECHSTEINER, Beat Walter. "Efeitos jurídicos da decretação da falência e da concessão da recuperação judicial em relação à arbitragem no direito brasileiro". In: CARMONA, Carlos Alberto; LEMES, Selma Ferreira; MARTINS, Pedro Batista (Coor.). Arbitragem: estudos em homenagem ao Prof. Guido Fernando da Silva Soares. São Paulo: Atlas, 2007 p. 360.

23 "A suspensão do curso de ações e execuções individuais não alcança as demandas que versem sobre quantia ilíquida, que terão prosseguimento no juízo perante o qual estiverem sendo processadas. (...) na falência, prosseguem com o administrador judicial, que, para tanto, deverá ser intimado, sob pena de nulidade do processo (artigo 76, parágrafo único)" Cf. Penteado, Mauro Rodrigues; in Comentários à Lei de Recuperação de Empresas e Falência 2ª Ed SATIRO JR, Francisco e PITOMBO, Antônio Sérgio A. de Moraes; Editora: Revista dos Tribunais; 2ª p. 138.

Assim, enquanto que a questão da arbitrabilidade objetiva na recuperação judicial levanta pouco problemas, a situação na falência carece de uma análise mais detalhada. Por essa, este tema será analisado a seguir, em primeiro, no quadro da recuperação judicial e, em seguida, no âmbito da falência.

2.1. Aspectos objetivos da arbitragem na recuperação judicial

No estado de recuperação judicial, o devedor permanece com a posse e administração dos seus bens, embora, conforme já explicado, ele perca o poder de alienar bens que integram o ativo permanente da sua empresa. Como já explicado, a arbitragem não é um método de alienação ou oneração de bens, sendo este penas um método de resolução de disputas.

Seria um enorme contrasenso defender que haveria algum tipo de vedação, ou ressalva, à escolha deste método de resolução litígios em caso de recuperação judicial. Com efeito, se não há qualquer vedação legal a que o devedor, durante a recuperação judicial, resolva as suas disputas por via judicial, não há qualquer obstáculo a que tais disputas sejam solucionadas por arbitragem – conquanto, evidentemente, que estas sejam de cunho patrimonial e disponível.

Além disso, o juízo da recuperação judicial, embora seja investido de jurisdição universal, as suas características em muito se diferem daquelas observadas do juízo da falência. A vis atractiva na recuperação judicial existe apenas para concentrar os atos de constrição que possam recair sobre os bens do devedor recuperando, de modo a assegurar que o plano de recuperação judicial não tenha o seu cumprimento ameaçado por um credor não habilitado na recuperação. Nesse sentido, salienta-se que ações de conhecimento não são atraídas para o juízo da recuperação, salvo, evidentemente, as hipóteses em que haja conexão.

São diversas as decisões nesse sentido[24], havendo o STJ inclusive editado a Sumula 480 com este entendimento[25]. A título de exemplificação: "**o deferimento da recuperação judicial acarreta ao Juízo que a defere a competência para distribuir o patrimônio da massa aos credores conforme as regras concursais da lei falimentar**"[26].

Ora, a arbitragem não se presta à prática de atos expropriatórios, tanto que a execução da sentença arbitral é feita no judiciário.

24 (I) STJ – CC 114.540/SP, Rel. Ministra Nancy Andrighi, segunda seção, julgado em 24/08/2011, dje 31/08/2011, (II) cc 110941/sp, rel. Ministra Nancy Andrighi, segunda seção, dje 01/10/2010, (III) cc 114.952/sp, rel. Ministro Raul Araújo, segunda seção, julgado em 14/09/2011, dje 26/09/2011.

25 Súmula 480 do STJ: O juízo da recuperação judicial não é competente para decidir sobre a constrição de bens não abrangidos pelo plano de recuperação da empresa.

26 STJ – AgRg no CC 113.861/GO, Rel. Ministro Luis Felipe Salomão, segunda seção, julgado em 14/09/2011, DJe 11/10/2011.

Logo, não havendo um juízo universal na recuperação judicial para apreciar as ações de conhecimento, como o caso das demandas arbitrais, e não tendo o tribunal arbitral poderes para determinar a prática de atos de constrição, não há qualquer conflito, ou incompatibilidade, entre a função exercida pela jurisdição do juízo arbitral e do juízo recuperacional.

Dessa forma, verifica-se que o estado de recuperação judicial não acarreta uma indisponibilidade sobre o direito que se pretende submeter à arbitragem.

2.2. Aspectos objetivos da arbitragem na falência

Como dito acima, a análise da arbitrabilidade objetiva em disputas envolvendo parte falida é um pouco mais delicada, seja por conta da indisponibilidade que o estado de falência acarreta para sobre os bens e direitos do falido, mas também pela existência de um juízo universal, competente para julgar as demandas que envolvem a massa, cuja jurisdição, portanto, concorre com a jurisdição arbitral

Em que pese a indisponibilidade sobre os bens decorrente da falência não afete a validade ou eficácia da cláusula pactuada, conforme visto na parte tratou dos aspectos subjetivos da arbitragem, o mesmo não pode ser dito sobre a sua executoriedade. Afirma-se isso na exata medida em que a massa falida, embora esteja vinculada à jurisdição arbitral, a mesma não está, necessariamente, vinculada ao dever de pagaras custas daquele procedimento, pelo menos em um primeiro momento.

Embora a presente afirmativa possa parecer contraditória, a luz do direito falimentar, a presente afirmativa faz completo sentido.

Explica-se: arbitragem é uma jurisdição privada que não funciona sem o pagamento das custas processuais. Mesmo que na justiça estadual também seja necessário o pagamento de custas, sempre há a possibilidade de se requerer (e de se obter) a concessão de gratuidade de justiça[27], opção esta que não existe na arbitragem. Além disso, não se pode comparar a grandeza das despesas de um procedimento arbitral com o de um procedimento judicial tradicional.

Por essa razão, aqui entende-se que as custas do procedimento arbitral não podem ser compreendidas como àquelas despesas essenciais previstas no art. 150 da lei de falência[28].

---

27 Quanto a possibilidade de concessão de gratuidade de justiça a pessoas jurídicas em dificuldade, segue os precedentes do STJ: (i) AI 810.593-AgR-segundo, Rel. Min. Celso de Mello, julgamento em 20-9-2011, Segunda Turma, DJE de 4-10-2011; (ii) AI 726.444-AgR, Rel. Min. Joaquim Barbosa, julgamento em 8-9-2009, Segunda Turma, DJE de 16-10-2009; (iii) AI 646.251-AgR, Rel. Min. Ellen Gracie, julgamento em 23-6-2009, Segunda Turma, DJE de 7-8-2009; (iv) AI 716.294-ED, Rel. Min. Cezar Peluso, julgamento em 31-3-2009, Segunda Turma, DJE de 30-4-2009.

28 Lei de falência, Art. 150. As despesas cujo pagamento antecipado seja indispensável à administração da falência, inclusive na hipótese de continuação provisória das atividades previstas no inciso XI do caput do art. 99 desta Lei, serão pagas pelo administrador judicial com os recursos disponíveis em caixa.

Eis aí a grande problemática da questão, pois não sendo às custas da arbitragem despesas essenciais da massa falida, como justificar o seu desembolso imediato, nas hipóteses em que o administrador judicial seja contrário ao cumprimento da cláusula de arbitragem e, ainda, sabendo-se que na falência há um concurso de credores que devem ser pagos de acordo com a ordem de preferência prevista em lei?

Imaginemos a seguinte situação: em uma falência em que há uma série de credores trabalhistas, cujos pagamentos ainda estão pendentes de serem realizados, há um banco, credor quirografário, que havia celebrado contrato de financiamento com a massa antes da quebra, o qual previa arbitragem como método de resolução de disputas.

Neste exemplo, indaga-se: o pagamento adiantado das custas de uma arbitragem para apurar eventual crédito quirografário não representaria uma violação ao princípio do par conditio creditorum, mormente quanto há credores cuja lei atribuiu maior prioridade na ordem de pagamento (LFR, Art. 149[29])?

Um dos princípio do basilares da falência é o par condicio creditorum, sendo a aplicação do aludido princípio matéria cogente de ordem pública. Neste contexto, é óbvio que obrigações pactuadas por partes privadas – avenças sobre o pagamento das custas da arbitragem –, não podem se sobrepor a ordem de pagamentos idealizadas no processo falimentar.

Assim, prima faccie, não pode o administrador judicial autorizar o pagamento das custas de arbitragem, enquanto não forem pagas algumas despesas mais urgentes, na medida em que a indisponibilidade que recai sobre os bens do falido impõe ao administrador que promova a liquidação e o pagamento dos credores na forma prevista na Lei de falências, respeitando os termos do art. 83 e 84 da LFR, sendo, portanto, vinculada à sua atuação nesse sentido.

O pagamento das custas de arbitragem de forma adiantada só pode ser realizado caso o administrador judicial julgue que o cumprimento deste contrato, leia-se a participação no processo arbitral e do dispêndio dos seus custos, seja do interesse da massa – algo que, realisticamente, só vai ocorrer nos casos em que a Massa for autora da arbitragem e não ré.

Caso contrário, se o administrador judicial não julgar as custas arbitrais como essenciais, não há como obriga-lo a proceder o pagamento da câmara, sendo o alto custo da arbitragem um elemento problemático[30].

---

29 Lei de falência: Art. 149. Realizadas as restituições, pagos os créditos extraconcursais, na forma do art. 84 desta Lei, e consolidado o quadro-geral de credores, as importâncias recebidas com a realização do ativo serão destinadas ao pagamento dos credores, atendendo à classificação prevista no art. 83 desta Lei, respeitados os demais dispositivos desta Lei e as decisões judiciais que determinam reserva de importâncias.

30 TOLEDO, Paulo Fernando Campos Salles de; ABRÃO, Carlos Henrique (coords.) – *Comentários à lei de recuperação de empresas e falências*. 4ª ed. rev. e atual. São Paulo: Saraiva, 2010, p. 32.

Salienta-se que cabe ao administrador, na função de gestor dos bens da massa falida, decidir acerca da essencialidade das despesas da Massa. Note que a solução aqui apresentada, embora desagrade aos arbitralistas, está integralmente em consonância com aos termos do art. 126[31] da lei de falências.

Entretanto, o fato de a massa não estar obrigada a dispender despesas não essenciais, o que dependendo da discricionariedade do administrador judicial pode incluir às custas de arbitragem, não lhe imuniza de participar da arbitragem.

Nesse sentido, basta que a parte interessada em instaurar a arbitragem adiante às custas deste procedimento à massa e, em seguida, habilite os valores adiantados no processo de falência. Ressalte-se que as despesas adiantadas em benefício da massa falida é crédito extraconcursal, nos termos do art. 84, V da LFR.

Feitas essas considerações, adentra-se na análise do ponto final deste tópico, o qual disporá sobre a relação do juízo universal da falência com a jurisdição arbitral.

A competência do juízo universal na falência decorre do artigo 109, I, da Constituição da República Federativa do Brasil[32] c/c com o artigo 76 da lei de Falência[33]. O estado de falência exerce uma vis atractiva sobre todas as ações relacionadas ao devedor, de modo que o juízo de falência torna-se competente para conhecer praticamente todas as ações que envolvem a massa.

A ideia de um juízo universal decorre da necessidade de se centralizar todas as demandas que versarem sobre o devedor, pois através de um juízo universal é possível garantir o tratamento equitativo dos credores, em conformidade com os termos e ordem de preferência legais estabelecidos na Lei e, ao mesmo tempo, evitar que juízos profiram decisões conflitantes que possam comprometer a ordem de pagamentos previstas em lei.

Além disso, o artigo 76 da lei de falência que trata do juízo universal já traz as hipóteses que o excepcionam: as causas em que o autor figurar como autor e aquelas não reguladas nesta lei.

Tendo em vista os termos finais do artigo 76 da lei de falências, não se vislumbra uma incompatibilidade entre o juízo universal da falência e a juízo arbitral. Quanto

---

31 LEI DE FALÊNCIA: Art. 126. Nas relações patrimoniais não reguladas expressamente nesta Lei, o juiz decidirá o caso atendendo à unidade, à universalidade do concurso e à igualdade de tratamento dos credores, observado o disposto no art. 75 desta Lei.

32 Constituição: Art. 109. Aos juízes federais compete processar e julgar:
I – as causas em que a União, entidade autárquica ou empresa pública federal forem interessadas na condição de autoras, rés, assistentes ou oponentes, exceto as de falência, as de acidentes de trabalho e as sujeitas à Justiça Eleitoral e à Justiça do Trabalho.

33 Lei de Falência: Art. 76: O juízo da falência é indivisível e competente para conhecer todas as ações sobre bens, interesses e negócios do falido, ressalvadas as causas trabalhistas, fiscais e aquelas não reguladas nesta Lei em que o falido figurar como autor ou litisconsorte ativo.
Parágrafo único. Todas as ações, inclusive as excetuadas no caput deste artigo, terão prosseguimento com o administrador judicial, que deverá ser intimado para representar a massa falida, sob pena de nulidade do processo.

esse tema, um dos maiores estudiosos deste assunto, o desembargador aposentado do Tribunal de São Paulo, Donaldo Armelim, afirma categoriamente:

> O prosseguimento da arbitragem após a decretação da falência é análogo à continuidade do prosseguimento das reclamações trabalhistas perante a Justiça Laboral, com a consequente habilitação dos créditos nela reconhecidos, na execução, tal como determina o art. 76 da Lei de Quebras. A falência, nessa hipótese, não dispõe do condão de romper as balizas da competência da Justiça do Trabalho, constitucionalmente delimitada, mas indisputavelmente um tipo de competência absoluta em razão da matéria. Ora, se a distribuição da competência entre as várias justiças que integram o Poder Judiciário é suficiente para estancar a vis atractiva da falência, com maior razão a diversidade entre a jurisdição estatal e a arbitral será para esse fim[34].

Com isso, encerra-se o presente tópico e avança-se a parte derradeira deste trabalho referente às particularidades procedimentais da arbitragem com partes em recuperação judicial ou falência.

3. Questões particulares procedimentais da arbitragem na falência e na recuperação judicial

No derradeiro tópico deste estudo pretende-se tratar de alguns aspectos procedimentais particulares à arbitragem com partes falidas e/ou em recuperação judicial, sendo estes: (a) a habilitação do crédito proveniente de uma sentença arbitral, (b) a escolha da lei aplicável e, por fim, (c) o papel do ministério público.

3.1. A habilitação do crédito proveniente de uma sentença arbitral

O processo de falência e de recuperação judicial são marcados por uma fase comum de habilitação de crédito. Não obstante, a habilitação possui um significado diferente para cada um dos processos.

Na recuperação judicial, por exemplo, a habilitação é um mecanismo que foi criado para evitar que determinado crédito deixasse de ser contemplado no plano de recuperação judicial e, que ao mesmo tempo, visa garantir o direito de voto na reunião que decidirá pela aprovação ou recusa do plano de reestruturação. Percebe-se, portanto, que a habilitação de crédito na recuperação judicial possui um papel decisivo na concessão da mesma.

Já a habilitação de crédito na falência, consiste em um meio de garantir que determinado credor seja, eventualmente, pago no curso da liquidação judicial.

---

34 ARMELIN, Donaldo. *A Arbitragem, a Falência e a Liquidação Extrajudicial*. Revista de Arbitragem 13/16. São Paulo: Revista dos Tribunais, 2008 p. 16/29.

Os créditos provenientes da execução de uma sentença arbitral em face de devedores em falência e recuperação judicial, como todos os demais, também deverão ser, necessariamente, habilitados.

Embora também seja o árbitro juiz de fato e de direito, gozando este de ampla autonomia para decidir a lide e produzir uma sentença[35], a executoriedade das suas decisões encontra-se sujeito à jurisdição concursal.

Em outras palavras, não pode o laudo arbitral violar as regras vinculantes dos juízos universais, como o par conditio creditorum e a ordem de pagamento. Dessa forma, não pode o laudo arbitral decidir que incidirão juros após a quebra e ou após o processamento da recuperação judicial. Além disso, não pode o juízo arbitral decidir qual será a natureza do crédito dirimido na arbitragem.

Percebe-se, assim, que a habilitação de crédito nestes casos, funciona como um verdadeiro juízo de compatibilidade entre os termos do laudo arbitral, com as regras cogentes dos regime de insolvência, podendo o juiz da falência e da recuperação, inclusive, afastar as disposições da sentença arbitral que não estiverem em conformidade com a jurisdição concursal.

Nesse sentido, salutares são às disposições do acórdão do Agravo de Instrumento 531.020-4/3-00, relatado pelo Des. Manoel Pereira Calças:

> Impende, a final, examinar a quantia que deverá ser habilitada na falência, considerando-se que a agravante, com base na decisão da Câmara de Arbitragem pleiteou a inclusão do crédito no importe de R$ 1 604 389,17 (um milhão, seiscentos e quatro mil, trezentos e oitenta e nove reais e dezessete centavos), no qual incluiu correção monetária juros de 1% ao mês, taxas de administração e honorários de árbitro.
>
> No entanto, a atualização monetária só pode ser calculada até a data do decreto da falência, nos termos do artigo 9o , II, da Lei n° 11 101/2005.
>
> Os juros de mora também só podem ser exigidos até a data da sentença que decretou a quebra, consoante estabelece o artigo 124 do mesmo diploma legal.
>
> Em razão de tais limitações, sendo pacífico o entendimento que, nos créditos reconhecidos por outros Juízos que não o Juízo Universal/da Falência, como os créditos trabalhistas ou os créditos de demandas que versem sobre quantias ilíquidas, compete ao Juízo do Trabalho ou ao Juízo Cível estabelecer a atualização monetária e a taxa de juros, devidos apenas até a data do decreto da falência, eis que, a partir de então, o tema insere-se na competência do Juízo da Falência.
>
> Será, pois, provido, em parte, o agravo para ser reformada a decisão recorrida e deferir a Impugnação apresentada pela agravante, a fim de determinar a habilitação do crédito decorrente da sentença proferida pela Câmara de Mediação e Arbitragem do Instituto de Engenharia, devendo, no entanto, ser feita a liquidação por cálculo do contador, considerando-se o valor arbitrado, mas, limitada a atualização monetária e os juros de mora até a data da sentença que decretou a falência da agravada, isto é, 14 de junho de 2005.

---

35 Lei Nº 9.307/96, art. 22. Poderá o árbitro ou o tribunal arbitral tomar o depoimento das partes, ouvir testemunhas e determinar a realização de perícias ou outras provas que julgar necessárias, mediante requerimento das partes ou de ofício.

Ainda neste tópico, uma outra questão interessante a ser tratada, diz respeito a possibilidade de se fazer pedido de reserva de crédito será dirimido em arbitragem.

Para nós, os árbitros, da mesma forma como os demais juízos, podem deferir o pedido de reserva, nos termos do §3º do Art. 6º da Lei de Falência[36], oficiando aos juízos universais acerca da necessidade de provisionar o pagamento do crédito a ser liquidado no curso do procedimento arbitral.

3.2. A escolha da lei aplicável

Além da celeridade, técnica e sigilo, outro fato exaltado pela doutrina na arbitragem, em detrimento à atuação do Poder Judiciário comum, consiste na liberdade que esta oferece às partes convencionarem não só (i) as leis aplicáveis à disputa, como também (ii) a escolha daqueles que irão julgar o litígio.

A possibilidade das partes elegerem a lei aplicável a arbitragem encontra-se no artigo 2º e seus parágrafos[37], aos dispor que a arbitragem poderá ser "de direito" ou "por equidade"[38]. Quanto ao referido dispositivo, tece as seguintes considerações o Prof. Carlos Alberto Carmona:

> Resta claro que as partes podem escolher a via arbitral não apenas para evitar a solução judicial dos conflitos, mas espacialmente para poderem selecionar a lei material aplicável na eventualidade de litígio, o que é especialmente importante no campo do comércio internacional.[...] Avulta assim a importância da concessão feita pela Lei de Arbitragem, que aumenta consideravelmente o campo de incidência da vontade das partes e permite maior segurança nas contratações, já que a escolha prévia da lei aplicável não submeterá os litigantes aos azares dos mais diversos mecanismos decorrentes de sistemas de conflitos de leis[39].

---

36 Lei de Falências, art. 6º: A decretação da falência ou o deferimento do processamento da recuperação judicial suspende o curso da prescrição e de todas as ações e execuções em face do devedor, inclusive aquelas dos credores particulares do sócio solidário (...)§ 3º O juiz competente para as ações referidas nos §§ 1º e 2º deste artigo poderá determinar a reserva da importância que estimar devida na recuperação judicial ou na falência, e, uma vez reconhecido líquido o direito, será o crédito incluído na classe própria.

37 Lei de arbitragem, Art. 2: A arbitragem poderá ser de direito ou de equidade, a critério das partes.
§ 1º Poderão as partes escolher, livremente, as regras de direito que serão aplicadas na arbitragem, desde que não haja violação aos bons costumes e à ordem pública.
§ 2º Poderão, também, as partes convencionar que a arbitragem se realize com base nos princípios gerais de direito, nos usos e costumes e nas regras internacionais de comércio.
§ 3º A arbitragem que envolva a administração pública será sempre de direito e respeitará o princípio da publicidade.

38 Julgamento por equidade é aquele em que é pautado no livre sentimento dos árbitros, não estando vinculado a nenhum tipo de sistema jurídico legal para consubstanciar a opinião.

39 CARMONA, op cit. p. 65.

Normalmente, a eleição das partes quanto às leis materialmente aplicáveis ao deslinde da disputa são referidas como leis substantivas do ordenamento jurídico de determinado país, contudo, pode ocorrer das partes convencionarem eleger a equidade como forma de dirimir a disputa.

Não obstante, seria possível habilitar o crédito de uma decisão de uma arbitragem decidida por equidade?

A resposta para a presente pergunta, parece ser positiva, contanto que a decisão por arbitragem não contrarie às leis cogentes do direito concursal aplicável aos empresários em regime de falência ou recuperação judicial – lembrando que o controle quanto a possibilidade de habilitação daquele crédito é do juízo da habilitação.

Todavia, tendo em vista as diversas disposições de ordem pública particulares aos regimes concursais e, ainda, o dever inato dos árbitros de proferirem um laudo arbitral executável[40], por uma questão de prudência, nosso alvitre é que sejam evitadas as arbitragens por equidade envolvendo partes em estado de falência e/ou recuperação, a fim de evitar conflitos no momento de habilitação do laudo arbitral nos juízos de falência ou da recuperação judicial.

Portanto, embora a eleição da contratação de uma arbitragem por equidade seja possível, sugere-se sejam respeitados, extensivamente, os termos do §3º do art. 2º da lei de arbitragem, que versa sobre as arbitragens envolvendo entes públicos.

3.3. A atuação do ministério público nos processos que envolvem partes em estado de falência e recuperação judicial

A última questão a ser tratada deste estudo é a atuação do Ministério Público nos processos arbitrais que envolvem partes no estado de falência e recuperação judicial. Muito embora seja comum a participação do Ministério Público nos processos concursais falimentares, especialmente nas falências, a sua intervenção não é obrigatória.

Na realidade, à época em que a tramitou no congresso nacional a lei 11.101/2005, idealizou-se no artigo 4º a ideia de tornar obrigatória participação do ministério público em todas as demandas em que figurasse a massa falida. Ocorre, porém, que o referido artigo foi vetado.

Nesse sentido, transcreve-se a redação idealizada para o vetado art. 4º da lei de falência, subsequente às razões do seu veto:

---

40 Quanto ao dever de se produzir um laudo arbitral executável, cf. REDFERN, Alan; HUNTER, Martin *et al. Law and practice of international commercial arbitration*. 4ª ed. London: Sweet & Maxwell, 2004, cap 10 : 06 e GÜNTHER, J. Horvath, *'The Duty of the Tribunal to Render an Enforceable Award'* (2001) 18 Journal of International Arbitration, Issue 2, 2011 pp. 135-158.

LEI DE FALÊNCIAS:

Art 4°. O representante do Ministério Público intervirá nos processos de recuperação judicial e de falência.

Parágrafo único. Além das disposições previstas nesta Lei, o representante do Ministério Público intervirá em toda ação proposta pela massa falida ou contra esta."

RAZÕES DO VETO: O dispositivo reproduz a atual Lei de Falências – Decreto-Lei 7.661, de 21 de junho de 1945, que obriga a intervenção do parquet não apenas no processo falimentar, mas também em todas as ações que envolvam a massa falida, ainda que irrelevantes, e.g. execuções fiscais, ações de cobrança, mesmo as de pequeno valor, reclamatórias trabalhistas etc., sobrecarregando a instituição e reduzindo sua importância institucional. Importante ressaltar que no autógrafo da nova Lei de Falências enviado ao presidente da República são previstas hipóteses, absolutamente razoáveis, de intervenção obrigatória do Ministério Público, além daquelas de natureza penal".[41]

A participação do Ministério Público em procedimentos de falência e recuperação judicial deverá ocorrer apenas quando houver casos de indissociável interesse público que envolvam a massa falida, o que ocorre apenas em hipóteses excepcionais[42].

Nesse sentido, importantes são as colocações do Min. José de Castro Meira, do Prof. Donaldo Armelim e do Des. Manoel Pereira Calças no Instrumento 531.020-4/3-00, respectivamente:

MIN. JOSÉ DE CASTRO MEIRA: (...) se o interesse público primário, via de regra, está presente em todos os processos de falência, tornando indispensável a atuação do representante do Ministério Público, o mesmo não se pode dizer de todas as demais ações em que figurar a massa falida, seja como autora, seja como ré, porquanto, em boa parte das vezes, apenas se discutirão meros interesses econômicos dos credores(..)[43]

DONALDO ARMELIM: Esta conclusão não se altera pela circunstância de ter o ministério público uma atividade fiscalizadora na tela falimentar, estando, pois, legitimado a ajuizar as ações cabíveis na defesa dos direitos e interesses da massa falida, mas não para ingressar com em arbitragem para monitorar ou nela atuar como custos legis. Caber-lhe-á, se admissível for, postular o reconhecimento de invalidade da decisão arbitral que se encarta em uma das hipóteses previstas no artigo 32 da Lei n.º 9.307/96.[44]

DES. MANOEL PEREIRA CALÇAS: Fundamenta-se a decisão recorrida ainda na indispensabilidade da intimação do Ministério Público para acompanhar o procedimento da arbitragem Mais uma vez, equivoca-se o douto sentenciante. Isto porque, ao contrário da previsão do artigo

41 Cf. BUSHATSKY, Daniel – Administrador judicial deve assumir arbitragem. Disponível em < http://www.conjur.com.br/2011-jun-23/administrador-judicial-assumir-arbitragem-antes-falencia#_ftn9_8562. >acesso em 10/08/2015.

42 FONTES, Marcos Rolim Fernandes; CHOHFI, Rodrigo Mauro Dias; Morelli, Daniel Nobre; Arbitragem e Falência. Memoriais no AgIn 531.020.4/3; Caso Jackson Empreendimentos ltda. x Massa Falida de Diagrama Construtora Ltda.; in Revista de Arbitragem e Mediação vol. 28. Revista dos Tribunais 2012; p. 358-361.

43 Ver. STJ, EDcl no REsp nº 235.679 – SP, Rel. Min. Castro Meira, 2º Turma, DJ 08/05/2007

44 Op cit, ARMELIM – 16-29.

> 210 do revogado Decreto-lei n° 7 661/45, que determinava a oitiva do representante do Ministério Público em todas as ações propostas pela massa ou contra ela, o veto ao artigo 4o da Lei n° 11 101/2005, cuja redação era similar à do antigo artigo 310 afasta a determinação de participação do representante do "Parquet" em todas as ações em que a massa falida seja autora ou requerida Apenas quando o juiz constatar que há algum interesse público ou da atividade empresarial em geral é que deverá intimar o Ministério Público para se manifestar nos processos de falência, recuperação judicial ou causas conexas a eles Se não há exigência da participação obrigatória do Ministério Público em todas as ações judiciais em que a massa falida for autora ou requerida, da mesma forma, não é indispensável, nem cabível, a participação da referida Instituição nos procedimentos de arbitragem em que uma das partes seja a massa falida[45].

Não sendo a intervenção do ministério público obrigatória, não há o que se falar em sua intervenção mandatória em todas as arbitragens que envolvam partes em recuperação judicial ou em estado de falência.

Além disso, qualquer irregularidade que o Ministério Publico vislumbrar na sentença arbitral que eventualmente for levada para habilitação no processo de falência e de recuperação judicial, poderá essa ser atacada por meio da ação de nulidade arbitral, dada a legitimidade inequívoca do parque manejar este medida em prol do interesse público.

Feitas essas considerações, avança-se a conclusão deste trabalho.

Conclusão

O presente trabalho teve por escopo verificar a compatibilidade entre a ocorrência de arbitragem com partes envolvidas em processos de falência e recuperação judicial. Ao término desta exposição, percebe-se a que a interação entre esses institutos é possível.

Afirma-se isso na medida em que no caso da recuperação judicial, não há perda da capacidade do empresário e muito menos há indisponibilidades sobre os seus direitos com o advento da recuperação, portanto não se vislumbra qualquer prejudicialidade quanto à arbitrabilidade neste caso.

No caso da falência, muito embora haja indisponibilidade sobre os direitos da massa, bem como a perda da capacidade do devedor, verificou-se a cláusula pactuada antes da quebra permanece válida e que, ainda, o administrador judicial poderá celebrar convenção de arbitragem após a quebra, contanto obtenha autorização judicial nesse sentido.

A criação de um juízo universal a partir dos estados de falência e recuperação judicial não é incompatível com o juízo arbitral, devendo, inclusive, a autoridade deste último ser mantida.

---

45 Câmara Especial de Falências e Recuperações Judiciais do TJSP – Agravo de Instrumento 531.020-4/3-00, Des. Rel. Manoel de Queiroz Pereira Calças, DJ 25/08/2008.

As arbitragens, via de regra, não deverão ser suspensas pela decretação superveniente de falência ou processamento da recuperação judicial, tendo em vista que a maioria destes procedimentos são ações de conhecimento, que versam sobre o pagamento de valores ilíquidos.

Não obstante, aqui se defendeu que deverão ser suspensas todas as arbitragens, que versarem sobre o pagamento de quantias certas e líquidas (como o exemplo das cláusulas penais), em que pese serem ações de conhecimento.

A jurisdição do juízo arbitral, a qual tem início a partir da celebração da convenção de arbitral, vincula às partes, tanto na falência, quanto na recuperação judicial. Ademais, em respeito ao princípio do kompetenz-kompetenz, caberá ao árbitro declarar se pronunciar sobre a arbitrabilidade da disputa.

Além disso, não se aplica a cláusula compromissória às disposições do art. 117 da lei de falência referente aos contratos bilaterais, tendo em vista a sua autonomia. Muito embora às partes em estado de falência ou recuperação judicial estejam vinculadas a jurisdição do juízo arbitral em si, estas não se encontram vinculados a cláusula acessória de pagamento das custas deste tribunal arbitragem, tendo em vista que a criação do um concurso de credores pode priorizar o pagamento de crédito mais urgentes do que aqueles que serão dirimidos na arbitragem.

Cabe ao administrador judicial na falência decidir pela essencialidade das despesas a serem honradas. A solução para este tipo de impasse é que a parte interessada na instauração da arbitragem adiante as custas e habilite esse valor no juízo universal.

As laudos arbitrais deverão ser habilitados nos respectivos juízos de falência ou recuperação, não podendo os mesmos conterem disposições que contrariem às normas cogentes dos juízos universais. Compete aos juízos concursais proceder com o controle de legalidade das disposições dos laudos arbitrais que se mostrarem incompatíveis com os regimes concursais.

É possível a realização de arbitragem por equidade com partes em estado de falência e recuperação, embora não recomendável, tendo em vista o grave risco da decisão eventualmente proferida conflitar com alguma norma cogente dos juízos universais falimentares.

Por fim, a intervenção do ministério público não é obrigatória nos procedimentos de falência e recuperação, não sendo a mesma uma ameaça ao prosseguimento da arbitragem.

Referências bibliográficas

ARMELIN, Donaldo. A Arbitragem, a Falência e a Liquidação Extrajudicial. Revista de Arbitragem 13/16. São Paulo: Revista dos Tribunais, 2008 p. 16/29

BEZERRA FILHO, Manoel Justino- Lei de Recuperação de Empresas e Falências. 5a Ed. São Paulo: Editora Revista dos Tribunais. 2008. Cit.p.67.

CARMONA, Carlos Alberto; Arbitragem e Processo – Um comentário à Lei nº. 9.307/96; 3ª Edição; Editora: Atlas; p. 38/39.

CARMONA, Carlos Alberto; LEMES, Selma Ferreira; MARTINS, Pedro Batista (Coor.). Arbitragem: estudos em homenagem ao Prof. Guido Fernando da Silva Soares. São Paulo: Atlas, 2007 p. 360.

COELHO, Fabio Ulhôa. Comentários à Nova Lei de Falências e de Recuperação de Empresas (Lei n. 11.101, de 9-2-2005). 4ª Edição. São Paulo: Saraiva, 2007, p. 237.

CRIPPA, Carla de Vasconcellos – Recuperação Judicial, Falência e Arbitragem – Revista de Arbitragem e mediação, vol. 29, Abril 2011, p. 183.

GAILLARD, Emmanuel; SAVAGE, John et al –International commercial arbitration The Hague; Boston; London; Editora Kluwer Law International, 1998, p. 312.

MARTINS, Pedro A. Batista. Apontamentos Sobre a Lei de Arbitragem. Rio de Janeiro: Forense, 2008, p. 03

______. O poder judiciário e a arbitragem. Quatro anos da Lei 9.307/96(2ª Parte). Revista de Direito Bancário, do Mercado de Capitais e da Arbitragem 10/338, São Paulo: Ed. RT, abr.-jun.2000.

RECHSTEINER, Beat Walter. Efeitos jurídicos da decretação da falência e da concessão da recuperação judicial em relação à arbitragem no direito brasileiro.

REDFERN, Alan; HUNTER, Martin et al. Law and practice of international commercial arbitration. 4ª ed. London: Sweet & Maxwell, 2004. p. 33.

TOLEDO, Paulo Fernando Campos Salles de; ABRÃO, Carlos Henrique (coords.) – Comentários à lei de recuperação de empresas e falências. 4ª ed. rev. e atual. São Paulo: Saraiva, 2010, p. 32.

Fraude à Execução e Processo Arbitral: Instrumentos de Proteção Efetiva do Credor

Natália Cristina Castro Santos

1. Considerações iniciais

Há muito se tem observado na ordem processual global uma tendência de busca por alternativas ao sistema de justiça pública, monopolizado pelo Estado, como meio para a superação de questões sensíveis como a lentidão, inefetividade processual e a pacificação definitiva do conflito.

Tais mecanismos ganham relevo na jurisdição contemporânea, onde para além da satisfação da pretensão resistida tem-se a pacificação do conflito como elemento essencial[1], de modo que se difundem por meio do sistema legislativo proposições intencionadas a transformar uma cultura do litígio, típica de países ocidentais, como se vê no Brasil, em uma cultura de pacificação[2].

A arbitragem, técnica de resolução de controvérsias mediante a qual os conflitantes buscam em uma terceira pessoa de sua confiança a solução amigável e imparcial do litígio[3], ganhou relevo internacionalmente, sendo muito bem recebida no âmbito dos conflitos empresariais. Acredita-se que a origem da arbitragem como modelo de resolução de controvérsias tenha se dado na Europa, utilizada principalmente por mercadores que desejavam resolver suas querelas comerciais de modo mais ágil e profundo, elegendo entre os seus pares julgadores para as suas demandas.

Possibilitando mais celeridade ao julgamento e diante da possibilidade de ter a contenda cindida por pessoas de interesses afins e com expertise na área discutido, a ideia embrionária do instituto foi se desenvolvendo e ganhando espaço na área comercial internacional, de modo que atualmente quase todos os países possuem alguma regulação nesse sentido[4].

1 PINHO, Humberto Dalla Bernardina de. *Jurisdição e pacificação: limites e possibilidades do uso dos meios consensuais de resolução de conflitos na tutela dos direitos transindividuais e pluri-individuais*. Curitiba: CRV, 2017. p. 256.

2 WATANABE, Kazuo. *Cultura da sentença e cultura da pacificação. In:* YARSHELL, Flávio Luiz; MORAES, Maurício Zanoide de (org.). Estudos em homenagem à Professora Ada Pellegrini Grinover. São Paulo: DPJ Editora, 2005. p. 690.

3 DIDIER JR, Fredie. *Curso de direito processual civil*. 18ª ed, ver, atual e ampl. Salvador: JusPodivm, 2016. p. 171.

4 Destaque para a Convenção de Nova Iorque de 1958, também conhecida como Convenção da ONU sobre o Reconhecimento e Execução das Decisões Arbitrais Estrangeiras, ratificada por mais de 130 países, incluindo o Brasil, e caracterizando-se como o acordo multilateral de maior importância no âmbito do direito arbitral internacional. Vide Decreto nº 4.311, de 23 de julho de 2002.

As vantagens do procedimento arbitral na seara empresarial são muitas, porém há também limitações, algumas atinentes à própria natureza do procedimento, outras decorrentes da legislação regulamentar de cada país.

No Brasil a arbitragem foi regulamentada pela Lei nº. 9.307/96, modificada pela Lei nº. 13.129/15, sendo certo que o país tem experimentado um crescimento constante do uso deste método de resolução de controvérsias, porém ainda há zonas nebulosas e discutíveis quando o assunto é a efetividade do procedimento e a possibilidade de execução da sentença arbitral, promovendo a satisfação do credor e a concretização da justiça.

Enquanto no processo de justiça pública há instrumentos processuais como a fraude à execução, com o fim de coibir a prática de atos fraudulentos pelo devedor capazes de levá-lo à insolvência e, via de consequência, à inefetividade do procedimento, na arbitragem restam dúvidas sobre a existência de meios de proteção do credor e formas de assegurar a boa-fé no procedimento arbitral.

Diante dos inúmeros questionamentos que o tema desperta, destaca-se a confidencialidade como característica quase que inerente ao procedimento arbitral e possível obstáculo a efetividade do processo. O sigilo, muitas vezes convencionado em razão de interesses das partes, outras em razão da lei ou dos regulamentos das Câmaras arbitrais, é um atrativo aos conflitos empresariais, pois respeita o segredo dos negócios e da discussão em si, todavia, características a princípio encaradas como positivas, podem apresentar impactos negativos nas formas de proteção do credor, como ora se pretende demonstrar.

Nesse ínterim, o presente estudo busca avaliar a compatibilização do princípio da confidencialidade à efetividade do procedimento arbitral, considerando a possibilidade de aplicação do instituto da fraude à execução como meio de proteção dos interesses do credor, na tentativa modesta de lançar luzes sobre os meios disponíveis de tutela do credor.

2. A confidencialidade na arbitragem

A confidencialidade na arbitragem não é tratada de modo homogêneo em nenhum de seus aspectos, possuindo diferentes limites diante da lei e dos diversos regulamentos das instituições arbitrais nacionais e internacionais. Contudo, a confidencialidade é reconhecida internacionalmente como uma das qualidades do procedimento arbitral[5].

Por definição, constitui-se no dever dos sujeitos da arbitragem de guardar sigilo sobre as informações que tiveram acesso por participarem do procedimento, informações estas que vão desde a existência da arbitragem, passando por documentos e provas produzidas, até as decisões nela proferidas. Em se tratando de um dever é

5 FICHTNER, José Antônio; MANHEIMER, Sergio Nelson; MONTEIRO, André Luiz. *A confidencialidade na arbitragem: regra geral e exceções*. Revista de Direito Privado. vol. 49/2012, p. 227-285.

imperioso discutir a fonte da dita obrigação na arbitragem brasileira, uma vez que no direito pátrio as obrigações decorrem apenas da lei ou do pacto entre as partes.

O art. 13, §6º, da Lei de Arbitragem impõe aos árbitros o dever de "discrição", entendido pelos doutrinadores brasileiros, como o fundamento da legal da confidencialidade do árbitro. Comentando o artigo, CARMONA argumenta que o ambiente da arbitragem é discreto, de modo que uma das principais vantagens da solução arbitral a garantia de um foro reservado às partes para as suas disputas, sendo imprescindível um comportamento comedido por parte do julgador.

> "É natural que o árbitro deva comportar-se de conformidade com o ambiente discreto em que atua, furtando-se a comentar os atos praticados durante o processo arbitral. Este comportamento discreto do árbitro é tão importante que podem as partes exigir dele verdadeiro segredo, de tal sorte que façam constar no compromisso arbitral obrigação de não fazer (ou seja, de não revelar os atos e fatos ligados à arbitragem). O árbitro que violar tal obrigação responderá por perdas e danos. Mas ainda que as partes não fixem expressamente o dever de segredo, espera-se do árbitro um comportamento sóbrio, no sentido de não fazer qualquer comentário sobre a causa que esteja (ou tenha estado) sob sua responsabilidade".[6]

O dever de confidencialidade estende-se também às instituições administradoras da arbitragem, que o fixam de modo específico em seus regulamentos internos. Nas principais câmaras arbitrais do Brasil a confidencialidade é tratada como regra absoluta, flexibilizada somente se convencionado expressamente pelas partes[7].

Todavia, não há na lei menção expressa ao dever de confidencialidade pelas partes, gerando divisão entre os doutrinadores brasileiros sobre o caráter inerente da confidencialidade e se incide implicitamente em qualquer processo arbitral.

José Emílio Nunes Pinto[8] defende a confidencialidade como elemento obrigatório da arbitragem, considerando que as partes que optam por resolver suas contendas desse modo, presumem o sigilo das operações e de seus resultados. De outro lado, autores como Selma Ferreira Sales[9], José Cretella Neto[10] e Carlos Alberto Carmona, argumentam que a ausência de norma legal específica revela a natureza convencional

---

6 CARMONA, Carlos Alberto. *Arbitragem e processo: um comentário à Lei n.º 9.307/96*. São Paulo: Atlas, 2006. p. 211.

7 A esse respeito veja-se: art. 14, do Regulamento da Câmara de Comércio Brasil-Canadá – CAM-C-CBC; art. 13.1, do Regulamento da Câmara de Mediação e Arbitragem Empresarial – Brasil – CAMARB; art. 46, da Câmara da Fundação Getúlio Vargas.

8 PINTO, José Emílio Nunes. *A confidencialidade na arbitragem*. Revista de Arbitragem e Mediação, São Paulo, nº 6, jul./set. 2005.

9 LEMES, Selma Ferreira. *Arbitragem na concessão de serviços públicos – arbitrabilidade objetiva. Confidencialidade ou publicidade processual?* Disponível em <http://selmalemes.adv.br/artigos/artigo_juri15.pdf>. Acesso em 03 jun 2018.

10 CRETELLA NETO, José. Doutrinas Essenciais Arbitragem e Mediação, vol. 1/2014, set/2014, p. 125/152.

da confidencialidade, sendo necessário que a convenção de arbitragem trate pontualmente dessa questão, de modo a fazer com que as partes se obriguem mutuamente a guardar sigilo sobre toda a discussão instaurada, documentos e provas produzidos e decisões proferidas no procedimento arbitral[11].

A preocupação com a confidencialidade arbitral justifica-se na medida em que o procedimento confidencial e sigiloso impede o conhecimento da questão litigiosa por terceiros, bem como de situações que possam afetar o patrimônio das partes, impedindo a cautela de terceiros que venham, eventualmente, a adquirir um bem reclamado ou dado em garantia na arbitragem.

3. Efetividade e fraude à execução

A compreensão da efetividade como garantia do processo justo remonta à máxima Chiovendiana de que "o processo deve dar, quanto for possível praticamente, a quem tem um direito, tudo aquilo e exatamente aquilo que ele tenha direito de conseguir"[12]. BARBOSA MOREIRA, considerando que a noção de efetividade suporta uma dose inevitável de fluidez, compreendeu como um dos aspectos da efetividade a necessidade de que o resultado do processo assegure à parte vitoriosa "o gozo pleno da específica utilidade a que faz jus segundo o ordenamento"[13].

O direito processual procura, então, disciplinar o exercício da jurisdição de forma a conferir o maior alcance prático e com os menores custos possíveis. Deve lançar mão de instrumentos que permitam às partes satisfazerem verdadeiramente os direitos que defendem contra a resistência de outrem.

Em se tratando de direitos patrimoniais disponíveis, objeto do processo arbitral, importa a discussão acerca das formas de efetivação desses direitos, na medida em que a jurisdição arbitral se desenvolve fundada na autonomia da vontade e na confiança entre as partes. Havendo quebra da confiança entre as partes a preocupação com a efetividade executiva do processo toma corpo.

No processo de justiça pública, após a citação/intimação do devedor no processo executivo lato sensu, compreendendo tanto a fase de cumprimento de sentença como as execuções autônomas, o devedor deve se abster de praticar atos de esvaziamento de seu patrimônio, uma vez que a alienação a terceiros é, presumidamente, de má-fé, configurando-se como atentatório à dignidade da justiça.

---

11 Em se tratando da aplicação da arbitragem envolvendo entes públicos o dever de confidencialidade assume contornos diversos, sendo obrigatória a publicidade no âmbito da Administração Pública.

12 CHIOVENDA, Giuseppe. Instituições de direito processual civil. Tradução de Paolo Capitanio. 2ª ed. Campinas: Bookseller, 2000. v. 1.

13 MOREIRA, José Carlos Barbosa. *Efetividade do processo e técnica processual.* Revista Forense, Rio de Janeiro, v. 329, 1995.

A alienação de bens pelo devedor na pendência de processo é combatida com contundência pelo legislador, pois coloca em risco a efetividade da tutela executiva, impossibilitando a pacificação efetiva do conflito e contrariando a tônica da atividade jurisdicional contemporânea.

> "Na hipótese de o executado dispor de algum bem na pendência do processo, como parece crucial, a fraude adquire superlativa gravidade. O eventual negócio dispositivo não agride somente o círculo potencial de credores. Entre em cena, a par desses interesses particulares, a própria efetividade da atividade jurisdicional do Estado. Os negócios jurídicos de disposição do devedor contemporâneos à litispendência caracterizam fraude contra a execução, recebendo conduta reprovável mais severa e imediata."[14]

A percepção da ocorrência da fraude é deveras grave, autorizando o magistrado a decretá-la incidentalmente e determinar a penhora da coisa alienada fraudulentamente ao terceiro, resguardando os interesses do credor. Os direitos do terceiro adquirente sobre a coisa são mitigados na medida em que para a configuração da fraude à execução é imprescindível, o consilium fraudis, elemento subjetivo da fraude à execução, figurando como o conluio entre o alienante e o adquirente para frustrar os interesses do credor. A torpeza do terceiro adquirente do bem alienado em fraude não encontra guarida no direito pátrio.

Em que pese a proteção dada ao credor na jurisdição estatal, o mesmo não se percebe na jurisdição arbitral marcada pela confidencialidade. Na arbitragem, sob pena de o esvaziamento patrimonial tornar-se nocivo ao resultado prático do método, é fundamental a discussão acerca dos limites da confidencialidade, com vistas a permitir ao credor dar conhecimento do processo e de decisões eventualmente nele proferidas para resguardar-se contra terceiros desinteressados que possam, de boa-fé, adquirir bens do devedor.

Isto porque o terceiro que intenciona adquirir um bem de outrem deve adotar a cautela necessária para a transação, requerendo certidões nos órgãos competentes, certidões de distribuição de feitos, certidões dos órgãos de proteção ao crédito e outros instrumentos capazes de demonstrar que o bem a ser adquirido encontra-se livre e desimpedido de ônus, sob pena de sofrer as consequências da configuração da fraude à execução.

Todavia, no procedimento arbitral não há, em princípio, qualquer comunicação aos cartórios, órgãos de proteção ao crédito ou banco de processos distribuídos, de modo que é plenamente possível ao terceiro de boa-fé adquirir bem que deveria satisfazer futura execução de sentença arbitral, uma vez que há obstáculos até mesmo ao conhecimento da existência da demanda arbitral.

---

14 ASSIS, Araken de. *Manual da Execução*. 18ª ed. rev. atual. e ampl. São Paulo: Revista dos Tribunais, 2016. P. 380-381.

Muito embora a arbitragem seja um procedimento que pressupõe um agir ético e leal, marcado pela confiança das partes entre si e no próprio procedimento que instituíram[15], razões diversas podem trazer certo nível de insegurança à alguma das partes envolvidas. A ausência de solução jurídica para o esvaziamento patrimonial do devedor torna-se extremamente penosa ao credor arbitral.

Com efeito, a proteção do credor contra fraudes à execução é um dos pontos sensíveis do procedimento arbitral, impondo a compreensão dos diversos momentos do procedimento e o saber se eventual divulgação da existência do procedimento arbitral e a publicação da sentença e demais decisões, infringem a regra da confidencialidade, ou ainda se a mitigação do dever de sigilo é possível para assegurar a efetividade da demanda.

4. Instrumentos de tutela do credor

Certos de que o esvaziamento patrimonial do devedor prejudica o resultado útil de qualquer processo, preocupa-se em sistematizar alguns instrumentos de tutela do credor para se resguardar de fraudes praticadas no processo arbitral.

4.1. Proteção do credor após a sentença arbitral

A Lei de Arbitragem dispõe que após a prolação da sentença pelo árbitro esta tem força executiva[16] e nos termos do art. 515, VII, do CPC/15[17] a sentença arbitral é título executivo judicial para fins de aplicação dos dispositivos que tratam sobre o cumprimento de sentença dos títulos executivos judiciais (arts. 523 e ss, CPC/15).

Dessa feita, tão logo seja encerrado o procedimento arbitral, após a prolação da sentença, eventualmente corrigida, esclarecida e integrada pelos árbitros, a parte vencedora, credora do direito patrimonial discutido, poderá propor a liquidação e/ou o cumprimento judicial da sentença e requerer todas as medidas previstas na lei processual.

Imperioso destacar que nesse momento processual não há espaço para grandes discussões acerca da confidencialidade, uma vez que o processo de cumprimento da sentença será processado na justiça pública, cabendo apenas o pedido de segredo de justiça nos termos do art. 189, IV, do CPC.

Considerando-se que após a prolação da sentença, sem a necessidade de propositura de demanda autônoma de liquidação, não ocorra o pagamento voluntário

---

15 CARNEIRO, Paulo Cezar Pinheiro; SCHENK, Leonardo Faria. *O justo processo arbitral e o dever de revelação (disclosure) dos peritos*. Revista Eletrônica de Direito Processual. Disponível em

16 Art. 31, da Lei nº 9.307/96.

17 Art. 515. São títulos executivos judiciais, cujo cumprimento dar-se-á de acordo com os artigos previstos neste Título: (...) VII – a sentença arbitral.

da condenação pelo devedor, quais os meios disponíveis ao credor para coagi-lo ao pagamento?

Por se tratar de cumprimento de sentença, proferida a sentença arbitral, que dispensa a propositura de ação autônoma de liquidação, e ultrapassado o prazo de pagamento voluntário pode o credor requerer o protesto da decisão, nos termos do art. 517, do CPC.

De acordo com o art. 1º., da Lei nº. 9.492/97 "protesto é o ato formal e solene pelo qual se prova a inadimplência e o descumprimento de obrigação originada em títulos e outros documentos de dívida". Ao protestar a sentença a intenção é coagir, de modo indireto, o adimplemento da prestação pelo devedor, produzindo uma ameaça acerca dos danos que o protesto pode causar, principalmente para dificuldade de obtenção de crédito no mercado financeiro[18].

Para além do protesto, o CPC/15 instituiu no art. 828 a averbação premonitória, que consiste em trazer ao conhecimento de terceiros, mediante anotação no registro de imóveis, de veículos e outros bens sujeitos à penhora, a existência de execução contra o devedor, de modo que a averbação afasta qualquer alegação de boa-fé na eventual aquisição do bem por terceiro.

A averbação premonitória não impede a disponibilidade do bem, contudo dando ciência da existência do processo executivo, dificulta a evasão patrimonial do devedor, desestimulando o negócio e dificultando operações fraudulentas.

No entanto, a doutrina diverge quanto à possibilidade de averbação premonitória em casos de execução de títulos judiciais, haja vista que o art. 828 está topologicamente situado no Título II, do Livro II, do CPC/2015, que regula o chamado "processo de execução", impondo a pré-existência de um título executivo extrajudicial dentre aqueles arrolados no art. 784 do CPC/2015.

Todavia, ainda que se entenda pela possibilidade do protesto, e até mesmo da averbação premonitória da sentença arbitral, tais medidas são insuficientes à proteção do credor contra fraudes à execução, posto que em sua maioria os atos de alienação e esvaziamento do patrimônio pelo devedor ocorrem durante a discussão arbitral, quando se vale do benefício da confidencialidade do processo, frustrando interesses legítimos do credor.

4.2. Proteção do credor antes de iniciado o procedimento arbitral

Mais uma vez, considerando a confidencialidade e o sigilo arbitral, a fase pré-arbitral gera preocupações em relação à efetividade da futura sentença arbitral, porque as partes que livremente firmaram em seus contratos cláusulas compromissórias

---

18 DIDIER JR., Fredie; CUNHA, Leonardo Carneiro da; BRAGA, Paula Sarno; OLIVEIRA, Rafael Alexandria de. *Curso de direito processual civil: execução*. 8ª ed. rev. atual e ampl. Salvador: JusPodvim, 2018. p. 568.

estão, desde o compromisso, vinculadas a discutir eventuais controvérsias pela via da arbitragem

Dessa feita, existindo fundado receio por parte do credor de que o devedor possa dar azo ao seu próprio esvaziamento patrimonial, com o fim de se esquivar das obrigações patrimoniais assumidas, resta saber quais instrumentos dispõe o credor para se proteger do fraudulento esvaziamento patrimonial praticado pelo devedor.

O art. 22-A, da Lei de Arbitragem, possibilita ao credor requerer diretamente ao juiz estatal a concessão de medidas cautelares de urgência, observados os requisitos do art. 300 e seguintes do CPC, antes de instaurado o tribunal arbitral.

O requerimento de urgência feito ao juiz deve, portanto, demonstrar a probabilidade do direito pretendido e o risco que o esvaziamento patrimonial do devedor gera para o resultado útil do futuro processo arbitral. Diz-se que a competência do juiz nesse caso é provisória e excepcional, apenas para a análise da situação de urgência, não lhe sendo permitida a análise do mérito da demanda[19].

Importa esclarecer que nesses casos a confidencialidade imposta ou convencionada no processo arbitral não resta prejudicada, uma vez que os segredos comerciais e estratégicos eventualmente envolvidos não serão objeto da discussão, que deverá se ater a análise dos requisitos autorizadores da medida cautelar.

A medida cautelar requerida pode causar a afetação direta dos bens do devedor, como nos casos de indisponibilidade e gravames lançados sobre os registros e matrículas, ou ainda relacionar os bens para que o devedor não possa deles lançar mão, como ocorre no arrolamento.

O deferimento das medidas cautelares mitiga, em certa medida, o princípio da confidencialidade na arbitragem, vez que o processo na justiça estatal é público e as informações e decisões dele procedentes também se tornam públicas, dando conhecimento da existência do processo arbitral e de parte de decisões nele proferidas.

Como já dito, a arbitragem é um método de resolução de controvérsias convencionado pelas partes, produto do exercício de sua autonomia privada. Desse modo, é possível às partes convencionarem que, até mesmo medidas de urgência, devam ser requeridas no juízo arbitral, estipulando a solução do conflito em câmara arbitral que contenha a figura do "árbitro de emergência", com competência para o exame de questões de urgência antes de instaurado o tribunal arbitral[20].

Diante da brevidade e do escopo do presente estudo, não há espaço para maiores discussões sobre os impactos que a estipulação das partes na convenção arbitral de que o conflito seja resolvido através pelo árbitro de emergência podem gerar. De

---

19 CAHALI, Francisco José. *Curso de arbitragem*. São Paulo: Revista dos Tribunais, 2015. p. 294.

20 PINHO, Humberto Dalla Bernardina de, MAZZOLA, Marcelo. *A cooperação como elemento estruturante da interface entre o poder judicário e o juízo arbitral*. Revista Eletrônica de Direito Processual – REDP. Rio de Janeiro. Ano 11. Volume 18. Número 3. Setembro a Dezembro de 2017.

todo modo, importa frisar que ainda que exista tal cláusula e medidas cautelares de urgências sejam providas pelo árbitro de emergência, a efetivação da medida pode demandar cooperação estatal quando não cumprida voluntariamente pelo devedor.

De fato, em ambos os casos, os meios de proteção do credor na pré-arbitragem macularão, em alguma medida, a confidencialidade, que não pode ser encarada como um fim em si mesmo. A despeito de ser uma das maiores vantagens do procedimento arbitral e um grande atrativo às partes, não deve ser priorizada sobre todos os demais direitos, cabendo a ponderação e a razoabilidade para assegurar o resultado útil do processo arbitral, compatibilizando confidencialidade e efetividade.

Por fim, reitera-se que é possível o prévio ajuizamento de ação para adoção de medidas cautelares e urgentes perante o Poder Judiciário com a finalidade de evitar a redução patrimonial fraudulenta pelo devedor, competindo ao credor dar início ao processo arbitral no prazo de 30 (trinta) dias da efetivação da medida, de modo que a atribuição passa imediatamente a ser do juízo arbitral, que, recebendo os autos, poderá reanalisar a medida eventualmente concedida e prosseguir na análise da demanda.

4.3. Proteção do credor na constância do procedimento arbitral

O acautelamento do direito à satisfação do crédito durante o procedimento arbitral é, talvez, o ponto de principal interesse e maior discussão até aqui. Por força do art. 22-B, parágrafo único, da Lei 9.307/96, uma vez instituída a arbitragem, a medida cautelar de urgência deve ser requerida diretamente aos árbitros.

Como visto anteriormente, em que pese a lei de arbitragem possibilitar o deferimento de medidas cautelares pelos árbitros, falta a estes poderes coercitivos para a efetivação das medidas concedidas, necessitando de providências complementares e cooperação judicial para surtir os efeitos desejados para dar eficácia material às decisões proferidas.

Diante da quebra da confiança entre as partes da arbitragem, com fundadas suspeitas de que o devedor abandonou a boa-fé e seus deveres laterais, causando riscos à satisfação do direito reclamado, o credor deve requerer incidentalmente medida cautelar de urgência para coibir o esvaziamento patrimonial fraudulento do devedor, pleiteando medidas como averbação de indisponibilidade nos registros de bens do devedor, arresto, arrolamento, dentre outros. Uma vez deferida a medida, pende analisar quais são as possibilidades de efetivação da medida e o caminho que se deve seguir até a garantia da satisfação da tutela perseguida.

Via de regra, as efetivações de decisões arbitrais das quais decorrem atos de expropriação, tais como penhora e busca e apreensão de bens, carecem da chancela da jurisdição estatal, provocada mediante a extração e envio de carta arbitral, nos termos do art. 22-C, da LA. Nesse sentido, ensina CARMONA:

> "Se a medida determinada pelo árbitro for cumprida desde logo, sem resistência, tollitur quaestio, não será preciso o concurso do Poder Judiciário (pense-se na decretação, pelo ár-

> bitro, do seqüestro de determinado bem litigioso, com a sua conseqüente entrega pela parte requerida, para depósito: qual seria o propósito de socorrer-se o árbitro do auxílio do Juiz?). Caso, porém, haja resistência, o árbitro não terá competência para a prática dos atos materiais tendentes a concretizar a medida cautelar decretada, impondo-se então o auxílio do Juiz para o que o Código denominou de execução da medida cautelar"[21].

Contudo, para aqueles atos que não se resumem em perdimento de bens, como a averbação cautelar de indisponibilidade, a posição que se defende neste trabalho é de que é possível a efetivação da medida diretamente pelo árbitro, mediante o simples envio de ofício arbitral ao cartório de registro ou órgão competente pelo acompanhamento dos bens do devedor.

Corroborando o entendimento, ensina Leonardo de Faria Beraldo,

> "em nome do princípio da eficiência, que tem previsão legal até mesmo na Constituição Federal (art. 37), é forçoso concluir que, diante da existência de poderes jurisdicionais do árbitro para deferir tutela de urgência, bem como da ausência de competência concomitante para tanto, não faz sentido que toda e qualquer medida, de natureza cautelar ou antecipatória, tenha de passar pela chancela do Judiciário, por meio de carta arbitral, antes de poder ser efetivada".[22]

Imagine-se que, diante da suspeita de redução patrimonial intencional pelo devedor, o credor requeira ao árbitro uma medida de indisponibilidade de bens, com a finalidade de assegurar a efetividade do resultado. Pode o árbitro concedê-la? Como é possível efetivar?

Nesse caso, há que se destacar que a indisponibilidade do bem não o retira da esfera patrimonial de seu proprietário, pois não se configura como penhora, mas como uma forma de inalienabilidade, impedindo que o bem seja objeto de transações como venda, permuta, doação ou qualquer outra forma de disposição. A indisponibilidade, em sua essência, conserva o bem na propriedade do devedor.

Assim sendo, será necessário ao árbitro solicitar a cooperação do juiz estatal para efetivação da medida? Defende-se que não. É necessário garantir a efetividade da decisão e a efetividade do próprio processo arbitral. De acordo com o art. 221, IV da Lei de Registro de Imóveis (Lei nº 6.015/73), dispõe que é admitido o registro de "certidões e mandados extraídos de autos de processo".

Reconhecida a arbitragem como espécie de jurisdição, há que se reconhecer a natureza do processo que nela se instaura, para que a a interpretação do supracitado

---

21 CARMONA, Carlos Alberto. *Das boas relações entre os juízes e os árbitros*. Revista de Processo. vol. 87/1997, p. 81-89, Jul – Set, 1997.

22 BERALDO, Leonardo de Faria. *A eficácia das decisões do árbitro perante o registro de imóveis*. Disponível em: <http://www.migalhas.com.br/arquivos/2017/1/art20170117-07.pdf>. Acesso em abr 2018.

artigo inclua as certidões e mandados extraídos do processo arbitral, as quais serão comunicadas através de carta arbitral, nos termos do art. 22-C, da Lei 9.307/96.

Por fim, considerando a compatibilização da confidencialidade à efetividade, mais uma vez se verifica a necessidade de ponderação entre os princípios, de modo a favorecer o resultado útil do processo sem prejuízos aos segredos protegidos no processo arbitral, evitando-se a sua desvirtualização. Preocupa-se que o processo arbitral não seja um ambiente propício à fraudes, mas um verdadeiro campo de neutralidade e confiança entre as partes que o elegem.

5. Considerações finais

A arbitragem enquanto jurisdição heterocompositiva eleita pelas partes tem se estabelecido como meio adequado para resolução de controvérsias envolvendo direitos patrimoniais disponíveis, sustentando-se no âmbito empresarial como uma ferramenta ágil e efetiva para a resolução de controvérsias de alta complexidade.

De fato, a possibilidade de convencionar o procedimento arbitral através da escolha dos árbitros, dos peritos, do calendário de eventos e o sigilo imposto aos participantes, tornam o processo arbitral atraente aos litígios empresariais nacionais e internacionais. Nesse âmbito, a confidencialidade surge, sem embargos, como um dos maiores atrativos do método.

Dessa feita, identificando a importância da confidencialidade para a instauração do processo arbitral buscou-se no presente trabalho abordar aspectos negativos que a regra pode trazer ao resultado útil do processo. Uma vez que o sigilo impede o conhecimento de terceiros das decisões proferidas e da própria existência do processo arbitral, fica facilitado ao devedor a oneração de bens que poderiam servir de garantia à futura execução de sentença arbitral.

Considerando a efetividade como característica indissociável do processo justo, há que se buscar mecanismos de proteção do credor nas diversas fases do processo arbitral, até mesmo na fase de pré-arbitragem. No presente estudo buscou-se a elucidação de algumas questões que foram pinçadas de modo a garantir o resultado útil do processo.

Com efeito os instrumentos de tutela do credor apresentados fundam-se na compreensão da incontestável cooperação entre os juízos estatal e arbitral como modo de assegurar a coesão, integridade e unidade aos diferentes sistemas de jurisdição, nacional e internacionalmente, além de apontar para a necessidade de conferir efetividade ao processo arbitral como um todo, fortalecendo os meios de comunicação e implementação de decisões nas mais variadas esferas, a exemplo a notarial.

6. Referências bibliográficas

ALMEIDA, João Alberto de. Desjudicialização: a relação entre a arbitragem e os serviços notariais e registrais. Revista da Faculdade de Direito da UFMG, Belo Horizonte, n. 59, p. 101 a 122, jul./dez. 2011.

ASSIS, Araken de. Manual da Execução. 18ª ed. rev. atual. e ampl. São Paulo: Revista dos Tribunais, 2016.

BERALDO, Leonardo de Faria. A eficácia das decisões do árbitro perante o registro de imóveis. Disponível em: <http://www.migalhas.com.br/arquivos/2017/1/art20170117-07.pdf>. Acesso em abr 2018.

CAHALI, Francisco José. Curso de arbitragem. São Paulo: Revista dos Tribunais, 2015.

CAMBI, Eduardo, CORRALES, Eluane de Lima. Neoinstrumentalismo do processo? – Expansão dos métodos atípicos de resoluções de conflitos. Revista Eletrônica de Direito Processual – REDP. Rio de Janeiro. Ano 12. Volume 19. Número 1. Janeiro a Abril de 2018, p. 88-103.

CARMONA, Carlos Alberto. Arbitragem e processo: um comentário à Lei n.º 9.307/96. São Paulo: Atlas, 2006.

______. Das boas relações entre os juízes e os árbitros. Revista de Processo. vol. 87/1997, p. 81 – 89, Jul – Set, 1997.

CARNEIRO, Paulo Cezar Pinheiro; SCHENK, Leonardo Faria. O justo processo arbitral e o dever de revelação (disclosure) dos peritos. Revista Eletrônica de Direito Processual. Disponível em <http://pcpcadv.com.br/pdf/artigos/justo-processo-arbitral.pdf> Acesso em 03 mai de 2018.

CHIOVENDA, Giuseppe. Instituições de direito processual civil. Tradução de Paolo Capitanio. 2. ed. Campinas: Bookseller, 2000. v. 1.

CRETELLA NETO, José. Doutrinas Essenciais Arbitragem e Mediação, vol. 1/2014, set/2014, p. 125/152.

DIDIER JR, Fredie. Curso de direito processual civil. 18ª ed, ver, atual e ampl. Salvador: JusPodivm, 2016.

DIDIER JR., Fredie; CUNHA, Leonardo Carneiro da; BRAGA, Paula Sarno; OLIVEIRA, Rafael Alexandria de. Curso de direito processual civil: execução. 8ª ed. rev. atual e ampl. Salvador: JusPodvim, 2018.

FICHTNER, José Antônio; MANHEIMER, Sergio Nelson; MONTEIRO, André Luiz. A confidencialidade na arbitragem: regra geral e exceções. Revista de Direito Privado. vol. 49/2012.

LEMES, Selma Ferreira. Arbitragem na concessão de serviços públicos – arbitrabilidade objetiva. Confidencialidade ou publicidade processual? Disponível em <http://selmalemes.adv.br/artigos/artigo_juri15.pdf>. Acesso em 03 jun 2018.

MOREIRA, José Carlos Barbosa. Efetividade do processo e técnica processual. Revista Forense, Rio de Janeiro, v. 329, 1995.

PINHO, Humberto Dalla Bernardina de. Jurisdição e pacificação: limites e possibilidades do uso dos meios consensuais de resolução de conflitos na tutela dos direitos transindividuais e pluri-individuais. Curitiba: CRV, 2017. p. 256.

PINHO, Humberto Dalla Bernardina de, MAZZOLA, Marcelo. A cooperação como elemento estruturante da interface entre o poder judicário e o juízo arbitral. Revista Eletrônica de Direito Processual – REDP. Rio de Janeiro. Ano 11. Volume 18. Número 3. Setembro a Dezembro de 2017.

PINTO, José Emílio Nunes. A confidencialidade na arbitragem. Revista de Arbitragem e Mediação, São Paulo, n. 6, jul./set. 2005.

TUCCI, José Rogério Cruz e. Arbitragem: garantias constitucionais do processo e eficácia da sentença arbitral. Revista Magister de Direito Civil e Processual Civil, Porto Alegre, v. 5, n. 26, p. 43-46, set./out. 2008.

WATANABE, Kazuo. Cultura da sentença e cultura da pacificação. In: YARSHELL, Flávio Luiz; MORAES, Maurício Zanoide de (org.). Estudos em homenagem à Professora Ada Pellegrini Grinover. São Paulo: DPJ Editora, 2005.

A Utilização da Arbitragem para Dirimir Litígios em Matéria de Propriedade Industrial

Paula Menna Barreto Marques

1. Introdução

De acordo com o conceito da Organização Mundial da Propriedade Intelectual (OMPI), Propriedade Intelectual se refere às criações do intelecto humano, como invenções, obras artísticas e literárias, bem como aos símbolos, nomes e imagens usados no comércio.

No entanto, cumpre-se ressaltar que a Propriedade Intelectual é um gênero, o qual se subdivide em algumas espécies, dentre elas a Propriedade Industrial (PI[1]).

Conforme o art. 1°, §2º da Convenção de Paris, a proteção da Propriedade Industrial tem por objeto as patentes de invenção, os modelos de utilidade, os desenhos ou modelos industriais, as marcas de fábrica ou de comércio, as marcas de serviço, o nome comercial e as indicações de proveniência ou denominações de origem, bem como a repressão da concorrência desleal. A Convenção ainda ressalta, em seu parágrafo seguinte, que o conceito de Propriedade Industrial deve ser estendido de forma ampla, não devendo ser aplicada apenas à indústria e ao comércio, mas também às indústrias agrícolas e extrativas.[2]

O tema da Propriedade Industrial gera inúmeras controvérsias, que vão desde a viabilidade de sua asseguração, até disputas envolvendo a sua propriedade, contratação e demais assuntos correlatos.

Nesse sentido, diante do elevado número de lides que circundam o assunto, hoje, muito se discute sobre a utilização dos denominados ADR's – Alternatives Dispute Resolutions –, incluindo-se aí a arbitragem, como mecanismo adequado para solução de conflitos relativos à Propriedade Industrial.

---

1 Adotaremos, nesse trabalho, a referencia à Propriedade Industrial também como PI, sigla comumente utilizada.

2 Convenção da União de Paris para proteção da propriedade industrial (http://www.inpi.gov.br/legislacao-1/cup.pdf)

Na verdade, os meios adequados de solução de conflito vêm como verdadeira solução aos obstáculos ao acesso à justiça, em especial a morosidade e a ausência de efetividade das decisões estatais[3].

Tratam-se de soluções de conflito nas quais um terceiro intervém para buscar auxiliar as partes na resolução da questão posta.

Diferentemente da conciliação e da mediação, no caso da arbitragem, apesar de se estar diante de uma solução alternativa à Estatal, a decisão do árbitro será adjudicada, ou seja, imposta às partes.

Carlos Alberto Carmona conceitua a arbitragem como "meio alternativo de solução de controvérsia através da intervenção de uma ou mais pessoas que recebem seus poderes de uma convenção privada, decidindo com base nela, sem intervenção estatal, sendo a decisão destinada a assumir a mesma eficácia da sentença judicial"[4].

Sobre as vantagens atribuídas à arbitragem, Richard Marcus e Edward Sherman destacam "celeridade, a economia, o conhecimento específico do prolator da decisão, a privacidade, a maior informalidade e a definitividade da decisão sem possibilidade de recurso"[5].

Essas vantagens, transportadas para o terreno das tutelas de PI, vão desde uma maior garantia de decisões justas, proferidas por Experts no tema, até a transnacionalidade da decisão e de seus efeitos.

Apesar dos evidentes benefícios no uso dessa via, a sua opção deve ser compatibilizada com os interesses em disputa. É preciso, para tanto, contornar os desafios e restrições que se apresentam para a sua utilização plena, para que se possa construir um cenário favorável à sua implementação.

No presente artigo, será abordado unicamente as matérias relacionadas à Propriedade Industrial, tendo como foco o uso da arbitragem para a resolução de conflitos relacionados ao tema.

Aqui, pretende-se demonstrar como a arbitragem é um caminho, não só possível, como também preferível no que tange as disputas acerca dos direitos disponíveis

3 Nesse sentido, Mauro Cappelletti defende que os meios alternativos de solução de conflito se inseririam como resposta ao obstáculo processual do acesso à Justiça, enquadrando-se nos casos em que o processo litigioso tradicional poderia não ser a forma mais indicada para a vindicação efetiva de direitos. CAPPELLETTI, Mauro [s/ indicação de tradutor], Os métodos alternativos de solução de conflitos no quadro do movimento universal de acesso à justiça, *Revista de Processo*, v. 74, São Paulo: Revista dos Tribunais, 1994, p. 82-97.

4 Carmona, Carlos Alberto, in Arbitragem e Processo, um comentário à Lei 9.307/96. 3ª ed. rev., atual. e ampl. São Paulo, Atlas, 2009, p. 31.

5 MARCUS, Richard L.; SHERMAN, Edward F. Complex litigation – cases and materials on advanced civil procedure. 4ª ed. St. Paul: Thomson West, 2004, p. 891. No original: "The advantages often claimed for arbitration include speed, economy, expertise of the decision-maker, privacy, greater informality, convenience of time and place settings, and finality without recourse to appeal".

que envolvem a Propriedade Industrial. Para tanto, abordaremos inicialmente, de forma breve, estudos de direito comparado, para, ao final, apresentar reflexões sobre as vantagens na utilização desta via alternativa.

2. Estudos de direito comparado sobre o tema

A Associação Internacional para a Proteção da Propriedade Intelectual (AIPPI), já em seu Congresso Anual de 1992, trouxe o debate acerca da possibilidade da utilização da arbitragem em matéria de Propriedade Industrial entre particulares.

Dentre as vantagens enumeradas pela AIPPI cita-se a especialidade dos árbitros e a confidencialidade do processo, e coloca como requisitos os seguintes:

(...) 4. AIPPI is for the opinion that intellectual property disputes should be proper subject matter for arbitration, provided:	(...) 4. AIPPI é da opinião de que as disputas envolvendo Propriedade Intelectual devem ser alvo de arbitragem, desde que:
a) the parties have the legal right to dispose of the rights in dispute; and	a) as partes detenham o direito de dispor de tais direitos no litígio; e
b) the decision is binding only on the partied involved. (...)	b) a decisão vincule apenas as partes envolvidas (...) Tradução livre

Robert Briner publicou pela Organização Mundial da Propriedade Intelectual (OMPI), em 1994, artigo sobre a arbitrabilidade acerca de disputas envolvendo Propriedade Intelectual. De acordo com o autor suíço, um dos principais problemas seria a necessidade de vínculo entre as partes na arbitragem, pois, seguindo defendido, "Arbitration is only possible when the claimant and the defendant have agreed (either before or after the dispute has arisen) to confer jurisdiction over their dispute to an arbitral tribunal."[6]

Completa o doutrinador: "In intellectual property matters in general, disputes often arise as a result of an infringement of a right by a third party which

6 Worldwide Forum on the Arbitration of Intellectual Property. Em português: *"A arbitragem só é possível quando o requerente e o réu tenham concordado (antes ou depois da disputa) em conferir adotar a jurisdição arbitral ao invés da judicial."* (Tradução livre) (Disputes March 3 – 4, 1994, Geneva, Switzerland THE ARBITRABILITY OF INTELLECTUAL PROPERTY DISPUTES WITH PARTICULAR EMPHASIS ON THE SITUATION IN SWITZERLAND Robert, Geneva, Switzerland).

has not entered into an arbitration agreement with the person entitled to exercise the right."[7]

Cumpre-se destacar que a arbitragem evolvendo o referido tema, é alvo de debates em diversos países.

Nos Estados Unidos as patentes são reguladas pelo Patent Act, que em 1982, sofreu alteração, a fim de reconhecer a arbitragem como uma via para resolução de litígios envolvendo o tema. De acordo com a legislação Norte Americana, a arbitragem pode ser empregada, desde que contida em contrato que a preveja, em qualquer disputa relativa a patentes, inclusive as que envolvem a sua validade.

Assim como Nos Estados Unidos, a Suiça também permite que todas as disputas envolvendo patentes sejam resolvidas por meio da arbitragem.

A Bélgica, por sua vez, institui certas limitações a arbitrabilidade sobre patentes, o litígio só pode ser alvo de arbitragem caso a matéria envolva natureza econômica ou se as partes têm a disponibilidade de dispor de seus direitos e obrigações. No entanto, a validade de uma patente pode ser alvo de arbitragem cujo efeito, neste caso, é erga omnes.

Na Inglaterra, toda disputa envolvendo Propriedade Intelectual pode ser sujeita a arbitragem, inclusive as que envolvem validade de certificados. Contudo, o efeito da decisão proferida por tribunal arbitral, necessariamente, é inter partes.

Na mesma linha, a França também permite a utilização da via arbitral, bem como que a declaração de invalidade de uma patente se dê por meio de sentença arbitral, mas seu efeito também será apenas inter partes.

No Japão, todavia, não é possível alterar ou invalidar uma patente sem que seja obtida uma decisão de invalidade do Escritório de Patentes.

Como se vê, o tratamento da questão envolvendo as disputas de Propriedade Industrial se dá de forma distinta nos diversos ordenamentos jurídicos. Mesmo em países da chamada civil law, a sua aplicação e a sua validade variam conforme o caso.

Após esta sucinta avaliação da arbitrabilidade em questão envolvendo direito de PI no direito comparado, passa-se à verificação do quadro atual no Brasil.

3. O caso do Brasil

Feita breve análise sobre o panorama global de entendimento da questão, passa-se, a seguir, a verificar especificamente a interpretação que vem sendo dada para o tema no Brasil.

O Instituto Nacional de Propriedade Industrial (INPI) é Autarquia Federal ligada ao Ministério da Indústria, Comércio Exterior e Serviços, cuja criação data de 1970.

---

7 Op. Cit.. Em português: *Nos conflitos que envolvem propriedade intellectual em geral, as disputas muitas vezes surgem como resultado de infringimento de um direito por terceiro que não concordou com a convenção de arbitragem com o detentor do direito infringido.*".

Por se tratar de uma autarquia, exerce as atividades típicas de Estado, que até hoje não possui definição exata.

A função precípua do INPI, descrita na Lei nº 5.648, é a de executar, em âmbito Nacional, as normas que regulam a Propriedade Industrial, o que inclui a concessão de patentes:

> "**Art. 2º**. O INPI tem por finalidade principal executar, no âmbito nacional, as normas que regulam a propriedade industrial, tendo em vista a sua função social, econômica, jurídica e técnica, bem como pronunciar-se quanto à conveniência de assinatura, ratificação e denúncia de convenções, tratados, convênios e acordos sobre propriedade industrial."

Portanto, conforme expressamente previsto em Lei, é de competência exclusiva do INPI a concessão de patentes, bem como a análise acerca dos requisitos de sua validade.

No entanto, caso o requerente ou terceiro discorde ou se sinta prejudicado pela decisão proferida pelo referido Órgão, há sempre possibilidade de recorrer ao Poder Judiciário. Nesse processo, o INPI deverá figurar, obrigatoriamente, como parte.

Exatamente por este motivo, muito se discute no Brasil sobre a viabilidade do uso da arbitragem em matéria de PI que, como será melhor abordado a seguir, pressupõe a disponibilidade do direito a ser objeto do processo arbitral.

Nas palavras do professor Humberto Dalla Bernadina de Pinho "apenas podem ser objeto da arbitragem os direitos patrimoniais disponíveis, isto é, aqueles passíveis de conversão monetária e que se encontrem na livre disposição do seu titular." [8]

Nesse sentido, Selma Maria Ferreira Lemes destaca os motivos que ensejariam a exclusão da via arbitral, ressaltando os estudos 'International Association for the Protection of Industrial Proprerty '- AIPPI, de 1991, e trabalho do Prof. Lew na CCI, "quatro motivos que poderiam restringir a utilização da arbitragem. O primeiro é a ordem pública, apesar de muitos considerarem que a ordem pública não repercute no direito de propriedade intelectual, exceto quando esses direitos afetam terceiros. O segundo é a falta de livre disposição das partes sobre esses direitos. O terceiro seria o efeito inter partes, em oposição ao efeito erga omnes. O quarto seria a jurisdição exclusiva reservada a Cortes e Departamentos Nacionais de Propriedade Industrial em diversos países"[9] [10].

---

8 DE PINHO, HUMBERTO DALLA BERNADINA. Direito Processual Civil Contemporâneo. P. 879. 6ª Edição, Rio de Janeiro. Ed. Saraiva. 2015.

9 LEMES, Selma Maria Ferreira. Arbitragem em propriedade intelectual. Disponível em http://www.camarb.com.br/areas/subareas_conteudo.aspx?subareano=35.

10 Nessa mesma linha, Nathalia Mazzonetto disserta que "é no âmbito da constituição/concessão de direitos e títulos e, por conseguinte, de sua confirmação ou invalidade, que residem os maiores desafios quanto à possibilidade de submeter uma disputa de PI à arbitragem ou não e as respectivas condições de processamento. Nesses casos, por haver envolvimento do Estado, ainda que indireto,

Não obstante as restrições descritas acima, tem havido um crescimento vertiginoso no Brasil dos casos envolvendo a matéria de PI que vêm sendo objeto de arbitragens.

Deste modo, seguindo a linha do ocorrido na Câmara de Comércio Internacional (CCI)[11], em 2015, a Associação Brasileira de Propriedade Intelectual criou sua Câmara de Arbitragem (CArb-ABPI) que tem como objetivo controlar e gerenciar os procedimentos de soluções alternativas de conflitos envolvendo Propriedade Intelectual.

Assim, vê-se o claro progresso quanto à aceitação da arbitragem enquanto alternativa para a resolução de conflitos que envolvem a PI, sempre em consonância com as normas legais.

Impõe-se analisar, portanto, as restrições impostas pela Lei, viabilizando a utilização desse modo adequado de resolução de conflito sempre que não houver violação as regras brasileiras.

4. A arbitrabilidade objetiva em matéria de Propriedade Industrial

Como se sabe, a arbitrabilidade é a condição essencial para que um conflito possa ser submetido à arbitragem.

Os requisitos exigidos vêm previstos já no artigo 1°, da Lei de Arbitragem (Lei n° 9.307/1996)[12], e podem ser divididos em objetivos e subjetivos, conforme se refira, respectivamente, ao objeto ou aos sujeitos que estão aptos a submeter os seus conflitos a esse meio.

A arbitrabilidade subjetiva se relaciona com a capacidade dos contratantes para firmar a convenção de arbitragem, diretamente relacionada a sua capacidade civil para os atos da vida, tornando-se sujeito de direitos[13].

Num outro giro, para que o requisito da arbitrabilidade objetiva seja atendido, como determina expressamente a norma, é necessário estar-se diante de um direito patrimonial disponível.

haja vista que o ato questionado decorre de autoridade do governo, que age, conforme politicas especificas e estrategicamente definidas, é que reside a zona cinzenta em matéria de admissibilidade ou não da via arbitral com relação a direitos de PI."(MAZZONETTO, Nathalia. Arbitram e propriedade intelectual: aspectos estratégicos e polêmicos – São Paulo: Saraiva, 2017, p. 39).

11 Guia da propriedade intelectual da ICC: questões atuais e emergentes para empresas e legisladores. 11 ed. ICC Publication, 2012.

12 "Art. 1. As pessoas capazes de contratar, poderão valer-se da arbitragem para dirimir litígios relativos a direitos patrimoniais disponíveis."

13 Carlos Alberto Carmona disserta que a capacidade de contratar é "condição *sine qua non* para a utilização da arbitragem". (CARMONA, Carlos Alberto. Op. Cit., p. 37).

Exclui-se, portanto, os direitos não patrimoniais, dentre os quais os direitos da personalidade e de estado[14], e os direitos indisponíveis.

Sobre a disponibilidade do direito, Cahali defende que "se refere à possibilidade de seu titular ceder, de forma gratuita ou onerosa, estes direitos sem qualquer restrição. Logo, necessário terem as partes o poder de autorregulamentacao dos interesses submetidos à arbitragem, podendo dispor sobre eles pelas mais diversas formas dos negócios jurídicos"[15].

Nessa mesma linha, Carlos Alberto Carmona, sobre o tema, afirma que são arbitráveis, pelo seu objeto, as questões a cujo respeito o Estado não criou reserva especifica para resguardar direitos da coletividade[16].

Aqui é aonde reside a principal controvérsia relativa a possibilidade de utilização da via arbitral para conflitos envolvendo a PI.

A Propriedade Intelectual abriga diversas matérias do direito, que tem como espinha dorsal as criações provenientes do espírito humano. De acordo com o saudoso Denis Borges Barbosa "Tem-se, assim, correntemente, a noção de Propriedade Intelectual como a de um capítulo do Direito, altissimamente internacionalizado, compreendendo o campo da Propriedade Industrial, os direitos autorais e outros direitos sobre bens imateriais de vários gêneros."[17]

No Brasil, como já destacado acima, a Propriedade Industrial é regulada pela Lei n° 9.279/96, que passa a tutelar a patenteabilidade de uma invenção a partir de seu artigo 8º, indo até o artigo 93, incluindo-se aí os modelos de utilidade.

Como é prática em outros países, tais como Noruega, Turquia, Estados Unidos, França, entre outros, o pedido de registro de patentes é realizado ou depositado, como se diz na linguagem técnica, junto ao órgão responsável. No Brasil, conforme já exposto, esse Órgão é o Instituto Nacional de Propriedade Industrial (INPI), que possui atribuição exclusiva quanto a análise de requisitos para a concessão de marcas e patentes.

O Estado é detentor de forma exclusiva, portanto, da outorga dos direitos de Propriedade Industrial, exercendo, ainda, uma espécie de "controle de política pública", no que se refere à exclusividade de uso do titular, em detrimento da coletividade.

---

14 A exclusão dos direitos de personalidade e de estado não obstam a arbitrabilidade dos eventuais impactos patrimoniais sobre os mesmos. Para aprofundamento sobre o tema, remete-se ao autor Francisco José Cahali (CAHALI, Francisco José. Curso de Arbitragem: mediação: conciliação : resolução CNJ 125/2010. 5ª ed. revista e atualizada, de acordo com a Lei 13.140/2015 (marco legal da mediação) e o Novo CPC. São Paulo: Editora Revista dos Tribunais, 2015, p. 432 e ss.).

15 CAHALI, Francisco José. Op. Cit. p. 135.

16 CARMONA, Carlos Alberto. Op. Cit., p. 39.

17 BARBOSA, Denis Borges. Uma Introdução à Propriedade Intelectual. Pg. 10. Segunda Edição Revista e Atualizada. Disponibilizada segundo os termos da licença Attribution-Non-Commercial-NoDerivs 2.0 Generic.

Desse modo, considerando-se o interesse público que circunda o tema, questiona-se a sua disponibilidade, com a sua consequente possibilidade de submissão à arbitragem.

Conforme definição da OMPI, "uma patente é um documento que descreve uma invenção e cria uma situação legal na qual a invenção pode ser explorada com a autorização do titular da patente."[18]

Assim, não obstante a exclusividade na concessão do registro, após a sua análise e arquivamento pelo Órgão competente, diversos direitos oriundos desse status se seguem.

Uma vez reconhecido o direito de propriedade sobre uma invenção e concedida a patente, que nada mais é do que a materialização do direito de invenção, o direito sobre as ideias é transformado, dando lugar a um direito patrimonial. Fica, então, a cargo de seu titular usufruí-lo da maneira que bem entender.

Desta forma, conclui-se que o processo de análise e concessão é de competência exclusiva do INPI, e isto nunca se discutiu. O que não se pode olvidar é que concedido o certificado de registro, o seu titular adquire o direito análogo ao de um proprietário de bem imóvel.

À guisa de exemplo, imagine-se um contrato que envolve a aquisição de uma patente, ou seja, um direito patrimonial disponível, sendo assim as partes podem livremente estipular as obrigações que bem entenderem, desde que em conformidade com o ordenamento jurídico.

Não há dúvidas, na hipótese acima descrita, de que as obrigações contratuais, dentre as quais poderia ser incluída a clausula de arbitragem, podem ser pactuadas pelas partes.

Assim, entendemos que, não obstante a exclusividade da competência do INPI para registro da patente, os demais direitos relativos à PI podem ser objeto de livre pactuação e, portanto, são objetivamente arbitráveis.

5. O Interesse Público envolvido

Um argumento comumente utilizado, inclusive nas discussões acerca da arbitrabilidade em contratos que envolvem a Administração Pública[19], é a indisponibilidade do interesse público que circunda o tema.

Contudo, antes de dar início a este assunto, é importante tecer breve comentários acerca do conceito de interesse público e as suas repercussões para a arbitragem.

---

18 OMPI. DL-101 Curso Geral de Propriedade Intelectual – DL101PBR. Módulo 7: Patentes, 2017.

19 Vale destacar, sobre esse ponto, que a Lei n 13.129/2015, que alterou a Lei de Arbitragem, incluiu o Parágrafo Primeiro no artigo 1, para expressamente autorizar a Administração Pública de utilizar a via arbitral ("A administração Pública direta ou indireta poderá utilizar-se da arbitragem para dirimir conflitos relativos a direitos patrimoniais disponíveis.").

Maria Sylvia Zanella usa o conceito de Celso Antonio Bandeira de Mello para a definição de indisponibilidade do interesse público, destacando que "significa que sendo interesses qualificados como próprios da coletividade – internos ao setor público – não se encontram à livre disposição de quem quer que seja, por inapropriáveis. O próprio órgão administrativo que os representa não tem disponibilidade sobre eles, no sentido de que lhe incumbe apenas curá-los – o que é também um dever – na estrita conformidade do que dispuser a intentio legis."[20]

Deve-se, portanto, analisar se, de fato, a instituição de cláusula arbitral violaria a supremacia do interesse público sob o interesse particular[21].

Nessa linha, entendemos que a questão deve ser verificada a partir da ponderação entre o dever de proporcionalidade do interesse público em cada caso concreto, considerando-se, ainda, a dignidade da pessoa humana.

Gustavo Binenbojm examinou com minúcia a crise dos paradigmas clássicos do direito administrativo e a emergência de um novo modelo teórico para a disciplina. Dois pontos são relevantes para melhor observância da questão: (a) a necessidade de revisão do princípio da supremacia do interesse público e (b) os novos contornos do princípio da legalidade administrativa[22].

Em outro trabalho, o professor Lauro da Gama Souza Junior afirma que o entendimento inflexível que defende a integral e estrita vinculação dos atos do Estado e de entes públicos à norma posta – a que se dá o nome de legalidade administrativa – encontra-se em estágio de relativa defasagem. Embora a antiga teoria buscasse assegurar a administração democrática do Estado, impondo-se-lhe limitações às medidas discricionárias, a proposição que se pretende adotar não mais se restringiria à mera leitura e aplicação literal de leis. Ao contrário, visar-se-ia à aplicação direta da Constituição Federal por meio do recurso à ponderação de princípios e regras, com o objetivo de se permitir optar pelas vias mais favoráveis ou menos gravosas à sociedade, sobre um caso concreto[23].

Como visto, mesmo em relação à arbitragem envolvendo a Administração Pública, a doutrina já vinha, há muito, flexibilizando a ideia de interesse público como impedimento para a contratação de convenção arbitral.

Nessa linha, vale citar o posicionamento de Luiz Guilherme Vieira, no sentido de que "O conceito de ordem pública, segundo a melhor doutrina, não obstante tenha

20 DI PIETRO, Maria Sylvia Zanella. Direito Administrativo. São Paulo, p. 69.

21 Humberto Ávila, brilhantemente, aborda o tema em seu texto "Repensando o 'princípio da supremacia do interesse público sobre o particular'.

22 BINENBOJM, Gustavo. "Da supremacia do interesse público ao dever de proporcionalidade: um novo paradigma para o direito administrativo". In: *Revista de Direito Administrativo* 239, 2005.

23 SOUZA JR, Lauro da Gama e. "Sinal verde para a arbitragem nas parcerias público-privadas – a construção de um novo paradigma para os contratos entre o Estado e o investidor privado". In: *Prática em arbitragem* (obra coletiva). Rio de Janeiro, Forense Universitária, 2008.

por função a defesa dos interesses legítimos do Estado, não pode ser considerado de forma absoluta, a ponto de emperrar e impossibilitar as atividades privadas, o que poderia comprometer gravemente a segurança jurídica. (...) O fato de estarmos na presença de questões de ordem pública não descarta, por si só, a arbitrabilidade. O Judiciário somente pode considerar as exigências da ordem pública quando a decisão do árbitro violar ou deixar de observar preceito imprescindível para a proteção da organização do Estado.". Ao final o autor conclui que "o direito brasileiro somente impediria o recurso à arbitragem nos casos onde a regra da ordem pública suprimisse a própria disponibilidade do direito contratual."[24].

Na verdade, independentemente da riqueza do debate acima, aqui defenderemos a aplicabilidade da utilização da arbitragem nas questões que versem unicamente sobre os reflexos contratuais e patrimoniais da PI.

Não adentraremos, portanto, nas dificuldades relativas à extensão da clausula arbitral a terceiros e nem da submissão de terceiros aos efeitos relativos à sentença arbitral[25].

Nessa linha, entendemos que o interesse público, inerente aos temas que envolvem PI, estariam resguardados, na medida em que a arbitragem poderia versar sobre temas que não envolvem a concessão ou invalidade de uma patente, se limitando aos direitos patrimoniais relativos a ela.

A própria Lei de Propriedade Industrial permite que o titular da patente celebre contrato de licença para exploração, em seu artigo 61. Não há previsão de rito ou autorização do INPI para que o contrato possa ser celebrado.

Desta forma, fica claro que a partir do momento que a patente é concedida, seu titular passa a ter direito patrimonial disponível.

Desta feita, no que se refere aos direitos patrimoniais oriundos de direito de Propriedade Industrial, não vemos qualquer óbice à utilização de arbitragem, bem como inclusão de cláusula arbitral nos contratos, utilizando-se dessa via por vezes mais adequada para o litígio.

24 LOUREIRO, Luiz Guilherme de A. Vieira. Arbitragem e propriedade industrial. Revista de Direito Privado, v. 5, a. 2, jan./mar. 2001. P. 154/155.

25 Para aprofundamento no tema, remete-se o leitor à GAGLIARDI , Rafael Villa. O acesso da forma: contribuição do direito material à disciplina dos terceiros na arbitragem (uma análise a partir de casos emblemáticos da jurisprudência brasileira). Reforma a Lei de Arbitragem/ Leonardo Campos Melo, Renato Beneduzi (coordenação). Ed. Forense, Rio de Janeiro, 2016, p. 201/232 e MAZZONETO, Nathalia. A discussão em torno dos terceiros na arbitragem e a modernização da Lei de Arbitragem Brasileira. In Estudos sobre a Lei nº 13.129, de 26-5-2015/ Francisco José Cahali, Thiago Rodovalho, Alexandre Freire (coordenação). Ed. Saraiva, São Paulo, 2016, p. 443/460.

6. A viabilidade da renúncia quanto à alegação de validade do Direito de Propriedade Intelectual

Conforme visto acima, a análise da arbitrabilidade do direito envolvendo PI depende da verificação do litigio envolvido, concluindo-se pela viabilidade da submissão de ações que envolvam direitos patrimoniais.

Parte da doutrina já defende amplamente a possibilidade de escolha da arbitragem para discussões que envolvam a invalidade do direito[26], fazendo ressalvas e adequações de modo a garantir a segurança jurídica e o interesse público envolvido [27].

Entretanto, para fins desse artigo, limitaremos a questão a discussão sobre os direitos patrimoniais decorrentes da concessão pelo Órgão competente (INPI).

Assim, cabe verificar a viabilidade das partes expressamente renunciarem ao direito de discussão quanto a validade da concessão.

De fato, como forma de limitação da discussão sub judice e evitando-se futura arguição de nulidade da sentença arbitral, através de ação própria, com o fundamento de violação à ordem pública, entendemos ser plenamente viável às partes um acordo de renúncia à alegação de validade – ou invalidade – da concessão do direito pelo Órgão responsável.

Essa exclusão voluntária de jurisdição, retirando dos poderes dos Árbitros a possibilidade de decidir sobre essa questão, é direito das partes e pode ser plenamente exercido sem que isso viole o direito de defesa.

Assim como acontece em outros países[28], a exclusão da discussão sobre a (in) validade da concessão, viabiliza plenamente a submissão da questão patrimonial (e não pública, portanto), ao Juízo Arbitral[29].

---

26 Nesse sentido, remetemos à obra Arbitragem e Propriedade Intelectual, de Nathalia Mazzonetto (MAZZONETTO, Nathalia. Arbitragem e Propriedade Intelectual: aspectos estratégicos e polêmicos – São Paulo: Saraiva, 2017).

27 Defendendo essa posição, Edoardo Ricci: "(...) a suspensão por prejudicialidade externa é incompatível com a opção das partes pela arbitragem. A razão pela qual as partes escolhem os árbitros em lugar do juiz pode ser apenas uma: confiança nas avaliações do juiz privado. Exige-se, portanto, que o papel de solucionar as questões, das quais depende o julgamento sobre o objeto da lide, seja atribuído aos mesmos árbitros (embora, em sendo o caso, *incidenter tantum*). Mediante a suspensão por prejudicialidade externa, o juiz renuncia à aplicação de seu raciocínio, aceitando que a parte mais ou menos ampla das premissas de seu julgamento seja fixada por outro juiz. Trata-se, em essência, de espécie de delegação quanto à cognição preparatória da decisão, o que supõe a equivalência dos juízes e a negação do princípio da escolha de certo juiz em lugar de outro. O árbitro não seria árbitro, se pudesse delegar ao juiz seu raciocínio." (RICCI, Edoardo F. Lei de arbitragem brasileira – Oito anos de reflexão – Questões polemicas. São Paulo: Revista dos Tribunais, 2004, p. 177.).

28 Remetemos ao Item 2, infra.

29 Sobre o tema, Bernard Hanotiau "*Les raisons qui justifient l'attitude totalement ou partiellement restrictive de cetains Etats relativement à l'arbitrabilité des litiges en matière de propriété intellectuelle relèvent jurisdiquement de l'ordre public et ont une double origine: d'une part, les titres,*

A exclusão pode se dar, indistintamente, na própria cláusula arbitral ou no compromisso firmado, destacando as partes expressamente a limitação quando à discussão de invalidade do registro.

Nessa linha, a redação da cláusula arbitral ganha relevância ainda maior do que o normal. Se a redação do contrato com cláusula de arbitragem já é um tanto quanto delicada, nas hipóteses em que se está diante de contratos de PI essa dificuldade é aumentada, para evitar-se futuras alegações de nulidade via ação anulatória.

Pelo exposto, entendemos ser viável a expressa exclusão da discussão sobre a validade da concessão da patente, limitando a decisão do árbitro ou tribunal arbitral às questões relativas aos efeitos da concessão em si.

7. A possibilidade de participação do INPI

Outro ponto que é muito debatido pelos estudiosos que se dedicam a matéria ora em discussão, diz respeito à imprescindibilidade de participação do INPI nas ações relativas à PI.

Sobre esta questão a doutrina aponta três (supostos) óbices para a submissão da matéria para julgamento pela via arbitral: (i) o foro; (ii) a sua atuação obrigatória e (iii) a ausência de previsão expressa que autorize a sua participação no processo arbitral.

No que diz respeito ao primeiro ponto, como se sabe, o INPI é uma Autarquia Federal e, como tal, detém prerrogativa de foro, devendo as causas que envolvam a sua participação tramitarem na Justiça Federal, na forma do art. 109, inciso I, da Constituição Federal[30].

Entretanto, o seu privilégio de foro em nada se relaciona à sua impossibilidade de atuação em um procedimento arbitral. Essa premissa, inclusive, é válida para as arbitragens envolvendo direta ou indiretamente a administração pública, agora inquestionavelmente possíveis diante da expressa disposição legal que a permite (artigo 1º, § 1º, da Lei nº 9.307/1996).

Deste modo, o foro específico da Justiça Federal para a atuação do INPI no Poder Judiciário, enquanto Autarquia Federal, não inviabiliza a sua participação em processos arbitrais.

---

brevet ou marque, sont délivrés par une autorité publique et l'arbitre n'aurait pas les pouvoir de declarer nul ou inexistent un acte de puissance publique; d'autre part, ils ont pour objet de conférer à leus titulaire un monopole et donc de restreindre la liberte du commerce et de l'industrie." (HANOTIAU, Bernard. L'arbitrabilité, tiré à part du Recueil des cours. Haia: Martinus Nijhoff Publishers, 2003, tome 296 (2002), p. 102/103).

30 "Art. 109. Aos juízes federais compete processar e julgar:
I – as causas em que a União, entidade autárquica ou empresa pública federal forem interessadas na condição de autoras, rés, assistentes ou oponentes, exceto as de falência, as de acidentes de trabalho e as sujeitas à Justiça Eleitoral e à Justiça do Trabalho;".

Por outro lado, no que se refere ao segundo item, a participação do INPI nas ações envolvendo PI se dá na qualidade de custos legis, de forma a acompanhar o procedimento e, eventualmente, defender o ato emanado pelo Instituto.

Desse modo, é plenamente viável a sua participação também no procedimento arbitral, na qualidade de terceiro, atuando de forma isenta e sem participação direta no litígio.

Nessa linha, Jose Rogério Cruz e Tucci assevera que "a possibilidade de o INPI figurar no polo passivo decorre da própria lei, visto que o 4 do artigo 49 dispõe: "Pode ser determinada a vinculação genérica do Instituto Nacional da Propriedade Industrial a centros de arbitragem voluntária institucionalizada com competência para dirimir os conflitos referidos no n. 1 do artigo anterior, por meio de portaria do membro do Governo de que dependa este Instituto, a qual estabelece o tipo e o valor máximo dos litígios abrangidos, conferindo aos interessados o poder de se dirigirem a esses centros para a resolução de tais litígios". O INPI, portanto, pode ser acionado, *ope legis*, como litisconsorte passivo necessário."[31]

A própria utilização de amicus curie no processo arbitral já é vista com tranquilidade pelos arbitralistas, que defendem a eventual participação de terceiros que possam contribuir com os debates, auxiliando o tribunal arbitral.

Nesse sentido, Nathalia Mazzonetto defende que "Outra possibilidade que não pode ser descartada é a participação do INPI no procedimento arbitral como testemunha técnica, designada pelas partes ou, ainda, intimada a depor a pedido do tribunal arbitral, o que não é incomum no contexto da arbitragem."[32]

Assim, é factível se pensar que o INPI pode, por vezes, se limitar a auxiliar o tribunal arbitral, atuando como terceiro imparcial, para apoiar a decisão dos árbitros.

Por fim, quanto ao terceiro ponto, entendemos que não há qualquer necessidade de Lei expressa que permita ao INPI a sua participação em procedimentos arbitrais.

O Órgão, através de sua Procuradoria, poderia, sim, atuar auxuliando a corte arbitral, na qualidade de terceiro, unicamente para defender o ato ou prestar qualquer tipo de auxilio ou informação.

Trata-se, assim, de falsa polêmica, na medida em que hoje já é plenamente aceito pela jurisprudência e doutrina nacionais a participação da administração pública nos processos arbitrais.

Ademais, a própria participação obrigatória do INPI em litígios que não envolvam diretamente a invalidade da concessão patentária já é amplamente questionada pela doutrina pátria, que já defende que a sua participação deve ser analisada de maneira mais atenta.

31 CRUZ E TUCCI, Jose Rogério. Arbitrabilidade dos litígios sobre propriedade industrial. Consultor Jurídico, 23 set. 2015, disponível http://www.conjur.com.br/2014-set-23/paradoxo-corte-arbitrabilidade-litigios-direitos-propriedade-industrial (acessado em 28.09.2017).

32 MAZZONETTO, Nathalia. Op. Cit., p. 282.

Conclui-se, portanto, que o argumento da impossibilidade de participação do INPI, comumente utilizado como obstáculo para a utilização da arbitragem em casos de PI, deve ser reanalisado, sob a ótica da utilidade da contribuição do Órgão caso a caso, o qual pode servir de auxiliar da corte arbitral, se necessário.

8. Vantagens na utilização da via arbitral

Como visto acima, por vezes, é preferível a utilização da via arbitral para a resolução de litígios relacionados à PI. Dentre as principais vantagens, cita-se a especialidade do arbitro, a confidencialidade e a celeridade.

Nathalia Mazzonetto, em sua tese de doutoramento na qual defendeu a ampla viabilidade de submissão das matérias relacionadas à PI ao tribunal arbitral, enumera as principais vantagens atribuídas à arbitragem nesta área especifica:

> "a) a possibilidade de eleição pelas próprias partes do terceiro/tribunal arbitral a conhecer e julgar a demanda, participando de perto na administração da justiça e escolhendo, conforme a natureza e o objeto do litígio, não apenas árbitro que tenha formação técnica e não necessariamente base jurídica, assim como nacional de Estado específico. (...);
>
> b) na linha do que foi dito acima, a possibilidade de escolha também de todas as regras aplicáveis (ao procedimento; ao objeto em litígio; critérios a serem utilizados pelos árbitros para cálculos de indenizações – absolutamente pertinente quando se pensa que em PI a apuração de danos e a responsabilidade seguem critérios absolutamente diferentes do que aqueles fixados, de modo geral, pelo Código Civil pátrio, que são insistente e indevidamente replicados pela jurisprudência estatal mesmo nos casos de PI, em que a LPI disciplina de modo diverso etc. -, inclusive fixando a sede para fins de execução (enforcement) e outras medidas. Disso decorre, também, maior uniformidade, previsibilidade e segurança jurídica, aspectos relevantes quando se está a falar de um direito que, de regra, não se limita a um único Estado;
>
> c) flexibilidade e adaptação do processo ao litigio (também ao objeto litigioso) e à vontade das partes. Isso é ainda mais valioso quando se pensa na natureza dos direitos de PI, altamente híbrida (por ser direito privado, com impactos no público; por ser patrimonial, parte fruto da criação do intelecto – direitos morais, tudo isso marcado pela ubiquidade);
>
> d) perspectiva de maior celeridade na resolução do litígio, seja em razão do previsto em b e c acima, seja em razão de a pronúncia do tribunal arbitral ser final e definitiva, a menos que haja ressalva das partes a respeito, não desafiando a sentença arbitral recursos. Observa-se, neste particular, que a celeridade num contexto em que a pesquisa e o desenvolvimento de tecnologias sai atuais e efêmeros, tornando-os rapidamente obsoletos, é crucial. Não tem qualquer efeito uma resposta/solução tardia e é o que comumente se vê no âmbito do Judiciário, cujo tempo é outro, pela lógica do próprio sistema (processo garantista), e o foco não deixa de ser passado e reparação, esta ultima, ainda muito centrada nos bens materiais e palpáveis, difícil a compreensão em relação à perda de valor, danos e diluição/desgaste dos ativos imateriais;
>
> e) a confidencialidade como regra, o que também se apresenta como grande atrativo quando se pensa que os conflitos de PI trazem, via de regra, segredos de negócios, informações privilegiadas e de natureza sigilosa dos players envolvidos. A confidencialidade também é um diferencial quando se pensa em reflexos na valoração dos ativos imateriais e na ausência

de precedentes, inclusive quando a decisão é diversa, o que pode ter impacto não apenas no contexto de uma jurisdição específica, mas também em relação ao bem imaterial em si e com impactos globais. Recorda-se que nem sempre se consegue obter o tão almejado segredo de justiça nas cortes estatais em litígios de PI, a rigor, indispensável para resguardar a alma do negócio do(s) ligitante(s). Com efeito, a jurisprudência estatal mostra que são restritos os casos em que o sigilo é decretado, eis que não se reconhece como presentes quaisquer das hipóteses do art. 155 do CPC, correspondente ao art. 189 do NCPC, já que a regra na via judicial é a publicidade;

f) foco nas soluções de negócio e relações mantidas entre as partes, assim como cost-efficient. De se notar que, em determinados setores e indústrias, os fornecedores, parceiros e pesquisadores acabam sendo sempre os mesmos e únicos no mercado, do que decorre uma especial preocupação em manter boas relações, evitando-se atritos e desgaste, na medida em que certamente voltarão a se relacionar. Vale dizer que, sendo o processo arbitral mais informal, flexível e, acima de tudo oral, de fato, os laços mantidos entre os envolvidos podem ser, em princípio, mais bem resguardados;

g) busca por fórum neutro, mais blindado a pressões políticas e intervenções locais, que dão à disputa um viés, por vezes, indesejado. Nesse particular, chama-se atenção para a praxe que se tornou bastante frequente, no País e na área de PI, de associações de classe postularem intervenção em processos em curso, ainda que limitados a embates de ordem estritamente privada, invocando interesse de natureza social, pública e outros, sob as veste de "interesse jurídico" ou, ainda, "institucional", retardando o processo e soluções, importante custos adicionais também, onerando, em ultima analise, as partes originarias, quando não prejudicando a tutela perseguida e dando desviada conotação coletiva, quando a questão é puramente individual;

h) custos que podem ser mais bem dimensionados, inclusive no que tange à fixação das verbas sucumbenciais, e até menores, se no confronto com outras vias, no decorrer do tempo. Aqui se chama a atenção para as modificações que advém com a vigência do NCPC e terão importantes reflexos no custo dos processos judiciais. Há de se considerar também os ditos custos indiretos, de transação e perda de oportunidades;

i) uniformidade de tratamento da questão dos direitos de PI em jogo, quando se considera que os contratos de PI são estendidos a diversas jurisdições. O recurso à arbitragem pode, assim, representar uma tentativa de afastar o perigoso paralelismo de decisões e a quadra da lógica de sistema. De fato, os litígios de PI são conflitos de dimensões internacionais e que normalmente buscam um posicionamento/uma diretriz global em relação ao tema/ao direito/ativo envolvido. Disso decorre que não apenas pode ser extremamente custoso e até inviável iniciar um litígio, seja ele judicial, seja ele arbitral, em diversas jurisdições, sem deixar de lado a questão do tempo disso e dos impactos nas tecnologias/ativos em debate, resultando possíveis decisões conflitantes e desarmônicas, quando o ideal seria obter uma uniformidade de orientação, que a arbitragem pode proporcionar."[33]

Veja-se, portanto, que além dos benefícios comumente citados, nos conflitos que envolvem a Propriedade Industrial, as vantagens podem ser ainda maiores.

Um exemplo claro é a especialidade do árbitro. Por óbvio, a especialidade do julgador, em qualquer caso, pode vir a beneficiar as partes, para um julgamento mais

33 MAZZONETTO, Nathalia. Op. Cit. p. 59/63.

correto, entretanto, nos casos de matéria de PI, diante da complexidade da questão posta, esse ponto pode trazer até mesmo rapidez e economicidade para o processo.

Ademais, a questão da universalidade da arbitragem, com a escolha pela lei aplicável, além da sede da arbitragem e outros, traz também inúmeros proveitos para os litígios dessa área.

Outra questão importante diz respeito à celeridade do procedimento arbitral. No Poder Judiciário tramitam hoje no Brasil mais de cem milhões de processos judiciais. O elevado volume de matérias tratadas pelos juízes togados e a isonomia necessária para o andamento de todas as causas (independentemente do seu grau de complexidade)[34], são extremamente prejudiciais para as lides relacionadas à PI.

O tempo da decisão nesses casos, diante dos prejuízos e da fluidez das inovações, é tremendo e também deve ser considerado ao optar-se pela via da arbitragem.

Deste modo, são inúmeros os benefícios que podem ser sentidos pelas partes na escolha da via arbitral para julgamento das causas de PI. A proveitosa experiência internacional nessa matéria já demonstra a necessidade de maturação da lei brasileira nessa área.

8. Conclusão

Por tudo que acima se expôs, conclui-se que a via arbitral pode, sim, ser uma escolha mais adequada para julgamento de determinadas matérias envolvendo Propriedade Industrial.

Os óbices comumente citados, como a violação à ordem pública e a imprescindibilidade de integração do INPI merecem e devem ser revisitados, apurando-se, caso a caso, se estar-se efetivamente diante de uma hipótese de inarbitrabilidade.

Atualmente, diante da inequívoca ineficiência do Poder Judiciário na resolução de determinados conflitos e da clara opção política pelo prestígio aos chamados ADR's, enquanto meios adequados de resolução de conflito, o prestigio à escolha da via arbitral nas lides que envolvem PI vem em uma crescente.

Impõe-se atentar, somente, para os perigos que envolvem posteriormente a execução da sentença arbitral, evitando-se questões que possam acarretar a anulação do laudo.

Deste modo, para "blindar", por assim dizer, o pronunciamento final do tribunal arbitral, os especialistas devem sempre atentar para a redação da cláusula e compromisso arbitral, de modo minimizar os riscos de um questionamento que afastará a jurisdição dos árbitros.

Pesquisa internacional conduzida pela OMPI voltada para identificar e traçar um perfil dos principais critérios que levam empresas e advogados a incluir os ADR's de-

34 O novo Código de Processo Civil trouxe regras ainda mais rígidas no que se refere ao tramite dos processos em cartório, valendo citar, como principal exemplo, o art. 12.

monstra dados surpreendentes[35]. Na área específica de PI, também o aumento do número de ações demonstra a relevância do tema e a necessidade de uma análise mais atenta da questão[36].

Deve-se, assim, pensar-se em um marco legal sobre a questão, de forma a regulamentar, de forma expressa, a matéria, introduzindo as balizas para o fortalecimento da arbitragem nas lides de Propriedade Industrial.

Referências bibliográficas

BARBOSA, Denis Borges. Uma Introdução à Propriedade Intelectual. Pg. 10. Segunda Edição Revista e Atualizada. Disponibilizada segundo os termos da licença Attribution-Non-Commercial-NoDerivs 2.0 Generic.

BINENBOJM, Gustavo. "Da supremacia do interesse público ao dever de proporcionalidade: um novo paradigma para o direito administrativo". In: Revista de Direito Administrativo 239, 2005.

CAHALI, Francisco José. Curso de Arbitragem: mediação: conciliação : resolução CNJ 125/2010. 5ª ed. revista e atualizada, de acordo com a Lei 13.140/2015 (marco legal da mediação) e o Novo CPC. São Paulo: Editora Revista dos Tribunais, 2015.

CAPPELLETTI, Mauro [s/ indicação de tradutor], Os métodos alternativos de solução de conflitos no quadro do movimento universal de acesso à justiça, Revista de Processo, v. 74, São Paulo: Revista dos Tribunais, 1994, p. 82-97.

CARMONA, Carlos Alberto, in Arbitragem e Processo, um comentário à Lei 9.307/96. 3ª Ed. rev., atual. e ampl. São Paulo, Atlas, 2009.

CRUZ E TUCCI, Jose Rogério. Arbitrabilidade dos litígios sobre propriedade industrial. Consultor Jurídico, 23 set. 2015, disponível http://www.conjur.com.br/2014-set-23/paradoxo-corte-arbitrabilidade-litigios-direitos-propriedade-industrial.

DE PINHO, HUMBERTO DALLA BERNADINA. Direito Processual Civil Contemporâneo. P. 879. 6ª Edição, Rio de Janeiro. Ed. Saraiva. 2015.

DI PIETRO, Maria Sylvia Zanella. Direito Administrativo. 23ª ed., São Paulo: Atlas, 2010.

DINAMARCO, Cândido Rangel. A arbitragem na teoria geral do processo. São Paulo, Malheiros, 2013.

GAGLIARDI, Rafael Villa. O acesso da forma: contribuição do direito material à disciplina dos terceiros na arbitragem (uma análise a partir de casos emblemáticos da jurisprudência brasileira). Reforma a Lei de Arbitragem/ Leonardo Campos Melo, Renato Beneduzi (coordenação). Ed. Forense, Rio de Janeiro, 2016, p. 201/232.

35 WORLD INTELLECTUAL PRIPRIETY ORGANIZATION. Results of the international survery on dispute resolution in technology transaction. http://www.wipo.int/amc/en/center/survey/results.html

36 WORLD INTELLECTUAL PRIPRIETY ORGANIZATION. WIPO guide on alternative dispute resolution options for intellectual property offices and courts. Jul. 2015. http://www.wipo.int/export/sites/www/amc/en/docs/adrguidejuly2015.pdf

HANOTIAU, Bernard. L'arbitrabilité, tiré à part du Recueil des cours. Haia: Martinus Nijhoff Publishers, 2003, tome 296 (2002).

LEMES, Selma Maria Ferreira. Arbitragem em propriedade intelectual. Disponível em http://www.camarb.com.br/areas/subareas_conteudo.aspx?subareano=35.

LOUREIRO, Luiz Guilherme de A. Vieira. Arbitragem e propriedade industrial. Revista de Direito Privado, v. 5, a. 2, jan./mar. 2001.

MARCUS, Richard L.; SHERMAN, Edward F.. Complex litigation – cases and materials on advanced civil procedure. 4 ed. St. Paul: Thomson West, 2004, p. 891. No original: "The advantages often claimed for arbitration include speed, economy, expertise of the decision-maker, privacy, greater informality, convenience of time and place settings, and finality without recourse to appeal".

MAZZONETTO, Nathalia. Arbitragem e Propriedade Intelectual: aspectos estratégicos e polêmicos – São Paulo: Saraiva, 2017.

______. A discussão em torno dos terceiros na arbitragem e a modernização da Lei de Arbitragem Brasileira. In Estudos sobre a Lei n. 13.129, de 26-5-2015/ Francisco José Cahali, Thiago Rodovalho, Alexandre Freire (coordenação). Ed. Saraiva, São Paulo, 2016, p. 443/460.

RICCI, Edoardo F. Lei de arbitragem brasileira – Oito anos de reflexão – Questões polemicas. São Paulo: Revista dos Tribunais, 2004.

SOUZA JR, Lauro da Gama e. "Sinal verde para a arbitragem nas parcerias público-privadas – a construção de um novo paradigma para os contratos entre o Estado e o investidor privado". In: Prática em arbitragem (obra coletiva). Rio de Janeiro, Forense Universitária, 2008.

Sub-Rogação da Seguradora em Direito Abarcado por Compromisso Arbitral

Pedro Cavalcanti Rocha

1. Introdução

Não são precisos grandes esforços para se perceber que nos últimos anos as relações societárias intensificaram-se, com o consequente crescimento de operações e as celebrações de diversos pactos em prol de uma estabilização do mercado brasileiro perante o mundo. É evidente que a globalização e a abertura das fronteiras também contribuíram com a criação e/ou evolução de técnicas e institutos que se encaixam nessa nova realidade.

Em linhas gerais, entende-se que o mencionado panorama fez com que os "players" do mercado necessitassem de um procedimento ágil e especializado para a solução de seus conflitos. Dentre os meios adequados de solução de conflitos, um dos que mais tem se destacado na última década no Brasil é certamente a arbitragem.

Não é verdadeira a máxima no sentido de que magistrados não teriam o conhecimento específico para julgar as causas que, na maioria das vezes, são encaminhadas para a arbitragem, pois, como se sabe, os testes de aptidão para magistratura envolvem todas as matérias de direito e o seu nível de cobrança é extremo e exaustivo desde o direito penal até o empresarial.

O que ocorre, na prática, é uma impossibilidade administrativa de o magistrado julgar, por exemplo, um caso complexo de construção, que pode envolver mais de um milhão de páginas em documentações técnicas a serem lidas e estudadas para a resolução daquela lide.

Os magistrados possuem o dever de julgar milhares de outros processos, com prazos curtos estipulados pelo Conselho Nacional de Justiça (CNJ), sendo certo que não possuem o tempo suficiente para a correta análise de demandas tão extensas. Neste contexto, surge a arbitragem como solução ideal para as partes que possuem um litígio com amplitude relevante e que necessitem de celeridade na solução final da controvérsia.

Ao meu ver, dizer que um árbitro julgará melhor uma demanda do que um magistrado, de forma genérica, é uma irresponsabilidade, ao mesmo tempo que afirmar que um procedimento arbitral complexo tende a ter uma resolução final de maneira mais rápida do que um procedimento judicial de mesma complexidade, parece-me razoável. A arbitragem é mais célere que a justiça estatal, mas não necessariamente de melhor qualidade técnica.

Voltando à intensificação das parcerias entre os grupos de empresas, que leva a um dinamismo exacerbado das relações bilaterais clássicas do contrato, o presente trabalho tratará da sub-rogação e, em seguida, da sub-rogação da cláusula compromissória inserta no contrato. A sub-rogação é instrumento de constante crescimento e utilização, pois permite a modificação subjetiva da relação contratual pelo simples ato de quitação da obrigação[1].

Essa forma de transmissão de créditos permite que os riscos associados a uma determinada relação obrigacional sejam modificados por diversas vezes. O Código Civil brasileiro, entendendo a importância do instituto, destinou capítulo específico para a sub-rogação geral, confirmando a aplicação do instituto em outras situações específicas, quando, conforme também será exposto neste artigo, compreende-se a "sub-rogação legal".

Em uma dessas hipóteses, por exemplo, está o art. 786[2], que, inserido na seção específica de seguro de dano, define a regra geral da sub-rogação securitária. Exposta a breve introdução sobre ambos os institutos (arbitragem e sub-rogação), este artigo passará a expor a problemática existente na conjectura em que a seguradora sub-roga-se nos direitos garantidos por um contrato em que esteja prevista a resolução dos conflitos por arbitragem.

Nesses casos, há necessidade de observância integral da cláusula arbitral ou existe possibilidade de flexibilização? Se existe, a flexibilização deve ser aceita por parte da seguradora, de quem ocasionou o dano ou de ambos? Quais são, em suma, os limites impostos à seguradora na sub-rogação, no que tange à cláusula compromissória?

Essas são algumas das perguntas que este trabalho tentará responder, expondo, inicialmente, apresentações um pouco mais aprofundadas de ambos os institutos para, posteriormente, analisar como vêm se posicionando alguns dos Tribunais do país nessa e em questões semelhantes. Ao fim, buscará concluir pela melhor forma de aplicação dos institutos na situação específica.

2. Sub-rogação no direito brasileiro

Fabiane Verçosa esclarece a origem da sub-rogação no direito brasileiro, afirmando que, inicialmente, o dispositivo legal que tratava do assunto estava presente

1 Neste sentido, Carlos Roberto Gonçalves: "O aspecto especulativo, o fim de lucro, é elementar na cessão de crédito, mas não o é na sub-rogação. A cessão de crédito é feita, em geral, por valor diverso deste, enquanto a sub-rogação legal ocorre na exata proporção do pagamento efetuado. Na sub-rogação, ocorre pagamento, enquanto a cessão de crédito é feita antes da satisfação do débito. O pagamento com sub-rogação também não se confunde com novação subjetiva por substituição de credor, por lhe faltar o animus novandi. Outrossim, enquanto na novação são as partes na relação original que convencionam a substituição, com a aquiescência do novo titular, na sub-rogação o vínculo prescinde dessa anuência, decorrendo precipuamente da lei. Mesmo quando é convencionada, inexiste a integração prévia de todas as vontades" (GONÇALVES, Carlos Roberto. Direito Civil Brasileiro, vol. 2: teoria geral das obrigações; 11ª ed.; São Paulo: Saraiva, 2014, p. 336).

2 Art. 786 do Código Civil: "Paga a indenização, o segurador sub-roga-se, nos limites do valor respectivo, nos direitos e ações que competirem ao segurado contra o autor do dano".

apenas no capítulo de "Seguros Marítimos" do Código Comercial. Isso fez com que pairassem dúvidas na academia sobre a aplicação do instituto fora daquele ramo securitário. O Código Civil de 1916 normatizou, em seu artigo 985, III, a possibilidade de terceiro interessado quitar o crédito, sub-rogando-se, e, novamente, iniciou-se discussão doutrinária e jurisprudencial sobre a possibilidade de a seguradora ser classificada como terceiro interessado[3].

A pacificação veio apenas com a criação de dois enunciados de súmula pelo Supremo Tribunal Federal, sendo, o primeiro de número 188, que afirma o fato de o segurador ter ação regressiva contra o causador do dano, nos termos do limite do pagamento e do estipulado na apólice. Já o segundo enunciado, de número 257, confirma a possibilidade do pagamento de honorários advocatícios em ação regressiva da seguradora contra o causador do ano, ou seja, quando aperfeiçoada a sub-rogação.

Resolvendo a questão de forma definitiva, o Código Civil de 2002 traz, em seu art. 786, a sub-rogação securitária, em artigo específico dentro do capítulo de seguro de dano, confirmando o fato de que o pagamento da indenização faz com que o segurador sub-rogue-se nos direitos do segurado.

O professor Caio Mario da Silva Pereira define sub-rogação como "transferência da qualidade creditória para quem solveu a obrigação de outrem ou emprestou o necessário para isso" [4]. A partir do momento em que ocorre a sub-rogação, o sub-rogado assume o papel e a situação jurídica antes pertencente ao credor originário[5].

Conforme visto anteriormente, o que diferencia a sub-rogação da cessão de pagamento é que o primeiro instituto só ocorre quando há quitação do crédito. Entretanto, sendo a quitação elemento essencial para que se ocorra sub-rogação, bem como a extinção da obrigação, faz-se interessante a distinção desses dois institutos.

Pela "teoria da transferência de crédito", entende-se que, exatamente por haver elemento essencial da extinção da obrigação quando da sub-rogação, este nada mais é do que um caso particular de cessão de crédito, sendo esta teoria encampada por Gaudemet e De Page[6]. Não obstante, Pothier e Merlin dão origem a "teoria do mandato", entendendo que o devedor seria uma espécie de "mandatário" de sua dívida[7].

A doutrina atual rechaça ambas as teses supramencionadas. No entendimento de Caio Mario da Silva Pereira, não há explicação adequada da modalidade legal de sub-rogação, bem como o instituto não depende da vontade do devedor para que seja

3 VERÇOSA, Fabiane. 'Arbitragem e Seguros: Transmissão da Cláusula Compromissória à Seguradora em Caso de Sub-Rogação' (2006) 3 Revista Brasileira de Arbitragem, Issue 11, pp. 46–55.

4 PEREIRA, Caio Mario da Silva. Instituições de Direito Civil – Teoria Geral das Obrigações. Vol. II, 25ª ed., 2012, p. 212.

5 DE PAGE, Henri. Traité élémentaire de droit civil belge, III, 2ª parte, nº 513.

6 DE PAGE, Henri. Traité élémentaire de droit civil belge, III, 2ª parte, nº 513.

7 PEREIRA, Caio Mario da Silva. Op. Cit., p. 212.

realizado[8]. A sub-rogação é, portanto, o pagamento por terceiro ao credor, que passa a ser satisfeito de tal dívida.

Flávio Tartuce, buscando diferenciar de vez o instituto da sub-rogação e o da cessão de crédito, pontua, objetivamente, três principais questões: (i) enquanto na sub-rogação há mera substituição do credor, na cessão de crédito há transmissão das obrigações; (ii) salvo hipótese do art. 347, I, do Código Civil[9], na sub-rogação não há necessidade de notificação do devedor, enquanto na cessão de crédito há sempre essa necessidade (art. 290, Código Civil)[10] e; (iii) a sub-rogação possui sempre caráter gratuito, enquanto a cessão de crédito pode possuir caráter oneroso[11].

Ponto que parece pacífico, ao menos na doutrina atual, é o de que a relação jurídica se mantém, com os mesmos privilégios e garantias tanto em relação ao devedor, quanto em relação ao novo credor, entendendo, inclusive, o professor Arnold Wald que a relação obrigacional é exatamente a mesma, vigorando assim idênticas características e atributos[12]. Ainda neste sentido, nada menos que Pontes de Miranda inclina-se no sentido de que, além do crédito em si, todos os seus acessórios são transferidos, definindo essa transposição como elemento essencial da sub-rogação pessoal[13].

O próprio art. 349 do Código Civil de 2002, que trata do pagamento com sub-rogação, é sucinto em afirmar que: "A sub-rogação transfere ao novo credor todos os direitos, ações, privilégios e garantias do primitivo, em relação à dívida, contra o devedor principal e os fiadores" (Grifou-se). A redação dá a entender que existe uma transferência total da obrigação com seus ônus e bônus, porém, o foco no novo credor e não na bipolaridade da obrigação faz surgir questionamentos como o objeto deste artigo.

Sobre a questão, Maria Helena Diniz:

> "substituição de uma coisa por outra, com os mesmos ônus e atributos, caso em que se tem a sub-rogação real, ou a substituição de urna pessoa por outra, que terá os mesmos direitos

---

8 PEREIRA, Caio Mario da Silva. Op. Cit., p. 213.

9 Art. 347 do Código Civil. A sub-rogação é convencional: I – quando o credor recebe o pagamento de terceiro e expressamente lhe transfere todos os seus direitos; II – quando terceira pessoa empresta ao devedor a quantia precisa para solver a dívida, sob a condição expressa de ficar o mutuante sub-rogado nos direitos do credor satisfeito.

10 Art. 290 do Código Civil. A cessão do crédito não tem eficácia em relação ao devedor, senão quando a este notificada; mas por notificado se tem o devedor que, em escrito público ou particular, se declarou ciente da cessão feita.

11 TARTUCE, Flavio. Manual de direito civil: volume único. Rio de Janeiro: Forense; São Paulo: Método, 2016, p. 423.

12 WALD, Arnoldo. Curso de direito civil brasileiro: obrigações e contratos, 12ª ed., São Paulo: Revista dos Tribunais, 1995, p. 103.

13 PONTES DE MIRANDA, Francisco Cavalcanti. Tratado de Direito Privado, Tomo XXIV. Rio de Janeior: Borsoi, 1959, §2.962, p. 292.

> e ações daquelas hipóteses em que se configura a sub-rogação pessoal de que trata o Código Civil no capítulo referente ao pagamento com sub-rogação"[14].

Em sentido semelhante, o professor Carlos Roberto Gonçalves:

> "sub-rogação é a substituição de uma pessoa, ou de uma coisa, por outra, com relação jurídica. Neste caso a coisa que torna o lugar da outra fica com os mesmos ônus e atributos da primeira. É o que ocorre, por exemplo, na sub-rogação do vínculo da inalienabilidade, em que a coisa gravada e pelo testador ou doador é substituída por outra, ficando esta sujeita àquela restrição" [15].

Conclui-se, portanto, que, apesar da forma genérica com que o Código Civil expôs o artigo 349[16], não apenas os bônus, mas, também, os ônus devem ser suportados por quem sub-roga-se em direito de terceiro.

3. Diferentes tipos de sub-rogação

A sub-rogação pode ser subjetiva ou objetiva, sendo certo que, quando se fala em sub-rogação objetiva, diz-se respeito ao bem sub-rogado. O professor e magistrado Pablo Stolze, buscando exemplificar a sub-rogação objetiva, descreve o exemplo de um bem gravado em herança com cláusula de inalienabilidade, sendo certo que o sucessor apenas poderá aliená-lo com autorização judicial.

Diferente da sub-rogação objetiva, o foco deste estudo é a sub-rogação subjetiva, quando há substituição do credor da obrigação e não do objeto da obrigação e/ou seus direitos e deveres.

Ainda assim, faz-se importante mencionar a diferenciação entre a sub-rogação legal e a convencional. A legal, prevista no art. 346 do Código Civil[17], possui três opções definidas em seus incisos.

A primeira ocorre quando há dívida comum, sendo que um dos devedores paga ao credor preferencial a totalidade da dívida, ou, até mesmo, um dos credores quita com o outro o débito, sub-rogando-se em sua totalidade. Isso poderia ocorrer, por

---

14 DINIZ, Maria Helena. Curso de direito civil brasileiro. Teoria gera l das obrigações. 24ª ed. São Paulo: Saraiva, 2009. v. 2, p. 275.

15 GONÇALVES, Carlos Roberto. Op. Cit. 336.

16 Art. 349. A sub-rogação transfere ao novo credor todos os direitos, ações, privilégios e garantias do primitivo, em relação à dívida, contra o devedor principal e os fiadores.

17 Art. 346. A sub-rogação opera-se, de pleno direito, em favor: I – do credor que paga a dívida do devedor comum; II – do adquirente do imóvel hipotecado, que paga a credor hipotecário, bem como do terceiro que efetiva o pagamento para não ser privado de direito sobre imóvel; III – do terceiro interessado, que paga a dívida pela qual era ou podia ser obrigado, no todo ou em parte.

exemplo, no caso de hipoteca de bem do devedor que interessa a um dos credores, em que o credor pode quitar a dívida do outro para, posteriormente, buscar a execução do bem hipotecado.

A segunda hipótese trata dos casos em que o comprador de bem hipotecado pode quitar a hipoteca – garantindo assim o bem adquirido livre de garantias e/ou de alienações judiciais –, sub-rogando-se nos direitos do credor hipotecário contra o devedor que, neste caso, seria o vendedor do bem. Não apenas quem o comprova, mas também o terceiro que possui algum interesse no bem hipotecado poderá se valer dessa hipótese.

A terceira e última, porém, a mais importante ao presente estudo, trata da hipótese em que um terceiro paga dívida a que poderia vir a ser obrigado a pagar, no todo ou em parte, no futuro. Exemplo clássico para esse tipo de sub-rogação ocorre nos casos de fiança ou dívida solidária, quando, por estarem obrigados legalmente, terceiros que não os diretamente relacionados na obrigação quitam a dívida, sub-rogando-se nos direitos de cobrança contra o terceiro, verdadeirol causador da obrigação.

Não é difícil perceber que a sub-rogação securitária se encontra mais próxima da terceira hipótese: uma vez coberto o risco pela apólice de seguro de dano, o segurador paga ao segurado a indenização, sub-rogando-se nos direitos contra o terceiro causador do dano.

Por fim, a sub-rogação pode ocorrer da forma convencional, ou seja, não prevista em lei, partindo da vontade das próprias partes em negociar, o que ocorre quando o credor recebe pagamento de terceiro, não classificado em nenhuma das hipóteses legais, e expressamente lhe transmite todos os seus direitos. Essa situação, apesar de muito semelhante à cessão de crédito, possui limitações como, por exemplo, estar necessariamente atrelada à quantia sub-rogada.

Ainda sobre a convencionalidade, a sub-rogação ocorre também quando o mutuante empresta ao devedor a precisa quantia para quitar a dívida, sob condição de sub-rogar-se nos direitos do credor satisfeito. Exemplo este muito comum em negócios realizados pela Caixa Econômica Federal, que liquida débitos de devedores fornecendo financiamentos em condições mais favoráveis[18].

Concluindo, faz-se necessário retomar, apesar de já mencionadas, as conclusões sobre os efeitos ocorridos quando da sub-rogação. Aqui também vale distinguir a sub-rogação legal da convencional, sendo certo que, enquanto na convencional, a autonomia da vontade das partes prevalece, podendo as partes pactuarem em que medida cada obrigação e dever será transmitida[19], na sub-rogação legal, a substituição do polo obrigacional se dá em sua totalidade.

---

18 VENOSA, Sílvio de Salvo, Teoria Geral das Obrigações e Teoria Geral dos Contratos, 2ª ed. São Paulo: Saraiva, 2002, p. 279.

19 GAGLIANO, Pablo Stolze. Novo curso de direito civil, volume 2: obrigações / Pablo Stolze Gagliano, Rodolfo Pamplona Filho – 15ª ed. rev. e atual. – São Paulo: Saraiva, 2014, p. 239.

O distinto professor Caio Mário da Silva Pereira, ao meu ver, é quem melhor define os efeitos da sub-rogação legal:

> "Admitindo, ao revés, que se trata da mesma relação obrigacional anterior, que é exercida pelo terceiro solvente, nenhum óbice há para que se aceite que ele vigore com as mesmas características em relação ao sub-rogatário, as quais são oponíveis aos credores anteriores à sub-rogação.
>
> Se a etimologia da sub-rogação não encontra unanimidade na doutrina, seus efeitos não despertam as mesmas controvérsias: o sub-rogatório fica investido de todos os direitos, ações, privilégios e garantias do primitivo credor, seja contra o devedor principal, seja contra os seus fiadores (Código Civil de 2002, art. 394). Opera, pondo o credor sub-rogado na situação do primitivo, preferindo a qualquer outro credor, anterior à sub-rogação. Seja legal ou convencional, adquire o sub-rogatário o próprio crédito, tal qual é. E, sendo este titular de direitos contra o devedor e contra seus fiadores e garantes, o sub-rogatário igualmente os tem. Pela mesma razão, o devedor pode opor ao sub-rogatário as exceções pessoais que tinha contra o credor primitivo. O sub-rogatário, portanto, suporta as exceções que o sub-rogante teria de enfrentar. Na sub-rogação convencional valem as restrições impostas aos direitos do sub-rogado, como também a cláusula que o legitime a reembolsar-se no caso de ser insolvente o devedor. Se, entretanto, a dívida não existir, cabe a ação de repetição contra o accipiens"[20].

4. Extensão da cláusula arbitral

Calcada na autonomia da vontade das partes, a arbitragem é um método adequado de resolução de conflitos em que os litigantes optam, por livre escolha, em excluir a jurisdição estatal, entregando-a a um ou mais árbitros, para solucionar aquela demanda específica. Esse método é muito utilizado em litígios que envolvam alto índice de complexidade de especialidade.

Dentre as vantagens da opção pela arbitragem estão a celeridade na decisão final – considerando que a sentença arbitral final não é recorrível – e a possibilidade de escolha dos árbitros. Especificamente para litígios de alta complexidade envolvendo direito securitário, parece-me adequado o uso da arbitragem, pois a área securitária traz diversas nuances que apenas juristas especializados são capazes de interpretar da forma adequada.

Além disso, a celeridade nas relações securitárias é essencial. Por exemplo, em sendo negada a indenização de seguro garantia para a continuação de uma grande obra que esteja sendo construída e tenha sido paralisada por algum evento danoso, a demora na definição pela cobertura securitária pode ocasionar a paralisação da obra, com a consequente deterioração do que já foi construído até aquele momento.

Por isso, muitas vezes o segurado se encontra dependente da indenização securitária para a continuação de sua atividade, enquanto, para a seguradora, a resolução célere com a definição da necessidade de pagamento ou não de indenização traz

20 PEREIRA, Caio Mario da Silva. Op. Cit., p. 214.

dinamismo às relações contratuais e, principalmente, ao provisionamento de receita. Sabe-se que o provisionamento limita a tomada de decisões sobre a aquisição de novos riscos pela seguradora e, por isso, principalmente em termos de economia de mercado, a rápida definição quanto à cobertura secretária se faz importante.

Preceitua o §1º do art. 4º da Lei de Arbitragem que: "A cláusula compromissória deve ser estipulada por escrito, podendo estar inserta no próprio contrato ou em documento apartado que a ele se refira". Ou seja, por opção do legislador, não há convenção arbitral verbal, sendo certo que os contratantes devem assinar o contrato contendo a cláusula, tendo eles, portanto, pleno conhecimento de seu escopo.

Pacífico é o entendimento sobre a necessidade da existência de cláusula escrita, até porque, como vimos, o requisito está expresso em lei. Entretanto, a necessidade de assinatura de determinada parte à convenção vem sendo cada vez mais relativizada pela doutrina e pela jurisprudência. Conforme bem aponta João Marçal[21], dentre as hipóteses de extensão dos efeitos da cláusula compromissória, a mais conhecida é a teoria do "Grupo de Companhias", que teve seu leading case no Caso Dow Chemical[22].

Naquela ocasião, quatro empresas do Grupo Dow Chemical iniciaram arbitragem perante a International Chamber of Commerce (ICC) contra Isover Saint-Gobain. Entretanto, apenas duas das sociedades autoras assinaram os contratos de distribuição que continham convenção arbitral. O Tribunal Arbitral sediado na França reconheceu a jurisdição de todas as quatro autoras em sentença parcial, definindo, naquela ocasião, a tese do "Group of Companies", ao afirmar que, apesar de formalmente serem companhias diferentes e independentes, na prática, representavam uma só economia, o que permitiria, portanto, a extensão dos efeitos da cláusula compromissória.

Segundo Marçal:

> "Assim, pode-se inferir que a assinatura de uma convenção de arbitragem constitui apenas um ato formal que comprova o consentimento da parte em se submeter ao procedimento arbitral. Além disso, como qualquer outra formalidade, tal ato pode ser dispensado se a finalidade para a qual ele existe (na hipótese vertente, a comprovação do consentimento) puder ser alcançada de outra maneira. Noutros termos, se existir outro modo de comprovar o consentimento, o simples ato de formalização por meio da assinatura é dispensável. Restou claro no caso Dow Chemical que interessava mais aos árbitros a realidade econômica dos contratos do que meros formalismos jurídicos"[23].

---

21 SILVA, João Marçal Rodrigues Martins da. A extensão dos efeitos da Cláusula de Arbitragem para partes não signatárias. Disponível em: https://www.maxwell.vrac.puc-rio.br/16779/16779.PDF. Acesso em 2/9/2017.

22 Para maiores informações sobre o caso: https://www.trans-lex.org/204131/_/icc-award-no--4131-yca-1984-at-131-et-seq-/. Acesso em 2/9/2017.

23 SILVA, João Marçal Rodrigues Martins da. Op. Cit. p. x.

No Brasil, o Tribunal de Justiça de São Paulo foi o que primeiro adotou a teoria quando do julgamento da Apelação Cível 2674504/6-00, que ficou conhecido como "Caso Trelleborg"[24].

A ANEL – Empreendimentos, Participações e Agropecuária Ltda, sócia da empresa PAV – Projetos e Aplicações de Vibrotécnica e Vedação Ltda., realizou negociação comercial com a Trelleborg Industri AB, resultante na constituição da empresa Trelleborg PAV Indústria e Comércio Ltda, formada da união da PAV com a subsidiária brasileira Trelleborg do Brasil Ltda. Posteriormente, a ANEL descobriu que outra empresa do Grupo Trelleborg adquiriu a empresa AVS Brasil Getoflex, o que inviabilizaria o seu negócio, pois, segundo a ANEL, a AVS era sua principal concorrente no mercado nacional.

Consequentemente, a ANEL iniciou procedimento arbitral buscando a dissolução da empresa criada, bem como apuração de perdas, danos e lucros cessantes. Em um dos polos da arbitragem estava a Trelleborg do Brasil Ltda, empresa que formalmente assinou o contrato com cláusula compromissória, e a Trelleborg Industri AD, empresa que participou de toda a negociação com a ANEL à época da celebração contratual.

As empresas do Grupo Trelleborg recusaram-se a participar da arbitragem, motivo pelo qual foi ajuizada ação para instituição de arbitragem, normatizada no art. 7º da Lei 9.307/96[25]. Em sentença, o juízo da 13ª Vara Cível da Capital de São Paulo indeferiu a preliminar de ilegitimidade passiva arguida pela Trelleborg Industri AB, decisão que foi mantida pela 7ª Câmara de Direito Privado daquele tribunal:

> "É o que se vê nos autos, em que não obstante inexistente assinatura da apelante 'Trelleborg Industri AB', é mais do que evidente, face à farta documentação existente, a relação jurídica

---

24 LEMES, Selma Maria Ferreira. Arbitragem e seguro. Disponível em http://selmalemes.adv.br/artigos/Arbitragem%20e%20seguro-slemes.pdf. Acesso em 8 de julho de 2017.

25 Art. 7º da Lei de Arbitragem 9.307/96: "Existindo cláusula compromissória e havendo resistência quanto à instituição da arbitragem, poderá a parte interessada requerer a citação da outra parte para comparecer em juízo a fim de lavrar-se o compromisso, designando o juiz audiência especial para tal fim. § 1º O autor indicará, com precisão, o objeto da arbitragem, instruindo o pedido com o documento que contiver a cláusula compromissória. § 2º Comparecendo as partes à audiência, o juiz tentará, previamente, a conciliação acerca do litígio. Não obtendo sucesso, tentará o juiz conduzir as partes à celebração, de comum acordo, do compromisso arbitral. § 3º Não concordando as partes sobre os termos do compromisso, decidirá o juiz, após ouvir o réu, sobre seu conteúdo, na própria audiência ou no prazo de dez dias, respeitadas as disposições da cláusula compromissória e atendendo ao disposto nos arts. 10 e 21, § 2º, desta Lei. § 4º Se a cláusula compromissória nada dispuser sobre a nomeação de árbitros, caberá ao juiz, ouvidas as partes, estatuir a respeito, podendo nomear árbitro único para a solução do litígio. § 5º A ausência do autor, sem justo motivo, à audiência designada para a lavratura do compromisso arbitral, importará a extinção do processo sem julgamento de mérito. § 6º Não comparecendo o réu à audiência, caberá ao juiz, ouvido o autor, estatuir a respeito do conteúdo do compromisso, nomeando árbitro único. § 7º A sentença que julgar procedente o pedido valerá como compromisso arbitral".

> que há entre as partes, decorrente dos negócios em comum travados, em que se observa participação ativa da apelante 'Trelleborg Industri AB'"[26].

Também sobre o consentimento tácito em arbitrar, já se manifestaram os Ministros Luiz Fux e Carlos Alberto Menezes Direito, quando do julgamento da SEC 856/EX[27]. Ainda à época ministro do Superior Tribunal de Justiça, Fux declarou que a decisão do relator Min. Direito, estava "na mesma linha do Supremo Tribunal Federal, que considerou a cláusula compromissória tácita, é uma questão do Direito Comercial, em que a formalidade obstativa da homologação não teria menor sentido"[28].

Entendido que pode haver extensão subjetiva dos efeitos da cláusula compromissória, inclusive sem necessidade de consentimento expresso, em observância a teoria do "Grupo de Companhias", além de outras ocasiões que permitem o consentimento tácito, passa-se a observar quais os efeitos da cláusula quando da cessão ou sub-rogação do contrato que abrange a convenção arbitral.

Na cessão de crédito, em regra, o cessionário assume a posição do contratante, passando a ser titular dos ônus e bônus advindos da relação originária. Isso porque a cessão traduz-se como substituição da parte na relação jurídica[29].

A cessão de crédito é ato unilateral que leva ao afastamento do cedente da relação jurídica, entregando-a ao cessionário. Por isso, deve-se manter o pacta sunt servanda definido na relação originária.

Especificamente sobre a cláusula compromissória, disserta Thomas Clay:

> "Tradicionalmente, considera-se que existem dois mecanismos permitindo a circulação da cláusula compromissória: a transmissão e a extensão. A transmissão é a operação pela qual uma pessoa recebe direitos já nascidos (adquiridos) que lhe são transmitidos em estado natural. É o caso, por exemplo, dos herdeiros, do cessionário de crédito ou de contrato e de certos casos de sub-rogação de direitos. A pessoa inicial é, então, desobrigada de sua obrigação. (...) Pode-se considerar que, com a transmissão, a cláusula segue o contrato no qual ela figura"[30].

---

26 Tribunal de Justiça de São Paulo, Apelação nº 267.450.4/6-00 – 7ª Câmara de Direito Privado, Rel. Desembargadora Constança Gonzaga, São Paulo, 24 mai. 2006.

27 STJ, Corte Especial, SEC 856/EX, Rel. Min. Carlos Alberto Menezes Direito, j. 18.05.2005, DJ 27.06.2005, p. 203.

28 Trecho do voto do Min. Luiz Fux no julgamento da SEC 856/EX, Rel. Min. Carlos Alberto Menezes Direito, j. 18.05.2005, DJ 27.06.2005.

29 MARTINS. Pedro A. Batista. Arbitragem. Capacidade, consenso e intervenção de terceiros: uma sobrevista. Disponível em: http://batistamartins.com/wp-content/uploads/kalins-pdf/singles/arbitragem-capacidade-consenso-e-intervencao-de-terceiros-uma-sobrevista.pdf.

30 CLAY, Thomas. "A Extensão da Cláusula Compromissória as Partes não Contratantes (Fora Grupos de Contratos e Grupos de Sociedades/Empresas)". Revista Brasileira de Arbitragem. Ano II, nº 8, out./dez. 2005, p. 74.

Se assim ocorre na cessão de crédito, não há como se entender de forma contrária quando se relaciona a mesma discussão ao instituto da sub-rogação. Tratando-se de sub-rogação securitária, o art. 786 do Código Civil prevê: "Paga a indenização, o segurador sub-roga-se, nos limites do valor respectivo, nos direitos e ações que competirem ao segurado contra o autor do dano".

Apesar de o professor Gustavo Tepedino entender que a norma não traz diferença prática à já adotada pelo art. 346, III do Código Civil[31] relativa ao terceiro interessado que paga a dívida pela qual poderia ser obrigado, parece que o legislador, ao reforçar a posição também no âmbito securitário, buscou pacificar a discussão antes havida nos tribunais e que, inclusive, resultou na elaboração do enunciado de súmula 188 do Supremo Tribunal Federal[32].

Ricardo Bechara nos faz lembrar a importância do art. 786 do Código Civil quando esclarece o fato de que, com a elaboração normativa específica no capítulo de direito securitário, não se faz mais necessária a disposição contratual, pois a sub-rogação ocorre automaticamente, por força de lei[33]. Ou seja, não há mais a necessidade de a apólice trazer cláusula de sub-rogação, apesar da mesma, na prática, continuar existindo, ante a necessidade dos advogados de refirmar o que já existe, buscando maior estabilidade e segurança jurídica, no melhor interesse dos seus clientes.

Quanto ao tema, leciona o ilustre professor e um dos elaboradores da Lei de Arbitragem, Pedro Batista Martins:

> "Sabe-se que a arbitragem tem natureza jurisdicional e que a decisão do árbitro se equipara a dos juízes ordinários.
>
> A arbitragem pressupõe um processo que pode levar o árbitro a proferir uma sentença de efeito declaratório ou constitutivo e, ainda, contemplar uma condenação. Essa decisão transita em julgado, para todos os fins e efeitos de direito.
>
> Portanto, ao se sub-rogar nos direitos e ações que competirem ao segurado, o segurador há de examinar as bases contratuais de modo a verificar como se dará o pleno e efetivo exercício jurisdicional de seus direitos contra o segurado.
>
> Se o contrato contiver cláusula compromissória, será em sede de arbitragem que a controvérsia deverá ser satisfeita.
>
> O direito de ação restará sujeito à via arbitral, pois, por opção originária das partes contratantes, restou afastada a jurisdição estatal.
>
> Assim como o sub-rogado se atém aos limites das condições previamente acordadas, também se submete, juntamente com o autor do dano, aos efeitos da convenção de arbitragem"[34].

---

31 Trecho do voto do Min. Luiz Fux no julgamento da SEC 856/EX, Rel. Min. Carlos Alberto Menezes Direito, j. 18.05.2005, DJ 27.06.2005.

32 Enunciado de Súmula 188 do Supremo Tribunal Federal: *"O segurador tem ação regressiva contra o causador do dano, pelo que efetivamente pagou, até ao limite previsto no contrato de seguro"*.

33 SANTOS, Ricardo Bechada. Direito de Seguro no Novo Código Civil e Legislação Própria, 2ª ed., Rio de Janeiro, 2008.

34 MARTINS. Pedro A. Batista.Op. Cit.

Ou seja, ao menos quando da leitura da lei e do entendimento dos institutos da cessão de crédito, da sub-rogação, da extensão subjetiva da cláusula compromissória e do consentimento tácito, em princípio, não há como se desvencilhar a seguradora sub-rogada nos direitos de seu segurado do compromisso arbitral pactuado entre ele e o causador do dano.

5. Jurisprudência

Apesar de muito antigo, o instituto da Arbitragem passou a ser utilizado no país após a elaboração da Lei 9.307/96, que sofreu com argumentos de inconstitucionalidade e apenas estabilizando-se no ano de 2001, quando o Supremo Tribunal Federal, ao julgar a homologação de sentença estrangeira n. 5.206 – ocasião em que o Ministro Moreira Alves levantou a questão da constitucionalidade da lei –, entendeu, por maioria de votos, pela constitucionalidade do instituto[35].

Após o período de afirmação e amadurecimento, a arbitragem começou a ser entendida e estudada pelos juristas brasileiros, iniciando-se então a ideia de adequação deste instituto, quando, percebendo seu potencial, as partes passaram a inserir cláusulas compromissórias em seus contratos. Ocorre que essas cláusulas preveem litígios futuros, sendo condicionadas à existência do confronto.

Por todos esses motivos, a arbitragem no Brasil começou a se "popularizar" apenas a partir do ano de 2010, quando os conflitos oriundos de pactos com compromissos arbitrais passaram a ser questionados entre as partes. Assim, apesar da Lei de Arbitragem brasileira ter sido criada no ano 1996, o instituto possui menos de uma década de amadurecimento, motivo pelo qual não se pode afirmar existir uma jurisprudência consolidada nos temas que envolvem o instituto.

Quanto a este trabalho, conforme já destacado em ocasião anterior, o corte será feito na análise da extensão subjetiva da cláusula compromissória ao segurador que sub-roga-se em direito abarcado por convenção arbitral.

Antes de adentrar na análise de alguns precedentes nacionais, é importante destacar que a jurisprudência estrangeira parece ser majoritária no sentido de que tanto a seguradora quanto o causador do dano têm o dever de observar e respeitar a cláusula compromissória[36].

Buscando demonstrar a evolução e o amadurecimento das ideias envolvendo o tema, destaca-se, desde já, que a apreciação dos precedentes nacionais será feita em ordem cronológica.

35 STF, SE-AgR 5206/EP; Tribunal Pleno, Rel. Min. Sepúlvida Pertence, j. 12.12.2001.

36 Neste sentido: UK No. 69, West Tankers Inc. v. RAS Riunione Adriatica di Sicurtà SpA, Generali Assicurazioni Generali SpA and others, High Court of Justice, Queen`s Bench Division (Commercial Court), 2004 Folio 574, 21 March 2005 e Zurich Insurance Company a/s/o Adidas Group v. Crowley Latin America Services LLC, United States District Court, Southern District of New York, 16-CV-1861 (JPO).

Em março do ano de 2013, o Tribunal de Justiça de São Paulo enfrentou assunto interessante envolvendo hipótese um pouco diferente da ora estudada, entretanto, de importante análise por grande semelhança técnica. O pleito envolvia o Banco Cruzeiro do Sul, a seguradora Berkley e o IRB-Brasil Resseguros.

Na relação jurídica, a Companhia Brasileira de Açúcar e Álcool (CBAA) buscou empréstimo junto ao Banco Cruzeiro do Sul, que lhe solicitou garantia de seguro em seu nome, assim sendo celebrado pela CBAA. Ocorre que a apólice que tinha como tomadora a CBAA e beneficiário o Banco Cruzeiro continha cláusula arbitral.

Posteriormente, ante o não pagamento do empréstimo, o banco ajuizou ação de obrigação de fazer c.c. cobrança contra a seguradora e o IRB. A sentença extinguiu o feito com base no art. 267, VII, do CPC/73, reconhecendo que o contrato havia estipulado convenção de arbitragem, tendo o banco apelado da decisão.

Em suas razões recursais, o Banco Cruzeiro do Sul alegava que não era parte da apólice e não negociou a cláusula compromissória. Apesar de confirmar a existência e validade da cláusula, entendeu a 21ª Câmara de Direito Privado, sob relatoria do Des. Virgilio de Oliveira Junior, que: "Não estando o banco na condição de tomador ou de segurado e, por ser penas terceiro na relação jurídica, não se pode impor a ele cláusula de arbitragem (...), resta evidente que não se pode impor o Juízo arbitral ao terceiro que não pactuou"[37].

É importante destacar que a questão é complexa, pois não se trata de subrogação securitária, mas sim de um segurado querendo valer-se do direito à sua indenização. Se parece razoável o entendimento no sentido de que não há como se impor arbitragem negociada entre tomador e segurador ao beneficiário, pode-se afirmar também que não faz sentido o segurado se valer apenas das cláusulas que lhe beneficiam na apólice, realizando uma verdadeira seleção daquilo que foi pactuado.

Além disso, importante destaque neste precedente está no fato de que o seguro foi imposição realizada pelo Banco Cruzeiro para que efetivasse o empréstimo à CBAA. Ou seja, em não havendo seguro, não haveria empréstimo. Isso faz com que seja crível a ideia de que o banco analisou a apólice antes de emprestar a quantia ao tomador, pelo que pode-se concluir, de forma razoável, que o banco sabia – ou deveria saber – da existência de cláusula compromissória inclusa na apólice, abrindo azos à possibilidade de extensão subjetiva pela anuência implícita.

Não foi assim que entendeu a 21ª Câmara de Direito Privado do TJSP, que anulou a sentença e requereu o julgamento da lide pela jurisdição estatal.

Em novembro de 2014, o Superior Tribunal de Justiça enfrentou questão semelhante, quando a Sul América Companhia Nacional de Seguros recorreu da decisão que extinguiu o feito no Tribunal a quo pela existência de cláusula compromissória. A

37 TJSP – Apelação nº 0106428-85.2009.8.26.0100 – 21ª Câmara de Direito Privado; Rel. Des. Virgilio de Oliveira Junior; proferido em 18/3/2013.

questão era de sub-rogação da seguradora nos direitos do segurado após realizado o pagamento da indenização devida.

Argumentando, em síntese, que o relacionamento jurídico era de consumo, sendo o contrato de adesão, e que os efeitos da cláusula compromissória não se estendem à seguradora, a Sul América interpôs Recurso Especial. Apesar de poder ser a primeira oportunidade do STJ em manifestar-se amplamente sobre o tema, o relator, Min. Paulo de Tarso Sanseverino, informou que a questão não se tratava de direito consumerista e que esbarrava nas limitações da Súmula 7, pela necessidade da reanálise de provas, sendo, portanto, negado seguimento ao RESP[38].

No mesmo mês, o Tribunal de Justiça do Espírito Santo julgou recurso de apelação envolvendo a seguradora Tokio Marine e a Arcelormittal Brasil. Também em primeira instância a ação havia sido julgada extinta, sem resolução de mérito pela existência de cláusula compromissória.

Destaca-se que o entendimento pela extinção, nesta época, iniciava uma pacificação jurisprudencial – ao menos no Tribunal de São Paulo –, porém, o supramencionado entendimento trouxe certa instabilidade aos julgados nacionais. Isso porque o relator, Des. Telemaco Abreu Filho, mesmo expressamente afirmando que a jurisprudência[39] entendia pela extensão dos efeitos da cláusula e pela consequente extinção do processo, divergiu do entendimento.

Em seu voto, concluiu no sentido de anular a sentença que havia extinguido o processo, afirmando:

> "Os precedentes mais atuais da jurisprudência pátria têm se manifestado pela impossibilidade de extensão da cláusula arbitral àquele que não anuiu à sua incidência
>
> (...)
>
> Ainda que o pagamento do risco segurado resulte em sub-rogação dos direitos creditícia de eventual inadimplemento do contrato de transporte firmado entre a segurada e a requerida, entendo que o pacto de arbitragem é cláusula autônoma que não vincula quem a ela não anuiu, sob pena de violação ao primado da autonomia da vontade, previsto nos artigos 1o e 3o, da Lei n. 9.307/1996" [40].

Voltando ao Tribunal de Justiça de São Paulo, estado que, por ser importante centro financeiro do país, possuí maior número de relações comerciais e, consequentemente, precedentes que envolvam matéria arbitral, destacam-se mais dois julgados

38 STJ – Recurso Especial nº 1.321.586 – Terceira Turma; Rel. Min. Paulo de Tarso Sanseverino; DJe 13/11/2014.

39 TJSP – Apelação nº 0000375-47.2012.8.26.0562 – 14ª Câmara de Direito Privado; Rel. Des. Melo Colombi; J. 31/7/2013; TJSP – Apelação nº 0000254-21.2010.8.26.0002 – 13ª Câmara de Direito Privado; Rel. Des. Heraldo de Oliveira; J. 1/2/2012.

40 TJES – Apelação nº 0005545-34.2010.8.08.0024 – 6ª Câmara Cível; Rel. Des. Telemaco Antunes de Abreu Filho; J. 10/11/2014.

que entenderam pela extensão dos efeitos da cláusula compromissória. Entretanto, estas decisões trouxeram novos argumentos capazes de iniciar uma delimitação para a tese.

Na Apelação em que era recorrente Panalpina World Transport LTD e recorrido Bradesco Auto/RE Companhia de Seguros, julgada em fevereiro de 2015, houve condenação em primeira instância da Panalpina, sendo que um de seus principais argumentos em recurso seria o de que o Bradesco havia se sub-rogado nos direitos de seu segurado e, por isso, deveria respeitar a cláusula arbitral contida no contrato de origem. O Relator, Des. Tarso Duarte de Melo, em voto bem fundamentado, afirmou que a jurisprudência do TJSP caminhava para o entendimento pela impossibilidade da extensão à seguradora, ante o caráter personalíssimo da cláusula compromissória.

Porém, divergiu do que entendeu a maioria, impondo argumentação de extrema relevância para a tese aqui debatida. Tratava-se de seguro marítimo, área específica e com particularidades relevantes. Nas palavras do relator:

> "O art. 757 do Código Civil, ao definir seguro, estabelece como limite à emissão da apólice que os riscos sejam predeterminados. Assim, a emissão da apólice de seguro "Transportes Internacionais" (fls. 55/62) faz com que se tenha como premissa que a seguradora conhecia as regras gerais de contratação de transporte marítimo internacional e, portanto, limitou previamente os riscos cobertos pela apólice emitida
>
> (...)
>
> Registre-se que a inserção de cláusula compromissória em conhecimento de transporte internacional é regra. Trata-se de cláusula padrão, sem que haja qualquer surpresa ou novidade para a seguradora.
>
> (...)
>
> Trata-se, pois, de cláusula contratual da qual a seguradora tinha pleno conhecimento no momento da emissão da apólice de seguro e dela, agora, não pode ser furtar"[41].

Importante reparar que, para divergir do entendimento no sentido da não extensão da cláusula compromissória à seguradora, o desembargador, além do conhecido argumento de que a sub-rogação envolve a transferência dos ônus e bônus da relação jurídica sub-rogada, inovou, trazendo argumentação de que a seguradora, quando da emissão da apólice, já tinha conhecimento – ou deveria ter – do pacto arbitral.

Como se sabe, o contrato de seguro é produto de detalhada análise atuarial de risco, o que faz com que a seguradora alcance um preço de prêmio que entende equilibrado com a indenização que pode vir a ser paga e os riscos cobertos. Se quando da emissão da apólice e, portanto, da realização desta análise, a seguradora já tinha conhecimento da convenção arbitral que envolvia a relação jurídica a ser segurada, os custos da arbitragem já deveriam ser levados em consideração, refletindo diretamente no preço do prêmio cobrado.

41 TJSP – Apelação nº 0149349-88.2011.8.26.0100 – 12ª Câmara de Direito Privado; Rel. Des. Tasso Duarte de Melo; J. 11/2/2015.

Este entendimento foi refletivo, mais tarde, especificamente em março de 2017, pelo Tribunal de Justiça do Rio de Janeiro, quando a Rel. Des. Marilia de Castro Neves Vieira, julgando recurso de apelação interposto por Ace Seguros S/A contra Man Diesel Turbo Brasil, reafirmou o clássico entendimento do amplo sentido da sub-rogação, mas também definiu: "Trata-se, pois, de uma cláusula contratual da qual a seguradora tinha pleno conhecimento no momento da emissão da apólice de seguro e dela, agora, não pode se furtar"[42].

Desse modo, tentou-se demonstrar a evolução do ainda recente entendimento jurisprudencial em alguns tribunais do país sobre a discussão em questão, que segue longe de uma pacificação.

6. Conclusão

A leitura até este ponto nos permite concluir que tanto a sub-rogação quanto a arbitragem foram institutos que amadureceram nos últimos anos. A sub-rogação, antes confundida com a cessão de crédito, ganhou espaço não apenas na doutrina, mas, também, na normatização, sendo possuidora de capítulo próprio na codificação civil brasileira.

A arbitragem, por sua vez, encontra-se ainda em amadurecimento, possuindo, apesar de vasta doutrina estrangeira, ainda poucos estudos e precedentes nacionais. Entretanto, é utilizada cada vez com mais frequência não apenas nas relações de grandes empresas, mas também em relações de médias e pequenas empresas, o que certamente fará com que o instituto se torne cada vez mais popular.

Especificamente sobre a extensão subjetiva dos efeitos da cláusula compromissória ao segurador sub-rogado nos direitos de seu segurado quando paga a indenização, após análise da jurisprudência e da doutrina nacionais e estrangeiras, há se de concluir no sentido de que a sub-rogação transfere tanto os ônus quanto os bônus da relação jurídica à seguradora, o que faz com que esta parte, certamente, seja obrigada a observar a convenção arbitral e o seu efeito negativo quando pretender litigar demanda de ressarcimento.

Nunca é demais lembrar que toda a tese aqui esposada só se faz relevante caso um dos envolvidos pretenda arbitrar, pois a convenção arbitral em si é revogável, bastando que as partes não a aleguem no momento adequado do procedimento judicial. Neste sentido, dispõe o §6º do art. 337 do Código de Processo Civil: "A ausência de alegação da existência de convenção de arbitragem, na forma prevista neste Capítulo, implica aceitação da jurisdição estatal e renúncia ao juízo arbitral".

Ponto relevante que vem sendo bem ponderado nos Tribunais de Justiça do país ocorre na argumentação de que, se quando da celebração da apólice, a relação jurí-

42 TJRJ– Apelação nº 0160745-58.2014.8.19.0001 – 20ª Câmara Cível; Rela. Desa. Marilia de Castro Neves Vieira; J. 13/3/2017.

dica segurada já possuía convenção arbitral, deveria a seguradora ter conhecimento desta, considerando as vantagens e desvantagens de arbitrar quando da celebração do pacto securitário e do cálculo do prêmio e das indenizações.

Ocasião bem diferente ocorre se a convenção arbitral é pactuada em momento posterior ao da celebração do seguro, sem anuência da seguradora. Neste ponto, parece-me uma questão de modificação do risco pelo segurado com inobservância dos deveres de colaboração e comunicação inerentes da relação securitária, que pode vir acarretar na perda de cobertura.

Portanto, apesar de ainda divergente, parece-me adequado o caminho que vem tomando a jurisprudência nacional majoritária nos casos de sub-rogação da seguradora em direito abarcado por convenção arbitral, no sentido de entender pela extinção do procedimento judicial em observância à jurisdição arbitral, quando a celebração do pacto securitário ocorreu para assegurar relação jurídica já abarcada por convenção arbitral.

7. Referências bibliográficas

BRASIL. SUPREMO TRIBUNAL FEDERAL, SE-AgR 5206/EP; Tribunal Pleno, Rel. Min. Sepúlvida Pertence, j. 12.12.2001.

BRASIL. SUPERIOR TRIBUNAL DE JUSTIÇA, CC 113.260/SP, Rel. Ministra NANCY ANDRIGHI, Rel. p/ Acórdão Ministro JOÃO OTÁVIO DE NORONHA, SEGUNDA SEÇÃO, julgado em 08/09/2010, DJe 07/04/2011.

BRASIL. SUPERIOR TRIBUNAL DE JUSTIÇA, SEC 856/EX, Corte Especial, Rel. Min. Carlos Alberto Menezes Direito, j. 18.05.2005, DJ 27.06.2005.

BRASIL. SUPERIOR TRIBUNAL DE JUSTIÇA, Recurso Especial n. 1.321.586 – Terceira Turma; Rel. Min. Paulo de Tarso Sanseverino; DJe 13/11/2014.

BRASIL. TRIBUNAL DE JUSTIÇA DE SÃO PAULO, Apelação n. 267.450.4/6-00 – 7ª Câmara de Direito Privado, Rel. Desembargadora Constança Gonzaga, São Paulo, 24 mai. 2006.

BRASIL. TRIBUNAL DE JUSTIÇA DE SÃO PAULO, Apelação n. 0106428-85.2009.8.26.0100 – 21a Câmara de Direito Privado; Rel. Des. Virgilio de Oliveira Junior; proferido em 18/3/2013.

BRASIL. TRIBUNAL DE JUSTIÇA DE SÃO PAULO, Apelação n. 0000375-47.2012.8.26.0562 – 14a Câmara de Direito Privado; Rel. Des. Melo Colombi; J. 31/7/2013; TJSP Apelação n. 0000254-21.2010.8.26.0002 – 13a Câmara de Direito Privado; Rel. Des. Heraldo de Oliveira; J. 1/2/2012.

BRASIL. TRIBUNAL DE JUSTIÇA DO ESPÍRITO SANTO, Apelação n. 0005545-34.2010.8.08.0024 – 6a Câmara Cível; Rel. Des. Telemaco Antunes de Abreu Filho; J. 10/11/2014.

BRASIL. TRIBUNAL DE JUSTIÇA DE SÃO PAULO, Apelação n. 0149349-88.2011.8.26.0100 – 12ª Câmara de Direito Privado; Rel. Des. Tasso Duarte de Melo; J. 11/2/2015.

BRASIL. TRIBUNAL DE JUSTIÇA DO RIO DE JANEIRO, Apelação n. 0160745-58.2014.8.19.0001 – 20a Câmara Cível; Rela. Desa. Marilia de Castro Neves Vieira; J. 13/3/2017.

CLAY, Thomas. "A Extensão da Cláusula Compromissória as Partes não Contratantes (Fora Grupos de Contratos e Grupos de Sociedades/Empresas)". Revista Brasileira de Arbitragem. Ano II, n. 8, out./dez. 2005.

DE PAGE, Henri. Traité élémentaire de droit civil belge, III, 2ª parte, n. 513.

DINIZ, Maria Helena. Curso de direito civil brasileiro. Teoria gera l das obrigações. 24ª ed. São Paulo: Saraiva, 2009. v. 2.

GAGLIANO, Pablo Stolze. Novo curso de direito civil, volume 2: obrigações / Pablo Stolze Gagliano, Rodolfo Pamplona Filho – 15ª Ed. rev. e atual. – São Paulo: Saraiva, 2014.

GONÇALVES, Carlos Roberto. Direito Civil Brasileiro, vol. 2: teoria geral das obrigações; 11a ed.; São Paulo: Saraiva, 2014.

LEMES, Selma Maria Ferreira. Arbitragem e seguro. Disponível em http://selmalemes.adv.br/artigos/Arbitragem%20e%20seguro-slemes.pdf. Acesso em 8 de julho de 2017.

MARTINS. Pedro A. Batista. Arbitragem. Capacidade, consenso e intervenção de terceiros: uma sobrevista. Disponível em: http://batistamartins.com/wp-content/uploads/kalins-pdf/singles/arbitragem-capacidade-consenso-e-intervencao-de-terceiros-uma-sobrevista.pdf.

PEREIRA, Caio Mario da Silva. Instituições de Direito Civil – Teoria Geral das Obrigações. Vol. II, 25ª ed., 2012.

PONTES DE MIRANDA, Francisco Cavalcanti. Tratado de Direito Privado, Tomo XXIV. Rio de Janeior: Borsoi, 1959.

SANTOS, Ricardo Bechada. Direito de Seguro no Novo Código Civil e Legislação Própria, 2ª ed., Rio de Janeiro, 2008.

SILVA, João Marçal Rodrigues Martins da. A extensão dos efeitos da Cláusula de Arbitragem para partes não signatárias. Disponível em: https://www.maxwell.vrac.puc-rio.br/16779/16779.PDF. Acesso em 2/9/2017.

TARTUCE, Flavio. Manual de direito civil: volume único. Rio de Janeiro: Forense; São Paulo: Método, 2016.

VENOSA, Sílvio de Salvo, Teoria Geral das Obrigações e Teoria Geral dos Contratos, 2ª ed. São Paulo: Saraiva, 2002.

VERÇOSA, Fabiane. 'Arbitragem e Seguros: Transmissão da Cláusula Compromissória à Seguradora em Caso de Sub-Rogação' (2006) 3 Revista Brasileira de Arbitragem.

WALD, Arnoldo. Curso de direito civil brasileiro: obrigações e contratos, 12ª ed., São Paulo: Revista dos Tribunais, 1995.

Limites à Arbitrabilidade de Litígios sobre Direitos de Propriedade Industrial: A (Controversa) Hipótese de Declaração de Nulidade da Patente no Juízo Arbitral

Tatiana Machado Alves

1. Introdução

O direito brasileiro vem, de forma crescente, valorizando a importância da adequação na resolução de conflitos e na entrega da tutela jurisdicional. A preocupação, nessa dimensão, engloba desde o procedimento adotado para resolver a controvérsia, passando pela tutela jurisdicional entregue como resultado final do processo, até chegar aos meios empregados para garantir o cumprimento das decisões jurisdicionais e, com isso, a efetividade da tutela do direito.

Assim, no que tange aos meios escolhidos para a resolução do litígio, o Código de Processo Civil de 2015 (Lei n° 13.105 – CPC/2015), por um lado, provê técnicas e mecanismos a serem empregados pelo juiz (art. 139, IV) e pelas partes (art. 190) no âmbito do processo judicial para adequar o procedimento às especificidades do caso concreto. Em contraposição à rigidez das formas que marcava o sistema anterior, o processo adquire, neste novo panorama, uma feição fluida, capaz de se adaptar às circunstâncias de cada caso, assegurando a adequação do meio ao resultado visado.

Por outra parte, o sistema processual brasileiro – que não é limitado ao CPC/2015[1] – incentiva o recurso a outros meios de resolução de conflitos, além da jurisdição estatal, que porventura se mostrem mais adequados em determinadas situações. São eles: a mediação, a conciliação e a arbitragem.

Neste contexto, a doutrina vem se debruçando sobre o tema dos meios adequados de solução de controvérsias para analisar como diferentes ramos do direito podem se coadunar com o uso da mediação, da conciliação e da arbitragem. Um ponto que costuma ser colocado no centro dos debates diz respeito aos limites à arbitrabilidade de litígios envolvendo certos direitos materiais. Para o presente artigo, optamos

---

1 No que é relevante para o presente artigo, podemos apontar, também, a Lei nº 13.140/2015 – que regulamenta a mediação extrajudicial entre particulares e a autocomposição de conflitos no âmbito da administração pública – e a Lei nº 9.307/1996 – Lei da Arbitragem.

por um recorte do tema que focasse na relação dessa questão com os direitos da propriedade industrial.[2]

O termo "propriedade industrial" (PI) engloba os direitos e obrigações referentes a patentes (de invenção e de modelo de utilidade), desenhos industriais, marcas, indicações geográficas e concorrência desleal.[3] A sua regulação é dada pela Lei nº 9.279, de 14 de maio de 1996, denominada de Lei da Propriedade Industrial ou LPI, que traz algumas particularidades interessantes relativas à tutela desses direitos. É o caso, por exemplo, da obrigatoriedade de participação do Instituto Nacional da Propriedade Industrial (INPI)[4] nas ações de nulidade de patente, de registro de desenho industrial e de registro de marca (artigos 57, 118 e 175, da LPI, respectivamente), configurando uma hipótese de litisconsórcio passivo necessário.

Embora a LPI nada disponha em específico sobre o uso da arbitragem e/ou da mediação para resolução de conflitos em matéria de propriedade industrial, entende-se – como será demonstrado neste artigo – que há um campo fértil nessa área para o emprego desses mecanismos de solução de controvérsias. O sucesso da sua implementação no direito brasileiro depende, contudo, do enfrentamento de alguns pontos controversos.

Assim sendo, o presente artigo irá focar na arbitrabilidade da questão relativa à nulidade de uma patente concedida pelo Estado brasileiro, seja em caráter principal (i.e. quando é o objeto central da disputa), seja em caráter incidental (i.e. quando a nulidade é alegada como questão prejudicial em uma demanda relativa à infração de uma patente).

Na primeira parte do artigo será apresentado um panorama geral da arbitrabilidade no direito brasileiro, indicando quais os limites subjetivos e objetivos impostos pela lei de forma geral para a submissão de uma disputa à arbitragem.

Na segunda parte traremos algumas considerações gerais sobre o uso da arbitragem para resolução de disputas relativas a direitos de propriedade industrial, com foco nos direitos de patentes. Neste item, passaremos por alguns exemplos de direito

---

2 Deixamos de fora, com isso, do escopo de nosso artigo os direitos autorais.

3 Os conceitos dos direitos de propriedade industrial podem ser encontrados na própria Lei da Propriedade Industrial: artigos 8º a 10 (patentes de invenção e modelo de utilidade); artigo 95 (desenhos industriais); artigo 122 (marcas); artigo 176 (indicações geográficas); e art. 195 (concorrência desleal).

4 O INPI é uma autarquia federal, criada pela Lei nº 5.648, de 11 de dezembro de 1970, que, segundo o artigo 2º dessa Lei, com redação dada pelo art. 240 da LPI, "tem por finalidade principal executar, no âmbito nacional, as normas que regulam a propriedade industrial, tendo em vista a sua função social, econômica, jurídica e técnica, bem como pronunciar-se quanto à conveniência de assinatura, ratificação e denúncia de convenções, tratados, convênios e acordos sobre propriedade industrial". Cabe, portanto, ao INPI, decidir sobre a concessão dos direitos de propriedade industrial no âmbito administrativo.

estrangeiro para ilustrar como diferentes jurisdições interpretam a questão dos limites objetivos da arbitrabilidade dos litígios sobre este ramo do direito material.[5]

Na terceira parte abordaremos o tema principal deste artigo: a possibilidade de reconhecimento da nulidade da patente na arbitragem – como questão principal ou incidental – no direito brasileiro. Para desenvolver este ponto, faremos uma revisão da literatura brasileira com vistas a identificar e analisar os principais argumentos levantados quanto ao tema segundo nossa visão.

Conforme será demonstrado neste artigo, a arbitrabilidade da nulidade da patente é questão controversa, que representa a principal nota distintiva entre os diferentes ordenamentos jurídicos quanto ao uso da arbitragem em litígios sobre direitos da propriedade industrial. Neste cenário, mais do que apresentar um posicionamento quanto ao tema, pretendemos expor argumentos capazes de contribuir para o debate desta importante questão no direito brasileiro.

2. Panorama geral da arbitrabilidade no direito brasileiro: limites subjetivos e objetivos

A arbitragem, como bem se sabe, é um método heterocompositivo de solução de controvérsias, no qual cabe a um terceiro escolhido pelas partes (o árbitro) impor a decisão que resolve o conflito – caso as partes, durante o procedimento, não sejam capazes de chegar a um consenso entre si.[6]

Embora, conforme observado por Pinho,[7] seja amplo o campo de atuação da arbitragem no Brasil, são impostos limites necessários ao seu cabimento.[8]

Os limites à arbitrabilidade no direito brasileiro são dados pela própria Lei da Arbitragem (Lei nº 9.307/96), que assim dispõe em seu artigo 1º, caput: "[a]s pessoas capazes de contratar poderão valer-se de arbitragem para dirimir litígios relativos a direitos patrimoniais disponíveis" (grifo nosso).

---

5 Ressalta-se que o presente artigo não tem a pretensão de defender a adoção de um ou outro modelo estrangeiro, nem de realizar uma análise comparativa entre modelos. Os exemplos de direito estrangeiro serão apenas mencionados a título expositivo, sem adotar a metodologia comparada.

6 PINHO, Humberto Dalla Bernardina de. Direito Processual Civil Contemporâneo: Teoria Geral do Processo. 6ª ed. São Paulo: Saraiva, 2015, v. I, p. 872. Fazemos referência a este trabalho para maiores considerações a respeito da arbitragem (natureza jurídica, sujeitos, o árbitro, aspectos procedimentais, princípios, etc.).

7 Op. cit., p. 879.

8 Por se tratar de um meio *privado* de resolução de controvérsias, sobre cujo desenvolvimento e resultado final o Estado possui um controle bastante limitado (somente quando for *nula* a sentença arbitral, na forma do art. 32 da Lei da Arbitragem, poderá o Estado-juiz intervir, através da ação anulatória promovida pela parte interessada), é necessário que o Estado estabeleça limites ao seu uso. Afinal, por razões de política pública, o Estado pode entender que disputas relativas a certas questões ou envolvendo certos sujeitos devem ser tuteladas pelo Poder Judiciário.

A Lei estabelece, portanto, dois limites à sujeição de um conflito à arbitragem: (i) as partes contratantes devem ter capacidade para celebrar contratos (limite subjetivo), e (ii) o escopo da disputa que será submetida à arbitragem deve ser limitado a direitos patrimoniais disponíveis (limite objetivo).

Por conta do limite subjetivo, são excluídos os absolutamente e os relativamente incapazes, conforme artigos 3° e 4° do Código Civil de 2002. A razão de ser desta limitação é simples: tanto a cláusula compromissória como o compromisso arbitral possuem a natureza jurídica de convenções, negócios jurídicos processuais bilaterais através dos quais as partes celebrantes submetem voluntariamente a solução de um conflito ao juízo arbitral (art. 3º da Lei da Arbitragem). Assim sendo, consoante o disposto no art. 104 do Código Civil, a capacidade do agente é requisito de validade do negócio jurídico, razão pela qual somente pode recorrer à arbitragem quem tiver capacidade civil de celebrar uma convenção de arbitragem.

Um ponto que foi, durante muito tempo, alvo de calorosos debates na doutrina e na jurisprudência diz respeito à possibilidade de a administração pública direta e indireta submeter os litígios dos quais faz parte à arbitragem. Isso porque, mesmo quando as entidades de direito público possuíam capacidade legal para contratar, havia quem questionasse se os interesses da Administração Pública não seriam sempre marcados pela nota da indisponibilidade, afastando a possibilidade de uso da arbitragem pelo limite objetivo.

Predominou na doutrina e na jurisprudência o entendimento de que, conquanto alguns direitos titularizados pela administração pública sejam, de fato, indisponíveis e não-transacionáveis em virtude do interesse público envolvido, outros direitos traduziriam interesses meramente patrimoniais, podendo, portanto, ser submetidos à arbitragem.[9]

Esse entendimento quanto à inexistência de uma vedação per se à adoção da arbitragem pela Administração Pública era confirmado pela existência de diversas Leis trazendo previsão específica admitindo a submissão de conflitos envolvendo entes da administração pública à arbitragem, tais como: Lei nº 8.987/95; Lei nº 9.478/97; Lei nº 10.233/01; Lei nº 11.079/2004, dentre outras.

---

9 Neste sentido, por todos, GRAU, Eros Roberto. Arbitragem e Contrato Administrativo. Revista Trimestral de Direito Público, nº 32, p. 20. Vide, também, a observação pertinente de Binenbojm, ressaltando que, mesmo do ponto de vista da proteção do interesse da administração pública, a celeridade e a adequação da arbitragem para solução de determinados conflitos (em função, por exemplo, da maior especialidade do árbitro em comparação com o juiz togado) poderia trazer consideráveis vantagens para a Administração (cf. As parcerias público-privadas (PPPs) e a Constituição. Disponível em http://bibliotecadigital.fgv.br/ojs/index.php/rda/article/viewFile/43332/44672. Acesso em 31/08/2017). Acrescenta-se que, conforme pontuado por Pinho, "o interesse público nem sempre se confunde com o interesse da Administração Pública e, mais do que considera-lo indisponível, tem-se que ressaltar que gera efeitos disponíveis" (*in* Direito Processual Civil Contemporâneo... Op. cit. p. 880).

A questão da arbitrabilidade subjetiva de conflitos envolvendo a administração pública foi pacificada pela Lei nº 13.129 de 2015, que alterou a Lei da Arbitragem para, dentre outros, incluir o parágrafo primeiro no artigo 1º, estabelecendo expressamente que "[a] administração pública direta e indireta poderá utilizar-se da arbitragem para dirimir conflitos relativos a direitos patrimoniais disponíveis" (grifo nosso). Sedimentou-se, com isso, qualquer dúvida que poderia haver quanto ao cabimento em tese da arbitragem para conflitos envolvendo a administração pública pela simples natureza do ente envolvido. Continua, contudo, valendo o limite objetivo à arbitrabilidade de litígios, relativo à natureza do direito em discussão.[10]

Quanto a este requisito, segundo o qual a arbitragem somente pode ser empregada para "dirimir conflitos relativos a direitos patrimoniais disponíveis", cumpre fazer uma breve observação, sem a pretensão de esgotar o tema.

A discussão em torno da classificação dos direitos em disponíveis e indisponíveis está longe de ser pacificada na cultura jurídica brasileira. A evolução do tema, a partir das mudanças nas concepções acerca da relação entre disponibilidade do direito e uso dos meios alternativos de solução de controvérsias, fica evidente na Lei de Mediação (Lei nº 13.140/2015) e no CPC/2015: o primeiro, ao estabelecer o que pode ser objeto de mediação, faz referência a "direitos disponíveis ou sobre direitos indisponíveis que admitam transação" (art. 3º, caput), enquanto que o segundo, ao estabelecer os limites objetivos para a celebração dos negócios jurídicos processuais e tratar das hipóteses de dispensa da audiência de conciliação/mediação, fala em direitos que admitem autocomposição.

A Lei de Arbitragem, em contrapartida, não acompanhou essa evolução. A Lei nº 13.129/2015, contemporânea à Lei de Mediação e ao CPC de 2015, não alterou esse ponto da Lei de Arbitragem, mantendo a referência a "direitos patrimoniais disponíveis no caput do art. 1º.

Diante disso, poder-se-ia perguntar: existe uma diferença no campo de abrangência dos três diplomas legais citados? Existem direitos que não podem ser objeto de arbitragem, por não se tratarem de direitos patrimoniais disponíveis, mas que podem ser objeto de mediação ou de um processo com relação ao qual é celebrada uma convenção processual?

A princípio, o art. 3º, caput, da Lei de Mediação deixa claro que esta abarca um universo maior de direitos do que a Lei da Arbitragem, na medida em que admite o uso dessa técnica de autocomposição para resolver conflitos que dizem respeito

10 "No estado atual da cultura jurídica brasileira e da jurisprudência dos principais tribunais do País nega-se que os direitos e interesses do Estado, só porque *do Estado*, sejam indisponíveis e por isso excluídos de apreciação e decisão pelos árbitros [...]. Poderá, quando for o caso, impor-se uma *inarbitrabilidade objetiva* em relação a certos bens ou direitos do qual o titular seja o Estado, mas não uma *inarbitrabilidade subjetiva* decorrente dessa titularidade em si mesma" (DINAMARCO, Cândido Rangel. A Arbitragem na Teoria Geral do Processo. São Paulo: Malheiros, 2013, p. 77-78, grifo do autor).

também a certos direitos indisponíveis que admitem transação. Contudo, não vemos razão para negar a possibilidade de se recorrer a arbitragem nessas hipóteses. Afinal, se as partes podem transacionar sobre o direito, exercendo sua autonomia da vontade em grau máximo, por que elas não poderiam, no exercício da mesma autonomia da vontade, escolher submeter a resolução da controvérsia sobre este direito a um terceiro de sua escolha, pela via da arbitragem? Por este motivo, entendemos que uma leitura conforme do art. 1°, caput, da Lei de Arbitragem deve ser feita para entender, de forma ampla, de direitos transacionáveis – disponíveis ou indisponíveis – podem ser objeto de arbitragem.

3. Arbitragem e direitos de propriedade industrial: visão geral

O uso da arbitragem como meio para resolução de conflitos envolvendo direitos de patentes é relativamente recente. Nos Estados Unidos, por exemplo, embora o United States Arbitration Act (também referido por Federal Arbitration Act – ou FAA) esteja em vigor desde 1º de janeiro de 1926, apenas a partir de 1982, com a adição do §294 ao Título 35 do U.S. Code, a arbitragem de disputas envolvendo infração ou validade de patentes passou a ser admitida naquela jurisdição.[11] Até então, conquanto as disputas relativas a esses direitos não fossem expressamente excetuadas do uso da arbitragem pelo United States Arbitration Act, a interpretação dada pelas cortes norte-americanas, inclusive pela Suprema Corte, era de que não seria cabível a arbitragem para dirimir conflitos relativos a validade e infração de patentes.[12] A arbitragem era admissível apenas para as disputas envolvendo contratos de licença de patentes, por se entender que a execução e interpretação de cláusulas contratuais envolveria mais o direito obrigacional do que o direito patentário.

São reconhecidas as vantagens que a arbitragem pode ter para os conflitos envolvendo direitos de propriedade industrial, especialmente direitos de patente.

---

11 O §294 do Título 35 do *U.S. Code* estabelece que "(a) um contrato envolvendo uma patente ou qualquer direito advindo de uma patente pode conter previsão de arbitragem de qualquer disputa relativa a validade ou infração de patente sob o contrato. Na ausência desta previsão, as partes de uma disputa já existente relativa a validade ou infração de patente podem acordar por escrito a que esta disputa seja resolvida pela via da arbitragem. Qualquer previsão ou acordo neste sentido será válido, irrevogável, e exequível, exceto por quaisquer razões que existam na lei ou na equidade para revogação de um contrato". Tradução livre de: "(a) *a contract involving a patent or any right under a patent may contain a provision requiring arbitration of any dispute relating to patent validity or infringement arising under the contract. In the absence of such a provision, the parties to an existing patent validity or infringement dispute may agree in writing to settle such dispute by arbitration. Any such provision or agreement shall be valid, irrevocable, and enforceable, except for any grounds that exist at law or in equity for revocation of a contract*". Disponível em <https://www.law.cornell.edu/uscode/text/35/294>. Acesso em 31 ago. 2017.

12 PETRAKIS, Konstantinos. The Role of Arbitration in the Field of Patent Law. Dispute Resolution Journal, v. 52, nº 4, Oct. 1997, p. 24-31, p. 25 e 28.

Tratam-se, afinal, de ações de alta complexidade técnica, cuja resolução depende de conhecimentos técnicos e/ou científicos que, na maior parte das vezes, estão fora do alcance dos juízes.[13] Mesmo quando contam com o auxílio de peritos do juízo, os magistrados podem encontrar dificuldade em compreender os fatos necessários para a aplicação do direito.

Diante disso, as principais vantagens apontadas da arbitragem são: (i) maior celeridade; (ii) menores custos;[14] (iii) melhor qualidade das decisões; (iv) confidencialidade; (v) flexibilidade do procedimento arbitral; (vi) caráter cooperativo da arbitragem, na medida em que muitas regras procedimentais são fixadas pelas partes, o que contribui para melhorar o relacionamento entre elas;[15] (vii) maior facilidade na execução transnacional de decisões arbitrais, por conta da Convenção de Nova York para Arbitragem de 1958;[16] e (viii) possibilidade de concentração do procedimento em casos de infração que ocorreram em diferentes países, permitindo não apenas uma redução de tempo e custos, mas também que as partes escolham uma única lei a ser aplicada ao mérito da disputa.[17]

A arbitragem pode, portanto, ser entendida como um meio adequado para a resolução de conflitos envolvendo direitos de propriedade industrial, notadamente direitos de patentes, na medida em que é capaz de proporcionar uma tutela efetiva do direito – possivelmente com maior eficiência e efetividade do que pela via jurisdicional estatal.[18]

---

13 VICENTE, Dário Moura. Arbitrability of intellectual property disputes: a comparative survey. Arbitration International, nº 31, p. 151-162, 2015, p. 152.

14 Apontar os custos da arbitragem como uma vantagem em relação ao processo judicial pode soar estranho fora do ramo da propriedade industrial. Afinal, o que se costuma afirmar é que a arbitragem é correntemente mais cara do que o processo judicial – motivo, inclusive, pelo qual ela ainda encontraria baixa adesão. Entretanto, especialmente nos casos de patente, o custo das ações judiciais é consideravelmente elevado, em virtude da citada alta complexidade técnica das disputas. Quase invariavelmente há a produção de prova técnica nessas ações para se decidir o mérito. No direito brasileiro, por exemplo, é quase impossível que uma ação de nulidade ou de infração de patente seja decidida sem prova pericial, entendida como essencial pelos juízes, mesmo quando as partes trazem aos autos seus próprios pareceres técnicos. Nesse cenário, não é de espantar que a arbitragem possa aparecer como uma alternativa menos custosa, na qual a delineação prévia do procedimento pelas partes contribua para reduzir os custos da disputa.

15 PETRAKIS, Konstantinos. The Role of Arbitration in the Field of Patent Law. Op. cit. p. 28; BOTTA, Marco. Comment on "Genentech": The Arbitrability Paradox in EU Competition Law. IIC – International Review of Intellectual Property and Competition Law, v. 48, nº 2, p. 235-244, Mar. 2017, p. 242.

16 BOTTA, Marco. Loc. cit.; VICENTE, Dário Moura. Arbitrability of intellectual property disputes... Op. cit. p. 152.

17 VICENTE, Dário Moura. Loc. cit.

18 Ellis observa, contudo, que o número de casos de patente submetidos à arbitragem ainda é reduzido, especialmente em comparação com aqueles levados ao Poder Judiciário. Uma razão apontada para isso é que em uma ação de infração ou de validade de patente típica não há uma relação

Entretanto, e não obstante as vantagens apontadas acima, a arbitrabilidade de litígios sobre direitos de propriedade industrial não é reconhecida de forma plena. Diferentes jurisdições adotam abordagens diversas na fixação dos limites objetivos à arbitrabilidade desses conflitos. Com isso, dentro do campo vasto da propriedade industrial, diferentes questões[19] podem ser entendidas como arbitráveis ou não a depender da jurisdição onde se pretende executar o título arbitral.

De modo geral, são identificadas três tipos de abordagens quanto à arbitrabilidade de conflitos de PI: (i) países que não admitem, em hipótese alguma, a submissão de conflitos de patentes à arbitragem; (ii) países que admitem a arbitrabilidade, mas impõem limitações quanto a algumas questões; e (iii) países que conferem plena arbitrabilidade a esses conflitos.[20]

No primeiro grupo, o único país para o qual encontramos referência foi a África do Sul, que adota uma posição totalmente excludente quanto à arbitrabilidade de conflitos de PI: nenhuma disputa nessa seara pode ser submetida à arbitragem.[21]

Dentre os países que admitem o uso da arbitragem, o núcleo mínimo de arbitrabilidade objetiva comporta as disputas derivadas de contratos de licença e aquelas envolvendo a infração de direitos de PI. Isso porque, nesses casos, os interesses envolvidos são meramente privados, dizendo respeito a típicos direitos patrimoniais disponíveis.

O que irá distinguir as diferentes jurisdições será, principalmente, o seu entendimento a respeito da possibilidade de reconhecimento da nulidade do direito de PI no juízo arbitral.

Dentro do segundo grupo identificado acima, encontramos que muitas jurisdições impõem variados níveis limitações à arbitrabilidade da validade do direito de PI. Poderíamos, nessa medida, estabelecer uma subdivisão neste grupo entre aqueles países que negam por completo a possibilidade de o árbitro decidir – como questão principal ou incidental – sobre a validade do direito de PI, e aqueles que admitem a possibilidade de o árbitro declarar a inoponibilidade do direito apenas naquela rela-

contratual prévia entre as partes, com a previsão de uma convenção de arbitragem. Nesse sentido, aponta-se ser menos provável que as partes escolham submeter o conflito à arbitragem após o seu surgimento (*in* ELLIS, Joan. Arbitration: A Cost-Effective Alternative for Litigating Patent Disputes. Biotechnology Law Report, v. 32, nº 5, p. 313-318, 2013, p. 316).

19 Os conflitos relativos aos direitos de propriedade industrial podem dizer respeito à sua validade, à titularidade do direito, a obrigações derivadas de um contrato de licença para exploração do bem jurídico, ou à infração/violação do direito fora de uma relação contratual.

20 VICENTE, Dário Moura. Arbitrability of intellectual property disputes... Op. cit. p. 153-157; BOTTA, Marco. Comment on "Genentech": The Arbitrability Paradox in EU Competition Law. Op. cit. p. 241-242.

21 Ibid. p. 241; JANSSON, Therese. Arbitrability regarding patent law – an international study. Jurisdisk Publikation, nº 1, p. 49-76, 2011, p. 59.

ção inter partes, com base em um reconhecimento de que o direito é nulo, mas sem que tal declaração tenha a aptidão de produzir efeitos erga omnes.

O principal fundamento apontado para negar por completo a arbitrabilidade da validade do direito é que isso ofenderia a ordem pública, uma vez que a patente (tal como o registro da marca e o registro de desenho industrial) é concedido pelo Estado, e que há um interesse público na discussão sobre a sua validade.[22] Assim, com base nesse entendimento, em uma arbitragem tendo por objeto a infração de uma patente, o árbitro não poderia decidir com base em um entendimento acerca da validade do título, o qual presume-se válido e eficaz. Eventual discussão acerca da validade em jurisdições que adotam esse entendimento deve ser levado para a justiça competente.

Em contrapartida, outras jurisdições admitem que o árbitro conheça da questão relativa à validade do direito de PI, mas com eficácia apenas inter partes, sem a priori produzir efeitos sobre terceiros. Dois exemplos nessa dimensão são Estados Unidos e França.

No direito norte-americano, a validade de uma patente pode ser submetida à arbitragem, mas a eficácia desta decisão será limitada às partes do procedimento. Entretanto, é condição de executividade da decisão arbitral que o escritório de patentes daquele país (United States Patent and Trademark Office) seja notificado da prolação da decisão, para que, com isso, sua existência e seu conteúdo sejam tornados públicos.[23]

Já na França o Código de Propriedade Industrial francês autoriza o uso da arbitragem em casos de propriedade industrial – especificamente de marcas e patentes – na forma dos dispositivos pertinentes do Código Civil, que proíbe o uso da arbitragem quando implicar ofensa à ordem pública (orde publique).

Halket noticia que, até 2008, com o julgamento do caso Liv Hidravlika D.O.O. vs. Diebolt pelo Tribunal de Apelação de Paris (Cour d'appel de Paris), a jurisprudência francesa fazia uma interpretação bastante restrita do referido dispositivo do Código da Propriedade Industrial, entendendo pela impossibilidade de submissão da questão da validade da patente à arbitragem. No caso em referência, ficou decidido que a validade da patente pode ser suscitada em caráter incidental em disputas contratuais, tendo a decisão arbitral eficácia apenas inter partes.[24]

O posicionamento mais liberal a respeito da arbitrabilidade em matéria de propriedade industrial é aquele que admite a submissão de qualquer questão relativa a esses direitos à arbitragem. Há pelo menos dois países europeus que adotam essa posição: Suíça e Bélgica.

Em 15 de dezembro de 1975, o escritório de propriedade intelectual suíço decidiu que tribunais arbitrais podem decidir sobre a validade de patentes e que tal

22 JANSSON, Therese. Arbitrability regarding patent law... Op. cit. p. 62.

23 HALKET, Thomas. Arbitration of International Intellectual Property Disputes. Jurisnet, 2012, p. 89.

24 Ibid. p. 92.

decisão pode ser usada como base pelo Institut Fédéral de la Propriété Intellectuelle para anular o título.[25]

A Bélgica, por sua vez, confere por força de lei a eficácia erga omnes às decisões arbitrais que anulam total ou parcialmente uma patente, reservado o direito de oposição de terceiros.[26]

Os diferentes posicionamentos a respeito dos limites objetivos da arbitrabilidade de direitos de propriedade industrial – notadamente dos direitos de patente – revela que a questão está longe de ser pacificada.

É, inclusive, interesse observar que, embora os direitos de propriedade industrial de modo geral tenham sido objeto de extensa harmonização por meio de acordos, convenções e tratados internacionais,[27] que reduziram significativamente as diferenças entre as jurisdições no que tange aos aspectos materiais desse ramo do direito, ainda há muitas diferenças no campo processual (incluindo, aqui, os limites à arbitrabilidade dos litígios) que invariavelmente afetam a forma como esses direitos são tutelados.

Assim, ainda que se verifique uma evolução no trato da matéria, diante da constatação da insuficiência da jurisdição estatal para lidar com um número crescente de litígios e da adequação do uso da arbitragem para dirimir conflitos sobre direitos de PI, parece que boa parte dos países ainda se encontra longe de admitir a plena arbitrabilidade desses litígios.

Feita essa apresentação geral a respeito da relação entre a arbitragem e a propriedade industrial a partir de alguns exemplos do direito estrangeiro, iremos agora investigar como o direito brasileiro vem tratando essa matéria.

4. A arbitrabilidade da nulidade de patente no direito brasileiro

4.1. Observações preliminares sobre o procedimento de nulidade da patente

Uma patente é um título concedido pelo Estado no exercício da sua soberania conferindo ao titular o direito de impedir terceiros de explorar o seu objeto durante

---

25 HALKET, Thomas. Arbitration of International Intellectual Property Disputes. Jurisnet, 2012, p. 93; VICENTE, Dário Moura. Arbitrability of intellectual property disputes... Op. cit. p. 157.

26 Cf. Artigo 51 da *Loi sur les brevets d'invention*, de 28 de março de 1984: "*1er. Lorsqu'un brevet est annulé, en totalité ou en partie, par un jugement ou un arrêt ou par une sentence arbitrale, la décision d'annulation a contre tous l'autorité de la chose jugée sous réserve de la tierce opposition. Les décisions d'annulation passées en force de chose jugée sont inscrites au Registre*".

27 Os mais relevantes são: a Convenção de Paris para Proteção da Propriedade Industrial (CUP – promulgada no Brasil pelo Decreto nº 1.263/94); Tratado de Cooperação em Matéria de Patentes (PCT – promulgado no Brasil pelo Decreto nº 81.742/78); e Acordo sobre Aspectos dos Direitos de Propriedade Intelectual Relacionados ao Comércio (TRIPS – Anexo 1C do Acordo Constitutivo da Organização Mundial do Comércio – promulgado no Brasil pelo Decreto nº 1.355/94).

um prazo determinado (no mínimo 20 anos contados da data do depósito do pedido de patente).[28] A patente é concedida após um processo administrativo durante o qual se verifica o cumprimento de certos requisitos legais relativos ao invento ou ao modelo de utilidade para o qual a proteção é requerida.

No Brasil, conforme estabelecido pela Lei da Propriedade Industrial de 1996, a patente será nula quando for "concedida contrariando as disposições desta Lei" (artigo 46). O pedido de nulidade da patente pode ser formulado tanto na esfera administrativa, por meio de um processo administrativo de nulidade (PAN), instaurado pelo INPI de ofício ou mediante requerimento de terceiro interessado (artigos 50 a 55), como na esfera judicial, por meio da propositura de uma ação de nulidade, para a qual o INPI deve ser obrigatoriamente citado, caso não seja o autor, consoante a disposição do artigo 57 da LPI.

O PAN somente pode ser instaurado durante os seis meses que seguirem à data de concessão da patente. A decisão final do PAN que declarar administrativamente a nulidade da patente, ou que afirmar a sua validade, pode ser revista na via judicial.

Por sua vez, a ação de nulidade da patente pode ser proposta a qualquer momento até o fim do prazo de vigência do título (artigo 56 da LPI).

No sistema brasileiro, por conta da intervenção necessária do INPI – que possui natureza jurídica de autarquia federal – nas ações de nulidade, temos um sistema bifurcado para litígios de patente: enquanto que as ações de infração entre particulares tramita perante a justiça estadual,[29] as ações de nulidade são da competência da justiça federal (art. 109, I, da Constituição Federal de 1988, e art. 57, caput, da LPI).

Uma hipótese controvertida diz respeito à possibilidade de o réu na ação de infração alegar a nulidade da patente como questão incidental. Embora o parágrafo 1º do art. 56 da LPI estabeleça que "a nulidade da patente poderá ser arguida, a qualquer tempo, como matéria defesa" – o que, para muitos, indicaria a possibilidade de sua arguição como questão incidental na ação de infração –, o Superior Tribunal de Justiça (STJ) possui reiteradas decisões afirmando que "a alegação de que é inválido o registro, obtido pelo titular de marca, patente ou desenho indus-

28 O Acordo TRIPS estabelece um prazo de vigência mínimo de 20 anos de proteção patentária para todos os países signatários do Acordo Constitutivo da OMC. No Brasil, por conta do *backlog* (número de pedidos de patentes pendentes) do INPI, que leva cerca de 11 (onze) anos em média para deferir ou indeferir um pedido de patente, a LPI estabelece que o prazo de vigência da patente de invenção não será inferior a 10 (dez) anos contados da data de concessão (art. 40, parágrafo único). Por conta do tempo que o INPI leva para concluir o exame do pedido de patente, é comum que patentes sejam concedidas com este prazo.

29 A exceção será quando uma das partes na ação de infração for a União, entidade autárquica ou empresa pública federal. Nesse caso, excepcionalmente, tanto a ação de infração como uma eventual ação de nulidade tramitarão perante a justiça federal.

trial perante o INPI, deve ser formulada em ação própria, para a qual é competente a Justiça Federal".[30]

A partir desse entendimento, os tribunais estaduais brasileiros de modo geral inadmitem a alegação de nulidade da patente formulada em caráter incidental pelo réu em ação de infração.

Feitas essas observações gerais a respeito do tratamento conferido pelo ordenamento jurídico brasileiro à nulidade de patente nas esferas administrativa e judicial, passemos à análise quanto à arbitrabilidade dessa questão em nosso sistema.

4.2. Limites à arbitrabilidade

Poucos autores já se debruçaram sobre o tema no direito brasileiro. Dentre os que enfrentaram essa questão, encontramos que o posicionamento da doutrina, de modo geral, é por negar a arbitrabilidade da nulidade da patente.

As principais razões apontadas para tanto são: (i) obrigatoriedade de participação do INPI nas ações de nulidade de patente; (ii) competência exclusiva da Justiça Federal;[31] (iii) eficácia erga omnes da decisão que declara a validade ou não de um direito; (iv) os direitos de propriedade industrial (incluindo os de patentes) são exclusivamente outorgados pelo Estado; (v) o interesse público envolvido na matéria;[32] e (vi) a inexistência de norma legal expressa regulando o uso da arbitragem em casos de validade.[33]

---

30 BRASIL. Superior Tribunal de Justiça. Ministra Relatora Nancy Andrighi. Recurso Especial nº 1.132.449. Julgado em 13 mar. 2012.

31 TUCCI, José Rogério Cruz e. Arbitrabilidade dos litígios sobre direitos da propriedade industrial. Consultor Jurídico, 23 set. 2014. Disponível em <http://www.conjur.com.br/2014-set-23/paradoxo-corte-arbitrabilidade-litigios-direitos-propriedade-industrial>. Acesso em 20 jul. 2017. Na verdade, Tucci fundamenta seu posicionamento contrário à arbitrabilidade da validade de patentes no argumento de que devem ser excluídos "dos domínios da arbitragem os litígios cujo objeto é de exclusiva atribuição do Instituto Nacional da Propriedade Industrial (INPI)", afirmando não ser possível requerer a anulação da patente em sede arbitral porque este pedido "deve sempre ser dirigido ao INPI". A nosso ver, há uma imprecisão na afirmação de Tucci, uma vez que o pedido de nulidade pode ser dirigido ao INPI, pela via do PAN (para cuja interposição, todavia, há um prazo decadencial de 6 meses da data da concessão da patente), ou ao Poder Judiciário, pela via da ação de nulidade. Ainda que nesta segunda hipótese o INPI seja litisconsorte necessário, o pedido de nulidade não é dirigido a ele, mas ao Estado-juiz.

32 LEMES, Selma Maria Ferreira. Arbitragem em Propriedade Industrial. Disponível em <http://selmalemes.adv.br/artigos/Arbitragem%20em%20Propriedade%20Intelectual.pdf>. Acesso em 30 jun. 2017. P. 3.

33 Ibid. p. 13. Lemes também rejeita a arbitrabilidade das disputas relativas à caducidade da patente e ao licenciamento compulsório. Por não estar dentro do escopo deste artigo, e por acreditarmos ser praticamente impossível que o titular de uma patente sequer aceitasse se submeter a uma arbitragem para o licenciamento obrigatório de sua patente, não enfrentaremos essa questão.

Esses argumentos são aplicáveis a qualquer hipótese de discussão da validade da patente em sede arbitral – tanto em caráter principal, como em caráter incidental. Antes de analisa-los, cumpre, todavia, apresentar mais um argumento que se aplica apenas à hipótese de discussão incidental da validade da patente no juízo arbitral: a jurisprudência do Superior Tribunal de Justiça no sentido de negar a possibilidade de discussão incidental da validade da patente em uma ação de infração.

Conforme visto anteriormente, esse entendimento que atualmente prevalece no STJ fundamenta-se na obrigatoriedade de participação do INPI e na consequente competência exclusiva da Justiça Federal para julgar e declarar a nulidade de uma patente (ou de um registro de marca ou de desenho industrial). Com base nessa premissa, o STJ afirma que o juízo estadual não poderia negar eficácia ao direito de propriedade industrial em uma ação de infração por entender, em caráter incidental, que ele seria nulo, uma vez que não teria competência para tanto.

Diante disso, poder-se-ia questionar se o árbitro também estaria vedado de decidir, em uma arbitragem relativa à infração da patente, que não haveria ato ilícito e dever de indenização porque o direito com base no qual se funda a ação é nulo. Mesmo que essa decisão produza efeitos apenas inter partes, haveria um impedimento com base na jurisprudência do STJ?

Não abordaremos nesse artigo o delicado ponto a respeito da obrigatoriedade (ou não) de o árbitro observar, em suas decisões, os precedentes dos tribunais brasileiros. Focaremos, apenas, no aspecto prático: parece-nos bastante provável que uma sentença arbitral com esse fundamento seria alvo de anulação pelo Poder Judiciário, por ofensa à "ordem pública". Ou, ainda, que se lhe negaria eficácia em sede de execução pelo mesmo fundamento.

Por outro lado, há, na arbitragem, uma (possível) saída para o problema. No Judiciário, não se admite que, uma vez suscitada a nulidade incidental de uma patente em ação de infração, o INPI seja intimado a se manifestar, ou a intervir no feito. O réu que deseje questionar a validade do título só tem uma opção (à luz da jurisprudência do STJ): propor uma ação de nulidade, com a participação do INPI, perante a Justiça Federal. Entretanto, uma vez escolhida a arbitragem como via para a resolução do conflito, não nos parece que seria inadmissível requerer que o INPI – caso concordasse – viesse a integrar a arbitragem para que fosse discutida, também, a validade da patente.

É evidente que a admissão dessa hipótese perpassa por uma questão preliminar: saber se o árbitro pode conhecer e decidir sobre a validade da patente em qualquer capacidade – incidental ou principal. Passemos, assim, à análise dos seis argumentos apontados acima, correntemente suscitados para negar a arbitrabilidade dessa questão.

A nosso ver, o argumento quanto à obrigatoriedade da participação do INPI nas ações de nulidade não se sustenta mais à luz da nova redação da Lei da Arbitragem, que deixa expresso não haver mais uma limitação subjetiva à arbitragem envolvendo os entes público. Dessa forma, não há uma proibição, sob a perspectiva subjetiva, a que o INPI participe de uma arbitragem sobre a validade de uma patente. Embora a necessidade da sua participação possa dificultar a realização da arbitragem, na medida em que o INPI precisaria concordar em submeter o conflito relativo à validade da patente a essa via, isso não representaria um impedimento per se.

Tampouco nos parece que a competência atribuída à Justiça Federal para dirimir esses conflitos na esfera judicial represente um obstáculo ao uso da arbitragem. Nota-se que ao afirmar que a "ação de nulidade de patente será ajuizada no foro da Justiça Federal", o art. 57 da LPI está reproduzindo a determinação do art. 109, inciso I, da Constituição Federal de 1988, que fixa a competência desta Justiça para as ações que tenham como parte entes da administração pública federal – como é o caso do INPI. Entretanto, não há determinação – na LPI, na Lei da Arbitragem ou na Constituição Federal – de que quando a ação relativa ao direito for da competência da Justiça Federal (ou de outra justiça "especializada"), o direito não poderá ser submetido à arbitragem. Essa exegese sequer poderia ser defendida, uma vez que impediria qualquer arbitragem que envolvesse a União, suas entidades autárquicas ou fundações públicas como partes.

Assim sendo, embora a competência para a ação de nulidade seja da Justiça Federal, por conta da necessária intervenção do INPI, não nos parece haver impedimento ao uso da arbitragem por este motivo – vez que, conforme dito, não há vedação legal expressa.

Outra justificativa que é encontrada, tanto no direito brasileiro, como no estrangeiro, em oposição à arbitrabilidade da validade das patentes diz respeito à ausência de eficácia erga omnes das decisões arbitrais – o que seria, conforme apontam alguns autores, um efeito essencial da decisão que declara a validade ou não de um direito.[34]

Embora seja possível compreender as razões subjacentes a essa manifestação, relativas, principalmente, ao prejuízo que pode ser causado a terceiros, impedidos de participar do procedimento arbitral, não nos parece que ela seria, de fato, um impedimento à arbitragem da validade das patentes. Para entender o por quê de nossa afirmação, precisamos retomar algumas considerações sobre a ação de nulidade de patente e a eficácia da sentença.

A ação de nulidade pode ser proposta pelo INPI ou por qualquer outro interessado. Serão necessariamente partes na ação de nulidade o titular da patente e o INPI (seja como autor, seja como litisconsorte necessário, quando a ação for proposta por terceiro).

Quando à eficácia da sentença na ação de nulidade, é importante lembrar, primeiro, que, consoante o disposto no artigo 506 do CPC, "a sentença faz coisa julgada às partes entre as quais é dada, não prejudicando terceiros", e, segundo, que, consoante o artigo 56 da LPI, "a ação de nulidade poderá ser proposta a qualquer tempo da vigência da patente".

---

34 Por todos, conforme já apontado, LEMES, Selma Maria Ferreira. Arbitragem em Propriedade Industrial. Op. cit. p. 3.

Dessa forma, é admitido que mesmo após uma sentença ter julgado improcedente uma ação de nulidade da patente, afirmando a validade do direito, um terceiro – que não foi parte nesta primeira ação – proponha, a qualquer tempo até o final da vigência da patente, uma nova ação de nulidade, com base nos mesmos ou em outros argumentos e documentos.

Partindo dessa premissa, a realização de uma arbitragem entre o INPI e o titular da patente para discutir a validade do direito não obstaria a posterior propositura de uma ação de nulidade do título por um terceiro que, não tendo participado da arbitragem, se veja prejudicado por uma sentença arbitral afirmando a validade da patente.

Por outro lado, ainda que a decisão arbitral produza efeitos apenas inter partes, a participação do INPI assegura a sua executividade, uma vez que a autarquia pode ser ordenada a fazer publicar a nulidade do ato administrativo de concessão da patente (caso essa tenha sido a decisão do árbitro).

Ademais, não se poderia dizer que haveria prejuízo a terceiros, ao interesse público ou à soberania estatal por uma decisão arbitral que declara a nulidade do direito de propriedade industrial. Tendo em vista que a patente inevitavelmente impõe uma restrição (legítima e constitucional) à livre concorrência, representando uma forma de compensação ao inventor que divulga a sua criação ao público, a declaração de nulidade de uma patente que não cumpre os requisitos legais atende ao interesse público e, consequentemente, ao de terceiros porventura interessados na exploração de seu objeto.

Esse é, inclusive, um dos argumentos que durante muito tempo foi apontado nos Estados Unidos para barrar o uso da arbitragem em litígios sobre propriedade industrial.[35] Contudo, conforme demonstrado acima, não nos parece haver no direito brasileiro um real prejuízo aos interesses de terceiros e ao interesse público – seja porque a declaração de validade da patente não impede a propositura de ações judiciais posteriores ou instauração de novas arbitragens, seja porque a declaração de nulidade garante a satisfação desses interesses. Desde que, é claro, seja assegurada a participação do INPI no procedimento arbitral, em cumprimento ao que determina o art. 57 da LPI.

35 Antes da alteração legal já discutida nesse artigo, a oposição da Suprema Corte norte-americana ao uso da arbitragem para questões de validade e/ou infração de patentes era baseada em um argumento de política pública: entendia-se que patentes inválidas restringiam a livre competição ao conferir exclusividade sobre algo que deveria estar no domínio público, razão pela qual o questionamento das patentes deveria ser feito de forma pública no Judiciário. Cf. PETRAKIS, Konstantinos. The Role of Arbitration in the Field of Patent Law. Op. cit. p. 26. Esse entendimento aplica-se com mais razão aos casos de *validade*. Com relação aos casos de infração, poder-se-ia argumentar que seria do interesse público acompanhar a interpretação que seria dada para o escopo de proteção conferido pela patente, ao se fazer a análise de infração. Entretanto, considerando que é admissível a atribuição de segredo de justiça a ações judiciais de infração de patentes, não nos parece ser legítimo negar a arbitrabilidade desses litígios sob o argumento da falta de publicidade.

Nesse sentido, mesmo que os direitos de propriedade industrial sejam outorgados pelo Estado, seria contrário ao interesse público a manutenção de uma patente que não cumpre com os requisitos de patenteabilidade – i.e. é nula.

Ainda, não obstante o interesse público envolvido na discussão relativa à validade de uma patente, que, conforme visto, não nos parece ser prejudicado pela sua submissão à via arbitral, é inegável que o direito de patente é, sob a perspectiva do seu titular, um direito disponível que pode ser objeto de transação. O titular da patente pode, afinal, renunciar ao título patentário (art. 78, inciso II, da LPI). Além disso, a jurisprudência admite que em ações de nulidade as partes – com a concordância do INPI – celebrem acordo para dar fim àquela ação. Se o INPI pode concordar com a extinção sem resolução do mérito de uma ação de nulidade, por que não poderia aceitar a submissão da questão relativa à validade da patente ao juízo arbitral?

Por fim, com relação ao argumento de que não há norma legal expressa regulando o uso da arbitragem em casos de validade de patente, não nos parece que haja essa exigência no direito brasileiro para que um caso, ainda que envolvendo a administração pública, seja submetido à arbitragem. Verificado que não há vedação expressa ao uso da arbitragem, e que estão presentes os requisitos gerais subjetivo (relativo à capacidade das partes) e objetivo (relativo à disponibilidade do direito) da Lei da Arbitragem, não haveria por que se impor obstáculos inexistentes na Lei à utilização deste meio de resolução de conflitos – especialmente quando ele se mostra adequado ao caso concreto.

5. Conclusão

A arbitrabilidade da validade das patentes – tal como dos demais direitos de propriedade industrial – suscita importantes questões no campo teórico e no campo prático. Conforme se demonstrou nesse artigo, não obstante as vantagens representadas pela arbitragem para a resolução de conflitos nesse ramo do direito material, ainda há muita controvérsia quanto às questões que podem ser decididas por este meio.

A nosso ver, embora válidos, os argumentos levantados em oposição ao uso da arbitragem nessa seara precisam ser repensados à luz das particularidades do direito de propriedade industrial e da nova concepção de jurisdição e de processo, que impulsiona o recurso cada vez maior aos demais meios adequados de resolução de disputas.

Dessa forma, tendo por referência o direito brasileiro, desde que respeitada a disposição da LPI, tal como interpretada pelo STJ, estabelecendo a obrigatoriedade de participação do INPI nas discussões de validade da patente, não nos parece que o uso da arbitragem traria prejuízo a terceiros, ao interesse público ou à soberania estatal.

Mediador e Árbitro? Uma Interpretação do art. 7º da Lei de Mediação à Luz da Lei De Arbitragem

Thiago Dias Delfino Cabral

Sumário: 1. Introdução. **2.** Aspectos Gerais sobre a Mediação e o Mediador. **3.** Impedimentos do Mediador. **4.** Árbitro e Mediador? **4.1.** As "Quarentenas" da Lei de Mediação. **4.2.** A Primeira Espécie de Quarentena: Vedação à Prestação de Serviços Jurídicos. **4.3.** A Segunda e Terceira Espécies de Quarentena: Vedação à Posterior Atuação como Testemunha ou Árbitro. **4.4.** Críticas à Quarentena "Mediador-Árbitro" do art. 7º da Lei de Mediação. **4.5.** Mediador--Árbitro? Uma sugestão interpretativa. **5.** Conclusão. **6.** Referências bibliográficas.

1. Introdução

Durante a segunda metade do século XX, o sistema processual brasileiro passou por uma série de alterações visando aprimorar o acesso à justiça dos cidadãos brasileiros[1]. Embora possuíssem um objetivo louvável, essas modificações, no fim, implicaram em um sistema assimétrico e ineficiente[2].

Essa situação, felizmente, se alterou em 2015, ano revolucionário para o processo civil brasileiro[3]. Isso porque, em 16 de março de 2015, houve a promulgação da Lei Federal nº 13.105, que instituiu o primeiro Código de Processo Civil integralmente elaborado durante um período democrático no Brasil[4].

---

1 Segundo Paulo Cezar Pinheiro Carneiro, "não tivemos, como na Europa, as ondas espaçadas preconizadas por Mauro Cappelleti e Brian Garth na magnífica e clássica obra sobre acesso à justiça (...), mas sim um movimento concentrado, uma grande e única onda" (Comentários aos Artigos 1º ao 15 do Código de Processo Civil. In: WAMBIER. Teresa Arruda Alvim et al (coords). Breves Comentários ao Novo Código de Processo Civil. 2ª Tiragem. São Paulo: Editora Revista dos Tribunais. 2015. P. 62).

2 De acordo com a Comissão de Juristas responsável pela elaboração do Código de Processo Civil, "o enfraquecimento da coesão entre as normas processuais foi uma consequência natural do método consistente em se incluírem, aos poucos, alterações no CPC, comprometendo a sua forma sistemática. A complexidade resultante desse processo confunde-se, até certo ponto, com essa desorganização, comprometendo a celeridade e gerando questões evitáveis (=pontos que geram polêmica e atraem atenção dos magistrados) que subtraem indevidamente a atenção do operador do direito" (Exposição de Motivos do Código de Processo Civil de 2015, Disponível em:<https://www2.senado.leg.br/bdsf/bitstream/handle/id/512422/001041135.pdf> Acesso em: 04 mar. 2018).

3 Wilson Pimentel declara, de forma categórica, que "o ano de 2015 provou ser une grande année para o desenvolvimento dos métodos de solução de conflitos no brasil" (O CPC de 2015, mediação e arbitragem: um sistema geral de solução de conflitos. In: A Reforma da Arbitragem. Leonardo de Campos Melo e Renato Rezende Beneduzi (coords). Rio de Janeiro: Forense. 2016. P. 339).

4 Antes da promulgação da Lei Federal nº 13.105/2015, Antônio Carlos de Araújo Cintra, Ada Pellegrini Grinover e Cândido Rangel Dinamarco apontavam que os principais diplomas legislativos da história processual civil brasileira eram: (i) o Regulamento 737/1850, instituído durante a Monarquia; (ii) o Código de Processo Civil de 1939, promulgado por Getúlio Vargas; e (iii) o Código de Processo Civil de 1973, estabelecido durante a ditadura militar. (Teoria Geral do Processo. 24ª Edição. São Paulo: Editora Malheiros.2008. P. 111/146).

Esse novo diploma legislativo, na visão de Paulo Cezar Pinheiro Carneiro, "[prioriza] a rapidez, a isonomia nas decisões de casos similares e a efetividade, sem descurar das garantias processuais constitucionais, tendo como meta inafastável um resultado necessariamente justo"[5].

O Código de Processo Civil visa, ainda, pacificar os conflitos surgidos em nossa sociedade da melhor forma possível, tanto que: (i) permite (e incentiva) a arbitragem (art. 3º, §1º); (ii) impõe o dever ao "Estado [de promover], sempre que possível, a solução consensual dos conflitos" (art. 3º, §2º); (iii) determina que "a conciliação, a mediação e outros métodos de solução consensual de conflitos [sejam] estimulados por juízes, advogados, defensores públicos e membros do Ministério Público, inclusive no curso do processo judicial" (art. 3º, §3º); e (iv) regulamenta a mediação judicial, em especial no artigo 165 e seguintes.

Fato é que, por meio do Código de Processo Civil de 2015, o processo civil brasileiro passou a adotar o sistema multiportas, sistematizado nos Estados Unidos[6], que incentiva a pacificação de determinado conflito de acordo com o método de resolução que lhe for mais adequado[7-8]. Houve, portanto, o fortalecimento dos métodos adequados de resolução de conflito.

---

5 CARNEIRO, Paulo Cezar Pinheiro. Comentários aos Artigos 1º ao 15 do Código de Processo Civil. In: WAMBIER. Teresa Arruda Alvim et al (coords). Breves Comentários ao Novo Código de Processo Civil. 2ª Tiragem. São Paulo: Editora Revista dos Tribunais. 2015. P. 57.

6 Cesar Felipe Cury indica que "ainda na década de 70, nos EUA, com a Pound Conference, se demarca o início do movimento pela democratização do Judiciário e a identificação e desenvolvimento científico de novas formas de solução de conflitos, para além da prestação jurisdicional adversarial. A partir de então, Frank Sander inicia os estudos acerca da utilização desses métodos para-judiciários de solução de conflitos, com a sua disponibilização à população desde o sistema de justiça, a que denominou de multi-door courthouse, ou Tribunal multiportas". (Mediação. In: ZANETI JR, Hermes; e CABRAL, Trícia Navarro Xavier (coords). Justiça Multiportas: Mediação, conciliação, arbitragem e outros meios de solução adequada para conflitos. Salvador: JusPodium. 2016. P. 487).

7 Antonio do Passo Cabral e Leonardo Carneiro da Cunha explicam que o termo tribunal multiportas "decorre de uma metáfora: seria como se houvesse, no átrio do fórum, várias portas; a depender do problema apresentado, as partes seriam encaminhadas para a porta da mediação; ou da conciliação; ou da arbitragem, ou da própria justiça estatal" (Negociação direta ou resolução colaborativa de disputas (collaborative law): "Mediação sem Mediador". In: ZANETI JR. Hermes; e CABRAL, Trícia Navarro Xavier (coords). Justiça Multiportas: Mediação, conciliação, arbitragem e outros meios de solução adequada para conflitos. Salvador: JusPodium. 2016. P. 710).

8 Luiz Guilherme Marinoni e Daniel Mitidiero ensinam que "o Código de 2015 promoveu uma 'inversão dos paradigmas na justiça', sendo apontada essa circunstância pela doutrina como uma das suas mais importantes e profundas inovações. A razão para essa inversão decorre da necessidade de se reconhecer que a imposição de uma decisão pela via jurisdicional pode não ser, em determinados casos, o meio mais idôneo para solução de litígios. É por essa razão que o Código de 2015 reconhece que, muitas vezes, a forma jurisdicional pode não ser a mais adequada para a resolução da disputa: é por essa razão, portanto, que o seu art. 3º, §1º reconhece a arbitragem e que os seus §§ 2º e 3º declaram que é dever do Estado promover e estimular a solução consensual dos litígios" (Comentários ao Código de Processo Civil – Volume I (arts. 1º ao 69). São Paulo: Revista dos Tribunais, 2016. P. 121). No mesmo sentido, João Luiz Lessa Neto ensina que "o NCPC adota o modelo multiportas de processo civil." (O novo CPC adotou o modelo multiportas!!! E agora?!. In: Revista de Processo, Ano 40. nº 244, jun. São Paulo: Editora Revista dos Tribunais. 2015).

Não bastasse a promulgação do Código de Processo Civil, em 2015, o legislador brasileiro também incentivou a utilização desses métodos por meio da Lei Federal nº 13.129, de 26.05.2015, que empreendeu uma reforma pontual da Lei de Arbitragem[9].

Ademais, houve a promulgação da Lei Federal nº 13.140, de 26.06.2015, que regulamentou "a mediação entre particulares como meio de solução de controvérsias e sobre a autocomposição de conflitos no âmbito da administração pública"[10].

A Lei de Mediação, além de preencher um verdadeiro vácuo legislativo[11], é essencial para o sistema multiportas, na medida em que dará maior segurança ao jurisdicionado que pretender utilizar esse método de resolução de conflitos[12].

Ademais, conforme bem pontuado por Wilson Pimentel, "mediação, arbitragem e a jurisdição estatal, the three paths of Justice, de Neil Andrews, complementam-se como formas de solução de conflitos e as novas leis estabelecem vários pontos de contato entre os diferentes institutos"[13].

Diante da vasta possibilidade de combinação dos métodos adequados de resolução de conflitos, o presente artigo, por uma questão metodológica, pretende analisar um aspecto da conjugação entre a mediação e a arbitragem, qual seja: a possibilidade de uma pessoa atuar, no mesmo conflito, como mediador e, posteriormente, como árbitro.

Para alcançar esse objetivo, analisaremos, em primeiro lugar, o instituto da mediação e os princípios que o regem. Em seguida, estudaremos sobre o mediador e os

---

9 José Rogério Cruz e Tucci declara que, "além de alguns reparos formais e terminológicos, verifica-se que três alterações pontuais foram acolhidas, referentes à: a) ampliação subjetiva e objetiva da incidência da arbitragem; b) delimitação da atividade do juiz togado até a instituição da arbitragem; e c) maior liberdade das partes na indicação dos árbitros" (A Liberdade das partes na escolha dos árbitros. In: SALOMÃO. Luis Felipe; e ROCHA. Caio César Vieira. Arbitragem e Mediação – A reforma da legislação brasileira. 2ª Edição. São Paulo: Atlas. 2017. P. 214).

10 BRASIL. Lei nº 13.140, de 26 de junho de 2015.

11 Embora o Conselho Nacional de Justiça tenha elaborado, em 29.11.2010, a Resolução nº 125 para regular "a Política Judiciária Nacional de tratamento adequado dos conflitos de interesses no âmbito do Poder Judiciário", a mediação não tinha sido exaustivamente regulamentada no Brasil. Tratava-se, aliás, de uma situação lastimável, uma vez que, segundo Humberto Dalla Bernadina de Pinho e Trícia Navarro Xavier Cabral, "no Brasil, a partir dos anos 1990 do século passado, começou a haver um interesse pelo instituto da mediação, sobretudo pela influência da legislação argentina editada em 1995" (HALE, Duval et al. O Marco Legal da Mediação no Brasil: comentários à lei nº 13.140, de 26 de junho de 2015. São Paulo: Atlas. 2016. P. 5).

12 Humberto Dalla Bernadina de Pinho, com a precisão que lhe é peculiar, apontava que existiam três barreiras institucionais para que a utilização ampla e eficaz da mediação no Brasil, quais sejam: (a) a ausência de informações da população; (b) a "percepção social da figura de autoridade para solução do conflito"; e (c) a "falta de normatização e sistematização" (A mediação e a necessidade de sua sistematização no processo civil brasileiro. In: Revista Eletrônica de Direito Processual. Ano 4. Volume 5. Janeiro a Junho. 2010. P. 74-75).

13 PIMENTEL, Wilson. O CPC de 2015, mediação e arbitragem: um sistema geral de solução de conflitos. In: A Reforma da Arbitragem. Leonardo de Campos Melo e Renato Rezende Beneduzi (coords). Rio de Janeiro: Forense. 2016. P. 340.

impedimentos legais decorrentes do exercício dessa função, estabelecidos no art. 6º e 7º da Lei de Mediação.

Findo esse exame, discorremos sobre a possibilidade de as partes escolherem a mesma pessoa para mediar e arbitrar um mesmo conflito. Por fim, será apresentada proposta de interpretação do art. 7º da Lei Federal nº 13.140/2015 que respeite, ao mesmo tempo, a Lei de Arbitragem e os objetivos da Lei de Mediação.

2. Aspectos gerais sobre a mediação e o mediador

A Lei Federal nº 13.140/2015, em seu artigo 1º, § 1º, enfrentou a árdua tarefa de conceituar mediação[14], afirmando que se trata de "atividade técnica exercida por terceiro imparcial sem poder decisório, que, escolhido ou aceito pelas partes, as auxilia e estimula a identificar ou desenvolver soluções consensuais para a controvérsia"[15].

Em outras palavras, a mediação é um mecanismo de resolução de conflito no qual um terceiro, independente e imparcial, atua para que pessoas em litígio encontrem uma solução para a controvérsia[16].

Esse mecanismo, por força do art. 2º da Lei Federal nº 13.140/2015, é regido por 8 (oito) princípios, quais sejam: (i) imparcialidade do mediador; (ii) isonomia; (iii) oralidade; (iv) informalidade; (v) autonomia da vontade das partes; (vi) busca do consenso; (vii) confidencialidade e (viii) boa-fé.

O Código de Processo Civil, por sua vez, declara, em seu artigo 166, que "a conciliação e a mediação são informadas pelos princípios da independência, da imparcialidade, da autonomia da vontade, da confidencialidade, da oralidade, da informalidade e da decisão informada"[17].

Embora seja um rol bastante extensivo de princípios, para fins desse artigo, nos limitaremos a analisar, sucintamente, o princípio da autonomia da vontade e o da imparcialidade do mediador.

---

14 Diante das inúmeras espécies de mediação, Humberto Dalla Bernadina de Pinho e Michele Pedrosa Paumgartten apontam que "o significado da mediação não é o mesmo para todos" (Mediação Obrigatória: Um Oximoro Jurídico e mero Placebo para a crise do Acesso à Justiça. In: VERÇOSA, Fabiane et al (Coordenadores). Arbitragem e Mediação – Temas Controvertidos. Rio de Janeiro: Editora Forense. 2014. P. 332).

15 BRASIL. Lei nº 13.140, de 26 de junho de 2015.

16 Humberto Dalla Bernadina de Pinho e Trícia Navarro Xavier Cabral entendem que "a mediação é um mecanismo de resolução de conflitos em que as próprias partes constroem, em conjunto, um sistema de decisão, satisfazendo a todos os envolvidos e oxigenando as relações sociais". (HALE, Duval et al. O Marco Legal da Mediação no Brasil: comentários à lei nº 13.140, de 26 de junho de 2015. São Paulo: Atlas. 2016. P. 1).

17 BRASIL. Lei nº 13.105, de 16 de março de 2015.

O princípio da autonomia da vontade é o pilar da mediação, incidindo nas principais etapas desse mecanismo. Por meio desse princípio, as partes possuem liberdade para informar se desejam utilizar (ou terminar) o procedimento de mediação, bem como escolher o mediador[18].

Nesse mesmo sentido, Diogo Assumpção Rezende de Almeida, Fernanda Medina Pantoja e Juliana Loss de Andrade entendem que esse princípio abrange "(i) a aceitação livre e voluntária da mediação (...); (ii) a indicação do mediador (...); (iii) a participação direta e espontânea no procedimento; e, finalmente, (iv) a autodeterminação para, ao final, celebrar ou não um acordo" [19].

O princípio da imparcialidade do mediador, por sua vez, é vital para as partes se sentirem seguras para expor seus interesses e, consequentemente, conseguirem encontrar uma solução para o problema[20]. De acordo com Adolfo Braga Neto, esse princípio consiste em "pressuposto de [atuação do mediador] antes e durante a mediação com a inexistência de qualquer conflito de interesses capaz de afetar o procedimento, (...)"[21].

Como se pode perceber, esses princípios impactam diretamente sobre a figura do mediador, cuja atuação é essencial para o sucesso da mediação, afinal, esse terceiro será responsável por orquestrar "o procedimento de comunicação entre as partes, buscando o entendimento e o consenso e facilitando a resolução do conflito" (art. 4º, §1º da Lei de Mediação).

Segundo Vitor Carvalho Lopes, a função do mediador é "ajudar as partes a resolverem sua disputa, mediante a elaboração de um acordo livremente pactuado entre elas"[22]. O mediador, portanto, precisa adotar postura que facilite a comunicação entre as partes, de forma que compreendam a extensão do litígio, os interesses da outra

---

18 Adolfo Braga Neto pontua que esse princípio estampa "o poder que as pessoas têm em optar pela participação na mediação ao conhece-la, podendo interrompê-la a qualquer tempo, e também, da autodeterminação, poder que as pessoas têm de gerir seu próprio conflito e tomar suas próprias decisões, durante ou ao final do procedimento". (Marco Legal da Mediação – lei 13.140/2015 – Comentário Inicias à luz da prática brasileiro. In: Revista de Arbitragem e Mediação, v. 47, p. 259-275, out-dez, 2015. Versão Eletrônica).

19 HALE, Duval et al (coordenadores). O Marco Legal da Mediação no Brasil: comentários à lei nº 13.140, de 26 de junho de 2015. São Paulo: Atlas. 2016. P. 61.

20 Eduardo Hallak aponta que "o sucesso em difundir a utilização da mediação depende, portanto, que se instile a mesma confiança hoje detida pelos juízes na figura do mediador, como um terceiro apto a influir positivamente na resolução da contenda. Um dos pilares para que essa confiança possa ser criada e cultivada é a garantia da imparcialidade do mediador" (Impedimento, Impossibilidade e Penalidades referentes ao Mediador. In: A Mediação no Novo Código de Processo Civil. Coordenação: Diogo Assumpção Rezende de Almeida et al. Rio de Janeiro: Forense. 2015).

21 BRAGA NETO, Adolfo. Marco Legal da Mediação – lei 13.140/2015 – Comentário Inicias à luz da prática brasileiro. In: Revista de Arbitragem e Mediação, v. 47, p. 259-275, out-dez, 2015. Versão Eletrônica.

22 LOPES, Vitor Carvalho. Breves Considerações sobre os elementos subjetivos da Mediação: As Partes e o Mediador. In: Revista de Mediação e Arbitragem, v. 26, p. 85-111, jul-set, 2010, p. 86.

parte e, ao fim, consigam encontrar uma solução para pôr fim ao conflito, com a satisfação dos envolvidos[23].

Diante da importância do mediador, a Lei de Mediação estipulou regras para garantir o respeito ao princípio da imparcialidade do mediador. De forma mais específica, a Lei Federal nº 13.140/2015 regulamentou situações que impedem uma pessoa de atuar como mediadora e que, inclusive, limitam sua atuação futura no litígio que envolve as partes.

3. Impedimentos do mediador

A Lei Federal nº 13.140/2015 estipula, em seu art. 5º, que se aplicam "ao mediador as mesmas hipóteses legais de impedimento e suspeição do juiz". Ou seja, em princípio, estaria impedido de mediar determinado conflito qualquer pessoa que se enquadre nas situações descritas nos artigos 144 e 145 do Código de Processo Civil[24-25].

---

23 Na visão de Delton Meirelles e Giselle Marquês, "a atuação do mediador deve ser no sentido de favorecer a compreensão da relação conflituosa, auxiliar na restauração da comunicação e desenvolvimento do diálogo, aproximando as pessoas intersubjetivamente por meio de uma conversa honesta e flexível, possibilitando soluções criativas, com ganhos mútuos (não exclusivamente patrimoniais, é claro), buscando sempre o máximo de benefícios aos envolvidos" (HALE, Duval et al. O Marco Legal da Mediação no Brasil: comentários à lei nº 13.140, de 26 de junho de 2015. São Paulo: Atlas. 2016. P. 95). Em sentido semelhante, Diogo Assumpção Rezende de Almeida, Fernanda Medina Pantoja e Juliana Loss de Andrade, sustentam que "a nova lei de mediação optou pela linha de Harvard e, consequentemente, a mediação é enxergada como meio de solução de conflito, tendo o acordo como seu fim maior" (HALE, Duval et al. O Marco Legal da Mediação no Brasil: comentários à lei nº 13.140, de 26 de junho de 2015. São Paulo: Atlas. 2016. P. 45).

24 Art. 144. Há impedimento do juiz, sendo-lhe vedado exercer suas funções no processo:
I – em que interveio como mandatário da parte, oficiou como perito, funcionou como membro do Ministério Público ou prestou depoimento como testemunha;
II – de que conheceu em outro grau de jurisdição, tendo proferido decisão;
III – quando nele estiver postulando, como defensor público, advogado ou membro do Ministério Público, seu cônjuge ou companheiro, ou qualquer parente, consanguíneo ou afim, em linha reta ou colateral, até o terceiro grau, inclusive;
IV – quando for parte no processo ele próprio, seu cônjuge ou companheiro, ou parente, consanguíneo ou afim, em linha reta ou colateral, até o terceiro grau, inclusive;
V – quando for sócio ou membro de direção ou de administração de pessoa jurídica parte no processo;
VI – quando for herdeiro presuntivo, donatário ou empregador de qualquer das partes;
VII – em que figure como parte instituição de ensino com a qual tenha relação de emprego ou decorrente de contrato de prestação de serviços;
VIII – em que figure como parte cliente do escritório de advocacia de seu cônjuge, companheiro ou parente, consanguíneo ou afim, em linha reta ou colateral, até o terceiro grau, inclusive, mesmo que patrocinado por advogado de outro escritório;
IX – quando promover ação contra a parte ou seu advogado.

25 Art. 145. Há suspeição do juiz:
I – amigo íntimo ou inimigo de qualquer das partes ou de seus advogados;

Para que essas situações possam ser aferidas, o terceiro escolhido pelas partes para mediar o conflito, deverá "revelar às partes, antes da aceitação da função, qualquer fato ou circunstância que possa suscitar dúvida justificada em relação à sua imparcialidade para mediar o conflito, oportunidade em que poderá ser recusado por qualquer delas" (art. 5º, parágrafo único, da Lei Federal nº 13.140/2015).

Em outras palavras, antes da confirmação de sua nomeação, o mediador precisará informar sobre qualquer situação que possa comprometer a confiança que lhe foi outorgada pelas partes.

No entanto, após tais revelações, as partes podem afastar, com fundamento no princípio da autonomia da vontade, os motivos de impedimento e suspeição, confirmando a indicação do mediador[26].

Assim, por meio desses dispositivos, a Lei de Mediação criou um mecanismo para garantir que as partes tenham total confiança na pessoa escolhida para reger a mediação.

4. Árbitro e mediador?

4.1. As "quarentenas" da lei de mediação

Além dos impedimentos legais, a Lei Federal nº 13.140/2015 estipulou, nos artigos 6º e 7º, três proibições futuras, análogas à quarentena legal do juiz[27], para a pessoa que mediar um conflito. Por uma questão metodológica, as espécies de "quarentena" dos mediadores serão analisadas individualmente.

II – que receber presentes de pessoas que tiverem interesse na causa antes ou depois de iniciado o processo, que aconselhar alguma das partes acerca do objeto da causa ou que subministrar meios para atender às despesas do litígio;
III – quando qualquer das partes for sua credora ou devedora, de seu cônjuge ou companheiro ou de parentes destes, em linha reta até o terceiro grau, inclusive;
IV – interessado no julgamento do processo em favor de qualquer das partes.

26 Diogo Assumpção Rezende de Almeida, Fernanda Medina Pantoja e Juliana Loss de Andrade sustentam que, "na mediação extrajudicial, há que se admitir que os envolvidos, com base em sua livre e espontânea manifestação de vontade, possam concordar em manter o mediador a despeito da natureza do vício que supostamente inquina sua parcialidade" (HALE, Duval et al. O Marco Legal da Mediação no Brasil: comentários à lei nº 13.140, de 26 de junho de 2015. São Paulo: Atlas. 2016. P. 58).

27 O art. 95, parágrafo única, veda ao juiz que exerça "a advocacia no juízo ou tribunal do qual se afastou, antes de decorridos três anos do afastamento do cargo por aposentadoria ou exoneração".

4.2. A primeira espécie de quarentena: vedação à prestação de serviços jurídicos

Por força do art. 6º da Lei Federal nº 13.140/2015, o mediador "fica impedido, pelo prazo de um ano, contado do término da última audiência em que atuou, de assessorar, representar ou patrocinar qualquer das partes". Em outras palavras, findo o processo de mediação, o mediador não poderá prestar qualquer serviço, seja a título gratuito ou oneroso, aos antigos mediados pelo prazo de 1 (um) ano.

O objetivo dessa norma, conforme ensina Eduardo Hallak ao analisar dispositivo idêntico do Código de Processo Civil[28], é nobre: "evitar que haja qualquer troca escusa no âmbito da mediação, em que o mediador poderia vir a trabalhar em favor de uma das partes com a promessa de passar a representa-la posteriormente à mediação"[29].

Trata-se, portanto, de dispositivo legal extremamente importante para impedir o surgimento de qualquer dúvida entre a atuação do mediador e o resultado da mediação.

4.3. A segunda e terceira espécies de quarentena: vedação à posterior atuação como testemunha ou árbitro

A segunda e terceira espécies de quarentena impostas pela Lei de Mediação estão no art. 7º do referido diploma, o qual dispõe que o mediador não pode "atuar como árbitro nem funcionar como testemunha em processos judiciais ou arbitrais pertinentes a conflito em que tenha atuado como mediador".

Em primeiro lugar, constata-se a preocupação do legislador em garantir o princípio da confidencialidade da mediação, afinal, o mediador estará impedido de testemunhar em futuros litígios que envolvam o conflito mediado. Na prática, esse dispositivo instituiu o sigilo profissional do mediador, semelhante ao existente para o advogado[30].

---

28 Art. 172. O conciliador e o mediador ficam impedidos, pelo prazo de 1 (um) ano, contado do término da última audiência em que atuaram, de assessorar, representar ou patrocinar qualquer das partes.

29 HALLAK, Eduardo. Impedimento, Impossibilidade e Penalidades referentes ao Mediador. In: A Mediação no Novo Código de Processo Civil. Coordenação: Diogo Assumpção Rezende de Almeida et al. Rio de Janeiro: Forense. 2015).

30 O Estatuto da Advocacia e da Ordem dos Advogados do Brasil determina que é direito do advogado "recusar-se a depor como testemunha em processo no qual funcionou ou deva funcionar, ou sobre fato relacionado com pessoa de quem seja ou foi advogado, mesmo quando autorizado ou solicitado pelo constituinte, bem como sobre fato que constitua sigilo profissional" (art. 7º, XIX). Paulo Lôbo, ao analisar esse dispositivo legal, defende que "o dever de sigilo, imposto ético e legalmente ao advogado, não pode ser violado por sua livre vontade. É dever perpétuo, do qual nunca se libera, nem mesmo quando autorizado pelo cliente, salvo no caso de estado de necessidade para defesa da dignidade ou dos direitos legítimos do próprio advogado, ou para conjurar perigo atual e iminente contra si ou contra outrem, ou, ainda, quando for acusado pelo próprio cliente" (Comentários ao Estatuto da Advocacia e da OAB. 6ª Edição. São Paulo: Saraiva. 2011. P. 71).

Além disso, a Lei de Mediação veda que uma pessoa atue como mediador e árbitro em um mesmo conflito, pretendendo, assim, aumentar a confiança das partes no mediador, uma vez que estas ficariam mais confortáveis em expor seus interesses e angústias[31].

Todavia, diferentemente das primeiras espécies de quarentena analisadas, essa vedação deve ser analisada com bastante cuidado por impactar diretamente na utilização de dois importantes métodos adequados de resolução de conflitos (Mediação e Arbitragem). Essa análise implica, necessariamente, em perquirir se essa vedação legal está acordo com a Lei Federal nº 9.307/96, diploma legislativo específico que regulamenta a Arbitragem.

4.4. Críticas à quarentena "mediador-árbitro" do art. 7º da lei de mediação

A Arbitragem é um meio adequado de resolução de conflito por meio do qual duas ou mais pessoas outorgam poderes para um árbitro ou tribunal arbitral, independente e imparcial, solucionar determinado litígio[32], que não poderá ser apreciado pelo Poder Judiciário.

Por esse motivo, a autonomia da vontade desempenha função essencial na utilização desse mecanismo. Segundo Giovanni Ettore Nanni, "é com esteio nela que se forma o negócio jurídico voltado para a eleição da arbitragem como meio de resolução de disputas decorrentes de um contrato, no qual a cláusula compromissória está inserida ou ela faz referência"[33].

A autonomia da vontade também está presente na escolha do árbitro, que exercerá um papel fundamental para que o procedimento arbitral trâmite e seja concluído de forma adequada[34]. De acordo com José Roberto de Castro Neves, "internacional-

---

31 Segundo Silvia Rodrigues Pachikoski, "a certeza para a parte de que o mediador não atuará posteriormente no conflito é condição relevante para que deposite a sua confiança no terceiro imparcial e permita a facilitação para o acordo" (A Cláusula Escalonada. In: Arbitragem e Mediação – A Reforma da Legislação Brasileira. 2ª Edição. São Paulo: Atlas. 2017. P. 293).

32 Carlos Alberto Carmona declara que "arbitragem é uma técnica para a solução de controvérsias através da intervenção de uma ou mais pessoas que recebem seus poderes de uma convenção privada, decidindo com base nesta convenção sem intervenção do Estado, sendo a decisão destinada a assumir eficácia de sentença judicial" (Arbitragem e Processo – Um Comentário à Lei n 9.307/96. 3ª Edição. São Paulo: Editora Atlas. 2009. P. 15).

33 NANNI, Giovanni Ettore. Notas sobre os negócios jurídicos da arbitragem e a liberdade de escolha do árbitro à luz da autonomia privada. In: Revista de Arbitragem e Mediação, v. 49, p. 263-284, abr-jun. 2016. Versão Eletrônica.

34 Jerry Brodsky e Victor Madeira Filho entendem que "a seleção dos árbitros é certamente uma das mais importantes etapas de um procedimento arbitral. Caso esse passo seja dado na direção correta, todo o restante do processo deverá fluir de forma previsível e a justiça será alcançada. Caso contrário, é possível que o resultado seja decepcionante, não só com relação à decisão final em si, mas, mais importante que isso, em relação ao atingimento dos objetivos da arbitragem e à satisfação das expectativas das partes quanto ao processo e ao completo, justo e apropriado jul-

mente, a plena liberdade das partes na escolha dos árbitros é considerada um valor fundamental para o procedimento arbitral"[35].

Esse valor também veio ser reconhecido pela Lei de Arbitragem ao outorgar às partes o direito de nomear um ou mais árbitros[36], bem como de estabelecer seu procedimento de seleção[37].

A reforma da lei de arbitragem, aliás, reforçou esse aspecto da arbitragem ao permitir que as partes, caso queiram, escolham um árbitro que não esteja incluído na lista de determinada instituição arbitral[38].

Na visão de Selma Ferreira Lemes, essa alteração "prioriza a vontade das partes na eleição de membros do tribunal arbitral, mesmo que estes não integrem a lista de árbitro da instituição, mas autoriza que esta exerça controle quanto à indicação para atuar no procedimento administrado pela instituição, (...)"[39].

Sobre a figura do árbitro propriamente dita, a Lei Federal nº 9.307/96 dispôs que "pode ser árbitro qualquer pessoa capaz e que tenha a confiança das partes" (art. 13). Ou seja, os únicos requisitos legais impostos pela lei para uma pessoa atuar como árbitro é que seja plenamente capaz e tenha a confiança das partes, o que reforça, mais uma vez, o intuito do legislador em resguardar a autonomia da vontade na arbitragem[40].

---

gamento dos direitos das partes por profissionais qualificados e imparciais" (A seleção de árbitros nos procedimentos arbitrais: uma abordagem prática. In: Revista de Arbitragem e Mediação, v. 20, p. 193-206, jan-mar. 2009. Versão Eletrônica).

---

35 A escolha do árbitro como fundamento da arbitragem. In: A Reforma da Arbitragem. Leonardo de Campos Melo e Renato Rezende Beneduzi (coords). Rio de Janeiro: Forense. 2016. P. 572

36 O art. 13, §1º, dispõe que "as partes nomearão um ou mais árbitros, sempre em número ímpar, podendo nomear, também, os respectivos suplentes".

37 Por força do 13, §3º, "as partes poderão, de comum acordo, estabelecer o processo de escolha dos árbitros, ou adotar as regras de um órgão arbitral institucional ou entidade especializada".

38 A Lei federal nº 13.129/15 incluiu, no art. 13 da Lei de Arbitragem, o parágrafo quarto, segundo o qual "as partes, de comum acordo, poderão afastar a aplicação de dispositivo do regulamento do órgão arbitral institucional ou entidade especializada que limite a escolha do árbitro único, coárbitro ou presidente do tribunal à respectiva lista de árbitros, autorizado o controle da escolha pelos órgãos competentes da instituição, sendo que, nos casos de impasse e arbitragem multiparte, deverá ser observado o que dispuser o regulamento aplicável".

39 LEMES, Selma Maria Ferreira. Anotações sobre a nova lei de arbitragem. In: Revista de Arbitragem e Mediação, v. 47, p. 37-44, out-dez, 2015. Versão Eletrônica.

40 Pedro Batista Martins ensina que "a arbitragem, de seus primórdios aos dias de hoje, sustenta-se em dois pilares fundamentais: liberdade e confiança. (...). No que mais interesse ao caso concreto, a confiança consta lançada na Lei de Arbitragem, como pressuposto teleológico que é, já no primeiro artigo do Capítulo III, dedicado aos árbitros, e se impinge como condição substantiva a qualquer pessoa indicada para decidir o conflito submetido à arbitragem. (...). A confiança no árbitro, por sua expressão ética e moral, há de ser expressa ou tacitamente reconhecida por todas as partes na demanda e, nunca, por apenas aquela que o nomeou." (Dever de Revelar. In: Revista de Arbitragem e Mediação, v. 36, p. 219-229, jan-mar, 2013. Versão Eletrônica).

Por esses motivos, uma interpretação literal do art. 7º da Lei de Mediação vedaria a atuação simultânea como mediador e árbitro sobre o mesmo conflito, afrontando, de forma flagrante, a Lei de Arbitragem, que privilegia a autonomia da vontade no procedimento de escolha do árbitro[41].

Além disso, a interpretação literal desse artigo também prejudicaria a adoção plena do sistema multiportas em nosso ordenamento jurídico por, em certa medida, restringir a aplicação conjunta da mediação e arbitragem.

Isso porque vedaria a utilização da cláusula med-arb pura, espécie de cláusula escalonada na qual, segundo Shirly Szachnowicz, "estabelecido o conflito, o terceiro neutro agiria como mediador entre as partes, e, restando infrutífero o acordo, passaria a atuar como árbitro de causa"[42].

Ora, embora existam justificadas restrições na doutrina sobre a utilização dessa espécie de cláusula escalonada[43], em nossa opinião, as partes podem optar pela utilização de cláusula med-arb pura por entenderem que o procedimento arbitral será mais célere e produzirá uma decisão mais justa caso conduzido por pessoa que possuir previamente conhecimento do litígio[44].

Em nossa visão, não cabe ao legislador, em um arroubo paternalista, impor restrições para as partes que desejam solucionar seu litígio de determinada forma. Trata-se de uma decisão que, repita-se, cabe somente aos envolvidos no litígio.

---

41 Ana Luiza Isoldi, ao analisar o art. 7º da Lei de Mediação, conclui que "muito embora a lei tenha criado um critério objetivo, o princípio essencial da autonomia da vontade das partes poderia ter prevalecido, deixando a elas decidir, no caso concreto, qual a melhor escolha" (Para ser um mediador no Brasil. In: Revista de Arbitragem e Mediação, v. 46, p. 155-171, jul-set, 2015. Versão Eletrônica).

42 SZACHNOWICZ, Shirley. Processo Híbridos: A utilização prática da cláusula med-arb. In: Revista de Arbitragem e Mediação, v. 2, p. 109-144, maio-ago, 2004. Versão Eletrônica.

43 Por todos, confira-se a opinião de Carlos Alberto Carmona, o qual entende que "não é recomendável que o mediador exerça, em caso de fracasso do método autocompositivo, a função de árbitro. Durante o processo de negociação, as partes devem ter a tranquilidade de poder relevar ao mediador ou conciliador os detalhes do contrato e suas expectativas de solução de controvérsia; não creio que as partes, sabendo que o profissional que tenta atingir a transação será eventualmente o juiz da futura demanda, possam tirar o melhor proveito do método autocompositivo: (...)" (Arbitragem e Processo – Um Comentário à Lei n 9.307/96. 3ª Edição. São Paulo: Editora Atlas. 2009.P. 34).

44 De acordo com Shirly Szachnowicz, "uma das grandes vantagens do acúmulo de funções como mediador e árbitro na Med-Arb é permitir maior eficiência em relação a cada um dos métodos "puros" utilizados separadamente uma vez que o mediador já teria grande conhecimento sobre as partes e a causa, não sendo necessário que outro terceiro, árbitro, passasse a adquirir novamente todas as informações. Os defensores da Med-Arb alegam que os objetivos da mediação e da arbitragem são completamente diferentes entre si, portanto os fatos relevantes também são diferentes ou ao menos serão vistos e analisados sob enfoques diferentes. Essa opção também tornaria mais célere e mais barato o processo como um todo e permitiria ao árbitro acesso a um número ainda maior de informações para basear sua decisão" (Processo Híbridos: A utilização prática da cláusula med-arb. In: Revista de Arbitragem e Mediação, v. 2, p. 109-144, maio-ago, 2004. Versão Eletrônica).

4.5. Mediador-Árbitro? Uma sugestão interpretativa

Diante da inadequada redação do art. 7º da Lei de Mediação, o presente artigo científico pretende propor uma interpretação do referido dispositivo que respeite a Lei de Arbitragem sem que o objetivo do legislador fique desguarnecido.

No caso, entendemos que a melhor forma para solucionar esse impasse está na utilização da regra da Lei de Arbitragem sobre impedimento e suspeição para o art. 7º da Lei de Mediação.

Explique-se: o art. 14 da Lei de Arbitragem dispõe que "estão impedidos de funcionar como árbitros as pessoas que tenham, com as partes ou com o litígio que lhes for submetido, algumas das relações que caracterizam os casos de impedimento ou suspeição de juízes, aplicando-se-lhes, no que couber, os mesmos deveres e responsabilidades, conforme previsto no Código de Processo Civil".

Em outras palavras, esse dispositivo legal estipula que as regras previstas nos artigos 144 e 145 do Código de Processo Civil sobre impedimento e suspeição do árbitro são aplicadas, por analogia, ao árbitro.

Todavia, por força do princípio da autonomia da vontade que rege a arbitragem, Carlos Alberto Carmona entende que, "mesmo nas hipóteses claras de impedimento e suspeição, podem perfeitamente as partes, conhecendo a circunstância, acordar na indicação do árbitro"[45-46].

Ou seja, as partes poderiam escolher um terceiro, supostamente suspeito ou impedido, para decidir uma controvérsia por arbitragem. As partes, por óbvio, precisam ter ciência desse fato para que a escolha seja eficaz.

Nesse contexto, a Lei de Arbitragem instituiu ao árbitro um dever de revelação. No caso, o art. 14, §1º, do referido diploma legislativo determina que "as pessoas indicadas para funcionar como árbitro têm o dever de revelar, antes da aceitação da função, qualquer fato que denote dúvida justificada quanto à sua imparcialidade e independência".

Segundo Pedro Batista Martins, "a análise, verificação e anuência, ou não, das partes quanto à confiança que emana do árbitro, repise-se, essência de todo o instituto da arbitragem, tem por substrato legal o dever de informação. Ou, na dicção da Lei de Arbitragem, o dever de revelação"[47].

---

45 Arbitragem e Processo – Um Comentário à Lei n 9.307/96. 3ª Edição. São Paulo: Editora Atlas. 2009. P. 252.

46 Pedro Batista Martins possui um posicionamento mais comedido. Em sua visão, "como as regras comportam exceções, não são, impreterivelmente, todos os casos elencados no rol de suspeição e impedimento dos juízes constrangedores à atuação do árbitro. Nesse particular, algumas dessas (raras) hipóteses não inibirão, automaticamente, a participação da pessoa indicada para integrar o Tribunal Arbitral. Por essa razão, são casos que não impedem, mas sim obstam ou podem obstar a atuação da pessoa indicada para funcionar como árbitro" (Dever de Revelar. In: Revista de Arbitragem e Mediação, v. 36, p. 219-229, jan-mar, 2013. Versão Eletrônica).

47 MARTINS, Pedro Batista. Dever de Revelar. In: Revista de Arbitragem e Mediação, v. 36, p. 219-229, jan-mar, 2013. Versão Eletrônica.

Assim, uma vez indicada para atuar como árbitro, uma pessoa deve relevar qualquer fato que pode impactar na confiança que levou as partes a outorgarem poderes para solucionar um litígio. Caso entenda que há um motivo de suspeição de impedimento, o árbitro informará as partes, que poderão, com base na autonomia da vontade, manter o impugnar a indicação. Trata-se de situação idêntica ao que ocorre na mediação extrajudicial, conforme já demonstrado nesse artigo.

O arcabouço jurídico dado pela Lei de Arbitragem (e até mesmo pela Lei de Mediação) às hipóteses de impedimento e suspeição do árbitro, em nossa opinião, deve ser o parâmetro interpretativo do art. 7º da Lei de Mediação.

Caso as partes decidam, em conjunto, indicar o mediador do conflito para também atuar como árbitro da disputa, não há dúvidas de que a indicação deve ser aceita com base no princípio da autonomia da vontade e da confiança.

No entanto, caso a indicação para o mediador atuar como árbitro seja feito por uma das partes, o árbitro precisa revelar sua atuação pregressa, oportunidade na qual a outra parte poderá impugná-lo com base no art. 7º da Lei de Mediação. Nesse caso, a mera impugnação, per se, seria óbice para sua atuação como árbitro, afinal, uma das partes não lhe depositou a confiança esperada pela Lei Federal nº 9.307/96.

Essa interpretação, em nosso sentir, preservará o princípio autonomia da vontade na escolha do árbitro ao mesmo tempo que criará um mecanismo para que a parte possa se sentir segurar na mediação ciente de que, se for o caso, o mediador não julgará o conflito na arbitragem.

5. Conclusão

Por meio do Código de Processo Civil, da Lei de Mediação e da reforma da Lei de Arbitragem, o ordenamento jurídico brasileiro adotou o sistema multiportas de resolução de conflitos, no qual as partes possuem a liberdade de escolher o método mais adequado para resolução de seus conflitos. É possível, ainda, que as partes utilizem mais de um mecanismo para resolver um conflito.

Nesse contexto, o presente artigo analisou um aspecto utilização conjunta da mediação extrajudicial e da arbitragem, consistente na escolha de uma mesma pessoa para mediar e ser árbitra de um conflito.

No entanto, antes de analisarmos essa situação, constatamos que a mediação é um método adequado de resolução de conflito em que um terceiro imparcial e independente, denominado mediador, atua para permitir que os litigantes encontrem uma solução.

Diante da importância desse mecanismo, o legislador optou por informar os princípios que o regem, sendo que, para a finalidade desse artigo, destacou-se: (i) o princípio da autonomia da vontade, que outorga poderes para as partes escolherem o mediador; e (ii) o princípio da imparcialidade do mediador, que visa garantir que o mediador atuará de forma adequada, sem prestigiar qualquer das partes, que, por sua vez, terão confiança para expor seus interesses e, consequentemente, estarão mais abertas para solucionar o litígio.

Com base nesses princípios, verificamos a importância do mediador para sucesso da mediação, tanto que existem mecanismos para garantir uma atuação hígida e para evitar a desconfiança das partes.

No caso, a Lei de Mediação estipulou, em seu art. 5º, que as regras de impedimento e suspeição do Código de Processo Civil se aplicam ao mediador, que deverá informar essa situação antes de aceitar o encargo. Todavia, em decorrência da autonomia da vontade, as partes podem confirmar a nomeação do mediador desde que estejam ciente desse fato impeditivo ou suspeito.

Além disso, a Lei de Mediação criou limites para atuação futura do mediador. Em primeiro, proibiu que atue para qualquer das partes pelo período de um ano (art. 6º). Proibiu, ainda, que o mediador atue como testemunha ou como árbitro sobre o mesmo litígio (art. 7º da Lei de Mediação).

Embora concordemos que o princípio da confidencialidade impede que o mediador testemunhe sobre a mediação, discordamos veementemente da proibição do mediador em atuar como árbitro no mesmo conflito.

Isso porque a Arbitragem é um procedimento de resolução de conflito regido pela autonomia da vontade, inclusive na escolha do árbitro, que somente precisa ser capaz e deter a confiança das partes para exercer esse ofício (art.13 da Lei de Arbitragem). Dessa forma, ainda que o árbitro revele sobre algum motivo de impedimento ou suspeição (art. 14 da Lei de Arbitragem), as partes podem confirmar a indicação.

Ademais, a interpretação literal do art. 7º da Lei de Mediação impedia a estipulação de cláusulas med-arb puras, nas quais um terceiro exerce a mesma função de mediador e árbitro.

Dessa forma, no presente artigo, se propôs que o art. 7º da Lei de Mediação seja interpretado à luz do procedimento de escolha do árbitro, que, aliás, também é utilizado para afastar situações de impedimento e suspeição do mediador.

Assim, as partes poderão indicar o mediador do conflito para atuar como árbitro, seja por entenderem que a arbitragem será mais célere e será proferida uma decisão mais completa ou pelo simples motivo de confiarem na parte. No entanto, qualquer das partes poderá impugnar a indicação do mediador para árbitro com base no art. 7º da Lei de Mediação, situação que o afastaria de imediato.

Tal interpretação, em nossa visão, protege o princípio da autonomia da vontade, que rege a arbitragem e a mediação, bem como garante o respeito ao princípio da imparcialidade do mediador e do árbitro.

Por fim, também permitirá que a Lei de Arbitragem e Lei de Mediação coexistam pacificamente e maximizem o sistema multiportas, afinal, o jurisdicionado brasileiro terá a oportunidade de adotar uma cláusula med-arb para solucionar o conflito.

6. Referências bibliográficas

BRAGA NETO, Adolfo. Marco Legal da Mediação – lei 13.140/2015 – Comentário Inicias à luz da prática brasileiro. In: Revista de Arbitragem e Mediação, v. 47, p. 259-275, out-dez, 2015. Versão Eletrônica.

BRASIL. Lei nº 8.906, de 04 de julho de 1994.

BRASIL. Lei nº 9.307, de 23 de setembro de 1996.

BRASIL. Lei nº 13.105, de 16 de março de 2015.

BRASIL. Lei nº 13.129, de 26 de maio de 2015.

BRASIL. Lei nº 13.140, de 26 de junho de 2015.

BRODSKY, Jerry; MADEIRA FILHO, Victor. A seleção de árbitros nos procedimentos arbitrais: uma abordagem prática. In: Revista de Arbitragem e Mediação, v. 20, p. 193-206, jan-mar. 2009. Versão Eletrônica.

CABRAL, Antonio do Passo; e CUNHA, Leonardo Carneiro da. Negociação direta ou resolução colaborativa de disputas (collaborative law): "Mediação sem Mediador". In: ZANETI JR. Hermes; e CABRAL, Trícia Navarro Xavier (coords). Justiça Multiportas: Mediação, conciliação, arbitragem e outros meios de solução adequada para conflitos. Salvador: JusPodium. 2016.

CARMONA, Carlos Alberto. Arbitragem e Processo – Um Comentário à Lei n 9.307/96. 3ª Edição. São Paulo: Editora Atlas. 2009.

CARNEIRO, Paulo Cezar Pinheiro. Comentários aos Artigos 1º ao 15 do Código de Processo Civil. In: WAMBIER. Teresa Arruda Alvim et al (coords). Breves Comentários ao Novo Código de Processo Civil. 2ª Tiragem. São Paulo: Editora Revista dos Tribunais. 2015.

CINTRA, Antônio Carlos de Araújo et al. Teoria Geral do Processo. 24ª Edição. São Paulo: Editora Malheiros. 2008.

CURY, Cesar Felipe. Mediação. Mediação. In: ZANETI JR, Hermes; e CABRAL, Trícia Navarro Xavier (coords). Justiça Multiportas: Mediação, conciliação, arbitragem e outros meios de solução adequada para conflitos. Salvador: JusPodium. 2016.

CRUZ E TUCCI, José Rogério. A Liberdade das partes na escolha dos árbitros. In: SALOMÃO. Luis Felipe; e ROCHA. Caio César Vieira. Arbitragem e Mediação – A reforma da legislação brasileira. 2ª Edição. São Paulo: Atlas. 2017.

EXPOSIÇÃO DE MOTIVOS DO CÓDIGO DE PROCESSO CIVIL DE 2015, disponível em:<https://www2.senado.leg.br/bdsf/bitstream/handle/id/512422/001041135.pdf> Acesso em: 04 mar. 2018.

HALLAK, Eduardo. Impedimento, Impossibilidade e Penalidades referentes ao Mediador. In: A Mediação no Novo Código de Processo Civil. Coordenação: Diogo Assumpção Rezende de Almeida et al. Rio de Janeiro: Forense. 2015.

HALE, Duval et al. O Marco Legal da Mediação no Brasil: comentários à lei nº 13.140, de 26 de junho de 2015. São Paulo: Atlas. 2016.

ISOLDI, Ana Luiza. Para ser um mediador no Brasil. In: Revista de Arbitragem e Mediação, v. 46, p. 155-171, jul-set, 2015. Versão Eletrônica.

LEMES, Selma Maria Ferreira. Anotações sobre a nova lei de arbitragem. In: Revista de Arbitragem e Mediação, v. 47, p. 37-44, out-dez, 2015. Versão Eletrônica.

LESSA NETO, João Luiz. O novo CPC adotou o modelo multiportas!!! E agora?!. In: Revista de Processo, Ano 40. n. 244, jun. São Paulo: Editora Revista dos Tribunais. 2015.

LÔBO, Paulo. Comentários ao Estatuto da Advocacia e da OAB. 6ª Edição. São Paulo: Saraiva. 2011.

LOPES, Vitor Carvalho. Breves Considerações sobre os elementos subjetivos da Mediação: As Partes e o Mediador. In: Revista de Mediação e Arbitragem, volume 26, p. 85-111, lul-set, 2010.

MARINONI, Luiz Guilherme; MITIDIERO, Daniel. Comentários ao Código de Processo Civil – Volume I (arts. 1º ao 69). São Paulo: Revista dos Tribunais, 2016.

MARTINS, Pedro Batista. Dever de Revelar. In: Revista de Arbitragem e Mediação, v. 36, p. 219-229, jan--mar, 2013. Versão Eletrônica.

NANNI, Giovanni Ettore. Notas sobre os negócios jurídicos da arbitragem e a liberdade de escolha do árbitro à luz da autonomia privada. Revista de Arbitragem e Mediação. v. 49, p. 263-284, abr-jun. 2016. Versão Eletrônica.

NEVES, José Roberto Castro. A escolha do árbitro como fundamento da arbitragem. In: A Reforma da Arbitragem. Leonardo de Campos Melo e Renato Rezende Beneduzi (coords). Rio de Janeiro: Forense. 2016.

PACHIKOSKI, Silvia Rodrigues. A Cláusula Escalonada. In: Arbitragem e Mediação – A Reforma da Legislação Brasileira. 2ª Edição. São Paulo: Atlas. 2017.

PINHO, Humberto Dalla Bernadina de. A mediação e a necessidade de sua sistematização no processo civil brasileiro. In: Revista Eletrônica de Direito Processual. Ano 4. Volume 5. Janeiro a Junho. 2010.

PINHO, Humberto Dalla Bernadina de; PAUMGARTTEN, Michele Pedrosa. Mediação Obrigatória: Um Oximoro Jurídico e mero Placebo para a crise do Acesso à Justiça. In: VERÇOSA, Fabiane et al (Coordenadores). Arbitragem e Mediação – Temas Controvertidos. Rio de Janeiro: Editora Forense. 2014.

PIMENTEL, Wilson. O CPC de 2015, mediação e arbitragem: um sistema geral de solução de conflitos. In: A Reforma da Arbitragem. Leonardo de Campos Melo e Renato Rezende Beneduzi (coords). Rio de Janeiro: Forense. 2016.

SZACHNOWICZ, Shirley. Processo Híbridos: A utilização prática da cláusula med-arb. In: Revista de Arbitragem e Mediação, v. 2, p. 109-144, maio-ago, 2004. Versão Eletrônica.

WAMBIER. Teresa Arruda Alvim et al (coords). Breves Comentários ao Novo Código de Processo Civil. 2ª Tiragem. São Paulo: Editora Revista dos Tribunais. 2015.